高等学校出版学专业系列教材

武汉大学规划教材建设项目资助出版

出版学基础

Fundamentals of Publishing

方卿　许洁 等　编著

WUHAN UNIVERSITY PRESS
武汉大学出版社

图书在版编目(CIP)数据

出版学基础/方卿等编著.—武汉:武汉大学出版社,2022.8(2024.9 重印)
高等学校出版学专业系列教材
ISBN 978-7-307-23147-4

Ⅰ.出… Ⅱ.方… Ⅲ.出版学—高等学校—教材 Ⅳ.G230

中国版本图书馆 CIP 数据核字(2022)第 113306 号

责任编辑:黄河清　　责任校对:李孟潇　　整体设计:涂　驰

出版发行:**武汉大学出版社**　(430072　武昌　珞珈山)
(电子邮箱:cbs22@whu.edu.cn 网址:www.wdp.com.cn)
印刷:武汉邮科印务有限公司
开本:787×1092　1/16　印张:33　字数:739 千字　插页:2
版次:2022 年 8 月第 1 版　2024 年 9 月第 4 次印刷
ISBN 978-7-307-23147-4　定价:108.00 元

作者简介

方 卿，武汉大学人文社会科学研究院院长，信息管理学院教授、博士生导师。曾入选中宣部、中组部、人社部、教育部、国家新闻出版广电总局等多项高层次人才计划，获国务院政府特殊津贴。长期从事科学交流、出版营销和文化产业管理研究，承担各类项目30多项，出版著作20多部（含参编），发表论文200多篇，获国家发明专利和软件著作权多项，获中国出版政府奖、湖北出版政府奖等奖励多项。

许 洁，武汉大学信息管理学院教授、出版科学系主任，博士生导师，中组部高层次人才计划入选者。主要研究数字出版与知识服务、科技出版与科学交流。讲授“出版学基础”“网络营销”等本科生和研究生专业课程，出版专著5部（含参编），发表论文90余篇。

又序

2011年10月，党的十七届六中全会首次提出“建设社会主义文化强国”的目标。2020年10月，党的十九届五中全会明确提出到2035年“建成文化强国”的时间表和路线图。2022年10月，党的二十大报告指出，“全面建设社会主义现代化国家，必须坚持中国特色社会主义文化发展道路，增强文化自信，围绕举旗帜、聚民心、育新人、兴文化、展形象建设社会主义文化强国”。建设社会主义文化强国，业已成为中国特色社会主义现代化建设总体蓝图的重要组成部分。2023年10月，全国宣传思想文化工作会议出台的习近平文化思想则为文化强国建设提供了强大的思想武器和科学的行动指南。

出版业是文化产业的核心组成部分，出版强国是文化强国的应有之义，建设社会主义出版强国是建设社会主义文化强国战略的必然要求。《出版业“十四五”规划》明确指出，“出版工作是党的宣传思想文化工作的重要组成部分，是促进文化繁荣兴盛、建设社会主义文化强国的重要力量”，并对“出版强国”的目标维度进行了定性描述，即“出版创新创造活力充分激发，优质内容供给能力显著增强，出版服务大局服务人民能力凸显，出版业实力、影响力、国际竞争力明显提高，出版领域治理体系和治理能力基本实现现代化，出版在增强国家文化软实力和中华文化影响力中的作用更加彰显”。

出版强国建设，需要出版学研究提供学理支撑。《出版学基础》既是出版学理论建设的基础性工程，又是为出版学本科专业编写的入门级教材，是出版人才队伍建设的基础课程，必须将党的创新理论，将习近平新时代中国特色社会主义思想，尤其是习近平文化思想和党的二十大关于文化强国的战略部署贯彻落实其中，以习近平文化思想为指导构建具有中国特色的出版学自主知识体系。

本教材对党的二十大精神的领会和回应主要体现在以下三个方面：一是进一步突出了马克思主义出版观，尤其是习近平新时代中国特色社会主义思想在出版学自主知识体系构建中的指导地位，增加了关于习近平文化思想及其对出版研究的意义等重要内容；二是进一步强调了马克思主义经典作家关于出版相关论述在出版学自主知识体系构建中的意义，并以二维码的方式链接了马克思主义经典作家关于出版相关论述的重要文献。三是进一步凸显了以习近平文化思想为核心的党的创新理论在出版学自主知识体系构建中的方法论意义。

本教材的作者是武汉大学的方卿、黄先蓉、徐丽芳、王晓光、许洁、吴永贵、姚永春、徐雷、袁小群和张晋朝，华中师范大学的范军和曾建辉，四川大学的曾元祥，华中科技大学的王一鸣。全书的统稿工作由许洁完成。

《出版学基础》教材的编写，是新时代新征程中国特色出版学自主知识体系建设的基础性工程，其意义或重要性不言而喻，但任务艰巨、难度大。本教材虽然借鉴和吸收了前人和同行大量有益的观点、理论和方法，但受制于有限的学力，不足甚至错误在所难免，希望得到同行的批评指正。

方卿

2023 年 12 月 16 日

序

《出版学基础》是为编辑出版学本科专业编写的入门级教材。它不要求学习任何学科先导课程，是在一张白纸上对出版学学科基础问题进行的“素描”。其设计与编写主要有以下三个出发点。

首先，尝试界定出版学的学科轮廓。作为一门独立的学科，出版学是一个结构复杂的知识体系。只有搞清楚了这个体系的轮廓，才能让初学者有宏观上的把握，不至迷失方向。那么，这个知识体系到底是怎样构成的呢？我们认为，出版学的学科知识体系是由出版“管理”“资源”“流程”“领域”与“历史文化”和出版学“基础理论”六个部分组成的一个多维立体结构。其中，“基础理论”是出版学学科框架的“底座”，是支撑出版学大厦的基础。出版“管理”“资源”“流程”“领域”与“历史文化”则是在“基础理论”这个“基座”上向不同方向延展出去的核心“构件”。“管理”是对出版价值与功能维度、“资源”是对出版要素维度、“流程”是对出版业务维度、“领域”是对出版目标市场维度、“历史文化”是对出版精神维度的延展。这就是出版学学科知识体系的总体轮廓。掌握了这个轮廓，初学者要变成精进者也就游刃有余，方向明确。

其次，尝试定义出版学的基础概念。一些人将基础概念或范畴比作构成学科“大厦”的砖瓦。这个比喻显然是正确的，它揭示了基础概念或范畴对学科的意义或价值，对学科发展的不可或缺性。但事实上，基础概念或范畴对学科的意义或价值不仅如此，更多地体现在学科共同体认知差异的危害性上。基础概念或范畴是学科共同体开展学术交流、建构学科知识体系的关键学科要素，对这些基础概念或范畴的认知差异将严重阻碍学科共同体之间的有效沟通。出版学尚处于“前科学”时期，很多基础概念或范畴都没有被准确定义。即便有了一些建制内认可的定义，又由于学科生态的快速变化，并不为出版学学科共同体所接受或认可。“术语革命”和学科知识的“概念化”是学科生命力的体现，是理论创新的重要方式。基于这一考虑，我们努力尝试定义出版学的基础概念或范畴，甚至在“基础理论篇”专门讨论了其中的几个概念或范畴。虽然这种尝试的成效还有待观察，但我们确信这个方向是不会错的。

最后，尝试建构出版学的基本原理。在一些人的传统观念中，“原理”更多的是一个自然与技术科学范畴，所以人文与社会科学学科较少使用原理这个概念。事实上，原理不过是对某种现象所具有的某些规律的学科表征，并非什么深不可测的东西。出版作为一种历史悠久的人类社会现象，显然也有其规律性。因此，在出版学的入门级教材中，自然应该去揭示这些规律。在我的印象中，罗紫初教授的《出版学原理》是出版学领域中较早使用“原理”这一概念的教科书，而本领域的其他教材却极少使用。在这本教材中我们就大胆地使用了这一概念，试图从不同维度寻找出版现象发展的规律性，进而建构学科的基本原理。期待让初学者了解和掌握这些规律，以激发其精进的兴趣和动力。

要实现上述想法，单靠一两个人的努力短期内是难以实现的。为此，我们组织了一个十余人的编写组。他们来自武汉大学、华中科技大学、四川大学和华中师范大学等高校编辑出版学专业教学一线，既有我等出版教育界的老人，又不乏青年才俊。在此，我要对他们的努力和付出表示衷心感谢。教材撰写的具体分工是：导引、第一章至第三章，方卿；第四章，黄先蓉；第五章、第十三章，王一鸣；第六章，姚永春；第七章，徐雷；第八章，王晓光；第九章，袁小群、张晋朝；第十章、第十二章、第十四章，许洁；第十一章、第十五章，曾元祥；第十六章，吴永贵；第十七章，徐丽芳；第十八章，范军、曾建辉。全书的统稿工作由许洁完成。

都说理想丰满、现实骨感，本教材的设计和撰写就印证了这一说法。上述几点尝试是否经得起实践或时间的检验，我们并没有信心。好在教学相长，我们将在未来的教学实践中不断充实和完善，以期逐步走向成熟。

方卿

目 录

CONTENTS

出 版 管 理 篇

出 版 资 源 篇

出版流程篇

出版领域篇

历史文化篇

导引　中国特色社会主义出版学

马克思主义出版观经典文献

出版学基础课程导论(慕课)

* 本章知识点提要

1. 介绍习近平文化思想及其对出版研究的意义
2. 梳理我国社会主义出版业简史
3. 论述党对出版工作的领导
4. 阐明出版业“二为”方针
5. 分析出版业“双效统一”原则
6. 梳理出版学科简史
7. 论述出版学自主知识体系

* 本章术语

习近平文化思想　中国特色社会主义出版学　党的领导　“二为”方针　社会效益　经济效益　“双效统一”　出版学科简史　自主知识体系

中国特色社会主义出版学，是现当代中国特定语境下出版学的基本形态，是中国共产党领导下的社会主义出版实践和理论创新成果的集中体现。中国特色社会主义出版学，是出版学时代性与民族性的统一，一方面它顺应时代发展，回应时代需求，具有鲜明的时代性；另一方面它源于民族传统，立足中国实践，解决中国问题，具有鲜明的民族特色。研究中国特色社会主义出版学，是构建中国特色哲学社会科学的应有之义，是引领当今出版学理论创新的必然要求。中国特色社会主义出版学研究，应以马克思主义为指导、以党的创新理论尤其是习近平文化思想为基本遵循，立足中华优秀出版传统和当代鲜活的出版实践，开展出版理论创新，构建中国特色出版学自主知识体系。本章主要介绍习近平文化思想及其对出版研究的意义，我国社会主义出版业简史和主要管理思想。

一、习近平文化思想及其对出版研究的意义①

2023 年 10 月 7 日至 8 日在北京召开的全国宣传思想文化工作会议指出，习近平总书

① 方卿. 学习习近平文化思想 为文化强国贡献出版力量[J]. 出版科学，2023(6)：1.

记在新时代文化建设方面的新思想新观点新论断，是新时代党领导文化建设实践经验的理论总结，丰富和发展了马克思主义文化理论，构成了习近平新时代中国特色社会主义思想的文化篇，形成了习近平文化思想。

习近平文化思想，既有文化理论观点上的创新和突破，又有文化工作布局上的部署要求，明确了新时代文化建设的路线图和任务书，标志着我们党对中国特色社会主义文化建设规律的认识达到了新高度，表明我们党的历史自信、文化自信达到了新高度，为做好新时代新征程宣传思想文化工作、担负起新的文化使命提供了强大思想武器和科学行动指南。

习近平文化思想，为新时代新征程包括出版工作在内的文化强国建设提供了基本遵循，指明了前进方向。出版工作，是党的宣传思想文化工作的重要组成部分，承担着传播真理、传承文明、引领风尚、教育人民和服务社会的重要责任。习近平总书记十分关怀和重视出版工作。2020 年以来，习近平总书记先后给人民教育出版社老同志、《文史哲》编辑部全体编辑人员和外文出版社的外国专家回信，向人民出版社成立 100 周年和首届全民阅读大会致信祝贺，为《复兴文库》出版发行作序。这些回信、贺信和序言，是习近平文化思想的重要载体。学习与践行习近平文化思想，努力做好出版工作，为文化强国建设贡献出版的智慧和力量，应该成为当下出版人的一种思想和行动自觉。

以习近平文化思想为指导，着力推进出版事业和出版产业繁荣发展，为推动文化事业和文化产业繁荣发展提供有力支撑。习近平总书记对宣传思想文化工作提出的“七个着力”的要求，就包括“着力推动文化事业和文化产业繁荣发展”。出版事业和出版产业是文化事业和文化产业的核心组成部分，出版事业和出版产业繁荣发展是文化事业和文化产业繁荣发展应有之义。十八大以来，出版业发展取得了显著成就，我国已成为当之无愧的世界出版大国，为建设“出版强国”奠定了坚实基础，为建设“文化强国”建设提供了有力支撑。认真学习贯彻习近平文化思想，筑牢出版事业发展根基、提振出版产业发展动能，为推动文化事业和文化产业繁荣发展贡献更大智慧和力量，应该成为当代出版人的神圣职责与光荣使命。

以习近平文化思想为指导，进一步做好主题出版工作，提高出版的舆论引导能力。2023 年 6 月 2 日，习近平总书记在文化传承发展座谈会上提出的“十四个强调”就包括“强调提高新闻舆论传播力引导力影响力公信力”。主题出版，在提高出版的舆论引导能力方面可以大有作为。出版业，应聚焦党的创新理论、社会主义核心价值观、民族复兴、中国式现代化等重大主题等推出精品力作，服务于舆论引导力提升。

以习近平文化思想为指导，大力发展出版科技，推动中华优秀传统文化创造性转化创新性发展。2021 年 5 月 9 日，习近平总书记在给《文史哲》编辑部的回信中指出，要在新的时代条件下推动中华优秀传统文化创造性转化、创新性发展。广大出版工作者应该积极领悟习近平文化思想的这一深刻内涵，强化数字技术对出版的支撑作用，积极探索中华优秀传统文化出版传播的新思路、新技术和新范式，让“书写在古籍里的文字都活起来”，为推动中华优秀传统文化创造性转化、创新性发展贡献出版人的智慧与力量。

以习近平文化思想为指导，加强和改进出版“走出去”工作，提升中华文明传播力影响力。习近平总书记强调，中华文化“既是民族的、也是世界的”，要“增强中华文明传播力影响力”。2022年8月25日，习近平总书记在给外文出版社的外国专家的回信强调，对外翻译出版“让世界更好认识新时代的中国，对推进中外文明交流互鉴很有意义”。当前，我国正日益走近世界舞台中央，这对我们推动中华文化繁荣兴盛提出了新的使命任务。出版工作在提炼展示中华文明的精神标识和文化精髓，加快构建中国话语和中国叙事体系，讲好中国故事、传播好中国声音方面，具有独特的作用。我们要不断加强和改进出版“走出去”工作，助力中华优秀传统文化、革命文化和先进文化“走出去”，为提升中华文明传播力影响力贡献出版人的智慧与力量。

二、我国社会主义出版业简史①

我国社会主义出版业源于中国共产党的诞生，与中国共产党领导中国革命和建设共同发展。1921年中国共产党成立以后，立即着手创办出版机构，先后成立的出版机构有上海的新青年社、人民出版社、上海书店、长江书店，汉口的长江书店，南昌的文化书社、明星书店等，有组织有计划地出版马克思主义及相关著作，宣传中国共产党的政治纲领及主张。我国社会主义出版业简史大致可以从以下四个方面进行梳理。

1. 苏区出版业

第一次大革命失败后，中国共产党开始走农村包围城市、武装夺取政权的道路，先后建立了以赣南为中心的中央革命根据地和鄂豫皖、闽浙赣、湘赣、赣东北等几十个地方革命根据地。这些根据地随着苏维埃政权的建立，亦称“苏区”。闽西是中央苏区出版业的发祥地。在这里，中国共产党创办了中央苏区第一家出版发行机构——闽西列宁书局。

1931年11月7日，中华苏维埃共和国临时中央政府在瑞金正式宣告成立。1931年年底，中央政府机关报《红色中华》、红军军委机关报《红星》等报刊相继创刊发行，中央出版局作为苏区新闻出版和发行事业的中央管理机构也随之成立。当时出书较多的出版机构有闽西列宁书局、中央革命军事委员会出版局和编译委员会、马克思共产主义学校编审处和马克思主义研究总会编译部、工农美术社、工农剧社编审委员会、中国工农红军学校出版科、中国工农红军卫生学校编审出版科等。据叶再生编制的《苏维埃出版物通览（1927—1937）》表统计，十年间苏区出版书刊有755种。

苏区出版物具有明确的目的性和鲜明的政治立场，大力宣传中国共产党的主张。出版

---

① 吴永贵，左军. 红色出版的历史考察与启示［J］. 全国新书目，2011(7)：14-16.

物的内容往往结合当时宣传中心任务，有很强的现实针对性。以图书出版为例，1930—1931 年苏区初创时期，主要出版以宣传马列主义理论和党的基本政策为主的图书、小册子，如《马克思主义浅说》《社会主义浅说》《列宁主义概论》《共产党和共产党员》等。1932 年是暂时稳定时期，主要出版培养教育军政干部的高等学校教材，如《阶级斗争讲义》《政治问题》《武装拥护苏联》等。1933—1934 年是反“围剿”斗争剧烈阶段，为动员一切力量保卫苏维埃政权，主要出版政策宣传的小册子和鼓动性的革命歌曲，如《劳动问题讲授提纲》《财政问题讲授提纲》《土地问题讲授提纲》《革命歌舞》《苏区新调》《苏区新歌舞》等。

苏区出版物文字通俗易懂，语言活泼生动，群众喜闻乐见，宣传效果好。

2. 抗日根据地出版业

抗战爆发后，中国共产党先后创建了陕甘宁、晋察冀、晋冀鲁豫、晋绥、华中、山东等多块敌后抗日根据地。抗日根据地出版事业，在中国共产党的直接领导下，从无到有发展起来。

据统计，全面抗战八年期间，延安共有 72 家单位出版了总计 539 种图书。其中，解放社和新华书店是最重要的两家出版机构，出书数量超过延安出版总量的 50%。其他如八路军军政杂志社、华北书店、八路军留守兵团政治部、陕甘宁边区政府办公厅、中共西北中央局调查研究室等机构，出书数量都在 10 种以上。较之于延安，其他敌后抗日根据地的出版事业起步相对要晚。中共中央一方面下达指示：“各根据地都要建立印刷、出版书报、组织发行和运输机关”；另一方面则派出几批出版、印刷、发行等专业的综合工作组，到晋绥、晋冀鲁豫、晋察冀、山东等抗日根据地，予以协同和支援。在此情况下，各根据地的出版事业才从无到有、从弱到强地发展起来。

以延安为中心的各抗日根据地的出版活动，是在中共中央的统一领导下开展起来的，因而表现在出版物上，承接了苏区出版物注重政治的特点，带有鲜明的党性特征，党报与党刊、党的领导人著作、党的政策文件、党的历史文献、马列主义著作，被当作出版的首要任务，成为根据地出版物的重中之重。

为现实政治服务，为军事斗争和思想文化斗争的需要服务，贯穿着各抗日根据地出版活动的全过程。那些体现时代精神的抗战文艺作品，那些为适应整风运动而出版的书刊，那些为人民军队建设而印制的教材，那些为打击分化日寇、汉奸、伪军的宣传品，那些关于解放区政权建设的论述，以及那些为促进生产、保障供给和传播生产经验的通俗性作品，无不体现了那个战争年代，在复杂的斗争环境中，党的出版物所具有的品质和特性。

3. 解放区出版业

抗战胜利后，随着解放区范围的日趋扩大，中国共产党领导的解放区出版事业获得了巨大的发展，各地的新华书店充当了解放区出版业发展的主力军。至中华人民共和国成立前夕，全国已建立新华书店分支店 735 处，职工 8100 余人。解放战争时期的新华书店，从偏僻乡村到中心城市，从地区到全国范围，最终发展成为中华人民共和国出版事业的重要基础。

中国人民解放军接收城市的过程，也是新华书店没收敌方书刊资财的过程，同时又是人民出版机构纷纷新建的过程。物质条件的改善，大大提高了解放区出版物的印刷质量，原先的油印、石印和土造纸，被替代成铅印、彩印和新闻纸与道林纸。旧貌换新颜，改变的只是出版物的形式，不变的是出版物所蕴含的价值取向——服务于战争，服务于宣传，服务于人民政权的革命传统。这一传统沿承着苏维埃政权时期和抗日根据地时期的出版道路，也引领了中华人民共和国成立后的出版方向。

4. 中华人民共和国出版业

中华人民共和国成立初期，我国出版业存在多种经济成分，其中国营经济（全民所有制的出版社、书刊印刷厂和书店）、集体经济（书报合作社、集体书店）和国家资本主义经济（国家资本与私人资本合营的出版社、书刊印刷厂和书店）的资金、干部到生产力，仅占国家整个出版事业的 1/4 左右；而私人资本主义经济（私人经营的出版社、书刊印刷厂、书店）和个体经济（书摊、书贩）的数量则占 3/4 左右。①

中华人民共和国成立后，出版工作受到党和国家领导的高度重视。1949 年 10 月 3—19 日全国新华书店第一届出版工作会议在北京举行，毛泽东同志为会议题词，“认真作好出版工作”。1949 年 11 月，出版总署成立后，采取一系列措施，不断加强和壮大国营出版、印刷、发行事业的建设，同时根据中国共产党对资本主义工商业的利用、限制、改造政策。从 1950 年即着手对私营出版业进行必要的调整和初步的改造，到 1956 年基本上完成了改造工作。通过这一改造，改变了我国出版业经济成分构成，使国营经济居于绝对的领导地位。1956 年年底，出版行业完成社会主义改造，出版机构总数控制在 101 家，实现出版机构的国有化，在全国范围内建立起了完全意义上的社会主义出版业。

“文革”时期，与“文革”意识形态相悖的出版物遭到批判和封杀，出版业发展遭到重创。资料显示，到 1971 年国有出版社仅存 46 家。当时，除马克思、恩格斯、列宁、斯大林的经典著作及毛泽东著作、“样板戏”图书、个别政治文学作品、政治读物（“两报一刊”社论等）和部分通俗科技书籍出版外，其他图书的出版可谓寥寥无几，造成了严重“书荒”。

改革开放后，出版业走上健康发展的快车道。1983 年 6 月，中共中央、国务院发布《关于加强出版工作的决定》，这是中华人民共和国成立以来，党中央、国务院首次直接做出的关于出版工作的决定。40 多年来，我国出版业出版结构、布局日趋合理，体制、机制不断创新，综合实力明显增强。《2020 年全国新闻出版业基本情况》显示，截至 2020 年

---

① 方厚枢. 对私营出版业的社会主义改造[J]. 出版史料，2006(2)：8-18.

年底，全国共有出版社586家(包括副牌社24家)、出版物印刷企业(含专项印刷)9271家、出版物发行网点183540处，共出版图书、期刊、报纸、音像制品和电子出版物417.51亿册(份、盒、张)。高质量发展的社会主义出版业较好地满足了人民群众日益增长的精神文化需求。

三、我国社会主义出版管理

中国共产党高度重视出版工作及其管理。党的第一次全国代表大会通过的关于党的奋斗目标的第一个决议中明确指出："一切书籍、日报、标语和传单的出版工作，均应受中央执行委员会或临时中央执行委员会的监督。"①

回顾中国共产党从成立到领导中国革命走向胜利的历程，党领导下的出版工作发挥了凝聚力量、团结人心、振作士气、引导舆论的巨大作用。中国共产党在不同革命历史时期，结合不同历史现实，因时应势、因地制宜开展的形式多样的出版工作，其手段与措施，其精神与特质，其韬略与智慧，都值得后人去认真总结。② 我国社会主义出版管理的核心可概括为"党管出版"、"二为"方针和"双效统一"原则。

1. 坚持党对出版工作的领导

1983年中共中央、国务院《关于加强出版工作的决定》明确指出："我国的出版事业，与资本主义国家的出版事业根本不同，是党领导的社会主义事业的一个组成部分。"作为中国特色社会主义事业，特别是党的意识形态工作的重要组成部分，出版业必须坚持党的全面领导。坚持党的全面领导，既是我国出版管理的光荣传统，也是我国出版业管理的独特优势，更是出版业健康发展的"根"和"魂"。

"二大"以前，党的组织机构不够十分健全，没有专司出版管理的工作机构。③ 1924年5月，中央三届第一次执委会扩大会议后，中央出版部诞生，成为中共中央工作机构的重要部门。④ 此后，尽管党中央工作机构几经变化，但出版工作始终占据重要位置。延安时期设有中央出版发行部(局)，⑤ 抗日胜利后在中央宣传部内设出版组。⑥ 中华人民共和国

---

① 李忠杰，段东升. 中国共产党第一次全国代表大会档案文献选编[M]. 北京：中共党史出版社，2015：6-10.

② 吴永贵，左军. 红色出版的历史考察与启示[J]. 全国新书目，2011(7)：14-16.

③ 范军. 中国共产党百年出版与实践创造[J]. 中国出版，2021(8)：3-7.

④ 中共中央组织部，中共中央党史研究室，中央档案馆. 中国共产党组织史资料(第三卷 第一编)[M]. 北京：中共党史出版社，2000：40.

⑤ 中共中央组织部，中共中央党史研究室，中央档案馆. 中国共产党组织史资料(第三卷 第一编)[M]. 北京：中共党史出版社，2000：54.

⑥ 中共中央组织部，中共中央党史研究室，中央档案馆. 中国共产党组织史资料(第四卷 第一编)[M]. 北京：中共党史出版社，2000：39.

成立后，中共中央对中央人民政府成立后党的宣传部门工作做出指示，强调包括出版在内的文化方面的重大问题都要向中央请示和报告。①

2018 年 3 月 21 日，中共中央印发的《深化党和国家机构改革方案》提出，中央宣传部统一管理新闻出版工作。为加强党对新闻舆论工作的集中统一领导，加强对出版活动的管理，发展和繁荣中国特色社会主义出版事业，将国家新闻出版广电总局的新闻出版管理职责划入中央宣传部。中央宣传部对外加挂国家新闻出版署(国家版权局)牌子。调整后，中央宣传部关于新闻出版管理方面的主要职责是贯彻落实党的宣传工作方针，拟订新闻出版业的管理政策并督促落实，管理新闻出版行政事务，统筹规划和指导协调新闻出版事业、产业发展，监督管理出版物内容和质量，监督管理印刷业，管理著作权，管理出版物进口等。

党对出版工作的全面领导，主要体现在管人管事管资产管导向相统一上。2013 年 11 月 15 日，党的十八届三中全会审议通过了《中共中央关于全面深化改革若干重大问题的决定》。《决定》提出，按照政企分开，政事分开原则，推动政府部门由办文化向管文化转变，推动党政部门与其所属的文化企事业单位进一步理顺关系，完善文化管理体制。建立党委和政府监管国有文化资产的管理机构，实行管人管事管资产管导向相统一。对出版企业而言，党的全面领导具体表现为：党对出版企业行使重大事项决策权、资产配置控制权、宣传业务终审权和主要领导干部任免权。

2. 出版业的“二为”方针

“二为”方针，是我国社会主义文艺工作的总的指导方针，是社会主义文艺工作指导思想的具体体现。我国出版工作是我国社会主义文艺工作的重要组成部分，出版业的发展自然也必须遵循这一总的指导方针。在社会主义革命和建设的不同历史时期，“二为”方针有其不同的表述和含义。“为人民服务，为社会主义服务”的“二为”方针，是由“为无产阶级政治服务”“为工农兵服务”发展而来。

1942 年 5 月，毛泽东同志在延安主持召开文艺座谈会，集中解决了中国无产阶级文艺“为谁服务”和“如何服务”的重大文艺理论问题，创造性地提出了“为无产阶级政治服务”“为工农兵服务”的文艺工作指导方针。

“为无产阶级政治服务”，指出版通过自身所具有的思想宣传和教育功能为无产阶级革命的胜利以及人民民主政权的建立服务。毛泽东在《延安文艺座谈会上的讲话》(以下简称《讲话》)中指出，“在现在世界上，一切文化或文学艺术都是属于一定的阶级，属于一定的政治路线的。为艺术的艺术，超阶级的艺术，和政治并行或互相独立的艺术，实际上是

---

① 中国出版科学研究所，中央档案馆. 中华人民共和国出版史料(1)[M]. 北京：中国书籍出版社，1995：594-600.

不存在的”；“党的文艺工作，在党的整个革命工作中的位置，是确定了的，摆好了的，是服从党在一定革命时期内所规定的革命任务的”。①

“为工农兵服务”，规定了出版的主体属性，即中国共产党领导下的出版事业必须始终将广大工农兵当作出版工作的服务对象。“为工农兵服务”是与毛泽东一贯坚持的“人民史观”一脉相承的，并结合了新民主主义革命时期“工农兵”(尤其是农民)作为人民革命军主体力量的历史实际。关于工农兵的涵括范围，毛泽东在《讲话》中做了明确界定：“什么是人民大众呢？最广大的人民，占全人口百分之九十以上的人民，是工人、农民、兵士和城市小资产阶级。”②

延安文艺座谈会后，“为无产阶级政治服务”“为工农兵服务”，成为中国共产党指导文艺工作的理论基石。1949年中华人民共和国成立到1978年十一届三中全会，我党的文艺理论和基本方针在实质上始终没有越过“文艺为政治服务、为工农兵服务”的总体方针。这一点从1949年7月、1953年9月、1960年7月召开的三届“中华文学艺术工作者代表大会”(自第二届起改名“中国文学艺术工作者代表大会”)中传达出的会议精神中可以得到充分体现。尽管历次大会的主旨和侧重点有所不同，但均是紧紧围绕着“文艺为政治服务、为工农兵服务”的总纲开展的。

然而，真理的相对性决定了任何真理只有在一定条件、一定范围下才能成立。毛泽东“二为”思想是革命斗争年代特定历史条件下的产物，一旦脱离了具体的社会实际就难免暴露出局限性。正如胡乔木在回忆录中指出的，“长期的实践证明，《讲话》中关于文艺从属于政治的提法，关于把文艺作品的思想内容简单地归结为作品的政治观点、政治倾向性，并把政治标准作为衡量文艺作品的第一标准的提法……虽然有它们产生的一定的历史原因，但究竟是不确切的，并且对于建国以来的文艺的发展产生了不利的影响”③。

1956年“三大改造”完成以后，中国步入社会主义阶段，中国革命的主要任务随之从武装斗争转向和平建设，毛泽东基于革命斗争实践的“二为”思想运用到社会主义建设中来，就不可避免地出现了偏差。这一点从“大跃进”、反“右倾”运动直到“文化大革命”的爆发可以清楚看到。20世纪60年代后期，伴随着“以阶级斗争为纲”的愈演愈烈，文艺尤其是出版彻底沦为政治的附庸。“文革”十年间，除马列著作、毛泽东著作之外的大量优秀文化遗产和进步出版物被一概否定，当作“封、资、修毒草”封存起来。出版发行毛泽东著作成为压倒一切的任务，政治读物的重心是“两报一刊”，文艺读物是“革命样板戏”的天下。大批出版人遭遇政治下放和革命批判，出版部门被“四人帮”控制和利用，成了“紧密

---

① 中共中央文献编辑委员会. 毛泽东选集(第三卷)[M]. 北京：人民出版社，1991：50.

② 中共中央文献编辑委员会. 毛泽东选集(第三卷)[M]. 北京：人民出版社，1991：71.

③ 胡乔木. 胡乔木回忆毛泽东[M]. 北京：人民出版社，2003：58.

配合当前斗争”的革命工具。①

毛泽东“文艺为政治服务、为工农兵服务”的革命文艺观亟须与时俱进。以邓小平为核心的第二代领导集体接过了理论创新的重担，开启了新“二为”时期。“文革”结束后，随着十一届三中全会的召开，解放思想、实事求是的思想路线在中国确立，党的文艺指导思想也随之发生了重大转折。1979 年 10 月邓小平在中国文学艺术工作者第四次代表大会上的祝词中提出，“我们的文艺属于人民”，“要防止和克服单调刻板、机械划一的公式化概念化倾向”。② 此后，邓小平在 1980 年 1 月中共中央干部工作会议上进一步指出，“不继续提文艺从属于政治这样的口号，因为这个口号容易成为对文艺横加干涉的理论根据，长期的实践证明它对文艺的发展利少害多”。③ 同年 7 月 26 日，《人民日报》发表题为《文艺为人民服务，为社会主义服务》的社论，指出“我们的文艺工作总的口号应当是：文艺为人民服务、为社会主义服务”，“这个口号概括了文艺工作的总任务和根本目的，它包括了为政治服务，但比孤立地提为政治服务更全面，更科学”。至此，“文艺为人民服务、为社会主义服务”的新“二为”方针成为新时期社会主义文艺工作的指导方针。

从旧“二为”方针到新“二为”方针，体现了不同历史时期我国社会主义文艺工作指导方针、目标和任务的转变，体现了党的文艺工作指导思想的与时俱进。循着新的“二为”方针，以江泽民、胡锦涛、习近平为总书记的党中央在社会主义现代化建设进程中不断探索包括出版在内的文艺工作建设发展的新思路新策略。

1989 年 12 月 28 日，江泽民发表《关于党的新闻工作的几个问题》的重要讲话指出，在新的历史时期，新闻工作坚持为社会主义服务，为人民服务，就是坚定地全面地准确地宣传党的基本路线。这是第一次由党中央领导明确提出新闻工作的二为方针。2001 年 7 月 1 日，在庆祝中国共产党成立 80 周年大会上，江泽民在阐述“三个代表”重要思想时指出：“八十年来我们党进行的一切奋斗，归根到底都是为了最广大人民的利益”，“我们党始终坚持人民的利益高于一切”，“党的一切工作，必须以最广大人民的根本利益为最高标准”。

2008 年，胡锦涛同志《在考察人民日报时的讲话》中指出要坚持把实现好、维护好、发展好最广大人民的根本利益作为新闻宣传工作的出发点和落脚点。2011 年 7 月 1 日，胡锦涛在庆祝中国共产党成立 90 周年大会上的讲话中指出，90 年来党的发展历程告诉我们，来自人民、植根人民、服务人民，是我们党永远立于不败之地的根本。以人为本、执政为民是我们党的性质和全心全意为人民服务根本宗旨的集中体现，是指引、评价、检验我们党一切执政活动的最高标准。全党同志必须牢记，密切联系群众是我们党的最大政治优

---

① 龚晨. 毛泽东“二为”思想在我国新时期的践行与理论思考[D]. 长沙：湖南师范大学，2014.

② 中共中央文献编辑委员会. 邓小平文选(第二卷)[M]. 北京：人民出版社，1994：67.

③ 中共中央文献编辑委员会. 邓小平文选(第二卷)[M]. 北京：人民出版社，1994：68.

势，脱离群众是我们党执政后的最大危险。我们必须始终把人民利益放在第一位，把实现好、维护好、发展好最广大人民根本利益作为一切工作的出发点和落脚点，做到权为民所用、情为民所系、利为民所谋，使我们的工作获得最广泛最可靠最牢固的群众基础和力量源泉。

2012 年，党的十八大胜利召开。坚持和发展中国特色社会主义，是贯穿党的十八大报告的一条主线；“为人民服务是党的根本宗旨”“以人为本、执政为民”是检验党一切执政活动的最高标准。2014 年 10 月 15 日，习近平总书记主持召开文艺工作座谈会并发表重要讲话。他强调，文艺工作者要“坚持以人民为中心的创作导向，努力创作更多无愧于时代的优秀作品，弘扬中国精神、凝聚中国力量，鼓舞全国各族人民朝气蓬勃迈向未来”，这为包括出版在内的新时代中国特色社会主义文艺工作指明了前进方向。

3. 出版业的“双效统一”原则①

十一届三中全会以后，随着改革开放的不断深化，在文化发展方面片面追求经济效益的现象日趋严重。针对这种情况，邓小平提出“思想文化教育卫生部门，都要以社会效益作为一切活动的唯一准则，它们所属的企业也要以社会效益为最高准则”②。这里用“唯一”“最高”突出社会效益的首要地位，为宣传思想文化工作指明了正确方向。

此后，关于出版业社会效益和经济效益关系问题的探讨，与改革开放的进程是同步的。

1983 年，中共中央、国务院《关于加强出版工作的决定》提出：“社会主义的出版工作，首先要注意出版物影响精神世界和指导实践活动的社会效果，同时要注意出版物作为商品出售而产生的经济效果。”

1988 年，中宣部和新闻出版署出台《关于当前出版社改革的若干意见》，对两个效益的关系作了较为完整的阐述：既要重视社会效益，又要重视经济效益，以社会效益为最高准则；在具体问题的处理上，如果经济效益与社会效益发生矛盾，经济效益要服从社会效益；在总体上，要争取做到社会效益与经济效益的统一。③

1993 年 12 月，江泽民同志在纪念毛泽东同志一百周年诞辰大会上的讲话中强调，“在思想文化教育部门和所有从事精神产品的生产或传播的企事业单位，都必须把社会效益摆在首位，在这个前提下讲求经济效益，实现社会效益和经济效益的正确结合”④。

2002 年，党的十六大做出深化文化体制改革的部署，明确提出“文化产业”的概念，

---

① 蒋茂凝. 新时代出版业两个效益辩证统一的理论和实践[J]. 中国编辑，2020(5)：4-9.

② 中共中央文献编辑委员会. 邓小平文选(第三卷)[M]. 北京：人民出版社，1994：146.

③ 宋木文. 亲历出版 30 年：新时期出版纪事与思考(下卷)[M]. 北京：商务印书馆，2007：559.

④ 中共中央文献编辑委员会. 江泽民文选(第一卷)[M]. 北京：人民出版社，2006：358.

要求“始终把社会效益放在首位”。

2003 年 8 月，胡锦涛同志在主持中共中央政治局第七次集体学习时强调，“发展各类文化事业和文化产业，都要坚持正确导向，把社会效益放在首位，做到社会效益和经济效益相统一”。此后，两个效益相统一的表述连续写入党代会报告。党的十七大报告提出“始终把社会效益放在首位，做到经济效益与社会效益相统一”，党的十八大报告提出“要坚持把社会效益放在首位、社会效益和经济效益相统一”，党的十九大报告提出“加快构建把社会效益放在首位、社会效益和经济效益相统一的体制机制”。

2014 年 10 月 15 日，习近平总书记主持召开文艺工作座谈会并发表重要讲话。他强调指出，“文艺不能在市场经济大潮中迷失方向”，“不能当市场的奴隶”。2015 年 9 月 14 日，中共中央办公厅、国务院办公厅印发《关于推动国有文化企业把社会效益放在首位、实现社会效益和经济效益相统一的指导意见》（以下简称《意见》）。《意见》明确指出，近年来，随着社会主义市场经济深入发展和文化体制改革不断深化，我国文化企业取得了社会效益和经济效益同步提升，同时也应该看到，“两个效益相统一的问题还没有很好地解决，片面追求经济效益、忽视社会效益现象时有出现”。《意见》对包括出版在内的文化企业正确处理两个效益的关系，提出了明确的要求和安排。《意见》指出，正确处理社会效益和经济效益、社会价值和市场价值的关系，当两个效益、两种价值发生矛盾时，经济效益服从社会效益、市场价值服从社会价值，越是深化改革、创新发展，越要把社会效益放在首位。正确处理文化的意识形态属性与产业属性、文化企业特点和现代企业制度要求的关系，把加强党的领导与完善公司治理统一起来，加强分类指导，创新资产组织形式和经营管理模式，建立健全把社会效益放在首位、实现社会效益和经济效益相统一的考核评价标准。正确处理党委、政府与国有文化企业的关系，统筹制度设计和政策配套，明确谁主管谁负责和属地管理，尊重企业法人主体地位和自主经营权，强化政策引导，严格依法监管，注重道德调节，坚守社会责任，把两个效益相统一的要求落到实处。

2018 年 11 月 14 日，中央全面深化改革委员会第五次会议审议通过《关于加强和改进出版工作的意见》，强调要着力构建把社会效益放在首位、社会效益和经济效益相统一的出版体制机制。同年 12 月，中宣部印发《图书出版单位社会效益评价考核试行办法》，规定从出版质量、文化和社会影响、产品结构和专业特色、内部制度和队伍建设等方面对社会效益进行量化考核，对图书出版社出版物出现的严重政治导向错误、社会影响恶劣的，实行“一票否决”，要求出版单位务必把社会效益放在首位、实现社会效益和经济效益相统一落到实处。按照中央要求，在国企改革大框架下，出版体制改革充分体现文化例外要求，确立社会效益第一、社会价值优先的经营理念，确保社会主义先进文化的前进方向，实现社会效益和经济效益的同步提升。

四、中国特色社会主义出版学自主知识体系

2022 年 4 月 25 日，习近平总书记在中国人民大学考察时强调，“加快构建中国特色哲学社会科学，归根结底是建构中国自主的知识体系”。作为中国特色哲学社会科学的有机组成部分，出版学不仅是中国自主知识体系中不可或缺的一环，而且从出版具有的知识生产、信息传播、文化传承功能来看，出版学在整个哲学社会科学学科知识建构、学术思想交流、学术话语表达全过程中还发挥着基础性、支撑性的作用，为其他学科自主知识体系建设提供了必要条件。因此，关于中国特色出版学自主知识体系建设的研究在同类议题中具有突出的先导性、必要性和紧迫性。

1. 出版学知识体系的生成史

尽管早在商周时期就出现了以“掌书史官”为主体的编辑活动，但大规模的出版活动到汉平帝元始四年（公元 4 年）“槐市”兴起方才出现。① 与出版活动相关的专门知识早期依附于目录学、版本学、校勘学等传统“治书之学”，出版作为独立的社会活动尚未从传统校雠学中的著、编、校等活动中分离出来，出版学作为一门独立的学科也未从古典文献学中脱胎出来，其知识体系尚处于萌芽时期。

近代以降，“出版”及“出版学”名词才正式出现。据林穗芳先生考证，“出版”一词系 19 世纪末、20 世纪初从日本传入中国。1889 年，梁启超在日本写作《自由书》时使用了“出版”一词。光绪三十二年（1906 年），清政府出台的《大清印刷物专律》，正式使用“出版”一词。② 关于“出版学”一词，最早可以追索到 1925 年。在上海南洋公学 1925 年出版的《南洋周刊》中，著名图书馆学家陈伯逵将“出版学”与“广告学”“运输学”等并列，将“出版学家”与“目录学家”“新闻学家”并称。③ 但遗憾的是，陈伯逵先生的设想在当时都未引起学界或业界关注。直到改革开放前，出版学的专门研究都相当薄弱，相关研究成果主要集中在出版史领域，如《中国书史》（1935）、《中国出版界简史》（1946）、《中国书史简编》（1958）等。可见，这一时期出版学的知识体系仍处于初创与探索阶段。

改革开放以后，在党和国家领导人及主管部门的关心和推动下，出版学在学科建制层面迎来重大发展机遇，关于我国出版学学科地位、学科性质、研究对象和研究内容等的讨论随之大量涌现，出版学知识体系进入发展壮大的新时期。1982 年 11 月，时任国家出版局副局长的王子野在《韬奋与出版》一书的序言中指出：“社会上各种行业都有自己的专门学问，经济有经济学，教育有教育学，新闻有新闻学，书刊出版后也有专门的目录学、版

---

① 肖东发. 中国编辑出版史[M]. 辽宁教育出版社，1996：131.

② 林穗芳. 明确“出版”概念，加强出版学研究[J]. 出版发行研究，1990(6)：13-20，1，12.

③ 王佳伟，陈兵枝. “出版学”一词在中国何时出现？[N]. 中华读书报，2019-02-27(014).

本学、图书馆学等，唯独出版工作本身缺少专门研究。是出版工作没有东西研究吗？不是的。出版的历史起码可以追溯到一千多年前，反正比新闻早得多……就是因为不被重视，所以才留下缺门。这空白总不能永远留下去，出版学早晚总要在众多的学科中占一席应有的位置。”1983 年 6 月，中共中央、国务院发布《关于加强出版工作的决定》，这是新时期指导出版工作的纲领性文件。同年，武汉大学开设中国第一个“图书发行专业”。1984 年，胡乔木同志致电教育部，提出要在北京大学、南开大学、复旦大学试办编辑专业。1998 年，“编辑出版学”正式进入教育部颁布的《普通高等学校本科专业目录》。

随着学科地位提升，出版学的研究成果也不断增长。1983 年 11 月，宋原放在首届中国出版工作者协会年会上提交了《迫切需要建立社会主义出版学》的论文，可谓是中国特色出版学自主知识体系建设的先声；1985 年底，宋原放又在《编辑学刊》创刊号上发表了《关于出版学的对象与任务》，继续就出版学知识体系的建立提出思考；1990 年 12 月，《出版发行研究》刊登了林穗芳先生的文章《明确“出版”概念，加强出版学研究》，文章对厘清出版的基本概念和来龙去脉起到了一锤定音的效果；1996 年 5 月，《图书情报工作》发表了王余光教授的论文《出版学与一个大学科体系的初步形成》。学术著作和教材方面，1992 年由彭建炎编著的《出版学概论》是国内第一本以“出版学”定名的专著；1997 年由袁亮主编的《出版学概论》被纳入普通高等教育编辑出版类规划教材；1999 年，罗紫初的《出版学原理》问世，是国内专门研究出版学基础理论的集大成之作。综上，从改革开放初到上世纪末短短二十年间，出版学专业教育与学术阵地基本形成，相对独立的出版学知识体系初步建立。

进入 21 世纪，我国出版学所处的行业、政策、技术、学科等方面环境发生较大变化，其研究内容和结构随之亦发生较大变化，出版学知识体系由此迎来变革重组的新时代。第一，行业环境方面，随着出版业“转企改制”陆续完成，按照市场经济规律从事出版产品的生产、经营和流通成为我国出版业发展的基本逻辑。出版学作为应用性的社会科学，遂沿着产业经济学的思路，基于出版活动中的不同环节和流程进行了出版组织与出版经营管理、出版市场与出版产业链、出版营销与读者行为等方面大量的应用型对策研究。第二，政策环境方面，随着出版业在文化事业以及意识形态安全领域的重要性不断提升，党和国家对出版业的政策支持和引导力度也不断加强，尤其是 2018 年中宣部统一领导全国出版工作以来，出版的内在价值即文化价值、意识形态价值、教育价值和科学价值不断得到强化，出版学知识体系的内容、侧重点和研究取向随之发生结构性变化，主题出版、全民阅读、出版智库等方面的研究成果大量涌现。第三，技术环境方面，传统出版业及其学科知识体系是在制造业逻辑下建立的，数字技术、信息技术的迅猛发展极大地拓宽了出版的行业边界和出版学的研究范畴，以往适用于工业社会纸质出版环境的出版学知识体系已经无法支撑信息社会数字化情境中的出版实践发展需要，数字出版、出版融合、知识服务等领域的研究开始受到高度重视。第四，学科发展环境方面，21 世纪以来，出版学一方面在学科建制上继续取得重要突破，2002 年，武汉大学开始招收“出版发行学”方向学术型硕士和博士研究生；2010 年，国务院学位委员会正式批准设立出版硕士专业学位；2012 年，教育部增设“网络与新媒体”“数字出版”专业；2022 年 9 月，“出版”进入《研究生教育学科专业目录》，可授予专业博士学位。在学科建设快速发展的同时，借鉴西方出版学、传播学、社会学、经济学、信息科学的研究方法、理论范式乃至话语体系，成为这一时期出版学知识体系的显著特征，这股“借鉴”之风在推动本学科发展的同时，也埋下了学科原创性、自主性不足的隐患。

2. 中国特色出版学自主知识体系建设的主体向度

构建中国特色出版学自主知识体系，归根结底是要坚持学科建设的“自主性”，着力构建具有民族性的出版学学科体系、学术体系和话语体系，体现学科建设的主体自主。所谓主体自主，就是要破除“西方中心主义”，立足中国出版实际，回答中国出版领域的重大理论和现实问题，贡献具有中国特色、中国风格、中国气派的本土性、原创性、时代性出版学知识体系、理论体系和方法体系。

首先，立足中国实际，回答中国之问。习近平总书记在哲学社会科学工作座谈会上强调，“我们的哲学社会科学有没有中国特色，归根到底要看有没有主体性、原创性。跟在别人后面亦步亦趋，不仅难以形成中国特色哲学社会科学，而且解决不了我国的实际问题……只有以我国实际为研究起点，我国哲学社会科学才能形成自己的特色和优势”。① 具体到出版学领域，首先要准确把握中国出版实际过去、现在和未来三方面的丰富内涵：第一，中国有着两千多年出版史，底蕴丰富的中国出版史为中国特色出版学提供了独特的知识源泉、思想养分和文化自信。利用好中国出版的独特资源和独特优势，体现出版学知识体系的继承性、民族性是第一个层面的中国出版实际。第二，当代中国出版正经历着全方位的变革和创新，从改革开放初期阅读严重匮乏的书荒年代，到当下年出书 50 余万种、总印数 100 余亿册，再到品种丰富、形态多元的各类数字出版产品，极大丰富了广大人民群众的精神文化需求。波澜壮阔的中国出版实践为中国特色出版学提供了现实依据、创新动力和应用场域，把握好中国出版的新方位、新变化、新要求、新动能，体现出版学知识体系的创造性、时代性是第二个层面的中国出版实际。第三，未来中国还将继续在改革创新的征程上向前迈进，并日益向世界展现可信、可爱、可敬的中国形象，树立负责任、求发展、促和平的中国典范，为解决全人类共同面对的问题贡献中国智慧。出版在这一进程中肩负着观念塑造、价值引导、文化传播的重大使命，发挥好中国出版的文化功能、意识

---

① 习近平：在哲学社会科学工作座谈会上的讲话[EB/OL].［2016-05-19］. http://www.scio.gov.cn/31773/31774/31783/Document/1478145/1478145.htm.

形态功能、社会服务功能，体现出版学知识体系的应用性、前瞻性是第三个层面的中国出版实际。

然后，彰显中国特色、中国风格、中国气派。习近平总书记在哲学社会科学工作座谈会上强调，“哲学社会科学的特色、风格、气派，是发展到一定阶段的产物，是成熟的标志，是实力的象征，也是自信的体现”。构建“中国特色”的出版学知识体系，就是要在出版学研究的价值取向、知识体系的组成内容和结构、研究方法和路径、研究结论和应用等方面具有明显区隔于西学的特点或本色；构建“中国风格”的出版学知识体系，就是要将中国出版学研究各方面特质融会贯通之后形成具有标志性、显示度的学科范式；构建“中国气派”的出版学知识体系，就是要在出版学发展到一定阶段后由学科特色、范式凝结而成面向本学科、其他学科以及全世界的具有强大感染力、信服力的精神气概。

3. 中国特色出版学自主知识体系建设的学科向度

构建中国特色出版学自主知识体系，同时还要解决一个学科自主的问题。所谓学科自主，就是突显出版学的学科独立性。出版学虽然与哲学社会科学中的新闻传播学、历史文献学、图书馆学等关系密切，但它有自己独特的研究对象和研究方法，有明确区隔于上述相关学科的清晰的学科边界，是一门不同于新闻传播学、历史文献学、图书馆学的完全独立的人文社会科学学科。从属或依附于这些学科的出版学建设是不利于出版学自主知识体系构建的。

“出版”与“新闻”，虽然都是人类社会有目的的传播现象，都属上层建筑范畴，但这两种社会传播的目的和侧重点却并不相同，其研究内容和研究范式与方法也存在很大的差异。因此，对两者的研究也就形成了两个完全独立的学科。出版学和新闻传播学的关系，主要体现在以下三个方面。第一，两者的研究对象相邻、相近，甚至相似，但差异明显，是两种完全不同的社会现象。出版学的研究对象是“出版现象”或“出版活动”及其规律，新闻传播学的研究对象是“新闻传播活动”及其规律。它们的共性是，两者都属人类社会传播现象，两者同时关乎社会上层建筑，对维系国家和社会的稳定发展具有类似的功能和价值。它们的不同之处在于，“出版活动”主要表现为一种社会文化活动，其社会功能和价值主要是通过文化的传播和传承，参与社会文化的建构，以促进民族和国家的文化认同和文化自信；而“新闻传播活动”则是一种社会舆论现象，关注的是一种“时政”文化，其社会功能和价值主要是通过时政新闻的议程设置与新闻批评，参与社会时政舆情的建构，进而影响受众的价值判断。简言之，出版学强调的是文化的厚度和持久性的影响力；新闻传播学关注的则是新闻的时效性和当下影响力。可见，从研究对象视角看，出版学和新闻传播学是“和而不同”，研究对象相近，但彼此完全独立。不同的研究对象，也就决定了两者具有完全不同的社会价值和各自的学科发展规定性。第二，两者的研究内容完全不同，各自都有其自身完全独立的学科知识体系。出版学是一门研究出版活动存在和发展规律的人文社会科学学科，以社会文化建构为目标，研究书刊、音像、电子与网络出版物的编辑、复制、发行与阅读消费活动，探讨其发展规律。其中，文化是目的，出版物是载体，读者是服务对象。其内容体系以出版物为中心，研究出版物对读者和社会的文化影响及其作用机制。新闻传播学，则是一门研究新闻事业和新闻工作规律的人文科学学科，研究新闻事业和人类社会的关系，探索新闻事业产生、发展的特殊规律和新闻工作的基本要求，具体涉及新闻的“采、写、编、评”等新闻业务活动。其研究的重点是受众、媒介或传播模式等，关注的是报纸、广播、电视等大众媒介的舆论影响及其实现机制。出版学的研究内容以出版物的“编、印、发”为中心展开，新闻传播学的研究内容以新闻的“采、写、编、评”为核心组成，各自都有其完整的内容体系。第三，两者的研究范式和方法，既有相同、相通之处，更有各自相对独立的研究范式和方法论。新闻传播学的研究范式和方法，主要是质性研究或曰规范研究，价值判断是新闻传播学方法论的核心。出版学则不尽相同，对其而言，质性研究和量化研究同等重要。出版学既强调价值导向的规范作用，又注重量化研究方法的价值。研究范式和方法的不同，决定了其研究成果的评价标准和方法也存在显著差异。

出版学与历史文献学的关系，是源于出版学研究内容中的“出版物”与历史文献学的研究对象历史“文献”之间的相近性。无论在一般日常语境中，还是学科语境中，出版物与文献不仅相近，有时甚至完全相同。出版物就是文献，文献也是出版物。出版学与历史文献学这两个学科的研究，都会涉及出版物或文献，因此，它们的确具有一定的相关性。出版学与历史文献学，虽然相近，却是两个彼此完全独立的学科领域，各自的研究对象、研究内容和研究范式与方法差异明显。中国历史文献学，是中国历史学的二级学科，属人文学科范畴，以历史文献为研究对象，研究历史文献的产生发展、表现方式、历史流变，以及历史文献的内容类别、整理利用，探寻其发展规律，并借以考察其社会历史或文化价值。敦煌学和古文字学是历史文献学中两个较有代表性的分支领域。由此可知，历史文献学是基于历史文献研究其所代表的历史或文化活动。其研究范式和方法，主要是史学范式或考据学方法。与此不同，文献或出版物并不是出版学的直接研究对象，只是出版学研究对象“出版现象”或“出版活动”的衍生物，是出版学研究内容的一部分。不仅如此，出版学对文献或出版物的研究，主要关注的是文献或出版物的编辑、复制与发行活动，而不仅仅是文献或出版物所隐含的历史或文化价值。从研究范式或方法上看，出版学对文献或出版物的研究，遵循的主要是社会科学范式与研究方法，而不是史学范式或考据学方法。因此，无论从研究对象、研究内容，还是研究范式或研究方法角度看，出版学和历史文献学是两个完全不同的学科领域。它们之间的联系是形式上的，区别则是本质上的。

图书馆学，是一门研究图书馆的发生发展、组织管理以及图书馆工作规律的管理学学科。作为一个以机构命名的学科，图书馆学的社会认同虽然也面临不少困难，但它的建制认同问题毕竟已得到解决。图书馆现象与出版活动之间，可以看作一种临近“延续关系”，出版在前，图书馆在后。图书馆现象得以立足的书刊等文献资源，与出版业服务社会的出版物产品，虽然是完全相同的基本载体，但更是两类完全不同的社会现象。图书馆现象是一种纯粹的社会文化事业，属于社会公共文化范畴；出版活动则基本可以定义为一种以商业形态存在的文化形态，它们各自都有其自身存在和运动的方式与规律。从学科性质上讲，图书馆学是管理学学科；出版学则是兼具人文属性的人文社会科学学科，两者的学科归属相距甚远。因此，两者的研究范式和研究方法也存在显著不同。但尽管如此，图书馆学关于读者服务和阅读推广的相关研究方法及其成果，对出版学具有重要的参考或借鉴价值。从这个意义上讲，两个学科之间仍然具有加强交流的必要或价值。

基于以上分析不难发现，新闻传播学、历史文献学、图书馆学等这些学科，虽然在研究对象、学科性质和研究范式方面与出版学部分相关，但替代不了出版学。出版学，有自己独特的研究对象和研究范式，并不从属或依附于新闻传播学、历史文献学、图书馆学等学科，是一门完全独立的人文社会科学学科。

学科的基础理论是指一个学科的核心概念、研究范畴与基本问题，是一个学科存在和被认可的核心与基础。作为一门还不成熟、尚在生成当中的学科，出版学的基础理论还十分薄弱，学科概念体系、方法体系和理论体系还有待建立与完善。但这并不意味着出版学没有理论、更不意味着出版学教学过程中可以忽视基础理论，恰恰相反，我们认为出版学基础理论的探讨应当贯穿于整个出版学的教学与研究活动中，更应该体现在出版学的教材中。只有这样，才能推动出版学基础理论建设与学科发展，才能培养出版学子和研究者的理论视野和理论素养，使其在今后的研究和工作中产生理论自觉，更好地用理论认知解释实践、指导实践发展。

正因为这样，我们将基础理论置于全书开篇，用三章的篇幅分别探讨了出版学的核心概念、基本原理、学科基本理论问题。其中，第一章出版学的核心概念围绕出版物、出版活动和出版物市场三个“元概念”入手，构建了一个出版学的概念体系框架，为学习者提供了一个研究出版学基本概念的有效视角。第二章出版基本原理，立足于出版活动的特殊属性及我国特色社会主义出版工作的价值取向，分别从出版功能和出版业务两个方面对出版实践进行全方位介绍。这一章始终围绕的一个核心问题是如何理解和处理出版活动经济效益和社会效益的关系。抓住这一个核心问题，即使刚刚接触出版专业学习、没有任何出版实际工作经验的大学生也可以轻松理解本章所要阐述的出版基本原理。第三章出版学科基础理论是本篇的重点，包含三节主要内容，分别是出版学的研究对象与研究内容、学科性

基础理论篇

质与相关学科、学科范式与研究方法。为了更好地向学习者展示出版学作为一门学科的"实然"与"应然"状态，本章以科学学对学科的理解和定义为视角，抽丝剥茧、层层递进、鞭辟入里，系统而辩证地阐述了出版学的研究对象、研究内容、学科性质、相关学科、学科范式和研究方法等一个学科最核心、最根本的问题。相对于前两章，第三章的内容要难一些，需要学习者具备较强的逻辑思维，建议学习者进行适当的科学学、科学哲学等方面的拓展阅读。

与已经问世的大多数出版学专业教材甚至很多社会科学专业教材不同，本教材以对相关研究进行评述和讨论的方式开宗明义地提出出版学作为一门正在生成当中的年轻学科所面临和需要回答的基本问题，而不是直接告诉读者出版学的概念、定义、逻辑、方法和价值取向，让读者被动接受这些观点。这样安排架构和撰写教材内容是基于两个方面的考量：一是我们认为，新时代的高等院校出版专业学生，有能力也有必要培养批判思维和发展独立分析问题、解决问题的能力，对他们而言，知道"为什么"比知道"是什么"更重要；二是基于出版学自身发展阶段的特点，很多概念、理论、方法还在生成演变中，与一些"成熟学科"相比，被广泛认可和相对稳定的出版学基础理论还没有形成。因此本教材的第一篇基础理论篇倾向于授之以"渔"而不是授之以"鱼"，向读者全面展示不同学者对同一问题的不同观点，并在此基础上提出我们的观点和立论依据，进而引发读者的主动思考而不是被动吸收。

A

第一章　出版学的核心概念

* 本章知识点提要

1. 出版学的核心概念
2. 出版物的定义、属性和类型
3. 出版活动的基本要素
4. 出版物市场的构成要素

* 本章术语

出版物　出版学　出版　编辑　发行　复制　网络出版物　出版物市场

出版学的学科体系由一系列概念、范畴、理论和方法构成。其中，概念是构成出版学学科体系的基石。准确把握这些基本概念的内涵和外延是掌握出版学理论体系的基础。出版学的核心概念主要有出版物、出版活动和出版物市场等。本章我们将对其中的一些核心概念作简要介绍。

出版物(慕课)　　出版物(课件)

第一节　出版物

出版物，是出版工作的直接成果，是出版业经营的对象，是读者阅读消费的内容载体，是构建出版学学科体系的核心概念之一。出版物是一个发展中的概念，在出版学发展的不同历史时期，出版物的载体、形式和类型并不完全相同。本节将对出版物的概念、属性和类型进行介绍。

一、出版物的概念

尽管出版活动有着悠久的历史，但中国古代并没有“出版物”这个概念，只有与之相关的帛书、简册、典籍、书、书籍、文献等。1906年，清政府颁发的《大清印刷物件专律》使用过“印刷物件”，1914年，民国时期国民政府颁发的《出版法》正式使用了“出版物”，1930年新版民国《出版法》又用“出版品”代替“出版物”，中华人民共和国成立后，“出版物”概念得到广泛使用。在当今大陆出版界，“出版物”是一个被广为使用的基本概念，但在我国台湾地区，目前仍然沿用“出版品”的概念。

关于出版物的定义，业界和学界尚有不同看法。例如，出版职业资格考试委员会认定的定义是，“出版物是已出版的作品，包括报纸、期刊、图书、音像制品、电子出版物和互联网出版物六种”①。罗紫初教授则认为，“出版物是指以传播为目的贮存知识信息并具有一定物质形态的出版产品”②。上述定义虽然不存在本质差异，但是各自界定这一概念的视角和侧重点却并不相同。

那么，到底该怎样定义“出版物”这一概念呢？我们认为，出版物是经过编辑与复制以供传播或发行的精神文化产品。要完整地掌握这一定义，关键是要把握出版物的内容、载体和工序三个基本要素。这三个要素共同构成完整的出版物，三者缺一不可。

要素一：内容，即以文字、符号、图像、音频、视频或代码等形式呈现的精神文化内容。出版物的内容，一般是关于自然、社会和思维的各种知识或信息，是出版物的灵魂所系，是出版物作用于读者的关键所在，是导致读者选择出版物的关键依据。一件出版物产品是否受市场欢迎，关键在其精神文化内容以及内容的呈现方式。出版业被定义为文化产业，正是由于出版物的这一基本要素使然。

要素二：载体，即出版物内容的承载物。出版物的内容，属精神文化范畴，必须依附于一定的物质载体才能被读者阅读或消费。正因为如此，出版常常又被看作一个将精神文化内容物化为物质载体的过程。出版物的载体形态是随着技术的进步而不断发展的。出版物载体经历了“由硬变软”“由大变小”“由宏变微”，由承载很少的信息量到承载海量的信息量的发展过程。在经历了龟甲兽骨、陶器泥板、金石鼎碑、竹简木牍纸莎草、贝叶、桦树皮等硬质出版载体后，人类又逐渐探索出绢帛、兽皮、植物纤维纸等软介质出版载体，而后又继续探索出声、光、电、磁、芯片等虚拟或半虚拟出版载体和介质。③ 出版物载体技术的演进，不仅改变着出版物的呈现形态，而且还不断重构着出版工作的业务流程和出

① 全国出版专业职业资格考试办公室. 出版专业基础(中级)[M]. 上海：上海辞书出版社，2007：9.

② 罗紫初. 编辑出版学导论[M]. 长沙：湖南大学出版社，2014：11.

③ 万安伦. 中外出版史[M]. 北京：高等教育出版社，2017：22.

版业的组织形态。

要素三：工序，即出版物的生产过程。出版物是经过编辑与复制而成的精神文化产品。其中，编辑是对内容加工的过程，复制则是基于母本批量生产复本的过程。编辑与复制工序两个环节缺一不可。“编辑与复制”工序是区隔出版物与作者“手稿”的关键要素。作者撰写的“手稿”，只有经过“编辑与复制”工序才能转化为出版物，否则就不能称为出版物，只能称为“手稿”。以大型古籍出版物清修《四库全书》为例，该出版物，由清高宗乾隆帝主持，纪昀等360多位学者编撰，3800多人抄写，耗时13年完成。编撰工作完成后，乾隆帝又命人手抄7部，分藏于全国各地。在《四库全书》的出版过程中，乾隆和纪昀等所从事的编撰工作属“编辑”范畴，而“手抄”则是“复制”工作。

二、出版物的属性

属性是事物的本质特征。科学地认知出版物的属性，是做好出版工作的必然要求。出版物，作为经过编辑与复制以供传播或发行的精神文化产品，到底具有哪些属性呢？

关于出版物属性的研究成果不少。改革开放初期，相关研究就得以展开。一些学者强调，“弄清出版物的性质，这是研究出版学的核心问题”①，“出版物的属性问题，是出版学研究中的一个十分重要的基础性问题”②。尽管该问题的研究受到了应有的重视，但大家并未就此问题达成共识。有代表性的观点大致可以分为两类，一种认为出版物具有二重属性，另一种认为出版物具有三重属性。叶再生等是前者的代表。他认为，出版物是一种“特殊”商品，“具有商品的属性和特殊的社会功能的两重性”③。持有类似观点的学者很多，他们大多将出版物的二重属性表述为“商品属性”和“精神文化属性”④⑤。袁亮等是后者的代表。他认为，出版物具有精神产品属性、物质产品属性、商品属性三种属性。他同时还进一步强调，在这三重属性中，“精神产品属性是主要的，是处于支配地位的，它是规定出版物本质的东西。而物质产品属性和商品属性，是处于次要的被支配地位的”⑥。全国出版专业职业资格考试办公室编写的《出版专业基础（中级）》同样认为出版物有三重属性，即本质属性、商品属性和特有属性。其中，本质属性是出版物的精神产品属性，商品属性是出版物的物质产品属性，特有属性是出版物的精神产品内核与物质产品形态的统一属性。⑦

---

① 袁亮. 出版物的性质[J]. 出版发行研究，1996(5)：3-12.

② 钱建国. 论出版物的属性[J]. 图书情报知识，1997(4)：66-68.

③ 叶再生. 图书的本质属性兼论书刊出版物的两重性[J]. 出版与发行，1987(1)：7-12.

④ 钱建国. 论出版物的属性[J]. 图书情报知识，1997(4)：66-68.

⑤ 周蔚华. 从出版物的双重属性看出版者的社会责任[J]. 中国出版，2004(9)：14-18.

⑥ 袁亮. 出版物的性质[J]. 出版发行研究，1996(5)：3-12.

⑦ 全国出版专业职业资格考试办公室. 出版专业基础（中级）[M]. 上海：上海辞书出版社，2007：30.

我们认为不管是二重属性，还是三重属性，只是表述上的差异，本质上却具有高度的相似性，均较好地揭示了出版物的本质特征，也就是出版物的精神文化属性和商品属性。

因此，出版物的属性是指：出版物既具有商品属性，又具有精神文化属性。其中，商品属性是出版物的外在属性，精神文化属性是出版物的内在属性，或本质属性。其外在属性和内在属性是一个有机整体，两者高度统一，不可偏废。

1. 外在属性，即出版物的商品属性

在市场经济条件下，出版物是以商品的形式参与市场流通的，必须遵循基本的市场经济规律。因此，它便具有了一般商品的基本特征，即商品属性。承认出版物的商品属性，是出版物参与市场流通的前提，是出版物有效实现其市场价值的必然要求。否定出版物的商品属性，将阻碍出版物通过市场实现其价值，必将严重影响出版业的发展。同时，商品属性所揭示的并非出版物的本质属性，只是出版物在生产经营过程中所表现出的外在属性。出版物的本质属性是精神文化属性。

2. 内在属性，或称本质属性，即出版物的精神文化属性

出版物是一种精神文化产品，其内容是关于自然、社会和思维的各种知识或信息。出版物的价值，不同于一般物质产品，不是以其物化形态来衡量的，而是体现在其对作者、读者和社会的精神文化影响上。于作者，“著书立说”；于读者，“书犹药也，善读之可以医愚”；于社会，“书是人类进步的阶梯”。凡此种种，足见出版物的价值或功能迥异于一般物质产品，具有一般物质产品所不具备的精神文化属性。精神文化属性是出版物的内在属性或本质属性，是“规定出版物本质的东西”①。只有深刻理解和准确把握出版物的这一本质属性，出版人才能坚守正确的出版方向，避免误入市场经济的“陷阱”。

3. 外在属性和内在属性的统一，即出版物的商品属性与精神文化属性的统一

出版物的外在属性和内在属性，都是出版物的固有属性。作为出版物的两种基本属性，它们都会对出版物的生产经营活动、对出版物作用与功能的发挥施加影响。其中，外在属性，即商品属性的影响主要体现在出版物市场价值的实现上；内在属性，即精神文化属性的影响则更多地体现在出版物社会价值的实现上。虽然两者在出版业发展过程中发挥作用和影响的机制与机理不尽相同，但两者是有机统一的整体，同等重要，不可偏废。刻意强调或无视其中的任何一种都是不科学的，甚至是有害的。

三、出版物的类型

出版物类型的划分，看似简单，实则复杂。一是由于信息技术、载体技术、复制技术

---

① 袁亮. 出版物的性质[J]. 出版发行研究，1996(5)：3-12.

以及出版方式的发展变化，出版物的形态也处在不断发展变化过程中，其类型划分不是一成不变的。二是世界各国出版管理体制和出版运行机制各异，出版业内部分工各不相同，会影响到出版物的类型划分。因此，不同国家或地区、不同时期，出版物的类型划分也各不相同。出版物类型的划分具有区域性和时代性特征。

在20世纪80年代新媒体普及之前，欧美将出版物分为图书、报刊、连续出版物和文献四大类。其中，文献是指由非商业出版社出版(如政府机构、学术团体、科研单位、工商企业等)的公开、半公开发行的资料。同期，我国出版物基本被划分为三大类，即报纸、期刊和图书。这是出版物类型划分区域性的体现。21世纪初，数字技术的兴起，促进数字出版的发展，我国出版物类型体系中出现了音像制品、电子出版物和互联网出版物等新的出版物形态，出版物的类型越来越丰富了。上述这些类型，主要是以出版物载体形态为标准划分的。

此外，出版物的分类标准还有很多。如，按出版者的不同，可将出版物分为政府出版物、机关团体出版物和一般出版物；按发行方式、发行范围和发行对象，可将出版物分为内部读物和公开出版物；按合法合规性，可将出版物分为正式出版物和非法出版物。下面，按国务院发布的《出版管理条例(2016修订)》对出版物的类型划分为依据，简要介绍报纸、期刊、图书、音像制品、电子出版物和互联网出版物等出版物类型。

1. 报纸

报纸，是一种历史悠久的大众出版物。公元前60年，古罗马恺撒大帝把罗马以及整个国家发生的事件书写在白色的木板上，告示市民。这被看作世界上最古老的报纸。汉代的《邸报》是我国最早的报纸。原藏于敦煌莫高窟的唐代《进奏院状》，是中国已知的最早的一份手抄邸报，距今已有1000多年了。印刷术应用于报纸出版大约出现在1450年的欧洲。1493年，报道哥伦布发现新大陆经历的报纸被看作罗马印制的第一份报纸。世界上第一份定期出版的报纸和第一份日报均出自德国。1609年出版的《艾维苏事务报》是世界上最早定期出版的报纸，每周出版一次。日报首次发行于1650年，是德国人蒂莫特里茨出版的。虽然只发行了3个月左右，却是世界上第一份日报。现代意义上的报纸始于工业革命后期资本主义经济的高速发展。19世纪末20世纪初，报纸开启了“大众化”的进程，实现了从“小众”到“大众”的跨越，宣告了一个新的时代——大众传播时代的到来。①②③

进入21世纪以来，随着互联网的发展，网络媒体强势崛起，报纸的影响日渐式微。甚至有人预计，报纸死亡时代业已开启。但我们相信，作为一种历史悠久的大众出版物，

---

① 方汉奇. 中国近代报刊史[M]. 太原：山西教育出版社，1991：50.

② 李焱胜. 中国报刊图史[M]. 武汉：湖北人民出版社，2005：50.

③ 乔治·维尔. 世界报刊史——报刊的起源、发展与作用[M]. 康志洪，王海，译. 北京：科学出版社，2018：50-55.

报纸并不会因新媒体的兴起而消亡，而是会以全新的形态融入新媒体阵营继续为社会公众提供更为精准的新闻信息传播服务。

关于报纸的定义，学界业界虽然存在不同的看法，但差异不大，主流观点基本一致。①② 如，报纸是“以刊登新闻为主的面向公众、定期、连续发行的出版物”(《辞海》)；“以刊登新闻为主的面向公众发行的定期出版物”(《新闻学简明辞典》)；“以报道(传播消息)为中心进行编辑，向不固定的及固定的众多读者公布的定期出版物”(《简明出版百科辞典》)；“出版物的一种。通常每天或每周出版，刊登消息和就时事及其他普遍关心的事件发表评论”(《简明不列颠百科全书》)等。

这些定义大致包括这样几个要件：其一，报纸是一种出版物类型；其二，报纸是定期、连续出版的出版物；其三，报纸是面向公众发行的出版物；其四，报纸是以刊登新闻为主的出版物。只要把握了这几个要件，也就掌握了报纸这一概念基本内涵。

2. 期刊

期刊，有时也称作杂志。《辞海》中有这样的表述：“期刊又名‘杂志’。”宋应离(1988年)、姚远(1997年)、许清茂(2002年)等均持“杂志即期刊”的观点，日本学者布川等也把学术期刊叫作“学术杂志”。《中国大百科全书(新闻出版)》在定义期刊时称，期刊是“供大众阅读的综合性杂志与专业人员阅读的刊物的统称”③。期刊是一种历史悠久的出版物类型，迄今已有350多年的历史。一般认为，1665年1月5日，法国戴·萨罗(Denysde Sallo)在巴黎创办的《学者期刊》(*Journal Des Sarans*)开了人类创办期刊的先河。④ 期刊自诞生以来，不仅成就了一个特色鲜明的出版产业领域，而且极大地丰富了公众的业余文化生活、促进了学术传播与文化交流。

期刊的定义，学界和业界虽然有不同的表述，但各自的出入并不大。如有学者认为，期刊是“指刊载不同著者的不同著述，在统一的题名下，以统一的装帧形式，按期序号(卷号、期号)或时序号(月号、季号)无限期地连续出版物”⑤。《中国大百科全书(新闻出版)(1998年)》是这样定义期刊的：“期刊是具有同一标题定期或不定期的连续出版物。”(原)国家新闻出版总署颁布的《期刊出版管理规定》指出：“本规定所称期刊又称杂志，是指有固定名称，用卷、期或者年、季、月顺序编号，按照一定周期出版的成册连续出版物。”⑥全国文献工作标准化技术委员会制定的《文献工作——期刊刊名缩写的国际规则》(1984

① 陈颐. 报纸定义的新探讨[J]. 新闻大学，1986(12)：34-36.

② 雁鸣. 试论报纸的定义[J]. 郑州大学学报(哲学社会科学版)，1992(3)：113-115.

③ 尹玉吉. 期刊概念流变及其定义研究[J]. 中国科技期刊研究，2012，23(1)：64-68.

④ 尹玉吉. 期刊概念流变及其定义研究[J]. 中国科技期刊研究，2012，23(1)：64-68.

⑤ 崔亚虹，包爱梅. 期刊管理与信息检索[M]. 呼和浩特：内蒙古大学出版社，2005：50.

⑥ 国家新闻出版署. 中华人民共和国新闻出版总署令第31号《期刊出版管理规定》[EB/OL]. [2022-07-18]. http://www.gov.cn/gongbao/content/2006/content_369227.htm.

年）对“期刊”的解释是：“定期地或以宣布的期限出版，或准备无限期地出版下去的一种连续出版物。”

上述定义，强调了界定期刊的几个要点：其一，期刊是一种连续出版物；其二，期刊是按一定标准排序编号出版的；其三，期刊有固定的名称。综合已有观点，我们将期刊定义为：期刊是指收录不同作者的著述、以固定的名称、按特定标准排序编号出版的一种连续出版物。

期刊虽然是一种出版物类型，但它仍是一个内涵十分丰富的集合概念，通常可以细分出很多亚类。如按内容，可将其分为综合性期刊与专业性期刊；按载体，可将其分为纸质期刊、电子或网络版期刊；按发行方式，可分为邮发期刊和非邮发期刊。此外，学术期刊还有核心期刊、权威期刊概念，这些均是按照期刊的学术影响来划分的。在期刊出版实践中，不同类别的期刊，其出版理念、经营模式、发行渠道、管理方法相去甚远。

3. 图书

图书，是历史最悠久的出版物类型，已有数千年的历史。提起“图书”一词的渊源，一般会想到《周易·上系辞》中“河图洛书”的典故。但将“图”和“书”作为一个词来使用，则是在《史记·萧相国世家》中。文中有这样的记载：刘邦攻入咸阳时，“何独先入收秦丞相御史律令图书藏之”。此处的“图书”意指地图和文书档案，有别于今天的“图书”概念。几千年来，图书的载体和形态发生了巨大的变化，一步一步走进普罗大众的生活之中，逐步固化为我们今天所看到的“模样”。

那么，到底什么是图书呢？

有学者在对图书的辞源、形态及定义进行系统研究后指出，“截至目前，图书的概念仍然是模糊的，定义是不确切的”，至今还没有一个理想的定义。① 这表明，关于图书的定义，尚存在争议，并未真正达成共识。

事实上，关于图书定义的讨论十分热烈。例如，图书馆学家刘国均先生认为，“图书是以传播知识为目的，用文字或图画记录于一定形式的材料之上的著作物”②。出版学家邵益文先生则认为，“图书是根据社会的需要，以传贮精神文明为目的，借助一定的物质材料，用文字、图像、符号和声音按照一定的结构、体系，集中地记录某种思想、文化、科学知识，便于个人携带使用的不定期的非连续性出版物”③。上述定义，涉及图书概念所包括的两方面内涵，即内容和形式。其中，前者强调的所谓“以传播知识为目的”和后者的“记录某种思想、文化、科学知识”均系内容方面的规定性；前者“记录于一定形式的材料之上的著作物”和后者有关“物质材料”“非连续性出版物”等均为形式方面的规定性。应

---

① 李永，李锡峰. 图书定义的讨论[J]. 晋图学刊，1998(2)：20-22.

② 刘国钧. 中国书史简编[M]. 北京：高等教育出版社，1958：50.

③ 邵益文. 编辑学研究在中国[M]. 武汉：湖北教育出版社，1992：35.

该说，这种定义方式较好地抓住了图书这一概念的关键点。①

除了专家学者的定义之外，一些国家或国际组织也基于相关工作方面的要求对图书的概念做出过定义。如我国国家标准《文献著录总则》(GB/T 3792.1-1983)和《普通图书著录规则》(GB/T 3792.2-1985)就对图书作出的明确定义，即图书是指“以印刷方式单本刊行的出版物，包括汇编本、多卷书、丛书等，不含线装古籍、连续出版物及各种非书资料”②。联合国教科文组织给出的定义是：图书是由出版社(商)出版的，不包括封面和封底在内49页以上的印刷品，具有特定书名和著者名，编有国际标准书号，有定价并取得版权保护的出版物。与专家学者的定义不同，相关国家或国际组织的定义，侧重的是图书在形式方面的规定性。我们认为，这种定义的思路也有其合理性，它们更多的是从文献或出版工作实践出发、以便于操作为目的来下定义的。

我们认为，定义图书这个概念应该同时考虑其内容和形式两个方面的规定，但考虑到操作性的要求，形式上的规定应该作为定义图书这个概念的重点。因此，我们倾向于以联合国教科文组织的定义为基础来定义图书这一概念。联合国教科文组织的定义，较好地揭示了图书这一概念的基本内涵，清晰地界定了图书与其他类型出版物之间的边界。

第一，图书是由出版社(商)出版的，这就将图书与政府出版物区隔开了。

第二，图书是一种印刷品，这是区隔图书与各类新型出版物的主要标准。但其对图书页数的限定并未被世界各国所接受。其规定的标准是49页以上，但法国的标准却是64页以上才算图书，意大利的标准更是要达到100页才算图书。在我国，对图书的页数没有具体的规定。

第三，图书必须要有书名和著者名。这是图书与报刊的主要区别。

第四，图书必须要有国际标准书号。

第五，图书是有定价的。这表明图书是商品，且普遍遵循“定价销售制”。

第六，图书应该取得版权保护。这是其内容属性的基本要求。

第七，图书是一种出版物类型。“出版物”是被定义概念——图书的临近“属概念”。我们认为，如果对其加上“非连续性”的限定，就更能体现其“属概念”的临近性。

因此，我们将图书定义为：由出版社(商)出版的，不包括封面和封底在内达到规定页数的印刷品，具有特定书名和著者名，拥有国际标准书号，有定价并取得版权保护的非连续性出版物。

4. 音像制品

1877年，爱迪生发明圆筒留声机，开启了人类记录声音的历史。10年后，贝林纳在此基础上发明了圆盘留声机，为唱片的大量复制提供了可能。1928年，英国人芬奇·巴耶

---

① 吴平，胡程立. 图书学[M]. 长沙：湖南大学出版社，2008：19.

② 张玉麟. 中文文献编目[M]. 北京：中国科学院文献情报中心，1989：21.

特申请了唱片式录像的专利，并生产了试用唱片。一百多年后的今天，唱片、录音带、录像带、激光视盘等音像制品进入千家万户，极大地丰富了公众的精神文化生活。

音像制品的普及程度虽然很高，其形态和功能大家也并不陌生，但关于其概念的研究却不多。官方有关音像制品的文件也只列举了其具体形态，并没有给出确切的定义。如，1996 年，(原)新闻出版署颁布的《音像制品复制管理办法》称，“本办法所称音像制品是指录有内容的录音带、录像带、唱片、激光唱盘和激光视盘等”。国务院颁布的《音像制品管理条例(2016 修订)》，也没有给出其定义。该《条例》指出，本条例适用于录有内容的录音带、录像带、唱片、激光唱盘和激光视盘等音像制品的出版、制作、复制、进口、批发、零售、出租等活动。

音像制品行业和著作权法研究相关人士有过关于音像制品概念的讨论。中国唱片总公司的李正本认为，“凡记录有声音及图像能以商品形式进入家庭的声像记录媒体，统称为音像制品”①。一些版权法专家认为，录音制品是指任何声音的原始录制品，② 录像制品是指电影、电视、录像作品以外的任何有伴音或者无伴音的连续相关形象的原始录制品等。③ 这些从各自的行业视角所给出的定义，虽然存在一定的行业局限性，但对我们科学地界定音像制品的内涵和外延仍然是有积极意义的。

基于现有研究成果，我们认为，音像制品是面向公众发行的录有声音、图像或音像的出版物，主要有录音带、录像带、唱片、激光唱盘和激光视盘等形式。

作为出版物的一个重要类型，音像制品与图书和期刊等纸质出版物一样，也必须取得“音像制品的国际标准编码”(International Standard Recording Code，ISRC)和“中国标准音像制品编码”(CSRC)。其中，《国际标准音像制品编码》(ISRC)(ISO 390 11986)对于音像制品，就如同国际标准书号(ISBN)对于图书、国际标准刊号(ISSN)对于期刊一样，是音像制品唯一的国际性标识编码。《中国标准音像制品编码》(CSRC)(GB 13396-92)，是由全国文献工作标准化技术委员会出版物格式分委员会在参照了上述国际标准基础上结合我国实际情况起草制定、由国家技术监督局批准的强制性国家标准。

5. 电子出版物

电子出版物，作为一种全新的出版物形态，是伴随计算机技术、存贮技术及通信技术的发展而兴起的。林穗芳先生认为，美国 1961 年 1 月起正式出版的《化学题录》磁带版是世界最早的电子出版物。④ 电子出版物迄今已有半个多世纪的历史。

电子出版和电子出版物自诞生以来，受到了大家的高度评价。“它的到来，打破了印

---

① 李正本. 音像制品的现状及展望[J]. 影视技术，1995(9)：24-28.
② 金眉. 著作权法原理[M]. 南京：南京大学出版社，1994：10-20.
③ 沈仁干，钟科. 版权法浅谈[M]. 北京：法律出版社，1982：10-20.
④ 林穗芳. 电子编辑和电子出版物：概念、起源和早期发展(上)[J]. 出版科学，2005(3)：6-16.

刷本书一统刊天下的局面，成为信息载体史上继纸和印刷术之后的又一次革命”①，是“出版业的一次革命”②，可与“印刷术在人类文明史上的意义相比拟”③。诞生仅半个世纪来，包括网络出版物在内的电子出版物迅猛发展，一方面不断重构现代出版生产和传播的格局，另一方面也深刻影响着公众的阅读和文化消费。

半个多世纪以来，电子出版物概念仍未有定论。不同研究者从各自的视角先后做出过定义。如“电子出版物，就是以数字编码形式存储于计算机或其他存储装置内，通过计算机电信网和终端进行传递和显示的文献资料，又称计算机可读文献资料。它可以是一篇论文、一篇新闻报道、一部小说、一部联合书目，也可以是统计资料集、图像等”④。“电子出版物是一种通过计算机阅读的出版物，正像缩微出版物通过缩微阅读器来读；声像出版物通过录音、录像机来阅读一样。就是说，把供人们阅读的文字或图像内容通过计算机记录在磁盘或光盘上，需要的时候通过计算机输出，从荧光屏上来阅读。”⑤“电子出版物，是指以向社会发行为目标，以电子文本形式出现、以磁盘或光盘为信息载体，具备相应的全文数据库检索软件并可利用计算机对其进行高速准确地浏览与检索的出版物。”⑥“电子出版物是生产过程中采用电子手段，同时又以电子形式存在，利用计算机、远程通信提供信息分发渠道的出版物。”⑦

以上是几种较有代表性的早期观点。它们集中强调了电子出版物的技术属性，如编码形式、存储介质、机传机检机读等。这些技术属性固然是界定电子出版物的重要标准，但作为一种出版产品，电子出版物的编辑特征与文化属性更应该成为界定它的基础性标准。

2007年12月26日，(原)国家新闻出版总署颁布了《电子出版物出版管理规定》。该规定针对电子出版物给出了一个明确定义，即：电子出版物，是指以数字代码方式，将有知识性、思想性内容的信息编辑加工后存储在固定物理形态的磁、光、电等介质上，通过电子阅读、显示、播放设备读取使用的大众传播媒体，包括只读光盘(CD-ROM、DVD-ROM等)、一次写入光盘(CD-R、DVD-R等)、可擦写光盘(CD-RW、DVD-RW等)、软磁盘、硬磁盘、集成电路卡等，以及(原)新闻出版总署认定的其他媒体形态。该定义较好地兼顾了技术属性与出版物固有特征两个方面要求，是一个较为科学的定义。

电子出版物，种类繁多，可以按不同标准对其进行分类。按信息提供方式，可分为封

---

① 王在平，杨熔．电子出版物及其影响[J]．情报科学，1993(4)：53-59，79.

② 陈光祚．电子出版物对图书情报工作的影响[J]．武汉大学学报(社会科学版)，1993(6)：148-154.

③ 沙红叶．电子出版物——我们应当展望的前景[J]．出版工作，1986(12)：12-14.

④ 张晓林．现代信息革命两大前沿之一：电子出版物[J]．图书情报工作，1983(5)：37-41.

⑤ 沙红叶．电子出版物——我们应当展望的前景[J]．出版工作，1986(12)：12-14.

⑥ 陈光祚．电子出版物对图书情报工作的影响[J]．武汉大学学报(社会科学版)，1993(6)：148-154.

⑦ 王在平，杨熔．电子出版物及其影响[J]．情报科学，1993(4)：53-59，79.

装型电子出版物和网络型电子出版物；按传播介质，可分为磁盘版、光盘版和网络版电子出版物；按出版类型，可分为电子图书、电子报纸和电子期刊等；按媒体处理技术，可分为单媒体电子出版物和多媒体电子出版物等。①

6. 网络出版物

网络出版物，“是电子出版物的一种类型，与之对应的是封装型电子出版物”②，网络出版物是伴随互联网发展出现的一种更新形态的电子出版物类型。不仅其产品形态，而且其编辑、加工、生产与销售工作均有别于传统书报刊等纸质出版物，也部分有别于封装型电子出版物。随着网络技术的进步和公众阅读消费行为的改变，网络出版物表现出强劲的发展态势。可以预期，其在未来出版业发展中将扮演越来越重要的角色。

虽然发展迅猛，深受社会公众欢迎，但学界对网络出版物概念的界定却仍不统一。较多研究主要是从技术视角来对其进行定义的。如，有学者认为，网络出版物是“一长列按某种规则有序编排的 0-1 码序列，按实地配置再现设备和储存设备的不同，可导致不同结果的人类智力作品”③。再如，还有学者认为，“网络出版物是指将信息以数字形式存贮在光、磁等存贮介质上，通过计算机网络高速传播，并通过计算机或类似设备阅读使用的出版物”④。我们认为，网络出版物虽然是与网络技术紧密相关的，但仅从技术维度对其进行界定似乎不够周全，还应该适当考虑其内容与管理等方面的因素。

2016 年 2 月 4 日，原国家新闻出版广电总局、工业和信息化部联合发布了《网络出版服务管理规定》。该规定明确给出了“网络出版物”的定义，同时还以列举的方式说明了网络出版物的基本类型。此规定指出，“本规定所称网络出版物，是指通过信息网络向公众提供的，具有编辑、制作、加工等出版特征的数字化作品”。与前述相关学者的定义不同，该定义不是从技术视角而是从出版业务工作视角出发的，更符合其作为“出版物”的客观实际。我们认为，这一定义更加科学合理。

《网络出版服务管理规定》所列举的网络出版物类型如下：其一，文学、艺术、科学等领域内具有知识性、思想性的文字、图片、地图、游戏、动漫、音视频读物等原创数字化作品；其二，与已出版的图书、报纸、期刊、音像制品、电子出版物等内容相一致的数字化作品；其三，将上述作品通过选择、编排、汇集等方式形成的网络文献数据库等数字化作品；其四，国家新闻出版广电总局认定的其他类型的数字化作品。我们认为，网络出版物的这种类型划分，虽然其外延基本覆盖了各种不同的网络出版物形式，但与当前的网络出版实践存在一定的出入，不能完全反映网络出版物发展的实际情况，尚有进一步研究的空间。

---

① 张保芬. 现代编辑创新论[M]. 济南：齐鲁书社，2000：274.
② 匡文波. 论网络出版物[J]. 晋图学刊，1999(1)：9-11.
③ 张明. 网络出版物的技术特征和定义[J]. 浙江大学学报(人文社会科学版)，2003(3)：55.
④ 匡文波. 论网络出版物[J]. 晋图学刊，1999(1)：9-11.

出版活动(慕课)　　出版活动(课件)

第二节　出版活动

出版活动，是出版单位和出版人围绕出版物产品的生产和流通所开展的相关业务活动。国务院发布的《出版管理条例(2016 修订)》指出，出版活动包括出版物的“出版、印刷或者复制、进口、发行”等一系列具体活动。出版活动的直接成果是各种类型的出版物产品(或服务)，其服务对象是广大社会大众，其目的是以优质丰富的出版物产品(或服务)满足广大社会公众的精神文化需求。出版活动是一种精神文化活动，同时也具有经济活动的基本属性。本节仅对其中的出版、编辑、复制(或印刷)与发行等几个核心概念做简要介绍。

一、出版

我国出版活动历史悠久，但“出版”一词出现较晚。古代把出版活动称作“梓行”“雕印”“版印”等。直到清朝末年，思想家黄遵宪首次使用“出版”一词。1906 年，《大清印刷物专律》首次在官方文件中正式使用这一概念。① 在西方，法语和英语中分别在 1330 年和 1450 年才有了表示“出版”的词语，它们均来源于拉丁语 publicare。②③ 由此可见，无论中外，“出版”一词的出现远远晚于出版活动的历史。

关于出版这一概念的含义，中外存在显著不同的认知，其中国内的看法也不尽相同。概括起来，这些定义大致可以分为以下三类：

第一，“单一要素”说。这种观点认为，出版就是一种“公之于众”的传播活动。从西方语言中“出版”这一词语的演变来看，法语 publier 和英语 publish 均源自拉丁语 publicare，而拉丁语 publicare 的本义即是“公之于众”，所以西方国家给出版所下的定义中，一般都含有“公之于众”或类似的含义。④ 尽管西方关于出版的定义也有强调其他要件的，如复制，但是几乎所有的西方定义几乎毫无例外地强调“公之于众”这一要素。

第二，“两要素”说。这种观点认为，出版是在“印刷复制”基础上“公之于众”的活动。

---

① 王益. “出版”再探源[J]. 出版发行研究，1999(6)：8-9.

② 全国出版专业职业资格考试办公室. 出版专业理论与实务(中级)[M]. 上海：上海辞书出版社，2004：50.

③ 林穗芳. 中外编辑出版研究[M]. 武汉：华中师范大学出版社，1998：18.

④ 罗紫初，吴赟，王秋林. 出版学基础[M]. 太原：山西人民出版社，2005：3.

例如，出版是“使用机械或电子的手段，将作品复制一份以上，以收费或不收费的方式向大众公布”①。再如，许力以先生认为，“出版是通过一定的物质载体，将著作制成各种形式的出版物，以传播科学文化、信息和进行思想文化交流的一种社会活动”②。包括我国在内的众多国家签署的《世界版权公约》(1971年)称：“本条约所用出版一词，系指作品以有形形式复制，并把复制件向公众发行，使作品能阅读或观赏。”③

第三，“三要素”说。这种观点认为，仅有复制和发行尚不能构成完整的出版概念，还必须加上一个“编辑”要素，出版是由编辑、复制与发行三大要素构成的一项社会活动。例如，“出版是指编辑、复制作品并向公众发行的活动”④；再如，出版是“对著作物经过编辑加工(包括组稿、审稿、编辑加工、出版设计和校对等各项工作)后，印刷复制，向公众发”⑤等。这些定义，虽然表述上存在一定差异，但其表达的意义基本相同，即出版都包括“编辑”“复制或印刷”以及“发行”三个方面的基本要素，三者缺一不可。

由此可见，对出版这一概念，认知差异仍然存在。中外的看法更是相去甚远。西方国家在强调“公之于众”的同时，一般还会涉及“复制(或印刷)”，但普遍忽视“编辑”这一要素。与西方不同，国内十分看重其中的“编辑”要件，甚至有不少人认为“编辑”是出版工作的中心，⑥ 没有“编辑”便没有出版。实际上，中外对出版概念理解上的差异，不仅仅体现在认知层面，同时也体现在出版实践活动中。西方出版界在实践中更加重视出版工作的传播功能，将出版工作的中心定位在出版物产品的营销推广上，对于出版物质量则以“文责自负”来解释；而我国出版界更加强调的则是出版工作的过程，尤其重视对作者稿件的编辑加工工作，将出版人的主要精力投入稿件的优化与价值提升之上。

我们认为，出版应该包括编辑、复制(或印刷)和发行这三个基本要素，三者缺一不可。过分强调其中的某一要素忽视其他要素都是不科学的，对出版实践更是有害的。因此，我们将出版定义为：一项包括编辑、复制(或印刷)和发行三个基本要素的社会传播活动。

二、编辑

“编辑”一词，在不同时代或语境下，有不同的含义。在古代，“编辑”与“编纂”“编

---

① 《中国编辑研究》编辑委员会. 中国编辑研究：2000[M]. 北京：人民教育出版社，2001：270.

② 《中国大百科全书》总编委会. 中国大百科全书(新闻出版)[M]. 北京：中国大百科全书出版社，1990：8.

③ 全国出版专业职业资格考试办公室. 出版专业理论与实务(中级)[M]. 上海：上海辞书出版社，2004：2.

④ 全国出版专业职业资格考试办公室. 出版专业理论与实务(中级)[M]. 上海：上海辞书出版社，2004：1.

⑤ 夏红兵. 志鉴备考：知识与规范(下册)[M]. 贵阳：贵州人民出版社，2004：50.

⑥ 郝铭鉴. 心中要有块石头[M]. 北京：华夏出版社，2010：249.

撰”“编次”“编修”等词意义相近，主要被用来指称那种把众多的材料搜集起来予以整理加工的著作方式。在当代的日常生活，各种文字材料的整理活动可以称为“编辑”。在网络信息处理过程中，可将网络内容资源的复制、粘贴、格式设置等也称为“编辑”。[①] 在现代生物学或医学领域，一种对特定目标基因进行修饰或优化的基因工程技术，也被称作基因编辑。“编辑”的上述这些含义，均不在我们的研究范畴之内。我们所指的“编辑”是出版学语境下的一种专业业务活动。

在现代出版学语境下，“编辑”概念主要涉及这样几个基本要件：

首先，编辑，从属于出版活动，是一种有别于著述活动的出版业务活动。在古汉语中，编辑，通常被解释为“收集材料，整理成书”(《辞源》)或“搜集材料，以编成书”(《中文大辞典》)的活动。也就是说，在古汉语中，编辑实际上是作者的一种“著作活动”。[②] 在现代出版学语境下，编辑概念不再包括作者“著作活动”的这种含义，而是从属于出版活动，是出版活动的一个组成部分。为厘清上述认知上的差异，有人将前者界定为“著述编辑”，将后者称作“出版编辑”,[③] 这种区分是有意义的。

其次，编辑是出版工作的一个基本业务环节，而且是出版业务流程的首要环节。如前述，出版是“一项包括编辑、复制(或印刷)和发行三个基本要素的社会传播活动”，编辑则是出版工作的一个基本构成要素和基本业务环节。编辑是出版业务活动的起点，它通过选题策划与组织、稿件审读和加工、出版物产品形式设计等方式或手段，将作者手稿转化为可供复制(或印刷)和发行的出版物商品“原型”，为后续的复制(或印刷)和发行环节提供工作对象，奠定工作基础。

然后，编辑工作是提供出版物产品价值增值服务的一个出版业务环节。从本质上讲，出版物产品的价值主要是由作者创造的。但是，在从作者手稿到出版物产品的转化过程中，出版工作通过其编辑环节中的策划、组织、审读、选择和加工等活动，又为作者手稿追加了新的价值。这些新增价值主要体现在出版选题的创意与策划、书稿内容的完善、呈现方式的规范化处理等方面。

基于以上认知，我们将编辑定义为：通过策划、组织、审读、选择和加工等为出版物产品提供价值增值服务的出版活动的首要业务环节。

此外，编辑也可以被用来指称从事编辑活动的专业人员，即编辑活动的主体。如，总编辑、主编、策划编辑、文字编辑和美术编辑等均属职业身份。我国出版专业人员按“专业技术职务”高低可分为四级，依次为编审、副编审、编辑和助理编辑。

---

① 全国出版专业职业资格考试办公室. 出版专业理论与实务(中级)[M]. 上海：上海辞书出版社，2004：32.

② 刘光裕，王华良. 编辑学理论研究[M]. 济南：山东教育出版社，1995：7.

③ 方毅华，郝丽丽. 编辑学概论[M]. 北京：中国广播电视出版社，2007：50.

三、复制

复制，此处特指出版物的复制，是指将经过编辑加工的作品制作成若干份与其内容及形式要求相一致的产品复件的出版活动。

复制是创造出版物内容“物化”价值的一种出版活动。作者的手稿，经过编辑的内容加工和形式设计，只是形成了具备广泛传播的出版物“雏形”，尚不具备上市发行的条件。复制正是将这种出版物“雏形”物化为待发行的出版物产品的一项重要活动。只有经过复制，将经过编辑加工的出版物“雏形”物化为批量的出版物产品复件，才能向市场发行，向读者传播。作为出版活动的一个基本环节，复制虽然不直接作用于出版物的内容、没有参与出版物内容价值的创造，但却创造了出版物的“物化”价值，为出版物发行、出版物内容的传播创造了“物化”载体。

复制的方式多种多样。常见的方式主要有印刷、翻录、光盘压制、集成电路卡制作和网络下载等。不同的复制方式适用于不同载体形态的出版物。按载体形态，通常将出版物分为纸质出版物和电子出版物两种，其中，电子出版物又可分为封装型电子出版物和网络电子出版物。这三类不同载体形态的出版物，其复制方式完全不同。

纸质出版物，如传统意义上的图书、报纸和期刊等，其复制方式显然是印刷。印刷术起源于我国，是我国古代四大发明之一。“在人类社会发展的过程中，印刷术对文化的传播和文明的传承起着至关重要的作用。”①作为一种相对传统的复制方式，印刷是使用印版或其他方式将原稿上的图文信息转移到承印物上的工艺技术，一般要具备原稿、印版、油墨、承印材料和印刷机械等五大要素。② 20 世纪末，电子、激光、计算机等技术的发展和进步推动了数字印刷技术的快速发展。目前，数字印刷已被广泛应用于个性化印刷、可变数据印刷、按需印刷等领域，③ 为纸质出版业的发展提供了新机遇。

封装型电子出版物，是指将信息内容固化于特定载体并以载体为单位发行的电子出版物类型，其主要形态有磁盘、光盘、集成电路卡和植入移动阅读设备内发行的电子出版物等。封装型电子出版物的复制方式主要有翻录、光盘压制、集成电路卡制作等。其中，磁盘的复制方式是翻录；以光盘为载体的出版物，一般用模具压制出复件；集成电路卡则是以制作方式实现复制的；植入移动阅读设备内发行的电子出版物，是由生产单位在设备内置的存储器中用电子技术形成复件并予以固化的。

网络电子出版物，是指将信息以数字形式存贮在光、磁等存贮介质上，通过计算机网络高速传播，并通过计算机或类似设备阅读使用的出版物。网络出版物，是由计算机按照用户的订购要求即时产生复件并由用户下载的出版物。

---

① 何海燕，吴晨晖，吴晋. 印刷设计与实训[M]. 石家庄：河北美术出版社，2015：2.

② 何海燕，吴晨晖，吴晋. 印刷设计与实训[M]. 石家庄：河北美术出版社，2015：8.

③ 顾萍. 印刷概论[M]. 北京：中国轻工业出版社，2013：16.

四、发行

在不同的语境中，“发行”这一概念有不同的含义，如资本市场上的债券发行、货币发行，出版领域的图书发行、报刊发行等。此处的发行，特指出版物发行，是指出版单位通过商品交换的方式将出版物商品让渡给消费者的一种社会经济文化活动，具体包括批发、零售以及出租、展销等活动。

出版物发行，是出版活动的一个重要组成部分，是出版活动中创造出版物产品(或服务)时间价值与场所价值的基本活动，同时也是为读者创造价值的重要出版活动。其中，前者是通过出版物发行活动中的“存储”和“运输”两大职能来实现的；后者则是通过不断满足读者对出版物的需求来达成的。商业是一种“通过自由、平等、诚实的商品交易达成双方互利目的的人类经济行为”①，虽然有其“利己”的成分，但为客户服务始终是其不懈的追求。出版物发行主体“为人找书，为书找人”的种种努力，充分体现了其“满足读者对出版物需求”的这一价值追求。

出版物发行活动的主体，是出版物发行中间商，主要包括出版物批发商(如省级新华书店)和零售商(如各类实体书店、网上书店等)。其中，出版物零售商直接面对广大读者，为读者提供出版物销售服务。在我国，国家对出版物发行依法实行许可制度。从事出版物批发、零售活动的单位和个人凭出版物经营许可证开展出版物批发、零售活动；未经许可，任何单位和个人不得从事出版物批发、零售活动。②

出版物发行工作的内容纷繁复杂，包含出版物商品的进货、销售、存储、运输和调剂等多项具体的专门业务。其中的每一项业务活动目标与任务明确，且彼此环环相扣。

第三节　出版物市场

出版物产品属于商品，其生产经营活动应遵循市场经济的一般规律。在市场经济条件下，出版物产品价值的实现以及读者阅读消费需求的满足，都离不开出版物市场。出版物市场是出版物商品交换关系的总和，它由出版物商品及其提供者——出版发行单位、读者和出版市场信息等三大基本要素共同构成。本节仅对出版物市场、出版发行单位、读者以及出版市场信息等四个核心概念做简要介绍。

一、出版物市场

出版物市场，有狭义和广义之分。狭义的“出版物市场”，是指具有一定的场地和设施

---

① 陈文军. 资本和职业经理人的伦理约束[M]. 上海：上海财经大学出版社，2013：33.

② (原)新闻出版广电总局. 出版物市场管理规定[EB/OL][2022-07-18]. https://www.gov.cn/gongbao/content/2016/content_5109343.htm.

的出版物交易场所。如出版单位发行部门、图书批销中心、书店、音像店、书亭、报刊摊、网站等，定期或不定期举办的各种图书博览会、图书订货会、书市等，都是出版物市场的组成部分。出版物商品最终都借助这些场所到达消费者手中。

广义的"出版物市场"，是指出版物商品交换关系的总和，包括出版物商品的供给者和需求者在实现出版物商品交换过程中相互作用而形成的各种关系。出版物商品的供给者，包括出版物商品的出版者与发行商。出版物商品的需求者即读者。本书所称"出版物市场"，一般是指广义的出版物市场。

关于出版物市场的概念，需要把握如下几点：第一，出版物市场是出版物商品交换的场所。出版物市场首先是指出版物的买方和卖方进行出版物商品交换的地点或区域。人们习惯将出版物市场看作出版物商品买卖的场所，如书市、书店、图书批发市场等。第二，出版物市场表现为消费者对某种、某类或全部出版物商品的现实需求和潜在需求。对于出版单位而言，所谓市场，主要是指读者对出版物商品的需求。在日常出版活动中，人们说某出版物有没有市场，实际上就是指读者对该出版物有没有需求。第三，出版物市场是出版物商品交换关系的总和。所谓出版物商品交换关系的总和，是指与出版物商品交换相关联的出版物商品流通的整体，反映了出版物商品流通的全局。任何一个出版单位、发行商的出版物买卖活动必然与其他出版单位、发行商的出版物买卖活动发生关联。因而，每一个出版单位或发行商都需通观出版物商品流通的全局，明确自己的社会分工、市场定位，把握市场的走势，在与市场整体的协调中，实现自己的经营目标。

根据出版物发行服务对象的不同，可以将出版物市场分为个人消费市场、机构或团体市场以及转卖者市场三大类型。

1. 个人消费市场

出版物的个人消费市场，是指以社会公众个人为销售服务对象的出版物市场。它以满足个人读者对出版物产品（或服务）的需求为目的。出版物的个人消费市场，具有购买者人数多且分布广、需求复杂且多变、购买数量小但频次高等特征。各类出版发行机构分别以各自不同的方式为出版物的个人消费市场提供出版物产品（或服务），其中，零售书店是服务出版物个人消费市场的主体。

2. 机构或团体市场

出版物的机构或团体市场，是指以机构或团体为销售服务对象的出版物市场，学校、图书馆等机构或团体是构成这一市场的基本主体。学校、图书馆等机构或团体是出版物产品（或服务）的重要购买者，通常被称作出版市场的机构或团体读者。出版物的机构或团体市场，具有购买者集中度高、购买量大、需求及购买规律性强等显著特征。出版社和大型发行机构是这一市场的主要供应商。

3. 转卖者市场

出版物的转卖者市场，是指那些通过购买出版物商品以转售或出租给他人获取利润为目的的个人和组织。出版物的转卖者市场主要由出版物批发商、零售书店和出版物出租者构成，是以个人消费市场和机构或团体市场为服务对象的。建立结构合理、功能完备的转卖者市场是更好地服务个人消费市场和机构或团体市场的基础。

二、出版发行单位

出版发行单位，是出版物产品(或服务)的出版者和发行者，是出版物市场主体，是出版物市场中出版物商品的供给方。

一个国家或地区出版发行单位的数量、结构和布局等状况对出版物市场发展具有重大影响。它不仅影响着出版物市场的供给总量，更影响着出版物市场的供给质量与结构。因此，培育和打造数量适宜、结构合理、实力雄厚的出版发行单位是出版物市场建设及出版业科学发展的基本前提和基础。

出版发行单位，按其职能的不同，可以分为出版单位和发行单位。前者是出版物商品的生产者，即出版单位；后者是出版物商品的销售者，即发行单位。由于两者的功能和职责不同，我国党和政府对其管理也采取了不同的制度和政策。

出版单位，主要包括报社、期刊社、图书出版社、音像出版社和电子出版物出版社等以及未设立报社、期刊社的法人所设立的报纸编辑部、期刊编辑部。在我国，出版单位的设立需要经过国务院出版行政主管部门审批。国务院颁发的《出版管理条例(2016 修订)》明确规定，国务院出版行政主管部门负责制定全国出版单位总量、结构、布局的规划，指导、协调出版产业和出版事业发展，并明确了设立出版单位的六个基本条件。① 未经审批的任何单位和个人不得从事出版活动。

发行单位，是指从事出版物批发、零售以及出租、展销等活动的单位和个人。《出版物市场管理规定(2016 修订)》规定，国家对出版物批发、零售依法实行许可制度。从事出版物批发、零售活动的单位和个人凭出版物经营许可证开展出版物批发、零售活动；未经许可，任何单位和个人不得从事出版物批发、零售活动。②

三、读者

读者是出版物商品的消费者，是出版物市场的第一构成要素。哪里有读者，哪里就有对出版物的需求；有什么样的读者，就形成什么样的市场需求结构。

---

① (原)新闻出版广电总局. 出版管理条例(2016 修订)[EB/OL]. [2022-07-18]. https://www.gov.cn/gongbao/content/2016/content_5139389.htm.

② (原)新闻出版广电总局. 出版物市场管理规定[EB/OL]. [2022-07-18]. https://www.gov.cn/gongbao/content/2016/content_5109343.htm.

出版物商品供应者要深入了解读者，把握他们的消费水平和消费倾向，最大限度地满足他们的需要。

读者需求的形成需要具备购买动机和购买力两个条件。第一，购买动机。购买行为的产生取决于购买动机。读者有了一定的购买动机，才能产生购买行为，从而形成市场。否则，即使出版物供应得再多，读者因种种原因而不打算购买，出版物就不能实现销售。这对于出版物商品供给者来说，仍意味着不能形成市场。购买动机是指促使读者选择、购买某种出版物商品的种种心理因素。动机是行为发生的先导和条件，购买动机支配着购买行为。购买动机回答的是为什么要消费的问题。一个消费者即使有极强的购买力，如果他对出版物没有兴趣，也就不会购买出版物。读者必须具备一定的购买动机，具有明确的购买目的，才有可能形成现实的消费需求。读者购买动机的产生是一系列复杂因素相互作用的结果。一般来讲，由于各人的需求、兴趣、爱好和秉性各不相同，各自的心理活动也就不完全相同，选择、购买出版物的动机也不尽相同。第二，购买能力。读者要将购买动机变成现实的购买行为，必须具备足够的货币支付能力。否则，购买行为就不会实现，对出版物的需求就仍然停留在潜在阶段。因此，没有一定的购买力作保证，出版物市场就无法形成。购买力即读者购买出版物的货币支付能力。消费者观念上的需求要变成现实的消费行为，必须以相应的货币支付能力为前提。缺少货币支付能力的主观愿望与要求，不能形成消费行为。对出版物市场而言，读者的购买力与其可任意支配收入直接相关。读者可任意支配收入的升降将直接影响其出版物市场消费水平的变化。

四、出版市场信息

出版物商品交换主要涉及出版物商品供需双方，一方是持有出版物商品的供给方，另一方是具有购买动机和购买力的读者。出版市场信息则是沟通和匹配这两者的中介或桥梁。出版社或书店如果能够充分、精准地了解读者的需求信息，读者如果能够准确知晓出版物商品的供给信息，双方达成交易的概率就高。缺乏必要的、足够的市场信息，出版物商品的交换就不可能持久和繁荣。

出版市场信息是以出版物市场为反映对象，表征出版物市场需求、市场运行状态、市场特征与规律等各种信息的总称，包括出版物的生产信息、发行信息、需求信息和价格信息等。

B

第二章　出版学基本原理

* 本章知识点提要

1. 出版学研究的目标
2. 出版功能的含义、组成要素、内容构成
3. 中国特色社会主义出版业的特征
4. 出版业务的基本环节及其关系
5. 出版业务的价值链

* 本章术语

出版学　出版功能　“二为”方针　三审三校制　出版产业链

现代社会科学，是在批判传统经院哲学基础上，基于理性主义和实证主义原则，模仿现代自然科学建立起来的。寻求关于“社会现象”的普遍知识、普遍规律和基本原理，成为现代社会科学学科的共同追求。20 世纪 60 年代兴起的后现代主义，对现代社会科学的这种价值取向提出挑战，强调没有永恒不变的和普遍价值的东西，主张放弃对“终极真理”的追求。今天的社会科学，同时存在“主张”和“放弃”寻求普遍知识、普遍规律和基本原理的两种完全对立的价值取向。

那么，作为社会科学学科的出版学，到底存不存在普遍知识、普遍规律和基本原理呢？回答是肯定的，出版学存在普遍知识、普遍规律和基本原理。出版学研究，就是要揭示“出版现象”存在和发展的基本规律，借以指导和服务出版实践。正如日本学者寿岳文章所指出的，“出版学是为从事现实的出版事业的人们提供指导原理的学科”①。

当然，我们也应该看到，出版学尚处于“前科学”发展阶段，其理论体系还很不完备，一些蕴含普遍意义的观点学说的共同体认知度还不高，学科的普遍知识、普遍规律和基本原理尚处于凝练之中。但是，这只是出版学发展中的阶段性问题，不能因此就否定普遍知

① 箕轮成男，贺鑫昌. 出版学的方法[J]. 现代外国哲学社会科学文摘，1986(8)：23.

识、普遍规律和基本原理的存在。将本章定义为出版学原理，主要是为表达本书的一种学理追求，其中一些内容或许离严格意义上的原理尚有不小差距。下面将从出版的功能、业务与管理等维度，尝试寻求一些带有普遍意义的出版学知识、规律或原理及其相应表达。

出版功能(慕课)　　出版功能(课件)

第一节　出版功能

出版功能是出版学的一个核心范畴，是直接关乎“出版现象”存在与发展的价值和意义的一个出版学范畴。出版，作为一种有意识的人类社会活动，必然有其存在和发展的内在价值和外部影响。这个内在价值和外部影响，就是出版的功能。深刻揭示并科学描述出版内在价值和外部影响，正是出版学研究的基本目标。

事实上，关于出版功能的研究一直以来都受到出版业界和学界的关注，产生了一些代表性的成果。但随着出版内涵和外延的发展变化，出版功能的研究成为一个永恒的出版学议题。

一、出版功能的界定

不少出版学大家，如宋木文①、巢峰②、阙道隆③、罗紫初④、周蔚华⑤等都曾涉及过出版功能这一议题，对出版(含出版业、出版活动或出版物等)多方面的功能(含作用、意义或价值等)展开过深入的探讨，取得了不少令人信服的研究成果，为这一议题的研究奠定了扎实的基础。但稍显遗憾的是，几乎所有的相关研究都是单刀直入，直接分析论述出版具有哪些方面的具体功能，很少有人对出版功能这一范畴做严格意义上的科学界定。如出版功能范畴中的“出版”，是指出版业⑥⑦、出版活动⑧，还是出版物⑨？“功能”到底是

① 宋木文. 在全国整顿压缩报刊和出版社工作会议上的讲话[N]. 新闻出版报，1989-09-16.
② 巢峰. 出版物的特殊性——出版经济学绪论[J]. 出版工作，1984(1)：31-43.
③ 阙道隆. 编辑学理论纲要(下)[J]. 出版科学，2001(4)：8-23.
④ 罗紫初. 出版学理论研究述评[J]. 出版科学，2002(S1)：4-11，17.
⑤ 周蔚华. 重新理解当代中国出版业[J]. 出版发行研究，2020(1)：5-15.
⑥ 罗紫初. 出版学理论研究述评[J]. 出版科学，2002(S1)：4-11，17.
⑦ 周蔚华. 重新理解当代中国出版业[J]. 出版发行研究，2020(1)：5-15.
⑧ 苗遂奇. 现代出版学研究刍议[J]. 大学出版，2009(3)：4-9.
⑨ 蔡健. 论出版物的功能[J]. 编辑之友，2004(S1)：1.

什么内涵，它与作用、影响或价值是什么关系？因此，现阶段关于出版功能的研究成果，或是出版的功能，或是出版业的功能，或是出版活动的功能，有的还是出版物的功能。我们认为，只有厘清出版功能概念的内涵和外延，才有助于研究的聚焦，有助于问题的解决。这里，不妨从认识论视角对出版功能范畴中的功能、功能与作用的关系以及功能主体、中介与客体等分别作界定。

1. 出版功能的含义

日常生活中，功能通常是与“作用”联系在一起的一个概念。多数情况下，功能甚至被视作作用的同义词。事实上，这两个概念的确密切相关，因为功能一般被定义为事物或方法所发挥的有利作用。

但是，学界有时候也对“功能”和“作用”也做严格区分。功能是指事物内部固有的效能，是事物的静态属性。它是由事物内部要素结构决定的，是一种内在于事物的相对稳定独立的机制。作用，则是事物的外部效应，是事物的动态属性。只有当一件事物具有一定的功能且与外部环境发生关系时，作用才会产生。两者的关系可以这样理解，功能是作用产生的前提基础和外部根据，作用就是功能与客观需要相结合而产生的实际效能。也就是说，从学科意义上，功能是由事物内部要素结构所决定的事物固有的效能，是事物的静态属性，是事物作用产生的前提基础。它与“作用”虽然是密切相关的，但两者是有区别的、属于两个不同的范畴。

从内涵和外延定义“功能”这一概念，虽然是可能的，但在实践中，要将功能与作用完全分开却是困难的，有时甚至是不可能的。许多社会现象，如科学、教育、法律等，都难以将其功能与作用严格区隔开来。从作用的角度来理解功能甚至更容易为人们所接受。这正是为什么各个学科在探讨相关现象的功能时总是将其与作用联系在一起的缘故。

基于这一现实，本书不将出版的功能作用严格区分，都是指出版自身所固有的作用之于读者或社会的效用或价值。它既是出版自身固有的效能，也是出版的外部效应或作用；它是由出版自身内部要素结构所决定的，也是通过作用于读者或社会体现其影响和价值的。

2. 出版功能的组成要素

出版功能，是一个由功能主体、中介与客体为基本要素组成的一个完整的体系结构。其中，主体是出版功能的创造者，中介是出版功能的载体，客体是出版功能的受体或作用的对象。出版功能，是由这三个要素组成的系统来完成的，单一要素所具有的作用或价值，如出版物，不宜界定为出版功能。因此，了解这三个基本要素，对全面掌握出版功能范畴具有直接意义。

(1) 出版功能的主体

出版功能的主体，是指出版功能的创造者，具体指出版业，尤其是出版业中的出版机构和出版人。出版作为一种社会现象，是由出版业来完成的。脱离了出版业，也就不可能有出版这种社会现象的存在。从这个意义上讲，出版所固有的、作用于读者或社会的功能，正是由出版业所创造的。作为出版功能主体的出版业，尤其是出版机构和出版人，是通过编辑、复制与发行等出版业务活动创造出版各项功能的。在出版功能的创造活动中，编辑、复制与发行工作，扮演着不同的角色、发挥着不同的作用。其中，编辑，主要承担的是出版价值的具体创造工作；复制，实现的是出版功能的“物化”工作；发行，承担的则是出版功能的传播工作。三者环环相扣，缺一不可，共同创造出版的完整功能价值。主体，作为出版功能的创造者，其理想、信念和价值观直接决定着出版功能的性质。在不同的历史时期、不同社会制度下，出版功能的性质不尽相同。社会主义出版业创造的是社会主义出版功能和价值。

(2)出版功能的中介

出版功能的中介，是指出版功能的载体或具体承载物，即出版产品或服务。出版业所创造的功能，虽然主要表现为蕴涵特定实事、理念、信仰或价值观的数据、信息或知识内容，但这些内容总是依附于书报刊、音像制品、电子或网络出版物等特定的出版物载体。离开了这些出版物载体，出版业所创造的功能就无处依附、无法传播。因此，中介是出版功能的基本构成要素。作为出版功能的中介，载体总是与载体技术的进步密切相关的。先进的、技术含量高的载体技术，有利于出版功能的充分发挥。当今数字技术的发展和进步，对提升出版的社会功能起到了很好的促进作用。

(3)出版功能的客体

出版功能的客体，是指出版功能的受体或作用对象，具体指出版产品或服务的消费者，即读者，泛指社会的政治、经济和文化等社会领域。出版功能虽为出版自身的固有效能，但却是通过作用于读者或社会体现其影响和价值的。离开了读者或社会，出版功能就无法体现。出版功能的客体，直接表现为读者，间接指向社会的政治、经济和文化等社会领域。读者是特定社会场域中的读者，他们通过对出版产品或服务的阅读或消费，进而对社会的政治、经济和文化等施加影响，从而实现出版的社会功能。

二、出版功能的内容构成

那么，出版到底有哪些功能呢？这方面的研究成果不少，但大多均是从单一角度来论述的。其中，系统性的观点有“四功能说”“五功能说”和“十功能说”。如罗紫初教授曾指出，“众多中外学者对出版功能从不同的角度和不同的侧面进行了探讨。我们从政治功能、经济功能、文化功能、社会功能四个方面进行综述”①。周蔚华教授在总结出版“传递信息、传播知识、传承文化、教化育人、提供娱乐”的“五功能”基础上，结合21世纪出版业的新变化对当代中国出版功能进行再分析和再认识。他指出，“当代中国出版的功能至少

① 罗紫初. 出版学理论研究述评[J]. 出版科学，2002(S1)：4-11，17.

可以概括为以下十个方面：一是传播真理、塑造信仰；二是传播观念，认同价值；三是传递信息，服务大众；四是传播知识，教化育人；五是传承历史，创造转化；六是呈现前沿，促进创新；七是规范话语，形成标准；八是提供娱乐，丰富生活；九是连接中外，交流文化；十是形成合力、推动社会”①等。

上述这些观点或学说，虽然看问题的角度不尽相同，但都从各自的视角较好地揭示了出版功能的核心意涵。基于上述对出版功能的界定，我们认为，出版具有“传播信息、宣扬主张和服务社会”三大基本功能，其中，“传播信息”是出版的文本(含超文本、图像、音视频)功能，“宣扬主张”是出版的理念功能，“服务社会”则是出版的社会功能。也就是说，出版包括三大功能，即传播信息的文本功能、宣扬主张的理念功能和服务社会的社会功能。

1. 传播信息的文本功能

信息，是事物存在方式和运动状态的反映，通常是以文本、超文本、图像或音视频的方式得以呈现的。与之相关的概念还有数据和知识。至于三者之间的关系，信息管理学已经交代得非常清楚，本书不在此赘述。

出版，作为一项社会传播活动，其传播的正是信息，当然也包括数据和知识。出版活动中的编辑、复制和发行，均是以信息为工作对象的。其中，编辑，是对信息的选择、甄别和加工；复制是对经过编辑的信息进行文本(含超文本、图像、音视频)的物化(含电磁化)处理；发行则是经过编辑与复制产品或服务的传播活动。可见，对信息的编辑和复制均是为信息的传播服务的。因此，我们认为，传播信息是出版的基本功能。由于经过出版过程，信息通常是以文本(含超文本、图像、音视频)的形式呈现的，因此，不妨将出版的信息传播功能称作“文本功能”。从这个意义上讲，编辑文本、复制文本和发行文本是出版的基本功能。其中，编辑文本，主要体现为文本的规范化和标准化；复制文本，体现为文本的固化；发行文本，则体现为文本的社会传播。三者环环相扣，缺一不可。

前述关于出版功能的各种学说，大部分涉及了出版的这一基本功能。如“五功能说”中的“传递信息”和“传播知识”，显然是属于“传播信息”这一“文本功能”范畴。“十功能说”中的“传递信息，服务大众”“传播知识，教化育人”和“呈现前沿，促进创新”的前半部分，也可以纳入“传播信息”的“文本功能”范畴。

文本功能，是出版现象内部固有的效能，是出版的静态属性。它是由出版机构内部各要素结构所决定的，是一种内在于出版的相对稳定的独立机制。它是宣扬主张的理念功能和服务社会的社会功能的基础和前提。

2. 宣扬主张的理念功能

虽然数据、信息和知识是中性的，但是，荷载数据、信息和知识的出版文本，如书报

① 周蔚华. 重新理解当代中国出版业[J]. 出版发行研究，2020(1)：5-15.

刊、音像制品、电子和网络出版物，则并非完全中性的，其中不少是富含作者、编者或出版者的某种理念、信仰和价值观的。这突出表现在人文社会科学出版领域。传统文化中学者们的所谓“著书立说”，就有典型的“宣扬主张”的意味。周蔚华教授“十功能说”中的“传播真理、塑造信仰”和“传播观念，认同价值”中的“信仰”“观念”和“价值”均是出版宣扬主张的理念功能的体现。

出版，作为一种有意识的人类社会活动，具有宣扬主张(理念、信仰和价值观)之目的。在阶级社会中，不同阶级的立场和观念并不相同，有时甚至完全对立。因此，以著书立说的方式，借助出版以达到宣扬主张之目的成为重要选择。巢峰先生指出，“出版物是宣传思想的有力武器，任何阶级、学派、团体、宗教，无不利用这一武器来宣传自己的思想”①。古今中外，以出版宣扬主张已是一种普遍的社会现象。阶级立场、学派主张、团体宗旨、宗教信仰，甚至个人明志，无不借出版来实现。马克思主义经典作家正是通过大量的著作出版来宣扬其立场、观点和方法，传播共产主义政治观点和思想体系的。

理念功能，与文本功能一样，也是出版现象内部固有的效能，是出版的静态属性，蕴含于出版文本之中，且具有一定的隐蔽性。宣扬主张的理念功能，直接决定着出版的社会功能。一定的出版理念必然服务于相应的社会利益。马克思的《共产党宣言》能让广大无产阶级树立起共产主义的坚定信仰，走上革命的道路。相反，观念颓废、立场反动、价值观扭曲的出版文本，则绝不可能产生正面的社会功能。

3. 服务社会的社会功能

社会功能，是指出版服务社会的政治、经济和文化发展的外在效用，它是出版的文本功能与理念功能与社会结合所产生的外化效应，是出版功能的外在表现。与文本功能与理念功能所具有的静态特征不同，出版的社会功能具有动态性特征，它是与社会政治、经济和文化的发展密切相关的，相同或相近的出版文本与出版理念，其社会功能并不一定相同。

社会功能，是出版的各项功能中最容易被社会认知的一种功能。目前，关于出版功能的研究，大部分都直接指向这一功能。前述关于出版的“四功能说”“五功能说”和“十功能说”几乎都涉及了出版的社会功能。其中，“四功能说”的“政治功能”“经济功能”“文化功能”和“社会功能”，“五功能说”中的“传承文化”“教化育人”和“提供娱乐”，“十功能说”中的“传承历史，创造转化”“提供娱乐，丰富生活”“连接中外，交流文化”和“形成合力、推动社会”等均属出版的社会功能范畴。

出版社会功能的内容非常丰富，涉及社会发展的方方面面，其核心包括政治功能、经济功能和文化功能三个方面。

---

① 巢峰. 出版物的特殊性——出版经济学绪论[J]. 出版工作，1984(1)：31-43.

(1)政治功能

出版的政治功能，就是出版服务于社会政治建设的效用，它是出版社会功能的核心意涵。出版属思想上层建筑或意识形态范畴，为政治服务是其必然要求。服务于统治阶级的根本利益是出版政治功能的本质要求。阙道隆先生从编辑的角度深刻阐明了出版的政治功能。他认为，编辑出版活动具有两大政治功能，“第一项重大政治功能是维护现存政治制度、政治权力的合法性，或者为建立新的政治制度、政治权力制造舆论……编辑活动的第二项重大政治功能，是推动社会的民主和法制建设的进程，对权力机关进行舆论监督”①。出版的政治功能，一般可以通过政治宣传、思想教育和舆论引导等方式来实现。罗紫初教授指出，“出版活动的政治功能主要表现在思想教育与舆论导向上”②；宋木文先生强调“报刊和图书对于政治宣传、思想教育的巨大作用”③；巢峰先生指出，“出版物是宣传思想的有力武器”④等，都是对出版政治功能的有效诠释。

当今我国出版业，应该坚持正确的政治方向，坚持“为人民服务，为社会主义服务”的出版方针，以服务于中国共产党领导的中国特色社会主义建设为根本目标，紧紧围绕这一根本目标开展出版活动。这是我国出版政治功能的基本要求。

(2)经济功能

出版的经济功能，是指出版之于经济发展的效用。出版到底是以文化还是经济形态发端的，虽然并无定论，但出版以经济形态示人有着久远的历史却是不争的事实。在市场经济条件下，出版业已成为一个有着重要经济影响力的产业门类，大力发展出版产业，更是世界各国的一种普遍现象。关于出版的经济功能，学界有不少探讨。如，罗紫初教授将出版活动的经济功能概括为三个方面：“一是产值构成功能，出版活动能向社会提供出版物或出售版权，直接创造产值，构成国民经济总产值的重要部分；二是经济促进功能，出版活动能传播知识、提高劳动素质、促进社会生产力的发展；三是经济服务功能，出版活动能传递信息，为经济决策与管理提供信息服务”⑤。卿家康则认为，“出版活动可以从五个方面促进社会经济的发展：①出版活动是整个社会再生产过程的重要环节；②出版活动能促进劳动力再生产的发展；③出版活动促进社会经济管理水平的提高；④出版活动促使科学技术转化为现实生产力；⑤出版活动直接创造产值，成为社会经济不可或缺的组成部分”⑥。梁宝柱则侧重从科技成果应用的角度来认识出版活动的经济功能。他指出，“出版经济越发达，越能加快科技成果的推广和应用，促进社会生产力不断提高，加速国民经济

---

① 阙道隆．编辑学理论纲要(下)[J]．出版科学，2001(4)：8-23.

② 罗紫初．出版学理论研究述评[J]．出版科学，2002(S1)：4-11，17.

③ 宋木文．在全国整顿压缩报刊和出版社工作会议上的讲话[N]．新闻出版报，1989-09-16.

④ 巢峰．出版物的特殊性——出版经济学绪论[J]．出版工作，1984(1)：31-43.

⑤ 罗紫初，出版发行学基础[M]．太原：山西经济出版社，2009：80-82.

⑥ 马费成，邱均平，黄宗忠，等．信息资源与社会发展：1996 信息资源与社会发展国际学术研讨会论文集[M]．武汉：武汉大学出版社，1996：688-691.

的繁荣”①。

我们认为，出版的经济功能至少体现在这样两个方面：第一，出版业是国民经济产业体系的有机组成部分，出版业的发展可以直接创造社会财富。西方发达国家非常重视包括出版在内的文化创意产业的发展。如2017年，英国创意产业实现产值1015亿英镑，占英国GDP总量的5.5%，对英国经济总量的贡献约为14.6%，是仅次于金融业的第二大支柱产业。②《中华人民共和国国民经济和社会发展第十二个五年规划纲要》首次明确提出，“推动文化产业成为国民经济支柱性产业，增强文化产业整体实力和竞争力”。这表明，包括出版在内的文化产业的发展，具有很好的经济发展前景，其对国民经济贡献率的提升是可以预期的。第二，出版业通过服务文化、科技和教育，间接服务于经济社会发展。

经济功能，具有典型的显性特征，受到出版界的重视。在出版实践中，甚至容易出现强调经济效益忽视社会效益的现象。因此，正确处理好两个效益的关系，树立“把社会效益放在首位、社会效益和经济效益相统一”的出版理念，应成为出版经营的基本遵循。当然，这也是发挥出版经济功能的前提。

(3)文化功能

出版的文化功能，是指出版促进文化发展或进步的积极作用。它是出版社会功能中社会认知度最高的功能之一。出版界及社会各界都较好地认识到了出版的这一社会功能。出版的文化功能，内涵相当丰富。罗紫初教授认为，它具体包括“文化选择功能、文化生产功能、文化传播功能和文化积累功能”③四个方面。其中，阙道隆先生④、王振铎教授⑤和向新阳教授⑥等对出版的文化选择功能都有过精辟的论述。他们认为，通过出版的“选题”和“编辑加工”等对文化进行“去劣存优”，进而实现对文化的选择。彭建炎先生认为，出版是一种文化生产或创造活动。他指出，“出版其实就是一种文化承载物的生产，它是作者文化创造的继续，编辑对著作(书稿)的选择、整理、审读、加工等都是一种文化创造活动”⑦。将出版视作“作者文化创造的继续”无疑是对出版文化生产功能的一种最好诠释。周蔚华教授不仅对出版的文化传播功能进行过系统阐释，⑧ 还归纳总结出数字环境下出版知识传播的特点。他指出，出版“知识的传播已经不是标准化、批量化、大众化、单向传播的方式，而是碎片化(信息和知识碎片)与大规模集成化(信息库)并存，以定制化、个

---

① 梁宝柱，出版经济学导论[M]. 北京：中国书籍出版社，1991：50.

② DCMS Sectors Economic Estimates 2017(provisional)：Gross Value Added(GVA)[EB/OL]. [2022-07-18]. https://www.gov.uk/government/collections/dcms-sectors-economic-estimates.

③ 罗紫初. 出版学理论研究述评[J]. 出版科学，2002(S1)：4-11，17.

④ 阙道隆. 编辑学理论纲要(下)[J]. 出版科学，2001(4)：8-23.

⑤ 王振铎. 文化缔构编辑观[J]. 河南大学学报(哲学社会科学版)，1988(3)：104-114.

⑥ 向新阳. 编辑学概论[M]. 武汉：武汉大学出版社，1995：50-55.

⑦ 彭建炎. 出版学概论[M]. 长春：吉林大学出版社，1992：50-56.

⑧ 周蔚华. 出版：文化自信的拱心石——一个出版史的视角[J]. 出版发行研究，2018(1)：5-12.

性化、互动性为主要传播方式”①。邵益文先生通过出版的成果——图书，阐明了出版的文化积累功能。他指出，“图书留下了人类社会发展进程中的每一个脚印，它记录了人类认识的总和，积累了无所不包的人类认识的成果，它是有史以来一切民族伟大智慧的结晶”②。由此可见，出版之于文化的功能得到广泛认知。

在此需要强调一点的是，文化是个非常宽泛的概念，广义的文化至少应该包括科技、教育和消闲娱乐。因此，出版的文化功能同时也包括出版对科技、教育和消闲娱乐等发展或进步的促进作用。事实上，出版与科技、教育和消闲娱乐的关系十分密切，专业与学术出版就是依附和服务于科技的，教育出版服务于教育自不必言，大众出版则是面向公众消闲娱乐的。出版对科技、教育和消闲娱乐的促进作用，在后面相应的章节中将有专门的分析，不在此赘述。

三、中国特色社会主义出版业

中国特色社会主义出版业，是中国特色社会主义语境下的现代出版业，它不再是泛化或抽象的，而是特定或具体的人类社会“出版现象”，是在习近平新时代中国特色社会主义思想指导下，坚持“为人民服务，为社会主义服务”的指导方针，坚持“把社会效益放在首位、社会效益和经济效益相统一”的社会主义出版业。中国特色社会主义出版业，是党的宣传思想工作的重要阵地，是中国特色社会主义文化产业的组成部分。

1. 出版业的“二为”方针

“二为”方针，是我国社会主义文艺工作的总的指导方针，是社会主义文艺工作指导思想的具体体现。我国出版工作是我国社会主义文艺工作的重要组成部分，出版业的发展自然也必须遵循这一总的指导方针。在社会主义革命和建设的不同历史时期，“二为”方针有其不同的表述和含义。“为人民服务，为社会主义服务”的“二为”方针，是由“为无产阶级政治服务”“为工农兵服务”发展而来。

1942年5月，毛泽东同志在延安主持召开文艺座谈会，集中解决了中国无产阶级文艺“为谁服务”和“如何服务”的重大文艺理论问题，创造性地提出了“为无产阶级政治服务”“为工农兵服务”的文艺工作指导方针。

“为无产阶级政治服务”，指出版通过自身所具有的思想宣传和教育功能为无产阶级革命的胜利以及人民民主政权的建立服务。毛泽东在《延安文艺座谈会上的讲话》(以下简称《讲话》)中指出，“在现在世界上，一切文化或文学艺术都是属于一定的阶级，属于一定的政治路线的。为艺术的艺术，超阶级的艺术，和政治并行或互相独立的艺术，实际上是不存在的”；“党的文艺工作，在党的整个革命工作中的位置，是确定了的，摆好了的，是

① 周蔚华. 重新理解当代中国出版业[J]. 出版发行研究，2020(1)：5-15.

② 邵益文. 编辑学研究在中国[M]. 武汉：湖北教育出版社，1992：50.

服从党在一定革命时期内所规定的革命任务的"①。

"为工农兵服务"，规定了出版的主体属性，即中国共产党领导下的出版事业必须始终将广大工农兵当作出版工作的服务对象。"为工农兵服务"是与毛泽东一贯坚持的"人民史观"一脉相承的，并结合了新民主主义革命时期"工农兵"(尤其是农民)作为人民革命军主体力量的历史实际。关于工农兵的涵括范围，毛泽东在《讲话》中做了明确界定："什么是人民大众呢？最广大的人民，占全人口百分之九十以上的人民，是工人、农民、兵士和城市小资产阶级"②。

延安文艺座谈会后，"为无产阶级政治服务""为工农兵服务"，成为中国共产党指导文艺工作的理论基石。1949 年中华人民共和国成立到 1978 年十一届三中全会，我党的文艺理论和基本方针在实质上始终没有越过"文艺为政治服务、为工农兵服务"的总体方针。这一点从 1949 年 7 月、1953 年 9 月、1960 年 7 月召开的三届"中华文学艺术工作者代表大会"(自第二届起改名"中国文学艺术工作者代表大会")中传达出的会议精神中可以得到充分体现。尽管历次大会的主旨和侧重点有所不同，但均是紧紧围绕着"文艺为政治服务、为工农兵服务"的总纲开展的。

然而，真理的相对性决定了任何真理只有在一定条件、一定范围下才能成立。毛泽东"二为"思想是革命斗争年代特定历史条件下的产物，一旦脱离了具体的社会实际就难免暴露出局限性。正如胡乔木在回忆录中指出的，"长期的实践证明，《讲话》中关于文艺从属于政治的提法，关于把文艺作品的思想内容简单地归结为作品的政治观点、政治倾向性，并把政治标准作为衡量文艺作品的第一标准的提法……虽然有它们产生的一定的历史原因，但究竟是不确切的，并且对于建国以来的文艺的发展产生了不利的影响"③。1956 年"三大改造"完成以后，中国步入社会主义阶段，中国革命的主要任务随之从武装斗争转向和平建设，毛泽东基于革命斗争实践的"二为"思想运用到社会主义建设中来，就不可避免地出现了偏差。这一点从"大跃进"、反"右倾"运动直到"文化大革命"的爆发可以清楚看到。20 世纪 60 年代后期，伴随着"以阶级斗争为纲"的愈演愈烈，文艺尤其是出版彻底沦为政治的附庸。"文革"十年间，除马列著作、毛泽东著作之外的大量优秀文化遗产和进步出版物被否定。出版发行毛泽东著作成为重要任务，政治读物的重心是"两报一刊"，文艺读物是"革命样板戏"的天下。大批出版人遭遇政治下放和革命批判，出版部门被"四人帮"控制和利用，成了"紧密配合当前斗争"的革命工具。④

毛泽东"文艺为政治服务、为工农兵服务"的革命文艺观亟须与时俱进。以邓小平为核心的第二代领导集体接过了理论创新的重担，开启了新"二为"时期。"文革"结束后，随

① 中共中央文献编辑委员会. 毛泽东选集(第三卷)[M]. 北京：人民出版社，1991：50.
② 中共中央文献编辑委员会. 毛泽东选集(第三卷)[M]. 北京：人民出版社，1991：50.
③ 胡乔木. 胡乔木回忆毛泽东[M]. 北京：人民出版社，2003：50.
④ 龚晨. 毛泽东"二为"思想在我国新时期的践行与理论思考[D]. 长沙：湖南师范大学，2014.

着十一届三中全会的召开，“解放思想、实事求是”的思想路线在中国确立，党的文艺指导思想也随之发生了重大转折。1979年10月邓小平在中国文学艺术工作者第四次代表大会上的祝词中提出，“我们的文艺属于人民”，“要防止和克服单调刻板、机械划一的公式化概念化倾向”①。此后，邓小平在1980年1月中共中央干部工作会议上进一步指出，“不继续提文艺从属于政治这样的口号，因为这个口号容易成为对文艺横加干涉的理论根据，长期的实践证明它对文艺的发展利少害多”②。同年7月26日，《人民日报》发表题为《文艺为人民服务，为社会主义服务》的社论指出，“我们的文艺工作总的口号应当是：文艺为人民服务、为社会主义服务”，“这个口号概括了文艺工作的总任务和根本目的，它包括了为政治服务，但比孤立地提为政治服务更全面、更科学”。至此，“文艺为人民服务、为社会主义服务”的新“二为”方针成为新时期社会主义文艺工作的指导方针。

从旧“二为”方针到新“二为”方针，体现了不同历史时期我国社会主义文艺工作指导方针、目标和任务的转变，体现了党的文艺工作指导思想的与时俱进。循着新的“二为”方针，以江泽民、胡锦涛、习近平为总书记的党中央在社会主义现代化建设进程中不断探索文艺工作建设发展的新思路新策略。2014年10月15日，习近平总书记主持召开文艺工作座谈会并发表重要讲话。他强调，文艺工作者要“坚持以人民为中心的创作导向，努力创作更多无愧于时代的优秀作品，弘扬中国精神、凝聚中国力量，鼓舞全国各族人民朝气蓬勃迈向未来”，这为包括出版在内的新时代中国特色社会主义文艺工作指明了前进方向。

2. 社会效益与经济效益的关系

科学处理好社会效益与经济效益的关系，是我国当代社会主义出版业发展的基本规定性。

出版业具有文化与经济的双重属性。文化的意识形态属性决定了在处理社会效益与经济效益的关系时，出版业必须坚持把社会效益放在首位，实现“社会效益和经济效益相统一”的效益原则。任何强调经济效益忽视社会效益的做法，都是违背我国当代社会主义出版业发展要求的，是有害的。2014年10月15日，习近平总书记主持召开文艺工作座谈会并发表重要讲话。他强调指出，“文艺不能在市场经济大潮中迷失方向”，“不能当市场的奴隶”。2015年9月，中共中央办公厅、国务院办公厅印发《关于推动国有文化企业把社会效益放在首位、实现社会效益和经济效益相统一的指导意见》(以下简称《意见》)。《意见》明确指出，近年来，随着社会主义市场经济深入发展和文化体制改革不断深化，我国文化企业取得了社会效益和经济效益同步提升，同时也应该看到，“两个效益相统一的问

① 中共中央文献编辑委员会. 邓小平文选(第二卷)[M]. 北京：人民出版社，1994：50.
② 中共中央文献编辑委员会. 邓小平文选(第二卷)[M]. 北京：人民出版社，1994：50.

题还没有很好地解决，片面追求经济效益、忽视社会效益现象时有出现”①。

《意见》对包括出版在内的文化企业正确处理两个效益的关系，提出了明确的要求和安排。《意见》指出，正确处理社会效益和经济效益、社会价值和市场价值的关系，当两个效益、两种价值发生矛盾时，经济效益服从社会效益、市场价值服从社会价值，越是深化改革、创新发展，越要把社会效益放在首位。正确处理文化的意识形态属性与产业属性、文化企业特点和现代企业制度要求的关系，把加强党的领导与完善公司治理统一起来，加强分类指导，创新资产组织形式和经营管理模式，建立健全把社会效益放在首位、实现社会效益和经济效益相统一的考核评价标准。正确处理党委、政府与国有文化企业的关系，统筹制度设计和政策配套，明确谁主管谁负责和属地管理，尊重企业法人主体地位和自主经营权，强化政策引导，严格依法监管，注重道德调节，坚守社会责任，把两个效益相统一的要求落到实处。

出版业务(慕课)　　出版业务(课件)

第二节　出版业务

出版业务，主要是出版单位围绕出版产品与服务的开发与经营所开展的编辑、复制与发行等系列活动。它是创造与传播出版产品与服务的专业性业务活动，直接服务于出版文本功能和理念功能的形成。编辑、复制与发行，是出版业务活动的三大基本环节，它们各有其自身的基本要求。20 世纪末以降，与出版相关的数字技术的快速发展与普及，对基于纸媒的传统出版业务带来了极大的冲击。经过千百年的发展而形成的出版业务流程及其价值创造活动，面临着重构和再造。了解出版业务各主要环节的基本要求或规定性，熟悉各业务环节之间的关系，掌握数字技术给出版业务活动带来的影响，是做好出版业务工作的前提。

一、出版业务概述

出版业务，包括编辑、复制与发行三大基本业务环节。事实上，这其中的每一个业务环节都包含着十分细致的专业业务工作，而且每一项具体的业务工作都有其自身的要求和

① 中共中央办公厅，国务院办公厅. 关于推动国有文化企业把社会效益放在首位、实现社会效益和经济效益相统一的指导意见[EB/OL].［2021-08-01］. http://www.gov.cn/zhengce/2015-09/14/content_2931745.htm.

规定性。

1. 出版业务的内容与规范要求

出版业务工作内容繁杂，子项众多。以图书为例，其编辑业务主要涉及以下业务内容：信息采集、选题策划、组稿、书稿的审读、书稿编辑加工、加工后的编辑工作、图书辅文、整体设计(含装帧设计和版式设计)和校对。其复制(印刷)业务主要涉及印前制作、印制材料选用、印刷与装订。其发行业务主要涉及进货、仓储、运输、销售与销售促进、调配和售后服务。报刊、音像制品、电子与网络出版物，也有各自的相应的业务内容，其复杂程度不亚于图书出版业务。

出版业务工作规范严格，制度性强。以图书的编辑业务为例，其基本规范可以概括为“三审三校一通读”。其中，“三审”，是指由责编初审、编辑室主任复审、总编辑终审组成的三级审稿制度，自20世纪50年代开始推行，是国家规定并长期实行的出版社内部审稿制度，通常称作“三审制”。“三校”，则是指从稿件编辑到最后签发，需要经过专职校对人员进行三次校对，实现从初稿到一校样、二校样、终校样，终校样经“灭红纠错”后才是可以付印的“清样”。这两者一起就是图书出版的“三审三校制”。“一通读”，则是指由责任编辑通读清样，它是书稿付印前的最后一道品控业务环节。图书的编辑业务规范如此，其复制(印刷)与发行业务，同样有着相应的业务规范与要求。与图书出版业务类似，报刊、音像制品、电子与网络出版物，同样有其相应的业务活动规范。尽管具体规范内容不尽相同，但其要求是一致的，目的都是严格控制出版产品和服务的质量。

2. 三大业务环节之间的关系

编辑、复制(印刷)与发行，是出版业务活动的三个基本业务环节。虽然它们各自在出版活动扮演着不同的角色，承担着不同的任务，但是，三者对出版工作都是不可或缺的，甚至是同等重要的。然而，在出版实践中，编辑和发行之间关系的处理却不尽如人意。20世纪80年代以来，我国出版界出现了“编辑中心论”、复制(印刷)“核心环节论”和“发行龙头论”之争。“编辑中心论”强调编辑环节的重要性，“核心环节论”强调印刷复制技术价值和意义，“发行龙头论”则突出强调发行工作重要地位。这些研究虽然对充分认识相应出版业务环节的重要性是有意义，但是，也会对出版业务的整体把握造成一些不必要的误读。

“编辑中心论”，由来已久，它认为编辑是出版业的中心环节，复制(印刷)和发行都是围绕编辑工作展开的。一般认为，“编辑是出版工作的中心，这个说法见于1983年《中共中央、国务院关于加强出版工作的决定》(以下简称《决定》)”。《决定》指出，“编辑工作是整个出版工作的中心环节，是政治性、思想性、科学性、专业性很强的工作，又是艰苦、细致的创造性劳动”。《决定》这一论断的提出，为“编辑中心论”奠定了坚实的制度或政策基础，并且得到了出版界，尤其是出版业界的广泛认同。绝大多数关于“编印发”关系的研究倾向于支持这一观点。如刘光裕教授指出，“出版业是编、印、发三方的共同体”，“在出版业这三方共同体中，编辑居于核心地位”，“在通常情况下，编辑在出版业中的地位最重要，责任也最大”①。再如，刘庆楚先生更是针对现代出版营销的特点，基于所谓编辑“逸位”现象，重新明确了“编辑在出版工作中的中心地位”②。“编辑中心论”，虽然并没有否认复制(印刷)与发行在出版活动中重要性的意图，但在实践中，难免带来轻视甚至忽视复制(印刷)与发行的实际后果。“20世纪90年代以后，随着出版步入市场经济时代，一度对这个论点形成冲击。”③因此，就有了复制(印刷)“核心环节论”和“发行龙头论”的抬头。

“核心环节论”，是强调复制(印刷)在出版业务体系中重要地位的一种观点。该观点认为，复制(印刷)是出版过程中的“核心环节”。如有文献指出，“复制(印刷)、‘公之于众’或传播环节是出版过程中唯一的核心环节”④。应该说，印刷对出版的支撑作用由来已久。回顾人类出版发展史不难发现，早期的出版业更多是依赖于印刷业发展起来的。“隋唐五代时期，我国早期的刻书业已经出现”⑤，后来逐步发展起官府刻书、私家刻书和书坊刻书三大刻书系统，绵延一千多年。“在由唐至清长达千年的历史中，全国各地出现了不少刻书世家，子承父业，世代相延，苦心经营，历久不衰”⑥。此时的出版业，应该说是以“雕版印刷”为“核心环节”的。其后机械印刷的发明和推广，更是将出版业打造成一个具有广泛社会影响的重要行业。这就难怪印刷术拥有“人类文明之母”的美誉了。⑦ 但就现代出版业而言，其文化创意属性更加突出，复制(印刷)昔日“唯一的核心环节”的地位受到挑战。

“发行龙头论”，是强调发行环节或发行工作在出版业发展中重要地位的一种看法或观点。这一观点，是“20世纪90年代以后，随着出版步入市场经济时代”而产生的。“发行龙头论”立论的依据是，“市场为先”，图书“必须卖出去，而发行是出版社的销售部门，是直面市场的。发行是龙头，当然编辑要随发行起舞了”⑧。应该说，在市场经济条件下，编辑和复制(印刷)环节所创造的出版文本和理念功能，的确需要借助发行环节得以实现其市场价值，以转化为现实的社会功能。市场经济条件下，发行环节或发行工作的作用或地位虽然有所提升，但因此就以“龙头”自诩，要求编辑和复制(印刷)随之起舞，显然也未必合适。正如汪晓军先生所指出的，“过分强调发行的作用，把发行工作摆在出版社生产和经营的‘龙头’位置，并不符合出版规律。如果把‘发行为龙头’当作硬道理，在具体工

---

① 刘光裕. 论编辑与印刷、发行的关系[J]. 出版发行研究，1992(3)：37-41.

② 刘庆楚. 编辑“逸位”对出版的意义[J]. 编辑之友，2012(4)：93-94.

③ 刘庆楚. 编辑“逸位”对出版的意义[J]. 编辑之友，2012(4)：93-94.

④ 朱梓鸣. 出版技术的本质、特征与演化探析[D]. 沈阳：东北大学，2014.

⑤ 叶再生. 出版史研究[M]. 北京：中国书籍出版社，1997：37.

⑥ 肖东发. 中国图书出版印刷史论[M]. 北京：北京大学出版社，2001：250.

⑦ 孙宝林. 讲好“人类文明之母”的故事[J]. 中国政协，2019(4)：77.

⑧ 刘庆楚. 编辑“逸位”对出版的意义[J]. 编辑之友，2012(4)：93-94.

作中真的以发行工作为出版社的龙头工作，使编辑工作随着'龙头'摆动，使出版社走向另一个极端——'重发行，轻编辑'，那么，出版社或许会趋向盲目追求利润，经营和生产缺乏主体意识，在市场经济发展中路子越来越窄"①。

上述三种观点或看法，分别强调各自工作的重要性，均是由于看问题视角的不同所致。要客观定义编辑、复制(印刷)与发行三大业务环节在出版工作中的作用和地位，就要摒弃单一视角看问题的思维方式，学会从整体上把握它们之间的关系。正如刘光裕所指出的，"出版业是编、印、发三方的共同体，所谓共同体，是指编辑、印刷、发行三方在出版业中形成整体；彼此之间互相依存，谁也离不开谁；三者休戚与共，盛衰相随，难有一枝独秀的情况"②。正如前述，编辑、复制(印刷)与发行工作，只是身份和角色的不同，或许还有价值贡献度的不同，不应该有作用或地位的差异。出版的功能和价值是三者共同创造的。其中，编辑，主要负责出版文本或理念价值的创造工作；复制(印刷)，则承担出版文本或理念价值的"物化"工作；发行，创造的是出版文本或理念的传播价值。三者环环相扣，缺一不可，共同创造出版的完整功能或价值。

二、出版业务的价值链分析

出版的价值，是由编辑、复制(印刷)与发行三大业务环节共同创造的，而且编辑、复制(印刷)与发行这三个环节，是按严格的业务流程依次向出版物产品或服务连续追加价值的。可见，出版价值创造活动，具有两个突出特点：一是价值共创，即编辑、复制(印刷)与发行共同完成出版价值的创造活动，出版价值的创造不是单一出版业务可以完成的；二是价值的连续追加，即编辑、复制(印刷)与发行三大业务环节按流程依次向出版物产品或服务连续追加价值，以形成出版的整体价值，三大业务环节不是无序创造价值的，而是依次连续追加价值的。③

迈克尔·波特(Michael Porter)的"价值链分析法"④把企业内外价值增加的活动分为基本活动和支持性活动两大部分，两者共同构成企业的价值链。企业参与价值活动，并不是每个环节都创造价值，实际上只有某些特定的价值活动才真正创造价值，这些真正创造价值的活动，就是价值链上的"战略环节"。企业要参与竞争，就要在价值链某些特定的战略环节上取得优势。基于个人电脑生产各工序的附加价值特征，施振荣先生提出"微笑曲线"理论，⑤ 该理论认为上游的 CPU、操作系统和下游的售后服务等工序具有较高的附加价值，而处在中游的组装生产等工序则利润空间最小。个人电脑产业链的价值丰度或价值含量两头高中间低，宛若一条"微笑曲线"。该理论常被用于分析产业链不同环节的价值丰度

① 汪晓军. "发行"何以为"龙头"——关于一个流行提法的商榷[J]. 中国出版，1996(1)：21-22.
② 刘光裕. 论编辑与印刷、发行的关系[J]. 出版发行研究，1992(3)：37-41.
③ 方卿. 出版产业链研究[M]. 北京：高等教育出版社，2011：50.
④ 迈克尔·波特. 竞争优势[M]. 陈小悦，译. 北京：华夏出版社，1997：50.
⑤ 方卿. 出版产业链研究[M]. 北京：高等教育出版社，2011：50.

或价值含量。

基于上述两种理论视角，在出版价值创造“基本活动”中，编辑、复制(印刷)与发行，哪些是“战略环节”呢？哪些环节的价值丰度高，是“微笑曲线”高端呢？哪些环节的价值丰度低，是“微笑曲线”低端呢？

如果可以用编辑、复制(印刷)与发行各环节的经济效益来衡量其价值丰度的话，那出版业的产业链的价值丰度结构，大致符合施振荣先生的“微笑曲线”规律，即产业链的“两头高中间低”。编辑和发行环节的价值丰度要高于中间环节的复制(印刷)。王益先生曾撰文指出，“出版系统主要由各自独立经营而又互相密切联系的出版(社)、印刷、发行三环节构成，其经济效益，从来是不平均的”，有人形象地描述：“出版社是躺着赚钱，书店是站着赚钱，印刷厂是跪着赚钱。”①当然，这种现象主要表现在20世纪八九十年代出版业刚刚进入市场经济环境的特殊背景下。现阶段，这种情况虽然稍有改变，但大体也还基本符合这种规律。

出版产业链中的编辑、复制(印刷)与发行三大业务环节的这种利益格局或价值丰度结构是否合理呢？它的应然状态是否也应如此呢？

我们认为，这种格局既有它合理性的一面，也有不合理的成分。其合理性主要表现为，处于前端的编辑环节承担的主要是出版文本功能和理念功能的创造活动，属创意劳动范畴。而创意性智力劳动，通常容易占据价值链的高端。处于末端的发行环节，直接面向市场，承担的是出版产品与服务价值的市场实现职责，属商业服务范畴。在供过于求的常态市场格局中，商业或流通服务业往往较生产企业更容易获得较好的市场回报。处于中间环节的复制(印刷)，承担的则是一种智力成果的“物化”转换职责，既没有向出版产品和服务追加任何精神价值，也没有直接参与出版产品和服务市场价值的实现，与前端的创意性智力劳动和后端的价值“变现”相比，没有明显的比较优势。因此，易于滑向价值链的低端。我国当前这种利益格局的不合理成分则体现在，出版业的相对垄断性进一步推高了编辑环节的优势地位，制度性地强化了其价值丰度。也就是说，如果出版业的市场化程度越高，编辑、复制(印刷)与发行三大环节越有可能平等地获得市场出版资源，如出版权，那么，现行的这种利益格局会有一定程度的改变，彼此的差距会有所缩小。

三、出版业务流程再造

编辑、复制(印刷)与发行，既是出版业的三大业务板块，也是环环相扣的出版基本业务流程。这一业务流程，形成于千百年来的出版实践之中，已固化为出版企业的基本业务组织模式。出版企业的机构设置、人员配备、任务下达及目标考核，基本按照这一组织模式展开。应该说，相对稳定和规范的业务组织模式，是出版业高效运作的有效的机制保障。

---

① 王益. 关于出版系统三环节经济效益不均问题的思考[J]. 出版发行研究，1992(5)：6-12.

然而，20 世纪八九十年代以来，与出版相关的技术，如信息采集、存储、组织、处理、呈现和传播等技术的进步，正悄然改变着出版产品与服务的形态、读者(受众、消费者)阅读心理与行为、出版工作的业务与管理模式，甚至重新定义了出版与相关行业的内涵与边界。数据库出版、网络文学、网络游戏、网络广告、自媒体出版、语义出版、增强型出版等新的传播业态，开始进入出版视野，甚至成为较传统纸质出版更具影响力或竞争力的新型出版形态。在这种技术驱动的出版大变局中，基于纸质媒介的传统出版业务流程范式，已难以规范或规制这些新兴出版业态。出版业务流程的再造或重组，已成为出版业发展所面临的一个不可回避的重要课题。

20 世纪 90 年代，迈克尔·汉默(Michael Hammer)提出的"业务流程重组"(再造)理论，已被众多的行业或企业奉为圭臬，用以指导其适应新技术新需求新环境的业务组织或管理模式变革。"业务流程重组"(再造)理论，强调以业务流程为改造对象和中心、以关心客户的需求和满意度为目标、对现有的业务流程进行根本的再思考和彻底的再设计，借助先进的制造技术、信息技术以及现代的管理手段、最大限度地实现技术上的功能集成和管理上的职能集成，以打破传统的职能型组织结构，建立全新的过程型组织结构，从而实现企业经营在成本、质量、服务和速度等方面的突破性的改善。

在新的技术环境下，基于纸质媒介的传统出版业务流程范式表现出了明显的缺憾。其一，现行业务流程范式难以适应出版新业态的发展要求。现行业务流程中，编辑、复制与发行各环节，目标任务明确，各司其职，对于确保传统出版业态的运营有很好的规范作用。但是，对网络文学、数据库出版、网络游戏等新的出版业态而言，它就失去了规范的作用或意义。如网络文学出版业务流程中的编辑、复制与发行各环节，已不再严格区分了，而是产生了实质性的融合。其编辑业务，甚至包括创作，都是基于特定的复制或传播平台来实现的，编辑、复制与发行几乎完全一体化了。主要业务环节的高度融合，是现代数字出版新业态的显著特征。其二，现行业务流程范式难以适应读者对出版产品与服务需求的变化。基于传统业务流程产出的出版产品与服务，虽然内容品质有保障，但是通常难以满足现代技术条件下读者具有鲜明问题导向的、碎片化的、非线性的、即时性的、体验式的阅读消费需求。没有业务流程的重构，出版业就难以适应读者阅读消费的这些变化。其三，现行业务流程模式影响了出版企业新技术的接受和应用。新技术的应用，是要以企业或组织的业务重构为代价的。不改变企业或组织的业务模式，新技术应用的效果必然会大打折扣。如数据库技术、增强现实、虚拟现实和混合现实等，在编辑、复制与发行严格分离的出版业务模式中，很难发挥其效用。只有打破编辑、复制与发行三者之间的业务壁垒，实现编辑的内容策划、复制的技术实现与发行或传播的用户服务三者的高度融合，才能真正发挥这些新技术服务出版发展的效用。

出版业务流程的重组或再造应该重点关注出版新业态的发展、阅读消费需求的变化以及技术接受的要求等三个方面的因素。首先，出版业务流程再造关注出版新业态的发展需求。出版新业态，不仅产出的出版产品与服务不同于传统纸质出版，而且其业务流程也与传统出版存在诸多差异。因此，不应以传统出版业务流程规范或要求出版新业态。其次，出版业务流程再造应关注阅读消费需求的变化。出版业务流程，属出版业务管理范畴，理应基于市场导向按消费需求变化进行调整或优化。数字环境下的读者阅读消费，表现出诸多新特点新趋势。这些必然要在出版业务流程优化中有所反映或体现。然后，出版业务流程再造还应关注技术接受的相关要求。不同的技术，具有不同的采纳和接受特点。一些技术可以较好地融入企业原有体系之中，不会对企业既有组织架构和业务模式产生重大影响。相反，另外一些技术(更多地表现为颠覆性技术)则不同，对它的接受或采纳是以企业组织模式和业务流程的重组或再造为前提的。与出版相关的数字技术，就具有后者的特点。因此，出版企业就应该依据这些新技术接受或采纳的相关要求，重构企业的业务流程。唯其如此，才能真正发挥这些新技术对出版业的助推作用。

我们发现，新的出版业务流程有这样三个方面的特点。第一，现有出版核心业务板块，编辑、复制(印刷)与发行，均不可或缺。如借出版新业态之名，舍弃“编辑”板块或弱化其作用的做法，是不可取的。当然，它们需要重新定位各自在新的出版业务流程中的角色与功能。第二，与传统出版业务流程相比，新的出版业务流程应该具有多样性、柔性化的特征。不同出版业态的业务流程可能存在一定的差异，而且同样的业务模块可以有不尽相同的应用场景，具有不同的规范或要求。第三，新的出版业务流程，更可能是技术驱动的，具有鲜明的技术色彩。

C

第三章　出版学科基础理论

* 本章知识点提要

1. 出版学科基础理论研究的重要性
2. 关于出版学研究对象的代表性观点
3. 出版学研究内容的基本框架
4. 出版学的狭义社会科学属性
5. 出版学的相关学科
6. 出版学的学科范式与研究方法

* 本章术语

出版学　出版现象　出版学学科独立性　出版学学术共同体　学科范式

学科基础理论，是关于学科自身基本问题的理论研究，它主要探讨学科自身的存在性和规范性问题。学科基础理论的研究，一般需要解决三个方面的问题：一是学科的研究对象与研究内容。阐明学科存在的必要性、意义和价值，定义学科的研究对象，界定学科边界和研究内容。二是学科性质和相关学科。基于研究对象判定学科性质，厘清与相关研究领域之间的学科关系。三是研究范式与研究方法。基于研究对象和学科性质，建构符合学科自身发展规律要求的研究范式与方法论体系。

学科基础理论研究，对学科的发展至关重要，它是解决学科存在必要性、独立性和规范性的研究活动。尤其是对处于“前科学”时期①的学科而言，学科基础理论研究解决的是学科“安身立命”问题。目前，出版学正处于“前科学”时期，其学科的存在性问题尚未得到根本解决，学科的规范性问题离“常规科学”更是差之甚远。因此，其学科基础理论的研究，可谓任重道远，应该引起出版学界高度重视。

① 托马斯·库恩. 科学革命的结构(第四版)[M]. 金吾伦，胡新和，译. 北京：北京大学出版社，2012：2.

出版学的研究对象与
研究内容(慕课)

出版学的研究对象与
研究内容(课件)

第一节　出版学的研究对象与研究内容

研究对象，是学科基础理论中最核心的问题。是否具有独立的研究对象，是判断一门学科能否成立的基本前提。出版学的研究对象，是出版学学科基础理论中的核心问题，也是出版学学科建设中的前置性问题。研究对象决定研究内容，研究对象一旦确定下来，研究内容也就相应地确定下来了。出版学的研究内容，则是由出版学科知识点围绕其研究对象组成的出版学学科知识体系。

一、出版学的研究对象

充分认识研究对象对出版学科建设的重要意义，了解定义学科研究对象的基本要求，科学定义出版学的研究对象，清晰界定出版学的研究边界，合理建构出版学研究的内容体系，是出版学学科建设的需要，更是出版学基础理论研究的职责所系。

1. 学科研究对象的重要性

随着人类对自然、社会和思维认知的不断深入，学科专业的细分程度也越来越细，学科专业的数量也就越来越多。那么，什么样的研究能称其为学科，并得到学界的认可呢？客观地讲，学界并没有什么绝对的标准。但是，有两门彼此相关的学科对我们了解研究对象对于学科的重要性有一定的帮助。一是“科学学”，它或多或少地涉及学科的研究对象这一问题。但遗憾的是，科学学关注的主要是自然科学，很少或几乎不涉及人文社会科学。另一门是“科学哲学”，它对于研究对象的关注和重视对我们研究出版学的研究对象有一定指导意义。与此同时，千百年来不同学科在其发展过程中所积累的相关经验，也是指导我们解决这一问题的有效参照。

对于学科而言，研究对象的重要性再怎么强调也不为过。一个研究领域是科学或“非科学”，一门学科的存在与否，都是与它的研究对象直接相关的。

以回答“什么是科学”这一核心问题为使命的科学哲学就十分看重学科的研究对象。科学哲学中的“科学划界理论”(Demarcation of Science)判断一个研究领域是科学还是“非科学”的基本依据主要就是它的研究对象。早期科学划界理论中的绝对主义，甚至仅将研究对象为自然现象的研究领域界定为科学，而以非自然现象为研究对象的领域却被界定为

"非科学"。① 虽然后来以托马斯·库恩(Thomas Kuhn)等为代表的相对主义取代了绝对主义成为科学划界理论的主流，但科学划界理论对研究对象的重视和关注还是被继承了下来。也就是说，科学哲学是以研究对象来判断一个研究领域是否是科学的标准的。从这个意义上讲，只有加强对出版学研究对象的探讨，科学地界定出版学的研究对象，出版学才有从科学哲学视角摆脱"非科学"从而进入"科学"殿堂的可能。

一个研究领域在符合了科学哲学之"科学"标准后，其是否能成为一门独立的学科，仍然是以研究对象作为衡量标准的。"学科成长的规律表明，任何一门学科要想在科学之林中谋得自己的独立地位，以求进一步发展，其首要条件是必须明确自己特有的研究对象。"②研究对象是一门学科区隔于其他学科的唯一标准，任何一门学科都必须有自己明确的研究对象。从这个意义上讲，研究对象实际上具有界定学科边界、限定学科研究内容的功能。学界将研究对象看作一门学科独立存在的必备条件③的认知，已得到"官方"的认可。2009 年国务院学位委员会、教育部颁发的《关于印发〈学位授予和人才培养学科目录设置与治理办法〉的通知》就将"具有确定的研究对象"作为设置一级学科的四个基本条件之一，并且是四个基本条件的第一条。可见，有没有明确的研究对象是判断一门学科是否存在的前提。

有了研究对象还不够，还必须对其予以清晰的界定和表述。研究对象不明晰，即便科学性被认可，那也有可能只是从属或依附于其他学科的一个研究分支，而不是一门独立的学科。人文社会科学领域中不少学科，如社会学、政治经济学、管理学等在其发展过程中都曾面临着研究对象清晰界定之困境。这些学科今天之所以得到学界的认可，得以立足于科学大家庭，与其在研究对象的明晰上所取得的突破和进展是分不开的。众所周知，政治经济学，作为一门独立学科，其显赫的学科地位正是与马克思在《〈政治经济学批判〉导言》《政治经济学批判大纲》《〈政治经济学批判〉序言》《关于费尔巴哈的提纲》和《哲学的贫困》等系列著作中清晰界定其研究对象密不可分的④。与此相反，科学学则是一个反例。科学学本是 1983 年版《学科目录》中的二级学科，但是，由于其研究对象的模糊界定——"研究自然科学的社会科学"，到 1990 年版《学科目录》中却"消失"了⑤。由此看出，研究对象的清晰界定对于学科发展极端重要。当前，关于出版学的研究对象的探讨，成果虽然不少，但多数成果的认同度和接受度都很低。因此，深入研究、达成共识、科学表达，应该成为出版学研究对象研究的现实追求。

---

① 陈其荣，曹志平. 科学基础方法论[M]. 上海：复旦大学出版社，2005：12-13.

② 谢勇. 犯罪学研究导论[M]. 长沙：湖南出版社，1992：12-14.

③ 陈波. 社会科学方法论[M]. 北京：中国人民大学出版社，1989：76-80.

④ 许光伟. 保卫《资本论》——经济形态社会理论大纲[M]. 北京：社会科学文献出版社，2014：27-30.

⑤ 许志峰. 端正统一学科对象是中国科学学领域当务之急[C]//2012 年全国科学理论与学科建设暨科学技术学两委联合年会论文集，2012：181-185.

2. 出版学的研究对象

虽然出版学理论研究还比较薄弱，但在有限的出版学基础理论研究中，出版学研究对象的探讨算得上是热点议题之一。这一方面表明，出版学界充分意识到研究对象对学科发展的重要性，值得花气力去研究；另一方面也表明，这一问题尚未完全得到解决，认识还不统一，需要展开充分的讨论。为较好了解这方面的研究成果，我们通过中国知网数据库，以篇名为“出版学”且全文含“研究对象”的方式进行高级检索，得到检索结果146篇。同时，通过对超星电子书数据库，以“出版学研究对象”为检索词进行全文检索，获得检索结果50条，即研究内容涉及“出版学研究对象”检索词的著作50部。上述196篇(部)论文和著作大致反映了20世纪80年代以来我国出版学研究对象研究的基本情况。①

武汉大学的罗紫初教授曾将出版学研究对象的相关研究成果归纳为“规律说”“矛盾说”“文化现象说”“出版要素及其关系说”和“出版活动说”等五种学说。② 我们的进一步研究发现，其后的相关研究虽有表述上差异，但基本也可以纳入上述“五说”之中。这里我们不妨一起回顾一下罗紫初教授梳理和归纳的“五说”的含义及其代表人物。“规律说”是将出版学的研究对象界定为出版领域的有关“规律”，但究竟“以何种规律作为出版学的研究对象，各位学者又有着不同的看法”。其代表人物主要有孙树松和林人③、许力以④、梁宝柱⑤、高斯和洪帆⑥等。“矛盾说”是基于毛泽东关于科学研究区分的论断，即从科学对象所具有的特殊矛盾性上来确定出版学研究对象的，认为“出版发行领域的特有矛盾”是出版学的研究对象，彭建炎⑦和林岳生⑧是其代表性人物。事实上，罗紫初⑨本人也支持这类观点的。“文化现象说”，强调出版学的研究不应局限于出版发行领域，而应将社会“文化现象”作为研究对象，日本学者清水英夫⑩是其代表。“出版要素及其关系说”认为，出版发行活动是由各种具体要素构成的，要掌握出版发行活动的规律就要对各种出版要素及其相互关系进行研究，出版学的研究对象应该包含出版活动的要素及其相关关系，林穗芳、杨斌、钟义信⑪、叶再生⑫是其代表人物。“出版活动说”，主张出版学的研究对象是具体

---

① 检索日期为2022年1月18日。

② 罗紫初. 编辑出版学导论[M]. 长沙：湖南大学出版社，2008：12-15.

③ 孙树松，林人. 中国现代编辑学辞典[M]. 哈尔滨：黑龙江人民出版社，1991：14-15.

④ 中国出版科学研究所. 出版科研论文选粹[M]. 杭州：浙江教育出版社，1992：3-10.

⑤ 梁宝柱. 出版经济学导论[M]. 北京：中国书籍出版社，1991：23-24.

⑥ 高斯，洪帆. 图书编辑学概论[M]. 南京：江苏教育出版社，1989：2-8.

⑦ 彭建炎. 出版学概论[M]. 长春：吉林大学出版社，1992：12-14.

⑧ 林岳生. 图书发行学研究对象的研究[J]. 图书发行研究，1992(3)：35-37.

⑨ 罗紫初，吴赟，王秋林. 出版学基础[M]. 太原：山西人民出版社，2005：25-27.

⑩ 大百科事典(第7卷)[M]. 东京：平凡社，1985：23-25.

⑪ 中国出版科学研究所. 全国首届出版科学学术讨论会论文选集[M]. 重庆：重庆出版社，1987：34-39.

⑫ 叶再生. 编辑出版学概论[M]. 武汉：湖北人民出版社，1988：12-14.

的出版活动，包括出版活动的历史、出版活动的组织以及出版活动对社会的影响等，中国出版科学研究所主编的《编辑实用百科全书》就支持这种观点。

毫无疑问，关于出版学研究对象的这五种学说，均有一定的学术价值，为我们进一步认识出版学研究对象提供了有价值的参考。它们分别从各自不同的视角揭示了出版学研究对象本质的部分内容，或者说反映出了出版学研究对象的某一个侧面。但是，我们认为，它们揭示的只是出版学研究对象本质的部分内容，而不是全部；或者说反映出的只是出版学研究对象的某一个侧面，但不是整体。

"规律说"，强调以出版领域的某些规律，如"出版工作及其发展规律"①"出版工作过程的规律"②"出版全过程中的物质生产阶段的规律"③等作为研究对象。将某种"规律"定义为研究对象的学科并不少，而且这种观点的认同度相较于其他观点更高，更容易被学科共同体认同。但事实上，这是一个错误。研究对象与所谓"规律"，虽然是两个高度关联的学科范畴，但它们并不是同一个层面的学科问题。研究对象是一个学科中最基础的问题，有学者称作学科的"元问题"；④ 而规律则是"在逻辑公理规范下对研究对象的深入研究成果"⑤，是研究对象存在方式和运动状态的一种反映。从这个意义上讲，"规律说"能够解决的只是关于出版学研究对象认识论层面的问题，而不是本体论层面的问题，即学科的"元问题"。因此，我们认为，以出版领域的某些"规律"作为出版学的研究对象是不准确、不科学的。

"矛盾说"，将出版领域的某种矛盾，如"出版物的生产和流通的矛盾"⑥"出版发行活动的社会效益与经济效益的矛盾"⑦或"出版物商品供求矛盾"⑧等定义为出版学的研究对象。其理论依据是毛泽东同志的著作《矛盾论》中关于"矛盾的特殊性"的一个论断，即"科学研究的区分，就是根据科学对象所具有的特殊的矛盾性。因此，对于某一现象的领域所特有的某一种矛盾的研究，就构成某一门科学的对象"。我们认为，基于毛泽东同志关于"矛盾的特殊性"这一论断来界定某一具体学科的研究对象同样不科学。众所周知，《矛盾论》是毛泽东同志运用唯物辩证法总结中国共产党领导中国革命斗争实践经验，阐述辩证法的实质和核心思想，即对立统一规律的一部哲学著作，而不是专门的科学学或科学哲学著作。其"对于某一现象的领域所特有的某一种矛盾的研究，就构成某一门科学的对象"的判断，对我们界定一门学科研究对象的价值，仅仅只是一种哲学视角的宏观关照，而不是

① 孙树松，林人. 中国现代编辑学辞典[M]. 哈尔滨：黑龙江人民出版社，1991：56-60.

② 梁宝柱. 出版经济学导论[M]. 北京：中国书籍出版社，1991：78-79.

③ 高斯，洪帆. 图书编辑学概论[M]. 南京：江苏教育出版社，1989：34-37.

④ 王子舟. 图书馆学研究对象的认识过程及范式特征[J]. 江西图书馆学刊，2002(3)：4-8.

⑤ 王玉民，颜基义，潘建均，陈泽玮. 决策学的研究对象与逻辑前提[J]. 中国软科学，2018(6)：128-138.

⑥ 彭建炎. 出版学概论[M]. 长春：吉林大学出版社，1992：23-30.

⑦ 林岳生. 图书发行学研究对象的研究[J]. 图书发行研究，1992(3)：35.

⑧ 罗紫初，吴赟，王秋林. 出版学基础[M]. 太原：山西人民出版社，2005：12-13.

学理上的严格规范。事实上，《矛盾论》中具体涉及的数学中的“正数和负数”、化学中的“化分和化合”等学科特殊矛盾，也并不是数学和化学学科科学意义上的研究对象。数学的研究对象一般被界定为“现实世界的数量关系和空间形式”，而化学的研究对象则是物质，具体研究物质的组成、结构、性质、变化规律和用途等。因此，我们认为，“矛盾说”的主要价值不是体现在如何“寻找”出版学的研究对象上，而是表现在研究对象一旦被确定后如何基于研究对象中蕴含的“特殊矛盾”开展出版学研究上。它能够解决的仅仅只是学科研究中方法论问题，同样不是本体论问题。此外，从效果上看，将出版学的研究对象定义为出版领域的某种“矛盾”也将是有害的，它必将造成出版学研究价值取向的扭曲和研究范式的失准。

“文化现象说”，是这五种学说中最另类，或者说最特别的一种观点。说它另类或特别，是因为它有“越位”甚至是“错位”的嫌疑。罗紫初教授认为，“文化现象说”的代表人物是日本出版学会前会长清水英夫先生。可事实上，清水英夫并没有直接讲“文化现象”是出版学的研究对象，他只是认为“出版学是把出版作为社会文化现象科学进行调查研究的学问”①。将“文化现象”定义为出版学的研究对象显然不合适。一方面它无限放大了出版学研究的学科边界，另一方面也极大地模糊了出版学研究的焦点。在实践中，它不仅得不到出版学界的认同，而且还会给文化学、文化史、文化产业管理学等学科的研究者造成一种外来者“搅局”或“添乱”的感觉。当然，“文化现象说”也有它的价值，它给我们提供了界定出版学研究对象的一个文化视角。在市场经济条件下，虽然出版更多的是以产业形态出现的，但是，出版的文化属性、文化功能与文化追求却是出版学所必须坚守的研究取向。这是我们界定出版学研究对象时必须考虑的问题。

关于“出版要素及其关系说”，不同学者的表述不完全相同。林穗芳先生称作“要素”，杨斌、钟义信等则称作“因子”②，“要素”和“因子”的所指虽然也存在明显差异，但仍属同类观点。此类观点，以要素及其相互关系来定义一个学科的研究对象并不多见。一般认为，要素、结构和功能属同一学科范畴，都是系统论这一学科的研究内容。用系统论学科中单一的“要素”来定义出版学的研究对象显然是不合适的。尽管林穗芳先生所讲的“读者、出版物和出版业”等三大要素对出版学研究意义重大，但仅仅关注这些意义重大的出版“要素”(及其相互关系)，而忽视或放弃统领这些要素的出版“系统”，显然是站不住脚的。林穗芳先生的读者、出版物和出版业三要素，杨斌、钟义信的“思想因子”和“形式因子”等，对出版学研究来讲都很重要，但是，即使再重要，它们仍然只是出版学的研究内容，是出版学研究对象的“衍生”问题，而不是研究对象本身。

“出版活动说”。罗紫初教授认为，这一观点源于中国出版科学研究所主编的《编辑实

① 大百科事典(第7卷)[M]. 东京：平凡社，1985：23-24.

② 中国出版科学研究所. 全国首届出版科学学术讨论会论文选集[M]. 重庆：重庆出版社，1987：34-37.

用百科全书》。事实上，《编辑实用百科全书》也并未明确主张这一观点，仅有类似的“暗示”，而不是明示。事实上，李频才是这一观点的代表人物。他曾明确指出，“出版活动是出版学研究对象，出版制度结构是出版学研究核心”①。将“出版活动”定义为出版学的研究对象具有一定的科学性和合理性。它既符合研究对象的规定性要求，又符合出版学自身的主体性要求。我们认为，“出版活动说”是五种代表性学术中唯一可能正确的观点。相关理由将在后面详细阐述。

综上所述，上述五种学说中的四种代表性观点(除“出版活动说”外)各有各的问题和不足，但这并不能完全否定它们的价值。即便是明显错误的观点，通常也有其参考或借鉴价值。一般地讲，在学科发展初期，关于学科研究对象的争论纯属正常现象。从科学发展史上不难看出，许多学科在其产生和发展初期都出现过类似问题。即使是一些相对成熟的学科，如经济学、法学等，其关于研究对象的某些学说，虽然得到本学科学术共同体的总体认可，但其他不同观点仍有市场，甚至有一定的学术影响力。因此，我们应该鼓励大家积极参与到出版学研究对象问题的讨论中来。

3. 定义研究对象的两个要求

既然研究对象是一门学科的基础理论问题，那么，所有学科都会面临这一问题。然而，像这样一个具有普遍意义的学术问题，在科学学、科学哲学等与学科研究相关的学科中，竟然找不到太多有价值的理论或规范性要求。因此，我们只能参考或借鉴科学史上其他学科发展过程中界定其研究对象的一些经验或研究成果进行探索性研究。我们认为，包括出版学在内的任何一个学科的研究对象的界定，应该遵循基于研究对象的规定性和基于不同学科自身的主体性这样两个方面的要求。

(1)基于研究对象的规定性

研究对象，是一门学科的基础理论部分最关键的范畴。它决定着这门学科其他所有问题，如研究内容、学科性质、相关学科、研究范式与研究方法等。如此重要的一个学科范畴，不可能没有相应的规范或要求，各个学科自行其是，而应该有其自身的规定性。

研究对象的规定性可以表述为：研究对象必须是一个学科的“元问题”，而不是由“元问题”衍生出的“衍生性问题”。北京大学王子舟教授曾指出，“研究对象问题是一个最根本的元问题”②。所谓元问题，我们可以简单地理解为学科的第一问题，最根本、最基础的问题，或者说是该学科研究的出发点、聚焦点和落脚点。任何一门学科的研究活动都应该发源于“元问题”、聚焦于“元问题”、服务于“元问题”。

一门学科就是一个知识体系，问题众多，内容繁杂。但在一门学科的所有问题或内容中，有且仅有一个“元问题”，其他众多的问题或内容均是由这个“元问题”衍生而来。这

① 李频. 论出版学的核心与边界[J]. 陕西师范大学学报(哲学社会科学版)，2009，38(4)：31-41.

② 王子舟. 图书馆学研究对象的认识过程及范式特征[J]. 江西图书馆学刊，2002(3)：4-8.

个“元问题”就是该学科的研究对象，由“元问题”衍生而来的其他问题则是学科的研究内容，与研究对象不处在同一层面。

界定一门学科的研究对象，正是要找到学科中的这个所谓“元问题”。从科学史上不同学科发展的经验看，学科的“元问题”通常表现为一种“客观存在”①“目标事物或认识客体”②，而不应该是基于此衍生出来的所谓“规律”“矛盾”或“要素”等。

基于这一认知，出版学研究对象中的所谓“规律说”“矛盾说”或“要素及其相互关系说”也就立不住了。相反，值得我们思考的是，这些所谓的“规律”“矛盾”或“要素”是从何衍生而来？很清楚，它们均是从“出版”“出版活动”或“出版现象”等更为基础性的“客观存在”衍生而来，“规律”是“出版”等“客观存在”的规律，“矛盾”是“出版”等“客观存在”中的矛盾，“要素”也是“出版”等“客观存在”的要素。从这个意义上讲，“出版”等“客观存在”比衍生于其中的所谓“规律”“矛盾”或“要素”更基础。同理，我们还可以循着这一思路，继续考察在出版学领域内到底还有没有比“出版”等“客观存在”更基础的范畴。如果有，就需要继续往前追，直至找到其“元问题”；如果没有，“出版”等“客观存在”就是出版学的所谓“元问题”了。出版学的研究对象问题也就解决了。

（2）基于学科自身的主体性

研究对象虽然是各门学科基础理论中的共性问题，但同时更是关乎每门学科“安身立命”的“元”问题。因此，学科研究对象的界定，在遵循基于研究对象的规定性要求的同时，还必然要遵循学科自身主体性的要求。学科自身的主体性，又包含“学科的独立性”和“学术共同体的认同”这样两个方面的内容。

学科的独立性，是各门学科按自身内在规律的要求自主发展的一种机制属性。近代以来，学科分化逐步成为学科发展的“主流”③。近二三百年来的科学发展史表明，学科的自主独立发展极大地推进了现代科学技术的进步。在这种背景下，学科独立性逐步成为各学科发展的不懈追求。学科的独立性，要求学科必须有可以区隔其他学科的明确的研究对象以及清晰的学科边界，力戒与其他学科“纠缠不清”。“当一门科学学科尚未将自己的研究对象与相邻学科的研究对象区分开来时，其自我意识必然是相当肤浅的、幼稚的，常常会把一些不切实际的使命强加在自己虚弱的肩上”④，这显然不利于学科的健康发展。也就是说，学科独立性对其研究对象具有清晰界定学科边界的要求。在出版学研究对象的五种学说中，“文化现象说”就不符合学科独立性对其研究对象的这一要求。因为它模糊了“出版”等“客观存在”与其他文化现象之间的界限，容易造成研究内容的“越界”或“错位”现

---

① 王玉民，颜基义，潘建均，陈泽玮. 决策学的研究对象与逻辑前提［J］. 中国软科学，2018（6）：128-138.

② 黄宗忠，彭斐章，谢灼华. 对图书馆学几个问题的初步探讨［J］. 武汉大学学报（人文科学），1963（1）：104-120.

③ 刘大椿. 学科整合与交叉学科时代的到来［J］. 中国外语，2008（5）：1，111.

④ 谢勇. 犯罪学研究导论［M］. 长沙：湖南出版社，1992：13-15.

象，不符合“清晰的学科边界”这一要求。

也许有人认为，学科“分化”是“融合”相伴相随的，科学研究中“越界”或“跨界”是一种普遍现象。的确如此，近几十年来学科融合现象非常普遍，但实际上，学科融合正是两个及其以上独立学科之间的合作研究行为，它恰好反映的是独立学科之间的合作，是在学科独立的基础上实现的。没有学科的独立性，也就无所谓学科融合了。因此，不应借学科融合之名否定学科的独立性，进而否定清晰界定学科边界的意义或价值。

学科自身主体性的另一项内容，是学术共同体的认同。学术共同体，是指一个具有共同信念、共同价值、共同规范的学术群体。一般而言，相同的学科背景更容易形成基于学科的学术共同体。学科建设是学科共同体中每一个成员的共同责任。学科建设中的一些核心问题，如学科发展、学术批判和学术规范等，只有得到共同体的总体认同，才具有约束性和影响力，起到规范学科发展的作用。学科研究对象更是需要求得本学科学术共同体的高度认同才能形成。可以说，没有学术共同体的认同，研究对象的共识就不可能形成。当然，研究对象要得到学术共同体的高度认同并非易事，尤其人文社会科学学科。即便是一些相对成熟的学科，如经济学、法学、管理学等，它们的研究对象依然存在着较大的争议，并没有哪一种观点或“学说”得到了各自学科学术共同体的一致认同。我们认为，获得学科共同体的认同，并不是指一定要形成一种所在学科所有人完全“赞同”的观点，而是指这样两个方面的含义。第一，基于学科的学术共同体对需要科学界定学科的研究对象有着共同的认知，而且各自共同朝着寻找共识而努力。第二，在学科发展进入一个相对成熟的阶段，围绕研究对象业已形成若干有较大影响力的“流派”或“学派”，虽然这些“流派”或“学派”观点不同，甚至严重对立。关于研究对象的学术争鸣，是学术研究中的正常现象，它只会有助于共识的形成，并促进学科的进步。当前，关于出版学的研究对象，虽已形成五种“学说”，但遗憾的是，这些观点基本没有取得出版学科学术共同体的广泛认同，而且大多还存在明显的不足或缺陷，各自的学科认同度都很低，基本处于一种自说自话的状态。这正是出版学不成熟的体现。

4. 界定出版学研究对象的尝试

基于以上认知，我们试图为界定出版学的研究对象做一点尝试或探索。这一尝试或探索将基于前述定义研究对象的两个基本要求展开。一是从研究对象的规定性出发，寻找出版学研究的所谓“元问题”，定义出版学的研究对象；二是从学科主体性与独立性出发，界定出版学的学科边界；三是从学术共同体认同视角出发，探讨出版学研究对象的学科认同。

(1) 出版学研究对象的界定

按学科研究对象的规范性要求，一门学科的研究对象必须是该学科的“元问题”。因此，界定出版学研究对象的第一步就是要找到出版学学科的所谓“元问题”，即最根本、最基础的问题，或者说学科中的第一问题，而不是其他各类衍生问题。

在出版学研究中，“元问题”很少被涉及。较早论及这一问题的是浙江大学的吴赟博士。在论述编辑出版学学科发展30年存在的问题时，他指出，“编辑出版学存在一个突出的问题：缺少自有的核心理念，学科‘元问题’还有待进一步明确”。“编辑出版学的学科‘元问题’是什么，核心理念是什么？这些论题是编辑出版学的立身之本，亟须明确”，并且明确提出了“元问题”的含义为“是什么”“解决什么问题”“怎么做”等基本论题。① 其后，黄新斌在建构编辑学的内容体系时曾指出，编辑学是由包括“元研究”在内的四项基本内容构成的有机整体。“元研究”包括已有研究和“元问题”的研究。其中，“元问题是学科研究中的基本问题”。他认为，编辑学的“元问题”主要是指编辑学的“基本概念、逻辑起点、学科性质及发展走向、研究方法、理论体系结构、学科结构等”。② 可见，尽管大家对什么是出版学“元问题”还存在明显的认知差异，但是就“元问题”对出版学科的意义还是有一定共识的。这就为我们基于学科“元问题”定义出版学研究对象打下了基础。

那么，出版学科的“元问题”到底是什么？是否可以从出版领域的各种所谓“客观存在”“目标事物或认识客体”中来寻找？我们认为，出版领域中的“客观存在”“目标事物或认识客体”不外乎出版物、读者、出版人、出版要素、出版机构、出版业、出版工作、出版经营、出版管理、出版活动，或者还有出版史、阅读、文化现象、出版技术等，也许还可以罗列出更多。上述这些出版学研究范畴，大致可以分为三类：第一，“出版”的要素类概念，如出版物、读者、出版人、出版要素、出版机构、出版技术等；第二，出版的“种概念”，出版业、出版工作、出版经营、出版管理、出版活动、出版史等；第三，出版的临近概念，如文化现象、文献、阅读等。

应该说，这三类概念所指代的对象，虽然都是出版学科中的“客观存在”“目标事物或认识客体”，符合基于研究对象规定性之形式要件的要求，但却不是出版学科的“第一问题，最根本、最基础的问题”，不符合基于研究对象规定性之实质要件的要求。其中，前两种，即要素类概念和种概念，所指代的只是出版学科知识体系中的部分“客观存在”“目标事物或认识客体”，而不是全部或整体，更不是出版学科的“第一问题，最根本、最基础的问题”，它们与出版是部分与整体的关系。若将其界定为出版学的研究对象，显然“窄化”出版学。第三种，即临近概念，所指代的对象甚至都不完全是出版学科的“客观存在”，超出了出版学科边界，同样不是出版学科的“第一问题，最根本、最基础的问题”。若将其界定为出版学的研究对象，显然又“泛化”出版学。可见，上述这些出版学研究中的高频概念，似乎都不是出版学的“元问题”，不宜将其界定为出版学的研究对象。

那么，能不能把复杂问题简单化呢？如历史学、法学、社会学等的相对成熟学科，即库恩所讲的“常规学科”，就有这种简单化的处理方法，历史学将其研究对象定义为“历史

---

① 吴赟．写给“而立之年”的编辑出版学——对我国编辑出版学科发展的总结与前瞻［J］．中国出版，2008(10)：29-31.

② 黄新斌．学科评判标准视域融合与编辑学发展新取向［J］．现代出版，2019(2)：86-89.

现象”，法学定义为“法现象”，社会学定义为“社会现象”等。上述这些做法，在各自学科虽然也存在不同的看法或争议，但其在学术共同体中的认同度还是比较高的，甚至成为各自学科最有代表性的经典学说。

我们认为，以上“常规学科”定义其各自研究对象的经验值得出版学借鉴。我们同样也可以将“出版现象”定为出版学的研究对象。“出版现象”完全具备出版学“元问题”的特质，将其定为出版学的研究对象应该是有其合理性的。

众所周知，社会科学是与自然科学对应的一个研究领域，[①] 两者的区隔标准正是其研究对象。其中，社会科学是以“社会现象”为研究对象的科学，自然科学是以“自然现象”为研究对象的科学，它们的任务是分别揭示世界某一局部现象的特殊规律。可见，将“社会现象”定义为社会科学的研究对象应该是社会科学研究的一个基本规定性。正如前述，历史学、法学、社会学等相对成熟的学科，也正是将其相应的特定社会现象定义为研究对象的。出版，作为一种历史悠久影响深远的社会现象，将其定义为出版学的研究对象应该也是合适的、科学的。

从出版学研究实践看，“出版现象”是出版学研究的出发点，严格意义上的出版学研究均源于各种不同的“出版现象”；“出版现象”也是出版学研究的聚焦点，出版学研究的内容基本都是围绕各种不同的“出版现象”展开的；“出版现象”还是出版学研究的落脚点，揭示出版现象的存在方式和运行规律，终究是服务于出版现象的科学发展。从这个意义上讲，“出版现象”既是出版学科知识体系中的“客观存在”“目标事物或认识客体”，也是出版学科的“第一问题，最根本、最基础的问题”，是出版学研究的“元问题”，而不是基于“元问题”的衍生问题。将其定义为出版学的研究对象，不仅完全符合基于研究对象规定性之实质要件的要求，而且也符合基于研究对象规定性之形式要件的要求。因此，我们认为，“出版现象”是出版学的研究对象。

(2)出版学学科边界的界定

科学学坚信，“凡是学科就会有明确的学科范围与界限”。[②] 出版学当然也不例外。所谓界定学科边界，实际上，就是确定学科的研究内容。学科的研究内容，都是围绕其研究对象展开的。它源于研究对象，又回归和服务于研究对象。研究对象一旦确定，研究内容也就相应地确定下来。

从形式上看，一门学科的研究内容表现为该学科的知识体系，它是由不同的知识单元按照研究对象的自身规律和研究工作的认知逻辑组成的一个严密体系。界定一门学科研究内容，力戒两个方面的误操作。一是将与研究对象不直接相关的内容纳入其中，人为放大学科边界，混淆视听，干扰对研究对象的科学认知；二是遗漏研究对象理应包含的内容，

---

① 《马克思主义与社会科学方法论》编写组. 马克思主义与社会科学方法论[M]. 北京：高等教育出版社，2012：167.

② 郑浩. 青年研究的学科范式冲突与再学科化——对我国改革开放四十年来青年研究的反思[J]. 中国青年研究，2019(5)：30-36.

导致学科知识体系的缺失或不完整，影响对研究对象认知的系统性和完整性。

既然我们将出版现象定义为出版学的研究对象，出版学的学科边界，或者说研究内容，自然也就是根据出版现象这一既定的研究对象来确定的。那么，出版学的学科边界到底在哪儿？研究内容又有哪些呢？很清楚，这些问题的答案正是蕴含在“出版现象”这一研究对象之中。

出版现象，作为一种有意识的人类社会活动，有其自身存在和运动的基本规律。出版学的研究内容，就是按照出版现象自身固有的规律开展研究所形成的知识体系。它不仅发源于出版现象，是对出版现象存在方式和运动规律的探索，而且还要“回归”出版现象，服务于出版现象，其研究成果要有助于出版现象的进步和发展。这是学科研究对象对其研究内容的基本要求，是研究对象自身规律的体现。

基于出版现象这一研究对象自身的规律，我们认为，出版学研究涉及出版现象的价值、要素、作业、管理和时空五个维度的内容。它们共同构成出版学研究的知识体系。这五个维度的具体内容将在出版学的研究内容部分详细介绍。

在现实中，有很多与出版现象相关的研究，如历史文献学、书史研究、文本分析等。它们虽然是基于出版活动的成果——出版物展开的，但大多是“借书说事”，其目的不在出版现象本身，而在出版现象之外。这类研究是否属于出版学范畴，值得商榷。针对这种现象，日本出版学会原会长箕轮成男先生就曾不无担心地指出，“在学科范围内而不是在出版范围内论述出版工作的情况越来越多。虽然这些将出版工作作为历史、文学史和哲学史学科一部分来加以论述的研究论文，从其学术研究方法来看是十分可靠的，它们对丰富和扩大出版学历史的研究起了重大作用。但是只要它们仍然仅仅作为各种知识领域的周边部分，起补充作用，它们就不可能在将出版学建成一门完整学科方面直接发挥作用”①。类似现象是界定出版学学科边界时常常遇到的棘手问题，值得深入研究。

我们搭建这样一个出版学研究内容框架，是试图基于我们定义的研究对象构建一个揭示出版现象“应然状态”的学科内容体系。在当前的出版学研究中，这个内容框架中的不少内容以及这些内容间的相互关系，并没有引起学界的足够关注和重视。当然，也有一些与框架中的内容关联度不高的研究，被纳入出版学研究范畴之中。应该说，这种现象并不奇怪，也符合人们对于学科研究对象的认知逻辑。在一门学科的发展初期，由于对研究对象认知的不确定性所造成的研究边界模糊、研究内容缺失或“越界”都属正常现象。对年轻的出版学而言，其研究对象和研究内容的认知，自然也有一个从“实然”到“应然”的过程。但是，出版学要成为一门真正的独立学科，就必须有其明确的研究对象，并基于研究对象清晰界定自己的学科边界，形成结构完整的学科内容知识体系，达到对出版现象“应然状态”的科学认知。

① 中国编辑学会. 第六届国际出版学研讨会论文集(1993)[M]. 北京：高等教育出版社，1994：56.

（3）出版学科学术共同体的认同

“学科作为一种社会知识建制的基本模式，可以起到凝聚研究人员的基本功能”①，这些“凝聚”在一起的研究人员，正是所谓的学术共同体。如前述，学术共同体是具有共同信念、共同价值、共同规范的学术群体，而对研究对象的认同，则是基于学科的学术共同体的最基本的诉求。

出版现象，虽然有着悠久的历史，但严格意义上的出版学研究时间并不长，出版学这个概念也仅有几十年的历史而已。出版学科尚处于库恩定义的“前科学”时期，距“常规科学”尚有不小的距离。库恩认为，在前科学时期，各种假说和理论相互排斥，各种学派之间也没有任何共同信念。② 处于这样一个发展阶段，出版学科的学术建制尚不完备，学科的学术共同体也不成熟，凝聚力或向心力也相对较弱，对学科发展的规制能力也较为有限。

对于年轻的出版学而言，其研究对象、研究内容或学科边界，要获得其学术共同体的认同，并非易事。困难的原因主要有两个方面，一是出版学科当前所处的发展阶段使然。这样一点，参考库恩的著作就清楚了，不在此赘述。二是出版的学科性质所决定的学术共同体成员的从业背景所致。在当前相对松散的出版学科学术共同体中，成员构成异常复杂。至少涉及出版业界成员、出版学界成员和非出版领域的出版学研究者等三种不同的从业背景。在出版业界和学界成员中，业界成员处于绝对的主导地位，学界与业界成员的比例严重失调，学界的话语权和话语声量相对较弱。这在当前我国出版学科的各类学科建制构成中表现得非常明显。非出版领域的出版学研究者，主要来自新闻传播界、文化产业界、文献学等领域，他们则更多带有原学科或行业“烙印”及诉求，学科价值取向多元。在这样一个学科专业背景结构复杂、组织松散的共同体中，期望短期在出版学的研究对象等系列基本理论问题上达成共识，显然并非易事。事实也证明，目前关于出版学研究对象的各种观点产生后，很少得到共同体其他成员的回应或者批判。

在这样一种学术共同体中，要就出版学研究对象达成共识，仅有一种可能，即广泛开展包括研究对象在内的出版学基础理论问题的研究，力求多维度、多层次地揭示“出版现象”发展的本质属性以及出版学研究的实质性学术诉求。所谓“求同存异”，先得明“异”，知道有哪些不同的观点和学说，才便于“求同”。因此，我们认为，在广泛研究的基础上，将各种不同的观点和学说充分展示出来，将这些观点和学说各自立论的依据说清楚，阐明其学理性，方有“求同”之可能。各种观点和学说的充分展示，经过学术交流中的碰撞，蜕变、融合等现象就会出现，共识就可能达成。这虽然是一个长期甚至痛苦的过程，但一定是达成共识所必须经历过程。因此，我们应该鼓励大家积极投身于包括研究对象在内的出

---

① 郑浩. 青年研究的学科范式冲突与再学科化——对我国改革开放四十年来青年研究的反思[J]. 中国青年研究，2019(5)：30-36.

② 托马斯·库恩. 科学革命的结构[M]. 金吾伦，胡新和，译. 北京：北京大学出版社，2012：67-70.

版学基础理论问题的研究，为最终达成共识奠定坚实的基础。

二、出版学的研究内容

如前述，研究对象决定研究内容，研究内容是研究对象的展开，是一个关于研究对象的完整的知识体系。作为理想的常规科学来讲，学科的研究内容不是关于研究对象的相关知识点的“堆积”，而是一个结构合理功能完备的科学理论的基本框架。著名科学哲家伊姆雷·拉卡托斯(Imre Lakatos)在其《科学研究纲领方法论》中指出，“科学理论的基本框架”是科学研究纲领的“硬核”，是坚韧的、稳定的，不同于科学研究纲领的“保护带”，灵活且多变。① 这可以看作科学哲学对学科研究内容的一种基本规定性要求。

出版学的研究内容，当然也不能是关于出版现象的各种知识的“堆积”，而应该有一个“基本框架”。我们拟从出版现象的价值、要素、作业、管理和时空五个维度来建构这一“基本框架”，以展现出版学的研究内容。这五个方面的内容既相互独立，又彼此关联，是一个关于出版现象的要素健全、结构合理、功能完备学科知识体系。

1. 出版现象的价值维度

价值维度的研究，回答的是学科的存在性问题，解决的是出版现象存在的价值和意义问题，即社会为什么需要出版以及为什么有人从事出版活动，具体包括出版的功能和出版的效益两个方面的内容。其中，出版的功能，揭示的是出版现象存在和发展的社会价值问题，主要是从社会视角考察出版的价值和意义。出版的效益，揭示的则是出版存在和发展的个体(行业)价值问题，主要是从出版者(包括出版人、出版社和出版业)视角考察出版的价值和意义问题。

2. 出版现象的要素维度

要素维度的研究，则是揭示构成出版现象这一社会系统的组成要素，如出版产品、出版队伍、出版技术、出版资金、出版信息等各自的特征、属性、作用机制与机理，以及各要素间的相关关系等。要素维度的研究，主要解决的是出版现象得以实现的资源保障问题。

3. 出版现象的作业维度

作业维度的研究，是从出版现象业务流程视角揭示编辑、印刷复制、发行与阅读消费各环节的功能与价值、特征、属性、规范与要求等，主要体现为出版工作层面的研究。作业维度，主要解决的是出版现象得以实现的业务流程问题。

4. 出版现象的管理维度

管理维度的研究，是揭示以什么样的理念、手段与方式才能更好实现出版现象这一有

---

① 伊姆雷·拉卡托斯. 科学研究纲领方法论[M]. 兰征，译. 上海：上海译文出版社，1986：50-52.

意识的人类社会活动的价值和意义的问题。其内容主要包括出版工作、出版业、出版规制或管理等内容。管理维度，主要是出版价值维度的延伸，解决的是实现出版价值的保障机制问题。

5. 出版现象的时空维度

时空维度的研究，大致包括两个方面的内容，其中，时间维度是从发展历时视角，揭示出版现象存在和发展的过去、现在和未来；空间维度则是从国家或地域视角，揭示出版现象存在和发展的共性和差异。它解决的是作为一种社会现象的出版活动必然具有的时空属性问题。

上述关于出版现象的价值、要素、作业、管理和时空等五个维度的研究内容，既发源于出版现象，又能“回归”和服务于出版现象。它们各自从不同的维度或视角，全方位地审视出版现象，揭示出版现象的存在方式和运动规律，服务于出版现象的进步和发展，构成基于出版现象的完整的学科知识体系。

出版学的学科性质与相关学科(慕课)

出版学的学科性质与相关学科(课件)

第二节　学科性质与相关学科

学科性质，也称学科属性，是指一门学科在整个科学体系中的定位。研究一门学科的学科性质，就是找准其在整个科学体系中的准确定位，其目的是为规制学科发展的价值取向，规范学科研究的范式与方法，评价学科研究的成果与绩效。相关学科，是指在研究对象、研究内容、学科性质或研究方法等方面与出版学存在一定关联的且对出版学发展具有一定影响的其他学科。对相关学科的研究，有助于出版学自身的发展。

一、学科性质

出版学学科性质研究，是出版学基础理论研究的基本内容，对出版学的发展和出版学的学科建设具有重要意义。学科性质定位失准，则可能导致其价值取向失偏、研究范式与方法失范、学科建制失策、研究成果失效等不良后果。现行出版学研究中存在的诸多问题或不足，或多或少都与其学科性质定位失当存在着实质性关联。加强出版学学科性质的研究，是出版学健康发展的需要。

1. 学科的分类标准与分类体系

学科分类体系的核心问题，实际上，是一个学科分类标准的问题。只有依据一定的分类标准，才能划分出科学合理的学科分类体系。

一般来讲，学科分类的标准主要有三种：其一，按照科学研究对象进行分类。学科的研究对象，是科学研究认识的客体，它决定着学科的研究内容。研究对象不同，学科性质也就各异。也就是说，以客观世界中某种或某类事物为研究对象的各门学科，在性质上是各不相同的。因此，学科的研究对象也就成为学科分类的重要依据。按照这一标准，科学被划分为哲学、社会科学和自然科学三大类，每一大类之下，又可分为许多具体的小类。其二，按照科学研究的目的进行分类。科学研究的目的不同，最终产生的科研成果也就不同，学科性质也就各异。按照这—标准，科学界通常将科学研究活动区分为基础研究、应用研究和发展研究三种基本类型。不同目的的研究活动产生不同性质的学科。相应地，人们将整个科学划分为基础科学、应用科学和工程技术科学三大门类。这一标准主要用于自然和技术科学学科属性的界定，在人文社会科学中应用较少。其三，按照学科的内部结构进行科学分类。按照这一标准，通常将科学划分为综合性学科、边缘学科、横断学科、交叉学科、分支学科等多种学科门类。这一标准主要是从学科之间的关系定义学科性质的。

基于以上三种不同的分类标准，分别建立起了三套全然不同的学科分类体系。其中，以“研究对象”作为标准的分类体系具有普适性，且最为常用；“研究目的”标准主要用于自然和技术科学领域，对人文社会科学领域学科性质界定的意义相对有限；“学科内部结构”标准更多地应用于界定学科融合背景下发展起来的新兴学科的学科性质，对成熟学科或传统学科的适用性略显不足。界定一门学科的学科性质，可以从中选择其中的任何一种，当然也可以选择多种。选择其中的一个体系，就意味着是基于这一分类体系的划分标准来确定其学科性质的。三类标准分别确定的学科性质，彼此并不矛盾。当然，大多数情况下，仅用单一标准判定一门学科的学科性质的情况较为普遍。

出版学学科性质的界定，原则上就应该基于这三个标准或三种体系展开。脱离该标准或体系的研究，往往难以获得学术界的接受或认同。

2. 出版学学科性质

出版学的学科性质问题，是出版学基础理论研究中争议较大的议题之一。我们在文献调研基础上，对相关代表性成果做简要梳理和评价。

(1) 出版学学科性质研究成果综述

我们的文献调研发现，关于出版学学科性质的代表性“学说”或观点大致有“社会科学说”“人文学科说”“综合性学科说”和“交叉学科说”等四种。

其一，“社会科学说”。此种观点认为，出版学是一门社会科学，其代表人物有林穗芳先生、罗紫初教授和魏玉山研究员等。林穗芳先生在不同场合多次声明他的这一观点。例如，“考虑到出版作为一种社会文化现象涉及许多领域，出版学的研究对象包含多种成分，每种成分的结构又极其复杂，需要运用各种学科的理论和方法从不同的角度进行综合研究。笔者倾向于把狭义的出版学(以书刊为主体，不包括报纸)看作思想、科学、文化传播领域的自成体系的综合性社会科学”。① 再如，他曾指出，“社会传播是出版的本质。依愚见，出版学是研究读者(视听人)、出版物和出版业及其相互关系以揭示出版的规律和社会作用的综合性社会科学”。② 罗紫初教授在多年的出版学教学和科研活动中始终坚持，“出版学应该是一门应用性的社会科学学科”③的观点。魏玉山研究员曾主持过“出版学学科体系(与教材建设)研究”课题。在课程成果中，他指出，出版学是“一门具有应用性、交叉性的社会科学”，“出版学的学科归属于社会科学的大类之下是没有疑义的，这种分类反映了学界对出版学的研究对象、内容、方法等问题上的主流观点”④。尽管三位各自的表述并不完全相同，但在出版学的“社会科学”属性上终归是一致的。

其二，“人文学科说”。持此种观点者认为，出版学是一门人文科学学科，其代表人物是田建平教授。他指出，“出版学的研究，从当今学术界自然科学、社会科学和人文科学的三分法来看，应属于人文科学。从出版史上来看，特别是近代以来，出版了大量的近代学科意义的著述，甚至也可以这样讲，如果没有出版业，那么至少近代以来各学科是无以成立(或存在)的。出版就是如此特殊的一门行业——主要以语言文字的符号形式出版一切的认识(认知)成果、知识成果、思想成果、文化成果及理论成果。鉴于出版的历史、特性及现实，可以概括地讲：出版学研究的理论主要应是人文主义的理论，出版学研究的方法，也主要就是人文主义的方法”⑤。事实上，不少的编辑学拥趸们，也积极赞成“人文学科说”这种观点。

其三，“综合性学科说”。持此种观点者认为，出版学是一门综合性学科，其代表人物是彭建炎先生和中岛健藏先生。彭建炎在其著作《出版学概论》中指出，“出版学是一门既属于社会科学范围，又属于技术科学和应用科学范围的学科，是社会科学、技术科学和应用科学相互渗透、相互交叉、整体结合而成的一门综合性学科”⑥。此外，日本学者中岛健藏先生关于出版学学科属性的判断，与彭建炎的观点较为接近。他认为，“出版学是某

① 林穗芳. 明确“出版”概念 加强出版学研究[J]. 出版发行研究，1990(6)：13-20.

② 林穗芳. 明确基本概念是出版科学研究的重要课题[C]//第六届国际出版学研讨会论文集(1993). 北京：高等教育出版社，1994：50.

③ 罗紫初. 编辑出版学导论[M]. 长沙：湖南大学出版社，2008：13.

④ “出版学学科体系(与教材建设)研究”课题组. 出版学学科属性之辨[J]. 出版发行研究，2010(2)：20-23.

⑤ 田建平，黄丽欣. 出版学学科属性新探[J]. 河北大学学报(哲学社会科学版)，2008(1)：100-106.

⑥ 彭建炎. 出版学概论[M]. 长春：吉林大学出版社，1992：50.

种应称之为混合学科的东西，它不像精确科学中的一门界线分明的学科”①。中岛健藏所指的“混合学科”，虽然并非一个常见的科学概念，但意涵还是比较清楚的，大抵相当于我们通常所讲的“综合性学科”。因此，我们将这一观点归入“综合性学科说”。

其四，“交叉学科说”。持此种观点者认为，出版学是一门具有交叉学科性质，是一门“交叉学科”，其代表人物是叶再生、张涵和吴赟等。叶再生先生在其著作《编辑出版学概论》中指出，“编辑出版学是一门社会科学与自然科学相互渗透、相互结合的交叉科学”②。张涵和苗遂奇，同样持有此类观点。他们认为，“现代出版活动既是一种物质活动，更是一种精神活动；既是一种经济活动，更是一种文化活动；既是一种科学活动，更是一种审美活动。它融合了文化学、传播学、经济学、社会学、心理学、美学等学科的特征和属性，从而使自身建立在由众多学科共筑的学术大基础上”，因此，“现代出版学是一门综合性很强的交叉学科”③。吴赟认为，“因为出版具有复杂的向度，出版学与其他学科之间存在着紧密的交叉、结合，跨学科的视野能够使出版学获得更加多角度的洞察与观照，获得理论与方法内在逻辑上的支持”，出版学是处于“跨学科的连接处”④。日本岳寿文章先生同样认为，出版学具有“跨学科”⑤性质。由于交叉学科和跨学科是同一含义，所以，将其归入同一类。

当然，相关研究成果远不止这些。有影响的观点还有不少，如王振铎先生的“耦合性学科说”⑥、蔡翔教授等的“偏应用型学科说”⑦，等等。

从实践上看，出版学的学科性质也有全然不同的定位。从我国出版学学科建制中的高校出版学专业设置情况看，不同高校出版学专业的学科归属各不相同，分别归属于不同学科性质的学科门类，如新闻传播学、文学、管理学、图书情报与档案管理学等。尽管高校学科专业设置及其归属并不仅仅考虑学科性质问题，但客观地讲，它也在一定意义上反映了相关高校对出版学学科性质的认知差异。

(2)出版学学科性质研究成果的评析

上述对出版学学科性质定位的不同看法，从出版学的学科发展阶段来看，有其一定的合理性。出版学，尚处于库恩定义的“前科学”时期，其基础理论问题存在争议是一种正常

① 吉田公彦. 建立出版学时应考虑的几个问题[C]//第六届国际出版学研讨会论文集(1993). 北京：高等教育出版社，1994：50-57.

② 叶再生. 编辑出版学概论[M]. 武汉：湖北人民出版社，1988：43.

③ 张涵，苗遂奇. 建立一门较为成熟的现代出版学[J]. 中国出版，2002(12)：19-20.

④ 吴赟，闫薇. 出版学往何处去？——出版理论研究的范式危机与革新路径分析[J]. 出版发行研究，2019(3)：15-23.

⑤ 吉田公彦. 建立出版学时应考虑的几个问题[C]//第六届国际出版学研讨会论文集(1993). 北京：高等教育出版社，1994：50-57.

⑥ 王振铎，蔡冬丽. 编辑出版学的学科体系建设[J]. 出版发行研究，2007(12)：55-59.

⑦ 蔡翔，唐颖. 对我国编辑出版学教育的几点思考[J]. 现代传播(中国传媒大学学报)，2006(3)：119-123.

现象。但是，这并不意味着上述观点都是科学的、正确的。事实上，作为一门独立的学科，出版学的学科性质应该具有其客观的规定性，不是可以被随意定义的。如果以判断学科性质的一般规律来衡量，上述一些观点或看法有不少是站不住脚的，对出版学的发展和出版学科建设也是无益的。上述相关研究，其结论之所以大相径庭、差之甚远，根本的原因还是对出版学研究对象的认知偏差以及对学科性质的界定标准把握不准、运用不当所致。

首先，对出版学研究对象的认知偏差是导致对其学科性质认定出现不同结果的根本原因。如前述，判定学科性质的首要标准就是学科的研究对象。因为当前在出版学研究对象的定位问题上，出版学术共同体尚未达成基本的共识，所以就造成对学科性质认定上的差异。例如，出版学学科性质的“社会科学”与“人文学科”之争，正是与出版学研究对象的认知差异直接关联的。学界关于出版学学科性质的“社会科学说”以及高等教育实践中将出版学归入管理学、图书情报与档案管理等学科门类的做法等，就是与出版学的研究对象是“社会现象”密切相关的。而关于出版学学科性质的“人文学科说”以及另外一些高校将出版学专业归入“新闻传播学”和“文学”的做法，则是与出版学的研究对象是“人文现象”联系在一起的。因此，我们认为，只有清晰界定出版学的研究对象，才能真正解决其学科性质问题。如果不能清晰地界定出版学的研究对象，其学科性质的争论就难以平复。

其次，对界定学科性质的标准把握不准、运用失当是造成出版学学科性质认知差异的关键因素。前述学界关于出版学学科性质的“综合性学科说”“交叉学科说”“耦合性学科”说以及“跨学科”说之争，均是对认定学科性质的“研究对象”“研究目的”和“科学内部的结构”这三个标准的把握和使用失当使然。其中，彭建炎先生的“综合性学科说”，依据是“出版学是一门既属于社会科学范围，又属于技术科学和应用科学范围的学科，是社会科学、技术科学和应用科学相互渗透、相互交叉、整体结合而成的”①一门学科。中岛健藏先生“混合学科说”立论的依据则是，出版学“不像精确科学中的一门界线分明的学科”②。两者都是混淆了判断学科性质中“研究对象”和“科学内部的结构”这两个标准所致。“综合性学科”(包括“混合学科”)，不是基于研究对象区分的，而是基于“科学内部的结构”划分的。研究对象再复杂，也不会导致产生“综合性学科”，它只能将学科区隔为自然科学、社会科学(含人文学科)和哲学。“综合性学科”，则是按“科学内部的结构”区分出的一种学科形态，主要是因为方法论体系的复杂性，而不是因为研究对象的模糊性所区隔出的一个学科类型。相关研究明确指出，综合性学科是“采用多学科的理论和方法进行研究的学科”，“具有很强的跨学科性，一般来说，它们都是社会科学、自然科学和技术科学汇流、交织、融合的产物”，是“既能够同时囊括多种学科的科学认识和科学方法，又能够同时容

---

① 彭建炎. 出版学概论[M]. 长春：吉林大学出版社，1992：50.

② 吉田公彦. 建立出版学时应考虑的几个问题[C]//第六届国际出版学研讨会论文集(1993). 北京：高等教育出版社，1994：50-57.

纳各类技术和多种技术的综合体”①。从这个意义上看，将出版学定义为“综合性学科”（包括“混合学科”）的观点虽然不一定是错误的，但是，他们立论的依据显然是不可靠的，相当于是“用尺子去量体重”。“交叉学科说”“跨学科”说以及“耦合性学科”说，虽然表述不尽相同，但实际上含义并没有根本区别。“交叉学科”和“跨学科”原本就是同一个概念的两种不同表述。在英文中，“交叉学科”和“跨学科”同译为 interdisciplinary，所以交叉学科又称跨学科②。“耦合性学科”大致与其同义。应该说，这三种观点在一定程度上揭示了出版学学科属性的某些特质，即研究方法的多元性，但是，它们却有一个本质上的缺陷或不足，即未能明确产生学科交叉的主体学科，也就是说，没有解决出版学是由哪些学科交叉而成的。一般而言，所谓交叉学科均是由两个或两个以上主体学科交叉结合而成。例如，自然科学领域，化学与物理学的交叉形成了物理化学和化学物理学，化学与生物学的交叉形成了生物化学和化学生物学，物理学与生物学交叉形成了生物物理学等；社会科学领域，教育学与心理学的交叉形成了教育心理学，法学与社会学的交叉形成了法律社会学；自然科学和社会科学领域，环境科学与法学的交叉形成了环境法学等。也就是说，要将出版学定义为“交叉学科”或“跨学科”，就必须找到形成出版学的交叉主体学科。找不到其中的主体学科，这种观点就站不住脚。在我们看来，出版学的确具有一定的跨学科特质，其研究的确需要采用多学科的研究方法。在当今学科融合发展背景下，面向问题的跨学科研究渐成热点。出版学也不能故步自封，采用跨学科研究值得提倡和鼓励。但从本质上讲，出版学并不属于严格意义上的“交叉学科”或“跨学科”。

在关于出版学学科性质的研究中，还存在两个明显的不足。一是，对“研究目的”这一标准或视角的研究关注和重视不够，更多的研究主要聚焦于“研究对象”和“研究方法”视角。如罗紫初教授提出的“应用性的社会科学学科”③，魏玉山研究员的“应用性、交叉性的社会科学”④，箕轮成男的“出版学是一门应用学”⑤等，虽然都点出了出版学的“应用性”属性问题。这些观点十分难能可贵，可惜研究不够深入，只是点到为止。事实上，这是探讨出版学学科性质的一个非常重要的视角，它对出版学研究和出版学学科建设都有十分重要的意义。这方面的研究应该进一步加强。二是，对出版学的学科性质缺乏整体性把握，常常陷入一些无端的争议。事实上，学科性质是一个需要多维度探讨的学术议题，不同维度的研究结果彼此具有兼容性，各自都有其应有的学术价值，并不是相互排斥的。一门学科，既可以是社会科学，也可以是应用科学，还可以交叉学科，三者完全可以兼容。当然，基于同一标准划分出来的不同学科，是不能兼容的。如，一门学科是社会科学，就

① 曾月新. 论综合性学科[J]. 天津师范大学学报(社会科学版)，1988(6)：37-43.

② 章菲. 百科全书交叉学科的撰稿与审稿[N]. 新华书目报，2019-09-13.

③ 罗紫初. 编辑出版学导论[M]. 长沙：湖南大学出版社，2008：5.

④ “出版学学科体系(与教材建设)研究”课题组. 出版学学科属性之辨[J]. 出版发行研究，2010(2)：20-23.

⑤ 箕轮成男，贺鑫昌. 出版学的方法[J]. 现代外国哲学社会科学文摘，1986(8)：22-25.

不能同时也是自然科学。因此，对出版学的学科性质展开全方位立体式的系统研究，有利于更加清晰地认清出版学的本质属性。

(3)出版学学科性质的界定

界定出版学的学科性质，面临的首要问题便是如何确立认定其学科性质的标准。原则上讲，“研究对象”“研究目标”和“学科内部结构”三大标准均可采用，但考虑到这些标准的适用性以及出版学自身所处发展阶段的特征，我们选择三个不同的视角分别展开研究，看看各自所得出的结论。一是选择“研究对象”标准来审视出版学的学科性质；二是基于“研究目标”和“学科内部结构”两个标准简要分析出版学的学科性质；三是选择方法论视角对出版学的学科性质进行尝试性探索。

①基于“研究对象”视角的分析

如前述，按“研究对象”，一般可将学科分为哲学、社会科学和自然科学三大类。其中，研究对象为“社会现象”的学科便是社会科学。但需要特别强调的是，这里的所谓社会科学，实际上是一个广义的范畴，或者说是广义的社会科学。广义的社会科学，通常又可细分为人文科学和狭义的社会科学。狭义的社会科学，与人文科学相对应，通常直接简称为社会科学。人文科学和社会科学，分属两类性质不同的学科类型，其研究对象、研究范式与方法都存在显著的差异。从研究对象看，“人文学科与社会科学分别以人文现象和狭义的社会现象作为研究对象”①，而人文现象与社会现象是有一定区别的，其中，人文现象强调“人的个性、主观、心理、文化、生活等特殊方面”，社会现象强调“人的社会性、关系性、组织性、协作性等共性方面”。“人文科学与社会科学之间无论在关注的重点和所侧重的方面也都有所不同。”②可见，仅以广义的社会科学层次来定义一门学科的性质，还是远远不够的。如果能以更细的次级分类标准来定义学科的性质，则能够更加精确地认知学科属性。这种以研究对象作为标准对科学进行多层次分类的方法，在现代科学分类中较为常见，它对于人们科学地认识各学科的性质有着重大意义。

首先，基于“研究对象”的首次分类。我们认为，出版学具有社会科学属性，是一门广义的社会科学。出版学的研究对象是“出版现象”。出版现象是人类社会中特有的一种社会现象，它是出版活动发展到一定历史阶段的产物，是随着出版活动的产生和发展而形成并逐步发展起来的。按照科学研究对象决定学科性质的理论，出版学就应该是一门广义的社会科学。关于出版学学科性质的这一定位，出版学科学术共同体业已形成共识。正如魏玉山研究员所指出的，“出版学的学科归属于社会科学的大类之下是没有疑义的”③。

然后，基于“研究对象”的二次分类。在明确了出版学属于广义的社会科学后，还面临着一个对其继续进行二次定位的问题，即它是属于广义社会科学中的人文科学，还是狭义

---

① 欧阳康. 人文社会科学哲学[M]. 武汉：武汉大学出版社，2001：56-58.

② 欧阳康. 人文社会科学哲学论纲[J]. 江海学刊，2001(4)：90-97.

③ “出版学学科体系(与教材建设)研究”课题组. 出版学学科属性之辨[J]. 出版发行研究，2010(2)：20-23.

社会科学的问题。

对于这个问题，出版学界则是存在争议的。正如前述，林穗芳先生、罗紫初教授和魏玉山研究员等均将出版学定义为社会科学。尽管他们都没有明确说明其社会科学到底是广义的社会科学，还是狭义的社会科学，但是，从他们各自的立论依据分析，我们有理由相信，他们的所指均应为狭义的社会科学。与他们不同，田建平教授等则认为，出版学属人文科学范畴，而不属于社会科学范畴。他曾明确指出，“出版学的研究，从当今学术界自然科学、社会科学和人文科学的三分法来看，应属于人文科学”①。也就是说，以广义社会科学的次级分类标准来衡量，出版学的学科性质问题，即是人文科学还是狭义社会科学的问题，出版学术共同体是没有共识的，而且是存在明确争议的。对于出版学是人文科学，还是狭义社会科学的争议，其焦点主要集中在其研究对象“出版现象”到底应该被定义为“人文现象”，还是“社会现象”之上。

著名科学哲学学者欧阳康教授，曾对这两类现象进行过很有启发性的区分。他指出，人文现象强调“人的个性、主观、心理、文化、生活等特殊方面”，社会现象强调“人的社会性、关系性、组织性、协作性等共性方面”②。我们曾经梳理和回顾了出版学研究对象的五种学说，即“规律说”“矛盾说”“文化现象说”“出版要素及其关系说”和“出版活动说”等。我们认为，这些观点或学说，更多的是将出版理解为一种“社会现象”。无论是“规律说”中的“出版工作”③和“出版过程”④⑤，“矛盾说”中的“出版物的生产和流通”⑥、“出版发行活动的社会效益与经济效益”⑦或“出版物商品供求”⑧，“出版要素及其关系说”中的出版“三要素”或“两因子”⑨，还是“出版活动说”中的“生产和流通”⑩等，都完全符合欧阳康教授强调的“人的社会性、关系性、组织性、协作性等共性方面”的特征，应该被看作“社会现象”，而不是“人文现象”。

但是，关于出版学研究对象五种学说中的“文化现象说”⑪，到底该如何定位，的确值得探讨。应该说，文化现象具有典型的双重属性，既可以属人文范畴，也可以归入社会现象范畴。那到底该如何认定呢？我们不妨从欧阳康教授所说的它们各自“关注的重点和所

---

① 田建平，黄丽欣. 出版学学科属性新探[J]. 河北大学学报(哲学社会科学版)，2008(1)：100-106.

② 欧阳康. 人文社会科学哲学论纲[J]. 江海学刊，2001(4)：90-97.

③ 孙树松. 中国现代编辑学辞典[M]. 哈尔滨：黑龙江人民出版社，1991：23.

④ 梁宝柱. 出版经济学导论[M]. 北京：中国书籍出版社，1991：23-25.

⑤ 高斯，洪帆. 图书编辑学概论[M]. 南京：江苏教育出版社，1989：15.

⑥ 彭建炎. 出版学概论[M]. 长春：吉林大学出版社，1992：14.

⑦ 林岳生. 图书发行学研究对象的研究[J]. 图书发行研究，1992(3)：35-38.

⑧ 罗紫初，吴赟，王秋林. 出版学基础[M]. 太原：山西人民出版社，2005：15.

⑨ 中国出版科学研究所. 全国首届出版科学学术讨论会论文选集[M]. 重庆：重庆出版社，1987：36.

⑩ 彭建炎. 出版学概论[M]. 长春：吉林大学出版社，1992：50.

⑪ 大百科事典(第7卷)[M]. 东京：平凡社，1985：50.

侧重的方面”①来考察。作为一种“文化现象”的出版，它强调的显然不是“人的个性、主观、心理、文化、生活等特殊方面”，而是“人的社会性、关系性、组织性、协作性等共性方面”，是出版“文化现象”的社会共性，而不像文学、美学等人文学科那样关注个人的个性化的主观感受。因此，出版这种“文化现象”，应该是一种“社会现象”，而不是“人文现象”；出版学是狭义社会科学，而不是人文科学。

综上，我们认为，从研究对象的次级分类标准来看，出版学并不是人文科学，而是狭义的社会科学，属社会科学范畴。

② 基于“研究目标”和“学科内部结构”视角的分析

“研究对象”只是定义学科性质的维度之一，以“研究目标”和“学科内部结构”这两个标准对学科性质展开多维度的分析，对科学界定出版学的学科性质显然是必要的，也是有意义的。

如前述，按照科学的“研究目标”，通常将科学划分为基础科学、应用科学和工程技术科学等三大学科门类。但这一学科分类体系，主要应用于自然和技术科学领域，在人文社会科学领域的适用性明显不足。就出版学而言，虽然我们完全可以排除其“基础学科”和“工程技术学科”的学科属性，但它是否具有“应用学科”的性质却有待做进一步探讨。

目前，出版学界有不少声音，认为出版学是一门应用学科，蔡翔教授等就曾对此进行过系统梳理和归纳。他指出，“对于编辑出版学的学科性质这一问题，学界还存在很大争议。代表性观点有‘纯理论学科’说、‘纯应用学科’说、‘理论加应用学科’说、‘理论为主，应用为辅学科’说、‘三结合学科’说、‘边缘科学’说等”。但他本人“更倾向于认为编辑出版学是一门兼容性极强的偏应用型学科”②。判断一门学科是否是应用学科，应该考察两个关键点。一是学科的研究是不是有实实在在的应用性目标，它要解决的是哪一个领域或行业中的应用性问题；二是学科是否是基于某一“基础学科”开展应用性研究的，这一基础学科是什么。从这两个关键点来考察，出版学仅符合其中之一，即解决出版“领域或行业中的应用性问题”。因为我们在出版学研究中找不到这样一个“基础学科”。传播学貌似有成为出版学的基础学科的某种可能，但传播学不仅难以从基本理论体系，而且也难以从研究范式和方法上，为出版学提供全方位的实质性的研究规范。因此，我们不倾向于将出版学定义为应用性学科。

按“学科内部结构”，通常将科学划分为综合性学科、边缘学科、横断学科、交叉学科、分支学科等多种学科门类。在出版学界，也有不少学者利用这一标准来界定出版学的学科性质。其结论主要有两个：其一，出版学是一门“综合性学科”，如彭建炎先生

① 欧阳康. 人文社会科学哲学论纲[J]. 江海学刊，2001(4)：90-97.

② 蔡翔，唐颖. 对我国编辑出版学教育的几点思考[J]. 现代传播(中国传媒大学学报)，2006(3)：119-123.

的“综合性学科说”[①]、林穗芳先生“综合性社会科学”说[②]以及岛健藏先生的“混合学科”[③]说等。其二，出版学是一门“交叉学科”(含“跨学科”)，如叶再生先生的社会科学与自然科学相互渗透、相互结合的“交叉学科说”、张涵先生等的综合性很强的“交叉学科”[④]以及吴赟的“跨学科的连接处”[⑤]等。我们认为，上述这两类观点，立论的依据也都不充分。因为无论是综合性学科，还是交叉学科，均是由两个或两个以上既有“常规学科”基于某一研究对象“综合”或“交叉”重构而成。如果找不到基于“出版现象”实现“综合”或“交叉”的两个或两个以上既有“常规学科”的话，那就难以将出版学认定为“综合性学科”和“交叉学科”。上述各种观点仅仅只是基于出版学研究需要多学科的研究方法所得出的结论，而未能从学理上阐明出版学到底是由哪些“常规学科”综合或交叉而成。解释不了这个问题，其结论的可靠性就将受到质疑。因此，我们无法认同，出版学具有综合性学科和交叉学科性质的观点。也就是说，出版学既不是综合性学科，也不是交叉学科。

综上所述，通过基于“研究目标”和“学科内部结构”视角的考察，我们不能认定出版学具有“应用学科”“综合性学科”和“交叉学科”的属性。

③ 基于方法论视角的分析

科学学和科学哲学，虽然没有基于研究方法界定学科性质的成熟理论，但却不乏基于研究方法探讨学科建设和发展方面的研究成果。黑格尔就曾指出，从人类文明史和学术史上看，理论和方法是同时产生的，并且从来就是相互联系的，就学术理论而言“方法并不是外在的形式，而是内容的灵魂和概念”[⑥]。刘大椿教授等甚至认为，“人文学科与社会科学的区别主要是方法论意义上的，而不是实体意义上的，基本对象上的趋同远远超过它们之间的区别”[⑦]。正因为如此，所以在学科基础理论研究中，就有不少基于学科的研究方法探讨其学科性质的做法。

基于这一认知，我们不妨也尝试从方法论视角来考察一下出版学的学科属性问题。

客观地讲，出版学研究的方法和方法论尚处在形成过程之中，其研究方法体系仍不完备。在出版学研究过程中，不同的研究方向、不同的研究目的、不同的研究者，采用的研究方法各不相同，甚至五花八门。如果一定要将研究方法区隔为人文学科研究方法和社会学科研究方法的话，那么，在出版学研究活动中，这两类方法都在被广泛使用。在出版史、编辑学、阅读研究等领域的研究中，人文学科研究方法大行其道；而在出版业务、经

① 彭建炎. 出版学概论[M]. 长春：吉林大学出版社，1992：12.

② 林穗芳. 明确“出版”概念 加强出版学研究[J]. 出版发行研究，1990(6)：13-20，1，12.

③ 吉田公彦. 建立出版学时应考虑的几个问题[C]//第六届国际出版学研讨会论文集(1993). 北京：高等教育出版社，1994：50-57.

④ 张涵，苗遂奇. 建立一门较为成熟的现代出版学[J]. 中国出版，2002(12)：19-20.

⑤ 吴赟，闫薇. 出版学往何处去？——出版理论研究的范式危机与革新路径分析[J]. 出版发行研究，2019(3)：15-23.

⑥ 黑格尔. 小逻辑[M]. 贺麟，译. 北京：商务印书馆，1980：50.

⑦ 刘大椿，潘睿. 人文社会科学的分化与整合[J]. 中国人民大学学报，2009(1)：141-150.

营管理、出版技术等领域，社会学科研究方法则使用得更为普遍。但很难量化哪一种研究方法使用得更为普遍，通过哪一种研究方法获得的成果更加逼近“出版现象”的真相和本质。

出版学界，对这两类研究方法到底哪一种更契合出版学研究的需求同样有着不同的看法。一些学者认为，出版学应该使用人文学科的研究方法，而不是社会学科的研究方法。如田建平教授认为，“出版学研究的理论主要应是人文主义的理论，出版学研究的方法，也主要就是人文主义的方法”，“出版学研究可以运用一切人文科学的方法，诸如哲学的方法、史学的方法、文化分析的方法、经济学的方法等”。① 相反，另外一些学者则认为，出版学应该使用社会学科研究方法，而不是人文学科研究方法。一些青年学者，如吴赟、刘永红等就表达了这方面的看法。如吴赟曾指出，目前在出版学研究的某些领域是“侧重于思辨方法”的，但“出版学研究仅仅依靠思辨方法是不够的，要对实践进行科学指导，必须大量采用实证研究方法”，出版学研究中“应处理好实证研究与思辨研究的关系”。② 刘永红认为，我国“出版学研究的科学主义和人文主义特征明显”，研究方法存在“重思辨推理轻实证研究”的缺陷。③ 也就是说，这些青年学者对现行出版学研究中过多地使用人文学科研究方法表达了忧虑，主张出版学研究应该更多地采用社会科学的研究方法，虽然他们并不排斥使用人文科学的研究方法。

由于出版学研究对象“出版现象”的复杂性，人文学科研究方法和社会科学研究方法，在出版学研究中都可以有所作为。两者对科学认知“出版现象”有着彼此不可替代的作用。人文学科研究方法，有助于揭示“出版现象”的人文属性与价值追求，建构出版学研究的价值认知体系。社会科学研究方法，则有助于揭示“出版现象”的经营与管理规律，建构出版学研究的社会认知体系。这就是说，从方法论视角，似乎难以认定出版学的学科归属。

事实上，真相并非如此。这是“误读”学科性质与研究方法之间关系所带来的不良后果。科学学和科学哲学，关注研究方法对学科发展的影响和意义，从本质上，是要解决科学研究中正确使用方法和方法论的问题，而不是意图通过研究方法来界定学科性质。科学哲学强调，在学科性质与研究方法的关系中，“学科性质决定研究方法”④。也就是说，在学科范畴内，学科性质与研究方法的关系虽然密不可分，甚至相互成就的，但两者之间仍然是主从关系。学科性质是主，研究方法为从。学科性质决定研究方法，研究方法服务于学科性质。在明确了两者的关系后，就不应再去纠结基于研究方法认定学科性质的问题，学科性质应该交由“研究对象”“研究目的”和“学科内部结构”等而不是研究方法

---

① 田建平，黄丽欣. 出版学学科属性新探［J］. 河北大学学报（哲学社会科学版），2008（1）：100-106.

② 吴赟. 关于深化出版学研究的几个问题［J］. 图书情报知识，2003（4）：90-92.

③ 刘永红. 出版学研究方法的现状与完善［J］. 大学出版，2008（3）：15-20.

④ 张华夏，叶侨健. 现代自然哲学与科学哲学（自然辩证法概论）［M］. 广州：中山大学出版社，1996：51.

来决定。

基于这一认知，我们认为，出版学研究同时需要人文学科的研究方法和社会科学的研究方法。但是，这两种研究方法的同时使用，并不能改变出版学属于狭义社会科学范畴的事实。

二、出版学的相关学科

科学本身就是一个有机联系的整体，只是人们为了研究和认识的方便，才被划分为许多不同的学科领域。这些不同的领域，也就是我们通常所讲的不同的学科。可以说，世界上任何一门学科都同其他学科之间都存在着不同程度的联系。每一门学科都是在同其他学科的相互的联系中产生和发展起来的，离开了同其他学科的相互联系，离开了从周围学科中吸收养分，任何一门学科都不可能得以生存和发展。这就是说，科学之间的联系是客观的、普遍的。既然科学之间存在着客观的普通的联系，那么，每门学科都有必要对其相关学科进行研究。研究相关学科，是为了科学地认识和把握它们，以便加强同它们之间的固有联系，更有效地从中吸取能够促进自身发展的养分。达尔文的"生长相关律"就被科学学用来描述学科间的相关现象。杨沛霆教授指出，"这一规律不只适用于生物，而是适用于整个自然界，也适用于反映自然界规律的自然科学各个领域，和反映社会现象及其演变规律的社会科学各个领域"，各门学科可以通过理论、方法及研究对象的"转移与综合"等途径实现相关生长①。可以说，实现学科之间的相关生长，正是各门学科研究其相关学科的目的之所在。

出版学是一门年轻的学科，其理论研究还极其薄弱，研究方法也不完善，研究内容更不稳定。在这种背景下，加快对其相关学科的研究，对于加强其与相关学科的联系，有效地吸取养分，充实和丰富其学科内容等都有十分重要的意义。

相关学科的研究是出版学科基础理论研究中较为薄弱的一个议题，相关研究成果非常少。唯罗紫初教授②、李建伟教授③和李频教授④等发表过少量相关研究成果。罗紫初教授和李建伟教授持有几乎完全相同观点。他们认为，出版学的相关学科按其联系性质可分为"基础学科""交叉学科"两类，其中，基础学科是指"为出版学的建立提供理论基础的学科"；交叉学科则是指"与出版学在研究内容上有某些交叉或具有某些相通性的学科"。至于这两类相关学科各自涉及哪些具体学科时，两位教授的观点略有出入。罗紫初教授将传播学、文化学和经济学等归入出版学的"基础学科"，将新闻学、图书馆学和市场营销学等归入出版学的"交叉学科"。李建伟教授则在前者的基础上，将美学、社会学和心理学增加进"基础学科"，将版本学和目录学增加进"交叉学科"。李频教授则是从"出版学与相邻学

① 杨沛霆，徐纪敏．关于自然科学学科相关生长规律的探讨[J]．科学管理研究，1983(4)：69-74.
② 罗紫初．论出版学的学科体系[J]．出版发行研究，2004(7)：40-43.
③ 李建伟．论我国编辑出版学学科体系建设[J]．新闻界，2008(2)：141-143.
④ 李频．论出版学的核心与边界[J]．陕西师范大学学报(哲学社会科学版)，2009(4)：31-41.

科的关系”视角，分别涉及出版学的三个或三类相关学科。他是这样表述的，“传播学是出版学的上位学科”，“新闻学是出版学的先行学科”，“编辑学是出版学的平行交叉学科”。可见，三位教授的观点既有共识，又有明显差异。这种差异，一是表现在出版学相关学科的类型上，二是表现在的具体相关学科上。上述观点，很难以对错来做评价，只能说那种关系定位更合理，因为大多数情况下一个学科与其他学科之间的关系通常十分复杂，往往可以从完全不同的角度来进行解读。

我们认为，研究出版学的相关学科，大致可以从出版学的研究对象与内容、学科性质和研究方法等方面的相关性来考察。出版学的相关学科至少包括理论基础学科、亲缘关系学科和方法论学科这样三类。

1. 出版学的理论基础学科

理论基础学科，是指为出版学研究提供宏观理论指导或参考的一种相关学科，是出版学相关学科中意义最大的一类，它在相当程度上影响着出版学的基本理论框架的建构，甚至包括其学科共同体价值取向的定位。其对出版学的意义主要表现为直接的理论指导。一般而言，作为基础理论学科的相关学科，其研究对象应该是主体学科(此处特指出版学)研究对象的上位类“客观存在”，或者说，主体学科的研究对象必须是其基础理论学科研究对象的下位类“客观存在”。这是判断主体学科与其理论基础学科之间存在相关关系的唯一标准。基于这一认知，我们认为，出版学的理论基础学科包括哲学、文化学、经济学和管理学等。

哲学，作为一种关于世界观的学问，它关于世界的本质、发展的根本规律、思维与存在的根本关系等普遍性问题的研究，可以为出版学研究提供最基本的宏观理论指导。例如，出版的本质、出版的发展规律、出版物内容与其所反映的对象之间的关系等出版学重要命题，往往都需要科学的哲学思想提供理论支持。马克思主义哲学就能为我们在出版学的这些重要命题的研究中提供科学的理论指导。

文化学，是研究人类文化的起源与演变、结构与功能、传播与传承、共性与个性等基本文化问题的一门综合性学科。其研究对象人类“文化现象”，与出版学的研究对象“出版现象”之间是一种典型的属种关系，文化现象是出版现象的上位类“客观存在”，出版现象则是文化现象的一个典型的类存在，也就是说，出版现象是一种特殊的文化现象。这是文化学得以成为出版学理论基础学科的根本原因。文化学关于人类文化现象研究的基础性成果，对出版学研究具有极其重要的理论指导意义。如其关于文化“传播与传承”“共性与个性”的基本判断，原则上可以直接适用于指导出版学中类似命题的研究。

经济学，是研究人类经济活动的本质与规律，研究一定制度条件下的资源合理配置和有效利用问题的一门社会科学学科，其研究对象为“人类经济活动”。在市场经济条件下，出版活动同样具有经济属性，它是通过对有限的资源进行科学的分配来满足竞争性需求的。既然具有经济属性，需要创造经济价值，出版活动就必须遵循最基本的经济规律。从这个意义上讲，经济学关于资源合理配置和有效利用的价值判断及其基本原理，无疑应该在出版学研究中得到一定程度的遵循。

管理学，是研究人类社会管理活动中各种现象及规律的一门综合性学科，它关注的重点对象是各类组织的管理活动，其目的是通过合理的组织和配置人、财、物等资源，以提高生产力的水平。当今社会的出版活动，主要是一种社会化的组织行为。合理配置其人、财、物资源，实现科学管理，理应成为出版组织的基本理念和追求。管理学关于机构或的组织的资源管理、目标管理、过程管理、管理方法、管理策略等均对出版组织的管理活动具有直接的指导意义。西方国家的出版学研究，其主要理念、手段或方法更多地源于管理学。

以上只是出版学相关学科中几个最为重要的理论基础学科，并不一定是全部，也不排斥还有其他学科同样也可以为出版学研究提供理论基础指导。

2. 出版学的亲缘关系学科

亲缘关系学科，是指与出版学在研究对象或研究内容上存在临近平行关系的学科或研究领域。作为相关学科，亲缘关系学科对主体学科的意义主要体现在，彼此在研究内容方面的相互借鉴或参考。亲缘关系学科，主要应从研究对象与研究内容维度予以界定的，两者的研究对象或研究内容既相邻、相近，但又不重合或重叠。基于这一认知，我们认为，出版学的亲缘关系学科主要有传播学、新闻学、文献学、图书馆学(读者与阅读研究)等。

传播学，是研究人类传播行为和传播过程发生和发展规律的人文科学学科领域，是研究人类如何运用符号进行社会信息交流的学科，大众传播是其核心领域。由于其研究对象和研究内容，不仅与出版学相邻相近，而且具有对出版学研究对象涵盖的某些特征，因此，一些学者习惯将其界定为出版学的理论基础学科。应该说，这种观点具有一定的合理性。但是，传播学研究自身过重的人文色彩，以及由此形成的学科理论建构，不足以为出版学提供基础性的理论支撑。出版学虽然不乏人文学科的特性，但其社会科学属性更加突出和明显。因此，出版学的理论源泉和学理基础，应该是建立在社会科学基础学科而不是人文学科之上。正是基于这一认知，我们将传播学界定为出版学的亲缘关系学科。传播学，作为出版学的亲缘关系学科，可以为出版学在研究内容方面提供相关的参考或借鉴，而不是提供直接的基础理论支持。如传播学关于受者、媒介或传播模式等方面的研究，对出版学研究就有一定的参考价值。但基于传播学核心理念建构出版学，必然是行不通的、有害的。

新闻学，是研究新闻事业和新闻工作规律的科学，它是以人类社会客观存在的新闻现象为研究对象，重点研究新闻事业和人类社会的关系，探索新闻事业的产生、发展的特殊规律和新闻工作的基本要求。“新闻现象”与“出版现象”是一对典型“相邻、相近，但又不重合或重叠”的社会现象，这一点从我国国家新闻出版建制状况就可以得到充分的印证。因此，将新闻学定义为出版学的亲缘关系学科应该是合理的。

文献学，是以文献和文献发展规律为研究对象的一门科学，其社会认同度较高的研究领域包括历史文献学和古典文献学。同样作为一种社会现象，文献与出版似乎并非同一个层面的两个社会范畴，尤其是从现当代语境看，文献只是出版的产物。但是，文献学与出版学的关系却要比这复杂得多。文献学，源远流长，历史久远，素有“治学的基础、资料的源头、深入研究的门径”①之说，其学科地位早已得到广义科学共同体的广泛认同，而出版学则是一个处于“前科学”时期的年轻学科，其学科的独立性问题尚未从根本上得到解决。也就是说，文献作为一种社会现象，甚至早于出版现象受到社会的重视、得到社会的认同。因此，将文献和出版作为两个并列的社会现象来看是有其合理性的。作为出版学的亲缘关系学科，文献学关于文献价值与功能、文献整理、版本等方面的研究，对出版学均具有一定参考价值。

图书馆学，是研究图书馆的发生发展、组织管理以及图书馆工作规律的科学。作为一个以机构命名的学科，图书馆学的社会认同虽然也面临不少困难，但它的建制认同问题毕竟已得到解决。图书馆现象与出版现象之间，可以看作一种“临近平行关系”。前者得以立足的文献资源，与后者服务社会的出版物产品，虽然是相同的基本载体，但却是两类完全不同的社会现象。图书馆现象是一种纯粹的社会文化事业，而出版现象则基本可以定义为文化产业现象，它们各自都有自身存在和运动的方式与规律。因此，我们将图书馆学定义为出版学的亲缘关系学科。作为出版学的亲缘关系学科，图书馆学关于知识组织与服务、读者研究、阅读研究等方面的学术思想和成果，对出版学研究不乏主要参考价值。

3. 出版学的方法论学科

方法论学科，是指为出版学提供研究工具、方法或方法论指导的有关学科和研究领域。一般而言，作为一门学科的相关学科，方法论学科并不会在研究对象、研究内容或学科性质方面与主体学科直接发生关联，它仅仅只是为主体学科提供某一方面研究的工具、方法或方法论而已。

现代科学的发展，不仅使学科之间出现了寻求方法的热潮，而且出现了为许多学科所共同使用的方法论学科。作为一门年轻学科的出版学，迫切需要各种科学方法的指导，科学的研究方法不仅能给出版学带来新的活力，而且还可以给出版学开拓新的研究领域。

出版学的方法论学科很多，我们大致可将其分方法论学科、方法学科和工具学科三类。其中，方法论学科性主要有哲学、系统科学；方法学科有计算机科学与技术、信息管理、市场调查与预测；工具学科有新媒体技术、数据库技术、文本分析等。关于方法和方法论，我们拟在本章第三节作专门介绍，这里就不赘述。

---

① 赵子夫，张晓红. 清代校雠学特色管窥[J]. 图书馆学刊，2009(5)：18-19，73.

出版学的学科范式与研究方法(慕课)

出版学的学科范式与研究方法(课件)

第三节　学科范式与研究方法

学科范式是“一个科学共同体的成员所共有的东西”①，对学科发展具有一定的规范作用。处于不同发展阶段的学科，其学科范式也不尽相同。方法和方法论，本就是内化于学科的东西。“方法并不是外在的形式，而是内容的灵魂和概念。”②加强学科范式和研究方法的研究，是出版学发展的内在要求。

一、学科范式

“科学范式”(Paradigm)，是美国科学史家托马斯·库恩(Thomas Kuhn)1962 年提出的一个科学哲学范畴。“范式理论”，不仅在科学史上具有重要地位，对科学发展具有全新的认识论和方法论意义，而且对出版学在内的具体学科的发展同样有直接参考价值。

1.“范式”的含义、应用及其对出版学的启示

库恩的“科学革命”理论认为，常规科学有其共同体普遍认同的“学科范式”，科学活动就是在此范式下得以运行；当既有“科学范式”难以解决科学中的新问题时，“范式转换”就成为必然；“范式转换”将直接导致“科学革命”的发生，经过科学革命，“常规科学”就演变为“新的常规科学”，新的科学范式得以产生。③ 可见，“科学范式”不仅是与科学革命相关的，而且还是科学活动的一种机制。它对科学革命以及科学活动具有十分重要的规制作用。

(1)“范式”的含义

到底什么是“范式”或“科学范式”呢？在《科学革命的结构》的第一版中，因其使用语境的不同，“范式”含义也不完全相同。英国学者玛斯特的统计显示，库恩在《科学革命的结构》中对“范式”一词有 21 种不同的用法。④ 既然没有一个确切的定义，援引者就只能自行解读了。结果，解读变成了“误读”，甚至还有刻意曲解库恩本意的。由于“范式”概念

---

① 托马斯·库恩. 科学革命的结构[M]. 金吾伦，胡新和，译. 北京：北京大学出版社，2012.

② 黑格尔. 小逻辑[M]. 贺麟，译. 北京：商务印书馆，1980：23.

③ 陈丽杰. 模糊的“范式”——再论库恩的“范式”[J]. 理论界，2017(7)：35-41，28.

④ 崔伟奇，史阿娜. 论库恩范式理论在社会科学领域中运用的张力[J]. 学习与探索，2011(1)：40-45.

被广泛“误读”，库恩在《科学革命的结构》第二版的后记中专门对其进行了详细阐述，将“范式”与“科学共同体”联系起来，并用解释学的方法定义了这两个概念。“范式是一个科学共同体的成员所共有的东西，而反过来，一个科学共同体由共有一个范式的人组成”。①甚至，试图用一个全新的术语“学科基质”(disciplinary matrix)来代替“范式”一词。然而，这样的矫正并没有带来多大助益，“范式”这个词依然在不同的领域被时髦地使用着。感觉对“范式”的使用已经失去了控制，库恩自1969年之后就再也很少再使用“范式”这个术语。②

那么，到底什么是范式呢？我们不妨从现有研究成果中摘录一些具有代表性的观点，供大家自行判断。这些观点包括：

范式是“一个科学共同体的成员所共有的东西”；是“一个科学群体所共有的全部规定”；③ 是科学共同体内部进行科学实践活动的一套认知规范；④ 是“学科基质”，即一个学科的符号概括、共同体成员共同承诺的信念、价值和范例；⑤ 是“某些实际科学实践的公认范例——它们包括定律、理论、应用和仪器在一起——为特定的连贯的科学研究的传统提供模型”⑥，等等。

除进行描述式的界定外，库恩还详细罗列出了范式的构成要素，这些要素是：信念、世界观、行为规范、科学成就与科学理论、教科书或经典著作、符号、科学仪器和设备。当他试图以“学科基质”代替“范式”时，他同样罗列出来“学科基质”的构成要素，分别是“符号概括”“信念承诺”“价值”和“范例”四项主要内容。⑦ 当然，弄清了“范式的构成要素并不等于理解了范式本身。范式并不是诸要素的简单加和，而是一个有机整体，其意义远远超过其中任何一个要素的意义”⑧。

应该说，通过上述这些定性的概念描述以及组成要素的罗列，“范式”的基本含义应该大致是清晰的，即“范式”是科学共同体成员普遍认同的，对科学发展具有规范意义的一系列科学要素，如核心概念、信念承诺、行为规范或范例等。

(2)范式的应用

在库恩看来，范式是科学的范式，科学是范式中的科学。科学总是在一定的范式中发

---

① 托马斯·库恩. 科学革命的结构(第四版)[M]. 金吾伦，胡新和，译. 北京：北京大学出版社，2012：4.

② 陈丽杰. 模糊的“范式”——再论库恩的“范式”[J]. 理论界，2017(7)：35-41，28.

③ 托马斯·库恩. 必要的张力[M]. 纪树立，等，译. 福州：福建人民出版社，1981：50.

④ 黄宝臣，戚陈炯. 库恩范式理论的微观考察[J]. 自然辩证法研究，2014(12)：85-91.

⑤ 陈丽杰. 模糊的“范式”——再论库恩的“范式”[J]. 理论界，2017(7)：35-41，28.

⑥ Imre Lakatos, Alan Musgrave. Criticism and the Growth of Knowledge[M]. Cambridge: Cambridge University Press, 1970: 50.

⑦ 蒋楼. “科学范式”理论内涵的哲学启示[J]. 哲学基础理论研究，2016(2)：145-155.

⑧ 张新华. 社会学视野中的库恩理论[J]. 自然辩证法通讯，1992(3)：30-36.

展和进步的，范式则是伴随着科学的发展而形成并实现转换的。范式对于科学发展意义重大，没有形成范式的“前科学”应努力完善和建立学科范式体系；业已形成范式的“常规科学”则应该在范式框架内开展学术科研活动，遵循范式的规范性要求；当范式难以适应学科发展时，就应该寻求建立新的学科范式，确保学科的更大发展。

建立和完善学科范式体系，是处于“前科学”阶段的学科发展的需要。从范式理论视角看，处于不同发展阶段的学科，具有完全不同特点和学科发展诉求。学科处于“前科学”阶段，往往表现出与“常规科学”格格不入的诸多特征，如学科研究对象不明晰，学科边界模糊，研究内容不系统，学科共同体的价值取向和行为规范尚未形成，学科的社会认同度低。基于这样一些特征，其学科发展的核心诉求，是要凝聚学科共同体的共识，找准学科发展定位，提升学科发展水平，推进学科尽早进入常规学科发展阶段。建立和完善学科范式体系，提升学科发展的规范化水平，正是适应处于“前科学”阶段的学科发展特征、满足其学科发展诉求的有效举措。建立和完善学科范式体系，有利于学科共同体凝聚共识，促进学科精准定位，助益学科进入新的常规发展阶段。

遵循学科范式的规范性要求，则是“常规科学”发展的需要。“常规科学”，业已形成体系化的学科范式，其核心概念、价值取向、经典范例和方法论体系完备，学科发展在既有的范式框架中运行。对处于“常规科学”发展阶段的学科而言，学科共同体成员，完全按既有范式框架开展学术科研活动，严格遵循既有学科范式的规范性要求。

当常规学科出现科学危机时，既有范式就可能制约学科的发展，产生科学危机，因此，寻求范式突破，实现范式转换，完成科学革命，建立新的学科范式，学科得以进入新的常规学科发展时期，从而实现学科在更高层次上的发展。

可见，对任何学科而言，都存在着一个学科范式的建立(含完善)、遵循和突破并建立新范式的循环与螺旋上升过程。学科的发展阶段，是必须与范式的演化过程相匹配的。学科发展阶段与范式的错配，将严重影响学科的发展和进步。

(3)对出版学科的启示

库恩的范式理论，不仅在自然科学，而且在社会科学领域均得到广泛的应用，具有重大的学科发展指导意义。对出版学科发展而言，范式理论显然也可以给我们一些启示。首先，出版学科共同体应该充分认识库恩范式理论的普适性及其对出版学科发展的价值和意义。范式理论虽然主要是基于自然科学的，在社会科学中的应用有其一定的局限性，但是，其世界观和方法论意义却是不分学科的，对出版学这样的社会科学仍然有参考价值和指导意义。其次，出版学科共同体应该认清出版学科所处的“前学科”发展阶段所具有的阶段性特征及学科发展诉求。出版学科现阶段的任务，是努力建构体系化的学科范式。我们既没有现成的范式可以遵循，更没有突破既有范式的问题。因此，我们需要做的，就是共同体成员共同努力，不断凝聚共识，促成出版学科范式的早日形成。然后，结合学科建设实践，积极探索养成出版学科范式的路径和策略。对于出版学应该建立自己的学科范式问题，聂震宁①、周蔚华②、吴赟等③、王鹏飞④等都有过相关呼吁，但对如何建立出版学科的范式问题还涉及不多。

2. 出版学“学科范式”的学理基础

库恩的范式理论，虽然主要着眼于整体科学发展史，但它仍然具有指导具体学科发展的作用和价值。学科，虽然是一个领域概念，指向相对稳定的研究范围，但它毕竟是整体科学的有机组成部分。整体科学发展演进的一些特征或规律，在具体的学科发展演进过程中也应该会有所体现。

作为一门独立的社会科学学科，出版学虽然具有其独特的研究对象及其自身的发展规律，但同样具有整体科学和其他独立学科所共有的共同属性与特征，自然也应该遵循整体科学和其他独立学科所普遍遵循的发展演进规律。

目前，出版学科，尚处于库恩定义的“前科学”阶段，离“常规科学”尚有一定距离。库恩关于“前科学”发展阶段的相关理论正好适用于当下出版学的学科建设，其关于“常规科学”发展的理论，对出版学科的发展也具有某些启示作用。

这里，我们不妨先来看看库恩“科学范式”中支撑科学发展的两大理论基础，即“学科独立性”和“学术共同体”，对出版学科发展的启示或意义。

(1)出版学的学科独立性

库恩的范式理论，虽然主要是一个科学史命题，其价值主要体现在科学哲学层面，但从实践上看，其学科意义同样不可低估，它对不同学科专业的建设应该也有现实的指导意义。范式理论，虽在很多方面颠覆了传统科学哲学的科学发展理念，但是，传统科学哲学追求学科独立性的这一核心诉求，在库恩的范式理论中却得到了很好的延续或继承。

在《科学革命的结构》第二版中，鉴于其相关概念和理论的广泛“误读”，库恩专门做了一些澄清和补充论述，特别强调了其理论的学科指向性。一是明确了科学革命中“学科”概念。他曾试图用一个全新的术语“学科基质”来代替“范式”这一被广泛“误读”的概念。在“学科基质”这个新的概念中，“学科”取代了“科学范式”中“科学”。这一变化表明，科学革命的发生不仅仅是针对整体科学而言的，同时更是针对具体学科的。二是进一步强调了“科学共同体”是一个学科专业范畴。他指出，“一个科学共同体由同一个科学专业领域中的工作者组成。在一种绝大多数其他领域无法比拟的程度上，它们都经历过近似的教育和专业训练；在这个过程中，他们都钻研过同样的技术文献，并从中获取许多同样的教

① 聂震宁. 当前出版理论研究之研究[J]. 现代出版，2012(4)：5-9.

② 周蔚华. 网络出版的兴起与出版的范式转换[J]. 中国人民大学学报，2002(5)：112-118.

③ 吴赟，闫薇. 出版学往何处去？——出版理论研究的范式危机与革新路径分析[J]. 出版发行研究，2019(3)：15-23.

④ 王鹏飞. 编辑学研究的范式危机——也谈编辑学研究为什么不能深入[J]. 编辑之友，2009(3)：66-68.

益。通常这种标准文献的范围标出了一个科学学科的界限，每个科学共同体一般有一个它自己的主题"①。从"学科基质"中的"学科"和"科学共同体"中的"学科的界限"，不难看出，库恩的范式理论，并非一个笼统的科学史概念，而是具有其现实的学科建设指导意义。

眼下的出版学科建设问题，其核心就是一个学科独立性不足的问题。在关于出版学科基础理论研究的相关成果中，大多意识到了编辑学、出版学或编辑出版学等的学科独立性不足的问题。如刘兰肖研究员指出，当前我国"出版学专业尚不具备独立地位"②。赵树旺教授指出，"编辑出版学还远未获得其学科独立性"③。田建平教授等指出，"把该学科(指出版学科)纳入传播学的门庭之中，从而抹杀了该学科自身的独立性"④等。可见，学科独立性问题，业已成为困扰出版学发展的痛点或瓶颈。

学科的不独立，使得出版学科长期游离于新闻传播学、文学、图书情报管理等不同的学科门类之间。对这些性质全然不同的学科的依附性，严重阻碍了出版学科的自我发展，影响了其自身学科范式的养成，滞后了其迈入"常规学科"的发展进程。

客观地讲，无论是从出版学科的研究对象"出版现象"应有的社会地位，从出版业所履行的文化与经济功能，还是从其学科研究所奠定的学术或理论基础来看，出版学科基本满足了库恩"科学范式"或"学科基质"之规定性的条件或要求，完全具备了成为独立学科所必需的主客观条件。

(2)出版学的学科共同体

"学术共同体"是英国哲学家波兰尼(M. Polanyi)在《科学的自治》一文中首次提出的一个概念，他把全社会从事科学研究的科学家作为一个具有共同信念、共同价值、共同规范的社会群体，以区别于一般的社会群体与社会组织，这样的一个群体就称为学术共同体。⑤ 其价值在于，他强调科学活动是一个群体的共同事业，需要大家围绕着共同的信念、价值和规范开展工作。库恩继承了波兰尼的这一学术思想，并将其融入自己的范式理论中，与"科学范式"一道共同支撑着其"科学革命"的理论大厦。"科学共同体"是"库恩科学发展模式的逻辑前提和科学的社会基础"⑥，是库恩范式理论的核心范畴。可以说，没有"科学共同体"，也就无所谓"科学范式"。

出版学的"学科共同体"，正处于形成过程中。出版学科共同体是存在的，而且其成员

---

① 陈丽杰. 模糊的"范式"——再论库恩的"范式"[J]. 理论界，2017(7)：35-41，28.

② 刘兰肖. "三十未立"的出版学——从2009年颁布的国家标准《学科分类与代码》谈起[J]. 济南大学学报(社会科学版)，2011(3)：16-19.

③ 赵树旺. 反思编辑出版学：历史、学理与现实[J]. 现代出版，2012(6)：76-80.

④ 田建平，黄丽欣. 出版学学科属性新探[J]. 河北大学学报(哲学社会科学版)，2008(1)：100-106.

⑤ 陈玉国，研究生学术不端行为防范体系的构建 ——基于学术共同体视域[J]，中国科技期刊研究，2016(11)：45-49.

⑥ 张新华. 社会学视野中的库恩理论[J]. 自然辩证法通讯，1992(3)：30-36.

的规模或体量还相当可观，但其向心力和凝聚力尚显不足。要达到库恩对科学共同体的要求，出版学科共同体还应在其向心力和凝聚力方面做文章。当前，出版学科共同体向心力和凝聚力的形成还面临着两个的困难。其一，学科发展阶段的问题。出版学是一个年轻的学科，尚处于库恩定义的“前科学”时期。在“前科学”阶段，各种假说和理论相互排斥，各种学派之间也没有任何共同信念。① 处于这样一个特定的发展阶段，出版学科的学术建制尚不完备，学科共同体也不成熟，凝聚力或向心力也相对较弱，对学科发展的规制能力也较为有限。其二，学科共同体成员的背景问题。出版的学科性质，决定了出版学科共同体成员所具有的复杂的从业背景。在当前相对松散的出版学科共同体中，其成员的构成异常复杂。至少涉及出版业界成员、出版学界成员和非出版领域的出版学研究者等三种不同的从业背景。在出版业界和学界成员中，业界成员处于绝对的主导地位，学界与业界成员的比例严重失调，学界成员的话语权和话语声量相对较弱。这在当前我国出版学科的各类学科建制构成中表现得非常明显。非出版领域的出版学研究者，主要来自新闻传播学界、文化产业界、文献学等领域，他们则更多带有原学科或行业“烙印”及诉求，学科价值取向多元。在这样一个学科专业背景结构复杂、组织松散的共同体中，期望短期在出版学的研究对象、学科性质、相关学科、方法论等系列基本理论问题上达成共识，显然并非易事。②

我们认为，出版学科需要花大力气强化其学科共同体的建设。如果不能形成一个具有较强凝聚力或向心力的学科共同体，出版学科建设恐怕就只是一句空话。从科学史的角度看，虽然历史上的科学共同体的形成主要是一个自发的过程，但是，“二战”已降科学发展的建制化程度越来越高，世界各国政府或其他社会组织在助力科学共同体建设方面发挥着越来越大作用。考虑到出版业在意识形态领域、文化强国战略、学术科技传播、大众文化消费等方面的重要社会功能，出版行业主管部门，应该而且完全可以在促进出版学科共同体建设方面有所作为。这应该看作库恩的范式理论强调“科学共同体”对出版学科建设的另一个启示。

(3)出版学“学科范式”的内容构成

既然科学范式是“一个科学共同体的成员所共有的东西”，我们也可以将出版学的“学科范式”理解为出版学科共同体成员所共有的东西。这种所谓共有的东西，当然是关于出版学研究对象“出版现象”及其他基本学科问题的共性认知。这种共性认知，对出版学科共同体成员的学术科研活动有某种程度的规范作用。出版学科范式一旦形成，学科共同体成员就应遵循它，并在该范式框架内开展出版学术科研活动。

出版学科范式的内容构成，虽然可以参考库恩的范式理论，但却不必拘泥于它。库恩

① 托马斯·库恩. 科学革命的结构(第四版)[M]. 金吾伦，胡新和，译. 北京：北京大学出版社，2012：27-29.

② 方卿. 关于出版学研究对象的思考[J]. 中国出版，2020(6)：15-23.

著作的导读者伊安·哈金(Ian hacking)本身就讲过“范式不是死的框架，而是活的可以完善的模式，是具有弹性的一套结构，由多种元素构成”[①]。我们认为，出版学科范式可以包括出版学科的核心概念、价值取向、经典范例和方法论等内容。

① 内容要素之一：核心概念

库恩“科学范式”中的“符号”和“学科基质”中的“符号概括”，蒋楼等[②]将其理解为那些已经在科学共同体内部成员之间形成普遍共识和达成一致的，并且很容易用逻辑形式表达的“公式”或自然科学中可以符号化的概念或范畴，但我们更倾向于将其理解为社会科学学科的基本概念，因为概念才是“学科基质”的第一种要素。

对一个学科来讲，概念是最基础的范畴，是关于学科研究对象认知的最精炼的概括，也是学科共同体交流对话得以实现的最基本学术单元。“将现象(过程)概念化，是理性思维、直觉洞察能力的集中体现，也是理论、哲学创造中最关键的一步。命名过程就是创造过程。新思想、新观念、新理论只能用本质上的新概念来建构”。[③] 因此，出版学科范式的培育，最首要的问题便是核心概念的凝练，或者说实现核心知识的概念化。

然而，出版学研究实践中，核心知识的概念化却远未受到应有的重视。有研究表明，出版学的一些核心概念仍然未被清晰界定，需要重新定义。如吴赟指出，“出版”“出版业”“阅读”等基础概念需要“重新界定”，[④] 并对“出版”概念的生成、内涵和外延等方面进行了详细的论述。[⑤] 事实上，出版学科核心知识的概念化要走的路还很远，一些核心概念甚至多是借用自其他学科，并未经学科化界定就直接纳入出版学科体系的。如“图书”“读者”“发行”“版本”“版权”等概念的出版学“学科化”问题就没有引起应有的重视。

出版学科的核心概念有哪些呢？这个问题当然需要讨论，方能求得共识。我们认为，核心知识的概念化大致可以围绕出版学的研究对象——“出版现象”的“价值”“要素”“作业”“管理”和“时空”这样五个维度的核心知识来遴选，并且首先需要就这个问题达成基本共识。然后，才谈得上借用概念的“学科化”、核心知识的“概念化”。

实现学科核心知识的概念化，并不要求学科共同体成员对核心概念达成所谓完全共识或一致认同，而是指学科共同体要意识到核心概念探讨的意义和价值，要围绕核心概念展开研究甚至争鸣，形成对核心概念的若干清晰认知。在学科共同体进行沟通和交流时，彼此应该清楚地理解各自对所用概念的理解。如果学科共同体内部的学术交流都是处于一种

---

① 托马斯·库恩. 科学革命的结构(第四版)[M]. 金吾伦，胡新和，译. 北京：北京大学出版社，2012：5.

② 蒋楼. “科学范式”理论内涵的哲学启示[J]. 哲学基础理论研究，2016(2)：145-155.

③ 托马斯·库恩. 科学革命的结构(第四版)[M]. 金吾伦，胡新和，译. 北京：北京大学出版社，2012：17.

④ 吴赟，闫薇. 出版学往何处去？——出版理论研究的范式危机与革新路径分析[J]. 出版发行研究，2019(3)：15-23.

⑤ 吴赟，闫薇. 出版概念的生成、演进、挑战与再认知：基于概念史视角的考论[J]. 中国编辑，2018(10)：21-27.

“鸡同鸭讲”的状态，那么谈什么学科地位、告别“前学科”进入“常规学科”等，都只能是一种“奢望”而已。

可见，核心知识“概念化”是出版学科范式养成中至关重要的部分，应该引起出版学科共同体的高度重视。

② 内容要素之二：价值取向

库恩虽然没有直接将“价值取向”明确定义为其范式体系的内容构成，甚至并不直接使用“价值取向”这一概念，但是，其理论中却充斥着“世界观”“信念承诺”和“共有价值”等与“价值”范畴密不可分的东西。《结构》的导读者伊安·哈金指出，大家“看到的现象是一样的，但解释方式是不一样的”，“一旦认知图式、价值模式转换了，我们对对象的解释就会变得完全不同”。“范式”的“硬核”就是其“不可互换、不可重叠的——理论、观念、信念”①。毫无疑问，“理论、观念、信念”“世界观”“信念承诺”和“共有价值”等，正是以“范式”的名义，规制着科学共同体成员科学活动行为的“价值取向”。学科中的哪些问题值得研究、该怎么研究、成果该如何评价等，都是由范式中共同体成员的“理论、观念、信念”“世界观”“信念承诺”和“共有价值”等来决定的。

范式中的价值取向问题，引起了很多学者的关注和重视。如杨怀中教授等就曾指出，库恩范式理论具有“世界观、价值观和方法论三大功能”，其中，“范式的价值观功能既能在维护共同体的科学信仰的基础上确定科学共同体的最终研究目标，也能赋予科学工作者通向微观研究领域的价值体系和评价标准，潜移默化地影响共同体和科学家的日常观察、研究和决策等具体行为”②。孙启贵先生则更加明确地指出，范式“规定了共同体成员的价值取向和行为空间”③。可见，将价值取向理解范式的蕴含内容应该是有其学理依据的。

这里的价值取向，是指学科共同体成员追求学科发展精准定位的一种价值立场，是对学科发展具有极端重要意义的一个范式要素。价值取向的作用，体现在定位学科发展方向、凝聚学科共同体成员、评价学术活动及其成果等方面。其中，以对学科发展精准定位的意义最为突出。

社会科学学科的发展，精准的学科定位意义重大，而价值取向则直接关乎学科发展的定位问题。以经济学为例，早期的重商主义，关注的是金银财富，主张发展对外贸易，重点研究流通过程。其后的古典经济学，关注的则是财富的生产和分配，研究重点由流通过程转移至生产过程。重商主义是资本原始积累时期的一种经济学的价值选择，而古典经济学则是在重商主义难以适应日益壮大的企业家利益诉求且严重阻碍了经济发展的背景下与政治家势力抗战所做出的一种经济学的价值选择。可以说，从重商主义到古典经济学，从

① 托马斯·库恩. 科学革命的结构(第四版)[M]. 金吾伦，胡新和，译. 北京：北京大学出版社，2012：5.

② 杨怀中，邱海英. 库恩范式理论的三大功能及其人文意义[J]. 湖北社会科学，2008(6)：101-104.

③ 孙启贵. 库恩“范式”的文化含义[J]. 合肥工业大学学报(社会科学版)，2000(1)：29-32.

关注流通过程到强调生产与分配的这种学科发展定位的变化，实际上是经济学研究价值取向的转向使然。同样的道理，古典经济学与凯恩斯主义的区别，从本质上讲，也是一种学科价值取向上的区别，前者追求自由市场，后者在此基础上关注政府这只“看得见的手”。可见，价值取向对学科定位的影响，在经济学发展史上，可以说是体现得淋漓尽致。

出版学科的研究对象——“出版现象”，具有经济与文化的双重属性，意识形态问题更是其无法回避的基础性议题。研究对象的多元属性，为出版学科发展的精准定位带来了更大的困难。中华人民共和国成立以来，我国出版学研究的学科定位就一直游移不定，处于不断的变化之中。20 世纪 50 年代中期社会主义改造完成后到“文革”爆发前，中华人民共和国出版学发展处于起步时期，学科定位尚未提上议程。“文革”期间，出版基本就是阶级斗争的工具，此间的出版学研究不自主地选择了与时局相应的价值取向和学科定位。党的十一届三中全会以后，以经济建设为中心的发展战略重新定位了出版业和出版学科的发展，经济效益和产业导向彻底改变了出版学科的研究基础和思维方式，出版学大致沿着产业经济学的思路发展。党的十八大，尤其是十九大以来，出版的文化或意识形态属性得到强化，出版学科研究在继续关注其社会经济功能的同时，更加突显其文化与意识形态价值方面的议题，主题出版、重大文化出版工程、农家书屋、全民阅读、出版“走出去”、“一带一路”出版等，越来越受到出版学科的关注，出版学科发展又面临一次定位的调整。

这几个不同时期，出版学科的研究议题变了，学科共同体的价值取向变了，学科发展定位变了。我们认为，研究对象所处发展环境变了，改变学科研究议题和学科关注点，是由出版学科的社会科学属性所决定的，是完全正常的合理的。但是，由于议题或关注点的改变，就轻易改变学科共同体的价值取向，甚至改变学科的发展基础和定位，改变学科范式，则是不合适、不科学的。学科共同体的价值取向和学科发展的定位，应该是相对稳定的，不应该随着议题的变化就轻易发生改变。它们的改变，实际上就是学科范式的改变，也就是库恩所讲的“科学革命”。这几个时期，出版学科在政治、经济和文化之间不停地切换研究议题、转变价值取向、改变学科发展定位的现象，完全不同于前述经济学从重商主义到古典经济学或从古典经济学到凯恩斯主义的变化。它们是学科基础与价值取向转变带来的学科范式的改变。

出版学科，需要从根本上解决自身的学科发展定位问题，再也不能随着研究议题的改变，在政治、经济和文化之间随意切换学科定位(当然，这绝不意味着三选一)。基于从库恩范式理论中获得的启示，找准出版学科定位的关键，应该是首先明确出版学科共同体的价值取向。马克思主义政治经济学之所以能傲立于经济学丛林之中，正因为他独具慧眼地发现了“资本主义生产方式以及和它相适应的生产关系和交换关系”①这一特殊的研究对象，进而确立其政治经济学研究区别于庸俗经济学的独特的价值取向(即无产阶级政治经济学)使然。因此，对出版学科而言，凝聚共识，形成学科共同体普遍认同的价值取向应

① 马克思. 资本论(第一卷)[M]. 北京：人民出版社，2004：21.

是当务之急。

当前，学科和从业背景复杂的出版学科共同体成员的价值取向虽未凝成共识，但前景却并不悲观。从出版学科的相关研究成果分析看，政治、经济、文化及社会多元价值融合的学科取向开始显露，即使从单一价值维度研究出版议题的成果也开始出现了对其他多元价值关照的现象。这是一种令人欣喜的现象。从这种态势看，出版学科共同体在价值取向上达成共识应该是可以期待的。

③ 内容要素之三：经典范例

库恩曾经强调，范例是范式的典型体现，是范式的类存在，学习者是通过范例来理解和把握范式的，即使在更大的意义上，共同体的范式也可以通过成员提供的范例来体现。如共同体的范式可以通过个体成员提供的代表性作品（教材）来体现。他在定义“范式”时，还曾明确了构成“范式”的七个要素，其中“教科书或经典著作”就是七要素之一。

学科范例，与前述“核心概念”“价值取向”以及后面拟探讨的“方法论”等不同，它既不是玛格丽特·玛斯特曼（Margaret Masterman）所说的“形而上学或元范式”（如信念和世界观），也不是“社会学范式”（如行为规范），而是“人工范式”，它主要表现为一种“客观化”抑或“物化”的成果，也可以称作“成果范式”，如教科书或经典著作等。也就是说，在库恩的范式构成体系中，范例算得上是最为明确的存在，基本没有“误读”或想象的空间。

库恩学科范式中的范例完全适用于包括出版学在内的学科范式建设。出版学科范例，一般应该具有经典性和示范性两个方面的规定性要求。

学科范例的经典性，是学科范例的学术质量与认同度标准，它通常体现为范例对学科研究对象的洞察深度以及学科共同体对其学术价值的认同度。出版学科的经典范例，应该是一定时期的出版学科学术成果中经过学术洗礼和实践检验的少数代表作及其蕴含的学术思想。改革开放以来，我国出版学科学术成果数量不少，但真正可以称其为出版学科范例的不多。我国几千年的出版史，尤其是中华人民共和国 70 多年丰富多彩的出版实践活动，为我国出版学研究提供了取之不尽用之不竭的学科素材，自然也为我们产出高水平的出版学理论成果，形成具有普遍学术意义的出版学科范例，奠定了坚实的实践基础。我们的出版学科范例探讨，就是要从这些成果中找出符合经典性要求的学科范例。

在界定学科范例的标准方面，我们不能完全认同库恩关于“科学研究只是极少一部分精英的事，普通人已无法进入这个神秘的世界”[④]的观点。老一辈编辑出版人宋木文、刘杲、蔡学俭、林穗芳、邵益文，发行人汪轶千、郑士德，中壮派两栖出版人聂振宁、郝振省、刘建生、魏玉山、于殿利，出版学人肖东发、罗紫初、王振铎、赵航等精英的学科代表作虽然具有成为出版学科范例的潜质，但也不应该排除在那些从事出版学科研究的“普通人”的成果中产生出版学科范例的可能。界定出版学科范例的标准，应该是成果的学术价值以及学科共同体的认同，而不是贡献者的身份。

学科范例的示范性，是学科范例的功能性标准，是指学科范例向新的学科共同体成员或后学传承传播学科理念和学科知识的一种功能属性。库恩的范式理论与传统科学哲学在方法论上存在显著的区别，它极力否定传统科学哲学基于方法论规则的科学认知活动，强调范例的认知价值。他认为，真正引导科学家团体从事科学研究活动的，不是传统科学哲学家所抽象出来的明确的方法论规则，而是基于范例或案例的学习和模仿。由于学科的开放性，其共同体成员始终处于流动或迭代之中。在这一过程中，共同体成员对学科范例的“学习和模仿”将起到极大的作用。如《中国出版通史》这样一部出版史教科书，就可以向新成员展示我国出版活动发展的历史脉络、特征和规律，呈现出版学科的历史图景。这便是出版学科范例的示范性。我国的出版学著作，数量不少，堪称出版学著作之出版大国。但是，学科共同体认同的具有学科范例品质的成果并不多。以出版学本科专业教科书为例，很少有哪一种教科书能够被60%以上的高校同时选用。通常情况下，各个高校出版学专业一般都习惯本校的自编教材。这就是出版学学科范例建设的现状。对处于学科发展初期的出版学而言，其基础理论课教材、史学教科书、作业标准或流程手册等重要学科范例，最好在学科建制内集中力量进行集体创作。由国家出版职业技术资格考试委员会组编的考试教材，在出版行业中的示范性认同度就比较高，示范功能也落到了实处。类似做法值得高校出版学专业借鉴。

④ 内容要素之四：方法论

方法和方法论，本就是内化于学科的东西。恰如大哲学家黑格尔所言，从人类文明史和学术史上看，理论和方法是同时产生的，并且从来就是相互联系的，就学术理论而言“方法并不是外在的形式，而是内容的灵魂和概念”①。这正是科学哲学以及各门具体学科都普遍重视方法和方法论的原因。

库恩的范式理论，既是一种不同于传统科学哲学的世界观，更是一种全新的科学认知方法论。它是一种“不同于传统哲学的依赖于方法论规则的另类认知模式”②。说白了，就是它忽视科学活动中传统科学哲学依赖方法论认知规则的做法，强调对范例的模仿、习得过程所呈现的科学认知功能。这样一种新的科学认知理论，不仅适用于自然科学学科，对包括出版学在内的社会科学同样具有方法论的意义。正如《科学革命的结构》总序中所指出的，方法“通常并无学科的意味，原则上说，同一学科可以采用不同的方法”。③

就出版学科而言，方法论的不严谨是困扰其学科发展的一个非常严重问题。不少学者也都看到了这一点。如王鹏飞分析的编辑学研究“范式危机”带来的“研究不能深入的困境”和“学科合法化的普遍焦虑”等现象，正是针对编辑学(出版学科)研究的方法论问

---

① 黑格尔. 小逻辑[M]. 贺麟，译. 北京：商务印书馆，1980：5.

② 王荣江. 库恩对 Paradigm 一词的使用、理解及其中文翻译[J]. 自然辩证法通讯，2018(9)：113-120.

③ 托马斯·库恩. 科学革命的结构(第四版)[M]. 金吾伦，胡新和，译. 北京：北京大学出版社，2012：11-13.

题而言的。① 出版学科的方法论问题，不仅体现在出版学研究未能科学理解和严格遵循传统科学哲学基于规则的方法论要求，而且对库恩的“范式”认知方法论也存在严重的“误读”。

传统科学哲学方法论，无论是传统实证主义、工具实证主义、后实证主义等实证主义方法，还是现象学、批判理论、建构主义等非实证主义方法，都有其严格的规范和要求。以案例研究为例，在出版学的研究中，它就被普遍“误读”。案例研究，有一套完整的设计与操作规范，其中，“提出假设”是案例研究的基本前提。然而，从我们看到的出版学案例研究中，能够基本遵循这一要求的简直就是凤毛麟角。通常的做法是，先搜集关于案例的材料，然后对材料进行分析，最后得出结论了事。严格意义上说，这根本就不是案例研究，因为它连案例研究的基本规范都未遵循。与对案例研究的“误读”一样，其他研究方法的一些基本规范，在出版学研究中也常常被忽视。对传统科学哲学方法论而言，其方法的规范性正是研究结论可靠性的基本保障。忽视其方法的规范性，就难以取得令人信服的研究成果。

库恩的范式理论，其方法论意义来源于学科共同体对范例的共同认知。在库恩看来，常规科学就是一个将标准范例植入未知世界，并在其中寻找“相似性-相异性关系”从而认识未知世界的过程。范例不同于任何已有理论，正是由于它的高度抽象性和纯粹性，使得它成为一个更具开放性的认知工具。同传统科学哲学方法论一样，作为方法论使用的范式理论，也有它规范性要求。这个规范性要求主要体现在范例的“共有”或“标准”两个方面。作为学科认知工具的范例，必须是“共有范例”或“标准范例”。没有获得学科共同体认同的范例或不能反映研究对象本质规律的不具有“高度抽象性和纯粹性”的范例，均不能用作范式研究之用。库恩的范式理论研究方法，在出版学教育和研究中均有应用。但是，符合“共有”或“标准”两个规定性要求的出版学科范例，还值得出版学科共同体认真细致地甄别，以免不符合条件要求的范例误导了出版学科的发展。

二、研究方法

方法和方法论，是所有学科发展过程中面临的重要基础理论问题。其中，方法是指在科学研究中发现新现象或新特征，提出新观点或新理论，以揭示研究对象内在规律的工具和手段。方法论，则是关于方法的理论，对具体学科而言，是指关于该学科研究方法的基本认知。

研究方法，并没有受到出版学界的足够关注和重视。有研究者指出，“关于出版学研究方法的研究成果屈指可数”，“出版学作为一门独立的学科，想要获得突破与发展，必须依赖于科学有效的研究方法”，“迫切需要具有说服力的学科成果，而成果的建构必须源于

---

① 王鹏飞. 编辑学研究的范式危机——也谈编辑学研究为什么不能深入[J]. 编辑之友，2009(3)：66-68.

合理的研究方法”，“研究方法是出版学科发展的必然诉求”。[①] 可见，加强研究方法和方法论的研究，应该引起出版学界的关注和重视。

1. 出版学方法论

方法和方法论，作为出版学基础理论的有机组成部分，它需要解决的是科学有效地揭示出版学研究对象存在方式和运动规律的工具和手段问题。前述出版学科范式的构成中刚刚谈到方法论问题，事实上，整个学科范式问题，其核心就是一个方法论问题。对于学科共同体而言，方法论就是关于学科研究活动的总体规范。关于出版学方法和方法论的研究，需要探讨的问题太多，当前急需解决的突出问题主要有两个：一是方法和方法论的重要性问题，二是方法和方法论的学科差异性问题。解决好这两个问题，是探讨出版学方法论的基础。

(1)方法论的重要性

生理学家巴甫洛夫的“方法掌握着研究的命运”，“方法是最主要和最基本的东西”[②]；数学家和物理学家拉普拉斯的“认识一种天才的研究方法，对于科学的进步……并不比发现本身更少用处”；哲学家黑格尔的“方法并不是外在的形式，而是内容的灵魂和概念”[③]等，可以说是对方法和方法论之于科学重要性的透彻理解。

对现阶段的出版学而言，方法和方法论的重要性，突出现在以下两个方面。

一是出版学所处发展阶段对方法和方法论需求的紧迫性。巴普洛夫曾指出，“初期研究的障碍乃在于缺乏研究法”。[④] 一般而言，常规学科的方法和方法论相对成熟，其学科研究活动中核心的方法论问题是方法使用的规范性及创新性问题；而处于“前科学”发展阶段的学科，其方法和方法论还不成熟，尚未找到科学有效揭示其研究对象本质规律的研究方法，更未形成科学的方法论体系。因此，对处于“前科学”发展阶段的学科而言，加强方法和方法论方面的探讨和研究就显得尤为重要。

出版学，正处于“前科学”发展阶段，包括方法和方法论在内的基本理论问题均未得到妥善解决。其中，方法和方法论的研究尤为薄弱。有学者指出，“目前我国的出版学研究方法存在着严重影响出版理论发展的不和谐因素。如何完善出版学的研究方法以进一步深化出版学研究，是摆在每一位致力于出版学研究的人面前的一个亟待解决的难题”[⑤]。日本出版学会前会长清水英夫就看到了当前出版学研究的这一问题。他指出，“研究出版学的方法，还在探索之中”。[⑥] 可见，方法和方法论的不成熟，甚至是缺失，正是当前出版

① 杨晓新. 数据科学视域下的出版学研究方法[J]. 出版科学，2017(6).
② 巴甫洛夫. 巴甫洛夫选集[M]. 吴生林，贾耕，等，译. 北京：科学出版社，1955：50.
③ 黑格尔. 小逻辑[M]. 贺麟，译. 北京：商务印书馆，1980：50.
④ 巴甫洛夫. 巴甫洛夫选集[M]. 吴生林，贾耕，等，译. 北京：科学出版社，1955：50.
⑤ 刘永红. 出版学研究方法的现状与完善[J]. 大学出版，2008(3)：15-20.
⑥ 清水英夫. 现代出版学[M]. 北京：中国书籍出版社，1991：21-22.

学研究所面临的一个现实而紧迫的问题。

国内外出版学研究者虽然或多或少地都意识到了出版学研究方法和方法论的不成熟或不足，但出版学研究方法和方法论的研究却并没有受到应有的重视。不仅研究的参与者少，而且公开发表的成果也十分有限，高质量的成果更是凤毛麟角。这表明，出版学界对这一问题重要性的认识严重不足。我们认为，出版学界应该充分认识到，“前科学”的方法不成熟，绝不意味着方法和方法论对“前科学”不重要，相反，正因为其方法和方法论不成熟制约了学科的发展，所以加强这方面的研究却显得更为重要、更加迫切。因为没有方法和方法论的进步和成熟，也就没有学科的发展和进步，没有学科的成熟。可以说，解决不了关于方法和方法论的认识问题，也就解决不了出版学的发展和进步问题。因此，加强方法和方法论研究，应尽快提上出版学基础理论研究的议事日程。

二是出版学研究对象“出版现象”的复杂性对方法和方法论的高度依赖。“出版现象”是一种复杂的社会现象，具有经济与文化、社会与人文等多重属性，不是单一研究方法便能揭示其本质规律的。我们认为，出版学的研究方法必定是一个多元方法融合的体系结构，不同研究方法在其中扮演着不同的角色、发挥着不同的作用。正如著名科学家钱学森先生所指出的，图书出版“是一项系统工程，应该用系统工程学来研究改进我们的出版工作”。① 钱先生运用系统工程学研究出版工作的这一论断，是对“出版现象”复杂性的最好注解。

要揭示出版学研究对象“出版现象”的本质规律，需要多学科的研究方法。日本学者箕轮成男指出，出版学是一门应用学，没有自己独特的方法，但可采用“多学科的、跨学科的、甚或超越学科的综合学科的综合研究”开展研究。“采用诸学科的方 法进行的学科研究不能说不是出版学，正是这些综合性的学科研究才形成了出版学”②。国内青年学者吴赟和刘永红针对当前我国出版学研究方法单一的现象，分别提出了“出版学研究应加强不同研究方法的互补”③和“加强出版学不同研究方法的结合”④等建议。可见，相关研究表明，出版学的研究方法不是单一的，而是多元的。但是，至于这些“多学科的、跨学科的、甚或超越学科的”研究方法，到底该如何“互补”、如何“结合”，则是另外一个层面的问题。由此可见，研究对象的复杂性，导致了出版学研究对多元方法的高度依赖，进而凸显了方法和方法论研究在出版学基础理论中重要性。

(2)方法论的学科差异性

回顾科学史不难发现，科学自从走出神学与形而上学，以实证主义形态出现开始，就被自然科学所主导，社会科学被拒之于科学“门槛”之外。19 世纪，实证主义入主社会科学，社会现象被视同于自然现象，开启了严格意义上的现代社会科学发展之路。20 世纪

① 倪子明．“出版学”小议[J]．出版工作，1984(6)：50-53.

② 箕轮成男，贺鑫昌．出版学的方法[J]．现代外国哲学社会科学文摘，1986(8)：22-25.

③ 吴赟．关于深化出版学研究的几个问题[J]．图书情报知识，2003(4)：90-92.

④ 刘永红．出版学研究方法的现状与完善[J]．大学出版，2008(3)：15-20.

中叶，现象学、解释主义、批判主义的兴起，社会科学因此而进入到实证科学与规范科学并行发展的时代。可以说，正是方法和方法论的进步，才成就了今天的社会科学。

科学研究的方法多种多样，令人眼花缭乱。其中，一些研究方法具有很好的普适性，适用于多个不同的学科领域。正如《科学革命的结构》总序中所指出的，方法“通常并无学科的意味，原则上说，同一学科可以采用不同的方法”。① 但是，也有一些研究方法的适用面较窄，仅适用于少数学科领域。科学史显示，方法和方法论存在显著的学科差异，不同学科领域由于其研究对象、学科性质等的不同，其学科研究方法和方法论也千差万别。就出版学而言，其研究方法的选择和方法论的建构主要应考虑其在研究对象与学科性质两个方面与其他学科领域的差异性。

研究对象，是决定研究方法的首要因素。研究对象与研究方法之间的关系，科学学上早有定论，即研究对象决定研究方法。朱进选先生就曾明确指出，“研究对象决定了研究方法……这就是科学的方法论”。② 陈波教授指出，“不同的研究对象要求有不同的研究方法”。③ 栾玉广则认为，“不同的认识领域，不同的研究对象，所用的研究方法也不同”。④ 出版学的研究对象——“出版现象”，是一种兼具经济与文化、社会与人文等多种属性的复杂社会现象。出版学研究对象的这一复杂性特征，一方面决定了出版学的研究方法必然是多样化的，是一个多元化的方法体系，而不是单一的研究方法，单一研究方法难以揭示出版现象的本质规律；另一方面，还决定了出版学方法论研究的极端重要性，没有科学的方法论指导，就可能导致出版学研究的“低效”“无效”或研究结论的“失效”。可见，出版学研究方法的多样性以及出版学方法论的重要性都是与其复杂的研究对象密切关联的。

学科性质，是决定研究方法的又一关键要素。科学哲学强调，在学科性质与研究方法的关系中，“学科性质决定研究方法”。⑤ 这表明，不同性质的学科，其方法和方法论有其各自不同的规定性。具体表现为，哲学、人文科学、社会科学和自然科学各有其方法和方法论的要求。虽然这并不排斥一些研究方法同时为不同性质的学科共享共用，但各种不同性质的学科一定有与其学科性质相匹配的方法和方法论体系。

在本章第二节，我们专门探讨了出版学的学科性质问题，并将出版学定义为社会科学学科。这种社会科学属性，正是我们探讨出版学方法和方法论时必须考虑的关键因素。与哲学、人文科学和自然科学学科不同，社会科学的研究方法更加多样化，或者说社会科学

---

① 托马斯·库恩. 科学革命的结构(第四版)[M]. 金吾伦，胡新和，译. 北京：北京大学出版社，2012：12-14.

② 朱进选. “三文”文化论[M]. 石家庄：河北教育出版社，2001：50.

③ 陈波. 论社会科学研究方法多样化原则[J]. 中国高等教育(社会科学理论版)，1988(5)：35-41.

④ 栾玉广. 方法的科学：探索自然奥秘之路[M]. 合肥：安徽科学技术出版社，1982：2.

⑤ 张华夏，叶侨健. 现代自然哲学与科学哲学(自然辩证法概论)[M]. 广州：中山大学出版社，1996：50.

对各种不同研究方法的有很好的包容性。一般而言，哲学和人文科学学科通常以规范研究方法为主，自然科学学科则以实验等实证方法为主。社会科学则不同，它对规范研究方法和实证研究方法没有明显的倾向性，这两类研究方法均可为社会科学学科所用。运用规范研究方法，可以有效调动研究人员的“主体性”，充分彰显社会科学的人文情怀；通过实证研究方法，则可以更客观地揭示研究对象的本质规律，显现社会科学类似自然科学的“硬科学”特质。从这个意义上讲，出版学的社会科学属性，为其研究方法的选择和方法论的建构提供了相当大的自由空间，或者说，各种研究方法都可能“为我所用”。我们认为，李建民教授关于研究方法选择上秉持“多元主义的态度”和拒绝“方法歧视”①的倡议，值得出版学研究者去践行。当然，出版学界的不少人是持有这种方法论态度的。如日本出版学会前会长箕轮成男先生就充分肯定了出版学研究方法的多样性。他确信“出版学不是具有独特方法的系统学科，而是多学科的、跨学科的，即必须具有各种学科的方法来展开研究的领域”。② 国内学者对出版学研究方法的多样性高度认同，如吴赟曾明确指出，出版学“应采用多样化的研究方法”。③

2. 出版学的研究方法

方法和方法论对出版学至关重要，出版学应根据其独特的研究对象和学科属性，建立属于本学科的由多样化的方法组成的方法体系。

一门学科的研究方法，大致包括哲学方法、一般研究方法和特殊研究方法(亦称专门研究方法或具体研究方法)三个层次。④ 事实上，绝大多数常规学科也都涉及这样三个层次的研究方法。对出版学而言，这样一个完整的方法体系结构并未形成，因为第三个层次出版学的“特殊研究方法”尚不明确。对于出版学是否存在自身独特的研究方法这一问题，出版学界还有不同看法。一些学者，尤其是日本的出版学者，⑤ 普遍认为出版学不可能有其自身独特的研究方法，出版学采用多学科或跨学科研究方法即可。尽管如此，出版学的方法体系，还是应该由哲学方法、一般研究方法和特殊研究方法这样三个层次的研究方法构成，只是其中的特殊研究方法尚处于形成过程中，或者说关于第三个层次的研究方法学科共同体尚未达成共识。下面，按这三个层次，逐一进行简要分析。

(1)哲学方法

哲学，是关于世界观和方法论的理论体系，既是世界观，又是方法论。所谓哲学方法，更多的是从方法论的角度来理解哲学的。一般认为，哲学方法，是适用于一切科学的最普遍的研究方法，它“普遍适用于自然科学、社会科学和思维科学，因而是一切科学最

① 李建民. 多元主义视角下的社会科学研究方法再思考[J]. 中国社会科学评价，2018(2)：54-57.

② 箕轮成男. 出版学的方法[J]. 现代外国哲学社会科学文摘，1986(8)：24-27.

③ 吴赟. 关于深化出版学研究的几个问题[J]. 图书情报知识，2003(4)：90-92.

④ 栾玉广. 方法的科学：探索自然奥秘之路[M]. 合肥：安徽科学技术出版社，1982(5)：2.

⑤ 箕轮成男. 出版学的方法[J]. 现代外国哲学社会科学文摘，1986(8)：24-27.

一般的方法，也是科学方法中层次最高的”方法。①

作为世界观的哲学，是关于世界本原的学问，是关于自然、社会和人类思维的最一般规律的学问，或者说，是“学理化的世界观”。② 作为世界观的哲学，其意义在于指导人们的实践活动，即作为最一般性的指导原则指导人们“做事”和“做人”③。虽然作为世界观的哲学是“宽容的”，“不论你持什么世界观，都可以和平共处”④，导致各种哲学流派纷呈，但是，马克思主义哲学，即辩证唯物主义哲学，才是用以指导社会科学研究的唯一科学的世界观。出版学的研究对象，出版现象，具有强烈的意识形态属性。这就决定了出版学方法体系的建构必须坚持马克思主义哲学的指导和引领。

作为方法论的哲学，则是以特定的世界观解决具体科学问题的哲学。恩格斯就曾指出，“马克思的整个世界观不是教条，而是方法。它提供的不是现成的教条，而是进一步研究的出发点和供这种研究使用的方法”⑤。“哲学方法论是以哲学世界观为基础的，有什么样的世界观，就有什么样的哲学方法论。”⑥古代唯心主义哲学家的方法论大都是形而上学的方法论，马克思主义哲学方法论就是辩证唯物主义和历史唯物主义。

黑格尔认为，哲学是一种特殊的“思维方式”。⑦ 这表明，哲学作为方法论，能够解决的是学科中宏观层面的问题。因此，将哲学方法应用到具体学科，实际上，是一项创造性的活动。“把哲学运用于具体科学研究是一个创造性的过程，它要求对于所研究的现象的特点有深刻的实际知识和理解。”⑧也就是说，作为学科的研究方法，哲学是与学科的本质属性和特殊规律密不可分的，它应该是内化于学科知识体系的“内容的灵魂”⑨，而不是空洞的说教或用来“装门面”的花架子。

出版学的哲学方法，就是马克思主义哲学，即辩证唯物主义哲学。马克思主义哲学，对出版学研究的方法论价值，是本质的、全方位的，它贯穿于出版学研究的全过程。它不仅能够指导我们解决出版的本体论问题，还能够解决其认识论问题。我们不妨以出版的本质为例，来看看哲学方法的作用。从本体论视角看，什么是出版，即出版的本质是什么，就是出版学的本体论问题。要科学地认知出版的本质，首先就面临着一个哲学方法论的选

---

① 栾玉广. 方法的科学：探索自然奥秘之路[M]. 合肥：安徽科学技术出版社，1982：2.

② 雷永生. 哲学的宽容与不宽容[J]. 社会科学论坛，3002(11)：17-19.

③ 王南湜. 马克思主义哲学中国化：从现实性到理想性[J]. 毛泽东邓小平理论研究，2008(1)：12-18.

④ 雷永生. 哲学的宽容与不宽容[J]. 社会科学论坛，3002(11)：17-19.

⑤ 马克思恩格斯列宁斯大林著作编译局. 马克思恩格斯全集(第 39 卷)[M]. 北京：人民出版社，2006：406.

⑥ 张寒生. 当代图书情报学方法论研究[M]. 合肥：工业大学出版社，2006：140.

⑦ 黑格尔. 小逻辑[M]. 贺麟，译. 北京：商务印书馆，1980：12.

⑧ Л. Ф. 伊利切夫. 自然科学的方法论问题[J]. 许醇仁，译. 自然辩证法研究通讯，1964(2)：22-27.

⑨ 黑格尔. 小逻辑[M]. 贺麟，译. 北京：商务印书馆，1980：14.

择。选择马克思主义唯物论，还是唯心主义哲学，对这一问题的认知结论必将大相径庭。这就是哲学方法本体论价值的体现。再从认识论视角看，如何认识出版的本质，是选择辩证唯物主义，还是形而上学？前者坚持用联系、发展、全面的观点看问题，后者则是用孤立、静止、片面的观点看问题。这就是哲学方法认识论功能的体现。

我们认为，在当前的出版学研究中，关于很多问题的争论或不同理解，更多的不是由于世界观不同，而是由于哲学这一层次的研究方法不同所致。因此，选择科学的哲学方法，坚持马克思主义哲学的指导，应成为出版学研究的学科自觉。

(2)一般研究方法

一般研究方法，是适用于多数不同学科领域的具有普遍性意义的研究方法，如文献调查法、观察法、思辨法、行为研究法、历史研究法、概念分析法、比较研究法等，它是介于哲学方法和各学科特殊研究方法之间的一个方法层次。一般研究方法，以哲学方法为基础，不断吸收各学科领域研究的方法论成果丰富和充实自己，成为研究方法体系中最活跃的一个方法层次。巴甫洛夫关于研究方法的名言，“研究法每前进一步，我们就更提高一步，随之在我们面前也就开拓了一个充满着种种新鲜事物的、更辽阔的远景”①。由于一般研究方法数量多、变化快，各种方法的性能和适用性更是异常复杂，这里不具体介绍各种研究方法，仅谈谈出版学运用一般研究方法时应注意的几个问题。

第一，关于一般方法的适用性问题。

虽然说一般研究方法具有较好的普适性，普遍适用于自然科学、社会科学和人文科学，出版学对不同研究方法具有很好的包容性，但这绝不意味着所有的一般研究方法都适用于出版学，或者说应用于出版学所有问题的研究。任何研究方法，都有一个学科适用性的问题。只有当方法与学科研究对象及研究目标契合时，方法的效能才能得到显现，研究的结论才是可信的。李建民教授指出，在研究方法的选择上，研究者应该“始终紧扣研究对象的特性与研究目标，才可以正确选择和科学使用这些研究方法”②。

那么，哪些一般研究方法更适合出版学呢？前述我们已阐明了出版学研究方法的包容性，也就是说，绝大多数一般研究方法在出版学研究中均可有所作为。但这只是出版学研究方法使用的一般原则。具体地讲，研究方法的选用，还需要考虑到研究的议题，即研究的具体目标任务。众所周知，人文科学研究方法和社会科学研究方法③、实证研究和规范研究④、量化研究和质性研究⑤等，在人文社会科学领域的适用性不同。这些研究方法在

---

① 巴甫洛夫. 巴甫洛夫选集[M]. 吴生林，贾耕，等，译. 北京：科学出版社，1955：51.

② 李建民. 多元主义视角下的社会科学研究方法再思考，中国社会科学评价，2018(2)：34-38.

③ 田建平，黄丽欣. 出版学学科属性新探[J]. 河北大学学报(哲学社会科学版)，2008(1)：100-106.

④ 吴赟，闫薇. 出版学往何处去？——出版理论研究的范式危机与革新路径分析[J]. 出版发行研究，2019(3)：15-23.

⑤ 李建民. 多元主义视角下的社会科学研究方法再思考，中国社会科学评价，2018(2)：34-38.

出版学科都有用武之地。问题的关键是，用在什么地方，或用来解决什么问题。人文科学研究方法、规范研究方法、质性研究方法等，在出版史、出版文化、出版学基础理论、编辑理论等分支领域或研究议题方面，可以很好地发挥其功能和效用；而社会科学研究方法、实证研究方法、量化研究方法等，在出版技术、经营管理、绩效评价等问题的研究上如鱼得水。以实证研究中的实验法为例，它是自然科学的最常用方法，在社会科学领域也有很好的适用性，但是在人文研究中效果就会大打折扣。在出版学研究中，实验法就有一个适用性问题，将其用于出版经营管理肯定没有问题，但出版史、出版文化、出版学基础理论、编辑理论等问题的研究上，就值得商榷。实验法是这样，其他各种研究方法基本都存在类似问题。因此，开展任何议题的出版学研究，都应该考察所用研究方法的适用性。

第二，关于一般方法的规范使用问题。

任何研究方法，尤其是普适性更好的一般研究方法，都有自己一套严格的方法规范或要求。这些规范性要求的内容非常多，一般包括从课题设计、论证到执行，从立论到论证，从资料搜集、整理到采纳或运用，从研究条件设置到过程控制，从研究结论可靠性的确认到结论限制性条件的声明等内容。只有按这些方法各自的规范或要求进行操作，获得的研究结论才是可靠的。否则，结论就不一定科学、可靠。

在当前出版学的研究中，一般研究方法的规范使用情况并不乐观，不少研究是在未能严格执行所使用研究方法的规范或要求下完成的。石姝莉曾针对我国出版学实证研究方法的运用情况进行过专题研究，她的研究结论说明了方法的不规范使用形势极其严峻。她的研究显示①：61 篇出版学实证研究论文中，有 24 篇基本上符合实证研究方法的规范或要求，仅占样本总量的 39.34%；另有 37 篇宣称使用了实证研究方法，但其实离实证研究还有一定的差距，高达样本总量的 60.66%。事实上，很多一般研究方法，在出版学研究中，未能按其规范或要求使用。如，文献调研，溯源不彻底，核心文献挂一漏万；抽样调查，样本不规范，且对结果不做信度和效度分析；案例研究，无假设；规范研究，对援引理论一知半解等。如果不能改变这种现象，严格按照规范或要求使用研究方法，出版学是很难获得学界认同的。事实上，方法的规范使用并不是一个很困难的问题。只要加强学习，一般研究者都可以掌握。因此，我们认为，解决这一问题的关键在于提高研究人员规范使用研究方法的意识。

第三，对新方法的敏感性问题。

巴甫洛夫的“研究法每前进一步，我们就更提高一步”。这里研究法的前进，正是指科学研究方法的改进或新的研究方法的引入。这表明，方法的改进或新方法引入是助力学科发展进步的重要力量。吉姆·格雷(Jim Gray)以范式之名对科学研究方法发展史做过系统梳理。他认为，科学研究范式(主要是指研究方法)经历了实验科学、理论科学、计算科学

① 石姝莉. 我国出版学实证研究(2003—2013) 述评[J]. 现代传播(中国传媒大学学报)，2014，36(8)：157-158.

和数据科学四个阶段。实际上，范式或方法的这种代际更替，均是科学技术进步导致的科学研究方法的发展和进步。事实上，科学技术的进步不仅直接推动各自学科领域的发展，而且还有可能给整个科学领域贡献新的研究方法，带动更多的学科共同发展。从“理论科学”到“计算科学”，正是得益于计算科学的发展所贡献的“仿真模拟”方法所致；从“计算科学”再到“数据科学”，则是受惠于数据关联分析技术的进步。[①] 可以说，随着科学技术的发展和进步，新的研究方法还在不断涌现。

一个学科的发展和进步，与其对新方法的敏感与善用分不开。如数学与数据技术在经济学研究中的应用，推动了计量经济学的快速发展；数字人文在历史学中的应用，助推了计量史学的快速发展；社会计算在社会科学各学科领域的应用，极大地促进了社会科学主要学科领域的精确化发展。科学学研究表明，“当前，科学研究的对象日益复杂，社会问题与自然问题日益交叉综合，科学方法需要不断创新”[②]。对于人文社会科学而言，研究方法创新更多地表现为对新方法的敏感和善用，而不是既有方法改进。因此，出版学研究应该对新方法保持高度的敏感性并予以善用。从当前出版学研究的实际情况看，打上数据技术、数字人文、社会计算等新方法标签的研究不少，但实际上，这些新方法与出版学的结合上下的工夫不够，因此，也难以产出有分量的成果。

(3)特殊研究方法

特殊研究方法，亦称专门研究方法或具体研究方法，是指适用于一门或几门具体学科的不同于一般研究方法的独特研究方法，它是学科方法体系中最低层次的研究方法。

陈波教授认为，“每一门科学都有它自己专门的研究方法”，并进一步分析了产生专门研究方法的原因。他认为，不同的研究对象具有不同的“内容本性”，具有自己特殊的内部的或外部的矛盾，因而也就具有不同于他物的特殊的性质、关系和发展规律。这一系列“特殊”必然要求研究方法上的“特殊”。[③] 由于研究对象的特殊性，要求不同学科有自己的特殊研究方法，是科学史、科学学或相关方法论研究的普遍共识。这一要求，显然有其合理性。一些相对成熟的常规学科，如历史学、法学等，的确已形成了本学科特殊的研究方法。比如，史学的“史料学”和“历史编纂学方法”,[④] 法学的“法律解释方法”和“案例分析方法”等。但是，对大多数学科而言，并没有形成真正意义上的所谓特殊方法。我们的研究发现，大多数学科的所谓特殊研究方法，其实并不“特殊”，实际上不过是一般研究方法在具体学科中的“特殊”使用而已。当一门学科长期大量使用某种一般研究方法，进而赋予该研究方法某些与其学科研究诉求相一致的规范或要求时，这种一般研究方法也就慢慢具有了一定的学科色彩，或者说，打上了学科的“烙印”。具有了这种特殊学科色彩或烙印的

---

① 吉姆·格雷. 第四范式：数据密集型科学发现[M]. 潘教峰，张晓林，译. 北京：科学出版社，2012：5-10.

② 孙小礼. 科学方法论的一个研究提纲[J]. 哲学研究，2001(2)：66-71.

③ 陈波. 论社会科学研究方法多样化原则[J]. 中国高等教育(社会科学理论版)，1988(5)：35-41.

④ 魏承思. 史学方法论的三个层次[J]. 历史教学问题，1988(3)：42-47.

一般研究方法，也就被认为是学科的特殊研究方法，或专门研究方法。如法学三大主要方法中的“逻辑分析方法”，经济学中的“抽象法”①等，就是典型的一般研究方法被打上其学科“烙印”的结果。

那么，出版学的特殊研究方法是一个什么状态呢？

我们的文献调研发现，这方面的研究成果虽然非常少，但是观点却基本一致。研究者或认为出版学尚未找到其特殊的研究方法，或强调不可能有其特殊的研究方法。彭建炎先生和箕轮成男先生分别是这两种观点的代表。其中，彭建炎认为，出版学研究方法应该由哲学方法、一般研究方法和特殊研究方法三个层次构成，但第三个层次的研究方法，即出版学的特殊研究方法，“尚未找到”②。与彭建炎不同，箕轮成男实际上是否认出版学存在特殊研究方法的。他宣称，“出版学不是具有独特方法的系统学科”，即使没有其独特的研究方法，也并不影响出版学的学科独立性。虽然他否认出版学有独特的研究方法，但他仍然相信，出版学领域有可能存在着独特的方法。他指出，“在出版学领域中，发现并应用适合于个别研究的独特手法是理所当然的，因此，即便在出版学领域里也可能存在着独特的方法。但不会有出版学的独特方法”③。他要表达的意思是，作为学科，出版学不存在独特的研究方法，但出版学研究中或许存在或应用到一些不同于其他学科的独特研究方法。

我们认为，出版学，作为一门独立学科，有其固有的研究对象及其规律性，需要科学的完整的学科方法和方法论的支持。作为学科方法体系有机组成部分的特殊研究方法，在出版学方法体系中不应缺失。努力建设符合学科研究对象发展规律要求的学科方法论，形成自身独特的学科研究方法，应该成为出版学基础理论研究的重要目标追求。在严格意义上的特殊研究方法尚未形成之前，在学科实践中，可以尝试尝试更多的一般研究方法，尤其是诸如数据科学、计算社会学、社会文本分析等新兴研究方法，应用于出版学研究。上述通过对一般研究方法的使用而形成学科特殊研究方法的现象，对出版学特殊研究方法的建设具有很好的启示作用。

---

① 李映青. 经济学研究方法问题序说[J]. 当代经济学，1990(4)：44-48.

② 彭建炎. 出版学概论[M]. 长春：吉林大学出版社，1992：50，77-78.

③ 箕轮成男，贺鑫昌. 出版学的方法[J]. 现代外国哲学社会科学文摘，1986(8)：22-25.

管理是人类各种组织活动中最普遍和最重要的一种活动，是指在特定的环境条件下，对组织所拥有的人力、物力、财力、信息等资源进行有效的决策、计划、组织、领导、控制，以期高效地达到既定组织目标的过程。就管理主体的承担者可分为宏观管理和微观管理，宏观管理是政府部门，微观管理是业务部门，微观管理是宏观管理的基础。

出版管理是出版系统和出版实践的重要组成部分，本篇分宏观和微观两章，分别对出版政府管理和企业管理的一般方法和普遍做法进行了介绍。其中，全书第四章宏观管理分别从出版宏观管理的必要性、主客体关系、结构体系、内容层次、方式手段和中外出版宏观管理的比较等全面细致地讲述了政府部门对出版产业的管理。第五章则从管理学理论及其演进入手，探讨了出版微观管理的概念和内容，重点梳理了我国出版微观管理制度的历史演变，分析了当前我国出版企业微观管理的现状，并在此基础上对出版微观管理创新的逻辑和目标进行了探讨。

出版管理篇

立足中国特色出版管理体制机制展开分析，在深入对比研究中外出版管理异同的基础上，第四、第五两章内容完整描绘了出版管理体系的全景。通过本教材第一篇基础理论篇的论证，我们知道，出版工作，既有产业属性也有事业属性，既有经济价值也有社会效益。因此，不论古今中外，执政者都非常重视对出版工作的宏观管理，出版企业的微观管理也存在与许多一般工商企业的不同之处。第二篇出版管理篇紧接在基础理论篇之后，深入阐述了出版作为一个特殊行业的宏观和微观管理特性及其形成演化过程和背后的逻辑历史必然性。学习本篇的两章内容，需要学习者拓展一些管理学、制度经济学、产业经济学的基础知识，从宏观方面了解政府调控和市场调控的差别与联系，从微观方面了解现代企业管理的基本学说和基本理论。通过学习本篇，读者将对我国出版业的整体面貌有一个初步的大致印象。

D

第四章　出版宏观管理

* 本章知识点提要

1. 出版宏观管理的内涵和必要性
2. 出版宏观管理的任务和目标
3. 出版宏观管理体系的两大核心要素系统
4. 出版宏观管理的内容
5. 出版宏观管理保障机制
6. 中外出版宏观管理的异同

* 本章术语

出版宏观管理　出版宏观管理体系　出版宏观管理主体　出版宏观管理客体
出版产业　出版人才　出版资产

出版宏观管理是相对于出版企业内部微观管理而言的，是指国家运用法律手段、行政手段、经济手段等对出版行业的调控和监管。自改革开放以来，我国出版宏观管理较好地保证了高质量出版物在市场上的占有率，防止了庸俗、低效出版物的出版。但是，随着社会主义市场经济体制的不断完善，计划经济体制下原有的出版单位正在向规范的市场主体转换，出版的产业化、市场化使得国家出版管理部门在管理机构、管理手段等方面做出相应的调整、改革和转换。因此，明确出版宏观管理的内涵、必要性、任务和目标，确定出版宏观管理的体系及内容，对国内外出版宏观管理进行比较，厘清出版宏观管理的保障机制，对于推动出版宏观管理理论的完善，促进出版业可持续发展具有重要的意义。

第一节　出版宏观管理概述

出版宏观管理既是一般商品经济条件下市场运行秩序的要求，又是国家管理职能的客观要求。在社会主义市场经济条件下，规范和维护出版经济秩序，强化政府对出版市场的监督管理，是建立全国统一开放、竞争有序的出版体系的要求，也是发展社会主义出版产业的重要保证。为更好地实现出版宏观管理，首先要对出版宏观管理的内涵、必要性、任务和目标进行辨析。

一、出版宏观管理的内涵

目前，国内外对出版宏观管理的含义、范围和内容并没有形成统一的认识。我国学者从四个不同角度对出版管理问题进行了探讨：一是研究党和政府对出版业的规制，二是研究国家和政府对出版业的监管，三是研究国家对出版业的宏观调控，四是研究政府对出版业的宏观管理。由于上述研究角度的侧重点不同，其提出的概念、范围、方法也存在差异，具体如下：

第一种观点是“规制说”。这一观点从控制的角度提出应对出版业进行规制。其中，姚德权等认为“出版业规制，是党和政府通过法律、法规、政策、制度等对出版业发展进行规范的总称。党和政府通过规定出版体制，制定有关法律、法规和政策，保障出版行为能为国家制度、意识形态以及各种国家目标的实现服务”。① 王联合从出版物属性和出版产业的角度分析了政府对出版业进行规制的合理性，认为“出版业现行的主要规制方法有进入规制、数量规制、产量规制、提供服务规制、价格规制等”。②

第二种观点是“监管说”。这一观点从监管和控制的角度提出了“出版国家监管”的概念，认为“出版业是一项具有很强公共性的社会信息系统，是现代社会必不可少的知识信息的生产者和提供者，具有公共服务作用，同时它的知识信息生产与传播对社会的政治、经济和文化道德等，对社会秩序和公共生活具有广泛和强大的影响力。因此出版业受到多种力量的监管与控制，比如受到国家和政府的政治监管与控制；受到各种利益群体和经济势力的监管与控制；受到广大受众的监管与控制。其中国家和政府的控制是主要方面，这种监管与控制无论是过去还是现在，都无一例外”。③

第三种观点是“宏观调控说”。这一观点根据宏观调控的基本含义，结合出版业的具体情况，认为出版业宏观调控是指“国家(政府)从社会(民族)的整体利益和长远利益出发，为保持出版业向着预期的目标持续、健康、协调发展所进行的调节和控制”。④ 师增志从加强政府作用的角度指出“出版市场经济同样存在着周期性的规律，保障出版经济稳定与增长是各国政府都应干预的。政府常常与出版业中各种组织、机构以及企业、个人一起，通过承担决定国民经济中的出版产业发展类型和方向的责任，起到更加积极的作用。政府

① 姚德权，胡建国. 新闻出版业规制及规制变革思路[J]. 财经理论与实践，2003，4(6)：100-106.

② 王联合. 转制下的规制逻辑(上)：基于出版物属性的考察[J]. 出版发行研究，2005，4(3)：15-20.

③ 魏玉山. 国外新闻出版国家监管体制[J]. 出版发行研究，2005，4(1)：72-76.

④ 余敏. 加强出版业宏观调控研究[M]. 北京：中国书籍出版社，2003：4-6.

进行宏观调控是多方面的，如建立正常有序的市场竞争环境，提供出版信息交流、生产、制作、发行、销售等方面的基础设施；实行适当的出版结构政策，增进整个出版经济适应经济上结构变化的能力，以保证顺利实现结构转变等”①。

第四种观点是“宏观管理说”。这一观点从管理的角度认为“出版管理具有宏观和微观之分。出版宏观管理是出版管理部门根据党和国家出版方针与政策，对出版事业的总体运行进行计划、组织、指挥、协调、监督和控制的过程。它立足于对国家范围内出版活动整体的全局性、综合性管理”②。

在上述观点中，涉及“规制”“监管”“调控”和“管理”等概念。从词义上看，规制，是由英文“regulation”翻译过来的，意为以法律、规章、政策、制度来加以控制和制约，也有将其翻译为“管制”的，其反义词为“deregulation”，译为放松规制或者放松管制。从词源学的角度来看，规制就是规则制约的简称，一般指政府规制，强调的是政府从公共利益出发，通过法律、规章、政策、制度等来控制和规范社会经济主体和事业主体的行为，纠正在市场不健全或市场失灵情况下发生的资源配置的非效率和分配的不公正，目的在于促进产业结构合理、资源配置优化，实现公共利益，维护社会秩序和稳定。

监管，即监督管理。从词义上看，监督是指监察督促；管理，按照《世界百科全书》的解释，“是对工商企业、政府机关、人民团体以及其他各种组织的一切活动的指导。它的目的是要使每一行为或决策有助于实现既定的目标”。③ 实质上，监督就是权力的拥有者在不便或者不能直接行使权力时，把权力委托给他人行使，从而控制后者按照自己的意志和利益行使权力的制度安排和行为过程。监督孕育于权力的委托与受托的过程之中，是权力的拥有者、委托者与权力的受托者、行使者之间的权利义务关系。④ 管理是管理者或管理机构，在一定范围内，通过计划、组织、控制、领导等工作，对组织所拥有的资源(包括人、财、物、时间、信息)进行合理配置和有效使用，以实现组织预定目标的过程⑤。“监督管理”简称“监管”，其侧重点在于强调政府、政党制定相关政策法规并督促其执行。出版国家监管是指政党、政府制定有关出版的政策法规，并对出版行业执行相关政策法规的情况进行监察和督促，以实现预定目标的过程。

宏观调控与宏观管理不同，宏观管理具有更加广泛的内涵，而宏观调控只是宏观管理的形式之一。从法理上讲：“管理是行政法的范畴；宏观调控是利用国家的公权力，来直接影响原来平等者之间的关系，无论是调控市场还是调控企业，都涉及这一问题。”⑥宏观管理的主体可以是中央政府，也可以是地方政府，主要采用行政手段，辅之以法律手段和

① 师增志．我国出版产业化、市场化发展中政府的作用[J]．中国出版，2006，4(5)：19-21.

② 何皓．论出版宏观管理[J]．出版科学，2007，4(1)：35-39.

③ 黄智斌．企业管理基础知识[M]．北京：中国财政经济出版社，2015：20-23.

④ 侯少文．监督的含义及其与制约的区别[J]．中国党政干部论坛．2003，4(9)：32-34.

⑤ 李聪媛．管理理论与实践[M]．重庆：重庆大学出版社，2016：12-15.

⑥ 江平．管理行为不等于宏观调控[N]．经济日报，1994-01-25.

经济手段，其管理具有直接性，它不仅可以直接管理企业，还可以管理企业内部的经营活动。而宏观调控则不同，宏观调控的主体只能是国家(中央政府及其授权的直属机构)，其他调控不能成为宏观调控；其调控更注重间接性，它一般不干预企业的经营活动，调控的手段主要是法律手段和经济手段，少用或不用行政手段。出版业的宏观调控是指国家运用经济手段、法律手段和必要的行政手段，对出版活动进行的调节和控制。出版宏观管理是指国家对出版业的各个组成部分进行的统一、系统而全面的管理，一般来说，包括国家、政党、政府、行业组织对出版业的管理。

综上所述，出版业的“规制”“监管”“宏观调控”和“宏观管理”的侧重点不同，研究内容和研究范围也不同。而出版宏观管理这一概念涵盖了国家、政党、政府对出版业的调节、控制和管理，体现了出版管理的本义。因此，我们从管理的角度，在明确出版宏观管理含义的基础上，主要探讨我国出版宏观管理的体制、内容及实施手段，以强调国家、政党、政府、行业组织等对出版业各组成部分进行的统一、系统而全面的管理。

二、出版宏观管理的必要性

对出版业进行宏观管理非常必要，主要体现在以下三个方面。

1. 意识形态安全建设的需求

意识形态(ideology)一词是法国启蒙学者德崔希伯爵(Destutt de Tracy)在18世纪提出的，[①] 根据马克思主义基本原理，意识形态又被称为思想上层建筑，它包括政治思想、法律思想、道德、艺术、哲学和宗教等，是上层建筑的重要组成部分。在我国，国家意识形态安全特指确保中国化的马克思主义在我国社会主义理想信念体系中的主导地位和引领功能，它是确保社会主义政治安全和文化安全的精神支撑和基本核心。[②] 党的十九大报告指出，意识形态决定文化前进方向和发展道路，而意识形态安全建设则在一定程度上决定着中国社会主义事业的兴衰成败。自中华人民共和国成立以来，中国共产党不断推动意识形态工作的变革和发展，以习近平同志为核心的党中央高度重视意识形态工作，将意识形态工作视为党的一项极端重要的工作，针对意识形态领域的方向性、战略性问题作出一系列部署。

作为一项文化和政治活动，出版业所具有的意识形态属性以及出版业与意识形态建设之间的密切关系得到国内外政党、政府和业界的普遍认同。高质量的出版活动有利于社会主义先进文化建设和引领，有利于马克思主义在意识形态领域的地位巩固，有利于马克思主义的传播和信仰塑造。

然而，在市场经济条件下，部分出版企业迎合市场需求，盲目追求经济效益，削弱了

---

① 李锋. 意识形态、权力关系与文学批评[J]. 国外理论动态，2011(4)：93-97.

② 黄先蓉，马兰. 智媒时代意识形态安全下我国出版产业发展政策调整路径[J]. 编辑之友，2020，4(1)：36-39.

出版业对主流意识形态的传播效果和引导作用，妨碍了我国意识形态安全建设。由此，出版宏观管理是我国意识形态安全建设道路上的重要选择，其核心目标之一就是要引领社会思潮，团结凝聚人心，推动主流意识形态传播。

2. 出版行业发展的需要

由于出版业自身的复杂性和出版业所处的全球化竞争背景，对出版行业的可持续发展而言，宏观管理是十分重要的。

首先，从出版业自身的复杂性出发，实行宏观管理是出版行业管理的需要。我国出版事业是由570余家出版社、数以万计的书刊排版印装企业、数以十万计的书刊发行企业以及众多出版发行工作室等进行出版物选题策划、审稿编辑、印刷出版、宣传发行的庞大系统，其中专业分工、团队协作等环节的利益关系较复杂，需要我国政党和政府从宏观视角调节出版工作的各个方面和各个环节，使整个出版活动健康、有序地运行，实现全行业的稳步、持续增长。

其次，从出版业面临的文化产业全球化竞争背景出发，宏观管理是中国出版业生存发展的必然选择。国外大型出版集团已在残酷市场竞争中摸爬滚打积累了丰富的经验，积聚了实力。通过优胜劣汰、兼并重组，若干大型公司成为跨国跨媒体文化传媒航空母舰，一些小型企业也在各自的专业领域攻城拔寨。与国外出版产业相比，我国出版业进入市场经济、参与自由竞争的历史还不长。随着出版宏观管理政策的出台和实施，我国政府逐渐放开了对出版业的各种限制，一批有远见的出版企业积极行动起来初尝改革果实的同时也带动了其他出版企业参与市场竞争，中国出版产业的竞争日趋激烈。此时，政府的管理机制和保障机制则显得愈发重要。政府对出版业的宏观管理与正确引导，将推动出版产业的发展步伐，也将加强出版业的文化软实力，使其在文化产业的国际竞争中取得先机。

3. 市场经济的内在要求

自改革开放以来，我国党和政府带领全国人民艰苦奋斗，攻坚克难，排除一切阻碍，实现国家经济的繁荣，不断奔向高质量发展阶段。在这良好的经济发展环境中，我国将市场机制引入出版领域，并进一步走向深化，有力地促进了出版事业的发展。

但市场这只“看不见的手”在很多方面是无能为力的。改革开放时代，在科技创新驱动下，出版企业经营模式的多元化、经济竞争手段的多样化以及网络环境的复杂化，可能会造成市场经济秩序的混乱现象。在经济学中，这种普遍存在的问题被称作“市场失灵”，是由于内在功能性缺陷和外部条件缺陷引起的市场机制在资源配置的某些领域运作不灵，即只靠自由市场机制达不到资源的最优配置，表现为一系列负外部效应，比如生产和经营垄断、收入分配不公、难以保证“公共物品”供给、难以协调个体生产者与社会公共利益的矛盾等。

因此，出版宏观管理同时也是市场经济的内在要求。在出版市场失灵时，政府的宏观调控作用是不可缺少的，它能有效地弥补和克服市场经济先天的缺陷。出版宏观管理不仅应当存在，而且应当发挥更加强有力的协调作用，才能推动出版业在经济市场化中科学有序地快速发展。

三、出版宏观管理的任务和目标

出版宏观管理的任务和目标，持续体现在管理主体所从事的各项管理活动之中，是这些管理活动目的及功能的综合性概括。因此，认识出版宏观管理的任务和目标，对于确定出版宏观管理范围、建立科学的出版宏观管理组织系统、选取合理的出版宏观管理手段、充分发挥出版宏观管理的整体功能、实现出版宏观管理的目标，是十分必要的。

1. 出版宏观管理的任务

《出版管理条例》明确规定：出版业必须“传播和积累一切有益于提高民族素质、有益于经济发展和社会全面进步的科学技术和文化知识，弘扬民族优秀文化，促进国际文化交流，丰富和提高人民的精神生活”。这是对出版业的整体要求。因而，出版业向社会提供精神文化产品以满足社会公众需要，并以出版产出最大限度地满足社会总体需求为产业发展目标，以社会总体需求对出版产出的接受程度为衡量出版工作价值的标准。在这个前提下，出版宏观管理的任务首先应是努力追求出版总供给与社会总需求的基本平衡，避免出现供过于求或供不应求等出版市场供求关系格局。若供过于求，会导致库存积压，使出版物产品价值难以实现，造成出版资源的浪费；若供不应求，则反映了出版生产能力相对不足，无法满足社会对精神生活的总需求。我国出版宏观管理主体需根据出版市场供求关系格局，不断调整出版产业发展基本战略，合理配置产业资源，调整生产规模，在数量、质量、品种结构等方面满足社会总需求。

另外，发展是执政兴国的第一要务，发展同样也是出版行业的第一要务，因而从国家大局出发，立足于行业长远利益，落实科学发展观，努力保持出版事业科学化发展是出版宏观管理的另一项基本任务，主要体现在以下三个方面。首先，出版宏观管理应推动出版业全面发展，使出版业各方面不断进步和发展，避免发展不均衡。出版业是一个完整的系统，尤其对于我国这样一个庞大国家而言，从宏观上进行顶层设计、引导和推动，以形成完整的出版工作体系是十分必要的。其次，出版宏观管理需促进出版业协调发展，既维护出版系统内部各个环节的协调一致，也保障出版系统与外部环境，如科学、文化、教育、经济、社会和物质资料生产等的协调一致，这是出版事业取得健康、有序发展所必需的。再次，出版宏观管理须着眼于出版业的可持续发展，避免盲目与冒进的短期行为，这是出版事业稳步前进、欣欣向荣的保障，也是对出版宏观管理的必然要求。

2. 出版宏观管理的目标

明确目标是实现出版宏观管理的基本前提。出版宏观管理的目标是建立在国家社会经济发展总目标以及我国出版现状的基础上的。国家社会经济发展目标往往进行阶段性划分，据此可以将出版宏观管理的目标体系分解为长期目标、中长期目标和短期目标。

我国出版宏观管理的长期目标，即国家对出版行业的总体要求。如《新闻出版广播影视“十三五”发展规划》提出的“新闻舆论传播力、引导力、影响力、公信力大幅提升；公共文化服务全面升级；对经济的拉动作用显著增强；出版数字化转型升级行动全面推进；保障国家文化安全的能力显著提高；传播中国声音、提升中国形象、产品服务走出去的成效和作用更加凸显”就是对出版业发展的长期目标和总体要求。

出版宏观管理的中长期目标，旨在指导出版业在一段时期内的工作重点、管理重点和发展方向。如《新闻出版广播影视“十三五”发展规划》提出“加强主流媒体建设；深化一体发展，推动媒体融合取得新突破；构建现代出版公共服务体系；进一步提高出版产业规模化、集约化、专业化水平；加快构建现代出版广播影视市场体系；深化出版改革，健全确保把社会效益放在首位、实现社会效益和经济效益相统一的体制机制；加强国际传播能力建设，传播中国声音、展现中国精神、提升中国影响；加强文化信息安全建设，提升出版安全保障能力；加强版权管理，大力发展版权产业。”

出版宏观管理的短期目标，是针对出版行业出现的现实问题进行组织、监管和规范。如出版管理部门联合公安部门针对盗版现象进行“扫黄打非”专项行动等。

出版宏观管理体系（慕课）

出版宏观管理体系（课件）

第二节　出版宏观管理体系

近年来，随着社会经济、政治、技术、文化的进步，我国出版业不断变革。为顺应社会发展的潮流、适应出版业发展的整体趋势，我国开始建设人民满意的服务型政府，并将建立科学的出版宏观管理体系作为工作重心。本节将科学界定出版宏观管理体系的概念与基本内涵，解构出版宏观管理主体、客体概念及其基本属性，厘清出版宏观管理主客体的关系，展示出版宏观管理体系的纵向结构与横向结构。

一、出版宏观管理体系的基本内涵

从不同的角度观察，出版宏观管理体系呈现出不同的形态。按照系统形成的方式看，出版宏观管理体系是一个由组织、制度、法律等构成的人工系统；按照系统构成的要素看，既包括出版管理部门、出版企业等客观系统，也包括法律系统、程序系统、政策系统等虚拟系统，是个复合型的系统；按照系统与环境的关系看，出版宏观管理体系受外部环境的影响，并与外部环境进行物质、信息交换，是一个开放的系统；按照系统状态与时间的关系看，出版宏观管理体系在不同的时期展现出不同的状态，是一个动态的系统。综上，所谓出版宏观管理体系，可以理解为一个要素数量众多、规模庞大、结构复杂的系统。

出版宏观管理体系是复杂的，但却始终围绕管理者（主体）与被管理者（客体）进行，因而出版宏观管理体系可分为两大核心要素系统：管理主体和管理客体。“主体”的哲学原意是指具有意识的、能动的和创造性的人，而“客体”是人类认识和实践的对象，这两个概念被引用到社会科学领域后又有了新的特性，在出版宏观管理体系中也是一样。依据系统论基本原理，构成系统需具备三个条件：构成系统的要素、要素间的相互关系以及系统的功能。由此，出版宏观管理体系的概念可以作出如下界定：它是出版宏观管理的主体与客体在外界环境的影响下，彼此结合起来，相互作用、相互联系，为实现一定目标或实现一定功能而形成的一个整体。

二、出版宏观管理体系的要素

要素是构成系统的必要因素，是系统最基本的单位，也是系统存在的基础和实际载体①。由上文出版宏观管理体系的基本内涵可知，出版宏观管理体系的要素包括管理主体和客体。

1. 出版宏观管理主体及特性

出版宏观管理主体，是指对整个国家出版管理活动起到影响、监督、调控和管理作用的管理机构的总和，是出版宏观管理活动及其过程的认识者和实践者。在我国，出版宏观管理主体包括政党和政府两大主体。在具体机构设置层面，2018 年 3 月，根据党的十九届三中全会审议通过的《中共中央关于深化党和国家机构改革的决定》和《深化党和国家机构改革方案》，将国家新闻出版广电总局的新闻出版管理职责划入中央宣传部，对外加挂国家新闻出版署和国家版权局的牌子，国家新闻出版署成为主管出版活动的最高行政机构；另外，各省市级宣传部（新闻出版局）根据中央的部署在一定的行政区域内行使宏观管理的职能，也应视为全局管理的一部分。

总的来看，出版宏观管理主体一般具有以下特性：

从管理活动的运作特点看，出版宏观管理主体具有自主性和主观性。自主性是指出版宏观管理主体拥有决断权和决策权，出版宏观管理主体可以自主地作用于我国出版业的发展。主观性是指出版宏观管理主体在认识和管理客体时带有自身的价值标准，这是主体在实践活动中建立起来的，以主体尺度为标准的价值观。管理主体的根本目的、利益、需要、理想、信仰、愿望等价值标准成为主体评价出版宏观管理客体价值的内在根据；与出

---

① 张文焕. 控制、信息论、系统论与现代管理[M]. 北京：北京出版社，1990：162.

版宏观管理主体利益、需要等相一致的，才被管理主体视为“有价值”，而与主体利益相冲突、相排斥的，则往往被主体视为“没有价值”或“有负价值”。

从管理功能看，出版宏观管理主体具有统筹协调性。统筹协调是指出版宏观管理主体从有效组织整个国家出版系统的角度出发，运用系统分析方法对出版系统及其子系统、各子系统间关系所进行的设计、建构、控制、运行和发展活动。统筹协调出版业的发展是一个国家出版宏观管理系统存在的主要目标和根本任务之一。其中，“统筹”强调的是国家出版事业发展的整体规划和综合考量。“协调”强调的是指在系统内部正确解决“速度与规模”“布局与结构”和“质量与效益”等矛盾带来的冲突，并对资源进行有效的配置；在系统外部协调处理出版业发展与政治、经济、文化、社会环境的关系。

从主体对客体的作用程度看，出版宏观管理主体具有权威性。出版宏观管理主体是政党和政府，是国家权力系统的核心部分，其权威性不容置疑。在出版行业，代表国家行使出版行政管理权力的特定主管部门，主要是国家出版行政管理部门、文化行政管理部门以及市场监督管理部门等，它们由国家授权，依靠国家的法律、法规、方针、政策、目标、计划，对出版物、出版主体及其市场行为进行行政监督管理和行政执法。这些部门代表国家行使出版宏观管理的权力，运用行政、法律、经济的手段，影响管理客体的意志，调整和规范客体的行为，具有使管理客体在指导规范的前提下从事出版活动的权威性。①

从社会责任看，出版宏观管理主体具有服务性。作为出版宏观管理主体，在整个管理秩序的框架中，需要把自己定位为服务者角色。出版宏观管理主体的服务性体现在五个方面：一是引导出版管理客体为大众提供传播先进文化、弘扬民族正气、倡导科学精神的优秀出版物；二是利用公共财政扶持重大出版工程，完成文化积累；三是构建完备的出版法律体系，实现依法行政，为管理客体营造法治化环境；四是中介协调服务，在与社会其他部门的协调中，为管理客体争取到更多社会资源配置和合理权益；五是构建出版公共服务体系，建立公益性出版项目，推动知识共享，共创和谐社会。

2. 出版宏观管理客体及特性

客体，是指对主体的对象性活动具有现实意义，被纳入主体对象性活动的结构，而且同主体发生相互作用的功能关系的客观事物。② 出版宏观管理客体，是指政党和政府两大管理主体对出版业的管理活动所具体指向和作用的对象。出版宏观管理客体既包括出版市场活动主体，即作为存在实体的、具体实现出版功能的、以营利为目的的组织——出版企业；也包括出版活动本身，即各种出版市场行为。

根据马克思主义哲学原理，一般客体均呈现出客观性、依存性及历史性的基本特征，出版宏观管理客体同样具备这三个特性。

---

① 赵敏. 高等教育宏观管理主客体及其基本属性探讨[J]. 高教探索，2003(3)：37-38.

② 夏甄陶. 认识论引论[M]. 北京：人民出版社，1986：90.

第一，出版宏观管理客体具备客观性。作为客体的基本特性，客观性是指客体是一种客观存在，是不可以被创造或消灭的，只能在改造的基础上，以不同的表现形态表现出来。在出版宏观管理客体体系中，不仅作为出版市场主体的出版企业是客观存在的，而且各种出版市场行为所涉及的作者、出版物和消费者，也均是具备实体形态的。因此可以说出版宏观管理客体是客观存在的。

第二，出版宏观管理客体具备依存性。所谓依存性，包括两个方面的含义。一方面，出版宏观管理客体是出版宏观管理主体认识和实践的对象，与主体相互依存，不能离开主体而单独存在。另一方面，出版宏观管理客体的依存性是由出版产业的依附性决定的：一是出版业发展高度依赖社会的物质生产力水平，若物质生产力不发达、人民物质生活水平低下，出版物消费就只是少数人的特权，而不是大众的需求；二是出版业是对政策、制度环境有极大依附性和依赖性的产业，当政策制度能够顺应出版业发展时，出版业就会得到极大推动，反之，出版业发展就会减缓。

第三，出版宏观管理客体具备历史性。历史性是指客体为历史发展的产物，它随着主体对象性活动的开始而被赋予客体地位及意义，而且随着主体对象性活动领域的拓展，客体也在不断地扩大其范围。出版宏观管理客体的历史性，是指它是一个历史发展过程，是一个规模不断扩大、品种不断增多、读者人数不断增加、社会服务程度不断扩展以及社会影响力不断增强的过程。出版业从传统手工作坊走向工业化、信息化的每一步都打下了时代的烙印。出版物记录了历史，历史也影响着出版业。

除了一般客体所具有的共同特征外，出版宏观管理客体还具有其他独特个性。

首先，出版宏观管理客体呈现出包容性。随着科技的发展，当今出版业与经济、科技和文化的互动性增强，实现了多领域的跨界融合。它既包容了“以物质资本、经济资本为运转方式的传统产业”，还拓展到“以智力资本、文化资本、数字资本为运营方式的新兴文化产业”。以漫画出版为例，日本将它与动画片和电子游戏结合，形成了年营业额超 90 亿美元的商业组合，成为一个综合产业，并涉及杂志、图书、录像、玩具、电子游戏、文具、食品、服装、广告、服务等广泛领域。

其次，出版宏观管理客体呈现出创新性。出版业是内容产业，内容的不断创新是出版产业存在的决定因素。随着技术的发展与市场竞争的加剧，创新从出版内容扩展到出版活动的各个环节——从企业运行机制的创新、内部管理手段的创新到技术服务的创新等。另外，出版主体的创新能力对出版业发展至关重要，只有具备创造力的出版主体，才能不断提升出版主体的竞争力和凝聚力。

再次，出版宏观管理客体呈现出主体性。一方面，出版宏观管理客体在内部管理和运作时具有主体的性质，可以自主选择出版活动，赋予单个出版物不同特征；另一方面，市场经济条件下，出版企业不仅仅是传统管理主体思想中出版物的制造者，而是具有自主发展的权利，形成推动出版业持续发展的内动力。基于管理学基本理论可知，管理客体主体化才能使产业实现长久的繁荣，也就是说，相较于不断约束或管制等管理方式，激发管理客体的主动性、能动性和创造性，可以建立更高效的经济秩序。

另外，出版宏观管理客体呈现较强的社会责任性。与其他商业活动不同，出版承担着文化传承的重要社会功能，这也是出版活动的社会意义。出版宏观管理客体的社会责任性体现在五个方面：一是为舆论导向服务，出版业是先进文化的重要传播阵地；二是为群众服务，出版优秀读物，满足人民群众的文化需要；三是为文化积累服务，这是出版业的重要历史任务；[①] 四是为文化交流服务，让中华民族的优秀文化“走出去”，让世界了解中国；五是为经济建设服务，加强作为文化产业核心的出版业自身实力，为增强国家文化软实力服务。

3. 出版宏观管理体系中的主客体关系

出版宏观管理主客体关系，实际上讲的是政党、政府和出版管理客体的关系。另外，行业协会协助政党和政府监管出版企业及其行为，是一个扮演特殊角色的独立组织机构。与管理主体以政治目的为主的价值倾向和管理客体以经济目的为主的价值选择不同，行业协会既要协助政党和政府实现政治目标维护社会的安定，也要有助于出版企业获取经济效益、实现出版市场的繁荣，同时还要维护社会公共的利益。因而阐释出版宏观管理体系的主客体关系，不可忽视行业协会。

从各国发展的现实情况看，出版宏观管理主客体关系有两种情况(见图 4-1)。

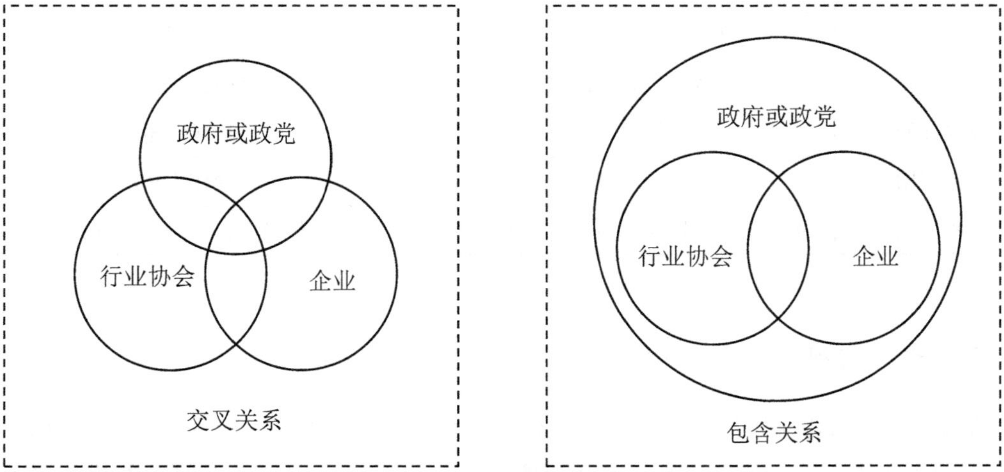

图 4-1　出版宏观管理主客体的交叉关系与包含关系

一种，出版宏观管理主客体表现为交叉关系，即指管理主体(政党或政府)、管理客体(企业)和行业协会三者相对独立又相互关联(见图 4-1 左)。采用这种关系模式的国家，主

① 柳斌杰. 中国新闻出版业的六大转变——党的十六大以来新闻出版工作回顾[J]. 中国出版，2007，4(10)：5-7.

要是欧美的一些国家，大多主张出版的绝对自由以及政府对出版活动的不干预，但事实上出版的意识形态属性决定了政府采用间接方式支持符合国家价值标准与社会主流文化的出版活动。在这种关系模式下，管理客体对政府的依赖程度较低，自主性较大，能动性较强，拥有明显的出版市场主体地位；同时管理客体较少受到政府的政策性保护，需要相对独立地参与激烈的市场竞争与自然淘汰，因而发展风险性较大。

另一种，出版宏观管理主客体表现为包含关系，亦可谓从属关系，即指管理主体（政党或政府）统筹调控出版企业与行业协会（见图 4-1 右），主要是以中国为代表的国家。在这种关系中，政党及其领导下的政府是出版宏观管理的唯一主体，对管理客体具有绝对的权威；而管理客体只能在管理主体许可的范围内进行出版活动，自主性较小；[①] 作为中介组织的行业协会，也是附属于政府的一个部门，其职权是由政府赋予的，并为政府承担部分职能。总体上看，无论在计划经济时代，还是在改革开放和文化体制改革时代，我国出版业均是党的出版事业，出版宏观管理主客体关系均属于包含关系。

对比两种关系模型，其主要区别可见表 4-1。

表 4-1　包含型与交叉型的主要区别

关系类型 / 区别	包含型	交叉型
所有制	国家所有	国有与私有共存，以私有为主
生产形式	按国家的规定组织生产	自由型
出版物内容	体现政党、政府的价值观	多样化、自由化
资源分配	由国家配给	市场竞争
社会作用	具有权威性和很强的影响力	社会作用较弱
读者特点	被动的，受国家宣传导向影响较大	积极的，可以自我选择

三、出版宏观管理体系的结构

结构是系统的普遍属性。物质系统都以一定结构形式存在、运动和变化着。在宏观管理价值取向的引导下，管理主体会选择合理的结构模式来实现出版业可持续发展的目标。合理的结构模式，是指出版宏观管理体系各部分以合理的形式进行组合，形成合力，产生整体效应，得到“1+1>2”的良好效果。[②] 如果管理体系内部结构与管理目标无法匹配，会导致管理客体与主体、客体与客体之间的矛盾，影响出版宏观管理体系的正常运转，最后导致价值方向偏离、目标无法实现。因而出版宏观管理体系结构的科学性十分关键，本节

① 郎劲松. 中国新闻政策体系研究[M]. 北京：新华出版社，2003：36.

② 王福生. 政策学研究[M]. 成都：四川人民出版社，1991：51.

将从纵向与横向两个维度对其进行解析。

1. 出版宏观管理体系的纵向结构

出版宏观管理体系的纵向结构，即各层次的分布情况以及相互间关系。一般情况下，出版宏观管理体系纵向结构的特点表现为：最高层相关政策数量少但覆盖范围广；中间层则根据总政策制定基本管理策略；越是低层次，管理的内容越具体。这种金字塔形纵向结构，能更好地实现出版宏观管理效果。

我国的出版宏观管理体系，即党委领导、政府管理、行业自律以及出版企业依法运营，层次分明，体现了明显的纵向性(见图 4-2)。从我国出版宏观管理纵向结构中，可以看到：党委是出版行业总体发展规划的制定者、整体发展方向的引导者；在党委的领导下，政府承担了出版业的具体宏观管理工作；其下层的行业协会则协助政党和政府进行出版队伍的职业道德教育与业务培训、开展出版理论研究和业务交流活动、参与制订行业标准和行业发展规划等；而最下层的出版企业是宏观管理体系客体，同时也对企业内部出版活动进行微观治理。

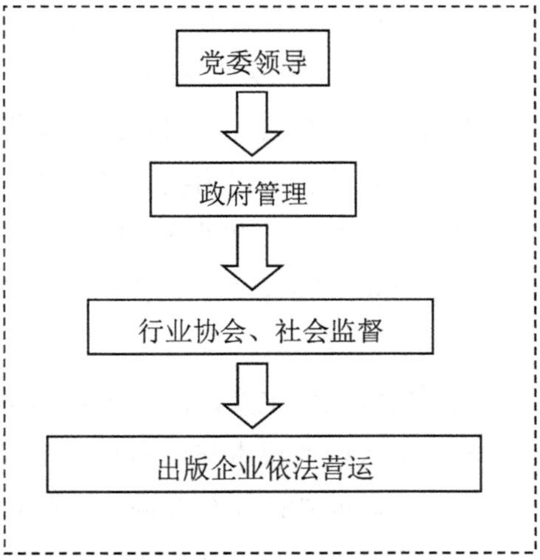

图 4-2　我国出版宏观管理体系的纵向结构

2. 出版宏观管理体系的横向结构

出版宏观管理体系的横向结构，是指在纵向结构的同一层次、不同环节之间的结构关系，它直接关系到出版宏观管理体系的协调发展。

我国出版宏观管理体系纵向结构的第一层是党委领导。在第一层中，不存在与政党平级的元素，党委的领导地位具有唯一性，因而第一层没有复杂的横向结构。在第二层中，政府的管理以其宏观管理手段的形式表现出来，因此横向结构表现为政府所采取行政、法律和经济的管理手段。在第三层中，主要表现为行业协会、社会监督等形式。社会对出版业进行的监督包括事前监督和事后监督两类：在出版物出版前，教育机构、基金会或企业等出版物的买方或者出资人，利用经济手段来控制出版选题和出版内容符合组织的要求；在出版物出版后，一些社会团体则通过对已出版内容的监督，影响出版物的销售与流通。这种社会监督是间接的、外部的，而行业协会则提供出版业系统内部的自我监督与自我协调，其作用与影响更有效、直接，也更重要，使得出版系统得以高效、有序地运转。

第三节　出版宏观管理内容

出版宏观管理的主要内容既包括出版宏观管理主体对出版行业政治文化整体导向的管理，也包括对出版行业事务、人才、资产的管理。本节将以此为框架，从出版导向、出版产业、出版人才、出版资产四个要素的宏观管理分别展开介绍。

一、出版导向管理

出版行业的意识形态属性决定了出版工作的政治责任，同时出版工作事关党和国家工作大局，事关社会稳定和文化安全，因而越是深化改革、加快发展，越要始终“坚持正确导向，牢记出版使命”，这是出版工作者对社会发展和民族进步的承诺，也是中国建设先进文化大国的要求。它关系到出版工作在社会主义市场经济条件下如何有效地为全党全国工作大局服务的重要问题。出版导向正确，可以为我国经济建设、改革和发展提供强有力的精神动力和智力支持，还可以为社会稳定提供良好的舆论环境和思想保证。正由于此，坚持正确的导向是出版工作的重中之重。同样的，出版导向管理也是出版宏观管理工作的核心。

出版业在本质上是内容产业，出版工作主要是围绕内容的生产、编辑加工、复制以及传播开展的，意味着出版物内容是出版业的根本与生命线。出版物是作用于公众思想的精神文化产品，出版物内容必须符合正确的政治文化导向——坚持马克思列宁主义、毛泽东思想、邓小平理论、“三个代表”重要思想、科学发展观、习近平新时代中国特色社会主义思想；坚持为人民服务、为社会主义服务的方向；将社会效益放在首位，实现社会效益和经济效益良性结合。因而我国出版导向的管理主要通过出版物内容管理来实现的。本部分着重阐述有关出版导向的出版物内容管理，主要体现在以下三个方面。

首先，对有害的出版物内容实行禁载制。出版业是外部效应很强的行业。《出版管理条例》规定，公民依法行使出版自由的权利，但出版物所刊载的内容是受限的。关于出版物的禁载内容，《出版管理条例》第 25 条明确规定：“出版物的内容必须符合法律的规定，不得含有下列内容：(1)反对宪法确定的基本原则的；(2)危害国家统一、主权和领土完整的；(3)泄露国家秘密、危害国家安全或者损害国家荣誉和利益的；(4)煽动民族仇恨、民族歧视，破坏民族团结，或者侵害民族风俗、习惯的；(5)宣扬邪教、迷信的；(6)扰乱社会秩序，破坏社会稳定的；(7)宣扬淫秽、赌博、暴力或者教唆犯罪的；(8)侮辱或者诽谤他人，侵害他人合法权益的；(9)危害社会公德或者民族优秀文化传统的；(10)有法律、行政法规和国家规定禁止的其他内容的。”

其次，对重大选题实行送审备案制。重大选题，是指涉及国家安全、社会稳定等方面内容的选题。国家新闻出版署2019年10月25日发布的《图书、期刊、音像制品、电子出版物重大选题备案办法》规定，重大选题具体包括：“(1)有关党和国家重要文件、文献选题；(2)有关现任、曾任党和国家领导人讲话、著作、文章及其工作和生活情况的选题，有关现任党和国家主要领导人重要讲话学习读物类选题；(3)涉及中国共产党历史、中华人民共和国历史上重大事件、重大决策过程、重要人物选题；(4)涉及国防和军队建设及我军各个历史时期重大决策部署、重要战役战斗、重要工作、重要人物选题；(5)集中介绍党政机构设置和领导干部情况选题；(6)专门或集中反映、评价“文化大革命”等历史和重要事件、重要人物选题；(7)专门反映国民党重要人物和其他上层统战对象的选题；(8)涉及民族宗教问题选题；(9)涉及中国国界地图选题；(10)反映香港特别行政区、澳门特别行政区和台湾地区经济、政治、历史、文化、重要社会事务等选题；(11)涉及苏联、东欧等社会主义时期重大事件和主要领导人选题；(12)涉及外交方面重要工作选题。”《出版管理条例》第20条规定，新闻出版单位重大选题，应当经所在地省自治区、直辖市人民政府出版行政部门审核后报国务院出版行政部门备案；涉及重大选题、未在出版前报备案的出版物，不得出版。另外，该条例第61条规定，未将重大选题备案的出版单位，由出版行政部门责令改正，给予警告；情节严重的，责令限期停业整顿或者由原发证机关吊销许可证。

最后，对违规出版实行追惩制。所谓追惩制，也称事后检查，是一种事后惩治的出版制度。在出版物出版发行前不受限制，政府管理机构不作任何检查；出版物在出版发行后，通过有关机构审读样书或社会舆论监督，发现有违法行为时，政府有关机构依照新闻出版法规或其他法律予以惩处。我国并没有实行作为预审制最主要特征的出版前的书报检查制。我国多次向全世界宣布我国不存在新闻检查制度。《出版管理条例》第24条规定：“出版单位实行编辑责任制度，保障出版物刊载的内容符合本条例的规定。”这就是说，出版物内容的合法性主要是依靠出版单位内部的编辑责任制来保证的，这种编辑责任制，主要是“三审制”，通过三级编审程序，决定出版物内容的取舍增删，使出版物符合党和国家的要求、人民的需要。这种出版单位内部的工作制度同以国家的强制力为后盾的书报检查制完全是两回事。而且按照该规定，可以理解为：一切对法定的编辑责任制度的无理干预应视为非法。要是编辑失职，致使出版物刊载了非法内容，那么就要追究出版单位法人和责任人员的法律责任，这就是追惩制。

二、出版产业管理

依据产业经济学的相关理论，宏观视角下的出版产业管理是指政府为促进出版产业健康发展，以出版技术创新、优化空间布局等手段，来对出版产业进行调节与控制。依据出版管理目标的不同，出版产业管理可进一步细分为出版产业结构管理、出版产业布局管理和出版产业外贸管理三个方面。

1. 出版产业结构管理

产业结构，从广义来讲，是指产业间的技术经济联系与联系方式；从狭义来讲，是指国民经济各个产业之间以及产业内部的比例关系和结构状况。作为重要产业部门的出版产业，其结构是指出版产业与其上下游产业之间，以及出版产业内部的比例关系和结构状况。出版产业结构的内涵包括但不限于以下方面：出版产业中的出版、印刷与发行的比例关系；公益性出版与经营性出版之间的比例关系；传统出版与数字出版的比例关系；图书、期刊、报纸、音像出版、电子出版、网络出版之间的比例关系；出版主体中的国有资本与民营资本之间的比例关系等。

随着我国出版产业的蓬勃发展，出版产业结构的调整工作愈发重要。对此，除了发挥市场机制作用之外，还应通过宏观管理手段加以调整，使出版产业结构趋于优化。出版产业结构的宏观管理，指政府遵循出版产业演进的一般规律和一定时期的变化趋势，制定并实施出版产业资源配置方案，以促进出版产业结构协调化和高度化的一系列综合管理。改革开放以来，为了适应出版事业在新时期的发展，国家阶段性地对出版政策作出适时调整，并逐渐形成了结构完整、实力雄厚的现代出版产业。比如 2002 年，(原)新闻出版总署下发《关于新闻出版业集团化建设的若干意见》，进一步推进出版产业集团化建设，以避免产业集中度和产品差异化程度低，低水平重复出版的问题，优化出版资源配置；2009 年，(原)新闻出版总署出台《关于进一步推进新闻出版体制改革的指导意见》，推动和促成出版单位“转制”，建立现代出版企业制度，形成新的市场主体，也是克服产权不明、竞争无序、效率低下等弊端的必要措施。

2. 出版产业布局管理

出版产业布局管理，是指政府在一定时期为实现出版产业合理布局而采取的调整出版产业空间结构的安排，包括对宏观的总体布局、地方的局部布局与微观的出版企业布局三个维度的统筹规划。目前的出版产业更多侧重宏观的总体布局，即对东部、中部、西部的出版产业实施不同的政策扶持，使得整体出版产业能够平衡发展。比如，(原)新闻出版总署与重庆市政府于 2010 年 4 月 26 日颁布《推进重庆新闻出版业统筹城乡改革和发展署市合作框架协议》，该协议的目标是将重庆建成城乡统筹的新闻出版强市和长江上游的新闻出版中心，同时将第二个国家数字出版基地正式落户于重庆市北部新区。

3. 出版产业外贸管理

出版产业外贸管理，是指政府对出版产业在外贸方面所采取的限制性或保护性的管理措施，具体包括限制进口与扶持出口两大类。一方面，在限制出版进口方面，(原)新闻出版总署于2011年3月25日颁布《订户订购进口出版物管理办法》，其中对于订购单位资格，在第6条中规定“可以订购限定发行范围的进口报纸、期刊、图书和电子出版物的国内单位订户由新闻出版总署确定”。另一方面，在出版“走出去”方面，国家在投入资金的基础上，组织业界参加国际交流与合作活动，组织、协调出口贸易，举办各种出版物及版权贸易洽谈会，领导和规划全国或省级范围的对外出版交流与合作工作等。

三、出版人才管理

面对出版业发展的新形势和新要求，出版人才队伍建设工作责任更加重大，使命更加光荣，任务更加艰巨。然而，目前我国出版人才队伍的建设程度还无法满足出版业的发展需求。因而，我国对出版人才发展进行科学的宏观管理，努力开创“出版人才辈出、名家辈出、人尽其才”的新局面，为出版业的改革和发展提供重要的智力支持和人才保障。

为了进一步加强出版队伍建设、全面实施出版人才兴业战略、加快实现出版强国目标，结合出版业人才队伍实际情况，国家制定了《国家中长期人才发展规划纲要(2010—2020年)》和《新闻出版业“十三五”发展规划》，并制定了出版人才发展的总体目标：扩大出版人才队伍规模，提高人才队伍整体素质，与建设出版强国战略目标相适应；完善出版人才队伍结构，与出版产业结构优化升级相适应；改革人才选拔、使用与管理机制，与出版单位转企改制和出版产业市场化相适应。形成出版人才队伍建设与出版业相互促进、协调发展的良性格局。

为实现上述出版人才发展目标，国家对出版人才建设的着力点进行相应的合理引导。

一是提升出版党政人才素质。以提高出版党政干部领导水平和行政能力为核心，培养一批高举旗帜、围绕大局、开拓创新、服务人民的高素质出版党政人才队伍。

二是实施出版名家工程和出版行业领军人才工程。一方面，造就一批具有国际影响力的出版名家，每年重点扶持、资助出版名家承担国家重点项目、国际合作项目；另一方面，通过学历教育、日常培训、国外进修、项目带动、资金支持等重点扶持方式，培养和造就一批杰出出版家、编辑家和著名经理人、企业家、经销商以及其他优秀人才。

三是加快出版新型人才培养，提升专业技术人才素质能力。一方面，针对出版业高技能人才和各领域专业人才紧缺问题，国家以提高技术能力、专业水平和创新能力为核心，以高层次人才为重点，通过高校培养与在职培训相结合的方式，发挥产学研机构人才培养作用，着力培养一支数量多、素质高的出版专业技术人才队伍。另一方面，健全出版职业资格体系，构建一套层次分明、标准明确、程序规范、分类科学的出版从业人员管理制度。

四是培养国际化外向型和边疆民族地区人才。一方面，国家通过开展出国培训、促进业务交流与合作等方式，培养版权保护、国际出版贸易、国际出版合作和国际出版编译传播等国际化出版人才；另一方面，我国通过教育培训、挂职锻炼、进修学习等各种途径，积极培养边疆民族地区出版人才，构建边疆民族地区出版人才培养快速通道。在此基础上，国家切实为这两类人才发展提供资金保障，协调财政部门，投入人才工作专项资金，保障人才发展重大项目、重点工程的实施，推动人才培训和队伍建设。

四、出版资产管理

资产是出版单位进行出版物生产的必备资源，不可或缺。因此，出版业拥有资产的质量、数量、组成结构以及对资产的管理水平、开发程度，在某种意义上决定了出版业的实力和发展潜力。因此，必须加强对出版资产的宏观管理，主要体现在无形资产管理和有形资产管理两个方面。

1. 无形资产管理

无形资产是指虽不具有实物形态，但却能产生经济效益的资产。目前我国出版行业的无形资产主要包含社会资本、著作权类资本两类。① 社会类资本，主要是指出版单位的品牌和商誉等。品牌是商品在市场中的形象和口碑，出版社的品牌则主要是由其出版的出版物质量决定的，出版的好出版物越多，该出版单位的信誉和商誉也会越好，品牌也会越有影响力，比如商务印书馆、中华书局的出版物质量过硬，在读者中有相当的权威。著作权类资本，是出版单位依据法律或由作者许可而享有的权利，主要包括人身权利和财产权利两大部分，也称为精神权利和经济权利。人身权是作者基于作品依法所享有的以人身利益为内容的权利，包括发表权、署名权、修改权、保护作品完整权。财产权利，是指作者对作品享有的使用权和获得报酬权，包括复制权、发行权、出租权、展览权、表演权、放映权、广播权、信息网络传播权、摄制权、改编权等。在我国，出版无形资产宏观管理，主要集中于对著作权类资本的管理。

著作权类资本管理是指国家对著作权等事宜的专业性行政管理，属于国家职能的组成部分，同时也是出版领域无形资产管理工作的重中之重。为加强著作权类资本的管理，我国于 1990 年 9 月 7 日颁布，并于 2020 年 11 月 11 日修正的《著作权法》，实现了出版领域无形资产宏观管理的有法可依。此外，2018 年 3 月，根据党的十九届三中全会审议通过的《中共中央关于深化党和国家机构改革的决定》《深化党和国家机构改革方案》，将(原)国家新闻出版广电总局的新闻出版管理职责划入中央宣传部，对外加挂国家新闻出版署和国家版权局的牌子。自此以后，作为著作权主管机关，中央宣传部(国家新闻出版署、国家版权局)依照《著作权法》的规定，管理有关著作权等行政管理事务，其管理活动涉及版权的取得、转让、使用以及处理版权纠纷、提供版权信息、交涉涉外版权事务等各个方面，对著作权类资本的运营、保护进行约束、调控，推动出版领域无形资本持续积累。

---

① 孙丽. 图书出版单位无形资产管理现状及对策研究[J]. 人文天下，2016(17)：59-62.

2. 有形资产管理

有形资产是指以具体物质产品形态存在的资产，包括流动资产和固定资产。流动资产是指在一年内或超过一年的一个营业周期内变现或运用的资产，占用形态不断改变的资产，如现金、各种存款、存货、应收及预付款项等。固定资产是指为生产产品、提供劳务、经营管理而持有的、使用时间超过 12 个月的，价值达到一定标准的非货币性资产，包括房屋、建筑物、机器、机械、运输工具以及其他与生产经营活动有关的设备、器具、工具等。

对于有形资产，出版企业实行自主经营、自负盈亏，但出版经营实体在一定程度上持有有形国有资产。2003 年，国务院组建国有资产监督管理委员会，同时各省市也成立了国有资产行政管理部门，如北京市 2012 年 6 月成立的国有文化资产监督管理办公室、湖北省于 2003 年设立的湖北省人民政府国有资产监督管理委员会等。在我国，中央和各省市的国有资产行政管理部门均承担出版业的国有资产管理工作，对国有资产进行界定、评估和登记等工作，例如对出版社进行年检以及优、良等级评定等，以保证国有资产的安全、完整、保值、增值。另外，为加强对国有资产的保护、发挥国有经济在国民经济中的主导作用、促进社会主义市场经济发展，第十一届全国人民代表大会常务委员会第五次会议于 2008 年 10 月通过了《中华人民共和国企业国有资产法》，使出版业国有资产管理工作法制化、规范化；同年，财政部、中宣部和新闻出版总署联合颁布了《关于中央出版单位转制和改制中国有资产管理的通知》，以避免出版单位改制过程中可能出现的国有资产流失。

第四节　出版宏观管理保障机制

为使出版宏观管理的功效不断提高，我国采取了一系列保障机制。保障机制体系的确立在将管理主体从事务性的管理中解放出来的同时，还有利于形成良性的出版宏观管理环境，促进出版业发展。我国采用以下 5 种保障机制来引导和约束出版宏观管理体系的运行。

一、法律保障机制

法律保障机制是指通过国家制定的各种法律法规，来保障出版业发展的机制。法律保障机制具有规范性、强制性、稳定性的特点。

规范性是法律保障机制的首要特点。它明确规定市场主体(企业和个人)在一定条件下可以做什么、不可以做什么、必须做什么、应该做什么、禁止做什么等，与行政命令、决定、指示相比，是更成熟、更具体、更严密、更具权威性的行为准则。

强制性是法律保障机制的另一特点。法律规范区别于其他社会规范，如政治规范、道德规范等的不同之处，在于法律规范是由国家强制力保证实施的。应指出的是，法律方法的强制性又区别于行政方法的强制性，法律是人人都必须遵守的行为准则，具有普遍的约束力。

稳定性是法律保障机制区别于其他保障机制的显著标志。法律是将经济管理活动中行之有效的，比较稳定、比较成熟的，带有规律性的原则、制度和方法，由各级立法机关通过法律、法令、条例等形式固定下来，并用以调整各种经济关系的一种方法。法律中规定的行为准则，都是经过反复实践总结出来的，并且经过权威机构发布实施的，一般一经确定就比较稳定，不轻易发生变动，可以反复使用。

法律保障机制在出版宏观管理中的运用，主要体现在行政法规和经济法规的贯彻和执行上。我国已制定了一系列有关出版管理的法律法规，如《中华人民共和国著作权法》《出版管理条例》《音像制品管理条例》《印刷业管理条例》《中华人民共和国合同法》《中华人民共和国广告法》《中华人民共和国企业法人登记管理条例》《出版物市场管理规定》等，使出版宏观管理工作有章可循、有法可依，提高了出版宏观管理的权威性和稳定性。

二、行政保障机制

出版行政保障机制，是指出版行政部门依靠行政隶属关系、行政管理机构的权威和管理者的权力，运用行政命令、指示、规定、任务等形式来保障出版业发展的机制。出版行政保障机制具体运用于出版宏观管理，主要是通过审批、核准、许可、登记、合同管理、民营书业管理、市场管理等具体工作，以及依据由国家机关制定的各项管理条例、规章制度和政策指令等，来直接指导和约束出版企业及其行为，协调各种经济成分之间的关系，推动出版业发展。

出版行政保障机制具有以下四个特征：一是强制性，指下级必须服从上级的命令；二是直接性，指出版宏观管理主体的直接指挥和控制；三是权威性，指上级命令执行的单一性和无选择性；四是垂直性，指通过行政系统的行政层次由上而下地实行直线式管理。

基于上述特征，行政保障机制往往作用直接、时效性强，是出版宏观管理中不可缺少的重要保障机制。然而，行政保障机制也有自身的局限性。单纯依靠行政保障机制管理出版业，往往增加管理层次，不利于调动出版业的发展积极性、创造性，容易脱离实际，甚至违背经济规律。因此，在运用行政保障机制的同时，我国也从实际出发，按经济规律统筹管理出版业，并重视行政保障机制与其他保障机制的配合运用，避免主观臆断和盲目指挥等现象。

三、经济保障机制

经济保障机制是指按照客观经济规律的要求，依靠经济综合部门，运用各种经济手段来保障出版业发展的机制。所谓经济手段，是指在管理活动中，运用价格、成本、工资、利润、利息、税收、奖金、罚款等经济杠杆以及经济合同、经济责任、经济核算等方法，它是以经济利益为动力，运用物质利益原则管理经济的方法。①

采用经济保障机制有利于调整各经济组织之间的利益关系，从而激发企业内部活力，促进各方面从物质利益上关心计划目标并努力完成任务。这种保障机制符合客观经济规律，与行政保障机制相比，具有间接性和自发性，作用范围广泛，有效性强。

经济保障机制以价值规律为基础，也带有一定的盲目性和自发性。在运用经济保障机制时，必须有统一的方针、政策和计划作指导，既要重视物质利益，又不能片面地把物质利益作为最高准则，要善于结合其他保障机制，综合运用，使之相辅相成，共同发挥作用。虽然经济保障机制不是出版宏观管理的主要保障机制，但重视经济保障机制在出版宏观管理中的运用，对出版宏观管理效果有着重要的作用。

四、行业协会保障机制

对于系统而言，能否高效、有序地运转，除了硬性的监管外，还需要软性的疏导——为系统内部提供服务与协调工作，同时进行自律。在出版宏观管理系统中承担这一角色的就是行业协会。

行业协会保障机制，即通过出版行业协会这一组织的协助管理职能，保障出版业可持续发展的运作机制。出版行业协会在出版业中的协调和辅助管理已经成为普遍现象，我国出版行业协会的作用及功能类型是政府附属型。我国主要的出版行业协会是在政府部门的倡议和领导下建立的，是政府对出版业进行管理的工具之一，并得到政府赋予的部分辅助管理职能。

虽然经过文化体制改革和行业协会的改革，政府希望出版行业协会能成为独立于政府以外的中介机构，帮助政府管理出版业，推行出版宏观管理。然而由于长期的依赖，我国出版业的行业协会尚未能真正独立，其功能发挥仍略显不足。因此，加快出版行业组织的建设，为接收政府部分管理职能奠定基础，是目前需要加紧开展的工作。

五、技术保障机制

当前科学技术日新月异，无时无刻不敲打着每个出版人的神经。高新科技带来了网络出版、电子出版物、出版融合、数字出版、数字人文等新兴概念，虽然促进了产品形态多样化、受众体验丰富化，但也为滋生盗版等侵权行为准备了温床。这使得加强出版宏观管理需要技术的支持。因此，技术保障机制应运而生，成为出版宏观管理不可忽略的保障机制。

技术保障机制，是指通过互联网、云计算、物联网、大数据等数字技术辅助出版宏观管理的保障机制。基于科学管理的目标，出版宏观管理主体在将技术保障机制运用至具体管理活动时，应坚持以下原则：一是统筹规划，集约建设；二是统一标准，保障安全；三

① 黄先蓉. 出版物市场管理概论［M］. 武汉：武汉大学出版社，2016：32.

是数据融合，共享开放；四是创新应用，惠及民生；五是以人为本，群众满意。

近年来，我国结合出版企业、社会公众对国家宏观管理的实际需求，积极利用现代网络通信与计算机技术，打破行政机关的组织界限，超越时间、空间的限制，优化出版宏观管理工作流程，建立精简高效的出版宏观管理系统运作模式，不断增强出版宏观管理效果，这已成为出版宏观管理的一个新趋势。当前我国各省政府及省直各单位在信息化基础设施建设方面实现了跨越式发展，促进了政务信息资源共享开放、电子政务应用建设、“互联网+政务服务”建设，为出版管理部门提供了良好的技术支撑：一是不断建设网上办事大厅、网上审批平台等创新应用；二是初步建成人口、法人、地理信息、宏观经济、公共信用、审批证照等基础数据库，实现了初步的数据汇聚，为进一步提高我国的出版宏观管理效果打下坚实基础。依托技术保障机制，我国出版宏观管理现代化水平显著提高，数字化、透明化惠民服务不断深化，并且在出版宏观管理工作过程中不断尝试先进技术，如将区块链技术运用至版权保护管理系统等，以实现出版宏观管理的高效化、科学化。

第五节　中外出版宏观管理比较

国外出版宏观管理与我国不同。从管理主体、管理客体和管理保障机制等方面对中外出版业宏观管理进行比较，可以借鉴国外的成熟经验，以优化我国出版宏观管理。

一、中外出版宏观管理主体比较

从世界各国的出版宏观管理体系看，出版宏观管理主体主要有 4 种类型：一是政府设立专门机构负责出版宏观管理；二是政府不设专门机构，由出版业的各行业组织承担出版宏观管理工作；三是由执政党的有关机构和政府专门机构共同对出版业实施宏观管理；四是政府专门机构与出版业行业协会共同担负出版宏观管理任务。①

世界上出版业发达国家，大多采用上述第二、第四种宏观调控模式。如英国、美国、德国等政府不设专门机构，由出版行业协会担负出版宏观管理的任务。而法国设立专门机构——文化部下属的图书与阅读局，负责全国出版业的宏观管理，同时行业协会也参与出版业的宏观调控任务；加拿大政府科技文化交流部下属的图书出版开发规划署和加拿大文化委员会图书出版部是加拿大管理全国出版业的政府机构。我国出版管理体制属于第三种类型，即政党和政府双重管理。

在设立专门机构的国家中，由于各国政府管理目标不尽相同，所设机构的具体职能各有特点：法国文化部图书与阅读局主要管理出版企业、图书馆、统计数据，协调出版行业与部领导的关系，发放补贴资助，从而保护本土文化，推广本土文化和传播出版物。俄罗斯的出版行政机关只负责管理、技术、执法等相关任务，而不负责意识形态相关任务。我

① 罗紫初. 比较出版学[M]. 武汉：武汉大学出版社，2006：71-72.

国则设置了党委宣传部门和出版行政部门，其主要职能有制定出版政策和发展规划并监督实施、审批出版发行单位、监管出版活动和市场主体、组织出版物对外交流与合作、编制出版业和著作权管理队伍建设、评奖和表彰活动等。

不论是否设立专门机构，各国政府都非常重视对出版业的监管。如英国没有设立专门机构，但许多政府部门都可以对出版业进行干涉和指导，如出版登记所、贸易工业部、教育技能部、文化传媒体育部、国际发展部等分别负责全国出版公司的登记工作、收集进出口数据、调拨教育经费以及制定各项政策补贴出版业的出口公司和出口项目工作，① 议会还专门设立一个委员会来负责出版物出版方面的法律法规的起草和制定，英国警方和相关的政府部门也对出版物的内容进行监管，对违法出版物进行处理。美国也是如此，美国专门设立了版权局、版税裁判所服务出版业的版权相关事务，同时两级立法机关通过立法影响美国出版业，白宫也可以直接干涉出版业，警察、邮政总局和地方政府也对出版物的内容进行监督。德国由于实行的是联邦制，文化教育的主管权在各州，联邦政府负责有关法律的制定。日本对出版行业具有管理权的机构有 10 多个，如文部省、大藏省、通产省、法务省、总务省、外务部、经济产业省、特许厅、邮政事业厅、国土地理局等。根据上文所述，政党和政府是我国出版宏观管理的主体，同时设有出版行政部门、文化行政部门、广电部门、市场监督管理部门以及银行、财政、统计、税务等经济综合管理部门和公安、司法等执法部门，对出版行业进行规范、调控和管理，以维护出版市场秩序。

二、中外出版宏观管理客体比较

由上文可知，出版宏观管理客体是出版市场主体及其市场行为。这里，我们仅从狭义上对经国家批准进入出版市场、以营利为目的的出版物商品经营者进行比较。

虽然出版单位设立的条件与原则有所不同，但国外出版机构大多为私有企业，且往往具有数量大、增长速度快的特征。首先，以美国为例，该国对出版单位的设立管理比较松散，现有注册的出版单位 4.5 万家，居世界第一位，但一直经营正常的商业出版社不过 3200 家，其中年度出书超过 50 种的中型出版社 950 余家，年度出书超过 100 种的大型出版社 150 家。② 其次，以俄罗斯为例，该国在 1995 年 12 月颁布了《俄联邦国家扶持大众传媒和图书出版联邦法》，对出版社和印刷企业实行股份制、私有化作出了明确规定：占垄断地位的国有出版、印刷企业不能私有化，但可实行股份制；非垄断地位的出版企业可以进行私有化。经过近十年的改革，俄罗斯出版业越来越集中于非国家出版机构。2015 年，俄罗斯共有 5399 家出版社，与 2014 年相比，出版社数量略增 1.4%，其中中小型出版社占有绝大多数。③ 再次，以英国为例，在该国从事出版几乎不受限制，本土或域外任何个

---

① 余敏. 国外出版业宏观管理体系研究[M]. 北京：中国书籍出版社，2004：69-71.

② 陆本瑞. 外国出版概况[M]. 沈阳：辽海出版社，2003：163.

③ 岳萍. 俄罗斯图书出版业发展现状(2015-2016 年)[J]. 出版参考，2016(11)：28-29.

人或公司均可在英国注册出版公司，因此英国的绝大部分出版社为私人所有，英国的出版社有1万多家，但正常经营的只有2500家左右。随着竞争日益激烈，并购趋势不断加强，英国出版行业的集中化程度不断增强，一半以上的交易由20家较大的出版公司实现。因英国出版市场的私有化性质，各国大型出版集团均在英国市场上占据着重要的地位，包括英国的培生集团、德国的贝塔斯曼集团、法国的拉家德尔、加拿大的汤生集团以及荷兰的威科集团等。①

在我国，出版行业的意识形态属性使得出版在舆论宣传中起着至关重要的作用，因此，我国出版单位的设立采用审批制，除了应具备法律法规规定的条件外，还应符合国家关于出版单位"总量、结构、布局的规划"。相较于国外出版业，我国出版企业的数量以及整个产业的集中度还有较大的差距，出版企业的性质也有很大的不同。由于出版物对舆论、对公众的思想意识有重要的引导作用，因此我国规定：出版企业的设立要有符合国务院出版行政部门认定的主办单位及其主管机关，这点从性质上决定了我国的出版社都属于国有单位。从数量上来说，截至2018年，我国的出版社共有561家，近年来其数目增减幅度不大；② 从地域分布上来说，各省的分布比较平均，基本上每个省都设立了人民出版社、教育出版社、少儿出版社、美术出版社、科技出版社等；从规模上来说，我国出版社发展规模较为均衡，整个出版行业的出版社发展集中度不高。近年来，随着我国出版体制的改革，除了人民出版社和少数民族文字出版社之外，其余的出版社实行从事业单位向企业单位转变，国家还积极推进出版集团建设，增强整个行业的集中度。

三、中外出版宏观管理保障机制比较

保障机制是出版宏观管理体系的重要组成部分。无论是在我国，还是在西方国家，法律保障机制、行政保障机制、经济保障机制、行业协会保障机制和技术保障机制都是国家管理出版业的重要保障。但由于各国的国情以及出版业发达程度的不同，这五种保障机制在运用的范围、执行的力度上有很大的区别。在西方国家，政府对出版业的宏观管理更侧重于间接管理，运用法律保障机制和经济保障机制保障出版业发展；在我国的出版宏观管理过程中，主要运用法律保障机制和行政保障机制，管理更具有权威性、更直接。

1. 法律保障机制比较

在发达国家，法律保障机制是政府管理出版业的重要手段，尤其在美、英这些法制化程度较高的国家，法律保障机制贯穿于出版业的各个环节。通过比较发现，我国与其他国家在出版法律保障机制的运用上有许多相同点，但也存在很多不同。

国内外出版宏观管理的法律保障机制的相同点主要表现在以下三个方面：第一，各国

① 黄先蓉，周莹珣. 中外出版业宏观管理体系比较研究[J]. 新闻前哨，2008(9)：25-29.

② 王曦. 新中国成立以来我国图书出版业发展数据分析[J]. 出版发行研究，2020(6)：90-98.

都通过《宪法》赋予公民出版自由的权利。如法国《宪法》规定，思想与意见的自由交换，为人类最宝贵的权利。美国《宪法》规定，国会不得制定法律剥夺言论或出版自由。英国的《大宪章》规定了公民享有出版言论自由的权利。德国《基本法》规定，人人有用口头、书面和绘画自由地表达和传播自己意见的权利，出版、广播与电视的报道自由予以保护，不受检查。《西班牙宪章》规定，所有西班牙人都可以自由地表达自己的意见。意大利《宪法》规定，任何人均有以言论、著作及其他任何传播思想之方式，自由表达其思想的权利。我国《宪法》第三十五条规定：中华人民共和国公民有言论、出版、集会、结社、游行、示威的自由。可见，出版自由作为公民最基本的权利，在各国的宪法中得到了保障。第二，各国都制定《著作权法》保障作者的著作权。英国《安妮法》是世界上最早的一部版权法，现在实行的新《版权法》是对前一部法律的补充和完善。法国《版权法》1953 年颁布，保障了作者经济上和精神上的权利。美国现行的《版权法》于 1978 年颁布。日本 1970 年颁布了《著作权法》，并进行了多次修改，对作者权益的保护进一步扩展。加拿大的《著作权法》1924 年问世，至今没有很大的改变。我国《著作权法》于 1990 年 9 月 7 日通过，1991 年 6 月 1 日起实施，2001 年 10 月 27 日，第九届全国人大第二十四次会议对著作权法进行了第一次修正。2010 年 2 月 26 日，第十一届全国人大会第十三次会议对著作权法进行了第二次修正，2020 年 11 月 11 日，十三届全国人大常委会第二十三次会议对著作权法进行了第三次修正，标志着我国著作权保护揭开了新的一页。第三，各国都通过完善的法律体系来规范出版物内容和出版行为。在美国，适用于出版业的法律有宪法、版权法、反猥亵法、康斯托克法、国家保密法、公平交易法、间谍法、史密斯法、产品质量法、克莱顿法、联邦贸易委员会法等。我国与出版业相关的法律法规很多，如宪法、刑法、民法典、公司法、广告法、合同法、反不正当竞争法、著作权法、出版管理条例、音像制品管理条例、印刷业管理条例等。我国的多级立法体制既明确了出版自由的精神，又在法律上从各方面对其进行规范和限制，有利于保障出版业的健康发展。

国内外出版宏观管理的法律保障机制的不同点主要表现在以下两个方面：一方面，部分国家颁布了专门的《出版法》，部分国家没有。法国 1881 年 7 月颁布了《出版自由法》，明确规定了出版商和印刷商的自由和义务。俄罗斯 1991 年 12 月 17 日通过的《俄罗斯联邦媒体法》规定了出版所要遵循的原则，以及相关的权利和义务。意大利也有专门的出版法。而美国、加拿大、英国、日本、德国、中国都没有专门的出版法。德国 1952 年制定了《出版法》草案，但由于出版界的反对，没有获得通过。我国制定的《中华人民共和国出版法(草案)》在八届人大常委会第 10 次会议上没有通过，我国目前实施的《出版管理条例》在一定意义上扮演着出版法的角色。另一方面，法律限定的内容不同。以出版主体设立条件为例，俄罗斯《出版法》中规定，创办舆论工具的权利属于人民代表和其他国家机构、政党、社会组织、群众运动、创作协会，属于根据法律创建的合作社、宗教团体和其他团体，属于劳动集体以及年满 18 岁的俄罗斯公民。我国的《出版管理条例》中规定，设立出版单位应当具备以下条件：有出版单位的名称、章程；有符合国务院出版行政部门认定的主办单位及其主管机关；有确定的业务范围；有 30 万以上的注册资本和固定的工作场所；有适应业务范围需要的组织机构和符合国家规定的资格条件的编辑出版专业人员；法律、行政法规规定的其他条件。

2. 行政保障机制比较

国内外均在出版宏观管理体系中建立行政保障机制，但由于国内外行政保障机制的地位不尽相同，因而产生了不同的作用和效果。

在国外出版业宏观调控中，行政保障机制处于从属地位。大多数没有设立出版专门机构的国家以及部分设立了出版专门机构的国家，与出版企业之间并不构成行政隶属关系。如以负责版权登记和管理的机构——美国版权局为例，其主要职责有：版权登记；作为国会图书馆的服务机构，为国会提出制定和修改版权政策的建议；建立版权信息库，为公众提供信息；保护美国作品在国外的权利。由此可见，美国行政机关对出版业调控的核心职能是提供服务。英国政府对出版业的干涉相比于美国较强，主要表现在：出版社在新成立时必须到出版登记所登记注册，但行政管理机关一般不直接干预出版活动，除非出版物内容危害了国家利益。

在我国出版业宏观管理中，行政保障机制占据了主导地位。管理机构通过审批、核准、许可、登记、合同管理、市场管理等手段直接指导和约束出版市场行为。以出版社的设立程序为例，《出版管理条例》规定：设立出版单位，由其主办单位向所在地省、自治区、直辖市人民政府出版行政部门提出申请；省、自治区、直辖市人民政府出版行政部门审核同意后，报国务院出版行政部门审批；国务院出版行政部门作出是否批准的决定，并由省、自治区、直辖市人民政府出版行政部门通知主办单位。行政机关扮演了终审的角色，直接管理，层层审批。同时，由国家出版管理部门直接领导的每年一次的“扫黄打非”，以及对出版物市场的稽查工作等，还有上级管理机关批准出版企业领导的任免等，都是行政手段干预出版活动的具体表现。

随着我国出版业市场化程度的提高，文化体制改革的不断深入，政府在逐渐弱化行政手段的调控地位。2004 年，国务院取消了 28 项、下放了 5 项新闻出版总署行政审批项目；2013 年，国务院取消了 4 项新闻出版广电总局行政审批项目；2014 年，国务院取消了 2 项新闻出版广电总局行政审批项目，包括设立出版物全国连锁经营单位审批、在境外展销国内出版物审批等。

3. 经济保障机制比较

经济保障机制是出版业宏观管理重要的保障机制之一，其目的是弥补市场机制的不足，改变资源配置，调整供求结构，从宏观上协调出版产业经济的正常运行。出版业作为一个文化产业，在实现国家的特定经济任务和社会目标方面具有独特的作用，所以各国政府都注重通过税收政策、财政拨款等经济方式扶持出版业发展壮大。

一方面，出版产品作为一种特殊商品，各国政府都从它的文化属性出发，制定税收优惠政策，通过对不同出版企业、不同出版物征收不同的税率，可以起到调节出版资源配置、引导出版业向符合国家利益的方向发展的作用。

世界各国由于出版业发展情况和财政情况不同，制定了不同的税收优惠政策，为其出版业提供个性化的良好发展环境。在美国，税收是美国政府管理出版业的重要手段，政府对出版业实行鼓励政策。基于美国的税收体制，美国政府没有征收增值税。此外美国政府对非营利性出版机构，如大学出版社，免征所得税。政府还对进口与出口图书、期刊都予以免税。在日本，没有增值税，但须缴纳消费税。为了保护和支持本国出版业，1989 年起，政府将书刊销售税由 5%降到 3%，是仅次于零税率的优惠税率。鉴于出版物特殊的销售方式，日本对出版物的税收，无论是国税还是地方税，对因退货和库存造成的损失都予以充分考虑。日本政府允许出版社因销售退货造成损失时调整利润率，并对存货造成的损失减税或免征。另外，日本对中小出版企业结成的组合有许多税收方面的扶持措施，对组合采取减免所得税等优惠措施的同时，在印花税、事业税、不动产取得税、固定资产税等方面也有减免措施。英国出版业历史悠久，是当今世界上的图书出口强国。英国图书出版商收入的 1/3 以上来自图书出口，这些都得益于政府对出版业采取的十分宽松的税收政策。英国政府对出版物零增值税政策已有 140 年的历史，但对其他商品，则征收 17. 5%增值税。其长期的出版物零增值税政策使英国出版业得到了长期稳定的发展，使英国图书在欧洲大陆市场上具有很强的竞争力。法国对出版业的税收也有优惠政策。增值税方面，一般商品的增值税率是 19. 6%，一般图书可以享有 5. 5%的优惠增值税率，但是含有色情、鼓吹暴力内容的图书、期刊、小册子等还是采用 19. 6%的一般商品增值税率。意大利的出版业税收政策和法国类似，在增值税方面，一般图书可以享受增值税税率优惠，同时针对不同的图书内容采取不同的税收标准，其国内一般图书采用 4%的特别优惠增值税率，而包含色情内容的图书则采用 20%的一般商品增值税率。

我国政府对出版业在税收方面也采取了优惠政策。比如增值税，我国的增值税税率有 3 档——基本税率 17%、低税率 13%和零税率，图书适用于低增值税率 13%，古旧图书适用零增值税率。此外，为了扶持出版业的发展，我国政府于 2009 年 12 月 19 日发布了《关于继续实行宣传文化增值税和营业税优惠政策的通知》，对多种出版物的出版、发行业务实行免征增值税或对增值税进行先征后退的税收政策。与此同时，为了推动出版企业的转企改制，我国财政部、税务总局、中央宣传部于 2019 年联合发布了《关于继续实施文化体制改革中经营性文化事业单位转制为企业若干税收政策的通知》，对转制为企业的经营性文化事业单位，自转制注册之日起五年内免征企业所得税。

另一方面，财政补贴是指政府为了实现特定的政治经济任务和社会目标向出版企业提供无偿补助，是国家进行出版市场经济宏观调控的另一措施。出版作为文化产业的重要组成部分，在各国的政治、经济、文化中都起着重要作用。所以，各国政府都对出版业的财政补贴十分重视。

通过政府拨款资助方式，扶持与鼓励出版业中某些项目、环节或单位的发展，已成了世界各国较为普遍的做法。美国政府及一些大型财团则主要通过各种基金会对出版业提供直接或间接的资助。目前全美的此类基金会超 100 个。其中由政府拨款并对出版业直接资助的主要基金有国家科学基金会（BSF）和国家人文基金会（NHF），主要资助科研成果和学术著作的出版；福特基金、梅隆基金主要资助大学出版社，接受过这两项基金资助的大学出版社达几十家。加拿大政府每年拨款 500 万加元资助图书出版业；对非营利性的艺术、文学、科学和学术类期刊，加拿大各级政府每年要拨款 4500 万加元予以补助；为促进加拿大书业竞争力的发展，加政府 1995 年专门成立了一个基金会，资助书店实施管理计算机化，书店购买装配电脑费用的一半由政府支付，最高资助金额 1 万加元。德国政府在研究与技术部所属的德国研究协会设立了印刷补贴基金，资助出版社学术书刊的出版。该项资金的来源，一是政府拨款，二是受其资助的出版社盈利后返还的资金，三是社会各界的赞助。

我国政府也非常重视出版业的发展，对出版业实行了积极的财政补贴政策：一是国家建立了宣传文化发展专项基金，该基金按出版企业所得税入库数的一定比例提留构成，由行业主管部门掌握，主要用于支持出版专业学术著作与国家重点图书的出版、书刊印刷厂技术改造和出版物发行网点的建设；二是对部分少数民族文字图书的出版实行财政补贴政策；三是对书刊出口实行财政补贴。这些政策的实施，对我国出版业的健康发展发挥了重要作用。

4. 行业协会保障机制比较

在许多国家，行业协会作为代表本行业利益的民间组织，是企业和政府之间的纽带和桥梁，是行业管理的重要力量。出版行业也一样，世界各国在图书、报纸、期刊、音像制品的生产、流通等各个环节都设立了行业协会，并发挥着重要的作用。

在出版业发达国家，出版行业协会处于非常重要的地位。英国与出版行业相关的行业协会很多，有英国出版商协会、英国书商协会、英国全国图书联盟、个体出版商协会和英国印刷工业联合会等，其中影响最为广泛的是英国出版商协会和英国书商协会。德国有德国书商及出版商协会、德国联邦报纸出版商协会、德国期刊出版商协会等。这两个国家，政府没有设立专门的管理机构，书业运行的宏观调控任务全部由各种行业组织承担。而在法国，行业组织与政府机构共同担负着全国出版业的宏观调控事务，主要的协会有全国出版联合会、法国书商联合会、法国出版业国际署、法国出版业国际署盟、出版机构对等人数委员会、法国杂志和信息公会、全法报刊联合会、法国报业联盟、法国唱片业出版公会等。在美国和加拿大，出版行业协会也起着重要的协调作用。美国主要的行业协会有美国出版商协会、美国书商协会、美国大学出版社协会、美国报业协会、美国期刊出版商协会、美国音乐出版商协会、美国有声读物出版商协会等。加拿大有加拿大出版商协会、加拿大书商协会、加拿大出版商理事会、加拿大图书批发协会、图书与期刊委员会等。此外，日本也有日本书籍出版协会、日本杂志协会、日本全国教科书供给协会等。我国出版行业协会有170家左右，包括中国出版协会、中国书刊发行业协会、中国音像与数字出版协会、中国期刊协会、中国编辑学会等社会团体。为了适应出版业从过去相对单一的图书出版拓展为“大出版”产业格局的需要，中国期刊协会、中国编辑学会、中国书刊发行业协会、中国音像与数字出版协会于1999年分别作为团体会员加入中国出版协会。在格局构成上，我国的出版行业协会与我国的出版发行机构相类似，是按行政区划分的，除了中央一级的行业协会外，在各省、市还有地方所属的行业协会。①

我国出版行业协会与国外出版行业协会在组织机构以及职能的行使上都有很大不同，具体表现在以下三个方面：第一，国内外出版行业协会的组织性质不同。国外出版业的行业协会大多属于独立的非营利的法人组织，采取的是公司化的模式，不依附于政府，独立行使权利；而我国绝大部分出版行业协会是依附于政府的非营利性组织，是政府出版行政管理机关的附属机构，以中国出版协会为例，其章程明确指出“本团体接受国家新闻出版署和中华人民共和国民政部的业务指导和监督管理”。第二，国内外出版行业协会的组织机构不同。国外行业协会的机构设置合理，组织较为严密，最高机构是会员代表大会，执行机构是理事会或者常务理事会，理事会选举产生理事长和副理事长等，理事会一般3~5年改选一次，协会组织管理人员都来自出版企业管理人员；而我国出版行业协会管理人员是由上级领导机关指定任命的，具有政府行政职位的性质。第三，国内外出版行业协会的职能不同。在国外，行业协会在出版物市场管理中扮演了重要的角色，具有维权、服务、沟通、公正以及监督五项基本职能，并在政府政策制定执行中起到很大作用；而我国出版行业协会则是协助政府有关部门进行行业培训、组织国际交流活动等工作，起到出版宏观管理的辅助作用。

5. 技术保障机制比较

信息技术的发展对人类社会的影响巨大。作为人类社会公共权力领域的政府组织，近些年也经历着信息技术的植入过程。无论是在隐蔽性强的政府组织中，抑或是在透明度高的政府组织中，都已经被信息技术不断渗透。同时，国内外也在不断地应用高新科学技术实现出版领域的宏观管理，因而衍生了出版宏观管理的技术保障机制。通过比较发现，我国与其他国家在出版宏观管理的技术保障机制的运用上既有相同点，但也存在着不同之处。

我国与国外出版宏观管理技术保障机制的相同点，主要包含以下两个方面。首先，国内外在推动出版宏观管理的技术应用过程中，普遍注重制定统一的发展规划和技术标准。各国普遍对出版宏观管理的技术应用做出了系统的规划，并对未来政府信息化进行了周密的安排。只有国家的高度重视和统一规划，才能在出版宏观管理时充分地、科学地应用先

① 周霞，徐强平. 中外出版行业协会发展比较研究[J]. 大学出版，2005，4(2)：23-26.

进技术。以中国和英国为例，中国于2004年颁布了首部以“电子政务”命名的地方性法律法规《天津市电子政务管理办法》，规范了天津市出版宏观管理过程中的技术应用细节；英国政府于1996年颁布“绿皮书”，此后又发布了《政府现代化白皮书》《21世纪政府电子服务》等政策规划，并提出了在英国全面实现政府运用先进技术为各行业服务的目标。其次，国内外出版宏观管理技术保障机制均处在技术创新性应用探索阶段，尝试将人工智能技术、区块链技术、大数据信息技术、人脸识别技术等新兴技术应用至出版宏观管理活动中。

我国与国外出版宏观管理技术保障机制的不同点，主要体现在技术保障机制的发展阶段不同。出版业发达国家较早开始将先进技术应用至出版宏观管理工作。其中，美国和加拿大是世界上电子政务发展最早的国家。美国建立了全国性的纳税处理系统、电子邮递系统等电子政务，应用至各行业的宏观管理工作；而加拿大政府不仅实现了出版企业服务、出版电子采购、出版业税务、出版业人才教育等领域的政府电子服务，而且根据企业和公民的要求不断开发和集成政府门户网站，发挥电子政务对出版宏观管理的作用。相较而言，我国出版宏观管理的技术保障机制仍处在较初级阶段。从我国出版宏观管理技术保障机制来看，各级政府的电子政务处理系统尚未形成完善的网络，部分政府门户网站的信息发布不太及时，政府为出版业服务的效率有待提高。

E

第五章　出版微观管理

＊ 本章知识点提要

1. 出版微观管理的理论概念体系
2. 出版微观管理的主要内容
3. 出版微观管理机制的演变历程
4. 出版微观管理创新的动因、目标定位和实现方式

＊ 本章术语

出版微观管理　融合发展　事业部制组织结构

从层次上划分，出版管理一般可分为宏观层面党和国家对出版业各个组成部分进行的间接调控和微观层面的出版企业管理。其中，出版微观管理是对出版企业各项生产经营活动进行直接管理的过程，是出版管理的重要组成部分。科学合理的出版微观管理对编辑、复制、发行等出版活动的顺利进行，对图书、报纸、杂志、数字出版等出版业务的有序开展发挥着至关重要的作用。本章将对出版微观管理的基本概念、主要内容、管理机制的演变过程和新时代背景下出版微观管理创新进行详细介绍。

出版微观管理体系（慕课）

出版微观管理体系（课件）

第一节　出版微观管理的概念和内容

明确出版微观管理的基本概念和主要内容是厘清中华人民共和国成立以来我国出版微

观管理机制演变脉络，进行管理理念、管理手段、管理制度创新的前提，本节将首先对出版微观管理进行概念界定和内容介绍。

一、出版微观管理的基本概念

现代管理学理论认为，“管理”作为一种组织和协调人们达到特定目标的社会活动，是生产社会化的必然结果。正如马克思在《资本论》中所说的：“凡是直接生产过程具有社会结合过程的形态，而不是表现为独立生产者的孤立劳动的地方，都必然会产生监督劳动和指挥劳动。就像一个乐队要有一个指挥一样。”①这种监督和指挥劳动就是管理。国内外学者对管理作出了许多定义，美国管理学专家斯蒂芬·罗宾斯(Stephen P. Robbins)认为，“管理指的是管理者和其他人一起并且通过其他人来切实有效地完成目标的过程”②；中国学者徐国华认为管理是“通过计划、组织、控制、激励和领导等环节来协调人力、物力和财力资源，以期更好地达到组织目标的过程”③；周三多则认为管理是“通过信息获取、决策、计划、组织、领导、控制和创新等职能的发挥来分配、协调包括人力资源在内的一切可以调用的资源，以实现单独的个人无法实现的目标”④。上述定义虽然不尽相同，但都揭示了管理的几个核心要素，即谁来管——管理主体，管理谁——管理对象，如何管——管理手段或职能，管什么——管理内容，为什么管——管理目标。

因此，明确了这些核心要素的内涵，就能对管理的基本概念作出较为科学的解释。出版微观管理作为管理学的应用和延伸，对其进行概念界定也应遵循同样的思路。但正如本书第三章指出的，出版学尚处于“前科学”的阶段，许多学科基础理论和规范性问题都未能得到根本解决。因此在阐述基本概念之前，有必要对相对成熟的现代管理理论的形成和发展做简要梳理，为出版微观管理提供学理上的支撑。一般认为，现代管理理论经历了科学管理、组织管理、行为管理、战略管理等几个阶段。

1. 科学管理理论

20世纪二三十年代，西方国家工业迅速发展，劳动的分工和专业化、生产规模的扩大和社会化使得工厂的生产管理工作日趋复杂。但是大多数企业仍然沿用家长式的行政制管理方式，仅凭粗糙的传统经验办事，缺乏科学的调查分析和合理的组织计划，一方面工人的劳动强度大，另一方面工厂的生产效率低下。在此背景下，美国人弗雷德里克·温斯洛·泰罗(Frederick Winslow Taylor)提出了“科学管理”的思想，强调一切管理活动都必须建立在调查、试验、研究和分析的基础上，工人以科学的工作方法从事生产活动，管理人

① 中共中央马克思恩格斯列宁斯大林著作编译局. 马克思恩格斯全集[M]. 北京：人民出版社，2006：50.

② 斯蒂芬·P. 罗宾斯. 管理学(第13版)[M]. 刘刚，等，译. 北京：中国人民大学出版社，2017：18.

③ 徐国华. 管理学[M]. 北京：清华大学出版社，1998：12.

④ 周三多. 管理学——原理与方法(第7版)[M]. 上海：复旦大学出版社，2018：50.

员以科学的管理方法从事管理活动，使生产管理过程规范化、制度化，以适应劳动高度专业化、社会化的客观要求。

泰罗的科学管理理论包括三个出发点：一是谋求最高的工作效率，科学管理的中心问题是提高劳动生产率；二是谋求取得最高工作效率的重要手段；三是要求管理人员和工人双方实行重大精神变革。他提出了许多创造性的管理思想和原则，如“标准化原理”，泰罗认为，要想用科学知识代替个人经验，一个很重要的措施就是实行工具标准化、操作标准化、劳动动作标准化、劳动环境标准化等标准化管理。这一原理直接启发了当今工业生产普遍采用的ISO（产品质量管理体系）、GMP（药品生产质量管理规范）等标准化管理体系。再如“差别计件工资制”，泰罗通过对当时资本主义企业广泛使用的日工资制和一般计件工资制的调查，认为现行工资制度存在很大缺陷，就是不能充分调动工人的积极性，不能满足效率最高的原则。为此，他提出了差别计件工资方案，主要按照工人是否完成定额而采用不同的工资率。如果工人能够保质保量地完成定额，就按较高的工资率付酬，以资鼓励；如果工人的生产没有达到定额就将全部工作量按较低的工资率付给，并予以警告甚至解雇。从而显著提高了工人的工作积极性。泰罗还提出了“职能工长制”，即由企业计划部门制定好作业计划，然后通过厂长、车间主任、工段长、班组长将工作指令逐级传达到工人，能够确保各级管理者的职责明确，工人只需依令行事，从而提高生产效率。

科学管理的这些基本原则至今仍在许多以物质生产为主的企业中实行，对后世的标准化生产、流水线作业等生产管理模式产生了直接影响，泰罗本人也因此被称为“科学管理之父”。但受限于当时的社会环境，科学管理理论在今天看来存在不少致命的缺陷，其中最明显的就是对人的忽视，将员工视为只会执行管理者指令的生产机器，列宁对此作了精辟论述：“泰罗制——也同资本主义其他一切进步的东西一样，有两个方面，一方面是资产阶级剥削的最巧妙的残酷手段；另一方面是一系列丰富的科学成就，即按科学来分析人在劳动中的机械动作，省去多余的笨拙的动作，制定最精确的工作方法，实行最完善的计算和监督制度等等。”①

2. 组织管理理论

与泰罗的科学管理理论大致在同一时期，法国人亨利·法约尔（Henri Fayol）和德国社会学家马克斯·韦伯（Max Weber）提出了组织管理理论。组织管理理论以管理的过程和管理的组织机构为重点，强调管理流程和组织结构的优化。其最大的理论贡献在于首次提出了管理的五项基本职能：计划、组织、指挥、协调和控制，并将管理视为企业的六种基本活动之一。法约尔认为，任何企业都存在着技术活动（生产、制造、加工等）、商业活动（购买、销售、交换等）、财务活动（资金的筹措和运用等）、安全活动（设备的维护和职工安全等）、会计活动（货物盘存、成本统计、核算等）和管理活动。其中，管理活动包括五

① 杨跃之. 管理学原理（第2版）[M]. 北京：人民邮电出版社，2016：141.

个方面的要素：计划职能是指管理者为实现组织目标所进行的筹划活动；组织职能是指管理者建立与协调组织结构的工作过程；指挥职能是指管理者下达命令鼓舞士气，以有效实现组织目标的行为；协调职能是指管理者处理各种人际关系，以有效实现组织目标的行为；控制职能是指管理者为保证实际工作与目标一致而进行的活动。①

与泰罗主张以标准制度取代个人经验不同，法约尔十分强调管理者的能力、素质和经验，他认为管理者的管理能力可以通过教育培训提高，包括身体方面的健康、精力、风度，智力方面的理解与学习能力、判断力、思想活跃、适应能力，精神方面的干劲、坚定、乐于负责、首创精神、忠诚、机智、庄严等。由于他在管理活动、管理职能、管理过程方面的贡献，法约尔被称为“管理过程之父”。

马克斯·韦伯的贡献则主要体现在管理组织机构方面，他认为权力与权威是一切社会组织形成的基础，包括法定的权力与权威、传统的权力、超凡的权力三种形式，其中由组织内部各级领导职位所具有的正式权力而建立的法定权力与权威，是包括企业在内的行政组织体系的基础。据此韦伯提出了理想的行政组织结构：组织成员之间有明确的任务分工，权利义务明确规定；组织内各职位，按照登记原则进行法定安排，形成自上而下的等级系统；组织中人员的任用，要根据职务的要求，通过正式的教育培训，考核合格后任命；管理与资本分离，管理者应成为职业工作者，而不是资本所有者；组织内人员之间的关系是工作与职位关系，不受个人感情影响。得益于这种高度结构化的、正式的、非人格化的理想行政组织体系理论，韦伯被称为“组织理论之父”。②

然而与科学管理理论类似，法约尔等人的组织管理理论也存在着把人当作“工具人”的缺陷，他们强调上下级权力不得破坏，劳动者只能听命于管理人员的训练安排，强调组织形式的作用而忽视组织成员间的人际交往和感情联系，强调既定的法律和企业制度，却忽视了组织机构所处的动态社会环境。

3. 行为管理理论

正是基于科学管理理论和组织管理理论等“古典管理理论”的缺陷，强调“以人为中心”的行为管理理论应运而生了。这一理论的开创者是美国行为科学家乔治·埃尔顿·梅奥(George Elton Mayo)，1924年至1932年，他在西方电气公司的霍桑工厂进行了著名的霍桑实验。他通过测试照明强度、物料供应方式、作业流程、工作时间、工间休息、同事关系等因素对生产效率的影响，发现人们的生产效率不仅要受到生理、物理等因素的影响，更重要的是受到社会环境、社会心理等方面的影响。由此梅奥提出了几点假设：其一，员工是“社会人”而不是“经济人”，即作为复杂社会系统的成员，金钱并非刺激工人

---

① 亨利·法约尔. 工业管理与一般管理[M]. 胡苏云，吕衍，王莲乔，译. 成都：四川人民出版社，2017：147.

② 马克斯·韦伯. 经济行动与社会团体[M]. 康乐，简惠美，等，译. 桂林：广西师范大学出版社，2011：27.

积极性的唯一动力，同事和上下级之间的关系、协同合作、情感联系等社会和心理因素也是制约生产动力的关键因素。其二，组织中除了“正式组织”之外，还存在着“非正式组织”。员工在工作过程中基于共同的社会情感而形成的“派系”“团体”等非正式组织，往往对调动工作积极性、提高生产效率有显著效果。其三，管理者应通过增加员工的满足感来提升“士气”。生产率的高低主要取决于工人的士气，即工作的积极性、主动性与协作精神，而士气的高低则取决于人际关系等社会性因素对工人的满足程度，即工作是否被上级、同伴和社会所认可。因此，管理者的职责在于提高士气，倾听和沟通下属的意见，使正式组织的经济需求和非正式组织的社会需求之间保持平衡。①

20 世纪 50 年代以后，行为管理理论进一步发展，出现了许多代表性的学者和学说：

(1)马斯洛需求层次理论

美国社会心理学家亚伯拉罕·哈罗德·马斯洛(Abraham Harold Maslow)将人的普遍需求从低级到高级分为五个层次：生理需求、安全需求、社会需求、尊重需求和自我实现需求。只有在低层次的需求得到满足时，更高一级的需求才会成为人们行为的主要驱动力。

(2)双因素激励理论

心理学家弗雷德里克·赫茨伯格(Frederick Herzberg)通过对员工工作满意度的深入研究，创造性地提出了“激励因素”和“保健因素”的概念，前者指能够对员工起到明显激励作用的因素，但不具备这些因素也不会引起员工极大的不满，如成就感、升职、认可；后者指能够显著降低员工不满意度的因素，但具备这些因素也并不会起到正向的激励作用，如上下级关系、工作环境、工作安全性等。也就是说，作为自变量，激励因素对因变量“工作满意度”有影响，保健因素对因变量“工作不满意度”有影响。

(3)“X-Y”理论

行为科学家道格拉斯·麦格雷戈(Douglas M·McGregor)于 1957 年提出了著名的人性假设理论，他把传统管理学关于“人性本恶”的观点视为 X 理论：人天生厌恶工作；人生来缺乏进取心；人们习惯于因循守旧、反对变革；人们总是以个人为中心，无视组织目标；只有极少数人才具备解决组织问题的想象力和创造力。传统管理学正是基于这些观点认为员工作为被动的工具人，需要管理者以惩罚或激励手段进行“鞭策”，麦格雷戈反对这些观点，提出了针锋相对的 Y 理论：人天生并不一定厌恶工作，渴望工作也是人的本能；个人目标与组织目标并非对立，只要管理适当就能相互统一；大多数人具备解决组织问题的想象力和创造力。根据这些假设，管理者的主要任务就是为员工创造良好的工作环境，激发员工的潜力，发挥员工的创造性，使他们在满足个人目标的同时，主动承担更多工作挑战，满足自我实现的需要，从而达成组织目标。

(4)超 Y 理论、Z 理论

在 X-Y 理论的基础上，一些学者又提出了所谓的超 Y 理论、Z 理论等。超 Y 理论实际

---

① 杨跃之. 管理学原理(第 2 版)[M]. 北京：人民邮电出版社，2016：18.

上是 X-Y 理论的结合和折中，认为需要根据员工的特性来使用不同的管理方式。Z 理论由日本学者威廉·大内(William Ouchi)提出，他引入“文化”的视角，强调人文关怀、情感纽带在企业管理中的作用，奠定了日本企业普遍重视文化建设、日本员工普遍“视企业为家”的基础。

4. 战略管理理论

20 世纪 80 年代以后，现代管理理论进入战略管理的阶段。先后出现了一系列战略管理学派，包括以安德鲁斯为代表的规划学派、以明茨伯格为代表的环境学派和以波特为代表的定位学派等主流学派。① 美国哈佛商学院教授肯尼斯·安德鲁斯(Kenneth R. Andrews)率先对“战略管理”进行界定，他认为“企业的发展愿景决定了企业的目标、意图与任务，制定与目标相适应的政策和计划，界定企业的性质和业务范围以及企业要为股东、员工、顾客和社区做出什么贡献”的一系列过程就是战略管理。其基本步骤包括信息的收集与分析，战略的制定、评估、选择与实施，由此发明了企业战略规划的基本工具 SWOT(优势、劣势、机遇、威胁)分析。

随着环境不确定性对企业经营管理的冲击，人们意识到，企业战略不是事先规划好就一成不变的，而是需要根据环境的变化持续调整，战略管理理论的环境学派就此诞生。包括明茨伯格、奎因、柯林斯在内的环境学派代表人物借鉴达尔文的进化论思想，认为战略管理是动态的，重点在于监测环境变化的速度和路径，通过搜寻各种可能的战略选择使企业的战略目标和环境变化相一致。由此产生了“学习型组织”的概念，即通过培养整个组织的学习气氛，充分发挥员工的创造性思维能力而建立起来的一种有机的、柔性的、扁平化的、符合人性且能够持续发展的新型组织。学习型组织具有如下特点：组织成员拥有共同愿景；终身学习、全员学习、全程学习；自主管理；组织边界重新界定；领导角色发生转换等。②

美国哈佛商学院大学教授迈克尔·波特(Michael E. Porter)是战略管理的集大成者，他开创性地提出了关于战略本质的独特观点，“战略是建立在独特的经营活动之上的，战略就是要做到与众不同”，这种“与众不同”就体现为“定位”。波特最大的理论贡献是完成了被称为“竞争三部曲”的三本划时代著作：《竞争战略》(1980 年)、《竞争优势》(1985 年)、《国家竞争优势》(1990 年)。在书中他总结了三种通用的企业竞争战略：总成本领先战略、差异化战略和专一化战略；提出了两大经典分析工具：价值链和五力模型；赢得了“战略管理之父”的称号。

5. 出版微观管理的理论概念体系

通过上述梳理可以看出，经过近百年发展，现代管理理论在管理的五个核心要素方面

① 侯剑华，朱方伟. 战略管理学在中国：历史、现状和未来——基于文献信息可视化分析的视角[J]. 社会科学管理与评论，2013(1)：54-62，112.

② 周三多，邹统钎. 战略管理思想史[M]. 上海：复旦大学出版社，2003：41.

都经历了巨大的嬗变和革新。管理主体方面，从古典管理理论阶段将管理者视为发号施令的“执鞭者”和等级分明的“权威者”，进化到行为管理、战略管理阶段鼓舞士气的“倾听者”和发挥创造性思维的“学习者”；管理对象方面，从服从指令、金钱驱动的“工具人”“经济人”，转变为自主管理、情感驱动的“社会人”；管理手段方面，从家长式训话、警告惩罚、“工长制”监督等硬性约束手段，调整为双因素激励、人文关怀、价值观塑造等柔性激励手段；管理内容方面，从工人动作、标准化作业、计划、组织、指挥、协调、控制等“形而下”的事无巨细的全过程管理，演变为发展愿景、共同价值、企业文化、学习氛围等“形而上”的战略管理；管理目标方面，从“以提高生产效率为中心”，上升到“以人的发展为中心”“以个人目标与组织目标相统一为中心”“以发挥企业的创造性和独特性为中心”的新型管理思维和管理宗旨。

正是基于以上五个方面的不断完善和创新，现代管理学构建起了较为完备的学科理论体系。站在管理学的丰饶沃土上，我们认为，对出版微观管理进行概念界定绝非简单的下一句定义，而是要吸收管理学的理论养分构建一个相对完整的“出版微观管理概念体系”。这一概念体系同样由五部分构成：

① 出版微观管理的主体

该部分包括管理主体的构成、角色和分工。在出版企业内部，居于上层的管理者通常有社长、总编辑，中层则有分社长、编辑部主任、其他各部门经理等，不同层级或同一层级管理者的角色如何定位、权责如何划分，是出版微观管理的首要问题。

② 出版微观管理的管理对象

该部分包括管理对象的构成和角色。现代管理理念并不简单地将领导和员工视为二元对立的管理者和被管理者，而是重视员工的自主管理和主动参与企业发展战略谋划的创造性精神。从事业单位转制为企业后，出版的管理对象也相应地从“吃大锅饭”的编制内员工转变为按绩效考核的合同制员工。但“老人老办法、新人新办法”，在出版企业内部往往并存着多种人事性质的新老员工，管理者如何看待员工、不同员工在企业发展中扮演什么样的角色，是出版微观管理要解决的第二个问题。

③ 出版微观管理的手段

该部分包括管理手段的组合和运用。正如法律政策、行政命令、财政税收、准入许可、合法审查等是政府进行宏观管理的一揽子手段，出版微观管理的“工具箱”内也存在着多种管理手段和不同管理手段的组合与运用。理论上，管理学的各种激励和约束手段均可应用于出版企业管理，但实践上，由于历史和企业制度原因，出版微观管理长期面临这样一种境况：有行业准入制度而无行业退出制度、有员工聘任机制而无辞退机制，有奖励、分红等激励手段，却很少有惩罚、降级、开除等约束手段。如何丰富出版微观管理的手段和工具，平衡和优化不同手段的组合和运用，是出版微观管理所要解决的第三个问题。

④ 出版微观管理的内容

该部分包括管理内容的构成和调整。正如政府对一些行业宏观管理存在的“一管就死、一放就乱”的现象，出版微观管理也需要做出“管什么”和“不管什么”的选择；正如现代管理理论和实践经历了从“什么都管”，到重点管理人的行为，再到管理组织行为、管理文化氛围、管理战略愿景的发展演化，出版微观管理也要面临管理内容和管理重点的调适和迁移。因此，如何根据企业的定位、愿景、发展阶段确定管理的内容，并根据内外部环境变化进行调整，是出版微观管理的第四个关键问题。

⑤ 出版微观管理的目标

该部分包括主要目标和次要目标及其相互之间的关系。与出版物具有精神文化属性和商品属性相一致，出版微观管理的目标也可分为社会目标或称文化目标、经济目标或称产业目标。其中，社会目标是主要目标，居于主导地位，主要是指履行出版企业的社会责任，创作生产内容质量上乘、导向正确、人们喜闻乐见的出版物产品；经济目标是次要目标，居于从属地位，主要是指在符合社会目标的前提下，发挥出版企业的经济效益，彰显出版在促进文化产业发展、服务国民经济建设中的独特价值。二者相互统一、不可偏废。在学理上，尽管这两大目标的主从关系始终清晰，但在我国出版业发展的不同阶段和不同出版单位的管理实践中，两者之间常常呈现出一种此消彼长的关系。比如在改革开放前的计划经济时代，出版单位坚持“保本微利”原则，基本不考虑经济目标；2010 年转企改制后，产业目标被抬高到前所未有的地位，甚至出现了一些出版企业盲目追逐市场效益忽视社会效益和文化导向的乱象；2018 年出版宏观管理机构划归中宣部统一领导后，当前社会目标又重新回到主导地位。

根据这五个方面的核心要素，我们将出版微观管理的概念阐述为：出版微观管理是指出版企业内部各层级管理人员和员工一起，通过管理手段的组合、运用与创新，对出版企业的战略定位、发展愿景和生产经营活动进行计划、组织、指挥、协调和控制，并根据企业内外部环境变化适时调整，以达成社会目标和经济目标的过程。

二、出版微观管理的主要内容

在上述五大要素中，最关键的是出版微观管理的手段和内容，即怎么管和管什么的问题，而在实践中，这两者往往作为一个整体，或者说一个问题的两个方面共同构成出版微观管理的主要内容。我们将其归纳为四个方面：管人，管事，管资产，管导向。

1. 人力资源管理

美国学者弗里兹·马克卢普(Fritz Machlup)在他的经典著作《美国的知识生产与分配》中首次提出了“知识产业”的概念，知识产业的典型特征就是“知识”取代土地、资本、劳动力等传统生产要素成为信息社会和知识经济时代最重要的核心资源。随后，管理学大师彼得·德鲁克(Peter F. Drucker)又提出“知识社会”的概念，认为后资本主义社会所面临的“经济挑战将是知识工作和知识工作者的生产力”，“提供知识以找出应用现有知识创造效益的最佳方法，事实上就是我们所说的管理”①。由此，人力资源管理的概念诞生了。人力资源管理将员工视为能创造价值的最重要的企业资源，致力于建立一种对员工进行激励、规范与监督的机制，以保证企业生产经营活动低成本有效率地进行，并实现员工个人目标与企业整体目标的统一。②

出版作为知识密集型产业、内容创意产业，人力资源毫无疑问也是出版企业最重要的资源，人力资源管理因而成为出版微观管理的第一大主要内容。具体来说，出版企业人力资源管理主要由以下几方面内容构成：

(1)人力资源规划

即对出版企业的人才需求和人力资源发展计划进行整体分析和顶层设计，其中最关键的是岗位需求分析。明确企业内部各岗位的工作内容、职责划分和任职要求，可以用“6W1H”来概括，谁来做(Who)、做什么(What)、何时做(When)、何地做(Where)、为什么做(Why)、为谁做(Whom)、怎么做(How)。岗位需求分析的结果是形成岗位说明书，将某岗位的职责权限、工作内容、任职条件等以文本的形式固定下来，作为后续各种人力资源工作的依据和基础。

(2)人员选聘

明确出版企业的人才需求之后，接下来就要进行人员的招聘、遴选与录用。一般而言，可分为外部招聘和内部选拔，外部招聘包括常规的高校招聘和面向社会的公开招聘，是出版企业最主要的人才来源渠道。内部选拔则通过对企业内部员工的晋升或调职来实现，对管理者而言，不仅是成本较低、可靠性较高的选聘方式，同时也是有助于提升组织忠诚度和归属感的激励方式。但内部选拔也存在一些弊病，例如有学者指出的，出版企业存在较严重的“近亲繁殖”和“论资排辈”问题。③

(3)人员培训

现代企业分工高度专业化，不同岗位对人员技能、素养的要求不尽相同，人员培训就显得尤为重要。出版领域长期存在“编辑无学”“出版无学”的论调，就是认为编辑或出版人所需的工作技能能够很快地在岗位培训中获得，而不需要接受本科四年或研究生二年、三年的理论学习。但事实上，随着社会发展，传统出版培训的内容已经不能完全适应时代对复合型、全能型出版人才的新要求，除了常规的编辑技能、法规条例常识等，大数据分析能力、跨界经营思维、融媒体管理理念都应当是出版企业人员培训体系的重要内容。

---

① 彼得·德鲁克. 后资本主义社会[M]. 傅振焜，译. 上海：东方出版社，2009：210.

② 陈葆华.《现代人力资源管理》[M]. 北京：北京理工大学出版社，2017：12.

③ 贺小桐，刘雨萌. 融合发展背景下出版企业人力资源管理的创新对策研究[J]. 出版科学，2017，25(5)：5-8.

(4)绩效管理与薪酬管理

出版管理本质上是一项目标导向的活动，遵循“行动-结果”模式，组织目标最终要依托每一个员工的个人行动来实现，对个人行动是否与组织预期目标一致进行的控制、检验和调整就是绩效管理。一项完整的绩效管理活动包括绩效计划、绩效监控、绩效评价与绩效反馈，绩效计划是依据企业整体发展目标分解、落实到个人的绩效目标的过程，绩效监控是对员工达成个人绩效目标进行的过程管理，绩效评价是对个人、部门和组织行为(行动)是否符合预期计划(结果)实施的考核过程，绩效反馈则是根据评价结果调整和优化员工行为，或者根据员工意见调整和优化绩效目标的双向过程。绩效管理的结果往往作为对员工进行“奖惩”的直接依据，在“按劳分配”“多劳多得”的基本原则下，薪酬管理就是出版企业最主要的奖惩机制。在现代人力资源管理理论中，“薪酬”的范围十分宽泛，不仅包括工资、奖金、津贴等基本薪酬，还包括福利、提成、分红等附加报酬，甚至褒奖、声望、成就感、归属感等非经济报酬。① 因此管理制度完善的大型企业往往拥有一套内容丰富、结构合理、激励效果显著的薪酬管理体系。然而大多数出版企业在薪酬管理手段和内容设计体系上十分单一，按绩效提成、员工持股、非货币激励等仍然未能大规模应用；工作年限、资历、职级而非个人能力、贡献是决定薪酬水平的主要因素，同工不同酬、同酬不同工、不劳有酬、劳而无酬的现象仍然比较普遍；差异化、长期化、股权化的员工激励机制和弹性薪酬制度仍然有待建立。

2. 生产经营管理

由生产管理和经营管理构成。长期以来，出版作为以纸质书、报、刊产品为主的生产性行业，出版微观管理主要指的就是生产管理，包括物质生产和精神生产两部分。物质生产管理主要涉及纸张、油墨等物料的调配，印刷、包装等设备的购置，以及排版、制版、印刷、装订等生产过程的流水线管理和标准化管理，与一般的生产型企业并无本质区别。精神生产管理则是出版微观管理所特有的，包括从选题策划、出版物产品形态策划的策划环节，到组稿、审稿、编辑加工、装帧设计、发稿与校对等编辑环节的全过程管理。在这些精神生产环节中，出版企业已经建立了相当成熟、规范的管理制度标准，如编辑不得随意改变作者原意的编辑原则(文责自负)、三级审稿制、“齐、清、定”的校对原则、差错率不得超过万分之一的质量标准等。

改革开放后，随着社会主义市场经济建设拉开序幕，人们的精神文化需求和购书需求被极大释放，包括出版在内的许多行业逐渐由“卖方市场”过渡到“买方市场”，并出现“产能过剩”问题。出版行业因此从“生产导向”转向“经营导向”，出版企业也随之从生产型转变为生产经营型。与之相适应，出版微观管理的重点逐步转移到各项市场经营活动中来。在选题策划和产品形态策划环节，出版企业就开始有意识地根据读者需求和市场状况来调

① 陈国宏. 人力资源管理[M]. 北京：北京理工大学出版社，2017：18.

整图书的内容、开本、装帧形式，在印刷环节根据市场容量和供应商反馈灵活确定印数，还出现了针对个人读者的定制化、小批量按需印刷方式(POD)。在发行环节，市场营销的理念逐步推行，渠道管理、读者管理成为与出版物产品质量管理同等重要的管理内容，在出版业内甚至一度出现了“发行为王”的观点。

进入21世纪后，随着数字技术迅猛发展，新的出版产品形态、产业形态不断涌现，转型升级、跨界融合成为出版业的发展方向，出版企业的生产经营管理活动得到极大延伸。一是由纸质出版物产品朝着电子出版物、互联网出版物等数字出版产品的生产经营管理的横向延伸，原先行之有效的生产流程、质量控制、发行体系不完全适用，数字出版物无论在内容组织形式还是内容传播方式上都明显区别于纸质读物，新的出版生产经营管理制度由此建立。二是从传统出版业态向网络文学、在线教育、知识服务等数字出版新业态的纵向延伸，产业边界的融合带来出版企业微观管理内容的扩充，如何定位出版企业在融合发展战略中的核心优势？如何整合企业内部资源满足扩大市场的多层次需求？如何处理出版核心业务和多元衍生业务的关系？都是当前出版生产经营管理需要思考的新课题。

3. 财务资产管理

企业的生产经营活动离不开资金的支持，财务资产管理因而是出版微观管理的重要内容。财务资产管理是指出版企业依据财务法规制度和企业发展目标，处理各项资金活动和财务关系的过程。一般由四部分内容构成：

(1)资金的融通即筹资管理

包括股权筹资和债券筹资，前者如发行股票、发行债券、吸收直接投资等，后者如银行借款、商业信用、融资租赁等。① 由于我国大部分出版单位是国有独资设立，因此一般不涉及筹资问题，但随着出版体制机制改革不断深化，近年来已有许多出版社通过集团重组、上市融资的方式进行着资金的融通，前者表现为国有资本与国有资本之间的融通，后者表现为国有资本与社会资本之间的融通。

(2)资产的购置即投资管理

出版企业的资金除了用于支付生产活动、日常管理、人员薪酬等费用，还有一部分用于资产的购置，包括对内和对外两方面。对内投资主要是出版企业购买产品、设备等固定资产和品牌维护、咨询服务等无形资产的活动，对外投资主要是购买其他企业股票、债券或与其他企业联营的活动，如一些大型出版集团通过投资在出版产业链的上下游进行延伸，收购或设立印刷厂、图书物流中心等企业。再如一些出版传媒类上市公司还在影视、游戏、网络娱乐等文化创意产业进行投资，随着出版改革深入，出版企业的投资活动将更

---

① 王力东，李晓敏. 财务管理[M]. 北京：北京理工大学出版社，2019：12-13.

加频繁。

(3)资金的日常运转即营运管理

现代企业的一切经营管理活动几乎都涉及资金的流转，出版企业的现金流量、存货容量、应收账款、周转速度等直接决定着企业的运营管理效率。出版社与不同类型的供应商、分销商或书店之间的货款折扣、结算方式、回款时间等都是财务资产管理的重要内容。尤其是“回款”问题，由于图书质量、流通制度、市场需求、分销商能力等诸多方面的原因，回款慢、回款难、退货率高一直是长期困扰出版社的痼疾，有调查显示，我国出版社的平均回款周期在一年以上，这无疑给企业资金的日常运转带来了极大挑战。

(4)利润的分配即盈余资金管理

出版企业在经历了筹资、投资和营运后，企业盈余资金也就是利润将按照一定规则分配给各个利益相关者。包括应缴税费、弥补以前年度亏损、法定公积金、股东利益等。如前所述，在人力资源管理中，按绩效提成、员工持股将是未来出版企业薪酬管理的改革方向，这同样离不开财务资产管理的支持。

4. 内容导向管理

“人、财、物”是任何企业开展管理活动都必须考虑的三大要素，出版企业作为以文化和意识形态为本质属性的精神性生产和服务企业，对出版物产品的内容导向进行管理是出版区别于其他社会生产部门的基本特征，也是出版微观管理不可或缺的重要内容。我国出版社的内容导向管理主要是通过选题论证会和三级审稿制度来实现的，即在书稿进入编辑加工环节之前一般会召开由责任编辑、编辑室主任(分社长)、总编或社长参加的选题论证会，对各部门编辑集中报送的选题的政治方向、内容导向、价值取向进行总体上的评判，对明显违反国家政策方针、社会公序良俗或者不适宜出版的选题予以剔除，对涉及国家安全、社会稳定等方面内容的“重大选题”，严格按照《图书、期刊、音像制品、电子出版物重大选题备案办法》的规定向国家出版主管部门备案，① 备案批准后选题才可正式通过。

进入编辑加工环节后则通过三级审稿制度进行内容导向管理，即初审编辑首先对稿件的思想观点、学术内容、文字水平和资料价值进行全面的审查和评价，并提出细致的处理方案或修改意见；复审编辑(编审)再对初审意见进行审核，解决初审者提出的问题并提出复审意见；最后由总编审核前两审意见，对稿件的价值导向即是否适宜出版做出最终的决断。可以说，内容导向管理是我国出版企业正确发展的生命线，在各项微观管理活动中居于先导性地位。

---

① 新闻出版署关于印发《图书、期刊、音像制品、电子出版物重大选题备案办法》的通知[EB/OL].[2022-07-18]. http://www.gov.cn/gongbao/content/2020/content_5493014.htm.

出版微观管理机制的演变(慕课)

出版微观管理机制的演变(课件)

第二节　出版微观管理机制的演变

机制是系统内部各要素之间的结构关系和运行方式。通过上一节的论述，出版微观管理可视为一个由管理主体、管理对象、管理手段、管理内容、管理目标构成的复杂系统，这个系统直接决定着出版企业的核心范畴和存在形式，同时受到外部环境——国家对出版的宏观管理的显著影响，并与其他系统——不同行业或产业链中的组织进行着信息交换和能量流动。出版微观管理机制是各项出版微观管理活动相互衔接、相互配合所呈现出的运行规律，对其运行规律的揭示有助于我们从整体上透视中华人民共和国成立以来不同时期出版微观管理的发展演进脉络和背后的演进动力，从而为理解当前我国出版微观管理的基本状况和进行管理创新奠定基础。

总体而言，中华人民共和国成立以来，针对“出版单位的性质”这一核心问题，我国出版微观管理机制经历了从事业单位到“事业单位、企业化管理”，再到现代企业制度的演变。以下按照这三个阶段分时期论述。

一、计划经济体制下事业单位的管理机制

1949 年中华人民共和国宣告成立，旋即对包括私营出版业在内的资本主义工商业进行了社会主义改造。1949 年 10 月 26 日，中共中央宣传部就召开了“全国新华书店出版工作会议”，做出了“统一全国公营出版事业的决议”，决议从出版事业的工作方针、领导和组织、统一集中的步骤、编审出版工作统一办法、印刷工作统一办法、发行工作统一办法、企业化管理统一办法和统一店招、证章八大事项对中华人民共和国出版业的基本格局进行了顶层架构。1950 年 10 月 18 日，当时的政务院颁布《发展人民出版事业总方针》，指出“为实施关于文化教育政策的共同纲领，中华人民共和国应建立并发展人民出版事业”，“为贯彻上项目的，中央人民政府应建立并发展国营出版事业和国家资本主义性质的出版事业，适当地鼓励私人资本经营于人民有益的出版事业”，旗帜鲜明地指出了出版业的事业性质和经济成分。到 1952 年(原)出版总署制定第一个《全国出版事业五年建设计划大纲》，对今后五年我国报业、杂志业、出版业、发行业的主要任务做出了明确要求，如出版业方面“大力发展国营出版业，在统一的计划调度下利用大的正当的私营出版业的积极性，并整顿小的不正当的私营出版业，五年内做到把全国出版业基本上掌握在国家手里”。至此，计划经济体制下我国出版单位的“事业性质”正式确立。

在事业单位的总方针引领下，出版单位的各项生产经营管理活动随之展开。其一，资金来源方面，由于国营事业单位的属性，出版社接受国家财政补贴，不承担市场盈亏压力。纸张、设备等其他生产要素方面，由国家统一调配，如1956年文化部颁布的“1957年新闻出版用纸分配办法”规定，“凡出版单位出版的报纸、杂志、图书系公开发行，并按照国家规定向出版行政机关报送年度出版计划者，得根据出版计划中核定的总印张指标，核算出版用纸向出版行政机关申请，由文化部出版事业管理局统一分配”。其二，生产经营模式方面，出版社完全以生产为导向，图书的流通和销售则由专门的发行单位承担。由于出版社不是以营利为目的的经济主体，图书等出版物产品按照“保本微利”的原则，实行“按印张分类定价”，如1956年文化部颁布的《全国杂志、书籍定价标准表》规定，全国出版社实行统一定价，一般书籍、课本正文的定价分为11大类26小类，其中，中小学课本定价最低，每印张0.046~0.049元，儿童读物每印张0.05元，政策性文件、法令每印张0.055元，一般书籍为0.06~0.2元。其三，经营方针方面，国家对地方出版单位提出了“地方化、群众化、通俗化”的总体要求，即地方出版社主要为地方服务，如文化部党组在地方出版社工作座谈会上的报告指出：“我们认为省的出版社一般应在本省范围内组稿，过去大行政区所在地的省人民出版社可以在原大区范围内组稿，中央一级出版社可以到全国各地组稿，省出版社在特殊情况下，也可以到外地组稿。但中央一级出版社到地方组稿，地方出版社越省组稿时，都必须和当地文化行政部门和当地出版社联系，征求和尊重当地意见。”其四，内部管理方面，实行“党委领导下的社长(或总编辑)负责制”，如1953年印发的《人民出版社组织条例》规定：“本社设社长一人，副社长若干人。社长主持社务，并兼任总编辑职务；副社长协助社长工作。社长、副社长之下设下列各部、室、处……”包括办公室、编辑室、资料室、出版部、计划财务室、行政处等。社长或总编辑一般由行政主管部门任命，按照国家干部的委派和任用原则进行管理。

由此可见，计划经济时期我国出版微观管理与出版宏观管理呈现出高度一体化的特征，无论是经营的方针、人事的任用、部门的设置还是资源调配、业务范围、利润分配均由国家实行统一管理。出版社内各部门管理人员作为实际的管理主体，需严格按照党和国家对出版事业的整体部署开展工作，管理者个人的主动性和创造性比较有限；社内工作人员作为管理的对象，其聘用、考核、薪酬、岗位、职级、晋升等按照事业编制的原则管理；单位内部管理手段以计划、命令为主，比较单一而且缺乏弹性；管理内容方面，由于接受国家财政拨款，人力资源管理和财务资产管理的职能相对薄弱，生产经营管理方面，纸张调配、图书定价、经营方针等也由国家统一规划，出版社的自主性比较有限，出版物的内容导向管理则成为最重要的管理内容；管理目标方面，主要追求生产内容质量上乘、导向正确、人民喜闻乐见的出版物产品的社会目标，基本不考虑盈利性的经济目标。

二、社会主义市场经济建设时期事业单位、企业化管理的管理机制

1978年12月，十一届三中全会胜利召开，中国步入解放思想、实事求是、对内改革、

对外开放的新时期。1981 年党的十一届六中全会通过的《关于建国以来党的若干历史问题的决议》中提出“以计划经济为主，市场调节为辅”，尽管仍然坚持计划经济的总框架不变，但是必须按照尊重和利用价值规律的要求来进行经济活动已逐渐成为人们的共识，由此开始了我国进行社会主义市场经济探索的新征程。1992 年初邓小平同志南方谈话指出：“计划和市场都是经济手段，不是社会主义与资本主义的本质区别。”从而在体制层面为市场经济打开了突破口。最终在党的十四大报告中正式确立了建立社会主义市场经济体制的总体目标。

在社会主义市场经济体制逐渐确立的过程中，出版的“市场”属性逐渐鲜明。1984 年 6 月，文化部出版事业管理局在哈尔滨召开全国出版工作座谈会，会议将出版社定性为“事业单位、实行企业管理”。尽管出版社在体制上仍属于事业单位，但在实际经营和微观管理中人们已经开始意识到尊重经济规律、适当引入市场机制，能够有效提高出版社的生产和管理效率。改革不是一蹴而就的，出版领域改革尤其如此，这种本质上属于事业单位，实际上又按照企业管理的独特经营模式突出体现了从计划经济向市场经济过渡的时代色彩。

在事业单位、企业化管理的总基调下，各项出版管理改革渐进式地展开。

①资金来源方面

1984 年 12 月，国务院发出《关于对期刊出版实行自负盈亏的通知》，指出在对中央及地方部分期刊继续给予定额补贴的基础上实行经济核算，其他期刊一律面向市场、独立核算、自负盈亏，不再给予补贴。

②生产经营模式方面

完成了从生产型向生产经营型的转变。1988 年 5 月中宣部和新闻出版署联合发布《关于当前出版社改革的若干意见》，文件指出：“在发展社会主义有计划的商品经济的条件下，出版社必须由生产型向生产经营型转变，使出版社既是图书的出版者，又是图书的经营者。为适应这种转变，就需要积极而又稳妥地对出版社原来的体制，包括领导体制、经营体制、管理体制、人事体制、分配体制等进行改革。”协作(合作)出版、自费出版就是这一时期新出现的生产经营模式，协作出版是为了解决当时国有出版力量不足的问题，由出版社以外的其他单位供稿、再由出版社负责终审和出版的模式，1985 年《文化部关于开展协作出版业务的补充通知》原本规定“协作出版的供稿单位，必须是有条件完成协作出版要求的国家企、事业单位、党政机关、人民团体以及教育、科研单位”，但在实际运行过程中越来越多的民营企业也参与到协作出版业务中来，尽管后来出现了一些“买卖书号”的乱象，但客观上起到了繁荣出版市场的作用。自费出版同样是为了解决某些领域图书出版力量不足的问题，向作者或作者所在单位收取适量管理费用，出版一些常规选题或计划选题之外的图书的出版模式，《文化部关于出版社兼办自费出版业务有关事项的通知》原本规定“自费出版的书稿主要限于非营利性的学术著作”，但后来一些非学术类图书也采用自费出版。与出版社从生产型向生产经营型转变相适应，图书定价制度也取得了一些突破，尽管仍坚持“保本微利”的原则，但已经由“按印张定价”改为“浮动利润率”定价，同时定价权也有所松绑，如1988年8月《国家物价局关于改革书刊定价办法的意见》中规定“定价原则仍按保本微利原则掌握。具体价格水平，采取控制定价利润率办法。即在5%～10%幅度内考虑。定价权仍由中央和地方有关部门分别管理。为促进科学技术的发展，对有价值的学术专著定价权下放给出版社，由其根据实际情况自行确定售价”。

③经营方针方面

20世纪50年代确立的“地方化、群众化、通俗化”方针转变为“立足本地、面向全国”，1979年召开的全国出版工作会议明确提出“地方出版社出书不受‘三化’限制”，“地方出版社的同志要求立足本省，面向全国或兼顾全国，可以试行”，经营方针的松绑催生了一批具有全国乃至国际影响力的强社大社，一些出版社开始探索多元化的业务模式，如上述协作出版、自费出版等，并在合作的过程中积极吸取民营书商的有益经验，增强了国有出版单位的市场意识。

④内部管理方面

首先是领导体制的改革，1988年《关于当前出版社改革的若干意见》(以下简称《意见》)指出：“党委领导下的社长、总编辑负责制已不适应当前出版改革的要求，要逐步实行社长负责制。社长全面领导出版社的编辑工作和经营管理工作。国家规定的出版社应有的人权、财权和选题审批权，由社长行使。编辑部门和经营管理部门都对社长负责。”其次是人事及考核制度的改革，“社长可以直接由上级任命，有条件的出版社也可以民主选举产生，再由上级任命。社长实行任期制，可以连任。如不称职，可以调换或罢免……出版社建立职工代表大会或职工大会制度。职工代表大会或职工大会对社长进行监督。上级主管部门在考核社长时，要听取职工代表大会或职工大会的意见”。最后是奖惩和分配制度的改革，基本思路是由计划经济时代的平均主义“吃大锅饭”转变为“按劳分配”，如《意见》规定“工资和奖金，都应当坚持按劳分配的原则。奖金应根据贡献大小分配，要拉开差距。对有特殊贡献的应当给以重奖。”惩罚机制也逐步建立，“对于违反出版方针、完不成规定任务、出现责任事故、违反出版纪律的，应根据情节轻重，给予相应的处罚。不称职的人员应当更换工作岗位”，但尚未建立人员退出机制。

总体而言，社会主义市场经济建设时期我国出版微观管理开始逐步与宏观管理分离，国有出版单位在事业体制的框架内，在人事权、定价权、经营范围、业务类型等诸多方面获得了一定的自主性，一些出版社按照企业化的生产经营和管理模式，积极拥抱市场、探索经济规律，走在了时代前列。但这一时期的出版微观管理与科学管理、组织管理、行为管理等现代管理思维相比仍然显得十分原始，仍然带有浓厚的计划经济色彩和事业管理属性，与社会主义市场经济体制相适应的现代出版企业管理制度仍然有待建立。

三、转企改制后建立现代企业制度的管理机制

通过前两个时期的介绍可以看到，国家层面的改革和顶层设计是出版微观管理机制演变的根本动力。在经济、政治、文化三大领域的改革中，文化体制改革相对滞后，这直接

决定着出版领域各项管理制度和运行机制改革的进程。尽管早在1992年党的十四大报告中就明确了我国经济体制改革的目标，即建立社会主义市场经济体制，但文化领域的市场化改革到2000年以后才正式拉开序幕。2002年党的十六大报告首次明确区分了公益性文化事业和经营性文化产业，指出要“积极发展文化事业和文化产业”，“根据社会主义精神文明建设的特点和规律，适应社会主义市场经济发展的要求，推进文化体制改革”。同年5月，(原)新闻出版总署发布《关于深化新闻出版广播影视业改革的若干意见》实施细则，提出新闻出版业要“从适应计划经济体制向适应社会主义市场经济体制转变”，“探索建立保证正确导向、富有经营活力的微观运行机制”和“适应市场需求、调控有力的经营管理模式”。此后，在文化体制改革的大背景下，出版的市场属性进一步增强，出版业主要是“产业”的认识进一步深化。

从2003年开始，国有文化单位改革试点工作正式启动，包括深圳在内的9个地区的35个文化单位成为首批文化体制改革试点单位，到2006年3月全国文化体制改革工作会议召开，试点范围扩大到全国89个地区和170个单位。按照中共中央、国务院发出的《关于深化文化体制改革的若干意见》要求，文化体制改革的目标任务是“以发展为主题，以改革为动力，以体制机制创新为重点，形成科学有效的宏观文化管理体制和富有效率的文化生产和服务的微观运行机制”。其中，“国有文化事业单位的公司制改造”也就是“转企改制”是整个文化体制改革工作的重心。

与此同时，出版领域的转企改制全面启动，2006年原新闻出版总署发布的《新闻出版(版权)工作要点》中指出：“继续推进出版单位转企改制工作，选择若干家具备条件的图书、音像电子出版单位、报社、期刊社将其纳入文化体制改革试点单位。”2009年又印发《关于进一步推进新闻出版体制改革的指导意见》，更加明确地提出了中央及地方各出版单位转企改制的“时间表”和“路线图”，“除明确为公益性的图书、音像制品和电子出版物出版单位外，所有地方和高等院校经营性图书、音像制品和电子出版物出版单位2009年底前完成转制，所有中央各部门各单位经营性图书、音像制品和电子出版物出版单位2010年底前完成转制”。到2010年底，全国580多家出版社、3000多家新华书店、38家党报党刊发行单位等已全部完成转企改制；全国3388种应转企改制的非时政类报刊已有3271种完成改革任务，占总数的96.5%。全国共注销经营性文化事业单位法人6900多家、核销事业编制29万多个。① 至此，沿用多年的事业单位企业化管理模式终于取得突破，按照市场规律转型为“现代出版企业”成为绝大多数新闻出版单位的共识。与现代出版企业制度相配套的各项微观经营机制，劳动、人事、分配等微观管理机制也陆续建立或完善起来。② 具体来说，包括如下两个方面：

---

① 中央各部门各单位出版社已全面完成转企改制任务[EB/OL]．[2021-01-10]．http://www.gov.cn/jrzg/2011-01/10/content_1781440.htm.

② 方卿，王一鸣．40年新闻出版事业与产业发展[J]．中国出版，2018(22)：3-7.

第一，以跨地区经营、集团化建设、上市融资为重点的企业化经营机制。如前所述，20 世纪 50 年代我国出版单位的经营方针是“地方化、群众化、通俗化”，到 80 年代转变为“立足本地、面向全国”，进入 21 世纪，随着出版市场不断繁荣壮大，打破地域封锁、破除条块分割、进行“跨地区经营”成为许多出版社的普遍选择。一些大社、强社如高等教育出版社、长江文艺出版社、上海三联书店等在全国市场占据很大的码洋份额。2002 年《关于新闻出版业跨地区经营的若干意见》出台，从国家层面鼓励“内涵式发展的名社、大社通过兼并重组、合作联营的方式进行跨地区经营”。与此同时，出版业集团化建设也取得重大突破，2002 年《关于新闻出版业集团化建设的若干意见》中指出“有条件的省、自治区、直辖市新闻出版局所属出版单位可组建出版集团，有条件的中央级出版社也可组建专业出版集团”，中国出版集团、中国教育出版集团和各省出版集团、发行集团随之相继成立，到 2019 年底，全国共有经国家出版管理部门或省级出版管理部门批准的出版传媒集团 124 家，其中图书出版集团 40 家、报刊出版集团 45 家、发行集团 28 家、印刷集团 11 家，极大增强了我国出版产业的市场竞争能力。

继跨地区经营和集团化建设之后，上市融资成为这一时期我国出版企业转变经营机制的重点。2003 年 12 月国务院发布的《关于印发文化体制改革试点中支持文化产业发展和经营性文化事业单位转制为企业的两个规定的通知》指出，按规定转制的出版集团可吸收国内其他社会资本投资，符合条件的可申请上市，由此加快了我国出版集团的战略重组和上市融资进程；2009 年新闻出版总署更是明确提出“积极支持条件成熟的出版传媒企业，特别是跨地区的出版传媒企业上市融资。在三到五年内，培育出六七家资产超过百亿、销售超过百亿的国内一流、国际知名的大型出版传媒企业”的具体要求；在一系列政策推动下，出版业积极拥抱资本市场，以国资控股出版传媒集团为第一梯队、民营出版传媒集团为第二梯队、新媒体公司为第三梯队，掀起了新闻出版业 IPO 上市的热潮，截至 2019 年底，我国共计有 43 家出版传媒上市公司，其中，出版公司 15 家，报业公司 5 家，发行公司 8 家，印刷公司 10 家，新媒体公司 5 家。①

第二，以人事制度、收入分配制度、岗位责任制和现代法人治理结构为重点的企业化管理机制。首先是人事制度方面，转企改制前，出版单位员工按照事业编制管理，随着 2010 年经营性出版单位全面实现改制，事业编制被取消，合同聘用制全面推行，员工与出版社依据《劳动合同法》形成劳动关系，全员竞聘上岗、目标绩效考核成为出版企业人事制度的基本准则。与人事制度相配套的是多种形式的收入分配制度，除了对有突出业绩的管理人员、业务骨干实行一次性奖励拉开收入差距，按绩效提成、股权分红等新的收入分配方式也逐步推行，一些畅销书的编辑、发行人员甚至能拿到数十万元的业务提成，充分调动了员工的积极性；一些上市出版集团的管理人员有的能获得数百万元的年终红利，显著提高了管理者的工作热情。弹性化的收入分配制度背后，权责明晰的岗位责任制也陆续实

---

① 2019 年新闻出版产业分析报告[EB/OL].[2020-11-04]. https://www.chinaxwcb.com/info/567231.

行，如领导岗位持证上岗制度，一方面通过岗位培训提高了管理者的管理水平，另一方面通过定期考核较好地缓解了转企改制前领导岗位人浮于事的情况；普通员工则统一纳入出版专业技术人员职业资格管理，凡在正式出版单位工作的专业技术人员，必须通过国家统一组织的出版专业资格考试，取得规定级别的出版专业资格，持相应的出版专业资格证书上岗。对于违反有关出版工作的规定，受到严重警告以上行政处分的人员，取消其出版专业资格且五年内不得从事出版工作。

现代企业制度是以市场经济为基础，以产权清晰、权责明确、政企分开、管理科学为特征的新型企业制度。其中，最核心的就是现代法人治理结构。按照《公司法》的规定，法人治理结构一般由股东会、理事会、监事会和经理四个部分组成，法人治理结构建设的关键问题就是平衡这四类主体以及其他利益相关者之间的关系，而这也正是现代企业发展的基石。出版单位从事业单位转制为企业，就意味着出版企业作为法人，是由法律赋予了人格的团体人、实体人，需要有相适应的组织体制和管理机构，使之具备独立的决策能力和管理能力，通过行使权利、承担责任，使企业各项经营管理活动有效地运转起来。可见，只有建成科学合理的现代法人治理结构，出版单位才能从事业制时代僵化的体制机制束缚中解放出来，真正按照市场经济的规律从事出版活动，出版微观管理才能从国家对出版业的宏观管理中分离出来，发挥出版企业作为市场主体应有的主体性作用。

第三节　出版微观管理创新

前面两节厘清了出版微观管理的基本概念和主要内容，以及中华人民共和国成立以来出版微观管理机制演变的三个阶段。本节主要讨论两个问题：一是为什么要进行创新，即出版微观管理创新的动因；二是如何进行出版微观管理创新，即出版微观管理创新的目标定位和实现方式。

一、出版微观管理创新的动因

如前所述，出版微观管理可视为一个由管理主体、管理对象、管理手段、管理内容、管理目标构成的复杂系统。系统内部各种要素之间的协调机制形成了出版微观管理的组织实体——也就是出版企业，系统与外部环境和其他系统之间的关系决定了出版企业在整个社会场域中的位置。当内部的要素机制或者外部的环境关系发生变化，系统就需要进行调适，出版微观管理也就需要进行相应的变革和创新。因此，我们将出版微观管理创新的动因归纳为内部动因和外部动因两个方面。

内部动因：现有的出版微观管理体制机制还不能完全适应现代企业制度的要求。出版业转企改制以来，我国出版机构总体上实现了从事业单位到出版企业的转变，但一方面与现代企业制度相配套的新的管理体制机制尚未健全，另一方面旧的传统事业制时代的体制惯性和路径依赖仍然存在。在出版业内部，上至管理部门，下至出版企业的管理者，普遍认同按照社会主义市场经济的规律开展各项生产经营活动是出版业发展的必然选择。但是出版业特殊的文化和意识形态属性又决定了出版企业不能像一般生产性企业那样完全按照利益最大化、资源自由配置等市场化原则从事经营和管理，这就使得“市场”的和“非市场”的、“企业”的和“事业”的两种因素时刻贯穿于出版企业生产经营管理的全过程，管理主体、管理对象、管理内容等要素因而也经常性地处于变动之中。由这些要素通过匹配协调形成的出版微观管理体制机制自然地也呈现出不均衡的状态，也就是说，当前出版微观管理机制中的某些部分已经基本能达到现代企业制度的要求，如财务管理、薪酬管理方面，另外一些方面则仍然沿用事业单位的管理模式，离健全的现代企业制度还有相当大的距离，如人员退出机制、股权结构等。这种管理要素的不均衡现状与建立现代企业制度总体目标之间的差距，就构成了我国出版企业微观管理创新的内部动力。

外部动因：融合发展背景下产业生态的嬗变给出版企业微观管理提出了新的挑战。大致与转企改制同时，现代数字信息技术对出版业的改造和革新作用也日益显现。2005 年前后，国内学者率先对“数字出版”的概念、表现形态、发展方式等展开了讨论，① 数字出版随之成为整个出版业的战略转型方向。电子书、有声书、数据库、数字内容平台等新兴出版物形态不断涌现，网络文学、在线教育、知识服务、语义出版等新兴出版业态方兴未艾，自出版、泛在出版、云出版、智能出版等新型出版理念层出不穷，一个个与传统出版有显著区别的新兴出版领域正在快速形成。在此背景下，2014 年中央全面深化改革领导小组第四次会议审议通过了《关于推动传统媒体和新兴媒体融合发展的指导意见》，原新闻出版广电总局随即在 2015 年发布了《关于推动传统出版和新兴出版融合发展的指导意见》，意见指出，要“立足传统出版，发挥内容优势，运用先进技术，走向网络空间，切实推动传统出版和新兴出版在内容、渠道、平台、经营、管理等方面深度融合，实现出版内容、技术应用、平台终端、人才队伍的共享融通，形成一体化的组织结构、传播体系和管理机制。”

“融合发展”由此成为当前出版业发展的主题之一，并带来整个出版产业生态的嬗变，具体而言，其影响表现在多个方面：首先是改变了出版行业主体的竞争格局，在传统出版时代，从事出版生产和经营的行业主体主要是国有出版社、民营出版公司和代理机构。数字时代，一大批技术提供商、平台服务商进军数字出版领域，成为新的行业主体。传统出版企业与这些“外来者”的竞争，不仅是内容、资本、技术、人才的竞争，更是管理理念、管理方式和管理效能的竞争，因此如何增强现代出版企业的产业竞争力是融合发展给出版微观管理提出的第一大挑战；其次是改变了出版企业的发展方式，在相当长一段时期内，尽管出版企业主要从事的是精神文化生产，但按照工业时代制造业的发展逻辑组织生产经营活动仍是常态，纸张、印刷设备、人力资源是最重要的生产要素，出书品种、印张、码洋等生产性指标是最主要的价值标准，大规模、批量化是最基本的生产模式②。进入融合

① 徐丽芳. 数字出版：概念与形态[J]. 出版发行研究，2005(7)：5-12.

② 方卿，王一鸣. 论出版的知识服务属性与出版转型路径[J]. 出版科学，2020，28(1)：22-29.

发展阶段，出版企业由产品生产商转变为内容服务商势在必行，如何提高现代出版企业的服务能力因而是融合发展给出版微观管理提出的第二大挑战；最后是改变了出版企业在社会场域中的位置，历史上出版活动位于整个社会知识文化生产和转化的中心，出版机构通过书、报、刊等有形产品形态将无形的知识文化固定下来，维持了知识谱系的稳定性和连贯性，成为人类社会最重要的文化部门之一。当今出版机构的这种文化功能和文化权力正在减弱，正在被以用户生产内容的私人生产方式和以互联网企业为代表的数字文化生产部门所取代，传统出版企业在整个文化系统中的地位面临边缘化的风险。而企业微观管理所要回答的正是有关企业战略定位和发展愿景的问题，如何抵御这种系统性的风险、缓解结构化的危机、重拾出版的文化功能和文化权力，是融合发展给出版微观管理提出的又一大挑战。

二、出版微观管理创新的目标定位

在回答如何进行出版微观管理创新之前，首先需要解决"应然"层面的问题，即明确出版微观管理创新所要达到的总体目标。

首先，通过微观管理创新降低管理成本，实现组织内资源的有效配置，发挥管理手段在出版资源配置中的重要作用。人们通常认为，政府和市场是资源配置的两种基本手段。新制度经济学的创始人罗纳德·科斯(Ronald H. Coase)1937年在《企业的性质》中却提出：企业也是资源配置的一种手段。政府通过宏观调控使得资源向特定领域流动，市场依靠价格机制使得资源自发地向经济效益更高的领域流动，但市场对资源配置的基础性作用并不是无条件的，而是会产生交易成本。科斯认为，企业存在的根源就是为了降低交易成本，而这正是通过管理来实现的。当一项经济活动在市场上进行交易的成本小于在企业内部交易的成本时，企业就会倾向于通过市场"外包"的形式获取资源，例如苹果公司将手机生产和组装外包给富士康等企业，一些出版社将选题策划、编辑等环节外包给合作出版的民营图书公司；当一项经济活动在企业内部交易的成本小于市场交易的成本时，企业就会选择由自身来组织生产，例如大企业对产业链上下游进行兼并重组或者通过战略联盟实施纵向一体化的全产业链经营模式。企业的规模或者说边界，就是由这两种成本所决定的，当边际的内部管理成本等于边际的外部交易成本时，企业的规模临界点就确定了。因此，企业微观管理的一大目标就是尽可能地降低管理成本，实现资源在组织内部高效率的流动，使得管理成本与交易成本的临界点向外延伸，从而利于企业扩大规模。反观我国出版业近年来的集团化发展，其本质同样是通过纵向一体化进行组织内部交易，从而降低交易成本，但出版企业集团化的主要动力并非市场驱动，而是政策驱动。一些出版集团规模庞大，但实则"大而不强"，集团旗下出版社貌合神离、各自为政，究其实质就是未能通过管理机制创新整合内部资源，发挥管理手段在出版资源配置中的重要作用。

其次，通过微观管理创新培育新型市场主体，增强出版企业的核心竞争力，构建跨界融合的出版产业生态。市场主体是构成现代市场经济的微观基础，其基本特征是自主经营、自负盈亏、追求利润并依法纳税。21 世纪以来我国出版业改革的重点方向就是将经营性出版单位重塑成为按照社会主义市场经济规律运行的市场主体，发挥出版企业在市场经济中的经济功能和社会功能。其经济功能就是使企业潜在的生产力转化为现实的生产力，推动社会生产规模不断扩大，促进社会生产力的发展。社会功能则是企业能够满足人们对产品和服务的需求，推动公共事业发展，在国民经济和人民物质文化生活水平的提高上发挥重要作用。当前我国绝大多数经营性出版单位已经按规定转制为企业，但许多企业的经济功能和社会功能尚未充分发挥，市场竞争能力仍然比较薄弱，各项微观管理制度仍不完善，一言蔽之，与市场经济相匹配的出版市场主体地位还未真正建立。尤其在各种新兴业态不断涌现、各类行业外主体大量涌入的融合发展背景下，出版企业作为独立市场主体参与市场竞争并占据一定市场地位显得尤为重要。这一方面需要政府宏观调控和国家政策扶持，归根结底还有赖于出版企业的内生式发展和组织创新，而微观管理创新正是培育出版企业新型市场主体地位、增强出版企业核心竞争力的关键所在。因此，出版微观管理的第二大目标就是通过创新企业各项微观运行机制和管理制度，强化出版企业在数字时代、融合发展时代的跨界经营能力和同业竞争能力，构建以出版企业为核心的跨界融合出版产业生态。

最后，通过微观管理创新扩大优质内容供给，强化出版企业的导向意识，实现社会效益和经济效益相统一。我国每年出版五十余万种图书，其中相当一部分图书选题同质化、内容低水平重复、质量粗制滥造，暴露出出版业长期存在的产品结构失衡和“有高原、无高峰”的问题。问题的根源一方面是部分出版企业缺乏精品意识，更重要的是在市场经济环境下，出版企业作为自负盈亏的市场主体，对读者口味的迎合和市场利润的追求成为企业最主要的发展逻辑。而市场天然存在“劣币驱逐良币”的缺陷，这就使得当前我国出版市场中充斥着大量劣质产品和无效供给，其中一些甚至存在着出版导向和价值取向的错误。为此，中央在 2015 年出台了《关于推动国有文化企业把社会效益放在首位、实现社会效益和经济效益相统一的指导意见》，要求国有文化企业建立健全实现社会效益和经济效益相统一的体制机制。出版企业作为社会效益属性尤其突出的国有文化企业，纠正当前存在的一味追求经济效益、忽视社会效益的问题显得尤为紧迫。中央提出的建立双效统一的体制机制，一方面需要宏观管理部门的顶层设计，归根结底还要依靠出版企业内部的管理制度建设才能落到实处。因此，出版微观管理的又一个目标就是通过创新出版企业内容导向管理、产品质量管理和传播链路管理，扩大导向正确、内容精良、质量上乘的优质出版物供给，通过完善图书编审制度、人员培训制度和考核评价制度，实现出版企业社会效益和经济效益的统一。

三、出版微观管理创新的实现方式

现代管理学理论将创新视为企业管理的一项基本职能，认为特定时期内某一社会经济系统(组织)的管理工作过程可以概况为：设计系统目标；制定系统结构和运行规则；监控并分析系统运行中的变化；进行局部或全局的调整，使系统不断呈现新的状态。① 可见，创新是包括企业在内的系统或组织管理工作的核心，贯穿于企业微观管理的全过程。

从创新的规模和创新对系统的影响程度来考察，可分为局部创新和整体创新；从创新与环境的关系来看，可分为消极防御型创新和积极开拓型创新，前者是由于环境变化对系统运行产生威胁，为了消除威胁避免系统损失扩大进行的被动防御。后者是企业敏锐地观察或预测到外部环境未来可能提供的机会，为了谋求系统发展进行的主动开拓；从创新发生的动力机制来分析，还可分为组织内部变革驱动的自发式创新和外部力量驱动的倒逼式创新。

就出版企业而言，出版单位从事业单位转制为企业就是涉及系统全局调整的整体层面的创新，今天讨论出版微观管理创新则基本上是局部创新；面对数字化和融合发展给出版产业生态带来的挑战，出版企业主要采取的是消极防御型创新；面对市场压力和行政管理部门的宏观调控，则主要属于倒逼式创新。但无论何种类型的创新，归根结底都是对出版微观管理系统的运行目标、组织结构、体制机制等要素进行的调整，都可以从以下几个方面加以实现：

1. 管理理念创新

战略管理理论认为管理对企业发展的最大贡献不仅在于建立了一套具体的运行规则，更重要的是决定了企业哲学层面的性质、目标、定位与发展愿景。创新型组织的首要任务就是对企业存在的性质、企业发展的目标定位和未来愿景进行规划，也就是对企业的基本管理理念做出回答。管理理念的高下往往决定着企业的成长潜力和发展上限，因而首先需要进行管理理念的创新，这其中最关键的是管理者的理念创新。

经济学家熊彼特在《经济发展理论》中将创新定义为企业家的职能，认为企业家之所以成为企业家，并不是因为其拥有资本，而是因为他拥有创新精神和创新理念并实际地组织了创新活动。因此，出版企业管理者的理念创新是其他一切创新活动实施的先决条件。但在我国出版企业微观管理实践中，管理者尤其是较高层级的管理者往往扮演着"保守者"的角色，他们的首要职责是保证出版企业的各项生产经营活动按照预先制定的规则执行，企业的运行不偏离计划的要求被认为是其最重要的使命。这显然是计划经济时代事业单位管理思维的惯性所致，在当今市场经济和产业竞争格局深刻变化的情况下——如前所述，出版企业与行业外主体不仅是内容、资本、技术、人才的竞争，更是管理理念的竞争，出版企业管理者亟须解放思想进行管理理念的创新。

重新认识出版企业在知识经济时代的价值和目标定位。历史上，出版机构通过将有价值的、有组织的、系统化的信息传递给公众，实现了个人知识的社会化、无序知识的有序化，对知识文化的创造和转化、文明成果的积累和传承起到了不可估量的作用。今天进入信息大爆炸的知识经济时代，管理者应当认识到出版企业的核心价值是：致力于知识（文

---

① 周三多. 管理学——原理与方法(第7版)[M]. 上海：复旦大学出版社，2018：121.

化）的生产和加工、组织和呈现、传播和利用，而不是简单地以出书品种、生产码洋、资产规模等加以衡量。出版企业的目标定位应当是：扎根于社会知识文化密集的领域，做创新知识的促进者、优质内容的提供者、先进文化的传播者，服务于最广大的人民精神文化需求，而不是仅仅满足于纸质或数字形态的出版物产品生产。

正确看待宏观管理和微观管理对出版企业的双重作用。从前文所述中华人民共和国成立以来出版微观管理机制的演变历程可以看到，出版单位改革实际上是一个由"党办出版"到"党管出版"转变的过程，或者说是出版微观管理逐渐脱胎于宏观管理获得一定主体性的过程。在当今文化体制改革取得突破性成果，大多数出版单位转制为企业的市场经济环境下，我们仍然要牢牢坚持党对出版业的绝对领导，但出版企业作为健全的市场主体，其发展的自主性、管理的能动性还需要进一步突显。管理者在涉及意识形态和内容导向的出版生产领域，仍需要严格按照党和国家宏观管理的要求，但在不涉及意识形态的出版经营和流通领域，则应当发挥微观管理对出版企业的内生驱动作用，更多地尝试积极开拓型创新和自发式创新。

深刻理解管理者素质和创新文化对出版企业发展前景的决定性影响。管理者是企业的领航人，其个人的眼界、能力、素质往往决定着企业的格局。有"领导型""官员型"的管理者，也有"企业家"型的管理者，《世界经理人文摘》曾评选出企业家最重要的素质：建立愿景、信息决策、配置资源、有效沟通、激励他人、人才培养、承担责任和创新精神。出版企业的管理者许多属于典型的领导型管理者，还称不上是企业家，还缺少主动变革、破除微观管理体制机制障碍的决心和勇气。一个成功的企业家型管理者应当致力于企业创新文化的培育，为员工提供和创造有利于创新的环境，积极鼓励、支持、引导创新活动，营造人人谈创新、时时想创新、无处不创新的企业氛围，使每一个组织成员奋发向上、努力进取，不断探索新的工作方法、找出新的程序，而不是简单地用既定的方式重复机械性的劳动。只有这样，才能破除出版事业单位体制的遗留，形成奋发有为的企业精神，增强内部凝聚力和市场竞争力，从而拓展出版企业的发展前景。

2. 管理方法创新

企业管理理念层面的性质、目标、定位与发展愿景等基本问题确定后，还必须通过具体的管理手段、工具和方式才能实现，我们统称为出版微观管理的方法，是指为实现管理目标、保证出版管理活动顺利进行所采取的方案和措施。与管理理念滞后的情况类似，我国出版企业的管理方法也比较落后。现代管理科学理论建立了一套由管理原理、管理哲学和管理方法体系构成的管理方法论，可以作为出版微观管理方法创新的参考。依据管理科学理论，系统论、控制论、信息论、耗散结构论、协同论、突变论、概率论等原理，都可以应用于企业的管理实践活动。以此为指导，引申出了现代企业管理的方法体系，包括管理的行政方法、经济方法、教育方法、技术方法等。

出版微观管理的行政方法。行政方法是指依靠组织的权威，运用命令、规定、指示等行政手段，按照行政系统和层级，以权威和服从为前提，直接指挥下属工作的管理方法。

其实质是通过行政组织赋予的职务和职位来行使职权的管理方式，遵循马克斯·韦伯的组织管理理论。管理的行政方法的优点在于有利于组织内部迅速统一目标、统一意志、统一行动，强化其他管理手段和工具之间的耦合程度，最大限度发挥管理职能、提升管理效率，尤其在处理一些特殊问题或突发状况时，行政方法具有时效性强、指向性强的突出优势。就出版企业而言，导向问题始终是悬在管理者头上的利剑，当出现内容导向方面的偏差，行政方法就是行之有效且立竿见影的管理方法。但也要注意，行政方法不宜频繁使用，应当与其他柔性的管理方法综合运用，以免滋生官僚主义。

出版微观管理的经济方法。经济方法是根据客观经济规律，综合运用工资、奖金、分红、罚款等经济手段，发挥货币杠杆的作用，调节不同经济主体之间的利益关系的管理方法。其往往是"激励"和"约束"两种管理手段最主要的实现方式，具有利益性、灵活性、平衡性和平等性特点。现实中出版微观管理的许多问题都是由于经济方法运用不足或失当引起的，例如收入分配中的平均主义、搞"特殊化"、论资排辈等，显然会挫伤出版企业员工的积极性。当前许多出版企业已经建立了比较完善的工资和奖金分配制度，但在基本薪酬之外的经济激励和约束手段尚未充分利用，如股权分红、罚款等。因此出版微观管理经济方法的创新可以从严格按照公开、公平、公正的原则规范运用各种经济手段，和进一步扩充经济激励、约束工具箱两方面展开，同时要避免过度使用物质激励方式以及"以罚代管"的倾向。

出版微观管理的教育方法。教育方法是通过改变组织成员的思想观念、知识结构、价值认同来改变人的行为，使其向有利于管理目标的方向发展的管理方法。具有强制性、渗透性、群体性、个体性等特点，其中强制性教育如企业安全教育、保密教育、职业规范教育等；渗透性是指教育方法的管理效果相较于行政方法、经济方法，需要较长时间才能逐步显现出来；群体性方面，由于人是群体性动物，组织内存在着基于共同的社会情感而形成的"派系""团体"等非正式组织，管理的教育方法作用对象之一就是这些群体性的非正式组织；个体性方面，管理教育还必须尊重每一个员工作为独立个体的个性化差异。常见的教育方法有员工培训和拓展训练，其中员工培训方面，出版企业往往更加重视作者关系维护、编辑规范、审校流程等技能型的、业务型的教育，对市场意识、互联网意识、创新文化、企业精神等观念层面和价值认同层面的教育却显得不够。拓展训练(团建)作为近年来许多企业广泛开展的户外培训方式，对培养员工的意志品格、团队精神和企业认同效果明显，也是值得出版企业借鉴的管理教育方法。

出版微观管理的技术方法。当今世界，技术进步日新月异，出版业作为受技术影响十分显著的行业，管理的技术方法也十分重要。技术方法是指组织中各个层级的管理者根据管理活动的需要，自觉运用自己或他人所掌握的各类技术，以提高管理效率和效果的管理方法。包括信息技术、决策技术、计划技术、组织技术和控制技术等。例如信息技术要求管理者了解或掌握和本行业紧密相关的信息技术趋势，以便指导企业的技术创新，决策技术则要求管理者借助信息技术提高所掌握信息的数量和质量，从而帮助管理者做出科学的决策。对出版企业而言，数字信息技术催生的新产品、新业态已经成为企业发展的重点方向，管理者可以不掌握技术细节，但必须了解技术原理，总之，技术方法也是出版微观管理创新不可或缺的重要方式。

3. 管理制度创新

制度被认为是用来协调作为类群的参与者之间权力与利益关系的一系列规范，任何管理理念、管理方法只有最终内化成为常态化、长效化、规范化的管理制度，才能真正作用于企业的管理活动，因此制度创新是出版微观管理创新最根本的实现方式。长期以来，出版企业在实践中形成了许多运行良好的管理制度，如生产管理领域的选题备案制度、三审三校制度，经营管理领域的供应链管理制度、客户关系管理制度，人员管理方面的领导持证上岗制度、出版专业资格证制度。但这些制度大多集中在出版流程的某个具体环节或者企业管理的某个细节部分，很少有对出版企业管理做出整体安排的制度设计。随着国家宏观层面出版管理体制改革的不断深化，将来有望在出版微观管理的整体性制度方面取得更大的突破。

一是建立多种形式的组织结构制度。组织结构是组织内全体成员在职务范围、责任、权力方面所形成的结构体系，回答了组织以什么样的结构形式而存在的基本问题。纵观我国出版单位的组织结构制度，最普遍的是“社长(总编)+编辑部”的直线型组织结构，其特点是组织各级行政单位自上而下实行高度集权的垂直领导，行政主管行使一切管理职能。转企改制以后，随着出版单位规模的扩大和适应市场经济的要求，许多出版企业在“直线制”的基础上成立分社，形成了“事业部制”的组织结构。事业部制的特点是集中决策、分散经营、独立核算，其实质是高层集权下的分权管理制度，但仍然属于典型的“科层制度”，因为各事业部(分社)内部仍然是按照直线制的原则组织起来的。这种科层制在我国出版企业中的广泛运用有着特定的市场环境基础：读者的许多需求尚未得到充分满足；需求是无差异且相对稳定或者可以预测的；市场的稳定性和可预测性使得企业生产和管理主要依赖于经验的累积和总结，即通过所谓的“组织记忆”来实现。

在数字化和知识经济的今天，科层制的这些市场条件正在发生变化：同业、异业竞争高度饱和；读者需求多样化、个性化且难以预测；多样化的个性需求使得企业失去标准化生产和记忆性管理的基础；经常变动的市场环境要求企业随时调整管理的内容和形式，只有直接与外部环境相连、触达读者的弹性管理才是有效的管理。鉴于此，一种学习型的、创新型的组织结构制度应运而生，这就是目前已在一些高科技公司出现的“网络化组织结构”。这种组织结构将企业视为一组为完成特定任务而组成的横向工序流(工作单元)，而不是纵向的由各个职能部门组成的层级结构。工作单元之间的关系是为了完成一定的项目目标而设计的，企业成员在网络组织中的角色是随着工作单元的重组而动态变化的，“成员的权力地位不是取决于其职位，而是源自他们拥有的知识”①。由于网络结构中的每个

① 保罗·麦耶斯. 知识管理与组织设计[M]. 蒋惠工，等，译. 珠海：珠海出版社，1998：50.

工作单元都是一个权力中心，因此可以及时根据市场变化调整其生产经营等管理活动，由于各个工作单元之间建立了密切的内部沟通机制，组织经验和知识的交流有了充分的制度保障。但要指出的是，出版企业在设计网络化组织结构时，并不是要完全抛弃以编辑部或事业部为基础的科层制结构，实际上，任何组织或集体的管理都需要一定程度的集权和统一稳定的指挥，网络化结构应当是出版融合发展和数字化转型背景下对原有组织结构的补充和完善，而不是取而代之。因此未来出版企业管理较理想的组织结构应当是一种“网络化的层级组织”，层级结构支撑着出版企业管理活动的稳定性和有序性，而网络结构则促进着企业的动态性和适应性。

二是探索科学合理、适配性强的现代产权制度。如果说组织结构制度回答了组织以什么样的结构形式而存在的问题，那么产权制度则回答了组织的所有者之间以什么样的权利关系而存在的问题，包括组织的所有权、支配权、经营权、收益权等。在计划经济时代出版单位的产权全部归属于国家，不存在不同产权主体的关系问题。随着社会主义市场经济制度的确立和国有文化企业股权改革的深入推进，非公有资本逐渐进入包括出版业在内的文化领域。据报告，2015 年我国发行领域民营资本比重达到 67.6%，印刷领域民营资本占比达到 88.6%。[①] 出版领域由于意识形态属性，对非公资本的限制则比较严格。近年来随着出版集团化建设和上市融资进程的加快，中央和各省出版传媒集团纷纷进行股份制改造，社会资本越来越多地进入出版行业。在此背景下，不同出资主体之间的产权关系问题就成为出版企业资产管理的重要内容。

一方面积极吸纳多元资本利用资本的杠杆力量做大做强出版业是时代需要，另一方面妥善处置国有资产、坚守出版价值导向是企业红线，对(股份制)出版企业的产权制度做出稳妥的安排就显得尤为重要。归属清晰、权责明确、保护严格、流转顺畅是现代产权制度的基本要求，但在出版企业的产权制度设计中还必须考虑意识形态因素，企业的经营权、收益权等可以按照“一股一权”的原则让渡给非公股东，但涉及出版导向、股权转让、战略决策的重大事项则应牢牢掌握在国有资产主体手中。对此，产权制度中的“特殊管理股制度”给出了一种可能的解决方案。所谓特殊管理股，即区别于普通股份一股一权的、具有较多投票权的特殊股份。早在 20 世纪 80 年代，英美等国就在传媒领域推行过类似的“黄金股”和“双重股权结构(AB 股)”制度，其实质都是政府与企业或原始股东与新晋股东之间的一种契约。[②] 通过特殊管理股，国有股份可以用较少的出资比例获得较大的管理权，从而实现对出版企业重大事项的导向管理，因而是一种适配性较强的制度设计。总而言之，对出版企业产权制度的创新既要充分发挥资本融通的作用、调动不同出资主体的积极性，又要确保出版的意识形态安全和内容质量，与其他层面的微观管理创新相比，仍需要经过较长时间的探索。

---

① 中国社会科学网. 2016 年中国民营书业发展报告[EB/OL]. [2022-07-18]. http://orig.cssn.cn/ts/ts_sksy/201704/t20170424_3497121.shtml.

② 方卿，王一鸣. 政策演变与预期路径：出版传媒业特殊管理股制度探讨[J]. 科技与出版，2017(8)：14-18.

资源，即资财之源，通俗地讲，就是财富的来源。出版资源是指与出版产品形成直接相关的各种要素的集合。出版资源具有经济性、稀缺性和多用性等属性，是出版业运营的条件和基础。出版人、客户资源、内容资源和技术资源，是现代出版业最重要的四种资源。其中，出版人是出版资源当中最重要的价值源泉，客户资源直接决定着出版价值的实现，内容资源和技术资源为出版企业可持续发展的动力支持。每一种资源都作为要素投入共同作用于出版产业链中，实现产业链的价值增值。

全书第六章出版人系统介绍了出版从业者的不同角色、岗位职责、使命与定位、素养与培养。通过对这一章内容的系统学习，本教材的使用者可以对出版企业的人力资源需求及核心岗位要求有一定了解。第七章客户资源立足于出版企业，从产业链宏观角度为读者全面梳理出版企业与读者受众、供应商、渠道成员等利益相关者之间的相互关系。有别于已经出版的出版学基础理论教材，本教材并没有专章介绍编辑人和读者，而是将其分别视为出版人和客户资源的一部分，从更加宏观而又系统的角度阐述其作为生产资源的价值和

出版资源篇

作用。这样的架构使得本篇内容更接近于一般经济管理类教材的编写思路，方便学习者系统、深入地学习相关理论，触类旁通。第八章内容管理面向数字时代的出版内容资源，借鉴信息资源管理学的思路，从出版内容资源的类型、生命周期、开发与利用等方面系统阐述了数字内容资源作为一种出版业核心资源的本质属性与管理开发问题。第九章以出版生产流程为线索，详细讲述了出版物产品生产、流通和管理三个环节涉及的主要技术及具体应用场景，为读者了解出版产业实践提供了又一个新的视角。

不论是“内容为王”“渠道为王”还是“技术为王”，都反映出版产业“重资源、轻资产”的文化创意产业特征和产业运行逻辑，说明出版人、客户、内容和技术的重要性。受到技术革命和管理变革的推动，出版智力资源和技术资源将日益重要，成为出版业未来发展的新动能和增长点。通过学习本篇的四章内容，学习者能基本了解出版行业的资源类型及其基本特征，树立资源意识，为下一步了解出版物的一般生产过程打下基础。

F

出版人力资源（慕课）

出版人力资源（课件）

第六章　出版人

* 本章知识点提要

1. 出版人的定义与类别
2. 出版人的使命与角色定位
3. 出版人需要具备的素养
4. 出版人职业生涯管理与出版人才队伍建设

* 本章术语

出版人　编辑人员　校对人员　发行人员　营销人员　版权贸易人员

数字出版人员　出版人素养　职业生涯　职业锚

"在组织中，人是最重要的资源。"出版业是典型的人才密集型行业，随着出版业的产业化、全球化和数字化发展，出版业的竞争水平不断提升，出版人作为出版业最核心最关键的第一资源，越来越受到重视。高素质的出版人，是重要而又稀缺的出版资源，是出版事业繁荣发展的基石，是出版组织创造价值获得竞争优势的源泉。与内容、版权、技术等其他出版资源相比，出版人是唯一的具有能动性的出版资源，有效开发与管理出版人资源是出版组织整合其他出版资源及提高出版资源使用效率的前提。

第一节　出版人的内涵与外延

一、出版人的定义

出版人，即出版组织的人力资源。1954 年，彼得 · 德鲁克（Peter F. Drucker）在《管理的实践》一书中提出"人力资源"概念并指出，与其他所有资源相比较，唯一的区别就是它是人，是拥有"协调能力、融合能力、判断力和想象力"的"特殊资产"。经过半个多世纪的发展，人力资源概念被广泛接受，其内涵不断丰富。宏观上，人力资源可以等同于人口资源、劳动力资源、人才资源；微观上，人力资源指企业内部员工及外部与企业相关的人员的总和。由此，出版人即在出版组织从事内容生产、复制与传播的人员及与出版组织合作、保障出版组织各项出版活动顺利进行的人员的总和。广义上的出版人不仅包括在图书出版社、期刊社、音像电子出版社、网络媒体等专业内容生产组织的工作人员，而且包括在出版产业价值链上下游企业工作的人员，从事出版教育与研究、出版行政管理的人员，以及与出版企业关系密切的核心作者和忠实读者。狭义的出版人，主要指在图书、期刊与音像电子出版社等专业出版组织工作的人员。为便于分析，本书只讨论狭义上的出版人。

作为出版组织的"特殊资产"，出版人需要保持一定的数量，但更为重要的是出版人的质量，即出版人所具备的知识、经验、技能及其心理素质、身体素质。因此，在理解出版人这一概念的内涵时，有必要从单纯的人员扩展到以下四个层面：人员的知识、经验和技能；人员的个性、态度、对组织的忠诚度等；人员的内驱力、学习力与创造力；人员的身体健康与心理健康。高质量的出版人，才是形成出版组织核心竞争力的根本。

二、出版人的分类

虽然国内外出版企业的组织架构、岗位设置各有特色、互不相同，但从岗位职责来看，出版企业的岗位类别一般可以划分为编辑类、市场营销类、业务管理类和综合服务类，对应地，出版人可以大致划分为编辑人员、校对人员、发行人员、营销人员等出版专业技术人员以及管理人员和行政、财务等其他服务人员。随着出版业的国际化和数字化，许多出版企业的业务线拓展至版权贸易、数字出版等领域，因而增加了专事版权贸易的人员和专事数字出版的人员。

编辑人员：出版企业中专门从事编辑工作的人员，包括策划编辑、文字编辑、美术编辑、技术编辑等。编辑人员的主要职责是提出选题，进行组稿，审读、加工整理稿件，完成装帧设计、技术设计和印制设计，检查图书成品并协助图书的宣传推广等。

校对人员：出版企业中专门从事书稿校对工作的人员。校对人员的主要职责是负责书稿的一校、二校、三校、核红及通读等工作，以发现校样与原稿不一致的地方以及编辑加工遗留的差错，保证稿件质量。

发行人员：出版企业中专门从事与图书流通相关工作的人员，其主要职责包括开发与管理图书发行渠道、沟通与监控物流、仓储管理、货款结算、客户关系管理等。

营销人员：出版企业中从事图书宣传推广、促销及公共关系的人员。在有的出版企业，营销人员与发行人员同属一个部门，同时承担图书发行与图书营销工作。

版权贸易人员：出版企业中专门从事版权引进与输出工作的人员。随着中国版权贸易规模的扩大，多数出版企业都设置了专门的版权部门，由专人负责版权相关工作。

数字出版人员：出版企业中负责数字产品开发与运营的工作人员，如数字编辑系列的数字出版内容编辑、数字出版技术编辑和数字出版运维编辑，以及新媒体营销人员等。目前，很多出版企业除了出版传统纸质图书与音像制品外，也在积极尝试融合出版，开发融合内容产品，因此，很多出版企业设立了数字出版部门或新媒体部门，引进数字出版人才。随着融合出版与智能出版的快速发展，出版企业的数字出版人员队伍将逐步壮大。

其他人员：即出版企业中除出版专业技术人员之外的人员，如出版行政管理人员、财务人员、后勤服务人员等。他们也是出版人队伍不可或缺的一员。

各类出版人员各司其职，各负其责，保障着出版企业经营管理目标的实现和任务的完成。随着出版企业经营管理活动及业务流程的变化，基于岗位职责的出版人的类型结构会随之变化调整，如当前随着营销活动重要性的不断提升，出现了营销编辑、视频直播主持人等新型出版人类型。

第二节　出版人的使命与角色定位

出版工作是我国文化事业与文化产业的重要组成部分，是宣传思想工作的重要环节，也是提升国民文化自信、增强我国文化软实力的重要力量。当前，中国特色社会主义进入新时代，人民的精神文化需求出现新特点，加之数字化背景下出版业自身的转型升级，都赋予新时代出版人具有时代特色的使命和角色。

一、出版人的使命

出版人的使命指出版人在社会政治经济文化发展过程中应尽的责任和义务，具有鲜明的时代特征。在实现中华民族伟大复兴、建设出版强国的当下，出版人应坚守传承文明、弘扬中华民族优秀传统文化、传播社会主义核心价值体系、发展先进文化的历史使命，具备繁荣社会主义文化、建设社会主义文化强国、促进文化自信的责任担当。习近平总书记在2018年全国宣传思想工作会议中强调，完成新形势下宣传思想工作的使命任务，必须以新时代中国特色社会主义思想和党的十九大精神为指导，增强“四个意识”、坚定“四个自信”，自觉承担起举旗帜、聚民心、育新人、兴文化、展形象的使命任务，坚持正确政治方向，在基础性、战略性工作上下工夫，在关键处、要害处下工夫，在工作质量和水平上下工夫，推动宣传思想工作不断强起来，促进全体人民在理想信念、价值理念、道德观念上紧紧团结在一起，为服务党和国家事业全局作出更大贡献。① 所有的出版人都应在国家战略思想的统领和指引下，科学规划、合理布局，实现创新发展、优质发展、快速发展，服务于国家经济、科技、教育发展的主战场，服务国家发展战略，做好知识传播和文明传承，充分发挥文化引领风尚、教育人民、服务社会、推动发展的作用，为中华民族伟

① 习近平出席全国宣传思想工作会议并发表重要讲话[EB/OL].[2021-08-22]. http://www.gov.cn/xinwen/2018-08/22/content_5315723.htm.

大复兴的中国梦贡献出版人应有的力量。①

基于当前形势，出版人要推动出版业转型升级，实现文化理想追求与时代使命，需要始终把握正确的思想导向，发挥出版工作的引导作用，努力实现社会效益和经济效益相统一、共增长，要做精品、创品牌，为人民群众持续提供优质文化产品与服务。同时要做好中华优秀传统文化的出版与传承，推动出版"走出去"，讲好中国故事，传播中国声音，树立中国形象。

1. 发挥出版工作的思想引导作用

出版工作是进行思想宣传与文化传播的重要媒介，具有意识形态属性。要牢牢把握意识形态工作的正确方向，出版人要发挥出版工作的思想引导作用，明确思想导向，要始终高举中国特色社会主义伟大旗帜，坚持不懈地用习近平新时代中国特色社会主义思想武装自己，在学懂弄通做实上下真功夫。要牢牢把握意识形态主导权、话语权、领导权，弘扬社会主义主旋律，做大做强社会主义先进文化，用优秀的图书作品鼓舞人。要坚持立德树人、以文化人，建设社会主义精神文明、培育和践行社会主义核心价值观，用精品图书提高人民思想觉悟、文化水平。② 要坚持以优秀出版物为阵地，贯彻出版工作"为人民服务、为社会主义服务"的基本方针，宣传中华优秀传统文化与社会主义先进文化，不断提高人民群众的思想觉悟与文化水平，以先进文化与思想为读者燃起前进的明灯，不断增强全民族的文化自觉和文化自信，不断提升全民族的精神文化素质，不断增强全民族对国家改革发展的信念与信心，促进我国文化软实力的提升，为建设社会主义文化强国打牢根基。

2. 实现社会效益和经济效益相统一、共增长

出版人创造与提供精神产品，传播思想信息，担负文化传承使命，必须始终坚持把社会效益放在首位，实现社会效益和经济效益相统一。在市场经济条件下，出版工作要追求经济效益、提升经济实力，这是文化竞争的重要方面，也是自身发展的重要基础。但是，不论是具体作品的创作生产，还是单个企业和整个行业的发展，都不能搞"唯经济效益"。出版人要坚持以人民为中心的创作导向，牢固树立为人民服务的理念，始终把满足人民群众日益增长的精神文化需求作为出发点和落脚点。③ 在文化产品的生产过程中，出版人固然要重视出版工作的经济属性，在保证出版工作方向积极向好的前提下，实现经济利益最大化，从而使出版工作能够拥有源源不断的发展与创新资本，促进文化产业的持续发展。但同时，越是深化改革、创新发展，越要把社会效益放在首位，努力实现社会效益和经济效益相统一、共增长，更好地满足人民群众日益增长的精神文化需求，发挥出版工作的文

---

① 章华荣. 出版人使命与担当刍议[N]. 中国新闻出版广电报，2016-12-19(004).

② 曲宁. 不忘出版初心 牢记编辑使命[J]. 学理论，2020(2)：94-95.

③ 中央电视台台长聂辰席：坚持把社会效益放在首位 实现两个效益相统一[EB/OL]. [2021-10-08]. http://www.wenming.cn/ll_pd/wh/201510/t20151008_2892296.shtml.

化传承与思想导向的积极作用。

3. 做精品，创品牌，提供优质文化产品与服务

出版工作必须牢固树立为人民服务的理念，始终把满足人民群众日益增长的精神文化需求作为出发点和落脚点，着力把握人民需求、反映人民心声，着力为人民抒写、为人民抒情，着力提升人民素质、促进人的全面发展，① 使出版活动始终服务于人民的精神文化生活，服务于文化事业与文化产业的发展，服务于中华民族的伟大复兴。出版人要持续不断地为人民群众提供优质文化产品与服务，对出版产品的质量与内容进行严格审核与把关，在保质保量的前提下，通过创造优秀的出版产品，不断提高人民群众的审美趣味与思想理念。一是要做精品，坚守精品图书战略，为人民奉献优质精神食粮。要创新策划思路，发挥专业优势，突出地方特色，深挖出版资源，不断推出精品图书。② 二是要创品牌，用优秀的出版产品与出版人才打造出有特色、有亮点、有内涵的出版品牌，提升出版产品与出版服务的影响力与竞争力，赢得读者的信任与口碑。

4. 做好中华优秀传统文化的出版与传承

中华优秀传统文化是中华民族屹立不倒的精神根基，是具有深刻内涵与民族魅力的重要出版资源。做好中华优秀传统文化的出版与传承，深入挖掘传统文化中的精髓，对优秀传统文化进行创造性转化与发展，是出版人工作的责任与义务。出版人要坚持中国特色社会主义文化发展道路，坚定文化自信，推动中华优秀传统文化创新性发展，取其精华，弃其糟粕，使其能够与社会主义先进文化更好衔接，深度融合，为建设社会主义文化强国做出出版人的贡献。③ 做好优秀传统文化的整理、编纂与出版，同时需要让优秀传统文化鲜活起来，融入人民大众的日常生活，增强优秀传统文化的凝聚力、影响力和创造力。④ 要进一步挖掘优秀传统文化出版资源，深入推进优秀传统文化作品的出版与多层次开发，创新出版形式，使优秀传统文化在新时代焕发生机，使优秀传统文化出版物更突显中国精神与中国风格，更具有时代特色与现实意义。要做好革命文化的总结提炼与传播工作，促进革命文化作品的出版与改造，使其在发展社会主义先进文化、激发全民族文化创新创造活力、提升中华文化国际影响力、建设社会主义文化强国中发挥精神鼓舞与引领的作用。

5. 讲好中国故事，传播中国声音

当前，我国的国际地位与国际影响力日益提高，综合国力不断增强，我国在国际舞台

① 习近平出席全国宣传思想工作会议并发表重要讲话[EB/OL]. [2021-08-22]. http://www.gov.cn/xinwen/2018-08/22/content_5315723.htm.

② 张奇才. 坚守新时代出版人的使命与责任[N]. 中国新闻出版广电报，2019-07-30(T07).

③ 曲宁. 不忘出版初心 牢记编辑使命[J]. 学理论，2020(2)：94-95.

④ 范军. 新时代出版人的文化使命与责任担当[J]. 出版科学，2018，26(1)：1，8.

中也扮演着越来越重要的角色。同时，我国正处于社会转型期、实现中国梦的关键期，也是利用文化传播塑造良好国家形象的机遇期，需要高度重视文化传播，塑造积极、正面的国家形象。① 国家形象是一国的文化内涵与文化价值认同的体现，是国家实力的综合表现。打造国家形象，需要推动“文化走出去”，以优秀的文化作品彰显中国人民的文化自觉与文化自信。这是国家改革开放总体战略中的一项重要要求，也是文化改革发展的重要任务之一。要让更多人看见中国形象，了解中国形象，出版人要主动担起“出版走出去”的使命，进一步完善走出去的规划与战略，提高带领中华优秀文化走出去的责任感、使命感与紧迫感。出版人要建立国际视野，积极推进国际传播能力建设，要让产品走出去，版权走出去，更要让资本走出去，不断优化出版结构与出版形式，优化人才结构，建立可持续发展的走出去经营模式。同时，要不断提高中国出版的质量与水平，促进文化交流与融合，要用具有鲜明民族特色与时代特色的优秀出版产品讲好中国故事、传播好中国声音、树立好中国形象，向世界展现更真实、更立体、更全面的中国，彰显中国精神与中华文化影响力，这是每一位出版人的文化精神担当，更是出版人义不容辞的责任与使命。

二、出版人的角色定位

出版人的角色定位，反映了社会对于出版人的行为期待，与社会的发展阶段、目标任务以及出版人自身承担的历史使命等因素密切相关。出版人的角色定位和身份认知是在出版工作中逐步确立和形成的，会随着出版环境的变化和生产流程的变革调整变化。对于出版人的角色定位存在许多讨论，郝铭鉴认为“出版人扮演着四种角色：文化生产的组织者、文化产品的鉴定者、人类智慧的传播者、精神气候的营造者”②；张晨光提出在市场经济条件下出版人应该强化文化人、策划人、把关人、美化师、营销人五个角色方面的意识；③ 郝珊珊立足数字出版环境，将出版人的角色定位为资源整合设计者、新技术实践者、知识服务者和营销参与者。④ 对出版人角色定位与职业身份的认知关系到出版业的长远发展及出版人的职业生涯规划，因此，出版人需要结合出版活动的本质与出版环境的特征，明确自身的角色定位。

从本质上说，出版活动是一种精神文化产品的生产与传播活动，从这个角度看，出版人是文化生产的组织者和文化产品的传播者，是沟通文化生产者与文化消费者的中介，是文化产品的搜猎者、鉴审者和优化者。但是在现阶段，随着互联网技术和新媒体技术的发展，整个社会进入多媒体融合的数字化时代，⑤ 出版业的生产流程、产品模式、定价模

---

① 宋正. 文化传播与国家形象塑造[N]. 光明日报，2013-10-27(007).

② 郝铭鉴. 出版人的文化追求[J]. 编辑学刊，2013(6)：6-11.

③ 张晨光. 强化角色意识 承担文化使命 追求健康发展[J]. 中国图书评论，2013(10)：29-31.

④ 郝珊珊. 数字出版环境下出版人的自我转型与角色定位[J]. 科技传播，2019，11(17)：171-172.

⑤ 孟令梅. “互联网+”时代学术期刊编辑角色的重新定位[J]. 晋阳学刊，2018(1)：125-131.

式、营销模式、渠道模式等都处于巨大的变化中，因此，出版人需要顺应时代变化和信息技术发展的新要求，赋予出版人角色定位时代内涵，及时完成自身职业身份认知的升级，以深入参与出版活动的发展与变革，更好地实现新时代出版活动的文化追求与文化价值。

1. 文化生产的组织者和传播者

出版物生产本质上是一种社会文化生产，无论是知识内容的筛选整合，还是出版资源的有效配置，都需要按照整体优化的原则有计划地进行组织，使社会文化生产与社会需要相平衡，实现出版活动各环节的有效运转。文化生产的整体协调离不开出版人的统筹规划与组织调配。出版人需要承担起文化生产组织者的角色，熟悉出版工作的每一个环节，从组织者的宏观角度把握文化生产的总体运作，对出版工作的编辑、印刷、发行各环节的具体文化生产活动进行缜密规划与合理布局，使得无论是内容信息的筛选与开发，还是出版物的制作与发行，每一环节都能保持正常运转，环节与环节之间能得到有效衔接。出版人要有总揽全局的意识，一方面，在文化生产的过程中，出版人需要明确文化生产的目的与计划，提前对所生产的文化产品可能带来的社会效益与影响进行细致认真的评估，针对不同的出版产品进行详细的出版策划，并设计出具体执行的方案与手段；另一方面，出版人要关注市场的实时动态，根据出版单位的实际生产能力与具体生产情况对出版工作进行适应性调整，控制出版流程，协调各部门的生产顺序与产品结构，保证文化生产能够合理科学地进行，保证各部门及生产要素得到合理有效配置，使文化产品能够高质量有序地生产。

出版事业的出现使人类文明得以长久有效地记录与保存，人与人之间的文化交流更为便捷，人们的思想与智慧得以在更广阔的时空里传播。作为文化生产的产物，出版物从诞生起就是人类思想、知识和信息的重要载体，是人类智慧得以流传与广泛传播的重要媒介。作为文化生产的主体，古往今来，出版人通过组织文化生产活动，将无形的精神文化内容外贮于物质载体，使其有序化、规范化，使其能够被阅读、被感知、被接受，不仅赋予了知识文化得以传播的物质形态，同时还运用多样的通俗媒介与营销手段，促进出版物流通，使出版物能通过丰富的途径传送到读者的手中。出版物的流通过程同时也是文化传播的过程，通过市场交换，出版物所蕴含的知识信息得以交流与传播，而且，在出版物流通过程中所进行的宣传营销活动也有着对读者进行直接文化传播的作用。现代传播媒介的产生与发展为出版物传播制造了更多机会，文化产品快速大批量生产为满足读者多样化的阅读需求创造了可能性，也因此，出版人作为传播者的工作不仅是简单地满足读者主动的阅读需求，更要通过有效的营销方式发掘读者潜在的阅读偏好，针对读者的特定需求进行定制化的营销与传播，提高出版物的传播效率。

出版物的传播本质上是内容的传播。在内容产业与内容服务快速发展的当下，内容已不仅是文字、音频、视频、图画等内容，体验方式、交互方式也是内容，营销本身就是内容产品的一部分。当前，出版营销模式逐渐向数字化营销模式转型，出版营销环境更为复杂，竞争也更为激烈，营销活动的地位前所未有地提高。出版人不再是营销活动的局外人，而是要深入参与营销活动，依托对内容产品的熟悉度提供有效可行的营销意见，并为出版物制定量身订造的营销方案。出版人必须具有清醒的经营头脑，树立市场观念，了解出版物传播路径，熟悉出版物营销规律，把握新兴的营销方式，积极运用丰富的营销手段，通过刻画用户画像、分析用户反馈，提供定制化服务和个性化服务，更好地满足读者购买图书与享受精神服务的需求。通过有效的营销活动实现文化生产成果最大范围的传播。

2. 文化生产与文化消费的沟通者

出版人是文化生产与文化消费的中介，是文化生产者与文化消费者沟通的桥梁。无论是文化生产还是文化消费，都不可避免地要经过文化选择与文化整理的过程。在文化生产的过程中，作者总是倾向于创作包含自身价值倾向与文化爱好的作品，而出版人则要按照市场反馈的总体需求和社会价值取向的要求，有针对性地收集与整理这些已有作品与知识信息，并通过对内容的鉴定审核与筛选优化，从中挑选合适的部分进行制作生产。在文化消费的过程中，读者的消费总是带有一定的目的性与指向性，读者的阅读偏好与知识需求会促使他们选择那些符合自身阅读能力，与自身精神文化需要和价值倾向相匹配的作品。基于这种文化选择的存在，出版人就需要为文化生产的供需双方完成引导与匹配，通过充当沟通者的角色，充分了解供需双方的信息与需求，使文化生产和文化消费能够高度契合，提高文化生产与消费的效率。

出版人对文化生产与文化消费进行沟通与协调，一方面体现在对文化生产者和文化消费者文化需求的沟通上。首先，出版人自身需要明确出版的思想导向与价值要求，依据人民群众的精神文化需要，组织符合市场需求的知识信息并进行整理优化，同时要将市场需求与动态反馈给作者，引导作者进入写作状态，激发作者的写作热情，并为作者提供指导与意见；其次，出版人需要为读者的精神消费作导向，既要迎合，又要引导，既要重视读者的精神需要，通过分析读者画像与读者反馈了解读者的阅读偏好，并作出合理鉴别与正确认识，从而有选择地满足读者的个性化阅读需求，又要有针对性地利用营销宣传手段引导读者去接触那些健康合理、积极向上、情趣高雅的优秀作品，挖掘读者消费的潜在需求，从而起着双向疏导作用。另一方面，出版工作本身带有经济属性，文化生产与文化消费本质上也是经济活动的环节，因此，对文化生产者与文化消费者双方的沟通协调还体现在对市场信息的反馈中。从微观角度看，各类市场信息直接反映文化企业的生产与经营状况以及消费者的消费倾向，在这个意义上，可以说市场是组织文化经济运行的信息系统和网络。市场信息的传递和反馈，一方面使文化商品生产者了解市场，根据各种信息来组织文化生产，另一方面又使文化消费者从市场了解文化商品的供给，从而决策自己的消费选择。① 通过对市场信息的传递与反馈，出版人能更好地判断文化市场的实际供求状态，能

① 秦淑娟，李邦君. 文化经济规律研究[M]. 上海：上海财经大学出版社，2013：34-36.

更有效地调节文化生产与消费，保证文化生产的顺利进行，促进文化消费规模的进一步扩大，推动文化事业的蓬勃发展。

3. 文化产品的搜猎者、鉴审者和优化者

出版物是文化知识集合的产物，这种集合并不是随意的，而是出版人根据一定的价值导向进行筛选整理，使其具有适合于读者消费的内容。在这一过程中，出版人需要有针对地收集知识信息，并进行鉴定审查与优化，使其成为适合读者接受与阅读的文化产品。网络的普及与发展使人们获取信息的途径日益丰富，每个人既是内容的接受者，也是内容的创造者，人们可获取信息的途径变得前所未有的宽泛，可获取信息也呈现出爆炸性增长的趋势。然而，信息的繁杂也为人们获取有效信息制造了障碍。由于信息来源的难以辨别，大部分信息都缺乏权威性、可靠性，反而引起了信息与知识的泛滥，让很多人感到无所适从。因此，出版人的工作已不是简单地提供文化产品，而更多的是扮演信息搜猎者的角色。出版人在内容筛选、组织与加工方面有着独特的优势，可以根据读者的需求进行信息资源整合，让繁多无序的内容知识变得有序，为读者从浩如烟海的信息宇宙中筛选有效信息，提供更具价值的文化内容与个性化知识服务。当前，出版形式已经由传统的纸质出版转型为数字出版，出版内容也由平面、单一升级为立体、交互、跨媒体。出版内容及载体形式的变化对出版人的工作素养提出了更高的要求，要求出版人必须要充分调动各种资源，加大各种资源的利用率，加强出版资源的整合与设计。出版人要通过数字出版的专业知识、经验以及创意，对内容资源进行整合，包含出版作者、版权以及各种内容，使出版内容更加符合人们的阅读方式,① 使出版内容更适应于读者的个性化需求。

出版人不仅要对信息资源进行整合与利用，更要对所搜集到的信息资源进行鉴定审核，对内容质量进行把关，从而保证信息内容符合出版要求，保证出版物能够更好地起到对读者的思想引导与价值熏陶等作用。出版人是文化产品的鉴审者，是思想文化的把关者和引导者，对社会文化生产起着调节与引导的作用，高质量的出版产品离不开出版人的细心选择与严格把关。出版人对出版产品的把控，体现在对精神内容的把控与对载体质量的把控上。出版人是文化内容的采集者，也是科学知识的宣传者和各种社会思潮的把关人，担当着阅读引路人的职责。出版人要用社会主义核心价值观和社会主义先进文化来引导市场，要坚决舍弃那些违背社会主义核心价值观的庸俗、低俗、媚俗的出版物。当今世界纷纷攘攘，人们的思想空前活跃，各种观念的碰撞尤为激烈，人们的世界观、价值取向也各不相同，但有些永恒的东西，比如爱、同情、友谊、正义、勇敢、伟大，是需要我们永远坚守和弘扬的。出版人有责任在出版物中用这些永恒的价值观引导读者、感染读者、教育

① 郝珊珊. 数字出版环境下出版人的自我转型与角色定位[J]. 科技传播，2019，11(17)：171-172.

读者。① 出版人自身要具有较高的审美趣味，保持对出版产品较高的文化审核标准，要对出版内容所蕴含的思想进行细致的筛选与分类，去粗取精，通过筛选与整合信息，以健康积极向上的优秀作品培养受众的价值观念，构建共同的精神家园，从而更好地实现出版物传递信息、传播知识、传承文明、促进文化交流的目的。

出版物质量是出版事业的生命线。衡量一个出版单位的成绩与价值，主要在于它出版了多少真正经得起实践检验和时间考验，能够传之久远、影响深广的读物。而一种出版物的选题价值、内容分量、学术和思想水平，以至语言文字质量，除受著作者条件的制约外，主要取决于出版工作的质量。正是从这种意义上讲，出版工作在提高出版物质量上处于保证地位。一种优秀出版物的出版，要经过许多工作环节，出版物质量的提高，是各个环节共同努力的结果。② 出版人要重视出版物的质量管理，坚持落实图书质量责任机制，坚持内容为王、质量为本，既要明确每一项审核工作的要求，监督每一项服务或产品是否到位或合格，又要为不断提高装帧与印刷的水平与质量而努力，推出内外兼优、高质量高水平的文化产品。

文化产品的生产不仅需要对知识信息进行搜猎与审核鉴定，更需要对内容及形式进行优化，通过应用新技术，让出版物能够以更丰富的形态呈现出来，从而使其能适应人们多样化的阅读习惯与知识需求。信息技术的发展使人们接收信息的途径更为广泛，从线下到线上，从纸面到屏幕，从静态的文字到动态的音视频，人们的阅读方式发生了巨大的变化，对阅读体验也有了更高的追求，同时，快阅读、碎片化阅读的趋势也对出版工作的速度与形式提出了新的要求。出版人要充当文化产品的优化者，不仅优化产品内容与形式，优化出版工作的流程，更要推动整个行业转型的步伐。当前，出版业正处于从传统出版向数字出版的转型阶段，电子排版与校对、网络组稿与审稿、出版物线上发行、按需印刷等正逐渐改变着传统的出版形式，出版业正由主要依靠传统出版业态向传统出版业态与新兴出版业态有机融合转变。大数据、云计算、人工智能、智能制造等新技术的兴起与应用，也进一步对传统出版业造成冲击。新技术的加入为文化生产与传播提供了机遇，推动着出版的转型与变革，促使出版新形态与新业态的诞生。总体而言，数字出版技术能够在出版转型的过程中发挥基础引擎的作用，更好地实现内容生产的高效化和内容传播的精准化，为用户提供定制内容，满足个性化需求，能够更好地传播新思想、新观念、新技术，发挥出版工作思想启蒙与推动的作用。在新技术的挑战下，出版人需要抛弃古板守旧的传统出版思想，树立自主学习、终身学习的观念，积极学习新兴信息技术，掌握最新的出版技术手段，并将其运用到出版工作的实践当中。例如，在出版工作中运用大数据技术，对出版内容、生产模式、传播介质、销售渠道等数字化流程中反馈的数据进行收集与分析，可以实现对出版流程的“实时监控”，更好地掌握出版工作的进展与动态，为进一步进行出版策

① 李升奎. 适应读者与引导读者[J]. 理论与现代化，2001(4)：77-79.
② 罗紫初. 出版学基础研究[M]. 太原：山西人民出版社，2005：12.

划提供了现实依据；运用人工智能技术，可以快速高效地完成出版物销量的预测、读者偏好反馈的收集、个性化营销方案的智能生成、出版策划可行性分析等工作，从而更好地洞悉市场的变化与规律，为读者提供更有针对性的知识服务；运用 VR 与 AR 技术，可以使出版物内容从二维的纸面转换到三维甚至四维的空间中，如为儿童图书开发具有交互性的动画与音视频内容产品，使儿童读者能够进入到几近真实的童话世界里，为专业学科领域的抽象实验进行三维建模，使晦涩抽象的理论变得触手可及，为读者提供更具真实感与沉浸感的阅读体验。基于此，出版人必须与时俱进，要具有敏锐的信息感受能力与灵活的市场应变能力，要有不怕困难、持续学习的决心，要率先成为新兴技术的实践者，掌握各种现代化的信息收集技术与手段，全面掌握各种媒体的编辑出版技能，熟练运用各种互联网和数字媒体新技术，从而更好地优化出版工作与出版内容，适应全媒体数字出版环境，满足出版实践的需求。

第三节　出版人的素养

出版人的素养是一个综合概念，指出版人从事出版活动“必须借助的，来自于先天和后天，并凝结于该主体内部、有一定水平和能量的个体品质”①，反映的是出版人的修习涵养、品行习惯与能力技巧。出版人的素养包括政治素质、知识素养、业务素养、个性品质及职业道德修养等丰富内容。

一、出版人的政治素质

出版活动是一种精神文化生产与传播活动，有较强的意识形态属性，与政治有千丝万缕的联系，各种政治因素如政治制度、政治思想、政策法规、政治运动等，都会对出版活动产生重大影响。因此，出版人必须具备较高的政治素养。

政治素质是社会成员对国家公共权力及其行使过程的态度取向及相关参与能力，“根据政治主体对政治体系功能的不同取向，政治素质可以分为系统素质、过程素质和政策素质”。系统素质反映的是对国家、政府、政党、政权等的态度和行为取向，其“核心范畴有政治认同、政治情感、政治觉悟、政治立场和政治拥护等”；过程素质指参政议政的态度和能力，包括“政治参与知识、政治参与态度、政治经验、政治信任、政治表达技能和政治合作技能等”；政策素质是“对重大政治问题决策或公共政策的态度和行为取向”，包括政治理想、政治信念、政治责任、政策水平等。② 基于政治素质的内涵与外延，可以将出版人需要具备的核心政治素质归纳为政治信仰与政治立场、政治观念与政治态度、政治责任与政策水平。

---

① 邱霈恩. 领导者素质[M]. 北京：中国言实出版社，2003：225.

② 李云. 政治素质释义[J]. 长安大学学报(社会科学版)，2008，10(1)：106-111.

第一，出版人需要拥有坚定的政治信仰和政治立场。当代中国的出版事业是新时代中国特色社会主义事业的重要组成部分，出版工作对于党的意识形态领域工作不可或缺，在凝聚人心、巩固人民团结奋斗的共同思想基础方面意义重大。目前，国内国际政治经济形势十分复杂，民粹主义、民族主义、泛娱乐主义、新自由主义等各种社会思潮暗流涌动，传统与现代、东方与西方、个人与集体等多元政治价值观激荡交织，对主流意识形态造成巨大冲击，对普通民众特别是青少年的思想认知产生严重误导。在这种形势下，出版人只有具备坚定的政治信仰和政治立场，与党中央保持高度一致，坚持道路自信、理论自信、制度自信、文化自信，增强政治意识、大局意识、核心意识、看齐意识，才能在出版工作中强化政治担当，本着为国家负责、为人民负责的精神，做到“守土有责”，通过主题出版等弘扬中国精神和中国价值，提高民众对各种社会思潮和多元价值观的分析判断能力，充分发挥出版工作在思想领域凝心聚力的积极作用，推动具有强大凝聚力和引领力的社会主义意识形态的建设。

第二，出版人要有正确的政治思想与政治态度，即正确的政治观念。从政治哲学的角度出发，政治观念反映的是政治主体对公民根本利益的看法和态度，不同的政治主体如思想家、政治精英、公民有不同的政治观念，消除不同政治主体间政治观念的异见并构建通约关系，是达成社会共识、维护社会秩序的重要途径。① 出版活动是一种媒介的生产与传播活动，而媒介作为“政治公共领域”，是不同政治主体进行政治批评的重要公共空间，是不同的意见和观点交锋的重要场所，因此，对于出版活动而言，必然面临如何选择和呈现这些意见和观点的问题，也意味着出版活动当然地承载着引导舆论、达成社会共识的重要任务。出版活动的这种强烈的公众性，必然要求出版人具备正确的政治观念，有正确的政治思想、政治态度、政治方向和政治行为，有正确的政治价值取向、政治道德素养和坚实的政治理论修养，能够理性分析、客观判断不同政治主体各种政治观点的合法性和合理性，准确辨识大是大非，并通过出版活动传播有益于社会发展、公众福祉的政治观念，使媒介成为沟通公众与公共权力的真正纽带。

第三，出版人要有高度的政治责任感与政策水平。自古以来，出版活动就承载着“为天地立心，为生民立命，为往圣继绝学”的历史文化使命，出版人就肩负着推动社会进步、维护国家和人民利益的政治责任，因此，出版人必须具备高度的政治责任感，在出版工作中应本着对国家、社会、人民、出版事业负责以及对历史、现在和未来负责的精神，做好优秀文化产品的生产与传播工作，尽一切可能杜绝不良出版物的出版发行。同时，作为意识形态工作的一部分，出版工作是一项政治性、政策性、纪律性很强的工作，无论是出版战略的制定还是出版产品的生产，都要遵守党纪法规，符合党和政府的路线、方针、政策，因此，出版人应该准确领会并坚定执行党和政府的路线方针政策，“始终与党同心同

① 晏辉. 论政治观念[J]. 南京社会科学，2011(6)：8.

德，同向同行”，“坚持为党的中心工作服务”，保持“较高的政治觉悟和党性原则”①，以敏锐的政治洞察力和政治鉴别力，把好出版工作的政治关、思想关、价值关，及时发现有违政策法规的出版物或内容，杜绝扰乱人心、破坏社会稳定、危害国家安全的出版物进入市场。

二、出版人的知识素养

出版业是内容创意产业的重要组成，属于典型的知识密集型行业，出版活动的主要功能，在于将大量杂乱无序的信息，经过选择、优化，去伪存真，汰劣存优，浓缩为有助于人们更好地认知世界、了解社会的各种知识和解决实际问题的智慧方案。因此，出版人只有具备深厚的知识素养，才能完成知识生产与传播的任务。

出版人的知识素养与其知识结构有密切关系。吴飞将出版人应该具备的知识结构划分为基本域与生成域两部分，基本域代表专业基础知识，生成域代表由基础域生发的博杂知识。② 也有一些学者以“T”型、“X”型或“π”型来概括出版人的知识结构，认为出版人应在具备出版学专业知识及某一学科专业知识的基础上，不断扩充知识面，掌握广博的人文社会科学知识和自然科学知识。从出版活动的发展来看，随着出版活动进入现代产业阶段，出版活动的专业化程度不断提升，因而要求出版人必须具有扎实的专业基础知识。同时，随着科学进步和文化发展，出版活动的对象——作品的内容越来越博杂，涉及学科领域越来越广泛，因此，要胜任出版工作，出版人必须拥有广博的相关学科知识。简言之，出版人应该既是专家又是杂家，其知识结构，应该是专与博的结合。

专，指出版人需要具备深厚的专业基础知识。这里的专业基础知识，包括出版专业基础知识和某一学科领域的专业知识。出版人首先应该充分掌握出版学、编辑学、图书营销学、出版史、出版法律法规、出版企业经营管理等专业核心领域知识，懂得出版活动的本质特征和一般规律，了解出版活动的关键目标和主要任务，熟悉出版活动的基本流程和具体环节，知晓出版活动的内容和方法。其次，随着数字化出版成为趋势，出版人还需要掌握数字出版专业知识，熟悉不同类型媒体的编辑、制作与传播的特点、流程和技巧，了解融媒体出版和智能媒体出版的规律。再次，出版人需要掌握传播学、新闻学、目录学、文献学、版本学等出版学相关学科知识，吸收借鉴相关学科的理论、方法。最后，出版人也应该结合自己的学科背景和兴趣，逐步增强对某一学科领域专业知识的积累，向学者型出版人发展。

博，指出版人需要具有广博的社会科学和自然科学知识。首先，出版人应博览群书，广泛涉猎哲学、历史、文学、心理学、社会学、经济学、管理学、逻辑学等人文社会科学学科领域，掌握这些领域的基本理论和常识。其次，出版人也需要了解自然科学领域的基

① 孙文科. 关于加强编辑队伍建设的几点思考[J]. 中国编辑，2018(6)：54.

② 吴飞. 新闻编辑学[M]. 杭州：杭州大学出版社，1995：6.

础知识和一般原理，尤其是在当下技术快速发展，不断引发社会各个领域巨大变革的背景下，出版人更应该主动关注各种技术发展信息并积极学习相关技术知识，如区块链技术、大数据技术等。随着社会进入网络时代，出版人还需要掌握互联网和移动互联网的相关知识，了解网络空间信息生产与信息消费的方式与特点。最后，出版人还应该关心国内国际时事政治，掌握经济社会发展趋势，了解各行各业发展动态。总而言之，在信息容量以TB计量的当下，出版人应该秉持“活到老学到老”的理念，不断拓展自己的知识边界，扩充自己的知识储备。

三、出版人的业务素养

业务素养，指出版人在完成出版工作的过程中需要具备的综合能力。出版人需要具备的业务素养会因为所在工作岗位不同而有一定差异，比如编辑人员与营销人员相比，前者需要具备较强的语言文字修养，后者需要具备更强的宣传推广能力。虽然如此，但一些核心业务素质，是无论身处何种岗位的出版人都需要具备的，这些核心业务素质包括学习能力、数据素养、创新能力、组织协调与沟通能力、市场分析能力、运营能力等。

1. 学习能力

学习能力是出版人的核心竞争力。当今时代是一个变革的时代，技术创新、知识更新的周期越来越短，各种新技术、新知识、新学科、新领域层出不穷，对出版人的学习能力提出越来越高的要求。同时，出版业在新技术的驱动下不断创新转型，数字出版、融合出版、智能出版，各种新的出版业态、出版模式不断涌现，也要求出版人必须不断学习，了解和掌握日新月异的出版技术与出版理念。在这种背景下，出版人只有保持终身学习的动力和激情，不断更新自己的知识和技能的积累，才能跟上时代变化的节奏，才能推动出版业的可持续发展。

学习能力包括学习态度、学习方法和学习技巧。学习态度反映了出版人对新知识是否抱有持续的好奇心和求知欲，学习方法和学习技巧决定了出版人能否高效地吸收新知识并将新知识迅速纳入自己已有的知识框架，从而不断完善自己的知识结构，提高自己分析问题、解决问题的能力。对于出版人而言，需要通过不断培养自己的观察力、阅读力、思维力、注意力等基础能力，达到提高学习能力的目的。

2. 数据素养

随着社会信息化程度的不断提升，大数据成为重要的生产要素。2012年，联合国发布《大数据促发展：挑战与机遇》白皮书，旨在推动社会对大数据的利用并带动全球发展。①2015年9月，中国印发《促进大数据发展行动纲要》，布局大数据的未来发展。数据化逐

---

① 张娟，杨文建. 国外数据素养教育研究及其启示[J]. 数字图书馆论坛，2020(4)：60-65.

渐成为许多行业的发展趋势。出版业作为生产与传播知识信息的行业，既大量生成数据，更需要大量利用数据，从选题策划、作者选择到了解读者阅读偏好，每一个环节都离不开数据的支持。因此，大数据时代的出版人，必须具备良好的数据素养。

数据素养指出版人“在数据获取、分析、管理、利用、评价和数据道德伦理等方面”的素养，包括数据意识、数据能力和数据伦理三方面的内容。① 出版人要具备敏锐的数据意识，形成对有用数据的洞察力和理解力；出版人也需要掌握一定的数据挖掘、清洗和分析的知识和技能，善于将无序的数据转化为有价值的出版信息，并能有效地使用各种数据辅助出版决策，提高出版工作效率；出版人还应该了解数据规范、数据道德和数据文化，“在数据交流、出版、共享中遵循数据伦理与数据道德，树立正确的数据价值观”②。需要指出的是，在理解出版人的数据素养时，应该融合信息素养和媒介素养的相关内容。实际上，数据素养、信息素养和媒介素养，都反映的是在信息超饱和状态下人们如何理解信息和整合利用信息的一种能力，只是关注层面有所区别，数据素养可以说是信息素养和媒介素养在大数据时代的演进和深化。

3. 创新能力

创新是出版活动的基本精神。“人无我有，人有我新”，出版业是通过守正创新获得持续发展动能的行业，以创新驱动发展始终是出版行业的核心战略，在当下出版业面临种种变革的背景下，创新更是出版业求得生存发展的根本之道。因此，出版人必须具备较强的创新能力。

创新能力指个体运用已有的知识、经验创造出新价值的能力，“包括创新意识、创新思维和创新技能三部分”③。出版创新是一个系统工程，包括出版产品创新、出版方式创新、出版市场创新、出版营销创新、出版技术创新、出版制度创新等多个方面。出版人的创新能力，就是运用自己的知识和经验实现出版创新的能力。具体而言，就是运用既有知识和经验，整合各类出版资源，不断开发新选题，创新出版物形式，开拓新市场，为读者提供优质的内容产品，同时不断发现和采纳新方法、新技术，推动出版技术革新、制度革新的能力。出版人的创新能力，同样包括创新意识、创新思维和创新技能三部分。创新意识是创造动机、创造兴趣、创造情感和创造意志的综合，④ 体现了出版人在开展出版活动过程中的主观能动性和主动创造性，是出版人创新能力的核心。创新思维指出版人在出版工作中求新求异的思维活动，反映了出版人对于新文化、新思想、新知识的追求，是出版人创新能力的源泉。创新技能是出版人实现出版创新的依托，出版人应该不断提升自己的创新技能，丰富自己的创新手段。

① 周小莉．面向编辑出版专业的数据素养教育体系构建研究[J]．出版科学，2020(1)：68.
② 周小莉．面向编辑出版专业的数据素养教育体系构建研究[J]．出版科学，2020(1)：71.
③ 张庆英．创新教育与教育的创新[M]．北京：中国财富出版社，2016：42.
④ 陈敬全，孙柳燕．创新意识[M]．上海：上海科学技术出版社，2010：62-65.

4. 组织协调与沟通能力

组织协调与沟通能力反映的是出版人在与其他组织部门或他人进行交往的过程中，能否通过语言、文字或其他方式，有效地传达自己的观念、意见、情感以获取理解、认同和共鸣的能力。组织协调与沟通能力是出版人保证出版活动顺利开展和取得成功的关键能力。出版产品的生产与传播，需要经过市场调研、选题策划、审稿、编辑加工、校对、营销推广等很多环节，往往涉及作者、编辑、装帧设计者、校对人员、编务人员、营销发行人员等不同人员，出版人只有具备较强的组织协调与沟通能力，才能有效控制出版产品的生产与传播流程，保证各个环节有序衔接，并使所有人员齐心协力，互相配合，高效完成出版工作。出版活动的开展，不仅依赖于内部的分工协作，也依赖于外部相关部门的支持，所以，出版人要有良好的公关和社交能力，以最大限度地获取出版活动需要的各种外部资源。出版活动的开展，同时会面临一定的矛盾与冲突，这也需要出版人有较强的冲突处理能力，通过有效沟通尽可能降低冲突给出版企业造成的不利影响。

5. 市场分析能力

随着出版业市场化、国际化程度不断提升，出版市场的结构日趋复杂多变，竞争不断加剧，对出版人的市场分析能力的要求也越来越高。出版人一要准确把握出版市场现状和发展趋势，要非常了解国内国际出版市场的结构、特点、发展动态，明晰所在出版企业的市场位势，这样才能做好出版企业的战略定位和发展规划。二要准确掌握市场竞争格局和竞争对手的发展动态，了解竞争对手的战略战术，这样才能采取合理的竞争策略获取更大的竞争优势。三要准确把握出版市场需求特点与潜力，合理细分出版市场，精准选择目标市场，策划出版适销对路的出版产品。

6. 运营能力

出版企业的运营活动，包括产品运营、渠道运营、媒体运营、读者运营等不同内容，需要出版人具备较强的综合运营能力。但在全媒体时代，出版人特别需要培养和提升的是读者运营能力和渠道运营能力。首先，在全媒体时代，内容平台和内容产品层出不穷，不断分割内容市场和内容消费者，抢夺有限的注意力资源。出版企业要避免读者流失，就必须加强对读者的运营管理，提高各项出版活动读者定位的精准度。出版人要善于利用大数据技术进行读者管理，掌握目标读者的阅读习惯与购买行为特点，并采取各种有效的激励手段提升读者的阅读体验与购买体验，从而提高读者对出版企业的信任度和忠诚度。出版人还要具备和提高社群管理能力，善于利用微信、抖音等各种新媒体平台加强与读者的沟通关联，通过运营企业账号或出版人个人账号，吸引读者、建立社群、培养粉丝。

另一方面，在全媒体时代，内容分发渠道日趋多样，除了书店等传统出版物发行渠道，各种电子商务平台、知识付费平台等新型渠道不断涌现，销售能力不断提升并逐渐与传统渠道平分秋色。比如，早在2015年，知名微信公众号“罗辑思维”的年图书销售额就超过1亿元，领先很多实体书店。因此，出版人既要维护好传统发行渠道，更要积极拓展新渠道，要善于利用新媒体平台及“罗辑思维”这样的头部资源扩大出版物及出版企业的品牌影响力，带动出版物销售。现在，许多出版企业已经开始打造自己的知识分享服务平台，如建设网站、开发App等，这要求出版人具备平台运营管理的知识和技能，充分掌握这些平台的运营特点与规律，善于通过这些平台深度运营作者和读者，构建畅通的线上销售渠道。

四、出版人的个性品质

人的个性品质会在一定程度上决定其与工作的匹配度和对职业的适应性，并影响其工作绩效和职业发展。从这个角度来看出版人应该具备的素养，就不能只注重智力能力，也需要关注其个性特征。

“个性是指一个人具有的独特的、稳定的对现实的态度和行为方式，它具有整体性、独特性和稳定性等特点。”①以卡特尔的16种人格特质反观出版人在个性品质上的共同特征可以发现，出版人个性品质的胜任特征因素至少包括：坚忍不拔、有毅力、有恒心，能坚持不懈地完成工作，遇到困难不后退；情绪稳定，自控力强，抗压性大，遇到不同意见或受到批评时能冷静对待，能有效处理压力沉重的状况；成就欲强，在工作中会以富有挑战性的个人成就目标进行自我驱动，工作积极主动，具有较强的独立性、自律性和责任感；耐心、细致、严谨，注意每一个工作环节中的每一个细节；好奇心强，有胆有识，敢于尝试新事物，对工作环境的各种变化持开放态度；正直、诚实、可靠，道德感强。

五、出版人的职业道德修养

道德是一种非权力性社会规范，对社会成员的行为具有一定的制约性。道德在职业领域的体现即职业道德，反映了从业者在职业活动中应该遵守的行为准则，是协调职业活动中职业责任、职业权利和职业利益的重要准则。出版业在千百年的发展进程中，逐渐沉淀出本行业的道德准则和行为规范，成为行业自律的重要依据，并在提升出版人的社会地位，繁荣出版事业，构建社会公信力等方面发挥了积极作用。作为出版人，在从事出版工作的过程中，必须充分了解并遵守出版业的职业道德准则，在行使职业权利、获取职业利益的同时，更要积极承担职业责任，协调好与出版组织、同事、作者、读者及其他相关利益主体的关系。

1997年颁布、2004年修订的《中国出版工作者职业道德准则》为当代中国出版人提供了职业道德行为准则。根据该规定，出版人在出版活动中必须遵守八个职业道德准则：为人民服务，为社会主义服务；增强使命感和责任感，力求坚持两个效益的最佳结合；树立

---

① 彭剑锋. 人力资源管理概论(第2版)[M]. 上海：复旦大学出版社，2015：310.

精品意识，提高出版质量；遵纪守法，廉洁自律；爱岗敬业，忠于职守；团结协作，诚实守信；艰苦奋斗，勤俭创业；遵守外事纪律，维护国家利益。① 2015 年 9 月 15 日，为进一步增强新闻出版人在推进中国社会主义文化强国建设中的责任意识，促进新闻出版业更好地履行传播知识、传递信息、传承文化的文化使命，提高行业公信力，弘扬行业良好风尚，中国广播电视社会组织联合会、中国出版协会联合新闻出版广播影视行业 50 家社团共同签署了《新闻出版广播影视从业人员职业道德自律公约》，提出十个职业道德行为准则：维护党的领导和国家利益，不发表或传播损害党和国家形象的言论；秉持真实客观公正原则，不搞有偿新闻和虚假新闻；传递正能量，不在网络及其他媒介上制作或传播有害信息；追求健康向上的文化品位，不使用低俗粗俗媚俗的语言、文字和图像；确保制作服务质量，不提供粗制滥造的出版物、视听作品和技术服务；对社会公众负责，不制作、代言和传播虚假广告；崇尚契约精神，不做出影响行业诚信和秩序的违约行为；积极自主创新，不抄袭剽窃他人创意及成果；开展健康的媒介与文艺批评，不贬损他人名誉及作品；树立良好职业形象，不涉"黄赌毒"和违反公序良俗的行为。② 出版人在出版工作中，应以《准则》和《公约》为参照，培育和提高自身的职业操守和职业意识，践行出版工作者的职业道德，推动出版业的行业诚信建设。

在出版人的职业道德修养中，全心全意为人民服务、为社会主义服务是根本。出版人要"有强烈的历史使命感和社会责任感"，要本着对人民负责的精神，深入了解社会发展的信息需求和广大人民群众在社会经济文化活动中的精神文化需求，全心全意为推动社会发展提供精准信息服务，为人民群众提供高质量的优秀内容产品。在出版工作中，出版人要严格遵守党纪国法，遵守出版管理各项规章制度，不从事非法出版活动，自觉抵制行业内外以权谋私、钱权交易等不良风气。要有工匠精神，爱岗敬业，踏实肯干，勤奋钻研业务，兢兢业业，精益求精，不断推出精品力作。要诚实守信，倡导公平竞争，维护出版市场秩序。在对外交往活动中，要严守外事纪律，保守国家机密，维护国家利益和出版工作者形象。

第四节　出版人的培养

技术变革与经济文化环境的变化，使出版企业的生存和发展面临巨大的不确定性，出版企业要克服不确定因素并保持竞争优势，实现在融合媒体和智能媒体时代的创新发展，离不开高质量的出版人才队伍。因此，出版企业亟须实施新型人才培养战略，建立健全出版人力资源开发与管理机制，建设结构合理、富有竞争力的出版人队伍。

---

① 中国出版工作者职业道德准则[J]. 北京联合大学学报(人文社会科学版)，2004(2)：1-2.

② 新闻出版广播影视从业人员职业道德自律公约[EB/OL]. [2020-05-20]. http://www.carft.cn/2015-9-28/2151a982-6b06-cf36-eaa5-29e76bd03ee7.html.

出版人的培养可以从个人和组织两个层面展开。从个人层面，出版人要将个人目标与出版组织目标进行匹配，做好个人的职业生涯管理；从组织层面，出版企业要做好人才规划，加强出版人才队伍建设。

一、出版人的职业生涯管理

职业生涯指“员工在某个职业领域或者不同职业领域内的发展过程”①，是由一系列有计划的工作选择及相关教育和训练活动串联而成的职业发展历程。职业生涯管理就是围绕员工与企业的发展目标的实现而建立员工职业潜力识别与激发系统。一般而言，一个出版人的职业生涯有三四十年，如果不进行合理规划和科学管理，其职业潜力很难激发，也无法取得应有的成就。因此，出版人和出版组织都必须重视对出版人的职业生涯管理。

员工职业生涯发展有纵向发展、横向发展和螺旋发展三种模式。② 纵向发展模式，即根据出版人的职业进阶对其职业生涯进行规划管理。比如编辑人员，可以沿着助理编辑—编辑—副编审—编审的职业台阶设计发展路线，不断丰富编辑岗位各个职级需要的知识和技能，最终成长为资深编辑。横向发展模式，即在出版企业不同职能部门之间轮换发展或者成为职业专家。螺旋发展模式实际上是对前两种模式的综合，强调通过对出版人进行培训开发提高出版人对职业的控制力。在出版业不断变革的今天，这种模式应该成为出版人职业生涯发展的主要模式。首先，出版人可以通过轮岗了解出版企业不同职能部门和各个岗位的责权利要求，找到最适合自己个性及特长的岗位，实现人与工作的精准匹配。然后，出版企业应当根据岗位发展需要及对员工的绩效考评，为员工提供工作辅导和职业培训，帮助员工逐渐成长为职业专家，如编辑岗位的专家、营销与发行岗位的专家等。

在员工的职业生涯发展过程中，职业锚起着非常重要的作用。职业锚即核心职业价值观，埃德加·沙因(Edgar Schein)将核心职业价值观划分为技术型职业价值观、管理型职业价值观、创造型职业价值观、自主型职业价值观和安全型职业价值观五种。③ 核心职业价值观会影响一个人的职业选择和职业坚守。出版人在自己的职业生涯发展过程中，受基于个人需要和社会需要形成的工作动机的驱使，会逐步形成稳定的核心职业价值观。比如，崇尚专业技术的出版人，可能更希望在编辑等专业技术岗位持续发展，而不愿意转向行政管理岗位。职业锚决定着出版人能否在某一领域不断丰富知识扩展技能，形成核心竞争力。因此，出版人在自己的职业生涯中尤其是在职业生涯的早期，应该不断探索发现自己的职业锚。

在员工的职业生涯发展中，需要特别注意的一个问题是“职业高原”。“职业高原”是指员工在职业阶梯上丧失向上持续发展可能性的一种现象，“职业高原”的产生既有组织设

① 石金涛，唐宁玉，顾琴轩. 培训与开发[M]. 北京：中国人民大学出版社，2003：166.
② 石金涛，唐宁玉，顾琴轩. 培训与开发[M]. 北京：中国人民大学出版社，2003：168-169.
③ 石金涛，唐宁玉，顾琴轩. 培训与开发[M]. 北京：中国人民大学出版社，2003：177.

计、工作和职业性质方面的原因，也受员工个人素质的影响。① 出版人在三四十年的职业生涯中，难免不遭遇“职业高原”的困扰，但可以通过合理的职业规划尽量降低或者消除其影响，尤其是降低由个人因素导致的“职业高原”现象产生的概率。比如，根据出版行业的发展趋势和出版企业的发展战略调整个人的职业目标，培养终身学习的习惯，不断提升个人素质。

二、出版人才队伍建设

出版人才队伍建设是出版企业实现“人才兴企”的基础工程，是出版企业提高内容生产、创新和传播能力，并最终提升核心竞争力的战略性、关键性工作。出版企业进行人才队伍建设有两项核心内容：一是制定人才规划，二是建立并不断完善人才引进、考核、培训等人力资源管理制度，优化人力资源管理机制。

1. 制定出版人才规划

出版人才规划，既包括从出版企业战略出发的人才战略规划，也包括根据出版企业的人才供需状况进行的人力资源调整，强调基于实现出版企业发展战略和计划目标的需求对出版企业人力资源的数量、质量和结构进行系统规划和动态平衡。

近年来，随着我国出版产业的规模不断扩大，数字化、国际化程度的不断提高，数字出版、版权贸易与国际合作出版等新型业态在出版企业的发展战略中逐渐与传统出版平分秋色，甚至有后来居上的态势，出版企业逐渐进入传统媒体与新媒体融合发展的全媒体时代。然而，我国出版企业现有人才队伍并不能完全满足新形势的需求和要求，人才分布不均衡，“一般性人才多，高素质创新型人才少；单方面特长的人才多，具有跨界融合能力的复合型人才少；传统出版领域人才多，新媒体、多媒体运营、资本运营的人才少；单兵作战的人才多，领军型人才少；立足于国内的人才多，国际性出版人才少”②；编辑、营销等专业人员数量偏少，行政人员占比较大；高端人才流失严重，优秀人才难以引进。

2015 年 4 月国家新闻出版广电总局与财政部联合发布的《关于推动传统出版和新兴出版融合发展的指导意见》的第 14 条“强化人才队伍建设”指出，要“制定出版融合发展人才培养规划”，“加大新兴出版内容生产人才、技术研发人才、资本运作人才和经营管理人才培养引进力度，进一步优化人才结构”③。出版企业应在指导意见框架内，结合企业实际做好出版人才规划，统筹兼顾，突出重点，既要保持传统出版人才队伍的规模和质量，更要扩大数字出版人才、外向型人才、资本运营与运作人才等新型出版人才的数量；同时，

---

① 石金涛，唐宁玉，顾琴轩．培训与开发［M］．北京：中国人民大学出版社，2003：185-186.

② 魏玉山，等．我国社会主义矛盾变化背景下出版业的发展对策［J］．出版发行研究，2018(2)：33.

③ 两部门印发关于推动传统出版和新兴出版融合发展的指导意见［EB/OL］．［2021-12-12］．http://www.gov.cn/xinwen/2015-04/09/content_2844294.htm.

应根据出版企业对核心人才、稀缺人才、通用人才和辅助人才①的不同需求重新规划出版人才队伍的知识职称结构、学历结构、专业结构、年龄结构，重点引进、开发和培养“深刻把握出版规律、掌握出版技术与知识又具有互联网思维和创新意识”②的领军人才、创意创新人才和跨界复合型人才，显著提升现代出版企业经营管理人才、高技能专业技术人才、数字出版与传播人才、国际化外向型出版人才、高级策划人才及出版名家大家在出版人才队伍中的比例，以快速优化出版企业人才队伍布局，提升出版人才队伍整体质量，为出版企业实现发展战略提供智力保障和人力支持。

2. 完善出版企业人才制度建设，优化出版企业人力资源管理机制

建立人才辈出、名家辈出、人尽其才的出版人才制度，完善出版企业人才选拔与培养长效机制，优化出版企业人才发展环境，是出版企业建设“政治坚定、业务精湛、作风优良”③的人才队伍的关键。

一个完整的企业人才管理系统包括战略规划、职位管理、胜任能力、招募与配置、绩效管理、薪酬管理、培训与开发、再配置与退出、员工关系管理、知识与信息管理十大职能模块，通过这些职能模块的协同作用、有机运行，实现企业选人、用人、育人、留人、人员退出五大功能。④ 同时，要使企业人才管理系统平稳运行，需要形成包括牵引机制、激励机制、约束监督机制、竞争淘汰机制四个要素的完整的人力资源运行机制，从不同角度整合和激活企业的人力资源，⑤ 达到优化人才结构，促进人力资本增值，并最终实现企业核心能力和竞争优势提升的目的。

目前，出版企业在人才制度及其运行机制建设上面临外部缺乏竞争力、内部不尽合理的困境，薪酬偏低、分配不公平、大锅饭、人才退出机制不健全等现象普遍存在。多数出版企业没有完整的人才管理系统和运行机制，出版人才的引进、评价、考核、培训、激励、退出等机制亟须完善。出版企业需要将人才队伍建设提升到战略层面，在牢固掌握正确的选人用人方向的前提下，通过制度建设为人才成长创造良好条件。出版企业应该根据出版产业融合发展、跨界发展的趋势，结合企业的发展战略、业务定位和市场拓展需求，与时俱进地进行组织设计，调整岗位结构，平衡传统出版岗位与数字出版岗位等各类岗位的设置，进一步明确数字出版等新型岗位的任职资格，建立基于职位和能力的出版企业人力资源管理体系。规范出版人才招聘流程，提高人才招聘效率，合理引进符合出版企业岗位需求的各类人才，做到人岗匹配、人事匹配。鼓励出版人才职业化，打破出版人才流动障碍，构建为出版人才集聚、流动、引进和配置服务的内外部平台，完善人才流动机制。

① 彭剑锋. 人力资源管理概论(第2版)[M]. 上海：复旦大学出版社，2015：20.
② 秦德继. 融合出版背景下的人才队伍建设浅析[J]. 出版参考，2019(6)：64.
③ 秦德继. 融合出版背景下的人才队伍建设浅析[J]. 出版参考，2019(6)：64.
④ 彭剑锋. 人力资源管理概论(第2版)[M]. 上海：复旦大学出版社，2015：90-97.
⑤ 彭剑锋. 人力资源管理概论(第2版)[M]. 上海：复旦大学出版社，2015：97.

一方面疏通出版企业内部不同类型出版人才的交流渠道，通过内部人力资源的再配置，提高人岗匹配程度，实现人尽其才；另一方面拓展人才流动渠道，除内部轮岗等传统途径外，还可以利用项目制、内部创业等新方式实现出版人才在企业内部的合理流动；同时，积极推动传统出版企业与互联网企业、新兴内容生产企业之间的人才双向交流，优势互补，优化出版企业人才队伍结构。加强绩效管理，更新绩效理念，建立全面绩效观，不仅强调员工的工作结果，更要关注员工的行为素质和潜在能力，并积极促进员工绩效与组织绩效之间联动关系的建立，充分利用绩效管理推动员工职业生涯的持续成长和组织绩效的持续改进。特别要加强对数字出版人才的绩效管理，制定科学的绩效考核指标体系，建立对数字出版人才的容错机制，鼓励数字出版人才探索新型内容产品和新型出版模式。创新薪酬理念和薪酬策略，根据出版企业在融合发展和跨界发展背景下的战略需要重新设计薪酬战略框架，调整薪酬设计依据，优化薪酬结构，建立市场化的薪酬体系，“构建体现岗位绩效和人员分级分类管理的薪酬制度，探索协议工资制、项目工资制、股权期权激励制等薪酬分配机制”①，增强薪酬体系和薪酬制度在实现员工满意度、吸引和留住出版企业所需核心人才等方面的作用，提高出版企业薪酬的内部公平性和外部竞争力。整合培训资源，建设更加系统化的出版人才培训与开发系统，加大对出版人才继续教育的投入，建立有效的培训工作流程、工作标准和管理制度，细致分析不同出版人才的培训需求，通过各种途径对出版人才进行多层次、全方位、有针对性的培训与开发，比如招聘内部讲师建立企业微课堂随时分享经验释疑解惑，成立企业学院或大讲堂为企业内外部员工提供相对系统的课程学习，与新媒体企业合作培养复合型出版人才，国内外产学研结合推进高层次出版人才培养，围绕出版专业职业资格考试进行专项培训、举办高层次出版人才出国培训班、落实“四个一批”“五个一人才”培养规划、建立传帮带制度、推行导师制等。

① 李宝玲. 全媒体时代传统出版业数字化发展研究[M]. 北京：企业管理出版社，2016：166-167.

G

出版客户资源（慕课）

出版客户资源（课件）

第七章　客户资源

* 本章知识点提要

1. 出版客户资源的定义、内涵和价值
2. 传统出版客户资源的类型和作用
3. 作为消费者的出版领域用户特征
4. 出版客户运营服务的意义、策略、典型案例

* 本章术语

出版资源　客户资源　网络用户　PGC　UGC　出版客户运营

传统出版资源主要包括直接构成出版物使用价值的知识内容资源，以及与出版物生产直接相关的生产要素资源。近年来，随着出版产业的深度融合发展，业界越来越深刻地认识到客户资源是出版产业链和价值链中极为重要的资源类型，正确认识出版领域客户资源内涵，以及如何对出版领域客户资源进行有效的开发和管理是出版产业发展中一个非常重要的问题。

第一节　客户资源概述

一、客户定义

客户，一般是指用金钱或某种有价值的物品来换取服务、产品或某种创意的自然人或组织。① 对于企业而言，客户有外延和内涵之分：外延客户是指市场中广泛存在的、对企业的产品或服务有不同需求的个体或机构消费者；内涵客户是指企业的供应商、分销商以

① 马莉婷. 电子商务概论(第2版)[M]. 北京：北京理工大学出版社，2019：50-52.

及下属的内部职能部门、分公司、办事处、分支机构等。客户既包括产品或服务的最终使用者，也包括参与产品或服务流通过程的中间商。① 在出版领域，外延客户是指对出版机构提供的出版物或产品服务有需求的个体消费者或家庭、图书馆等团体组织等，内涵客户是指出版产业链等生产环节中的各种中间商，如出版物的分销商、代理商等。与“客户”相近的几个概念如“顾客”“消费者”“用户”等也经常被使用，从词汇意义上看，顾客是指与企业直接进行商业交往的人或群体，强调交易过程的直接性。消费者是指企业产品和服务的最终使用者和受益者，一般位于产业链的终端，强调其经济属性。而用户是指所有接受某一项产品和服务的客体，不单指某一类人，泛指所有接受服务的客观实体，强调个体对产品和服务的使用与体验。这些概念具有一个相似的内涵，即作为接受产品和服务的客体。本章的客户范畴属于这一广义的概念内涵，即包括了网络环境下使用更广泛的“用户”这一类型。

从企业资源管理视角来看，客户资源是指企业将自己的客户和潜在客户看作创造价值的一种资源。② 客户资源不同于其他资源，客户资源相对于传统企业内部资源，如企业员工、资金、固定资产等，属于企业的外部资源，客户资源和企业内部资源一样对企业的发展具有重要的战略意义。客户作为影响企业存亡的“上帝”，早已是兵家必争之地。客户资源不仅仅局限于传统意义上的客户，对企业来讲，客户资源往往是变动和相对的。有时竞争对手也可以成为客户，企业员工也可看作企业的客户，企业下游生产线也是上游生产线的客户。这是一种站在客户角度思考企业生产发展的思维，简称为“客户思维”。

与客户相思维对应，互联网思维是当下中国最流行的商业概念之一。它与传统的“以客户为中心”的商业模式在本质上是一致的，只不过对传统的“客户”概念做了“客户”与“用户”的区分。客户可以分为两类，一类是传统意义上的“客户”，即为产品和服务直接买单的人或组织；另一类是使用产品和服务的人或组织，即一般所说的“用户”。③ 许多时候，客户就是用户，用户就是客户，但有时候两者是分离的，例如电视台通过电视节目获取观众注意力，通过售卖广告时间获取收入，则广告主是客户，观众是用户。互联网思维强调更多的是对用户的重视，而“以客户为中心”未明确区分“客户”和“用户”，将两者混而为一，统称为“客户”，可以根据具体情景将“客户”理解为传统意义上的“客户”或者互联网思维强调的“用户”。本章将出版企业客户资源分为传统出版客户资源与网络时代出版用户资源两大类。

二、出版客户资源的内涵

在出版领域中，出版活动所面向的客户既包括向出版企业机构批量采购出版物以及其

① 王广宇. 客户关系管理(第3版)[M]. 北京：清华大学出版社，2013：50-53.

② 叶开，刘钢. 客户关系管理之叶问理论与实务[M]. 成都：成都时代出版社，2011：50-58.

③ 曾令斌. 关于出版本质、市场、客户与限制的思考[J]. 出版广角，2015(1)：18-20.

他产品和服务的中间商、书店、图书馆等，也包括单独采购的个体消费者或家庭等，统称为出版客户资源，它是指出版机构将采购其产品和服务的消费者、企业单位、渠道商等实体看作出版机构创造价值的一种资源。出版活动的最终目的是获得效益，包括社会效益和经济效益。当今社会的商业模式是“以客户为中心”的商业模式，客户资源已经成为企业不可或缺的资源之一，出版机构要持续发展长足进步，就需要考虑到客户的需求，将出版客户资源作为出版机构的资产并对其进行系统的管理。

三、出版客户资源的价值

资源能力学派认为，今天形成企业竞争优势和核心竞争力的资源要素再也不是那些有形的机器设备、厂房、资本、产品等物质资源，因为这些资源很容易从市场中得到。而管理、人才、技术、市场、品牌形象等无形资产，则起着非常关键的作用。这些资源不易流动、不易被复制、交易频率低，其他企业不容易从市场中得到，具有相对的垄断作用，可以产生一定的垄断优势。① 出版客户资源就是这样一种重要的无形资源，它对出版企业具有重要的价值，主要体现在下列几个方面：

1. 市场价值

出版企业的价值体现在两方面，一方面是伴随着其产品和服务的销售而实现的经济价值，另一方面是客户使用出版企业的产品和服务后实现的社会价值。客户购买出版企业的产品和服务，使出版企业的这两种价值得以实现。

2. 客户规模优势

如果出版企业的忠诚客户在其市场中占据较大份额，那就会为出版企业带来相应的红利，形成一定的规模优势，有效降低宣传成本和客户开发成本。此外，一般客户在选择具体的出版产品和服务时，出于从众心理，高忠诚度的客户群会成为影响其选择的重要因素。

3. 品牌宣传优势

客户的舆论宣传是影响出版企业品牌形象的一个重要因素，如果客户对出版企业所提供的产品和服务感到满意，那么客户就会对出版企业品牌产品等进行正面宣传，帮助出版企业树立良好的形象。反之，如果客户不满意出版企业提供的产品和服务，则会对出版企业的产品和服务进行负面宣传。出版企业只有提供高质量的、令客户满意的产品和服务，树立良好的品牌形象，才能获取客户的正面宣传。

---

① 彭志忠，李蕴，刘军，等. 客户关系管理理论、实务与系统应用[M]. 济南：山东大学出版社，2005：50-53.

4. 信息价值优势

对任何企业而言，客户信息都是极为重要的价值。出版企业只有准确掌握客户信息，才能对出版物内容生产和用户知识服务相关的选题策划、营销宣传等一系列活动做出符合客户需求的选择，从而获得良好的社会效益和经济效益。

第二节　网络时代出版用户资源

网络时代，文本、声音和图像等多种媒体形式同时汇聚于各种出版产品与服务之中，传统书报刊出版界限逐渐模糊，产业链极大缩短，数字出版、网络出版、移动出版等新型出版形态逐渐普及。出版企业的营销对象不再限于传统的“客户”，而是融合了传统媒介背景下的“读者”“受众”“听众”“观众”和“消费者”的“融读者”，[①] 也就是互联网思维强调的“用户”。

一、网络时代用户的特点

用户在网络中呈现出了“数据化生存”“表演化生存”“节点化生存”和“并发性生存”四个特点。第一，数据化生存。网络时代，用户有了另一种生存方式，即数据化生存。用户在互联网中的一切活动，都可以用数据来描绘、表达和传播。第二，表演化生存。在网络时代，在人机互动的过程中，人们的行为都具有一定的“表演”成分。网络中用户的“表演”是基于数字化的虚拟空间，在“匿名”的状态下用户基于角色的表演比现实空间要自由得多。同时，用户更注重“自我表达”与“互动”。第三，节点化生存。网络将终端、内容、人、服务等连接起来，使之成为一张巨大的网。网络用户在这张网中的角色，是一个个的节点，串联起了网络世界中所有关键性要素。作为网络节点的个体具有传播中心的属性，这种属性将个体作为信息的生产者、传播者与消费者的三种角色集成在一起，由此带来了传播机制变化，也使得传统出版的“把关人”地位受到挑战。第四，并发性生存。移动终端越来越显得“无所不能”而又随时可得，人们在同一时空里可以做的事越来越多，这就意味着人的行为的“多道并发性”，即用户可以任意游走在不同的平台之间，同时处理不一样的事务，呈现不一样的角色。[②]

总之，在传统出版业中，出版单位不太容易精准掌握受众(读者)的数据和特征，获取受众(读者)的信息与反馈必须经过批发商、零售商、代理商等中间商，而网络时代的到来，出版企业基于数字平台的内容可以实现点对点的推送，完整精确捕获最终用户的信息。同时，网络时代的用户与传统出版的最终受众(读者)有所区别，一方面，受众不再是

① 方卿. 出版营销的“融”路径[J]. 出版与印刷，2020(2)：3-4.

② 彭兰. 网络传播概论[M]. 北京：中国人民大学出版社，2017：7-10.

信息的被动接受者与消费者，他们也可以以各种方式参与到内容的生产与传播中；另一方面，传统出版的对象是“不定量的大多数”，具有异质、数量大的特征。但在网络时代，这种“不定量”的“多数”的受众，开始演变为个性化需求凸显的“个体”。因此，本节将网络时代出版用户分为作为消费者的用户与作为内容生产者的用户两大类。

二、作为内容消费者的用户

1. “个性化”与“社会化”并存的用户

网络技术使用户作为一个“个体”存在有了意义。传统出版的传播方式是点对面的，个体只是作为受众中的一员而存在，任何一个传统出版单位都不会针对某人的特别需求来进行传播，用户的个别需求是通过用户自己在“大众化”的信息产品中进行挑选而得以满足的。而网络使点对点传播成为可能，网络能够为个体“量身定做”，提供个体所需要的有关信息。也就是所谓的“个性化”服务。出版企业提供个性化服务的方式，目前主要有以下两种。其一，出版企业利用技术在自己的门户网站、客户端或者第三方平台了解个体用户的需求偏好及行为特点，为他们推送符合其需求的信息。其二，用户自己设定信息来源，在社会化媒体上通过他人的筛选来获得个性化的信息。比如，用户在使用“豆瓣阅读”移动应用时，进入“豆瓣阅读”社区，可以自行设定感兴趣的相关话题、关注知名博主，以此获得大V等博主发布的信息。

2. 主动性与被动性并存的用户

网络赋予了用户更多的主动性。网络技术使得用户根据自己的需要“拉出”信息成为可能。用户可以更加自由地选择自己喜欢的出版物、出版内容、出版服务。网络用户的主动性也可以体现为参与性。用户可以更多地介入传播过程，提出自己对信息的需求，可以对传播的内容做出评价，也可以成为信息的发布者。比如，在众筹出版当中，作为投资方的用户，可以决定出版物的内容、选题、形式等。网络文学作品创作过程中，用户可以通过网文平台与作者互动，从而参与到网文创作中去。尽管网络时代给予了用户更多的主动性，但是从用户视角来看，又具有难以挣脱的“被动性”。在人的本性作用下，网络用户依然会表现出很强的惰性，用户更倾向于通过各种方式减少行为成本。比如从阅读来看，网络用户会采用标题依赖、扫描式阅读、关键词依赖等偷懒的简化式阅读方式。网络用户行为的另一个特点是有很强的惯性，这是其被动性的另一个体现。面对网络中的海量信息，用户更倾向于通过自己的行为惯性去降低获得信息的成本，比如形式上的熟悉感会使用户更容易产生依赖。此外，关系对于用户惯性的形成也至关重要，用户的关系圈子也是惯性的一部分。比如，英语学习类的知识付费产品“薄荷阅读”通过回赠英文版书籍、阅读课程回放等奖励措施激励用户在“微信朋友圈”打卡80天，通过“微信朋友圈”的关系营销，“薄荷阅读”既增加了品牌的曝光度、吸引了新用户又增强了原有用户的黏性。

三、作为内容生产者的用户

网络时代，出版企业的用户不仅仅是出版内容的消费者，同时也是内容的生产者。由此，形成两种网络平台上常见的内容生产模式，即 UGC（User Generated Content，即用户生成内容）与 PGC（Professional Generated Content，即专业人士生成内容）。本节将从内容生产者、生产过程、传播过程①等几个方面对网络时代内容生产中 PGC 和 UGC 逐一进行分析。

1. 从生产者来看

PGC 模式的生产者多具有专业学识或者工作资质，他们从事内容生产多是因为工作需要或以此盈利。为保证内容质量和传播效果，PGC 一般采用专业化生产工具，并在特定的场所内进行。例如，原央视主持人王凯针对 0～12 岁儿童打造的"凯叔讲故事"这一品牌。王凯曾是一名优秀的电视节目主持人，具有丰富的媒体实战经验，同时，他也是一位专业的影视作品配音演员，曾为《变形金刚》《海底总动员》等多部动画片配音。在音频内容的生产上，"凯叔讲故事"既注重"从孩子的视角看世界"，又主张"以专业的眼光做产品"，保障了儿童有声读物的优质生产。UGC 的生产者大多都是业余人员，他们出于个人爱好、公益心等原因参与到内容生产中。UGC 门槛较低，优酷、抖音、微博、网文网站等便捷生产工具的出现使参与 UGC 内容生产的人数越来越多，其生产内容的成本趋于零。

2. 从产品特点来看

PGC 主要面向头部市场，而 UGC 模式下生产的内容则满足长尾市场的需求。PGC 内容通常具有一致性、专业性，但时效性不够强。以澎湃新闻为例，澎湃新闻具有一个庞大的组织机构，通过各种经过专业学习或训练的人员获取新闻报道，具有统一的内容审核标准，在新闻的采写编评上也形成了特定的风格和标准。而用户生产的内容呈现出海量、碎片化、时效性强等特点。但 UGC 内容往往难以摆脱"噪声"，业余生产者对内容审查不严，从而使一些并非完全真实可靠、品质有保障的内容流入市场。比如，由大众所创作的网络文学作品由于缺乏严格的内容审查与监管机制，常出现情节拖沓冗长、逻辑性不合理、内容庸俗、质量不高等问题。

3. 从目标用户来看

UGC 与 PGC 的内容生产者一方面既是内容平台商、网络渠道商、技术提供商等相关数字出版企业的用户，同时他们所生产的内容产品也有自己的用户。PGC 面向的主要是专业用户，这类用户大多出于获取知识的目的浏览信息，可以接受支付一定的费用，以较低

---

① 廖佩伊. UGC、PGC 的社交媒体内容生产方式比较[J]. 新闻研究导刊，2018，9(16)：98.

的选择成本来获取更为可靠、标准化的专业生产内容。例如，“知乎”知识付费平台的用户学历在大学本科及以上的占比超过 80%，这类受过更好教育的用户对知识的需求与认知更为强烈，对知识付费的接受程度也远高于普通用户，愿意为高质量的知识内容付费。生产者多为业余用户的 UGC 面向的主要人群是普通用户，他们浏览相关信息大多是为了满足娱乐需求和个人兴趣。每个人的兴趣千差万别，因此 UGC 用户的需求也具有个性化的特点。

4. 从生产过程来看

从 PGC 的生产过程来看，内容由生产者产出后，经过一定的渠道触达用户。在这个过程中，由于生产者是以组织的身份出现的，因此它与用户之间的连接较弱，互动较少。在这个生产过程中，用户会格外看重内容的质量。而在 UGC 的生产过程中，基于用户兴趣爱好会形成网络兴趣社群，利用便捷的社交工具，可以实现用户之间顺畅的沟通交流，这种具有共性的内容经由某种网络渠道传递出去后，会形成该群体特有的社群文化。以“豆瓣”为例，“豆瓣”的目标用户为文艺青年，用户的共性就是“文艺”，在“豆瓣”这个大环境中，文艺青年们相互影响，他们生产出的内容也趋于“文艺”。长此以往，强化了“豆瓣”文艺小清新的风格特质。当社群文化形成后，其他文艺青年也会逐渐聚拢到“豆瓣”这个平台上，平台上原有的用户也会逐渐强化自身的文艺特征，以争取更多粉丝。

5. 从传播过程来看

PGC 内容通过专门的平台发布，用户通过适当的渠道获取信息，传播路径呈现单向性。用户可能通过读者来信、读者评论等反馈方式，对内容质量产生一定的影响，但这个过程的实际效果目前并不理想。UGC 内容生产中，用户之间除了因为社群文化的存在而相互影响外，他们也会为了获得更多的粉丝关注，展开一定的竞争。目标用户不仅会根据自己的需要从海量内容中选取优质的内容，而且也可以直接向生产内容的其他用户作出反馈，作为生产者的用户可以根据反馈及时调整自己所生产的内容。优质内容被筛选出来后，不仅会在社群内部传播，也会自然而然地向社群外传播。这些反映了平台风格、平台价值观的优质内容在社群外传播时，自然而然会被社群外用户当作该社群的一张名片，当用户对该内容反映出的价值观产生认同时，可能也会加入原有平台成为 UGC 内容生产的一部分。

随着互联网特别是移动互联网技术的飞速发展，各行各业都在发生深刻的变革，商业模式和经营理念不断被颠覆。近年来，随着微博、微信、抖音等新媒体平台的兴起，如何在融媒体时代下，规划与发展好自己的客户资源，更好地为读者服务，成为传统出版单位重点关注和思考的问题。在拥有得天独厚的优质内容的基础上，出版企业要深入了解网络时代用户的特点，把握用户的需求，对用户进行精准画像，切实做好读者用户服务工作。

第三节　出版客户运营服务

出版客户运营服务，是指出版企业将采购、使用其产品和服务的其他企业单位、渠道商、消费者、个体用户等实体看作出版企业创造价值的一种资源，对其进行开发、配置和维护，以实现客户价值和出版企业价值最大化的过程。

出版客户运营服务以维持现有出版物市场为出发点，满足现有客户需求，培养忠诚的客户群，同时在此基础上拓展出版产品和服务市场，开发新客户，实现出版价值最大化的同时也实现出版价值的持续增长。

一、出版客户运营服务的意义

从1992年中共十四大正式提出“社会主义市场经济”起，出版界的市场观念逐渐增强。随着竞争的日益激烈，各出版机构对读者的重视程度也越来越高，并提出了“以读者为中心”的出版理念。[①] 读者作为出版机构最终端的客户，能够反映出版机构所提供的图书、服务等能否得到市场的认可。因此，出版单位必须重视读者这个最终端的客户，深入读者、了解读者、贴近读者、服务读者。在传统出版中，出版社出版的图书需要经过批发商、零售商、代理商等中间商才能到达读者手中。出版社通过中间商这类客户资源，可以获取终端读者的需求信息与市场反馈，进而根据读者的需求策划选题、提高读者的满意度，从而增强自身的竞争力。因此，出版社对中间商这类客户资源运营与维护显得尤为必要。

网络时代的到来，使纸媒构建的传播体系和经营格局逐渐式微，这对于出版企业来说尤其明显。网络等新技术的出现与内容资源的丰富，极大地拓展了消费群体，使传统出版业进入产业化、网络化、数字化发展的时代。数字出版内容范围的拓展以及表现方式的转变，使出版内容的消费者从传统出版物的读者拓展到包括观众、听众、网民在内的广义的“内容消费者”[②]，也即用户。

二、出版客户运营服务策略

网络时代的用户更具有鲜明的特征，不仅仅是内容被动的接收者，而且更希望参与到内容的创作过程中去。出版企业不能拘泥于传统出版的思维，要充分利用网络和技术的优势，最大限度地满足用户的需求。因此，出版企业探究网络时代用户运营与维护的规律势在必行，这样才能在网络时代得以生存和发展，才能推动整个出版产业不断发展壮大。

---

① 刘艺. 对“以读者为中心”出版理念的辩证思考——兼谈市场经济条件下出版导向的重要性[J]. 出版科学，2009，17(2)：68-70，57.

② 乔东亮. 数字出版的读者观[J]. 出版科学，2011，19(1)：22-25.

1. 出版客户资源开发策略

对出版企业来说，要维持企业的发展既需要保持与老客户的良好联系，也需要不断地开发和吸引新客户。这就意味着出版企业要做好客户资源开发的工作，出版客户资源开发是指出版企业将目标客户和潜在客户转化为现实客户的过程。出版企业开发客户的策略可大致分为营销导向的开发策略和推销导向的开发策略。营销导向的开发策略，即出版企业通过适当的产品、适当的价格、适当的分销渠道和适当的促销手段来吸引目标客户和潜在客户，从而将目标客户和潜在客户开发为现实客户的过程，例如出版社通过策划优秀选题、严格控制编校质量、进行精美装帧设计、借电商平台打折活动等手段来促进图书销售都属于营销导向的开发策略。营销导向意味着出版企业应该从本身的产品、价格、分销和促销的特色来吸引客户，以实现客户自己完成开发、主动和自愿地被开发。推销导向的开发策略，是指出版企业在自己的产品、价格、分销渠道和促销手段没有明显特色或者缺乏吸引力的情况下，通过推销形式，引导或劝说客户购买，从而将目标客户开发为现实客户的过程。

2. 出版客户关系管理策略

客户关系管理(Customer Relationship Management，CRM)是通过采用信息技术，使企业市场营销、销售管理、客户服务和支持等经营流程信息化，实现客户资源有效利用的管理过程。其核心思想是以客户为中心，提高客户满意度和忠诚度，改善客户关系，从而提高企业的竞争力。客户满意度是指客户对某种产品或服务可感知的实际体验与他们对产品或服务的期望值之间的比较。客户忠诚度是指客户对某一特定产品或服务产生了好感，形成了偏好，进而重复购买的一种趋向。

为了提升出版企业的客户满意度，出版企业可以从提高客户感知价值和控制客户期望值两方面入手。在提高客户感知价值方面，可以通过增加客户总价值的手段来实现，包括增加出版产品价值、出版服务价值、企业品牌形象等价值，也可以采用降低客户总成本的手段，包括降低货币成本、时间成本、精力成本等来提升客户满意度。数字出版等新媒体企业机构通过制作发布精品数字内容产品，增加便捷的交互操作功能界面，为用户提供个性化的阅读体验服务，节省用户的非阅读操作时间和产品使用成本是常见的提升客户感知价值的手段。在控制客户期望价值方面，可按企业的实际能力，有效地控制客户对产品和服务的期望值。首先，在营销方面，应该尽可能准确地描述产品和服务内容，不要夸大其性能、质量、功能范畴等；其次，客户的期望值可能会发生改变，在描述产品和服务内容后，还需要描述与竞争对手的比较、市场需求的变化，以达到控制客户期望值的目的。数字出版企业通过提供产品和服务的试用、部分内容的试读、新功能的及时更新等方法可以让用户切身感受其产品的使用体验，从而对完整的产品和服务有合理的预期，降低其后续满意度大幅度下降的风险。

企业的忠诚客户通常会拒绝竞争者提供的折扣，经常性地购买本企业的产品和服务，甚至会向其家人或朋友进行推荐。客户的这种行为可能出自对企业品牌的喜爱或偏好，也可能出于对企业特定产品的使用习惯，还有可能源于企业的营销手段。更深层次的原因则来自客户心理上对企业品牌、产品、服务的高度依赖与信任。客户忠诚度是建立在客户满意度基础上的，提供高品质的产品、无可挑剔的基本服务，增加客户关怀是提升客户忠诚度的基本要求。因此，出版企业要提升客户的忠诚度，可以通过打造特色产品、应用好网络营销手段深度挖掘客户需求实现精准推广、增加与客户沟通的时效性和有效性等方式全方位地为客户服务，进一步提升企业和产品品牌形象。近几年出现的网络直播售书、年度好书盛典活动、短视频和微信公众号推书等形式都被应用于出版相关企业的营销活动，通过拉近与读者的距离，建立与读者之间的亲密互动关系，从而提升读者用户对企业品牌以及产品的忠诚度。

3. 传统出版客户资源开发

(1)图书展览会

图书展览会具有图书展示、销售、版权交易、文化交流等多项功能，通过图书展览会可以促进文化交流的良性互动。现代的大型图书展览会，为吸引及满足各种类型和不同年龄的参观者，都结合了多种功能，主题上各具特色，内容上包罗万象，通过在各大书展上的产品展销活动，出版企业对其产品和服务进行宣传曝光，是获得潜在客户资源的常见策略。法兰克福国际书展(Frankfurt Book Fair)是当今世界规模最大的书展，它于1949年开始举办，每年举行一次，时间在10月的第一个星期三。它不仅汇集来自世界各地的出版物，同时也是版权谈判交易的最大卖场。北京国际图书博览会(Beijing International Book Fair，BIBF)是国内影响力最大的书展，它汇集了来自国内主要出版单位的最新出版物和海外几十种语言的原版图书和电子出版物，目前其已成为中国内地出版社开展版权交易的重要场所。通过BIBF的开展，加强了各国出版机构之间的交流合作，加强了与老客户的交流联系，同时也吸引了全国网友的广泛参与，成为培育出版机构潜在客户群体的有效途径。

(2)图书订货会

图书订货会是由出版单位向发行商、图书馆等客户进行样书展览，客户根据样书和书目信息进行订购的订货型书展。目前我国存在着各种图书订货会，主要有以下几种形式：由政府有关部门或全国性的行业协会组织的全国性图书订货会；全国性的音像电子类出版物的订货会；某类专业社联合体组织的图书订货会；一些行业的专业协会组织的订货会；由地方性的行业协会组织的地方性订货会。北京图书订货会是国内最有影响力的图书订货会是由中华人民共和国国家新闻出版署主管，中国书刊发行业协会、中国出版协会主办的图书出版行业的盛会，是与全国图书交易博览会、华中图书交易会、长沙图书交易会齐名的全国四大图书盛会之一。出版机构可以利用图书订货会这一组织活动策划沟通会、交流会、推介会等，加强与客户沟通，为客户提供可供选择的平台，客户可以根据自己的需求订购出版机构的产品。

(3)读者俱乐部

读者俱乐部，又称图书俱乐部、读书会，一般是指向会员提供图书信息，并以优惠的价格向会员直销图书的机构或组织。一般分营利性的和服务性的两种类型。这种俱乐部按范围可分为：综合图书俱乐部、专业图书俱乐部；按对象可分为：成人图书俱乐部、青少年图书俱乐部和妇女图书俱乐部等。读者俱乐部可以通过选书委员会筛选后的品质优良的图书信息传递给读者，这样的方式为读者节约了选书的时间，也避免了因为信息不对等而买到不适合自己的图书。出版机构可以通过与读者俱乐部合作的方式，将读者俱乐部的成员视为潜在客户，收集俱乐部成员的阅读需求，以为出版社的选题策划提供保障。非经营性在线读书会是面对面读书会在网络上的延伸，但是会员规模更大，这种形式的读书会组织更灵活，基本无进入门槛，如豆瓣读书等网络文化社区；而经营性在线读书会一般称为"书友会"，指以订阅为基础的图书买卖方式，如贝塔斯曼书友会。贝塔斯曼书友会诞生于1950年的德国，依靠吸纳付费会员形成了读书社区，然后以资深编辑为读者遴选和推荐好书的方式售卖图书。贝塔斯曼走出书店，主动将图书送至读者手中，变被动为主动，紧紧地建立起自己的读者圈。这一全新的图书销售模式为贝塔斯曼赢得了大量忠实的读者，使其业务逐渐拓展到了56个国家和地区，收获会员数千万名。贝塔斯曼书友会也曾进入中国市场，成为当时风靡一时的书友会。

(4)读者服务

读者服务可以分为两类，一类是出版社提供的读者服务，是指出版社针对读者对出版社出版物内容的质疑、纠错给予反馈，或对读者所提建议和意见的回复；一类是图书馆提供的读者服务，指图书馆帮助读者使用图书馆资源与服务，或者为读者选择适合的阅读书籍，并解答读者各种问题，包括阅览服务与推广服务等。这里提到的读者服务是指前者，一般出版社均设有读者服务部，其主要职能为图书零售以及为读者提供售后服务。出版社开展读者服务可以从以下四个方面入手：其一，贯彻服务意识，形成以读者为主导的图书开发、生产、销售流程；其二，强化服务职能，建设读者调研及信息反馈系统与数据库等基础工程；其三，改进服务内容，提高现有基础服务水平，创新发展新型服务，如建立读者服务网络社群等；其四，理顺服务流程，将日常服务与专项服务、出版社总体服务与单本图书个别服务等有机结合起来。

(5)其他

其他形式的客户资源开发、读者服务等活动还有图书签售会、新书发布会等形式。图书签售会是指作家在公众场合，为购买自己作品的支持者现场签名的活动。图书签售会以作者与读者面对面的形式，为作者、作品与读者之间的互动交流提供了平台。比如，武汉光谷书城为了推广《〈三体〉中的物理学》一书，首先通过网络发布相关信息，引导读者参与线下活动，然后通过开展草根读书会、鉴赏会等活动，在作者与读者、作品与阅读之间搭建顺畅的沟通桥梁，收到了很好的效果。新书发布会是传播出版物信息的一种形式，一般由出版社组织，事先邀请作家、学者、新闻记者以及部分读者参加，会上陈列发布新书样品，并对新书内容做学术报告，介绍图书的用途、价值和读者对象的会议。作者和出版机构可以通过新书发布会来推广其新作品，新书发布会也给读者与作者见面交流提供了机会。

4. 网络时代出版用户服务

网络环境下，出版企业的产品和服务形态已经发生了巨大变化，对用户的消费方式、阅读行为也产生了巨大影响，用户不仅可以通过线下实体书店购买出版物，也可以通过各大出版社的官网、电商平台、公众社交平台等渠道购买出版物，还可以使用各种网络出版服务。为了适应网络新媒体环境，出版企业要创新传统的客户资源管理模式，采用网络思维和用户思维，做好用户服务。本节选取典型的出版企业门户网站、在线学术平台、网络文学平台，以及移动阅读、知识付费和网络直播等新媒体应用的用户运营案例进行分析梳理。

(1)出版企业门户网站运营

伴随着数字化时代的到来，各种新兴媒体的出现对出版产业产生了巨大冲击，出版机构在这种冲击下，积极对产业结构进行调整升级，以适应当下网络环境。出版企业门户网站的建设，一方面为行业内外的信息交流提供了平台，有利于扩大出版企业自身影响力；另一方面也为数字化转型下出版手段的变革、出版物形式和营销路径的创新提供了基础。出版企业门户网站作为新兴内容生产传播的工具与服务出版模式探索的基础平台，其发展程度和规划策略将影响着出版企业乃至整个出版业的数字化发展格局。目前，各大出版社基本都建立了具有其出版特色的官方网站，网站的主要功能包括机构宣传、图书宣传、图书检索和网上售书等基本业务功能，一些出版集团等机构还上线了其自主品牌的出版知识服务产品，如时代出版集团推出的时代教育在线，中信出版集团发布的中信书院等。

时代教育在线是时代出版传媒推出的 K12 在线教育平台，其用户包括安徽省中小学学生、教师、家长及学校管理员。针对各类用户的不同需求，时代教育在线为用户提供特色化服务板块。针对学生，时代教育在线提供课前预习、在线作业、微课堂、学习概况等版块，帮助学生掌握学科基础，丰富学科知识，构建全面的课前课后知识体系；针对教师，其提供同步备课、班级管理、资源中心等版块，帮助教师创新教学模式，搭建专业的教育应用服务平台；针对学生家长，提供 E 博广场、家校交流等版块，帮助家长掌握孩子动态，了解教学活动，构建完善的家校互动社交模式；针对学校管理员，提供学校管理、班级管理、师生管理、资源管理等版块，构建先进的校务教务管理模式。

(2)在线学术平台科技服务

在线学术平台包括数字学术出版平台、在线学术社交平台两类。数字学术出版平台是由数字出版企业主导，若干相关企业、机构和个人在一定标准和规则统摄下共建的、介于数字出版企业(含机构和个人)和数字出版市场之间的中间性组织，具有数字出版生产、传播、社交、交易、消费和治理，以及信息数据的管理开发等基本的功能，如斯普林格出版社推出的电子期刊全文数据库 SpringerLink、爱斯唯尔发布的 ScienceDirect 数字出版平台①，中国知网等。在线学术社交平台是一种为了增进知识的交流与传播，帮助科研工作者建立和维护社交关系，同时支持科研工作者研究整个过程的平台，② 如 ResearchGate、Academia、Mendeley、科学网、小木虫、学术圈等。

数字学术出版平台的主要用户是科研工作者，其通过对合作期刊的信息进行优化重组，向用户提供专业领域内最新、最热、最全面的学术成果；为用户提供多种方式的检索功能，提高用户的检索效率；帮助用户建立特色数据库等。③ SpringerLink 是全球第一个提供多语种、跨产品出版服务的平台，内容包括 Springer 出版社出版的所有在线资源。除了基本的检索浏览功能、发布获取功能等，SpringerLink 还为用户提供个性化服务，用户可以将关注的期刊名称保存于邮件提醒服务系统，以便于第一时间获得相关学科的最新出版物信息；用户还可以通过 SpringerLink 平台进行文章和图书的进度追踪、样书索取、查询检索数据等。④ 数字学术出版平台的快速发展，对用户的学术信息传播和交流方式产生了巨大影响，提高了用户的信息获取效率和工作效率，为用户构建了良好的科学信息平台。

在线学术社交平台，借助网络，以实时共享、即时通信的方式为科研工作者提供了一种新的学术交流形式。学术社交平台的用户主要为教师、学生、科研工作者等，用户通过在线学术社交平台，可以分享科研成果、关注其他科研人员、获取有关领域的发展状况等；科研工作者通过在线学术社交平台创建个人信息、发布科研成果、开展学术交流，能够提高其学术影响力。ResearchGate 建立于 2008 年 5 月，是目前最有影响力的在线学术社交平台之一。ResearchGate 为用户提供了三种途径来构建自己的学术社交网络：第一，用户可以基于自己的兴趣或通过好友关系接受邀请加入学术专题小组；第二，用户可以通过搜索机构名称来查找并加入社交平台为机构开辟的分支社区；第三，用户可以通过“Follow”功能来关注平台内其他用户，来实现一对一交流。ResearchGate 还为用户提供新闻订阅服务，便于用户第一时间获取自己感兴趣的内容。此外，平台还将全球学术新闻、学术会议日程以及科研基金动态等学术资讯进行整合，根据用户注册时所填写的个人信息，优先匹配相关度高的内容并在用户操作页面内置顶，这种信息组织方式给用户筛选所需信息提供了极大便利。⑤ 在线学术社交正在逐渐改变科研工作者的工作方式，协作共享已经成为学术研究的重要组成部分，使用在线社交网络创建项目文件、交流项目进展有利于科研工作

① 于成. 整合式平台与专业性平台：学术数字出版平台的两种模式[J]. 科技与出版，2020(11)：64-70.

② 耿斌，孙建军. 在线学术社交平台的用户行为研究——以 ResearchGate 平台南京大学用户为例[J]. 图书与情报，2017(5)：47-53.

③ 白林雪. 数字出版平台的功能特征及其发展趋势[J]. 学报编辑论丛，2016(1)：337-340.

④ 杨锐. SpringerLink 数字出版物平台特点浅析[J]. 科技与出版，2014(12)：11-16.

⑤ 韩文，刘畅，雷秋雨. 分析学术社交网络对科研活动的辅助作用——以 ResearchGate 和 Academia. edu 为例[J]. 情报理论与实践，2017，40(8)：105-111.

的进行，且科研项目的网格化实施有利于成果的产出。

(3)网络文学平台用户参与

网络文学平台是指既包括传统文学的数字化，又包括网络作家的原创文学的一个集内容创作、营销、消费于一体的平台。① 根据报告，2020年全中国网络文学作品累计规模超2500万部，17K小说网、晋江文学城以及起点中文网的网文储量均超过200万。

起点中文网创建于2002年5月，是目前国内最大的网络文学平台之一，其面向用户的阅读需求打造了多个文学板块，如玄幻、科幻、都市、军事等。网络文学有别于其他文学的地方在于网络文学平台的用户不仅仅是"倾听者"的角色，而是能通过平台与作者进行交流，直接影响作者的创作思路，是网络文学的直接参与者。起点中文网的"新书投资"是其特有的用户参与型运营模式，在这个体系下，用户可以参与挖掘新作者的过程。② 用户在网站内可以通过订阅、收藏、打赏等方式对作者的新书进行"投资"，作为回报，平台会在新书上架付费章节后，对用户进行奖励，包括荣誉勋章和可在平台内消费的代币。在这一模式的运营下，作者为了获取用户的青睐，他们会在作品的评论区或是平台搭建的论坛社区中和用户进行交流互动。用户将对文章的情节、人物等的直观感受，或是作品中存在的问题反馈给作者，作者会根据用户的反馈及时对作品进行优化调整，作者与用户的关系不再是单向传播，而是双向交流，二者形成了更加紧密的联合体。

(4)新媒体用户知识服务

① 移动阅读应用

移动阅读指的是使用手机、平板电脑、电子书阅读器等移动终端进行的阅读行为，包含通过浏览器浏览网页、阅读客户端、新闻客户端、报纸客户端、杂志客户端、微博微信的文章及收听有声读物等。③ 以读物中的信息符号为划分标准，可以将移动阅读分为纯文本阅读和多媒体阅读(集文本、音、图、视为一体)，纯文本阅读平台如网易蜗牛读书、掌阅等；多媒体阅读如喜马拉雅FM、猫耳FM等。据统计，2019年移动阅读产业规模达182.5亿元，同比增长18.9%，移动阅读已成为主流阅读方式，有声阅读成为移动阅读的新热点，2019年成年人听书率达30.3%。④ 喜马拉雅FM位于有声阅读的头部梯队，目前用户超过6亿，⑤ 其发布内容涵盖有声书、相声、音乐、新闻等多个方面，吸引了大量文化和自媒体人入驻，其中包括马东、高晓松、蔡康永、李开复等，覆盖财经、音乐、新闻等多个领域；同时也和多家品牌进行合作，如阿里、百度、肯德基等；此外还和传统出版

---

① 刘千桂. 互联网+产业：融合与超越[M]. 北京：中国财富出版社，2017：50.

② 高翔宇. 网络文学运营研究——以起点中文网为例[J]. 传播力研究，2020，4(12)：183-184.

③ 艾瑞咨询. 中国移动阅读发展趋势研究报告2019年[R]. 上海：上海艾瑞市场咨询有限公司，2020：49.

④ 2020新闻出版上市公司年度绩效数据报告[EB/OL]. [2020-12-27]. https://mp.weixin.qq.com/s/9jMEsjoIh82oIKzvPEfFig.

⑤ 喜马拉雅FM官网[EB/OL]. [2020-07-18]. https://www.ximalaya.com/more/aboutus.

社进行合作，如四川人民出版社在喜马拉雅 FM 推出"盐道街 3 号书院"电台，江西人民出版社开通"书声朗"读书频道等。①

在用户获取方面，喜马拉雅 FM 主要有两种用户获取方式，在供给平台内容用户获取上采取与其他平台进行合作，借助其他平台影响力的方式获取用户。如喜马拉雅 FM 和手机厂商小米达成合作，喜马拉雅 FM 在融资过程中引入小米资本，所有小米手机都预装喜马拉雅 FM，用户只要购买小米手机，就成为喜马拉雅 FM 的潜在用户。在消费平台内容用户获取上利用明星影响力、KOL(Key Opinion Leader)、广告投放三种方式引流。KOL 引流，以《夏说英语》系列课程为例，关注公众号《夏说英语》之后，进入公众号主页就会看到公众号发的课程预告与课程广告，越是受到用户喜欢的课程，喜马拉雅 FM 就会给其更好的推荐位与更多的流量。喜马拉雅 FM 通过多种方式调动了 KOL 的积极性，让 KOL 利用自身的优势给自己的平台引流。② 在用户激活方面，喜马拉雅 FM 团队建立了大数据团队，建立客户信息数据库，通过大数据个性化推荐，以点对点的方式为每个用户打造个性化电台。此外，喜马拉雅 FM 以用户登录后送七天会员的方式刺激用户登录成为喜马拉雅 FM 的活跃用户。在用户留存方面，喜马拉雅 FM 通过开发多种互动功能，增强与用户的互动，进而将用户留存下来。喜马拉雅 FM 开发了趣配音、全民朗读和圈子功能，鼓励用户积极输出内容，提高用户参与度。此外，用户可以通过登录领取积分，收听节目等活动换取积分，打卡一定天数后，就可以免费领取七天会员，这在一定程度上也提高了用户黏度。

② 知识付费平台

知识付费，即知识生产者为用户提供有价值的信息、资讯、理论、经验和技能等便于用户使用，学习标准化、专业化、系统化的知识内容，并通过在互联网知识付费平台或自媒体渠道传播和营销，用户在网络平台中实施的消费行为。从内容形式上看，目前知识付费主要以讲座、订阅专栏、精品课为主，以免费资讯、电子书、听书为辅的分配格局。③根据有关报告显示，2019 年，我国知识付费行业市场规模达 392 亿元，用户规模达 4. 18 亿人。随着大众对自我价值提升的愈发重视，知识付费的认可度逐步提升，知识付费行业前景良好。

"得到"属于知识付费平台的头部梯队，于 2016 年 5 月上线，由罗辑思维团队出品，提倡碎片化学习方式，让用户短时间内获得有效的知识。用户是知识付费平台生存的关键。"得到"利用多渠道进行用户引流、提供免费优质知识服务建立用户信任、设立激励体系提高用户转化率、构建知识城邦与用户共创平台价值。④

---

① 张利洁，张艳彬. 传统出版知识服务转型探究[J]. 编辑之友，2020(1)：46-50.

② 李昆丽. 喜马拉雅 FM 知识付费运营研究[D]. 开封：河南大学，2019.

③ 王菲，郑皎. 知识付费平台的营销模式——以"得到"App 为例[J]. 中国市场，2020(23)：133-134.

④ 黄潇潇. 互联网知识付费平台运营策略分析——以"得到"App 为例[J]. 时代金融，2020(20)：158-159.

在用户获取方面，“得到”通过《罗辑思维》、专家自带流量、品牌曝光等方式引流。《罗辑思维》2012年开播，在优酷、喜马拉雅等平台播放超过10亿人次，2017年改版后在“得到”独家播出，众多粉丝加入“得到”。知识网红与知名专家加盟平台，自带流量也促进了用户的迅速增长。此外，“得到”还与火爆综艺合作、举办跨年演讲等提高平台曝光度进行引流。在用户激活方面，“得到”平台通过新人礼包、产品试听、免费专栏和不定期直播等方式促进用户尝试性消费，让用户以较小的成本对产品进行初步尝试，将潜在用户转化为平台的真实用户。在用户留存方面，“得到”平台通过情怀激励、荣誉激励与利益激励机制，有效促进用户的消费行为。此外，还通过构建实时互动社交圈，鼓励用户进行讨论以促进产品的二次传播，并提高用户的参与感。

③ 网络直播平台

新媒介时代背景下微博、微信、直播等信息传播手段备受追捧，网络直播以实时互动的优势成为诸多品牌营销关注的焦点。① 出版结合直播的形式既是图书营销模式的创新，又能增强受众阅读的积极性，促进文化型社会建设。出版业的网络直播实践始于2016年，这一阶段以与媒体合作为直播主要形式。目前出版机构的直播营销，大致可分为较为直接的直播售书、讲座等知识服务形式直播、侧重于情景式的直播营销等类型。带货直播目前是出版机构直播营销的核心模式，以淘宝直播平台为例，不少出版机构都选择在其自营旗舰店直播带货。新华文轩网络书店合作的直播间“文轩谈书”，博库图书专营店合作的直播间“博库读书”，中信出版社合作的直播间“CITIC中信出版社”是淘宝直播中粉丝数量最多的三个直播间。② 截至2021年1月，文轩谈书粉丝数量为382万，每天开播1~2场，每场观看人数从几百到几万不等。

在用户获取方面，出版直播通过与直播平台大型促销活动联动、或邀请作者参与图书分享、或与其他品牌进行合作，来吸引用户进入直播间。“文轩谈书”通过与淘宝直播平台的“双十一”促销活动联动，吸引了大量用户，在用户激活方面，出版直播以“限时抢购”“抽奖”“明星加持”等营销方式，给观众营造一个较强的心理预期，吸引用户持续关注，让用户享受专属价格优惠的同时，与主播之间形成良好的互动关系，提升用户的参与感，将潜在用户转化为活跃粉丝。从而引导用户购买消费，增强用户黏性，通过跨界整合资源为用户提供更优质的体验。③ 在用户留存方面，出版机构可以通过网络直播的方式建立相关社群，维护好读者或潜在读者，为图书后续购买、积累粉丝实现引流；其次，出版机构可以利用直播的大数据来精准获取人群标签流量，再用产品、福利和内容等促销策略等把消费者留在直播间，通过这一系列的运营手段提高流量转化率。

客户是企业赖以生存和发展的基础，作为企业重要的资源类型，客户资源的开发与维

① 程新晓. 新媒介时代出版业网络直播营销模式的探索[J]. 南都学坛，2019，39(5)：120-124.

② 徐晓甜. 网络直播在图书营销中的应用研究[D]. 青岛：青岛科技大学，2020.

③ 江翠平. 出版直播对消费者购书行为的影响分析[J]. 出版广角，2020(22)：77-79.

护是企业核心的发展战略。传统出版企业的客户包括批发商、零售商、代理商等类型，其服务的终端客户是读者，强烈的读者意识是出版社得以生存的关键。网络时代的到来，使得出版对象的“读者”身份向“用户”转化愈加明显。读者是传统出版环境下出版社的服务对象，而用户是网络时代出版企业的服务对象。传统出版以出版物为中心，围绕出版物进行策划、生产和销售，致力于将一种出版物销售给尽可能多的读者。网络时代，大数据可以帮助出版企业精准描摹用户画像、在深入了解用户需求的基础上，进行出版物的策划生产和营销推广，为用户提供精准的个性化服务。但不论是传统出版的“读者”还是网络时代的“用户”，以“读者为中心”的出版理念的本质没有改变。出版企业的客户资源管理是出版业发展过程中一个非常重要的环节。本章阐明了出版客户资源的含义与价值，介绍了传统出版客户与网络时代出版用户两大客户资源类型的特点与作用，探讨了出版企业客户运营、客户关系管理的策略，最后分别列举了传统出版与网络时代出版企业客户资源开发与用户运营的案例。出版企业只有按照市场环境的变化调整自身，做到以“读者/用户为中心”，出版适合消费者需求的出版物以及知识服务产品，才能在当下数字时代得以生存和发展，从而推动整个数字出版产业不断发展壮大。

H

第八章　内容资源

* 本章知识点提要

1. 内容资源的基本概念和类型
2. 内容资源管理的概念、活动及面临的挑战
3. 内容资源管理的生命周期
4. 内容资源开发和利用的影响要素

* 本章术语

数字内容资源　内容资产化管理　内容资源生命周期　资产价值　序化组织　长期保存　内容资源迁移　分级存储　备份

作为广为传播的理念，“内容为王”是出版业的核心产业逻辑，也是出版基本活动——编辑、发行和复制的对象。受技术革新的驱动，数字化转型汹涌而来，数字内容成为出版业发展的新动能和新增长点，通过数字内容撬动企业发展的生长路径得到广泛验证。因此，在新的技术环境中，内容作为出版企业核心竞争力的地位仍未被颠覆，其价值随着技术的突破性发展得到极大释放，与新的数字媒介一起实现出版业的创新发展。与此同时，内容资源的规模以惊人的速度扩张，数量上的爆炸式增长带来管理方面的技术挑战。更重要的是，为适应新的技术环境，出版内容资源呈现出新特点和新趋势，如内涵和外延不断扩大，出版内容资源的形式趋于多样化；内容作为经济资源的属性不断凸显，数字内容的价值评估和资产化管理诉求成为内容资源遴选与开发的重要议题；面对数字内容的新特征与新形态，需要利用新标准、新方法与新技术重构内容资源的管理逻辑。针对以上问题，本章阐述数字环境中出版内容资源的内涵，从理念和方法层面论述数字内容的有效管理和利用，最终实现出版内容的价值释放。

第一节 内容资源概述

一、内容资源的概念

在出版领域，内容是与形式相对的一个概念，常常包含三层含义：一是事物内在要素的总和；二是具体物件里包含的东西；三是事物内部所包含的实质或意义。2014 年全国新闻出版信息标准化技术委员会发布的标准《新闻出版内容资源加工规范》将出版内容资源定义为“领域内任意形式、任何粒度及其他有价值的资源”。

根据其功能不同，可以将出版领域的内容资源分为两种类型：一是可独立使用的素材性资源，包括文本、图像、音频、视频等不同信息表现形式，二是与这些素材性资源相关的元数据内容，它们描述了主体内容的特征和属性，这类内容常常伴随素材性资源而存在。素材性资源和元数据资源共同构成了内容资源。素材是读者的阅读和体验的主体对象，元数据则用于描述、管理、检索、定位素材资源，在内容资源的加工、存储、管理、流通和使用环节中起着重要作用。

二、数字内容资源

数字内容资源就是以数字形式存在的内容资源，常以二进制形式存在于磁盘和计算机系统内。随着出版业的数字化转型，数字内容资源正在成为主流的内容资源形态。不同于传统的印刷图书和电子音像出版物，数字内容资源具有体量大、增长快、类型多、易传播、利用便利等诸多特点，对其进行规范管理和深度开发是出版业发展过程中面临的新问题和新挑战，也是推动内容资源向数字资产转化的关键。

三、数字内容资源的类型

尽管海量数字内容资源都以数字形式存储于光、磁介质上，但由于信息技术的日益丰富，出版内容资源呈现出不同类型，在媒介传输和终端设备上表现出不同的形态和特征。

1. 按表现形式分类

从基本表现形式来看，数字内容可以分为数据、文本、图像、音频、视频、软件和复合数字对象等类型。

(1)数据

数据是对事实进行观察和记录的结果，代表着简约事实，与信息、知识和智慧关系密切。在大数据时代，数据可以指代计算机可以处理的一切二进制数字对象，但为了与其他形式的内容进行区分，这里的数据是狭义的数据概念，指以二维表格、树或图的数据结构形式存在的内容。

(2)文本

文本是一个句子或多个句子的组合，通常具有完整的、系统的含义。从语言学的角度来看，文本包含两层结构，一是可见可感的表层结构，是构成文本的语言符号，即文本的“所指”层面，二是语言符号所指向的具体事物或抽象概念，即文本的“能指”层面。语言学家纽马克(Peter Newmark)根据语言功能将文本分为六类：表达性文本、信息性文本、祈使性文本、审美性文本、元语言文本和人际性文本。随着数字化技术的发展，由若干行文字和标示符号形成的字符序列或独立的文本文件——电子文本成为一种流行的文本形态。而在互联网上，最常见的文本形态是超文本(hypertext)，常用 HTML 和 XML 语言表示。

(3)图像

图像是人类视觉对客观对象进行相似性描述的信息载体。随着视觉文化的盛行，文学和图像学研究者也将其认为是图像型文本。数字图像是以二维数字组表示的图像，已发展出来由图像程序生产或扫描图像时创建的位图文件格式、用于视频的视频文件格式、便于应用程序间信息交换的矢量文件格式和应用于商业图形应用程序中信息保存的图示文件格式等诸多格式。

(4)音频

音频是制作和录制的与声音有关素材，电台录制、CD、有声读物和数字音乐等是典型的音频素材。音频也常常与图像结合在一起用于制作影音素材。

(5)视频

视频以每秒超过 24 帧加以播映的连续画面叫作视频。最早主要是电影和电视画面。随着数字技术发展，各类短视频、影片、监控录像等视频内容发展迅猛，并常和声音要素一起录制和封装发布。

(6)软件

软件是按照特定顺序组织的计算机数据和指令的集合，从内部构成来看，是程序、文档和数据的集合体。一般分为系统软件、应用软件和其他软件。系统软件包括操作系统和支撑软件。操作系统是连接计算机硬件和软件资源的程序，如控制输入和输出设备，并为人机交互提供操作接口。支撑软件俗称为软件开发环境，用于支撑各类软件开发和维护。而应用软件则是为了特定用途而被开发的软件，可以是特定的程序，也可以是多组程序的集合，如 office 软件和各类手机 App。

(7)复合数字对象

数字内容的媒体类型、格式以及服务形式不断出新，单一形式和单一结构的内容难以满足复杂的用户需求，复合数字对象由此兴起。它是封装了多个内容单元形成的具有逻辑关系的数字集合，通常是一个内容集成、类型复合的内容对象，既可以是同一主题下的不同媒体形式的内容集合，也可以是同一对象的原始内容和元数据信息的集成。如由多个章节组成的图书，或由文本及数据集、软件工具、实验、声音记录的集合形成的学术出版物。

2. 按生产流程分类的内容

按照生产流程对内容进行分类可以有两种分法，一是从生产环节将内容分为原生数字内容和非原生数字内容，二是从加工环节将内容分为素材型内容资源和产品型内容资源。

(1)原生数字内容资源

原生数字内容资源是以数字形式产生和存在的一种内容资源，具体表现为通过数字设备直接创作出来，不需要经过扫描或模数转换处理。分为正式出版的原生内容，如开放获取期刊、网络数据库；半正式出版的原生内容，如政府机构、行业学会等在网上发布的内容；以及非正式出版的原生内容，如博客、微博、论坛、百科以及社交媒体聊天记录等。具有高度共享性、网络原创性、生命周期短、质量参差不齐等特点

(2)非原生数字内容

非原生数字内容将传统纸质载体和微缩胶片为载体的纸质书籍、音乐磁带、黑胶唱片、光学底片等内容经扫描、拍照或数模转化处理后，转换为以数字格式存储的内容。目前，非原生数字内容仍在生活中大量存在，满足着我们特定的生活需要。

(3)素材型内容资源

素材型内容资源相对于产品型内容资源而言，是在发布之前有待编辑加工的素材，比如文章的第一稿至下厂印刷定稿的前一修改稿都是素材型内容，用于组成数字内容产品。

(4)产品型内容资源

产品型内容资源相对于素材型内容资源而言，是正式发布之后的出版物，比如某一本电子书、某一首数字音乐。产品型内容资源也有可能成为素材型内容资源，比如某一本书作为文献数据库的素材。

3. 按不同标准划分的元数据

元数据是关于内容资源实例特征的编码数据，以便标识、发现和管理被描述的实体。关于元数据的类型划分问题，目前众说纷纭，存在多种观点与体系。如从功能视角来看，美国盖蒂信息研究所在实践和研究中将元数据分为管理型、描述型、保存型、技术型和使用型五种类型。① 马费成和赖茂生将元数据归纳为三种基本类型：知识描述型元数据，用来描述、发现和鉴别资源对象；结构型元数据，描述资源的内容结构；存取控制型元数据，描述资源的知识产权特征和使用权限。② 而从标记对象来分，元数据分三种基本类型：与内容相关的元数据，与资源对象相关的元数据，以及与位置相关的元数据。

第一，与内容相关的元数据，标记具体内容的主题、关键词、权益信息。

---

① Anne J Gilliland. Setting the Stage[M/OL]. Murtha Baca. Introduction to Metadata. Los Angeles: Getty Research Institute, 2016. [2021-07-27]. http://www.getty.edu/publications/intrometadata/setting-the-stage/.

② 马费成，赖茂生. 信息资源管理[M]. 北京：高等教育出版社，2018：25-30.

第二，与资源对象相关的元数据，是对各类载体形态下具体素材的格式、结构描述及其编码参数信息等。

第三，与位置相关的元数据，描述内容的位置、数量、载体等信息。

不管以何种标准划分元数据类型，数字内容的元数据都承担了描述和管理双重功能，即在描述内容资源方面，记录数字内容的内容和形式特征，以便用户对数字内容的检索、选择、定位和再利用。在管理内容资源方面，记录数字内容从生产、加工、流通到销毁整个生命周期的变化、使用和管理信息，以及元数据本身的管理信息。不同类型的元数据在维护数字内容的可访问性、完整性和有效性都发挥着独特作用，出版企业需要根据需求选择合适的元数据类型，以达到再利用目标，有效发掘数字内容资源的价值。

4. 内容资源的粒度

“粒度”原指矿物或颗粒的大小，被引入信息科学领域后，引申为对信息单元大小或粗糙程度的描述。应到内容资源领域，被理解为内容细化和综合程度的级别，通常是制作和描述内容的单位。以图书为例，内容资源的粒度从编辑或叙述体例来看包含从“套”“册”“篇”至“章”“节”“句”等一系列级别，从物理载体上可以分为“卷”“本”“页”“块”。

对于内容资源粒度的处理以内容独立、完整为标准，出版机构根据设定的粒度级别将内容分割最小的、独立的知识单元，进行资源著录或封装处理，并将该知识单元视为整体来描述和存取内容资源。基于用户需求，内容资源封装粒度可描述为“粗粒度”“细粒度”和“多粒度”。另外，内容资源的封装粒度可直接反映在该资源对象的元数据中，如“章节”级别封装呈现在元数据中的章节标题。内容资源粒度的粗细取决于企业对素材的描述需求，以及组织加工和存储管理能力，关系到终端用户对内容的检索、获取和利用。目前，市场流行的很多电子书封装粒度都达到了“字词”的级别，读者可任意搜索兴趣字词，精确定位至相关内容。

随着数字设备的不断发展，人类数字内容生产和存储能力迅速增长，海量数字内容资源带来信息过载问题，传统出版业的“种”“册”“篇”等粗粒度内容资源处理方式仅能通过标题搜索，无法揭示内容资源丰富的主题和内容，与当前的精细化需求不契合，难以应对出版企业对数字内容资源深度挖掘和再利用的趋势。因此，出版领域的内容资源封装逐渐由“粗粒度”向“多粒度”“细粒度”过渡。而内容资源越“细粒度”“多粒度”，越需要耗费大量的资源加工技术、存储设备和人力、精力。出版企业需要平衡内容资源的编辑粒度和成本之间的关系。

第二节　内容资源管理

内容资源是出版企业的核心资产，但其往往分散于不同的出版部门，内容资源也存在质量参差不齐、形态繁杂、标准不一等现象，增加了出版内容资源的管理和使用难度。随着出版业的数字化转型，数字内容相关的生产和发布、数字产品制作和营销都需要内容资源的支撑，因此出版企业需要对内容资源进行规范化和集中管理，实现更加快速、高效的再利用和业务决策。

一、内容资源管理的概念

内容资源管理是对分散的出版内容资源进行综合管理和深度利用的一系列过程和活动，在信息时代，多依托内容管理或资产管理平台实现。数字内容管理的目标在于实现内容资源的高效组织、检索、重组、发布和服务，最大程度发挥数字内容的资产价值。

与传统的内容管理相比，内容资产化管理具有三个明显特征，一是明确所有者权益，将内容资源作为一种资产进行增值保值，使其所有者的地位在经济收益中得到体现；二是内容资源的价值积累性，指数字内容在生产、流通和消费环节通过不断的积累而实现价值的增值；三是内容产权的可流转性，数字内容的版权作为商品参与市场流通，在产权流转中实现资源的合理配置和价值变现。

二、内容资源管理活动

为开展内容资源的有效管理、有序开发、合理配置，内容资源管理从方式、标准、内容资源自身特性和管理制度、人员队伍出发，主要活动包括利用信息技术建设数字内容管理平台，进行资源整合，建立企业级和面向业务的资源共享和调配体系；在生产、加工、使用和交换的过程中推进标准建设，实现规范管理；根据内容资源生命周期管理和利用数字内容，有效提高内容资源管理的效率和效能；从领导层和执行层树立内容资产意识，创新管理制度，设立专业化的内容资源管理队伍，推动数字内容管理工作的高效运转和资源采购、整合、生产、保存、加工、使用和流转。

1. 数字内容管理平台建设

内容资源管理的首要目标是提升数字内容资源的整合能力，打破地域和部门壁垒，以便内容资源在企业内部充分流动与共享，为企业各部门的数字内容开发和运营服务提供资源保障。受到信息化终端设备和存储技术的发展，构建数字内容管理平台，对原始数字内容和数字内容产品进行管理，记录内容资源从形成到销毁的一系列操作，使得数字内容得以快速流动，各部门能够便捷获取和利用内容，在提高资源再利用率的同时保持各项操作的可溯源性和可追踪性。数字内容管理平台一般由数字内容库、数字内容管理系统和发布系统构成，并设立密级权限，保障内容的安全管理。

2. 内容资源标准体系建设

为保证内容资源在生产加工和发布流通中的规范性，需要开发建设内容资源标准体系。在数据开放和信息生态理念支撑下，内容的加工和发布需要考虑 FAIR（Findable,

Accessible, Interoperable And Reusable)原则，以提升内容资源可发现性、可访问性、可互操作性和可重用性。内容资源标准体系包括三个层次，一是内容本身的相关标准建设，如元数据模型；二是技术相关标准建设，如构建 Web 内容的 HTML5 技术、可扩展标记语言 XML；三是内容产品和服务相关标准建设。具体涉及数字内容标准化格式转换、领域通用元数据模型标识体系和出版内容资源加工标引规范设计等工作。从 2012 年起，原国家新闻出版总署陆续发布了《出版内容资源标识的原则与方法》和《新闻出版内容资源加工规范》，指导出版内容资源标准体系的构建，目前在细分数字内容资源的基础上制定行业标准体系仍需业界各机构和企业的共同努力。

3. 内容资源管理制度和专业队伍建设

内容资源是出版企业的核心资产，需要从生产到使用、销毁的各个环节建立统一的规范制度，明确各项程序和标准，为出版企业人员和业务利用内容资源提供明确合理的规章、制度和方法。数字内容具有易传播性、便携性和无痕性，数字内容的安全管理制度是内容资源管理制度的重点之一，出版企业需要根据内容资源在生产、使用和管理中的重要性，结合企业内容保密规定，制定内容分级标准、存储安全策略、传输安全策略和分级授权策略等，在数字内容管理平台进行出版内容资源的分级和授权管理。

各项管理制度的执行和内容资源的日常管理依靠出版单位内部专门的人员维持，因此需要设立专业的内容资源管理队伍，包括高素养的数字内容采集人员、加工人员、制作人员、发布人员以及数字内容平台管理人员等，面向业务和内容本身进行数字内容的质量管理、存储管理和安全管理，协助内容资源向各部门、业务的分发，并定期统计分析数字内容的开发和利用，及时盘点出版企业内容资源存量，掌握内容资源的存储和流通情况，为数字内容的经济收益核算、使用后的责任追究、数字内容采购和产品制作等业务决策提供数据支撑。

4. 内容资源的全生命周期管理

生命周期原是生物学上的概念，意为一个生物体的生老病死，后被引入信息科学领域和互联网领域，并由此衍生出信息生命周期理论和产品生命周期理论，应用于信息和产品资源的评估和管理。出版领域的数字内容是一类高价值的知识与信息资源，为实现内容资源价值的开发利用，需要根据信息生命周期理论开展管理和利用，最大化内容资源的经济价值。

内容资源的生命周期指具体内容从形成至失去效用价值的全部过程。结合出版企业和出版内容资源的特点，内容资源的生命周期可以分为形成、采集、处理、存储、利用、迁移保存或销毁六个阶段。由于内容资源的价值可能在衰退很长时间后，随着技术和市场环境的变化而被重新被激活，因此内容资源的生命周期是一个动态的循环过程。针对不同阶段的资源特点和价值变化规律制定针对性的管理策略，能更好地挖掘数字内容价值。

三、内容资源管理面临的挑战

1. 内容资源的海量异构特性带来技术挑战

数字内容的爆炸式增长为内容资源管理带来了巨大的挑战。3D 模型、短视频、网页、办公文档等各类结构化和非结构化数字内容呈现指数级增长，如何挖掘数字内容的价值，服务于出版业务和企业战略给内容资源管理技术提出了更高要求。目前，如何更好地利用云计算和云服务处理大规模异构内容资源，并与出版企业已有的 ERP 系统、图书产品库、稿件编辑系统等信息化平台融合对接，以适应内容生产、采集、编辑加工、发布审核、统计管理等全生命周期的一体化数字内容管理是内容资源管理的新趋势和新挑战。

2. 数字内容资源价值与权利管理体系尚未成熟

内容资源规模与重要性不断加大，利用数字化和网络技术开发数字内容产品与服务正成为内容变现的关键路径，不同内容产业之间的融合趋势也在日益显著，但是数字内容资源的价值评定与权利管理却面临巨大挑战。数字内容与其他服务的捆绑变现，具体价值难以区分，如短视频内容和网络直播与电子商务、网络营销紧密结合；数字内容的全生命周期涉及因素较多，一些主观因素难以计量；数字内容资源的核心——版权的界定和价值评估由于内容变现渠道和方式的多样化也存在更大的不确定性；由此导致，出版和数字内容产业的资源规模在指数级增长的同时，产业收入并没有得到相应性的增长。

而就权利管理来说，数字内容的无形性和易复制性使得数字内容的流动和利用频繁出现后授权先使用，甚至不授权也使用的现象。比如短视频内容创意屡遭抄袭，侵权容易维权难的现象层出不穷，网络直播中不经允许使用他人音乐作品进行商业牟利行为更是多见，因此数字内容的财产管理和权益管理模式亟待创新。

第三节 内容资源管理的生命周期

任何信息资源都具有一定的生命周期，因此在内容资源管理过程中，必须考虑内容的价值生命周期，并利用生命周期理论指导其管理过程。

一、内容资源的采集

内容资源的采集是出版企业根据特定目的和任务，遵循一定的原则和标准，通过一定的途径和方法，对众多的内容资源进行有目的的选择和收集，以满足业务和战略需求，形成系统化的内容资源的活动过程。内容资源采集的目的是积累和构建内容资源库，为后续的内容开发和利用提供基础性信息资源。

出版内容资源的采集对象从表现形式来看包括纸质内容资源、微缩胶片资源、模拟信号资源和原生数字内容资源。纸质内容资源等非原生数字内容在采集过程中使用拍照设备、扫描仪、音视频处理等设备生成相应的计算机文件。原生数字内容，如动画文件、Word 文档等一般采用相应软件直接获取。

从生产过程来看，采集对象包括数字内容素材、数字内容产品资源及其元数据。元数据采集是指采集原生数字资源库自有的、用于描述主体内容的字段，如数字内容的名称、大小、格式等信息。从来源来看，采集对象分为从企业内部采集的内容和从外部采购的内容，具体包括企业内部自主建设的内容、借助协同编辑系统由作者提供的内容、通过版权交易购买的内容等。

在采集内容资源之前，出版企业会对企业内部现有的存量内容资源、存储环境、整体质量和特征进行梳理，确定优先、核心和重点采集的内容对象，以及总体的采集主题、范围和数量。在此过程中的工作重点是对待采集的内容来源进行评估。内容评估和采集一般遵循适用性、系统性、特色性、时效性、经济性和预见性等原则，有层次、有范围、有重点、面向未来发展采集真实准确、时间或空间全面反映主题的内容、成本可控的内容资源。

内容采集完后，需要对采集到的资源进行评价，作为内容更新、续购、再购的重要依据。采后评价主要是对内容资源的利用情况进行统计，相关数据可以通过内容管理平台、日志数据和相关部门的统计报告等途径获取，在整合处理有关数据的基础上得到数字内容利用情况分析数据。采后评价的分析方法一般综合数字内容流转分析、用户行为分析、用户需求分析、数字内容成本效益分析和决策分析等多种分析方法。

二、内容资源的处理

内容资源的处理活动包括内容的格式转换、元数据著录、版面分析、内容标引、结构化加工和版式文件合成等一系列加工过程。内容资源的类型和质量存在差异，所以不同内容资源的处理流程并不完全相同。内容资源处理的核心活动是内容的序化组织活动，包括元数据著录和内容标引，目标是实现内容资源的序化。

1. 非数字化内容资源的数字化加工

尽管今天的数字内容已经成为信息资源的主流形式，但是用于出版的内容资源仍有很多是非数字化形式的，通过数字化加工转换可以形成具有更强开发潜力的数字内容资源。如纸质文献和微缩胶片等内容资源具有明显的物理载体属性，其附着内容会随着载体的损坏而消失。通过数字扫描仪、OCR 软件等工具数字化转换以后，不仅可以实现数字化保护，还能提升其开发利用水平和效率。

2. 数字内容的序化组织

数字内容的序化组织是根据需要和内容资源的特征，依据一定的规则和方法将无序状态的海量内容进行有序化处理，使其成为组织更加有序的数字内容集合。内容序化组织的方法大概分为三类：基于形式特征的序化方法、基于主题特征的序化方法和基于效用特征的序化方法。

(1)基于形式特征的序化方法

这里的“形式”是相对于内容主题特征而言的，包括内容资源的载体特征、内容格式、来源、所有者等信息特征。出版业对内容形式有着天然的重视，从内部的版式和出版物开本，到内容的文本、视频和漫画表现形式，出版业十分看中内容资源的形式及其影响。常见的序化方法包括时序组织法，如连续出版物的期刊卷；字顺组织法，如按照内容名称音序或笔画组织的内容资源名录；代码组织法，是形式化的编码系统，包括国际标准书号和数字对象唯一标识符；空间组织法，以空间特征为依据；其他序化法，还包括基于开本、纸张等形式组织内容。

(2)基于主题特征的序化方法

内容资源除了外在的形式特征外，更重要的是内在主题特征。依据主题特征的序化方法使用含有语义信息的标识系统来组织内容，常见的主题特征序化方法有分类组织法、主题组织法和大众分类法，它们并非完全独立，一个内容管理系统可以搭配使用多种组织方法。基于主题的序化方法在序化组织内容之外，还具有引导用户认识内容整体主题特征的功能，是内容资源序化处理的核心方法。

① 分类组织法

分类组织法是一种按照体系范畴进行逻辑分类来排列内容的方法。它以分类标识作为检索点，对内容进行系统排序，具有很好的层次性和系统性，是一种数字内容序化的一种基本方法，可进一步分为等级列举式分类法和分面组配式分类法。前者使用简便，仅从内容所反映的一个主题出发，分配到唯一的类目下，如《中国图书馆分类法》中，每本书籍不可能同时被分到 A—Z 中的两个类下。而后者适宜于反映内容复合主题的表达，可以体现数字内容在多个主题下的所属类目，如图 8-1 所示，晋江文学城将网络小说的内容主题划分为“原创性、性向、视角、时代、类型、风格”六个分面，每个分面设有不同类目，以“原创性”分面为例，分为“原创”和“衍生”两个类目。据此，一本小说可能的分面组配类目是“衍生作品、言情小说、男主视角、近代现代、正剧风格”。

图 8-1　晋江文学城的分面组配体系

② 主题组织法

主题组织法根据内容的主题概念特征组织内容，以词语作为检索标识，按字顺排列，直观性强，是一种直接面向具体对象、事实或概念的序化方法。其中，用以表达内容主题的词汇被称为主题词。在规范的主题词表中，主题词之间具有用、代、属、分、参关系，被称为参照系统。传统主题组织法包括标题词法、单元词法、叙词法和关键词法。

③ 大众分类法

大众分类法(Folksonomy)由“大众(Folks)”和“分类法(Taxonomy)”组合而来，意指是网络大众在网络上通过协作标注内容的现象，是一种大众自发的非层级结构的平面型标签分类，也被称为“分众分类法”。它的特点是构词动机明确，标签与需求高度相关，同时能增进其对数字内容具有相同感知用户之间的沟通，并且具有大规模、低成本、自由度高的特征。缺点是标签未经规范，具有大量的同义现象和指代模糊的问题，且标签缺乏层级关系，难以表达不同主题间的复杂关系。

(3)基于内容效用的序化方法

效用是对用户通过利用数字内容使自己的需求得到满足的一个度量，一般可以从被再次利用的可能性、内容的独特性以及重要性认知等方面开展对内容效用的综合评估，并据此安排数字内容的位置，突出高效用内容。基于内容效用的序化方法能够反映和满足用户的需求，是一种面向应用的组织方法，在生活中运用极为广泛，常用的具体方法包括基于重要性的不同对多个数字内容赋以权值，按照权值大小安排数字内容的权值组织法，如常见的报纸或新闻网站的头版头条一般被认为是当时最重要的内容；根据数字内容被再次利用的概率大小组织内容，典型现象是内容网站上的常用资源的浏览和下载排序。

3. 内容标引

内容标引是内容序化组织的具体方法，通过分析内容，选用确切的检索标识(类号、标题词、叙词、关键词等)来反映内容主题特征，是实现内容资源序化的重要手段。包括两个环节：主题分析，将内容的某些内容属性或外部特征概括为主题概念；转换标识，选用专门的标识语言指示主题概念作为检索标识。根据标引活动所依据的不同方法、对象、实施者以及对主题的解释程度，内容标引可分为不同类型：

(1)分类标引和主题标引

基于标引依据及其检索标识的类型区分，在对内容进行主题分析后，依据分类体系选用分类检索标识进行内容标引的活动称为分类标引。根据参照系统使用主题检索标识进行内容标引的活动称为主题标引。

(2)受控标引和自由标引

基于选用的标识词汇类型区分，使用经人工规范过的词汇作为检索标识的内容标引活动是受控标引，反之则为自由标引，典型是关键词标引法。

(3)人工标引、自动标引、半自动标引和全自动标引完全由专业的标引人员为数字内容选取主题标识的标引方式属于人工标引，标引准确率高。自动标引是由自动抽取内容中的原有词汇，或对内容主题分析并自动赋词作为主题标识，按照人工介入的程度可以分为半自动标引和全自动标引。

(4)整体标引、全面标引与分散标引

按照标引的内容范围，只揭示数字内容基本主题的标引属于整体标引，标引词只有一个。全面标引是指考虑数字内容所有存在检索价值的主题，进行逐一标引。分散标引是针对集合型内容资源内部单个内容进行标引的方式。

除以上基本标引形式外，随着内容语义组织技术的发展，内容资源的标引还逐渐出现了面向内容功能单元和原始手稿特征的标引形式，用于揭示内容片段和知识单元的功能语义特征，以及某些档案文献和手稿的书写特征、印刷特征等特殊的符号标识。

内容资源完成标引后需进行入库审核，审核内容主要包括以下四个方面：

第一，分类标引是否正确、规范、全面；

第二，主题标引是否正确、规范、全面；

第三，版权信息标引是否正确；

第四，分散标引是否完成。

4. 元数据著录

元数据著录利用元数据对数字内容的外部特征和内部属性进行描述，以满足内容序化组织和后续检索利用的需要。通过元数据著录，用户和管理者能够对信息资源是否满足特定的应用需求做出适当评价，并根据评价的结果决定是否获取该资源。元数据具有自身逻辑结构，一般是层次化、树状结构。元数据著录必须遵循一定的标准规范。按照不同元数据标准著录的资源体系在更大范围内的开发和利用过程中会遭遇互操作问题，比如元素同名异义的问题。目前国际流行的元数据规范有都柏林核心元数据标准(Dublin Core，DC)、在线信息交换标准(Online Information Exchange，ONIX)和机读目录格式(Machine Readable Catalogue，MARC)。

(1)DC 核心集

由国际组织都柏林核心元数据倡议(Duldin Core Metadata Initiative，DCMI)制定，定义了内容资源语义信息描述的基本性规范，概括了数字内容资源的主要特点，涵盖了重要检索点、辅助检索点和关联检索点，应用广泛，简单易于理解，有 15 个元素项，支持对任何领域和类型内容资源的描述，具有极强的可扩展性，但缺乏对交换和互操作的定义。

(2)ONIX

由欧洲电子数据交换组织制定，定义了电子出版物描述、传递和交换元数据的国际标准，是著录图书、连续出版物以及各类电子出版物内容信息的基础标准。ONIX 体系成熟，能串联出版流程上下游元数据，满足图书出版发行的需求，但体系庞大复杂，对音视频资料支持较少，基于该体系进行内容著录需经严格训练，不易操作。目前国内基于 ONIX 已经开发了中国出版物在线信息交换-图书产品信息格式规范(China Online Information Exchange for Publications-Product Information Format Specification for Books，CNONIX)。

(3)MARC

由美国国会图书馆定义的图书元数据标准，用作图书馆内的书籍等文献著录，体系成熟，在国内已开发有中国机读目录格式(China Machine-Readable Catalogue，CNMARC)。但和 ONIX 类似，不易操作，需经专业训练，且缺乏交易元数据的定义。

为推动出版内容资源元数据著录的规范，确定领域核心元数据和元数据标准，2013 年(原)国家新闻出版广电总局出台了行业标准《电子图书元数据》，2015 年以来，国家标准管理委员会相继出台了《数字音乐元数据》《图书版权资产核心元数据》和《中文新闻内容描述元数据规范》，一系列国家级的数字出版标准研究项目也正在如火如荼建设中，力图促进数字出版内容的有序组织和跨行业、跨部门交换。

三、内容资源的存储

内容存储是将加工和序化组织后的数字内容按照一定的格式和顺序存储在特定载体中的活动。

1. 内容分级存储

根据信息生命周期理论，内容资源在形成初期，价值最大，随着时间推移，价值逐渐衰减。因此，需要根据内容资源的价值进行分级存储。内容分级存储是指将不同的内容存放在不同级别的存储设备中，通过分级存储管理实现内容在存储设备之间的自动迁移。一般通过内容的访问频率、保留时间、性能要求和规模等因素确定最佳的存储策略。用成本低的存储设备来存放访问频率较低的内容，用成本高、速度快的设备存放经常访问的重要内容，以最大限度满足内容利用的需求，又节省存储成本。

目前，分级存储主要采用以下几种方式存储不同级别的内容资源，可使用多种方式进行混合存储，提高存储和管理效率：

(1)在线存储

在线存储将存储设备时刻与计算机系统连接，满足用户对内容的访问和读取操作，主要利用磁盘或磁盘列阵等存储介质，具有响应速度快、读写速度高、传输码率大的特点，但价格相对昂贵，用于存储访问频率高、价值高的内容资源。

(2)云存储

云存储是一个由网络设备、存储设备、服务器、应用软件、公共访问接口、接入网和客户端程序等多个部分组成的系统，数据存储层是由虚拟化、集群技术等支撑的分布式存储系统，将不同类型的存储设备互联，提供海量内容的存储和管理。用户将内容通过网络存放在由第三方提供的在线存储空间，成本低，易于管理，访问方便，但内容安全隐患一直是云存储面临的挑战，并由此衍生出公有云、私有云、混合云等多类型服务。

(3)离线存储

离线存储介质平时不与计算机连接，仅在需要时临时装载到计算机系统，在数据存取完毕后将其卸载或脱离。离线存储常使用磁带或光盘，读取速度慢、存储量大，成本低廉，一般是对在线存储的归档、备份和恢复，以防范可能发生的数据灾难。

(4)近线存储

近线存储是由于两级模式(在线和离线)两个极端间还存在大量的市场需求而产生，实现大存储量和较快的存取速度。它将访问频率不高的内容存放在性能较低的存储设备上，但要求设备寻址迅速、传输率高。

2. 内容资源备份

内容资源备份是对现有内容和系统通过一定的方式加以保留以便在遭受破坏或者丢失的情况下，能及时恢复并再次提供使用的过程。主要有三个目的：归档、可操作备份和灾难恢复。应业务需求而进行内容归档会产生备份操作。可操作备份是在具体时间节点上对内容进行备份，以应对日常业务过程中因内容丢失和损坏的恢复请求。另外，为在系统遭受自然或人为灾难时不至于造成更大损失，往往也会对内容开展备份，确保快速恢复灾难点的运营工作。内容备份根据业务需求和出版企业内容资源的特点，可以采取不同和多种备份方式。

(1)根据备份的粒度，可将备份分为全量备份、差异备份和增量备份三种方式

全量备份是对某一时间点上的所有数据进行备份，包括系统和内容，恢复速度快，但时间和存储空间耗费较大。增量备份即在第一次全量备份的基础上，判断内容是否发生变化，记录下每次变化的内容，备份速度快，但恢复效率低。差异备份是在第一次全量备份的基础上，记录最新数据较第一次全量备份的差异，恢复时先恢复全量备份，再恢复最后一次的差异备份即可。

(2)根据备份的存储介质，分为硬盘备份、光盘备份和磁带备份

硬盘数据存取速度快，但安全稳定性差，适合容量小且需实时备份的内容。光盘与硬盘相比，成本低，光盘库存储容量大，光盘镜像服务器还具有访问速度快的特点。由于光盘制作往往会出现不连续性，备份的完整性和可靠性具有隐患。磁带备份可以实现低成本的大容量内容备份，但访问和检索不便。

(3)根据备份时间间隔，分为在线实时备份和离线定期备份

在线实时备份内容完整，确保业务的连续性，离线定期备份需要根据内容的数量制定长期备份和短期备份制度。

(4)按照备份系统的准备程度，分为冷备份和热备份两类

冷备份时，系统处于停止状态，内容无法读取；热备份在用户正常访问系统的同时备份内容，但会导致数据库响应速度降低，往往在用户访问量较低时进行。

四、内容资源的利用

内容资源处理和管理的终极目标是提供内容资源的利用，大数据时代海量内容不断产生和积累，快速、准确和有效地查找和获取到所需要的内容是每个用户的迫切愿望。

内容检索是用户根据需求采用一定的方法或工具，从内容集合中查找出所需内容的过程。根据使用工具类型的不同可以分为手工检索和自动化检索。手工检索是利用印刷型检索工具进行内容查找的，典型场景是通过书籍后附录的索引查找概念在文中出现的位置。目前，自动化检索方法利用系统化的检索平台自动查找内容信息，实现内容定位的检索方式发展迅速，并在实践中广泛应用。

(1)手工检索

手工检索，用户一般可利用的检索工具包括内容资源的目录索引、百科全书、检索手册、内容年鉴等。检索者无须借助辅助性设备，具有直观、灵活、投入成本低等优势，但检索速度慢，检索效率不高。根据手动检索路径，手动检索分为直接检索和间接检索两类。直接检索无须利用工具书，直接根据所需内容从少量内容资源中完成查找和定位。间接检索利用参考工具、检索线索和工具进行针对性查找，查找的准确率较高，但受制于印刷型检索工具的更新速度，内容的新颖性难以保障，新产生的内容查找困难。

(2)自动化检索

自动化检索是以数据库、计算机、互联网平台和光盘等作为检索工具，进行机械化和数字化检索的方法。自动化检索通常具有检索内容量大、效率高、范围广、功能多样等优点。但这一方法建立在对内容资源的数字化加工和序化组织、存储基础上。由于数字化技术、信息组织方法发展迅猛，检索技术更新迭代的速度越来越快，基于不同的内容资源处理深度和内容组织粒度。计算机检索也发展出多种类型，主流类型有以下三种：

① 基于关键词的检索方法

基于关键词的内容检索一种最基本和最常用的检索方法，它利用关键词索引来获取文本、图像、网页等文档。比较有代表性的是谷歌和百度对网页内容的检索。基于关键词的检索方法能用于大规模内容资源的快速检索，检索结果及时更新，不需人工干预。但不足是检索结果可能在语义上存在很多不相关的内容，用户需要花时间进行甄别。

② 基于元数据的检索方法

元数据描述了内容资源的基本属性和特征信息，是一种机器可读的结构化数据。检索系统根据元数据著录信息，如内容作者、形成时间、收藏机构、内容主题等字段进行字符串匹配，并在内容集合中快速查找，反馈给用户。这一检索方法的效果强烈依赖于对元数据标准的选择和元数据内容的管理，能克服数字内容的异构性和动态性特点，实现快速和有效的发现与利用。

③ 基于内容的检索方法

基于内容的检索方法由基于内容的文档检索发展而来。它对多媒体资源的内容及其上下文语义环境进行直接检索，而无需基于人工对资源特征的处理和著录，如对数字音乐的节奏、音高、歌词，图像中的颜色、纹理，视频中的片段或场景等进行分析和特征提取，通过相似度计算和匹配反馈检索结果，典型的检索应用包括听歌识曲、歌词搜曲、识谱搜索和以图搜图等。

五、内容资源的长期保存与迁移

内容资源的长期保存是指根据信息生命周期理论，在内容资源的价值存续期间对其进行长期和有效安全的存储，保障内容资源有效发挥作用。由于自然或人为因素的影响，内容资源会因环境变化的刺激而重新激活价值，因此对内容资源的长期保存十分有必要。

实现内容长期保存的主要策略包括制定长期保存相关规范、制定合理的内容备份和恢复策略，重视防病毒等技术的有效应用，重视物理设备安全维护策略，以及关注数字迁移技术在长期保存方面的结合，涉及成本、管理、法律和技术等各方面因素。内容资源长期保存的重要内容是对数字内容资源的迁移。

1. 内容资源迁移的概念和类型

内容资源的迁移是数字内容长期保存的策略之一，是为保证存储环境的变化和技术的发展不影响数字内容本身的存取，而将数字内容从一种存储环境转移到另一种存储环境中或改变数字内容格式，使内容资源能够适应新的环境，以现行普遍接受的格式被用户以现行硬件和软件无障碍访问和复制的处理过程。

内容迁移的原因大多由于软件版本或系统环境升级带来，尤其是在技术更新速度越发快速的数字时代，技术过时、软件升级带来的格式改变和兼容性问题愈加凸显。此外，由于出版机构内部常常包含着不同应用、不同时期生产的不同格式的文件，需要配套多种浏览软件进行文件读取，因此为了降低资源管理的成本，机构会希望数字内容的格式迁移到更易于管理的标准化格式中。存储介质寿命的有限性和为满足新的业务需求等因素也会导致对内容进行迁移的需求，以便用户能顺利使用内容，管理者更加方便地统一管理内容资产。

具体来说，内容迁移有以下四种类型：

第一，将内容从一种存储介质转移到另一种存储介质。如将内容从稳定性低的磁盘阵列上迁移到机构新购买的稳定性更高的磁盘阵列。

第二，将内容从一种应用转移到另一种应用，包括系统或软件的日常更新所带来的应用环境改变。如内容资源从 Win8 系统迁移到 Win10 系统。

第三，改变数字内容的格式。如将纸质的、微缩胶片载体的文件进行数字化转化，将 Word 文档转换成 PDF 文档进行保存和提供利用。

第四，以数字主文档格式制作副本，典型是创建镜像站，直接拷贝和复制原内容进行保存。

2. 内容资源迁移的风险评估和效果评估

内容资源迁移需要经历规划制定、风险测试、工作准备、正式实施和质量校验五个步骤，其中的两个重要内容是进行风险评估和迁移效果评估。

风险评估会影响是否开展迁移的决策，以及在实施过程中如何制定合适的策略和实施步骤。内容资源在迁移的过程中会面临诸多风险，主要有数字资源在不同载体转移、技术平台更新换代和格式变换过程中可能导致的资源丢失或损坏，分为以下几种类型：文件转换过程的风险，有同构文件转换和异构文件转换的过程风险；转换软件的风险，评估多个潜在转换软件，选择出适合本次内容迁移过程的转换软件；元数据风险评估，主文件的迁移必须考虑对应元数据的迁移，而且元数据的文件格式大多数情况下与主文件格式完全不同，多为 XML、HTML 等。迁移过程中主文件的名字和地址发生改变，元数据的相应字段也须做出改变，否则影响转换后的主文件的正常读取。

由于以上风险的存在，每一次的内容迁移都可能导致内容丢失，为了保障数据的完整性，在正式开展内容资源的大规模迁移前，需要预先实施迁移测试，对迁移方式、方法的效果进行评估和选择。以及在完成内容资源迁移之后，人工检查迁移结果。两次评估都需要对资源完整性做出评估，主要注意以下四个方面：

第一，内容完整性。

主要检查内容有没有被完整迁移、是否存在内容错误、质量损坏、内容结构改变等。

第二，参考完整性。

如文件扩展名、与其他文件的关联关系、文档目录结构、文档元数据、超链接和脚本有效性、文档对不同软硬件的适应度、文件存储密度是否改变等。

第三，功能完整性。

功能完整性是指打印、支持 Web 浏览等源文件具备而新格式所不支持的功能。功能，以及源文件格式所具有的增值信息。

第四，迁移活动的完整记录。

为了保障内容资源在迁移错误或不完整后有径可循，必须对迁移活动进行完整记录，使得快速能定位到源文档和相关责任者。

第四节　内容资源的开发与利用

内容资源已经成为出版和内容服务业资产变现的核心资源。基于数字化、多媒体和网络技术，利用数字内容和其他相关资源，基于创作、开发、分发和销售数字内容产品与服务的数字内容产业增长迅速。在数字内容资源规模和重要性不断上升的形势下，合理评估内容资源的资产价值，在内容资源开发过程中做好权利和风险管理，对规范内容资源的开发，促进内容资源交易和价值变现意义重大。

一、内容资源价值的影响因素

内容资源是一种无形的资产，从价值链理论来看，内容资源的价值经历生产(价值制造)、确权(形成版权)、交易和利用(实现价值)以及基于内容的服务(价值增值)等环节。从其构成角度考虑，内容资源的价值评估涉及成本要素、版权要素、市场要素和服务要素。

1. 成本要素

内容资源的生产需要考虑到智力投入、相关软硬件设施的使用和维护的固定成本以及其他变动成本。智力投入成本包括原始内容资源生产制作过程中支付给技术人员和创作者的薪酬，比如音视频、文章的第一版的制作需要耗费大量的脑力劳动，数字格式版本还需要对相关技术的使用具有一定知识储备。硬件投入是一般可消耗物品的投入，例如计算机设备、手写的纸笔、宽带资源、录制设备、存储设备等等。软件投入是具有技术性特征资源的投入，一般是通过自动化处理提高工作效率，或适应数字内容的互联网传播特性，专用性强，比如数据库构建软件、数据处理软件、音视频处理软件、编程软件等，并且有计算机和音频软件的。变动成本是随内容资源数量变动而变动的成本，主要发生在内容的复制、分发和再利用过程。比如内容资源的备份成本、适应大规模的用户需求对服务器进行改造的成本等。变动成本的大小往往反映了内容价值的大小，因为内容资源的价值来源于再利用过程，只有通过大量的复制和分发才能收回固定成本，并获得额外盈利。

2. 版权要素

内容版权是内容价值的核心要素，对版权价值的界定是内容价值评估的核心工作，借鉴图书类版权价值衡量指标可从基本信息、权利信息和运用信息三个方面进行综合评价，实施分级管理(见表 8-1)。

表 8-1 内容版权衡量指标体系设计

维度	元素	衡量指标
版权基本信息(A1)	内容价值(B11)	原创性
		专业性
		稳定性(形态、性能稳定性和网络依赖性等)
		时效性(更新速度、频率等)
		完整性(清晰度、描述的完整性等)
	作者分级(B12)	作者自身的知名度、社会影响力和受众基数
	竞争性(B13)	与同类内容比较的竞争性，考虑同类技术、题材、格式
	出版机构(B14)	出版机构的知名度

续表

维度	元素	衡量指标
版权信息（A2）	权利许可期限（B21）	版权许可期限对收益的影响
	权利许可的地域范围（B22）	地域限制性，如中国国内和国外
	权利许可的语种范围（B23）	语种限制性，繁简中文、主要外文还是全语种
	许可的权利范围（B24）	数字化、复制发行权、信息网络传播权、改编权、摄制权等数字化权利和衍生权
	权利是否独家许可（B25）	若为非独家许可，对比其他许可单位的优劣势
运营信息（A3）	运营方式（B26）	以何种形式运营：纸质、音视频、短视频、有声读物等形式
		运营机构的知名度：自营或他营
	风险状态（B27）	资产可用、挂起和停售状态
	侵权情况（B28）	侵权可能性的大小
		侵权后对版权收益的影响
	运营收益（B29）	预期的净收益

3. 市场要素

数字内容产品进入市场通过流动和转让实现价值，会受到互补品和替代品的影响。内容资源的流行度、垄断性、稳定性等相关市场要素直接影响着数字内容的价值实现。

（1）流行性

流行性是对内容资源使用的技术、思路、方法或题材等是否包含了最新情况或迎合了热点话题的评估。当其具有较高的市场流行潜力时，在转让和流动过程中的议价能力也值得期待。

（2）垄断性

垄断性指内容资源在市场中的替代品上。这一要素尤其发生在专业内容领域的原创内容生产，对独家资源的版权垄断能在市场议价过程具有绝对的话语权，如中国知网作为平台中介和内容提供商提供的文献资源。

（3）稳定性

稳定性是由于数字内容通过网络通信和相关数字设备进行传输和使用，内容资源本身的形态和性能可能会受到运行环境的影响，最终影响使用效果。因此，需要保障不同时间、多种网络环境和多类型终端设备环境中，用户对内容资源浏览或播放效果的稳定性。

4. 服务要素

内容资源提供给用户再利用的方式势必影响用户体验和内容资源的质量，再利用是否能持续进行决定了内容资源是否能连续增值。数字环境中，关于用户再利用的方式、体验和内容资源提供的质量很大程度上由发行或运营平台决定，因此对服务要素的分析有必要考虑平台的服务质量，涉及平台和用户之间的交互性、平台使用的便捷性、资源在平台上的可获得性、安全性以及获取资源的易操作性等诸多要素。

(1)交互性

交互性反映平台与用户之间沟通反馈渠道的多样性，良好的交互模式能提高用户体验，促进内容资源的转化。

(2)便捷性

便捷性是平台对用户需求的响应速度。特别是在数字内容平台，相同的内容基于不同的提供速度可以进行不同价格的收费。

(3)安全性

安全性主要为平台对用户隐私信息的保障，包括个人基本信息、账户信息、购买记录、评价内容等。保障用户付费安全是维持内容资源持续增值不可忽视的问题。

(4)易获得性

易获得性是指用户在平台上找到内容资源的容易程度。一般来说，内容资源越容易获得，用户的使用密集度越高，而不会转向其他内容平台。

(5)易操作性

易操作性是指用户在平台中执行购买、下载、浏览或播映等操作的简便性。用户对其较为敏感，是直接影响用户体验的价值指标。

二、内容资源的权利与风险管理

内容资源的数字化开发和复制、传播极大地改善和丰富了用户的内容体验，也为出版机构开辟新的业务环境和内容服务契机，传统出版社纷纷向数字化转型，独立的数字出版公司和新型内容分发平台层出不穷。但就作为数字内容源头的内容提供商而言，内容资源的前期开发成本高，在生产、传输和分发、使用的过程中面临着来自各方面的不确定因素和风险，因此需要做好权利管理和风险防范。

1. 权利管理

对内容资源进行权利管理的核心是将内容作为资产进行权益管理。由于版权资产具有非独立性、排他性、流动性、增值性和社会性，因此权利管理的主要内容包括以下方面：

(1)所有权管理

版权资产非独立性意味着版权资产依附于权利人而存在，其排他性特点规定除被许可人外，其他人不能在许可期限和范围内未经允许使用该版权资产。因此内容型企业权利管理的首要任务是核实内容所有权是否进行确权登记，界定清晰的产权期限和范围，并核算版权资产的数量和各项权利类别，形成版权资产库，及时盘点资产存量和运营状况。具体来说，版权资产经过确权登记需具有唯一的版权编号，作为资产需要具有资产编码，并在相关内容载体中体现明确资产的形态和权利状态，以便于应用、识别和版权估值。

(2)经营管理

出版的经营活动从本质上来看是基于版权的经济活动，而版权资产的流动性和增值性意味着版权可以通过权利流转、内容改编、复制、发行和网络信息传播等经营活动获得经济收益。因此需要将版权经营作为经营核心，实时调整内容版权资产的合理配置，评估价值和同一版权不同权利的投入方式，实行版权经营规划和交易行为审核制度，提供内容产品的经营服务。重点是抓住内容价值链的控制权，对每个版权资产的核心权利和附属权进行合理规划，基于市场需求和业务合作生产多形态的数字内容产品，进行梯级开发，与附属权的使用者共同承担版权使用费，降低成本和经营风险。

(3)收益管理

作为以盈利为导向的企业来说，收益管理能够在不确定性的市场环境中为相关决策提供信息参考。版权收益管理是通过统一的资产运作效益考核体系，根据实时运营数据统计版权资产的使用、盈利和增值保值情况，以便随时进行结构性调整、议价决策和版权规划决策，旨在在产品容量有限的条件下最大化收益，优化供需匹配。

2. 风险管理

风险管理是识别风险并采取措施有效控制风险状态范围，以减少风险带来的损失的过程。在数字内容资源开发和利用的过程中，出版企业除面临市场供需变动的诸多不确定性风险外，主要的风险来自国家层面的政策调整、用户利用层面的侵权使用和技术层面的内容稳定性问题。

(1)国家政策的调整

国家政策是内容生产必须遵守的底线，甚至有时成为风向标，严格审核内容以符合国家政策的相关规定在出版领域有着良好基础和传统。但国家政策的变动也会带来对已生产的内容产品进行修订而耗费额外成本的风险。如 2014 年晋江根据互联网清查整顿政策，为了在 4 个月内对已过审的 1500 万个章节重审，除全职编辑的薪酬外，发动网友力量进行审读，并发放晋江币作为酬劳，整个过程的智力人员薪酬投入超过基本标准。另外，国家政策调整也会给行业发展带来影响，影响整体的市场环境和发展空间，继而影响到企业预期收益。因此，在风险管理过程中要结合国家政策动向考虑投入成本和版权经营组合的合理性。

(2)版权侵权

由于的侵权行为广泛存在，进入数字阅读时代后，对于电子书、数字音乐等内容的知识付费意识仍有待提升。另外个人媒体基于商业目的对于专业内容进行剪辑搬运、改编和汇编等行为，随着新型内容分发平台的不断涌现而愈加严重。类似于百度网盘等在线存储和传输工具的普遍使用也助推着盗版电子书、音乐和电影的大量获取和使用。这类侵权行为使得企业版权资产的收益存在很大的不确定性。内容传输加密技术和追踪技术的使用为防范盗版和侵权追责提供保障和线索，而完整的保障机制和技术系统目前正处于积极探索之中。

(3)技术带来的内容稳定性问题

随着技术更新加速，软件系统和播映设备的升级换代的频率也逐步上升，对原格式内容的读取的兼容性问题随之出现。另外，网络带宽、存储设备和存储技术的发展导致高达数 G 的大内存文件普遍出现。在传输和获取后，或出现无法读取、序列损坏、清晰度下降等质量问题，或出现元数据、超链接等相关信息缺失问题，内容在网络传输中的稳定性风险增大。为应对这一风险，在开发数字内容产品后，需在不同网络环境、多个主流终端设备和不同时间情况下开展多次用户测试，确保数字内容传输和使用效果的稳定性。

I

第九章　出版技术

出版技术演变（慕课）　　出版技术演变（课件）　　数字出版关键技术（慕课）　　数字出版关键技术（课件）

* 本章知识点提要

1. 出版物形态演变的历程
2. 从内容到读者的传播过程
3. 数字出版流程
4. 出版内容形态演变历程
5. 数字内容语言组织标准
6. 出版如何利用数据挖掘、用户建模与内容推荐等技术来实现精准营销
7. 新信息技术在出版领域的应用

* 本章术语

内容传输　出版物形态　数字化　HTML　XML　DTD　PostScript　PDF
数据挖掘　用户建模　内容推荐　数字水印　区块链

到目前为止，人类经历了多次出版形态变化：从手抄本出版到印刷出版，再到印刷出版与模拟技术电子出版并存，直至当今数字出版蓬勃发展。其中有三次出版形态变化被学者称为出版革命，即出版形态的古文献转型、印本转型和数字化转型。[①] 目前，出版业仍处于数字化转型的关键时期。只有顺应信息技术发展趋势，不断积累数字内容与数字技

① 莫继严. 传播史视阈下的出版形态变化与出版革命[J]. 新闻知识，2014(7)：6-8.

术，出版业才能适应时代变化，实现持续发展。

受益于计算机信息技术的飞速发展，出版物生产制作、传播、消费等环节再次发生颠覆性改变。出版物的内容突破文字、图片等形式的限制，实现了文字、图像、音频、视频等多种媒体信息的统一集成。一种建立在数字信息远距离传输和高密度存储基础上的技术按需印刷逐渐兴起，它将图书内容数字化后，利用电子文件在专门的激光打印机上高速印制书页，并用专用计算机完成折页、配页、装订等工序。按需印刷将传统图书制作的印前、印中、印后融为一体，在整个过程中，由计算机系统统一完成，使图书的生产制作变得简单高效。与此同时，出版社纷纷开设网站，网络出版营销活动逐渐繁荣，出版物的传播途径趋于多样化。

对于出版业而言，影响较大的计算机技术包括互联网技术、电子显示技术、语义技术、推荐系统和人工智能等。随着互联网技术的发展，电子出版、网络出版、数字出版等术语相继出现。但实际上，数字出版与电子出版、网络出版等在许多场合指的是同一事物。① 电子显示技术使屏幕化阅读成为可能，如亚马逊的 Kindle、掌阅的 iReader 等电子阅读器把纸质书搬到屏幕上供读者随时阅读。除了电子书，数字出版物还包括数据库、电子期刊、电子报纸、电子声像和软件读物等形态，给读者提供了丰富的选择。在移动互联网的影响下，各种移动终端成为重要的信息传播媒介，阅读的移动化、碎片化、社交化等成为新趋势。语义技术、推荐系统和人工智能等技术得到了学者、出版机构和信息服务商的关注并将其应用于出版产业，如爱思唯尔开展了 Article of the Future 和 Pensoft 项目，汤森路透集团提供 Open Calais 服务等。② 语义技术、推荐系统和人工智能等技术与出版业的融合使得个性化知识服务成为可能并得以迅速发展。

第一节　内容、读者和传输技术

在线性传播模式中，传播过程包含传播主体、信息、媒介、受众和效果等环节。但传播的过程不仅仅是线性的、单向的。德国学者马莱茨克(Gerhard Maletzke)提出的大众传播模式是关于大众传播过程中传播者与接受者在各种社会以及心理因素制约下进行传播活动的一种理论描述。③ 如图 9-1 所示，从系统结构的角度来看大众传播过程，在包括社会心理因素在内的各种因素的影响下，传播者主动进行内容选择的工作，根据内容决定形式、媒介，最终由受众接收并给予反馈。在该过程中，受众接收内容不代表受众是被动的，受众是有主动权的。同样的，在内容到达读者的过程中，可相应的划分为不同的环节，即内

① 徐丽芳. 数字出版：概念与形态[J]. 出版发行研究，2005(7)：5-12.

② 王晓光，陈孝禹. 语义出版：数字时代科学交流系统新模型[J]. 出版科学，2012，20(4)：81-86.

③ 郭庆光. 传播学教程[M]. 北京：中国人民大学出版社，2011：23-25.

容生产、内容传输、读者消费和反馈等。随着技术的发展，各个环节都在一定程度上有所改变。其中，内容传输环节从传统出版发行转变为线下线上结合甚至是单纯的线上传输，涉及许多出版专业之外的技术知识。

技术的进步推动着传播的发展。传统信息内容的传播依赖于物质载体媒介，形式较为单一，如电视、报纸、图书、广播等，内容呈现方式因技术的局限而受限。随着互联网技术的发展，出版内容的呈现不再单纯依附于各种物质载体，其传播媒介逐渐多元化。内容的传输既可以通过线下也可以通过线上实现。读者的阅读和消费习惯也在发生改变。

数字时代，内容创作方式出现了交互。在纸媒时代，作者写作并出版作品，读者被动地接受作品内容。随着互联网与数字技术的发展，读者不再仅处于被动的地位，甚至可以对作者的内容创作产生影响。作者在创作过程中，通过网络社区等方式，实现与读者的分享与互动，创作出满足读者需求的产品。同时，信息内容发布的门槛降低。在传统出版环境中，内容的收集、组织与发布均需授权才能进行，并且媒体的内容生产要经过一系列复杂过程，需要较高的成本。但是，在数字时代，信息技术降低了内容发布的成本，提升了内容发布的自由度。①

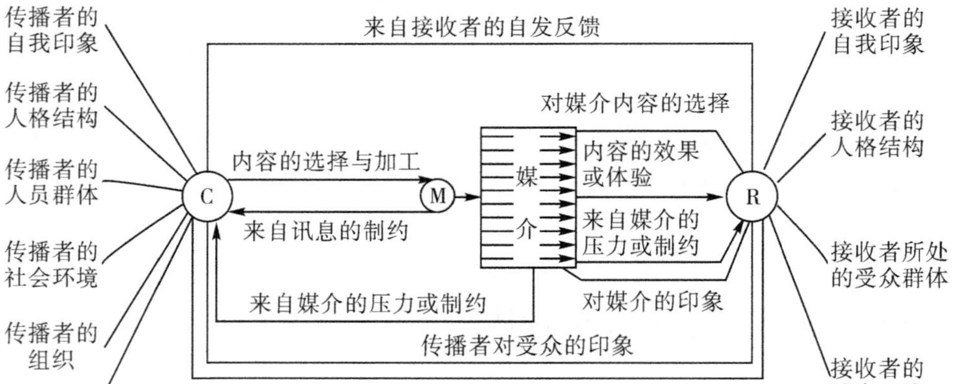

图 9-1　马莱茨克模式②

对于传统出版单位而言，内容的数字化逐渐成为趋势，出版单位能够利用数字集成技术对出版物内容进行数字化编辑。传统的纸质出版物需要依靠传统发行网络才能传递给读者，而内容的数字化使出版物脱离物质载体的束缚，将内容以合适的格式，传递到各种阅读终端上，供用户随时随获取。更重要的是，可以利用网络完成内容的复制与传播，真正

① 陈丽菲. 出版新形态研究[M]. 上海：上海辞书出版社，2011：61-63.

② 郭庆光. 传播学教程[M]. 北京：中国人民大学出版社，2011：14-15.

实现了零库存，提高内容传播效率的同时降低了传播的成本。

新技术环境下，读者逐步摆脱纸质出版物的限制，网络阅读、手机阅读等数字化阅读日渐流行，新的阅读与消费习惯正在养成，拓宽了出版产业的边界。与传统纸质阅读相比，数字阅读在价格和便利性上具有独特的优势。在信息传播技术发展以及新文化消费习惯形成的情形下，全媒体出版产品蓬勃发展。网络运营商和电子设备制造商以不同的方式协同推动着出版产业的演化以及新媒介阅读的快速发展。例如，在移动阅读中，电信运营商实现了数字内容的无线传输，而电子设备制造商则提供各种移动阅读设备，使读者有效地利用碎片化时间。

技术的进步带来出版产业链的变革。出版产业链突破了传统的编印发模式，向"内容制作—内容集成—媒介传播—衍生产品"的模式演进。① 其中的内容制作是指出版企业根据读者的需要，采用数字化编辑方式，对内容进行创作，包括市场调查、写作、编辑和排版等过程。内容集成是将图书内容按照数字化的格式要求，进行不同的数字转化，形成不同制式的文档，并且构建下载平台，提供不同数字阅读媒介的下载和数字印刷技术的应用。媒介传播就是将纸质图书和数字图书，通过书店、物流配送体系和互联网、移动互联网等，传输到读者手中或者数字阅读媒介上，实现图书的消费功能。衍生产品是指将已经出版的图书，依托其内容黏性，经过进一步改编，形成影视作品、信息服务、教育服务等产品，实现产品链的拓展和价值链的挖掘。在新的产业链运作过程中，出版内容的生产、传播、消费等环节发生巨大改变，出版管理手段也不断更新。下面将分别从出版物生产、用户消费和出版管理三个方面分析技术对出版业的影响。

第二节　出版物生产技术

出版物的生产、消费与传输都与技术息息相关。计算机技术、网络技术、电子显示技术等助推传统纸质出版内容数字化的进程，出版物形态不再局限于文字、图像、音频、视频等，增强现实型、虚拟现实型等抽象与具体相结合的出版内容进入读者视野，出版物形态越来越丰富。

一、出版内容形态

从雕版印刷到活字印刷，从图书期刊到电子音像，从纸质出版到数字出版，再到融合发展，新技术的应用使出版业态与模式得以创新发展。② 随着出版内容的数字化，出版内容形态也逐渐丰富。这里的出版内容形态是指出版内容的表现形式，包括文字、图片、音

① 盛虎. 我国图书出版产业链的演化研究[J]. 中国出版，2013(12)：67-71.

② 杜都，赖雪梅. 5G时代出版新业态与新模式探析[J]. 出版广角，2019(17)：15-17.

频、视频等，实际的出版内容一般是多种形式的结合。

文字作为一种已经存在千年的用以传递信息的符号，是最早的出版内容形态。随着电子出版技术和数字出版技术的出现，文字也可以被电子化和数字化，脱离纸质形态，呈现在电子屏幕上，读屏方式逐渐受到读者的关注和喜爱。

图片在书本中的使用使“图书”这一词名副其实。在我国古代，“图书”一词出现较早，但一般是分开指地图档案等，还不是真正意义上的图书。① 图片在出版物中的应用有多种的形式，可以是地图、画册等以图片为主的出版物，也可以是以文字为主、图片为辅的小说、学术专著等。图片的使用使出版物内容更加直观和生动形象。

音频的出现得益于磁光电等介质的出现与应用，如录音带是通过磁性记录的方法，将声音通过话筒转变为电信号，再通过磁头转变为磁信号记录在磁带上形成的，常见的是盒式录音带。录音带、唱片、激光唱盘等的产生反映了音频在出版物中的应用。一般来说，以 1877 年爱迪生发明留声机作为标志，大约在 1894 年至 1925 年，是人类历史上的声学录音时代，声音出版走向成熟。② 如今音频被更加频繁地应用于出版内容和产品，如有声读物，一些提供音频内容的 App 等。

自此以后，出版内容形态跳脱纸面，从静态图像维度到声音维度，再到动态有声影像维度。影像出版是从照相技术开始的，照相机和胶卷的诞生是影像记录载体的一大进步。在静态基础上，高频连续放映便会呈现动态的影像，自此开启了动态影像出版的新大门。③ 视频在出版物中的应用如录像带、激光视盘等。

从 2G 时代单纯的文字出版到 3G 时代的文字加图片，电子书、网络文学出版兴起，再到 4G 时代全媒体出版兴起，不仅有文字与图片，还有音视频与交互类出版，如有声读物、动漫、知识付费出版等，现今 5G 技术与万物皆媒的发展将愈加丰富出版物的载体类型，同时，泛内容、泛娱乐、泛文化的业态将催生新的出版物形态。④ 作为出版活动的产物，出版内容形态从单纯的文字到文字与图片并存，再到音视频和虚拟现实技术的兴起与流行，出版物也从纸质印刷品到电子音像出版物，再到网络文学、数据库、网络动漫与游戏等数字化产品。当前的出版物仍依赖于印刷品、光盘、移动硬盘、电脑、平板电脑、手机等载体，但应注意到，传统纸质出版物在不断尝试与新技术融合。

随着出版内容载体的多元化发展，纸质出版物不再能完全满足用户需求，不同场景下需要有不同的出版物内容形态，例如：有声读物、短视频等产品适于用户合理利用碎片化

① 丁海斌，杨茉．“图书”一词的起源及本义考[J]．档案学研究，2018(2)：21-27.

② 万安伦，王剑飞．虚拟出版：从技术革命到阅读场景的二重变奏[J]．河北大学学报(哲学社会科学版)，2019，44(1)：146-153.

③ 万安伦，王剑飞．虚拟出版：从技术革命到阅读场景的二重变奏[J]．河北大学学报(哲学社会科学版)，2019，44(1)：146-153.

④ 杜都，赖雪梅．5G 时代出版新业态与新模式探析[J]．出版广角，2019(17)：15-17.

时间；生动形象、抽象具体相融合的 AR/VR 产品更适合大众娱乐需要；人工智能产品对新闻采编和教育产业等作用较大。这要求出版业结合不同的场景加速内容产品形态的研发与更新，使之最大化满足广大读者的需求。目前，知识付费、在线教育和移动游戏等形式的发展促进了读者与作者之间的交互关系，使交互成为出版物的重要组成部分。交互方式让读者在使用产品的过程中主动参与交互，甚至可以直接影响出版物内容的创作，例如，用户评论、弹幕与网络出版物有着重要联系，虽然尚未被正式确定为出版物的组成，但这类作者与读者、读者与读者之间的互动方式已然影响了出版的节奏甚至内容。① 同时，读者已不再满足于阅读文字和图片，相较于静止的画面，音视频与交互类产品更能吸引他们的注意力。现阶段，已有大量富含图文、音视频、AR/VR 内容的综合型数字出版物在电脑、平板电脑等终端推出。

当前出版业仍处于数字出版的转型期，较为常见的数字出版形式有数据库出版和电子书出版。数据库出版已成为重要的数字信息资源，其特点是数据规模大、增长速度快、更新频率高、使用便捷、无时空限制，大多数据库平台不仅有强大的搜索功能、简洁的使用界面，还可以提供个性化的服务。② 较为典型的以数字出版形式出现的数据库为书目数据库、全文数据库、事实型数据库、多媒体数据库等几类。电子书是以数字形式将图书内容存储于硬盘、光盘、软盘、网络、闪存及其他计算机存储介质上的出版物，常见的存储格式有 hlp、chm、pdf、exe 等。③ 当前的电子书主要是传统纸质媒体内容的数字化，但较之传统纸质媒介已具备更大的优势，如出版周期短、复制方便简单、成本低廉、实现零库存等。此外，还有一种被学者称为内容开发出版的出版形式，即基于互联网平台的内容创新与交流出版形式，这是一种包含文字、图片、音频、视频等多种内容形态相结合的原生型数字出版形式。

由于数字出版的灵活性，各种不同形态的数字出版之间存在交叉。在出版生命周期中，出版物内容以数字形式储存，可以被制作和重新制作为不同形态的出版物，但本质上是相通的。在出版实践中，数字出版习惯上也指利用数字技术从事图书、期刊和报纸等印刷模拟出版物的制作和生产，但是从严格意义上讲，对于采用数字技术来完成出版过程中某些环节的做法，称其为出版的数字化也许更为科学。④ 不同的出版内容形态可以相互转换或者结合起来共同构成数字出版内容，这就涉及文字、图片、音视频内容的数字化的问题。

二、内容数字化

传统出版时期，出版单位积累了大量的内容资源，使其在数字内容领域具备资源优

① 张志华. 新时代与出版的数字化创新[J]. 出版参考，2018(4)：18-21.
② 陈丽菲. 出版新形态研究[M]. 上海：上海辞书出版社，2011.
③ 徐丽芳. 数字出版：概念与形态[J]. 出版发行研究，2005(7)：5-12.
④ 徐丽芳. 数字出版：概念与形态[J]. 出版发行研究，2005(7)：5-12.

势、编辑优势与专业优势。[①] 因此，如何更好地利用这些资源优势，将出版内容资源进行数字化是出版单位关注的重点。这里的出版内容数字化是利用一些必要的仪器设备把各类非数字化资料采集为声光电等物理信号（也称为模拟信号），再经过采样量化和数字编码，转换成用二进制数字表示的数字信息，最后进入计算机中存储。出版内容数字化作为数字出版的起点和基础，是把已有的出版内容转换为数字化内容。

从技术的角度出发，以文本信息的数字化为例，让我们来看看内容数字化的过程。在计算机中，文字信息、数值信息、符号信息统称为文本信息。对于具备中英文处理能力的计算机，文本信息主要由 ASCII 码表所规定的字符集（包括字母、数字、特殊符号等）和汉字信息交换码所规定的中文字符集中的字符组合而成，习惯上将前者称为西文字符，将后者称为中文字符。计算机处理文字信息主要包括输入、编辑、存储、输出等。以单字识别流程为例，如图 9-2 所示，计算机识别文字的流程是首先将文本信息输入计算机，可以键盘输入、手写输入，也可以语音输入或者通过扫描仪扫描输入完成文本信息的采集，无论文本信息是中文还是西文，计算机都可以通过编码储存。接着要对输入的单字进行预处理，固定单字图像的大小，然后通过模板法进行特征提取并进行分类，最终得到字符代码，完成单字识别过程。与文本内容的数字化流程类似，图片、音频、视频等内容的数字化大体要经过采样、量化和编码的过程，但具体也有许多的差异，在这里不详细介绍。

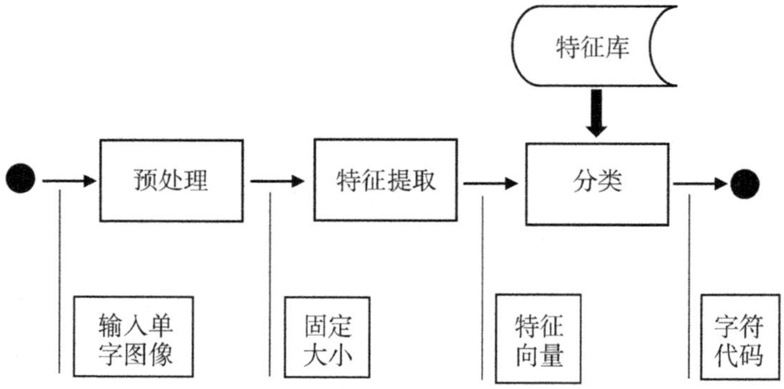

图 9-2　单字识别流程图

从出版单位的角度来看，纸质内容的数字化加工是出版工作的一项重要内容。现阶段数字图书的制作基本上是利用传统图书内容资源进行数字化加工，分为内容编辑加工和内容上传两个阶段，如图 9-3 所示。在整个图书内容数字化过程中，内容编辑加工占重要地位，主要包括内容审核、内容格式转换和后期加工三个阶段。

---

① 杜都，赖雪梅. 5G 时代出版新业态与新模式探析［J］. 出版广角，2019（17）：15-17.

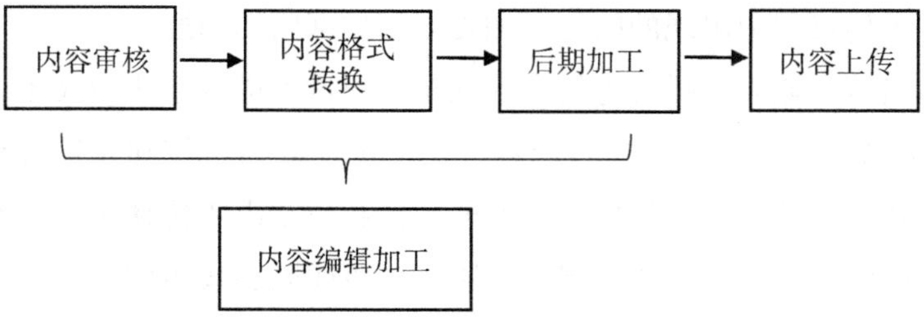

图 9-3　出版单位数字化加工流程图

内容审核主要对出版物传播进行把关。审核人具有把关作用，目的是保证传播科学、健康、有益的科学文化知识。无论是新书稿，还是已经出版的纸质书电子原稿，审核人都要从政治性、思想性、科学性等方面对书稿进行严格的审核与筛查，确保图书内容质量。内容审核人的角色与传统的编辑相似，有义务帮助好的作品过关，在不良或不适宜传播的作品面前把好关。

内容格式转换主要是基于已出版的内容资源，对相关内容的格式进行数字化开发和转换。目前，最常用的数字转换是图书的原版输出，即电子图书和纸质书在版式、内容上保持一致的条件下输出。虽然这种形式转换比较简便且可以节约成本，但也存在着缺点，即与原版书籍一样的排版不能很好地与电子阅读终端相契合，造成阅读不便。因此，在内容格式转换阶段需努力使内容做到更加精细化和人性化以更好地服务用户需求。在实际工作中，这一阶段使用最多的是方正书版排版软件。后期加工主要是解决格式转换过程中出现的问题。对于图片缺失、字体乱码等显示问题，打印前应设置相关参数，如图片分辨率、打印尺寸等，使文件在各个阅读终端能正常显示。对于较大的文件输出问题，主要是运用 Adobe Acrobat pdf 编辑软件中的“减少文件大小”或者是“PDF 优化器”等功能来解决。其他需要注意的问题还有很多，包括查看封面和版权页是否完整；电子书目录和纸质书目录是否一致；查看是否出现诸如文件打不开，字体、图片显示有误，倒页等阅读显示问题等。① 最终要确保每个文件综合差错率小于万分之一，这一要求类似于纸质版图书的差错率要小于万分之一，目的都是充分保证出版物的质量。

内容上传也被称作数字化发行，主要借助于数字内容平台数据库，把出版内容的相关信息、内容以二进制编码数字流的形式上传到数字化平台数据库。数字化平台数据库具有数据库物理空间利用率高、复制成本低、信息更新快、方便查询、互动性强等优点，② 既

① 单晓巍，陆小新，画恒．图书内容数字化的实践与思考——以“沪版图书内容数字化”项目（二期）建设为例［J］．科技与出版，2012（5）：62-64.

② 单晓巍，陆小新，画恒．图书内容数字化的实践与思考——以“沪版图书内容数字化”项目（二期）建设为例［J］．科技与出版，2012（5）：62-64.

可面向消费者，也可面向企业。在这一阶段，需安排专人负责出版信息和内容的上传与管理工作，并解决上传过程中出现的问题，加强与相关部门的沟通。

此外，我国出版产业应依托自身的内容优势，通过引进数字集成技术，建立起自己的数字图书馆。[①] 首先，对出版内容进行内容审核，包括政治审核和差错等审核；然后实施数字内容多格式转换，分别建立纸质出版印刷平台和数字出版传播平台。在纸质出版印刷平台上，与数字印刷技术结合，实现规模印刷、再版印刷和按需印刷。在数字出版传播平台上，自动按恰当的格式和版式，将数字出版内容预存到数字媒介终端，或者放置于数字阅读平台，提供网络付费下载。这一过程的实现需要一定的人力、物力和财力，最重要的是思维的转变，当然这种转变也不是一蹴而就的。

三、数字内容组织语言标准

出版内容的数字化其实是一个从传统出版到数字出版的转型过程，可以分为两个阶段。[②] 在第一个阶段，数字出版只是纸质出版的附属品，还未渗透到出版物的内容制作过程中，只是将纸质文本以 PDF 或者 XML 形式进行数字化。在第二个阶段，即转型过程的相对成熟阶段，纸质出版与数字出版不再做严格区分，纸质出版的中心地位弱化。数字生产方式引入内容的生产和分销过程，内容组织需在满足传统出版要求的同时满足发行该内容的纸质和数字版本的要求，因此，内容组织变得更为重要。在内容组织过程中，会涉及一些语言标准，如 HTML、XML、PostScript、PDF 等。

1. HTML 与 XML

从技术的角度看出版内容的组织，首先要了解什么是标记。标记被认为是插入一组特定的用来描述内容组成部分的标签和编码，例如，编辑利用章节号"CN"，章节标题"CT"，第一层副标题"H1"或"A"以及引用"EX"或"BQ"等符号来标记文章的纸质原稿。[③] 标记运用在处理系统里有自己的规则，常常是专属性标记，主要用于指导后续工作人员或系统对内容进行处理和显示。在排版过程中，标记符号可以为排字人员提供指示，让他们插入不同的专用标记，以此控制排版的过程，形成特殊的格式。如果同样的内容发表于网络，则要用不同的标签。标记往往是隐形的，展现给读者的只有内容。但在出版过程中，由于作者、出版商、排字人员都有各自领域的专属标记，隐形的标记对相互之间工作的衔接并不友好，而 HTML、XML 可以很好地解决该问题。

① 盛虎. 我国图书出版产业链的演化研究[J]. 中国出版，2013(12)：67-71.

② 威廉·E. 卡斯多夫. 哥伦比亚数字出版导论[M]. 徐丽芳，刘萍，译. 苏州：苏州大学出版社，2007：12.

③ 威廉·E. 卡斯多夫. 哥伦比亚数字出版导论[M]. 徐丽芳，刘萍，译. 苏州：苏州大学出版社，2007：14-15.

蒂姆·伯纳斯·李(Timothy John Berners-Lee)和罗伯特·卡约(Daniel W. Connolly)首先创建了超文本标记语言 HTML，作为万维网的基本技术之一，其强大的功能和简单易用性使它很快被采用，最常见的便是应用于浏览器中。① HTML 有一系列简单有限但又非常有用的标记电子文件的标签，能够帮助浏览器将电子文本文件显示在电脑屏幕上，并将文件相互链接。它不需要支持复杂的信息标注和结构化，有非常大的随意性，例如，标签对大小写不敏感，作为标记代码的“标签”大多是成对使用的，而在 HTML 中，开始标签〈H〉可以和结束标签〈/h1〉或〈/H1〉成对。②

HTML 大多数网页标记是基于外观的。HTML 常常为一种特殊的显示模式进行标记，因此，不易适应其他显示模式，作为固定标签集不能给出版商和开发商很好的工具来创建适合他们需要的新标签。HTML 的成功很大程度上要归功于其简单性，但这种简单性很快变成了局限。相较于 HTML，可扩展标记性语言 XML 可以通过网络提供更广范围的内容传输以及实现超出简单传输内容的其他目的。对于出版商、研究所、开发商、学者以及商业团体等，XML 能够以一种对他们有意义的方式来标记内容，例如，杂志出版商需要有关文章、摘要以及组织机构的标签，书籍出版商需要有关章节、作者以及参考书目的标签，文学学者需要有关诗节、对话以及场景方位的标签，航空公司需要有关机场、起飞时间和着陆时间的标签等。③

XML 不是编程语言而是一组语法规则，XML 已被认为是一种基础技术。用户可以根据实际需要创建 XML 文件，通常由内容和元素组成，元素的作用是使每一个单词、短语或内容块成为可识别、可分类的信息，元素的描述性越强，文档的各部分越容易被识别。④ XML 创建了独立于应用系统的文档和数据，它具有标准的语法和结构，但它是一种被广泛接受的、正式定义并出版的非专有标准。它使得按照方案标记的内容不需要任何专门的工具或软件就可以被解译，任何懂得 XML 的个人或系统都能解释它。⑤ 在 XML 中，某些字符的使用是受限的，如“〈”只能用于开始一个标签。元素的嵌套也必须正确，如一本书的章节以〈SEC〉开始，项目符号的开始为〈BL〉，那么项目符号的结束〈/BL〉必须在章

① 威廉·E. 卡斯多夫. 哥伦比亚数字出版导论[M]. 徐丽芳，刘萍，译. 苏州：苏州大学出版社，2007：3.

② 威廉·E. 卡斯多夫. 哥伦比亚数字出版导论[M]. 徐丽芳，刘萍，译. 苏州：苏州大学出版社，2007：16.

③ 威廉·E. 卡斯多夫. 哥伦比亚数字出版导论[M]. 徐丽芳，刘萍，译. 苏州：苏州大学出版社，2007：54.

④ 国家新闻出版广电总局出版专业资格考试办公室. 数字出版基础[M]. 北京：电子工业出版社，2015：27-28.

⑤ 威廉·E. 卡斯多夫. 哥伦比亚数字出版导论[M]. 徐丽芳，刘萍，译. 苏州：苏州大学出版社，2007：18-19.

节结束〈/SEC〉之前。XML 的规则都是非常直接且简单的，使其十分具有吸引力。

严格意义上讲，XML 是指可扩展标记语言本身，但也经常被用来指围绕它所开发的整个相关标准。XML 被普遍接受的原因之一是——可以用来创建大量的其他标准。图书出版中使用的开放电子书出版结构(Open eBook Publication Structure，OeBPS）便是用在电子图书中标记和组织文件的基于 XML 的标准；杂志出版(并且已经扩展到了其他形式的出版)中的 CrossRef 是一种出版者交互链接服务，利用 XML 为文献目录定义与之链接的文章和其他出版物。① 虽然 ONIX(Online Information Exchange，在线信息交换)并不是源于 XML 标准，但是作为销售书籍的元数据标准，正逐渐通过 XML 来实现。

XML 不但具有用不同的方式显示同一文件的能力，还能将一个文件转换成其他许多文件。当需要将一种文件用于其他不同目的时，出版商不得不考虑数据转换过程中的复杂性和成本，这也是出版商经常使用 XML 的原因。数字出版过程的每个阶段都有电子文件产生，且相互之间并非完全兼容，这就需要数据转换。出版商得到用于印刷的最终文件并不是最后一步，他们还需要适用于万维网的文件、在其他出版物中可以重复使用的文件以及向其他人许可或授权用的文件等，这样就需用到 XML 技术。②

对于大多数出版商来说，执行 XML 的第一步是文档分析。即选择要描述的内容，命名并厘清它们之间的联系，辨别并编译它们的不同形式，确定哪些非文本信息可能是有用的。有时候，这与常见的确定编辑方针或设计备忘录等一样简单，但是，通常情况下，文档分析过程要复杂得多，可能是 XML 执行过程中最复杂、最耗时且最昂贵的部分。一旦通过文档分析过程得到了内容组织方案(一般称为文档模型)，该方案便要形式化为计算机能理解的语言。在创建 XML 的时候，可以借鉴标准通用标记语言 SGML 的文档类型定义(DTD)。该语言是为严格定义而设计的，带有非常明确的词汇表和语法。DTD 是迄今为止使文档模型形式化的一种最普遍的方式，也是大多数 SGML 和 XML 所需要的一种语言。XML 数据通常附带一个 DTD，它描述了类似 XML 文档集合的结构，因此，DTD 可被视为 XML 文档的架构语言。③

DTD 由元素、属性和实体组成。对于给定的一类文档，DTD 定义该类文档的组成部分也就是元素，并创建标准组件代码单元或可以根据命名来区分信息对象。文档最易辨认的组成部分是元素，因为它和排字中用到的部分是对应的。例如，对于图书，章节编号是

① 威廉·E. 卡斯多夫. 哥伦比亚数字出版导论[M]. 徐丽芳，刘萍，译. 苏州：苏州大学出版社，2007：27.

② 威廉·E. 卡斯多夫. 哥伦比亚数字出版导论[M]. 徐丽芳，刘萍，译. 苏州：苏州大学出版社，2007：26.

③ Lu S，Sun Y，Atay M，et al. On the Consistency of XML DTDs[J]. Data & Knowledge Engineering，2005，52(2)：231-247.

一个元素，章节标题也是一个元素；章节作者的姓名是一个元素，而作者简历是另一个元素；章节导论不仅是缩排的正文，也是一个特殊的元素；不同层级副标题都是元素，同样的，摘要、目录以及其他出现在印刷页面上的条目也都是元素。元素不是总像在例子中那样明显或可见，它还可以嵌套元素。属性是元素的修饰语，可用于识别元素的实例和描述元素。实体基本上给所有的数据内容块如正文、代码、图像数据等命名，并在 XML 文档中通过设定的名称来提及所指的内容块。实体是 XML 的一个特性，它提供了一种灵活性，即当数据块需要改变时，只需要做一次改变，而不需要在数据块出现的每个地方逐一修改。①

2. PostScript 和 PDF

排版是一项专业化的工作，依托相关的专业技术，而桌面出版将这些技术带入电脑。所见即所得型电脑以及激光打印机的产生，使设计人员和出版工作者在电脑上直接设计或制作所需内容成为可能。自桌面出版问世，出版过程就已发生变化。

PostScript 是由 Adobe 公司开发的一种让桌面电脑产生高质量图形而特别设计的页面描述语言，② 是一种拥有强大的图形、文本和图片处理功能的编程语言。它以文本为基础，运用一系列处理器、词典、书堆、堆栈、路径和一个坐标系统，能够更好地描述位图、矢量图、文本和页面版式，可以将图片与字体信息转换为文本编码。PostScript 不依赖特定设备，可以在所有支持它的设备上使用。当我们用软件建立一个界面时，界面是屏幕上的呈现程序，其背后则是 PostScript 编码在起作用。当我们打印时，被输送到打印机的是 PostScript 编码。

PostScript 的优势在于其控制高质量打印的能力，但它在数字印刷中也有不足，即它的语言本身太过复杂，限制了普通用户的使用。③ 为此，Adobe 开发了可移植文档格式文件 PDF。PDF 也是一种页面描述语言，可以根据某种成像模式描述图形外观。这种格式文件可独立于创建文件的软件、硬件和操作系统以及显示打印设备的输出设备，使用 Adobe 的软件和其他第三方软件都可以创建和查看 PDF 格式文件。文件可以在 PDF 和 PostScript 之间自由转换。

如今，PDF 的应用十分广泛，在印刷行业、金融服务、管理行业和政府工作中发挥着重要作用，它具有纸质文件的绝大多数特性，如结构页面化、图形精美，也具有适用于电子文本工作环境的特性。PDF 和 PostScript 在打印时效果相同，两者的区别主要有：PDF

① 威廉·E. 卡斯多夫. 哥伦比亚数字出版导论[M]. 徐丽芳，刘萍，译. 苏州：苏州大学出版社，2007：117.

② 威廉·E. 卡斯多夫. 哥伦比亚数字出版导论[M]. 徐丽芳，刘萍，译. 苏州：苏州大学出版社，2007：208.

③ 威廉·E. 卡斯多夫. 哥伦比亚数字出版导论[M]. 徐丽芳，刘萍，译. 苏州：苏州大学出版社，2007：10.

有 PostScript 不具有的方便用户使用的特色，如注释、转换和导航功能；PostScript 文件必须作为一个整体进行处理；PDF 文件的页面是相互独立的，可以分别进行单独操作；PDF 不仅可以用于打印的文本，也可以用于非打印的文本，如电子书页面。

第三节　用户消费技术

出版行业使用信息技术的目的之一是精准地为读者用户推送内容，实现精准营销，提供个性化服务，因此，出版企业需借助数据挖掘、用户建模与内容推荐等方面的技术。挖掘和分析用户消费过程中会产生大量的复杂且有价值的数据。

一、数据挖掘

数据挖掘是一个利用计算机算法对大量杂乱无章的数据进行分析，发现其中的关联程度，从而能被人们更清晰地认识到其内在联系，最后为我们所用的过程。① 数据挖掘也被称为数据库中的知识发现。它的主要任务是设计各种有效的算法，从大型数据库的数据中发现人们感兴趣的、事先未知的、潜在的有用信息。② 利用数据挖掘技术进行数据分析的常用方法主要有分类、回归分析、聚类、关联分析等，分别从不同的角度对数据进行挖掘。

数据挖掘是一个完整的、反复的人机交互处理过程，该过程需要经历多个相互联系的步骤。根据分析目标需求以及数据来源不同，其中的步骤会有所差异。一般来说，数据挖掘的过程主要包含五个阶段：数据准备、数据选择、数据预处理、数据挖掘、转换模型及模式评价，③ 如图 9-4 所示。其中，数据准备是找到各类数据源中的海量数据；在数据选

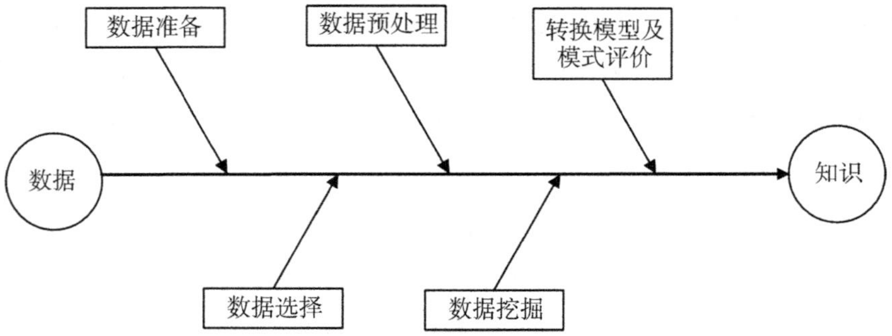

图 9-4　数据挖掘流程图

出版资源篇 I

① 赖文锐. 数据挖掘在我国数字出版中的应用研究[D]. 湘潭：湘潭大学，2019.

② 刘晓峰. 出版数据挖掘关联分析[J]. 科技与出版，2008(1)：50-51.

③ 赖文锐. 数据挖掘在我国数字出版中的应用研究[D]. 湘潭：湘潭大学，2019.

择阶段，首要任务是明确业务需要以确定数据挖掘的目，并对海量数据进行筛选以选出所需要的目标数据；数据预处理即准确地按字段抓取所需数据，并进行初步的数据清洗；数据挖掘阶段，根据数据的类型和数据的特点选择合适的算法，对经过数据预处理的数据集进行数据挖掘；转换模型及模式评价是对数据挖掘的结果进行解释和评价，转换为能被用户理解的知识，最后将分析所得到的知识集成到业务信息系统的组织结构中。

数据挖掘是从大量的不确定数据中，经过技术处理，获得有用的关键数据，其目的是从大量的、未加工的数据中提取或挖掘少量有价值的信息或知识。数据挖掘技术可以应用于传统出版企业的转型升级、新型互联网出版企业和跨界融合等方面，它在出版行业中的应用途径主要集中在对出版物内容进行精准策划、对出版物进行精准营销、评估用户体验等。对于出版业而言，基于数据挖掘技术，出版企业通过收集、处理和分析消费者行为数据，确定消费者的习惯与需求，了解消费者的消费兴趣和偏好，进而细分用户群体。在出版物创作与开发过程中，通过对大量数据进行收集、处理和关联分析，可以发现其中的规律并加以利用，例如，出版企业可以清楚地知道流程中有哪些环节容易出现纰漏，督促编辑改正错误、不断进步，因此，数据挖掘技术还可以优化出版流程，降低出版物的研发成本，提高出版企业的生产效率。在产品设计过程中，可以利用决策树算法，面向产品设计建模，对产品进行需求分析和功能结构的数据挖掘，以支持产品设计或改进产品。

此外，出版企业需在留住老用户的同时还能不断吸引新的用户群体，形成较高的用户忠诚度，这可以通过数据挖掘来实现。出版企业通过聚类分析，将用户数据分类，使得同一类别数据性质相近，而不同类别的数据性质相差较大。① 然后，出版企业可以按用户的消费习惯和偏好等将目标市场划分为若干细分市场，在不同的细分市场上实现精准营销。出版企业越是针对性地推送用户感兴趣的内容，用户对出版企业的依赖性就越强。正如菲利普·科特勒(Philip Kotler)所言，人们更有可能记住与其需要有关的刺激物。② 对于出版企业而言，吸引新用户也是同样的道理。

二、用户建模

数据挖掘仅仅是把握用户兴趣偏好，实现精准营销的第一步，而用户建模是实现个性化推荐和精准营销的关键一步。

在了解用户建模之前首先要知道用户模型是什么。用户模型不仅仅是对用户兴趣的准确描述，作为以计算机平台为依托的个性化服务系统，用户模型是一种面向算法的，具有

---

① 戢渼钧. 面向个性化服务的用户建模相关问题研究[J]. 情报杂志，2006(3)：77-79.

② 菲利普·科特勒. 营销管理：分析、计划、执行和控制(第8版)[M]. 梅汝和，梅清豪，张桁，译. 上海：上海人民出版社，1997：27-28.

特定数据结构的用户描述。① 不论为用户提供哪种形式的服务，都需要先建立对用户的描述，因此，用户模型的构建具有基础与核心作用。根据用户模型更新的方式，用户建模可以分为静态用户建模和动态用户建模。② 两种用户建模方法都是对用户的行为模式进行识别，但是，静态用户建模分析的是较有代表性的用户，获取的是显性的用户数据信息，而动态用户建模对特定用户的交互行为进行跟踪，获取的是隐性的数据信息，是对用户模型不断完善的过程。两种方法的结合才能使用户建模达到最佳的效果。

用户建模可以利用机器学习、神经网络、贝叶斯网络等不同技术。

机器学习是智能系统不断地积累经验以改善系统性能的过程，主要的学习方法有归纳学习方法和分析学习方法。③ 目前机器学习的用户建模方法的研究重点在于用户行为本身的模式和偏好。其目的是减少用户的直接干预，增强用户模型的适应性。统计分析法是用户建模过程中机器学习的主要方法，它可以将用户的行为和上下文关联起来，从而通过上下文便可检索到对应的行为，起到预测用户行为的作用。机器学习的优点在于无须用户干预，适合于对用户模型进行定期的动态更新，但其存在的问题有需要大量的数据集合、需要标定的数据、概念漂移、计算复杂等。

神经网络是反映人脑结构及功能的一种抽象数学模型，是由大量神经元节点互连而成的复杂网络，用以模拟人类进行知识的表示与存储以及利用知识进行推理的行为。④ 基于神经网络的用户建模系统是通过学习获取知识后建立的。本质上，神经网络的学习是一种归纳的学习方式，通过大量实例的反复学习，由内部自适应过程不断修改各神经元之间相互的权值，最终使神经网络的权值分布收敛于一个稳定的范围。

贝叶斯网络又称为概率推断网或信度网，是用来表示变量间连接概率的图形模式，是一个有向无环图，基于人们感兴趣的变量值会受概率分布的控制的假设，结合观察数据，对这些概率进行推算从而做出最优的决策。⑤ 在用户建模的过程中，常常有一些不确定性因素，因此，需要一些在存有不确定因素的情况下还能进行推理的方法。作为一种统计分析技术贝叶斯网络，简单地利用获取的数据进行分析，是解决上述问题的有效方法。以往贝叶斯网络大多被用于处理静态数据，近年来贝叶斯网络越来越多地被用于动态变化的不确定性领域。凭借其独特的不确定性知识表达形式、丰富的概率表达能力、综合先验知识增量学习特性等，贝叶斯网络正在成为目前用户建模众多方法中最为引人注目的方法

① 牛亚真，祝忠明. 个性化服务中跨系统用户建模方法研究综述[J]. 现代图书情报技术，2012(5)：1-6.

② 牛亚真，祝忠明. 个性化服务中跨系统用户建模方法研究综述[J]. 现代图书情报技术，2012(5)：1-6.

③ 戢渼钧. 面向个性化服务的用户建模相关问题研究[J]. 情报杂志，2006(3)：77-79.

④ 戢渼钧. 面向个性化服务的用户建模相关问题研究[J]. 情报杂志，2006(3)：77-79.

⑤ 戢渼钧. 面向个性化服务的用户建模相关问题研究[J]. 情报杂志，2006(3)：77-79.

之一。

用户建模还涉及系统单独构建和跨系统构建用户模型的问题。系统单独构建用户模型可能会造成不同系统中数据的冗余和冷启动等问题，跨系统构建用户模型则可以有效解决这些问题，但跨系统构建用户模型并不容易，有学者建议可以通过分布式开放用户建模的方法，从社交网络、互操作和关联数据的角度进行跨系统用户建模，① 这要涉及更多的复杂技术，在这里不赘述。

用户画像是用户建模的典型实例，有助于提供个性化服务。用户画像是指根据用户的基本信息与特点，对用户进行描述所形成的用户原型，广泛应用于电子商务、咨询和移动出行等领域。② 构建用户画像需基于广泛的用户数据，根据用户的不同属性进行分类，然后利用一定的技术方法抽取用户特征，设计用户标签，最终得到用户画像。相对于一般的用户研究，用户画像研究更注重用户的整体特征，试图还原用户全貌，从而了解用户需求并提供服务。③ 例如，针对同一个市场上的读者，可以依照性别、兴趣、年龄、职业等不同属性对他们进行分类，然后提取不同类别读者的特征，用可视化的方法将读者的特点呈现出来，以更直观地了解读者的偏好，进而提供个性化的推送服务等。其过程如图 9-5 所示，首先，通过实地调研、网络爬虫等方法或者从已有的平台数据库获取数据；然后，利用人工或机器学习算法(决策树、逻辑回归、贝叶斯网络等)等技术抽取用户特征；最后，用标签云或直方图等统计图形将用户画像可视化，如图 9-6 所示。在此基础上，可以定位具有相似属性的用户群，从而对目标群体进行需求分析。在个性化推荐方面，基于分众分类法和协同过滤算法，可以实现向特定用户推荐感兴趣内容的目的。

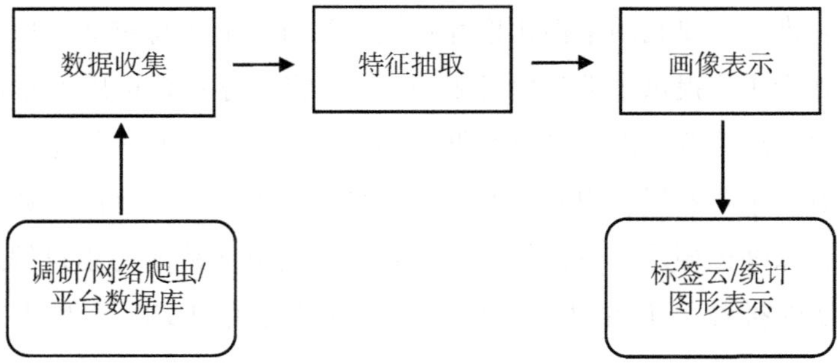

图 9-5　用户画像制作流程图

① 宋美琦，陈烨，张瑞. 用户画像研究述评[J]. 情报科学，2019，37(4)：171-177.

② 宋美琦，陈烨，张瑞. 用户画像研究述评[J]. 情报科学，2019，37(4)：171-177.

③ 吴彦文，刘雪纯，杜嘉薇，等. 融合微观行为特性的用户画像增强研究[J]. 情报科学，2021，39(3)：19-24.

图 9-6　用户画像示意图

传统上，出版企业在策划出版物的过程中，主要依赖于策划编辑的从业经验、行业敏感度以及主观意愿，导致对用户的定位不够准确，对出版物内容的策划不够精准。而利用数据挖掘和用户建模技术，出版企业可以对数据库中已有的大量信息进行分析，选出当前的热点话题作为备选主题。然后，收集用户数据对用户信息数据和行为数据进行分析，精准地定位目标群体，策划相应的出版物。

三、内容推荐

内容推荐与数据挖掘、用户建模是分不开的，精准的内容推荐离不开数据挖掘和用户建模的支持。内容推荐需要利用个性化推荐系统作为有效的信息过滤手段，以有效地解决信息过载的问题并为用户提供个性化信息服务。① 内容推荐系统可以通过获取用户的历史行为数据，如用户地理位置、网页浏览数据、购买记录、社交网络信息等来推断用户偏好并推送内容。随着技术的发展，内容推荐系统所采用的推荐技术逐渐与数据挖掘、人工智能等技术相融合，深度挖掘用户行为的潜在偏好，构建更加精准的用户偏好模型。内容推荐过程可以实现实时推荐而不再限于静态推测，通过与用户实时交互使推荐结果更加丰富、准确。

经典的内容推荐包括基于内容的推荐、基于协同过滤的推荐、基于领域和模型的推荐等。②

---

① 王井. 一种基于订阅记录的图书协同过滤推荐方法研究[J]. 情报科学，2020，38(3)：54-59，77.

② 孙梦婷，袁小群. 我国学术数据库协同过滤资源推荐研究现状探讨[J]. 出版科学，2017，25(4)：11-15.

①基于内容的推荐技术主要是利用推荐项的特征相似度进行推荐

该类方法通常提取项的特征来表示物品，利用用户历史评价数据，如喜欢或者不喜欢的项特征数据，来学习该用户的偏好特征。基于内容的推荐技术的应用范围广泛，其可以处理文本类数据，比如通过计算文本内容的相似度来推荐期刊等。基于内容的推荐技术的优点是易于实现、具有良好的解释性、不存在冷启动等问题。但是，该方法在提取特征以及度量高维特征数据的相似性方面存在一定不足。

②协同过滤使用用户—项的二维评价矩阵来寻找相似的用户

该类技术侧重于从数据中寻找某些隐含的模式，并将用户和项的表达映射到隐含模式上，主要分为基于领域的协同过滤和基于模型的协同过滤。

③基于领域的协同过滤主要通过已有评分来直接预测新的评分

可分为基于用户的协同过滤与基于项的协同过滤。

④基于模型的协同过滤通常对用户—项之间的关系建立某种关联模型，通过最优化模型参数来获得项的最佳预测

典型的方法有基于矩阵因子分解的协同过滤方法和基于贝叶斯概率语言生成模型的协同过滤方法。随着技术发展，深度学习的兴起，神经网络在推荐过程中有了较多的应用。如基于递归神经网络推荐技术等的兴起与发展。

内容推荐技术被广泛应用于电子商务、新闻资讯、视频网站等平台的个性化内容推送。内容推荐技术不仅可以应用于新媒体行业还可以应用于传统行业。通过对出版信息的挖掘，了解用户的需求和兴趣，为用户提供实时信息推荐服务，这是出版数据挖掘发展的方向。很多时候读者在选择图书时并没有明确的目标，出版社要把握时机，赢得主动，把市场中潜在的需求转换为实际的需求，引导用户进行消费，这样出版单位的营销活动才能更加具备针对性。

出版单位的内容推荐需要基于有价值的数据。在出版实践中，单单获取数据是不行的，更为重要的是使用哪些数据、如何挖掘有用的价值数据、如何利用出版数据为出版社提供决策服务。出版数据可以分为元数据、市场数据和宏观数据等，其可以从企业内部数据、第三方专业数据和渠道端的用户行为数据等数据源中获取。① 以出版企业为例，出版活动可以产生大量的数据。对于选题策划环节，图书品种和选题数据应该是企业内部的核心数据。在组稿阶段，出版单位的作者资源也是其赖以生存和发展的重要资源，直接决定了稿件的质量。当图书进入市场后，实时关注图书的动态销售数据和市场走向也是出版单位实现数据化管理的重要环节。出版数据的挖掘不是只有出版社参与，中间商、用户、第三方机构等也参与其中。其中，用户主导着图书内容生产，所以用户推荐这一部分的数据

① 尹鸿，王力，尹章池. 图书出版的数据挖掘对象、渠道和应用模型[J]. 科技与出版，2017(3)：69-73.

主要是分析用户维度和与用户消费对象相关的数据。

在出版这一具体的领域内，数据可以分为两大类，一类是用户维度的数据，另一类是领域维度的数据。这里的用户维度数据是指那些基本的可以描述用户属性的数据；领域维度的数据是指与出版物有关的数据。另一方面，用户相关的数据又可以分为静态的和动态的两种。① 读者的姓名、年龄等人口统计学属性相对固定就是静态数据，而用户搜索行为与评分行为就属于动态数据。用户阅读行为包括读者评价、读者类型、信息需求等。对用户阅读行为数据的挖掘，可以使读者由原来的“被动地选择图书”方式转变为“接受主动的个性化推送”模式，实现以“用户”为中心的个性化内容服务。② 在内容推荐系统中，最常见的是基于用户所做的过滤算法，但是该算法存在数据稀疏等问题，例如在依据用户评分进行分析时，需考虑到不是所有用户在阅读图书后都会评分，如何处理这样的情况是一个难题，有学者提出了基于用户订阅数来设计算法。③

这里介绍一种简单的内容推荐流程。在内容推荐之前，可先建立用户画像，然后使用协同过滤算法，通过计算用户之间的相似度，推断用户可能感兴趣的内容，并进行推送，如图 9-7 所示。

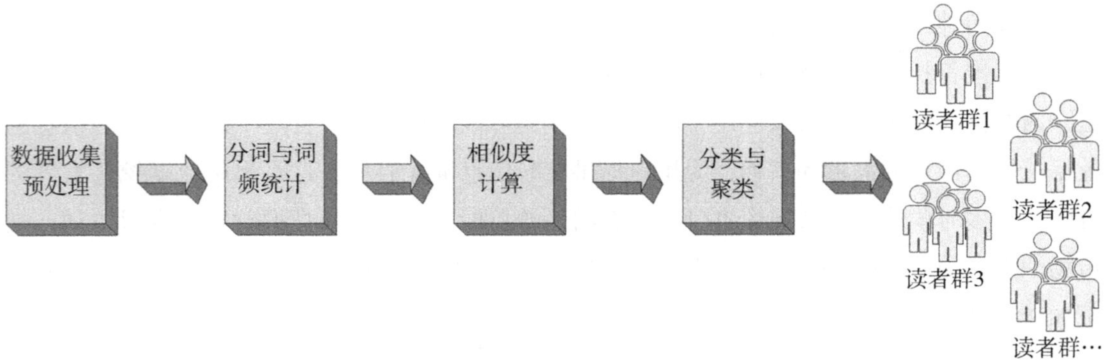

图 9-7　内容推荐流程图

从出版业的角度来讲，收集各种出版数据并进行处理、分析等，最终目的是实现精准营销。有人这样描述数据挖掘与精准营销的关系：数据挖掘是精准营销的手段，而精准营销是数据挖掘的目的。在实践中，基于数字挖掘的精准营销需要设置两个系统：一个是数

① 何娟. 基于用户个人及群体画像相结合的图书个性化推荐应用研究[J]. 情报理论与实践，2019，42(1)：129-133，160.

② 瓯渼钧. 面向个性化服务的用户建模相关问题研究[J]. 情报杂志，2006(3)：77-79.

③ 王井. 一种基于订阅记录的图书协同过滤推荐方法研究[J]. 情报科学，2020，38(3)：54-59，77.

字挖掘的技术平台，一个是精准营销的业务平台。① 技术平台通过专业分析程序，将海量的数据通过分类、估计、预测、聚类等方法进行分析，得到客户的购买习惯和需求特征等信息。业务平台根据挖掘的信息，做出类似于个性化推荐的营销措施，将合适的产品和服务呈现在有需求的客户面前。

第四节　出版管理技术

出版行业具有不同于其他行业的特殊性，因而出版物的生产和流通过程要服从宣传部门、司法部门、行业组织和政府专设的出版行政机构的管理和制约。出版行政部门对出版活动的管理包括多个方面，如出版物的种类、数量、质量等。而条形码、二维码、数字水印、区块链等技术的介入可以使出版管理工作变得简单高效。

一、条形码

条形码，也称条码，是一种利用光电扫描阅读设备识读并实现数据输入计算机的特殊代码，是由一组粗细不同、黑白(或彩色)相间的黑条与空白组成的图形。② 条码中的黑条和空白各自的意义不同，它们的组合可以代表不同的数字。条形码是由一个由空白区、起始位、信息段、校验位、终止位组成的完整结构。③ 空白区在起始位之前和终止位之后，作用是提示阅读器准备扫描条形码符号。起始位是条形码结构的第一个起始字符，表示条形码符号的开端。终止位表示条形码的结束，通常与起始位字符是对称的结构，以使条形码能够进行双向扫描。信息段是条形码所要表达的内容，起着传递信息的作用。校验位有时是必须的，有时是可选的。具备完整结构的条形码才能真正发挥传递信息的作用。在阅读条形码时，通过发光装置将光照射到条形码符号上，由于码条和空白条的颜色不同而形成强度不同的光反射，光敏元件接受反射光得到高低不同的电频信号，再经译码装置转换为携带某一内容的信息输入给计算机进行处理。④

作为一项信息采集与识别技术，条形码最初出现于美国。20 世纪 70 年代美国出现了 UPC 码(Universal Product Code，商品统一代码)，为条形码技术的发展奠定了基础。欧洲人对条形码产生了很大的兴趣，导致了 EAN 码(European Article Number，欧洲物品编码)的应用。⑤ 随着条形码技术的发展，条形码的尺寸不断变小，出现了不同类型的条形码，如一二八码、三九码、交替二五码等。不同的条形码具有各自的特点。相较于其他信息输

① 戢渼钧. 面向个性化服务的用户建模相关问题研究[J]. 情报杂志，2006(3)：77-79.
② 付会芳. 谈出版物中条码的使用[J]. 科技与出版，1996(4)：12.
③ 付会芳. 谈出版物中条码的使用[J]. 科技与出版，1996(4)：12.
④ 黄志建，等. 条形码技术及应用[M]. 北京：机械工业出版社，1992.
⑤ 薛波. 介绍条码技术在出版物上的应用[J]. 中国出版，1993(4)：31-33，27.

入及识别技术，条形码技术具有可读性高、可靠性高、经济性好、简便灵活、信息输入速度快等特点，提高了计算机信息输入速度。

条形码技术作为一种信息处理技术已经成为社会化的产物，在工业生产、运输和仓储、零售、邮电、发行等存在物品流通的行业得到了广泛的应用。出版物上使用的条码码制为EAN13位码。图书使用的条码结构是978+ISBN(国际标准书号)号的前9位+EAN校验位，共13位数字。① 因此，每一本图书的条码都是不同的，每出版一本图书就要申请一个条码。期刊使用的条码结构是977+ISSN(国际标准刊号)号的前7位+2位特别数位+校验位。期刊的条码由主码(EAN13位码)和2位附加码组成，附加码用于识别期刊的刊期和出版时间。② 出版物上的一维条码，是由出版单位将图书的书名、作者简介等基本信息上报相关管理部门审核通过，在专门的系统中生成后，再由出版单位下载使用。③ 对于出版业而言，条形码在出版物的分类、标价、流通和检索等方面发挥着重要作用。第一，出版单位使用条码可以及时准确地了解出版物的征订情况，掌握销售信息和趋势，针对不同的情况及时做好调整，促进出版单位改善经营管理；第二，条码的使用有利于出版发行部门建立全国范围的发行信息网，及时全面地掌握市场信息，迅速准确地处理订货、发货，提高库存管理工作，防止资金积压；④ 第三，销售网点使用条码技术，能够对库存、订货和营业情况进行有效的管理，便于为用户提供优质的服务；第四，图书馆使用条码对出版物进行分类、检索等管理工作。但条形码包含的信息量有限，且不能存储中文信息，也给出版内容的管理带来了不便。

二、二维码

二维码也称二维条码，是在一维条码的基础上扩展而来的一种图形编码方式，即按照一定的规律，将一些特定信息按二维方向排列成黑白相间形式的图形进行存储。⑤ 与其他信息存储技术相比，二维码能存储汉字、数字和图片等信息，具有编码范围广、扫描响应速度快、制作简单、成本低、持久耐用等特点。⑥ 二维码突破了一维条形码的限制，上下左右和黑点均可记录信息，读取的信息容量大；可以设置解码密码，安全性高，能够更好地防止盗版和伪造；纠错能力强，有利于信息的标准化。

① 何娟. 基于用户个人及群体画像相结合的图书个性化推荐应用研究[J]. 情报理论与实践，2019，42(1)：129-133，160.

② 何娟. 基于用户个人及群体画像相结合的图书个性化推荐应用研究[J]. 情报理论与实践，2019，42(1)：129-133，160.

③ 付会芳. 谈出版物中条码的使用[J]. 科技与出版，1996(4)：12.

④ 何娟. 基于用户个人及群体画像相结合的图书个性化推荐应用研究[J]. 情报理论与实践，2019，42(1)：129-133，160.

⑤ 和庆娣. 二维码在立体化教材出版中的应用初探[J]. 新媒体研究，2019，5(4)：35-36.

⑥ 赵礼寿. 二维码在图书营销管理中的应用[J]. 出版科学，2014，22(5)：20-22.

随着智能移动终端的普及，人们的生活已经离不开二维码。例如，在食品、药品等产品的溯源防伪方面，通过为产品添加唯一、保密的二维码作为身份和属性防伪标签，实现对产品出库、入库、物流等环节的追踪与掌控，确保产品的安全性与可靠性；① 在网络资源下载等方面，用户使用移动智能设备扫描二维码，通过链接的自动跳转，可轻松实现数据资源下载；在电子支付方面，由于二维码具有无须后台支持、可加密、可靠性强等特点，用户可使用手机直接下单，通过获取的二维码完成支付，简化了支付流程。此外，二维码还被应用于信息传递，用户通过扫描二维码获取身份资料、WIFI 密码等，商家利用二维码进行产品广告推送、网站跳转以及会员管理与服务等。

二维码在生活中普及的同时，也为出版业的发展提供了新动力，特别是在图书营销过程中，二维码有着多样化的应用模式，如信息提供、读编互动、优惠促销、市场调查、手机支付、广告推送、在线试读、联系客服等。② 二维码应用于图书营销的优势有：第一，二维码具有信息容量大、编码范围广、安全性高、容错纠错能力强等特点，能为读者提供相对精准的信息；同时，二维码能够传递文字、图片、视频、语音、链接等多种形式的信息，可适应多种载体，弥补了传统图书信息传递不足的缺陷。第二，二维码可以便捷地联通线上线下，有利于整合线上线下营销资源，实现互动营销，读者可以自主选择资源内容，提升读者体验。第三，由于二维码的开放性及其应用的便利性，无论何种规模的出版企业都可使用二维码。相对于数字出版运营商，二维码运营商并不强势，这使得相对弱势的出版企业在数字化过程中有了从容应对的余地和争取自身利益最大化的机会。

对于数字出版而言，出版内容管理是一项难题。二维码在产品权利管理以及流程管理上的应用有助于解决数字出版内容管理面临的问题。基于二维码的数字出版内容管理是指通过包含有数字出版物基本信息、版权信息、所有者信息、权利警告等内容的二维码作为获取所有数字出版物的入口，将数字出版物的制作、交易、发行、转让、保护等环节都建立在二维码基础上而开辟的全新的数字出版内容管理模式。消费者通过购买支付行为，获得数字出版物的二维码入口，并利用授权许可的电子设备扫描二维码，以获取数字出版物在该设备上的使用权限，进行阅读使用，其解决方案如图 9-8 所示。

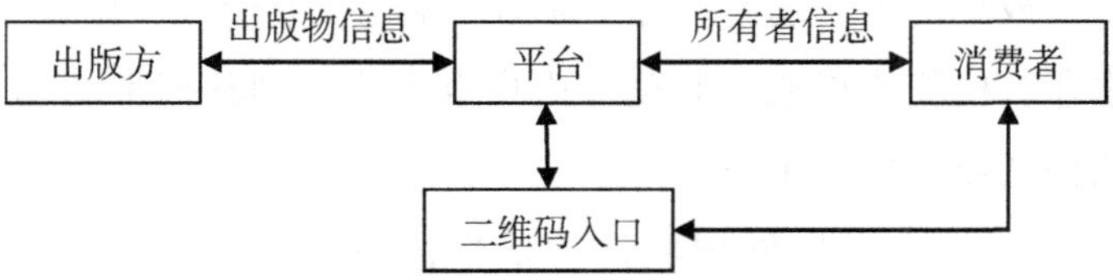

图 9-8　基于二维码数字出版的内容管理和交易系统

① 赵礼寿. 二维码在图书营销管理中的应用[J]. 出版科学，2014，22(5)：20-22.

② 赵建伟. 二维码在图书营销中的应用[J]. 编辑之友，2014(7)：54-56.

图 9-8 中构建的数字出版内容管理平台包括二维码入口、内容管理平台、消费者和出版方等四个方面。其中，平台作为整个数字出版内容管理的核心部件，是提供数字出版内容管理和交易的场所，并协调各环节所涉及的其他部件的工作，保证数字出版物内容管理和交易的高效顺利实施。出版方产生数字出版物，提供数字出版物管理和交易所需的各类信息。消费者是数字出版内容管理和交易平台的终端，通过该平台获得数字出版物。二维码入口是平台实施数字出版内容管理和交易的纽带，是数字出版物和管理交易信息的承载者，利用二维码技术，对数字出版物相关信息和管理交易信息进行封装和存储，保证数字出版物的流通与交易。在上述的平台中，出版方制作的数字出版物，经销售方与消费者进行交易。消费者通过数字出版物交易管理平台注册的账号，向平台提交个人信息与交易申请。在消费者向销售方付款并由销售方通过平台确认收款之后，平台将制作生成的数字出版物二维码入口发送至消费者的电子设备并授权使用。当数字出版物需重新交易时，在买卖双方达成交易意愿的基础上，由双方向平台提出转让交易申请，数字出版内容管理和交易平台根据二维码信息和交易双方的信息，确认并更改数字出版物所属相关权益，二维码入口生成新的二维码，由平台发送至买方的电子设备并授权使用，同时废除原有二维码入口的使用功能，收回买方的使用权。可以说，在整个过程中二维码起到了一个桥梁的作用，为出版内容管理提供便利。

三、数字水印

在出版管理中，数字水印起着至关重要的作用。数字水印技术是采用一定的方法将具有特定意义的信息嵌入数字多媒体中，需要时将其提取出来以判定数字多媒体版权归属或证明多媒体的真实可靠性等。其中，嵌入信息是数字水印，它可以是作品的序列号、公司标志等有关版权、认证信息。① 数字水印技术通过水印嵌入与检测来标识、认定数字内容作品的权利归属，可以有效突破数字内容作品版权过期后无法自动解密的瓶颈，并且不影响作品使用的便利性，尤其不会影响非商业性的教学、研究等合理使用情形。②

一般来讲，数字水印具有以下特性：第一，不可感知性，即嵌入水印的数字多媒体的变化不应被觉察到，不影响被保护数据的正常使用。第二，确定性，即水印为受保护的数字多媒体的版权归属或真伪等问题提供可靠证据。第三，安全性，即数字水印不容易被伪造或加工。即使水印被检测或提取，非授权用户也无法得到其携带的信息。理想情况下，非授权用户是无法检测或提取水印的。

数字水印技术起初只是图像处理软件的插件，而今已经开始向大型商业化软件发

① 郗艳华. 数字水印技术研究[J]. 数字技术与应用，2012(4)：101-102.

② 张立，张凤杰. 数字版权保护技术创新应用的六大趋势——基于 1994—2017 年“九国两组织”专利申请数据的分析[J]. 现代出版，2019(3)：52-56.

展。① 对于出版业而言，版权保护是数字水印技术的一个最主要应用。数字水印技术可用以对数字作品进行标记和鉴别，而不是保护数字作品免受非授权访问，属于事后保护手段。传统加密方法只容许合法的密钥拥有者访问加密数据，但是加密数据一旦解密后，就没有办法对数据的复制和再分发进行跟踪。数字水印技术弥补了传统加密方法的不足，创作者的创作信息和个人标志通过数字水印系统嵌入作品中，需要通过专用的检测器或软件检测。当出现版权纠纷或被盗版时，版权所有者可以用提取的水印来保护其合法权益。在数字作品的版权保护方面，数字水印技术的主要发展方向有：第一，与密码技术结合使用保护知识产权；第二，开发基于数字水印技术的数字作品交易系统以提供完整的安全与版权保护机制；第三，开发版权自动追踪软件；第四，建立版权认证中心，提供各种网络服务；第五，开发适用于多种媒体类型且能够实现不同水印互操作的水印软件。在版权保护领域，成功地使用水印技术取决于满足实际应用需求的技术可能性。但目前对水印技术局限性的了解还不够深入，因此，尚不能把水印看作能够解决所有问题的全能方案。②

四、区块链

区块是存放交易数据的集成块，而区块链则给区块加上链，利用数据短链把一个个区块连接起来，形成一个完整的链状数据存储结构。区块链是一种去中心化的新型基础架构或计算范式，通过使用已加密保护的链条式区块结构和分布式节点共识算法，来执行数据验证、存储、更新及脚本代码的编程和运行。③

区块链具有如下特点：第一，区块链按时间排序，即区块链的每一个区块都是按照时间顺序从小到大进行编号；第二，区块链链条具有唯一性，即适合用来串联的链条有很多，但是，某一合适的链条一旦被选中，其他链条就不能再用，最先被选中的这一链条则成为唯一的链条；第三，区块链会逐渐变长，即随着时间的推移，区块链的区块大体上匀速增加，区块链会越来越长。

区块以链的方式组合在一起所形成的数据库叫作区块链数据库。与传统数据库相比，区块链数据库具有去中心化、集体维护和不可篡改等特点。④ 在传统的数据库中，用户可以修改存储在中央服务器上的数据，数据库的控制权保留在某个获得指定授权的机构处，用户可以对数据执行创建、读取、更新和删除。而区块链数据库则采用一种共识机制，数据库中的每个节点都会参与数据管理，都会验证新加入链的内容。对于新数据，只有大多

---

① 汪保友，王俊杰，胡运发．数字水印与版权保护[J]．计算机应用与软件，2004(1)：30-32，87.

② 张立，张凤杰．数字版权保护技术创新应用的六大趋势——基于1994-2017年"九国两组织"专利申请数据的分析[J]．现代出版，2019(3)：52-56.

③ 马永仁．区块链技术原理及应用[M]．北京：中国铁道出版社，2019.

④ 马永仁．区块链技术原理及应用[M]．北京：中国铁道出版社，2019.

数节点达成一致才能成功被写入数据库。区块链技术还具有公开可验证性，这是由完整性或者不可篡改性和透明度决定的。每个用户都可以获知并验证区块链内容是如何随时间推移而变化的。此外，区块链只能增加，也就是说，用户只能以附加块的形式添加数据，所有先前的数据被永久储存，无法更改。

区块链的分类主要有两种：第一，根据参与方式，可以分为公有链、联盟链和私有链，见图 9-9。公有链是完全去中心化的，没有中心服务器。其访问门槛低，所有数据默认公开，任何人都可以到区块链中参与计算，并且可以下载完整的区块链数据，用户不受开发者的影响。公有链适用于电子商务、互联网金融等场景。联盟链对特定的组织团体开放，参与每个节点的权限完全对等，在不需要完全互信的情况下便可实现数据的可信交换，适用于机构间的交易、结算或清算等场景。私有链建立在企业内部，交易速度快且成本低，可以更好地保护隐私，有助于保障其基本的产品不被破坏。但在私有链中，只有被许可的节点才能参与并且查看所有数据，因此，一般被应用于企业内部以及政府部门之间。第二，根据链与链之间的关系，可以分为主链和侧链。相对于能够正式上线的、能独立自主的主链，侧链则是用于确认来自其他区块链的数据的区块链，多被应用于股票、债券、金融衍生品等资产类型。①

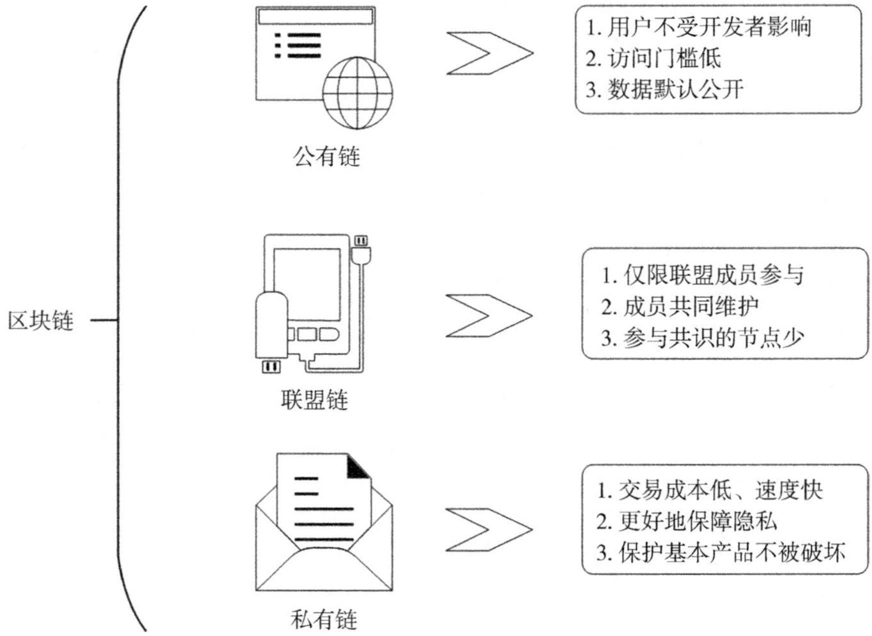

图 9-9　区块链的种类及其特点

① 马永仁. 区块链技术原理及应用[M]. 北京：中国铁道出版社，2019.

目前，我国知识产权保护面临重重困扰，区块链的引进推动知识产权由固态向气态转变，在一定程度上提高了知识产权管理的灵活性，降低了知识产权管理的难度。① 与现有的数字版权保护技术如密钥管理、数字水印、可信计算、权限控制、数字签名、数字指纹等相比，区块链中的身份验证、智能合约、共识机制等技术为知识产权确权、授权和维权提供支持，使知识产权的管理更加透明、公开和高效。其过程如图 9-10 所示。第一，身份验证。区块链上各区块由时间戳与数据构成，这些数据块彼此相连且彼此验证，链上成员通过获得密钥完成身份验证，从而访问区块中的数据信息，对其进行使用和适当的修改。密钥的存在使链上成员的身份更加可靠，也提高了整个数据信息交易过程的可信度。第二，智能合约。智能合约通过代码形式的协议规定合约参与者的权利和义务，成为交易各方认可的线上依据。链上成员均能看到数据信息的使用方向和交易的全过程，公开透明的操作改变了传统版权交易中的信息不对称现象。第三，共识机制。共识机制由工作量证明、权益证明和拜占庭协议等技术维护，确保链上各区块的备份完全一致，同时保证链上成员的分工明确且报酬合理。这一机制使版权不必再依托特定的中心化权威机构统一管理，去中心化的新型机制可规避中心系统遭受攻击时产生的巨大风险。

在知识产权确权方面，区块链的引进，不仅能实现知识产权交易各方身份验证和准入许可等功能，还有助于明确数字出版平台、知识内容原作者、知识内容消费者和产权衍生品消费者等各方的权利和义务。在授权方面，知识产权授权需通过订立合约，最常见的授权方式是交易各方签订版权授权协议书即合同，这种方式受合约法的保护，但授权形式单一，与智能合约技术结合后，即使整个授权行为具有法律效力，又使授权过程便于操作，及时更新。在维权方面，能在一定程度上消除信息不对称的区块链共识机制可分为算法共识、决策共识和市场共识三类。算法共识是区块链中最常使用的一类，其目标是在存有运算错误、潜在攻击、同步性较差的对等式网络中，确保分布式账本在不同网络节点上备份的一致性。其中，分布式账本中既可保存比特币等数字货币，又可保存债券、知识产权等数字资产。算法共识可以有效避免交易各方信息不对称的问题，缩小知识内容生产者与消费者之间的利益落差。同时，算法共识对分布式账本的完善也为后续的知识产权维权提供了确切证明。决策共识由网络节点的拥有者(或控制者)制定或修改算法，市场共识则建立在算法共识和决策共识的基础上，与市场机制相调和。将决策共识和市场共识引入知识产权维权中，在数字出版行业内形成普遍的决策共识和市场共识，依据市场交易的普遍规律，及时调整维权的策略与方法，有利于降低数字内容的知识产权维

① 姚瑞卿，袁小群. 基于区块链技术的数字出版知识产权管理——以知识服务应用为例[J]. 出版广角，2019(17)：25-30.

护成本。

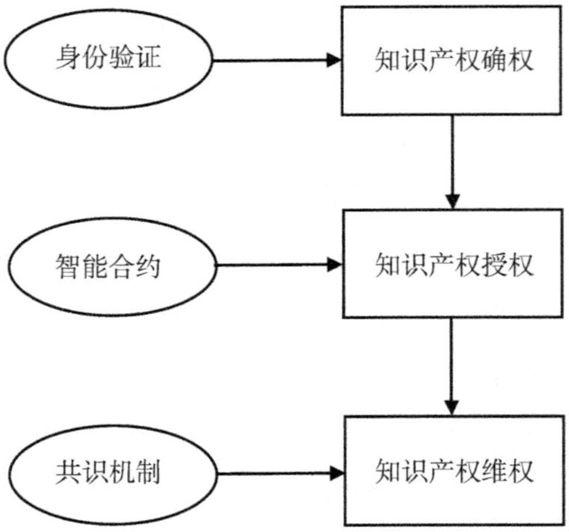

图 9-10　区块链运用于知识产权管理示意图

数字出版平台运用区块链技术开展出版物知识产权管理服务的可操作性体现在以下几个方面：区块链完整地记录出版物的生产变化过程，难以更改，同时，P2P 网络的搭建和工作量证明机制（POW）使数字版权交易公开透明，数据真实性得以保障；智能合约为数字版权交易各方和交易过程提供了自然生成的规范，并可有效追踪版权交易的各个环节，减轻了维权和取证的负担，提高了权利保护的成效；决策共识与市场共识建立内容提供者与使用者之间的信任，有助于数字产品或数字内容拆分出细分版权进行多次交易，提升交易的灵活性；基于同一开发平台的嵌入式侧链实现了数字资产在多个区块链间的转移，可以有效记录用户的每一次使用和消费，版权所有方也可以此记录获得报酬。可见，区块链技术对数字出版平台出版物知识产权的确定、维护、营收有着积极意义。

随着技术手段和服务理念的不断创新，出版由信息服务向知识服务转变。知识服务是信息服务的高级阶段，具体指服务主体以满足客体的需要为目的，运用自身的信息资源和专业知识，通过不同的渠道整合现有知识资源，为客体提供解决方案的产品或服务。目前，数字出版企业处于从传统数字产品和内容的提供者向信息与知识的服务者转变的阶段。但知识服务领域缺乏成文的维权法规，也暂未形成维权性质的行业共识，知识服务领域中的侵权行为屡禁不止。区块链的点对点传播机制、智能合约协定、时间戳、共识机制等特性均与知识产权管理的具体环节相对应，可应用于知识服务领域的版权管理，通过搭建 P2P 网络，在知识服务主体与客体之间建立直接联系，从而实现用户目标驱动的知识服务；运用时间戳技术，从知识服务的源头进行追溯，与知识服务贯穿问题解决方案的始终这一特质相契合；引进共识机制，避免知识分享过程中的信息不对称问题，推动知识服务成为增值服务。在区块链的支持下，知识服务可实现向内容互动服务、个性化知识服务和知识娱乐化服务等新型服务模式转型，从而寻求长足发展。

出版物从作者提供内容到出版制作出来直至交付到读者手中使其可被阅读中间要经过业务步骤、过程节点及执行方式有序组成的过程就是出版流程。以传统纸质出版物为例，一般出版流程包含编辑、复制(印刷)和发行三大流程。编辑是对作者创作的作品进行加工整理、使其适于公开出版的过程；复制(印刷)是对编辑加工好的作品进行大量副本制作，使其具备广泛传播的条件的过程；发行是指将大量复制的出版物以有偿的方式公之于众的过程。传统纸质出版环境下，编辑、复制(印刷)、发行三个环节相互衔接，分别对应三个部门：编辑部门、出版部门、发行部门；涉及出版社、印刷厂、发行机构三个系统。资金流、信息流、产品流在三个环节中流通以实现出版物价值增值，构成了出版物生产的基本关系。

传统纸质出版系统中，编印发三个环节彼此之间的关系边界是清晰的、商业逻辑是通畅的、结构功能是合理的，这也是出版产业自诞生以来一直延续运行的制度性基础。数字时代的到来，催生了多种新兴媒体形态、改变了读者阅读方式、提供了不同的渠道选择，

出版流程篇

传统出版业编印发三大业务流程之间的边界被打破了，出现了融合发展的趋势，编印发一体化在技术的推动下已经实现。尤其值得注意的是，数字媒体环境下，以印刷为代表的传统出版物复制方式被数字传播方式取代了，复制这一过程的价值贡献变得极其微弱，甚至复制本身的意义在数字媒介环境下都变得虚无缥缈。

为了方便学习者了解出版行业的运行规律和逻辑，出版流程篇的三章内容，仍以传统纸质出版尤其是图书出版为核心，分别介绍出版物的编辑加工、印刷复制和发行传播。其中：第十章编辑分理论与实务两节，扼要介绍了编辑的基本原理和实践流程；第十一章复制与印刷分传统印刷技术与数字印刷技术，系统介绍了当前出版业内主要采用的印刷复制工艺环节及其技术原理；第十二章在详细介绍发行的功能与意义以及发行渠道成员与管理的基础上，专门梳理了我国出版物(主要是图书)发行渠道的历史及现状。本篇三章从流程和作业的视角对出版产业进行了全面而系统的介绍，同时兼顾理论与实践的结合，重视传统出版与数字出版的比较，为学习者提供了了解现代出版产业流程的渠道。

J

第十章　编　　辑

* 本章知识点提要

1. 我国编辑历史
2. 编辑活动的本质与特点、主体与客体
3. 图书编辑工作的一般流程
4. 编辑人员类别

* 本章术语

编辑　编辑力　编辑六艺　选题　组稿　审稿　编辑加工　校对　装帧设计　编辑人员　文字编辑　美术编辑　总编辑　责任编辑　策划编辑　组稿编辑　特约编辑　编辑委员会

编辑既指使用各种设施和手段，从事组织、采录、收集、整理、纂修、审定各式精神产品及其他文献资料，使之传播展示于社会公众的人，也指上述一系列活动。① 编辑在整个出版活动中处于核心地位，是出版工作和出版流程的中心环节。编辑是对精神文化内容的策划、选择、组织、加工、审读，是出版物流通和使用的前提，对出版工作全局和整体具有关键性影响，整个出版活动的全流程都围绕着编辑工作这个核心要素运转。编辑工作对知识和文化进行重构、推陈出新，使已有的文化元素和知识单元再重新组合，成为新的文化体和知识体，对社会文化起到直接构建和间接引导的作用。

第一节　编辑理论

中国是文明古国，历史文化典籍丰富，书籍的诞生可以追溯到西周和春秋之间。书籍

① 《中国大百科全书》总编委会. 中国大百科全书（新闻出版卷）[M]. 北京：中国大百科全书出版社，2009：1855.

的产生离不开编辑，中国的编辑活动历史悠久，但我国学者集中对编辑现象进行总结、探讨编辑工作的规律却是近年来才出现的现象。

一、我国编辑历史

“编”字最早见诸殷商时期的甲骨文中，本意指串联竹简的皮绳。编字用于表示排列加工，记载于《史记·孔子世家》，“上纪唐、虞之际，下至秦缪，编次其事”，这里的“编次”做动词用，即排列竹简，意思事变无序为有序。“辑”的本义是指车舆，因为车舆可以用来储积、负载众多物体，又引申为聚敛、集合并使之中和、谐调，后进一步引申为收集，特指辑录。根据相关文献，“编”和“辑”不晚于公元一世纪已分别获得“编次”和“收集”的新义。①

随着纸张、雕版印刷术和活字印刷术的发明，人类文明翻开了新的篇章，书籍成为记录和传播信息、知识、文化的主要媒介，编辑一词作为一个整体出现了。《魏书·李琰之传》讲到北魏大臣李琰之“修撰国史……前后再居史职，无所编缉”。李琰之多次出任修撰国史的官职，传闻他“经史百家无所不览”，可惜没编出什么传世之作。这段史料被认为是“编缉”一词最早的记载。很显然，这里的编辑有修撰的意思，可见古人对编辑一词的理解与我们今天不同，即编辑包含了著作的成分，编著合一。此外，古代文献中编辑一词还可以理解为整理修补、综合各种社会信息等不同含义。我国历史上对编辑一词不同含义的广泛使用说明，编辑实践活动十分丰富。近代机械印刷工业的兴起，使书籍的生产取得了飞跃发展，编辑逐渐成为文化生产部门中一种不可替代的、专业性很强的一项工作，职业编辑人也随之出现了。

孔子是我国古代第一位有史可考的大编辑家，尽管“六艺”不一定都是他亲自编辑的，但他对《诗》《书》《礼》等典籍做过大量的编辑整理工作，他提出“述而不作，信而好古”，主要指学者阐述前人的成说，自己并不创新。“述而不作”被后人当成一种编辑思想传承发扬，实则是一种学者对于先贤智慧继承的一种谦逊态度。

战国末年秦国丞相吕不韦集诸门客集体编纂《吕氏春秋》，其内容包罗万象，共26卷，160篇，约20万字，分纪、览、论三个部分，全书体系严谨、排列有序，实现了编纂分离、博采众长，为我国大型图书编纂开创了先例。《吕氏春秋》的编辑过程，体现了“不尚空言、择而采之”的编辑思想，以相对客观、公正的态度吸收儒家、法家、墨家等不同学说的精华，摒弃其不合时宜的主张，为后世的书籍整理和编辑提供了宝贵的经验。

西汉的刘向、刘歆父子是我国专业编辑的开始。刘向受官方委派，组织实施六艺、诸子、诗赋三类书籍的编辑整理工作，并“总其成”（相当于总编辑）。刘歆子承父业，对编辑分工做了新的规定，明确地按专业内容分编订了中国历史上第一部图书分类目录——《七略》。刘氏父子将编辑工作推向专业化，不仅修改错字、梳理文章语气，还为每一部书

---

① 陈桃珍. 编辑概论（第2版）[M]. 重庆：重庆大学出版社，2012：134-136.

籍编好目录、撰写叙录、介绍作者生平、评说思想、辨别真伪、评论学术价值、叙述校雠的过程及目的等。刘氏父子二人的编辑活动体现出我国早期职业编辑的专业素养和工匠精神。

唐代开始，官方设立了专门的编辑官职——太子文学，总管经籍审定修校。到了宋代，官方设立史馆编修，使编辑工作更加专门化，宋太宗组织专业人员编辑成《太平御览》《文苑英华》《太平广记》《册府元龟》。北宋时期司马光主持编纂了中国历史上第一部编年体通史《资治通鉴》，开创了一种全新的编纂体例——以时间先后次序编次，便于读者把握历史事件来龙去脉。《资治通鉴》通篇风格统一、内容精当、重点突出、取材考证，成为我国历史上重要的史学典籍。明清时期，官方和民间都开始大规模的古籍整理编纂工作，大型类书和丛书层出不穷。自宋以来，下至明清乃至民国初期，民间的编辑家往往是编者、著者和藏书者的合一，编辑活动也往往与著作活动、藏书活动、出版活动甚至政治活动混杂在一起。

鸦片战争以后，西学东渐，具有近代形式的杂志、报纸问世。现代意义上的出版社、杂志社、报社开始出现，编辑从其他活动中分离出来，逐渐形成一个独立的行业。这一时期，出现了很多国人办报办刊、救亡图存的编辑活动。曾留学英国的法学家、外交家伍廷芳创办了中国人自己的第一家近代报纸《中外新报》。20 世纪初，许多进步报刊得以创办，其中的革命思想在那个新旧交替的时代起到了开启民智、推动社会进步的作用。陈独秀创办的《新青年》率先采用白话文编创、设置栏目、读者论坛，提倡文章分段和使用标点符号，鼓励读者来稿。鲁迅、李大钊、胡适、钱玄同等都担任过《新青年》的编辑。原本由英国商人创办的《申报》成为旧中国历史最长、影响力最大的一份报纸。1913 年由进步报人史量才接办后，《申报》鼓励发表自由民主言论，推出战时通讯“号外”和“自由谈”等副刊，重用晚清举人、秀才为主笔的同时，也聘请进步人士担任记者、编辑，宣传孔孟思想和揭露不合理社会现象结合，在当时具有进步意义。抗日战争和解放战争期间，党领导的新闻出版人在大后方创办了《解放日报》《新华日报》《群众》《文萃》刊物，为中华人民共和国的诞生付出了艰辛的努力。

编辑的本质与特点（慕课）

编辑的本质与特点（课件）

二、编辑的本质与特点

编辑是根据一定的目的，从事精神产品的征集、选择、整理、加工，促成其发表或出版，使之有效传播的工作。接下来，让我们从本质与特点来认识编辑工作。

1. 编辑活动的本质

从本质来看，编辑活动是一种文化活动，是对文化产品进行选择、优化的活动，也是对文化产品进行再创造的活动。编辑活动在整个社会化的生产和传播过程中处于中心地位，起着枢纽作用。具体地说，对文化产品的生产起着引导、设计和组织等开发作用；对生产成品起着选择、淘汰和修正等把关作用，而对整个社会的文化大厦又起着构成、审验和革新等作用。①

(1)编辑活动是一种文化活动

编辑活动是人们根据社会文化需要，组织精神生产，并对内容产品进行采集、鉴审、选择、加工、编排与组合。与文化产品的创作者不同，编辑是在他们创作的基础上进行集中、加工、优化，以承担起缔造和建构社会文化的责任。在这个过程中，编辑是站在整个社会文化的高度上，把社会的意志、社会的需求通过自己的编辑活动渗透在作者的作品中，对其内容进行筛选、增删、优化、并根据其内容赋予作品以恰当、完美的形式。所以，同一般文化人相比，编辑的文化职能代表着更强的社会意志和更广泛的社会需要。从这个意义上说，每个时代的编辑都是通过编创媒介，缔构着每个时代的主流文化，各个时代的主流文化则又构成整个人类文化大厦的主要部分。②

(2)编辑活动是对文化产品进行选择、优化的活动

编辑是对已有作品进行选择、加工、优化、序化、排列组合等活动，编辑过程处处体现着编辑对内容和著述材料的取舍和选择，所以编辑也被称为文化的“把关人”。在编辑实践中，编辑在对信息和内容进行序化的过程中，更重要的是对“序”的优化处理，也就是说编辑是站在文化积累和传播的高度，以社会文化代言人的身份，对已有的内容进行再加工，使其在序列结构上更系统、更规范、更符合社会的需要。在具体的编辑实践中。一本书前后章节的顺序、各章节内部的内在联系、序跋校考、辅注题解的安排、封面的设计，无不追求整体的最优化。报刊的各栏编排，每一篇文章的位置安排等版面设计以及装帧设计也同样是追求整体的优化。

(3)编辑活动是对文化产品的再创造活动

尽管编辑是对已有内容的再加工，但这不影响编辑活动的创造性。编辑活动是再创造性的活动，编辑活动的这种创造性是在著作基础上的再创性智力劳动。首先，选题策划就是编辑创新和主体意识的集中体现；其次，编辑加工过程是对已有内容的提升和优化，这种拔高的过程也是一种创造更好的作品的过程。在编辑的过程中，各种媒介编辑所面对的对象大都是个人意义上的创造成果，它们要成为社会文化进入传播网络，则必须要编辑从全社会广大公众的角度，对它们进行鉴别、选择、加工、物化，其中由于受编辑站在全社

① 王振铎，赵运通. 编辑学原理论[M]. 北京：中国书籍出版社，1997：23.

② 朱燕萍. 什么是编辑定义本质的属[J]. 编辑之友. 2001(5)：27-28.

会的高度对信息进行序化、优化处理的再创造劳动的催化而突破了原来的格局，从而具有了全新的、更高级的意义。个人意义上的创造成果因物化而实现其价值，同时也因编辑的再创造性劳动使其进入社会文化的序列使其价值得到增加。

2. 编辑工作的特点

“替人做嫁”“甘当人梯”是人们对编辑工作的美誉，突出了编辑人员的奉献精神，为了构筑社会文化的伟大事业，甘于寂寞、淡泊名利。一篇文章的发表、一部小说的出版，虽然凝结着作者的智慧和汗水，但也渗透着编辑的心血。除了幕后特征和奉献精神，编辑工作还有思想性、科学性、艺术性、创造性、专业性等特点。

(1)思想性

编辑工作是渗透着编辑主体意识的工作，编辑个体在编辑活动中，充分确立自己的主体地位，充分发挥自己的主体创造性，并将此物化到编辑客体中去，这就决定着编辑必须具备一定的超前精神和价值取向，这种精神和取向就是编辑工作的思想性，体现在出版物产品上，就是其内容表现出来的思想意义。当然，出版物作品所反映的客观社会及精神首先取决于作者的世界观和创作思想，但这种思想和观点能够出版、被公之于众，离不开编辑的选择和加工。每一部出版物的背后，都渗透着编辑个体的思想和价值选择。

保证出版物对读者、对社会产生先进的思想文化影响，避免落后的，甚至腐朽的思想文化影响，是我国社会主义文化事业发展对编辑工作思想性的具体要求。加强我国编辑工作的思想性，就是让先进的思想文化得到更好的传扬和发挥，使出版物更好地引导人们树立中国特色社会主义的共同理想，树立正确的世界观、人生观和价值观。

(2)科学性

科学性是编辑工作的又一重要特征，其含义是指编辑的内容要符合客观实际，反映事物的本质和内在规律。对于专业与学术内容的编辑加工，科学性是首要特征，具体指概念、定义、论点是否正确，论据是否充分，实验材料、实验数据、实验结果是否可靠等。编辑要凭借自己的专业知识判断概念、原理、定义和论证等内容的叙述是否清楚、确切，历史事实、人物、图表、数据、公式、符号、单位、专业术语和参考文献是否准确、前后是否一致等。对于非专业与学术内容的编辑，科学性也非常重要，具体而言，要求编辑人员做到：保证出版物内容合乎科学，没有事实性和逻辑性谬误；对作品进行各方面审视和加工，保证出版物在科学性和知识性上具有较高的质量；按规范操作，确保出版物在文字、技术上达到科学的标准；对出版物进行科学设计，以保证其在表现形式上达到审美要求与科学规范的统一。

(3)创造性

尽管是对已有作品的加工，但编辑工作一样具有创造性。编辑发现社会文化需求，设计、策划精神文化产品，开拓发展精神文化新空间。通过选择、优化、重新排列组合具体精神文化产品，为全社会创造新的文化，协调和促进精神文化产品的总体发展。从社会整体而言，编辑创造性的结果是对某种既存文化氛围的突破，对新的文化氛围的营造。

编辑工作的创造性来源于编辑人员个体的创新性和独立意识。编辑主体总是自觉或不自觉地从编辑过程产生的创意中体现出来，表现为编辑行为的独特性。编辑以其独特的编辑思想、意图和构思，以稿件内容有无创新来衡量稿件的价值，以是否孕育新思想、新观点启人心智为选择标准，并可能在编辑过程中超越作者的眼光，更多地表现了编辑的思想，使得编辑的独创性融于和作者的合作中。① 编辑主体意识的创造性还表现在编辑作品形式的设计构思、编排组织之中。编辑活动中的创造性还体现在将单篇效应优化组合成整体效应，使其呈现出“1+1>2”的效果。总之，在编辑工作实践中，善于捕捉有创意灵感的敏捷性、编排工作中思维活动的流畅性、编作相长的灵活性、处理各种关系的变通性等，这一切无不体现着编辑的主体意识和创造性。

(4)专业性

编辑是一项专门的工作，从事编辑工作需要具备专业知识和技能。编辑的专业性包含出版理论修养和编辑实务经验，分别表现为职业追求、职业敏感和职业作风。② 编辑的职业追求是一种文化追求。具有良好素质的编辑，以推动文化发展为己任，不计较个人的得失。编辑的职业敏感既是一种文化创造的敏感，也是一种市场敏感。编辑工作是一项严肃的工作，编辑的职业作风是一种一丝不苟的求是作风。③

有人提出“编辑力”的概念，认为编辑力至少包含策划力、审读力、加工力、营销力等。④ 编辑力的本质是编辑工作的专业性，从事编辑工作要经过专业训练。编辑人员在编辑工作中要运用自身的眼光、素养、知识、专业技能等，发挥主观能动性进行创造性活动。编辑的专业性不仅体现在选题策划、文字加工、作者维护、营销宣传出版物上，还体现在编辑对出版物内容的专业性把握能力上。医学生物学期刊的编辑，应当具有医学生物学专业知识和技能；文学图书的编辑，至少应该了解文学、热爱文学。人们常说编辑“一专多能”，这里的“专”指的就是编辑对出版物内容专业性的把握。

编辑的主体与编辑人员构成(慕课)

编辑的主体与编辑人员构成(课件)

三、编辑的主体与客体

1. 编辑的主体

编辑主体是一切编辑行为的发出者，在整个编辑活动中起决定性作用。编辑人是编辑

① 刘健. 编辑主体意识的特征与形成[J]. 编辑学报，2000(2)：63-65.

② 全国出版专业职业资格考试办公室. 出版专业基础知识[M]. 北京：中国大百科全书出版社，2002：221.

③ 陈桃珍. 编辑概论(第2版)[M]. 重庆：重庆大学出版社，2012：213-214.

④ 李军领. 编辑力“五力模型”试探[J]. 编辑之友，2011(4)：71-74.

的主体，是编辑活动的实施者或者说编辑实践的承担者，编辑是具有主体意识的能动性文化群体，是据守人类精神产品物化的最后一个关隘。编辑主体的素质修养如何，工作实践如何，直接影响着编辑工作的进程和质量。作为编辑活动主体的编辑人，其主体性主要表现在能动性、创造性、选择性三个方面。

(1)能动性

编辑人个体在编辑活动中，依据自己的思想、意志、价值追求，选择、取舍、加工稿件，要既善于尊重客观原稿，又能能动地创造出高于或优于原稿的价值。这个过程说明主体意识是实践的出发点，它反映着编辑主体的价值取向，决定着编辑主体以何种方式去实现对原稿的优化，因而这种主体意识不是被动的而是能动的。这种能动性不仅表现在立足于编辑本职岗位，以高超的标准，严格的要求，提高工作水平，规范工作行为，成为编辑活动过程中的组织者和核心。① 还体现在编辑能站在全社会甚至全人类的高度，为积累、整合、建构社会文化策划符合社会需求又高于社会需求的优秀选题。

(2)创造性

编辑的创造性，不仅体现在编辑对稿件的选择取舍上，编辑人利用其独特的编辑思想、意图和构思，以稿件内容有无创新来衡量稿件的价值，以是否孕育新思想、新观点启人心智为选择标准。还表现在创造性强的编辑，可能在编辑过程中超越作者的眼光，将独特的编辑思想性独创性融合进与作者合作共同完善稿件的过程中，甚至可能将创造性体现在作品的设计构思、编排组织和装帧形式当中。尽管编辑是“为他人作嫁衣”，但这种做绝不是机械重复，也不是工业生产流水线上的一个简单环节，而是对运用创意、灵感对“嫁衣”进行设计制作，编辑是一项充满创造性的工作。

(3)选择性

选择与取舍是编辑工作的基本内容，选择无处不在地贯穿于整个编辑实践活动的始终，选择性是编辑工作的实质和本质特征。具有不同价值取向的编辑主体，必然会做出不同的选择、体现出鲜明的个性倾向。从组稿、约稿、稿件的取舍、编辑加工栏目的编排，甚至印刷字号的选用，无一不体现着编辑的价值取向，文化选择的眼光和能力。选择本身就是一项高度依赖于主体能动性的意识活动，编辑人总是按照自己的思维模式、价值标准去评价、规范、选择编辑对象和客体。成功的选择，必定是两种价值观的磨合，以合力的形式呈现给社会。同时要根据社会发展的需求，注重对自身的价值观念进行调适，才有可能做出最具价值的选择。

2. 编辑的客体

编辑的客体即编辑活动的对象，是编辑工作指向的目标，编辑主体能动地作用于编辑客体，产生创造性劳动的实践。具体而言，编辑客体就是指作者的作品。根据呈现方式，

---

① 刘健. 编辑主体意识的特征与形成[J]. 编辑学报，2000，12(2)：64-66.

编辑客体可以分为文字、图像、音频、视频等；根据载体形式，可以分为图书、期刊、报纸、新媒体等；根据内容性质，可以分为大众、专业与学术、教育等内容领域。

编辑工作流程（慕课）

编辑工作流程（课件）

第二节　编辑实务

一、编辑工作流程

一般所说的编辑过程，即编辑六艺。所谓编辑六艺，是指编辑所应掌握的编辑工作的主要工序，即选题、组稿、审稿、加工原稿、整理发稿、读校样六项。① 现代图书编辑工作中，还加入了信息收集与分析、策划、营销宣传等工作内容，如图 10-1 所示。

1. 信息收集与分析

21 世纪，人类已经全面进入信息社会，信息资源成为当今社会最重要的资源之一。对编辑工作而言，信息收集和分析是选题策划的直接基础和重要依据。信息素养是编辑最重要的专业素养。在瞬息万变的信息时代，编辑必须细心留意、主动把握各种社会信息，从中发现、凝练、总结出可能的选题，并对这些选题进行提炼与优化。在传播技术和媒介技术的推动下，媒介形态日益改变，原来的单一形态转换为以互联网为中心的整合形态，热销产品和社会动向紧密联系，策划编辑要有产品经理的思维，了解并适应当下市场和读者的需求或潜在的需求，熟悉图书发行的时机和渠道。具体而言，编辑需要收集和分析的信息主要包括以下几个方面：

(1)社会信息

社会发展瞬息万变，出版物作为记录社会、传承文化、传播知识和信息的媒介，应该反映社会现实，这要求编辑深入了解社会公共事件、文化思潮、科学发展，对社会保持同理心、使命感和好奇心。一方面，编辑应比较全面地收集和掌握国内外政治、经济、文化等各个方面的最新动态与发展趋势；另一方面，还要对自己专业学科领域的前沿信息有精准的把握，这样才能为广大读者编辑出版更多更好的出版物。这也是社会对编辑“专家和杂家”身份的期待。

① 《中国大百科全书》总编委会. 中国大百科全书(新闻出版卷)[M]. 北京：中国大百科全书出版社，2009：112.

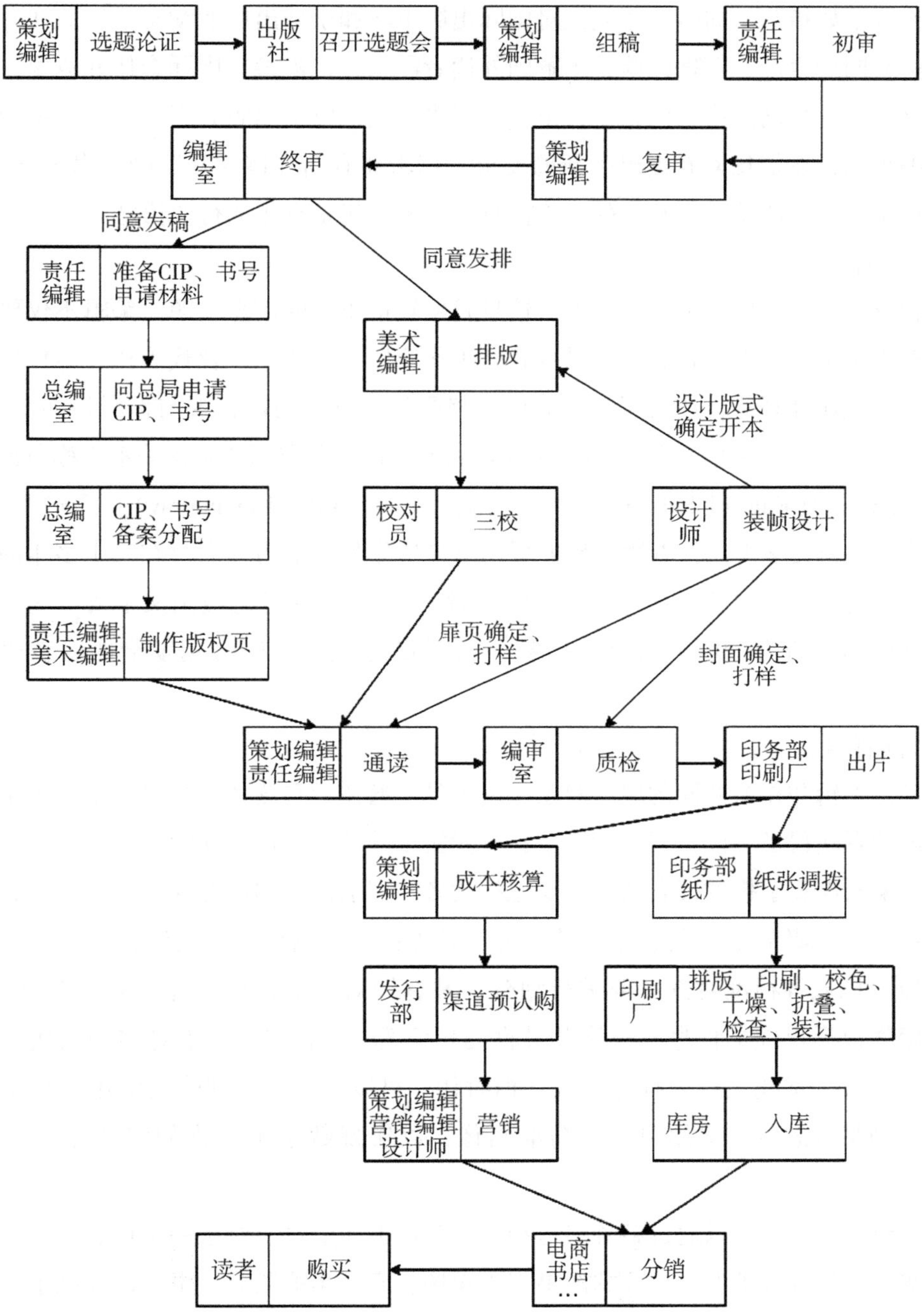

图 10-1　图书编辑工作的一般流程

(2)行业信息

党的十八大以来，我国新闻出版事业和文化产业以前所未有的速度发展壮大，产业结构日趋合理、行业竞争日趋激烈。出版社对优质选题的争夺炙手可热，为了做到"先人一步""人无我有、人有我优"，编辑需要及时了解各类出版物信息，重点掌握竞争企业和竞争产品信息。编辑应对自己所在企业和主要竞争对手的图书产品目录、价格、销量、社交媒体评论等了如指掌。同时，还应该对国际出版市场和全球出版业动态予以关注，主动学习国外优秀同行生产、管理经验，了解国外读者需求，积极参与国际合作和竞争。随着互联网、有线网、移动网络三网融合，出版业态多样化、电子出版方兴未艾、自出版粉墨登场，对编辑的行业信息素养提出了新的要求。编辑要有新媒体和互联网信息搜索、分析、整理和加工能力，能从纷繁复杂的网络信息中了解、辨别有用的行业信息。

(3)作者信息

作者资源是出版的核心资源，作者信息是编辑最重要的信息资源。编辑不仅要收集整理、定期维护更新作者的姓名、联系方式、工作简历、主要成果及代表作、写作优势及风格、研究或写作计划等，还要了解作者的性格爱好、家庭情况，要与作者做朋友、伙伴。美国传奇编辑麦克斯·珀金斯(Max Perkins)和他的作家朋友们的亲密关系堪称典范。他发现了菲茨杰拉德(Edward Fitzgerald)、海明威(Ernest Miller Hemingway)、沃尔夫(Thomas Woolf)等伟大的文学天才，以激发作者写作出最佳作品的能力闻名。在三十多年的职业生涯中，他致力于寻找时代新声、培养年轻作者，掀起了20世纪美国文学的一场革命。菲茨杰拉德称珀金斯为“我们共同的父亲”，海明威把《老人与海》题献给他以表达对他的敬意。

(4)读者信息

读者是编辑和作者共同的服务对象，编辑是沟通作者和读者的桥梁，生产出来的出版物只有被读者获得了、读到了、读懂了，方能实现其价值，作者和编辑付出的艰辛劳动才有意义。编辑需要掌握的读者信息主要包括读者的需求信息和读者反馈的产品信息。读者对出版物的需求具有多样化、层次性、可诱导等特点，编辑应根据读者年龄、性别、职业、学历、地域等标准对读者群进行划分，并有针对性地进行选题策划。对读者购买、阅读出版物以后反馈的信息，应该及时收集和反馈，并且将这些信息整理消化，用于改进出版物质量、优化工作流程等。大数据时代，可以利用互联网收集的用户信息，如购买记录、网络日志等，对用户进行精准画像，以实现数字出版物的定制化生产和精准推送。

工作当中，编辑可以通过各种渠道和方式获得上述信息。对于一手信息，编辑可以开展市场调研，到各种类型、规模的图书零售卖场、商店实地调查，也可以在网上书店搜集畅销书排行数据，了解读者评论，还可以参加各种业界会议、出席学术活动和社会活动，拓展人际关系，积极主动了解相关信息。采集间接信息则可以通过各种大众媒介和专业工具，比如在线社交工具、文献检索平台、数字图书馆等。对于比较专业的信息，自己调查存在困难，二手渠道也难于收集，可以通过向第三方信息公司购买的方式获取。如图书信息咨询公司、市场调查公司、版权代理公司、出版经纪公司等。国内如北京开卷信息技术有限公司，国外如英国 Outsell 传媒信息公司等都是专业的行业信息调查公司，尽管其数据报告价格不菲，但都受到业界公认，有很高的价值。

2. 选题策划

选题策划是编辑工作的第二个环节，建立在信息的收集和分析基础上，是对已掌握的相关信息进行选择、加工、处理以形成与选题有关的一系列决策的过程。如果说信息收集与处理是编辑工作的准备阶段，那么选题策划就是编辑工作的第一步，是整个出版工作的基础，制约着编辑出版的全流程。选题策划不能简单理解为设计选题，它包含与出版物主题相关的一整套设计，主要有题目和书名、主题与内容风格、编辑意图与装帧形式、作者与写作要求、营销与宣传方式等。以出版社出版一本图书为例，选题策划的程序包括以下7个步骤：确定选题目标→采集与加工选题信息→产生选题创意，策划初拟选题→选题论证→选题决策，形成选题计划→上报审批选题→实施选题。①

3. 组稿

确定了选题，接下来就要组稿。组稿，顾名思义就是组织稿源。组稿是落实选题的重要步骤，是策划思路和想法实现的途径，是作品从无形到有形的“物化”过程，这一过程对最终稿件的质量有着重要影响。

(1)组稿的方式

根据稿件的来源不同，组稿通常有四种方式。

一是定向约稿，是指编辑向特定的作者约请稿件。编辑对于应当向哪一位或者哪一些作者约稿，已经有了明确的目标。这是一种常见的组稿方式，有利于发挥编辑的专业特长、有效利用编辑与作者之间良好关系。如果只针对特定的单个作者进行约稿，也被称为“个别约稿”。如果约稿对象是特定的群体，如编辑参加某一领域的学术会议，围绕同一主题向一批学者专家约稿，则被称为“集体约稿”。

二是接受自投稿，自投稿也称自发来稿，这是作者主动向出版单位投寄的稿件。在文学出版领域中，这种自投稿的方式非常常见，一些初出茅庐的写作者希望通过出版社出版自己的作品，往往会主动将作品投稿给出版社。获得出版社的认可，最终被出版出来，对于年轻或者尚未成名的作者来说至关重要。在学术出版领域中，自投稿是主流，因为学术科研人员的研究成果需要通过学术期刊发表或者学术出版社出版才能获得同行认可。

三是广泛征稿。这是一种面向不特定的大多数潜在或现实的作者征集稿件的方式，也称“公开征稿”或者“社会征稿”，一般需要通过媒体或大众传播渠道来发布征稿消息。征稿消息中需要明确征稿的主题、范围、篇幅、题材、样式甚至格式等信息。这种征稿方式的优势是往往能在短时间内征集到相对多的稿件，效率高。但不足在于对征集的稿件质量无法控制，而且征稿的号召力与媒体传播能力和征稿组织者的影响力等因素有关。

四是稿源再组织。主要有两种方式，一种是从国外以引进版权的方式组稿；另一种是

① 易图强. 图书选题策划导论[M]. 北京：中国人民大学出版社，2009：12.

对已经出版过的内容进行重新组织和二次加工。严格来说，这两种方式都不是从无到有地物化选题，而是“洋为中用，古为今用”地对选题进行再次利用。

(2)组稿的步骤

第一步：组稿准备。深入了解选题背景和要求，阅读掌握有关资料，在调查研究和咨询专家的基础上对书稿的内容、题材、篇幅规模、读者对象等做到心中有数。然后寻找符合要求的潜在作者，全面了解作者的能力、水平、时间空档等，以便清楚明确地掌握作者是否具备完成此项写作任务的条件。

第二步：联系作者。初步确定了作者人选以后就可以向作者发出邀请，就选题计划与作者进行深入沟通。在此过程中，编辑要充分聆听作者对于选题的看法和建议，一方面要落实选题，另一方面也要结合作者的实际情况吸纳有益的建议。如果无法与作者达成一致，或者作者因故拒绝，就需要及时调整策略，或者更换作者，或者调整选题。总之与作者沟通是组稿最关键的步骤，只有充分而细致地沟通，才能保证后续工作的顺利进行。

第三步：审读编纂大纲和样稿。通过与作者联系，双方初步达成合作意向以后，作者通常需要根据选题提交一份写作大纲和计划，有条件的话，最好能提供部分样稿，以便编辑能更加具体和直观地掌握作品信息，对文稿整体有所把握。编辑在获得作者提供的大纲、写作计划和样稿以后，应当对其进行仔细审读，并与作者进行更进一步的沟通。

第四步：确定交稿要求。与作者充分沟通、达成一致之后，应该签订约稿合同，在合同中应该明确交稿要求，对交稿的时间、内容质量等做出书面约定，同时要规定双方的违约责任以及处理方法。

第五步：催稿。在签订合同到收到作者书稿为止的全过程中，编辑应注意给予作者帮助和支持，还要适时催稿。催稿不能简单地理解为催作者交稿，编辑应该主动关心作者的写作进展，了解其遇到的困难，帮助其解决困难和障碍，以便顺利完成稿件。编辑收到稿件后，应该清点并检查，同时及时联系作者告知具体情况。

4. 审稿

通过组稿，作者创作的内容已经到达了出版社编辑手中，这时候就需要对其进行审稿。审稿是编辑加工过程的核心环节，审稿决定着作品的命运和出版社的成败，也影响着作者的前途。

(1)审稿标准

编辑在审读稿件时的取舍标准就是审稿标准。客观和科学是编辑审稿时的基本标准，在具体审读过程中，还应对稿件内容的政治性、思想性、知识性、科学性、艺术性和可读性进行把握。

一是政治性。出版属思想上层建筑范畴，具有鲜明的意识形态属性，这也是出版业的根本属性。出版要以正确的导向为引领，坚持正确的政治方向。政治性是指文稿中所反映的政治立场、政治观点和政治倾向，主要指涉及阶级、政党、国家、民族、宗教等关系中的现实政治问题。我国《出版管理条例》中对出版物有可能涉及的政治问题及其处理原则进行了详细规定，编辑应对其详细了解、熟练掌握。

二是思想性。思想性是指书稿中反映的思想内容和思想倾向，常常与政治性相联系。几乎所有出版物都反映作者的思想观点、思想倾向，具有一定的思想性。我国的提倡出版业应致力于弘扬主旋律，传播正能量，培育和践行社会主义核心价值观。应贯彻“为人民服务、为社会主义服务”的“二为”方针，坚持贴近实际、贴近生活、贴近群众。

三是知识性和科学性。知识性是指文稿所包含知识信息的容量与价值。各类不同的读物都蕴含一定的知识。科学性是指文稿反映客观事物真实、准确、全面、客观、深刻的程度。知识性和科学性不仅是对科学类和知识类出版物的审稿要求，也是对其他类型出版物的要求，因为错误的内容会对读者产生误导，缺乏知识性会减损出版物的价值。

四是艺术性和可读性。艺术性是指书稿中反映出来的社会生活和思想感情的美好程度，主要指在艺术处理、艺术表现方面所达到的完美程度。比如一部小说书稿塑造的艺术形象是否鲜明和典型，故事情节是否生动和曲折，叙事结构是否严谨和完整等。每个人对美的感知是不同的，但出版物具有引导人们追求更高层次的美的责任，因此编辑在审读内容时应当把握艺术性原则。可读性是指读者阅读时的愉悦和流畅程度。与艺术性相辅相成、相互补充。如果说可读性是书稿审读的最低标准，那么艺术性则是最高要求。

(2)审稿制度

我国书、报、刊出版长期以来实行“三审制”。所谓三审，即责任编辑初审，(常务)副主编(或编辑室主任、有关专家等)复审、主编终审。一部文稿，要经历上述三次审读方可进入印制生产和发布环节。初审需要看来稿是否符合出版单位选题要求和出版范围，有无同类文稿曾经出版或发表过，来稿内容体例和格式规范如何，与同类文稿相比来稿是否有独到之处。初审是审读的第一步，应认真把关、逐字逐句审读，对文稿的政治倾向、思想品位、学术价值或者艺术价值等进行全面、客观、细致的审查，以实现对文稿社会效应和经济效益的评估。复审是对作者修改和编辑加工以后的文稿进行第二轮审读，是在全面了解文稿内容的基础上从更高角度对初审意见进行评价。如果请专家进行复审，要保证专家专业对口、作风严谨而公正、审稿及时。终审是对经历了前两轮审稿并完成修改和编辑加工的来稿进行最后审读，主要是对初审、复审意见进行核定，做出最后的取舍决定。

在我国，三级审稿制度是出版工作的基本制度，三审制对各个审级都规定了具体的责任人，在程序上交叉互补、递进制约，既可以实现对文稿客观、公正评价，也可以避免由于编辑人员知识不足和工作疏忽造成的失误，有助于对出版物质量严格把关。

5. 编辑加工

编辑加工是指编辑对审稿后决定采用的书稿或对作者修改后宜于采用的文稿，按照出版的要求进行检查、修改、润饰、标注、整理提高的过程的总称。其目标是消灭差错、弥补疏漏、规范文字，提高总体质量水平和可读性。编校过程中，充分调动和发挥编辑的积极性、主动性和能动性，通过编辑的职业素养和专业能力，提高作品的附加值和含金量，对作品进行质量提纯、提炼和提升。

在编辑加工过程中，往往需要对文稿中设计的数字、时间、地点、任务等资料性内容进行核对，确定前后出现的资料是否一致，比较关联内容、统一体例、规范化图表与名词术语等。编辑加工的过程可以归纳为怀疑、查证、询问和补缺。怀疑是指对内容产生疑问，编辑要善于怀疑。查证即查找、求证，产生了怀疑就要对相应内容进行查询，可以查询本稿前后文，必要时需要查工具书、网上资料，交叉核对、多方比较。询问是指对不确定的内容要向作者本人求证，或者咨询有关专家、更有经验的资深编辑等。补缺是弥补不足，证实文中确有不足，这时就需要补足，这是彰显编辑功力的工作。编辑加工通常由责任编辑完成，贯穿三审始终，有时需要反复多轮进行，编辑加工质量的好坏直接决定着文稿质量的高低和出版物质量的高低。

对稿件进行加工的目的是提高稿件质量，而不是把自己的好恶强加于人。编辑加工切忌强加于人，应当尊重作者，做到改必有据，不能无知妄改，但对自己有把握的地方，编辑应当有充分自信对原稿进行修改。对原稿中不完善的地方，不但不能轻易删除，还要加以保护并帮助其加强和完善。涉及观点、表述方式或者结构安排方面的修改，可以先提出如何修改的建议，征得作者同意后再正式修改。

6. 校对

校对是出版工作中的一道工序，指依据原稿或定本核对校样，改正校样上的差错。我国古时称其为“校雠”或“雠校”。《文选·魏都赋》中说：“雠校，一人读书，校其上下，得谬误为校。一人持本，一人读书，若怨家相对。”其指的就是校对工作。校对工作是整个出版工作中不可缺少的重要环节，是一项极为细致、重要的专门技术工作。校对是保证出版物质量的重要环节，是对编辑工作的继续和补充。校对必须高度负责、认真细致，树立严谨周密、一丝不苟的工作作风。

校对的基本功能有二：校异同；校是非。校异同是指对照原稿发现校样中与原稿不一致的地方，核对并清除校样上的差错；校是非指按照书刊的出版规则和要求，发现排版和编辑加工中的问题，并及时改正其中的错误。尤其要注意改正在政治思想和科学性上不准确的提法和词句，清除语法修辞上的差错和毛病，清除错别字等不规范用字，最终解决和消除校样上的任何疑点。

(1)校对方法

对校、折校和读校是校对的三种方法。对校是把原稿放在左边，校样放在右边。先看原稿，后对校样。左手食指指着原校对符号稿上要校对的文字，右手执笔，顺着校样上相应的字句移动，遇到打错(或排错)的地方，随时用校对符号或文字在校样上批注。特别要注意按照原稿逐字、逐句、逐个标点地校对，“看”“念”“想”结合进行。折校是把原稿放在校对者正前面的桌上，校样拿在两手的食指、大拇指与中指之间(右手同时执笔)。从第一行起校一行折一行，使原稿每一行的文字紧紧靠近校样上要校的那一行文字。要尽量做到一眼能同时看清原稿和校样的字句。读校要由两人合作，一人朗读原稿，另一人核对校样，并改正校样上的错误。座位一般为读者在左、校者在右，以便校者在需要时向左边查看原稿。读者要将每个字、每个标点符号朗读准确，速度要缓慢，音调要有节奏。标题、每行另起等都要分别口头交代清楚。

(2)校对流程

在我国，书报刊出版实践中长期坚持"三校一读"的工作流程和制度。"三校"，即三个校次，这是必须坚持的最低限度的校次。"一读"，即终校改版后的通读检查。一校侧重对原稿校对，力求校样与原稿一致，纠正版式错误，对有疑问处做出标示。二校是指校对时要确定一校校出的错误已改正，纠正版式错误，并对文稿中的疑问予以处理，填补遗缺、统一体例。三校时要确定二校校出的错误已改正，对校样进行综合检查，清理差错，确定版面格式。校对时必须使用校对符号。

在实际工作当中，大部分出版单位会采用专业的校对软件对文稿进行初校，也有一些文档处理软件自带基本校对功能，作者如果用这些软件来写作文稿，就可以实现初步自动校对。借助校对软件，一些出版社采用"编校合一"的方式进行校对，不另外聘请校对人员，由责任编辑完成图书校对工作。这样一来，编辑加工工作就和校对工作合二为一。编校合一有利于出版社简化出版流程、节约人力成本，但对责任编辑提出了更高的要求。执行编校合一仍然要求严格三审三校，只是责任主体发生了变化。

7. 装帧设计

书籍装帧设计是指从书籍文稿到成书出版的整个设计过程，也是完成从书籍形式的平面化到立体化的过程，它包含了艺术思维、构思创意和技术手法的系统设计。书籍的开本、装帧形式、封面、腰封、字体、版面、色彩、插图以及纸张材料、印刷、装订及工艺等各个环节的艺术设计。一般来说，出版物的装帧设计由专业设计师完成，但作为编辑，应当充分了解装帧设计的过程、原理、设计原则等。因为编辑是最了解图书思想和内容的人，起到沟通作者和读者的桥梁作用，编辑应当对怎样的形式最能反映图书思想内涵有自己的理解和想法。实际工作当中，图书的策划编辑不只是对内容进行策划，还需要对图书的载体形式、开本大小、用纸规格、插图类别和数量等装帧元素进行设计与规划。设计师会根据编辑的意图实现装帧设计，在这一过程中编辑和设计师会进行数轮细致深入的沟通，对设计稿进行反复修改，大多数情况下还会征求作者的意见。

8. 营销宣传

出版是一项兼具社会效益和经济效益的活动，出版物要经过市场的检验才能发挥其社会效益。编辑作为出版物生产的具体实施者，应该具备市场意识和营销宣传能力。编辑人员应该在选题策划、成本核算、编辑校对、宣传推广等各个阶段自主贯彻市场意识，积极参与出版物的市场营销工作。

二、编辑人员构成

作为出版中心环节的编辑工作，是由编辑人员完成的。编辑人员是一切编辑行为的发出者，在整个编辑活动中起决定性作用。①

在我国，编辑人员有许多不同类别，在不同的工作岗位上，承担不同的任务。根据不同的标准，可以将编辑人员分为不同的类别。以专业技术职务分，可以分为助理编辑、编辑、副编审、编审；以工作内容分，可以分为文字编辑、美术编辑、技术编辑；以职责分，可以分为策划编辑、组稿编辑、加工编辑；以专业分，可以分为人文社科编辑、科技编辑、教材教辅编辑、一般图书编辑等；以出版物类型分，可以分为图书编辑、期刊编辑、报纸编辑、新媒体编辑、音像制品编辑等。以下我们以图书出版单位为例，介绍常见的编辑人员的工作内容和职责。

1. 文字编辑和美术编辑

文字编辑是指处理文稿的编辑，但其工作对象不仅仅包括文字、还包括书稿的选题策划、组稿、审读加工、整理发排、核对清样等一系列工作。之所以称为文字编辑，是为了和美术编辑相区别。近年来，我国不少出版社为了节约人力成本，开始执行“编校合一”的工作制度，即不再另外聘用校对人员专门从事校对工作，而采用校对软件加文字编辑的方式进行校对。与美术编辑只需要处理美术稿件和从事图书装帧设计工作不同，文字编辑往往需要负责从选题申报到图书付梓印刷的全部工作。此外，还要参加图书的宣传推介、撰写文案、收集读者意见、改进图书内容等。

在一些规模较大、分工较细的出版社，文字编辑只需要处理文字，策划编辑、组稿编辑承担书稿的选题、策划等工作。国外许多出版社，尤其是学术出版社，文字编辑被称为案头编辑(Desk Editor)，专门致力于文字处理加工工作。

2. 总编辑和责任编辑

总编辑是一个出版社业务部门的总负责人，对全社各个编辑室、编辑出版的所有图书负责。我国图书出版严格执行“三审三校”制度的第三轮审读就是副总编辑(重大选题由总编辑)完成的。除了对出版内容负责，总编辑还负责研究、制定和实施工作方针，组织领导编辑部日常业务工作。不设置社长的新闻出版单位，总编辑除管理编辑业务外，还要管理行政工作；设置社长的单位，总编辑专门管理编辑业务。总编辑作为编辑工作的决策人、出版社的主要负责人、编辑责任制度的负责人，是整个出版社各项编辑工作的指挥者，出版方向的把握者与选题的策划者，书稿审读加工的终审者。

① 吴平. 媒介融合背景下的理性思考：编辑是什么[J]. 出版科学. 2007. 25(2)：41-47.

责任编辑编辑是对一部书稿的初审编辑，并对书稿出版有关事宜负责，全面负责该书的编校质量和内容质量。责任编辑的主要工作内容有：商定和草签组稿和出版合同、参与营销策划、成本估算、装帧设计、调控出版进度、宣传推介、征订、撰写书评、给作者寄送样书、收集图书反馈信息等。责任编辑需要负责图书的出版质量，如组稿、审读书稿、加工、整理发排、审读清样；改正书稿和付印样中的错误；吸收并处理好复审、外审和终审的意见并及时向作者反馈，协助作者提高书稿质量；检查图书成品印制质量；搜集、研究、处理读者对自己所编图书的意见和反映。可以说，责任编辑是整个出版社工作的基础，是出版物质量的第一“把关人”。图书出版以后，作为第一责任人，责任编辑不是专业技术职务，是对图书责任人的称呼，责任编辑的名字往往会出现在图书的版权页和封底以示对其编辑工作的尊重及表明其对该书负责的态度。

3. 策划编辑、组稿编辑和特约编辑

出版社中，策划编辑的作用相当于一般企事业单位中的项目经理。选题就是出版社的生命线，没有好的选题，就像一般企业没有好的产品，对于出版社而言是不可想象的。策划编辑的工作就是专门设计和策划选题，具体来说可以分为调查了解图书市场信息、提出并论证选题、细化选题计划和出版方案几个步骤。尽管被称为策划编辑，但其工作并不止于提出策划方案。在出版实践中，为了保证策划方案的有效执行，策划编辑往往需要自己承担组稿、审稿、甚至编辑加工和市场宣传等任务，从这个角度看，策划编辑的职能跟文字编辑和组稿编辑有所重叠和交叉。

组稿编辑，英文为 Acquisition Editor，是指组织书稿或者向社会和专业人士物色书稿的编辑。其工作职能类似于一般企事业单位中的业务拓展专员，通过了解信息、寻找选题甚至创造选题，组织作者撰稿或者发现有潜力的书稿。在我国，很少有出版社专门设置组稿编辑一职，组织书稿的工作一般由策划编辑完成。而国外出版企业中，组稿编辑则是不可或缺的职位，这表现出国外出版企业重视市场导向，分工更加细致。

特约编辑，英文为“客座编辑”(Guest Editor)，其并非出版社内部工作人员，是由出版社从外部聘请的专业人士。出版社需要外聘特约编辑，一般是因为其具有某种难以取代的优势，如是某一领域的专家、具有广泛的资源与作者人脉等。一般编辑大型丛书、工具书、百科全书等需要聘请某方面的专家学者担任特约编辑。学术图书和期刊出版也常常需要聘请特约编辑。作为特定领域的专家学者，特约编辑往往有出版社内部编辑不具备的学术资源、策划能力和广泛的作者关系。引入特约编辑将有利于提升出版物质量，扩大出版物影响。少数时候，也会因为出版周期问题，需要聘请特约编辑以加快出版进度。特约编辑作为“外援”并不能完全取代出版社内部责任编辑、策划编辑等编辑人员的工作，他们之间应该是相辅相成、相互配合的。

4. 编辑委员会

编辑大型的、重要的或专业性强、学术价值高的出版物，如丛书、全集、词典、工具

书、成套的教科书、大型报告、学术期刊等，为了集思广益、博采众长、扩大影响等，往往会组织编辑委员会，简称编委会。编委会通常由主编、副主编和若干编辑委员组成。编委会成员大多为该出版物所属学科的专家学者以及这个领域的权威人士。编委会负责确定所编出版物的编辑方针、编纂体例、编选范围，解决编辑过程中某些重大问题，并对出版物文稿做最后审定。

书籍的编委会一般为项目制组合，主编和编委会成员可来自不同机构和单位，因为编辑同一部作品的需要而临时组织成项目团队，任务完成后即解体。报纸、期刊的编委会多是长期的。通常情况下，由编委会主持编纂的出版物上，都附有编委会成员名单。

K

第十一章　复制与印刷

* 本章知识点提要

1. 印刷的概念
2. 传统印刷技术和数字印刷技术的流程、工艺
3. 传统印刷技术和数字印刷技术的区别
4. 数字印刷的应用与发展

* 本章术语

印刷　数字印刷　印前处理　印后加工　印版　承印物　平版印刷　凸版印刷　凹版印刷　孔版印刷

作为我国古代四大发明之一，印刷术对推动人类文明的进步与发展起到了巨大作用。出版业历史上的每一次重要变革，都与印刷复制技术的进步息息相关。印刷既是传统出版产业链的三大核心环节之一，也是我国新闻出版业的重要组成部分，据国家新闻出版署发布的《中国新闻出版产业分析报告》显示，2010—2020 年全国印刷复制业营业收入占新闻出版、印刷和发行服务营业收入的比重均在 50%以上。进入 21 世纪，随着互联网、数字技术等的飞速发展，印刷技术也发生了深刻变革，数字印刷、按需印刷技术正在成为印刷工业技术的发展潮流和趋势。

第一节　传统印刷技术

印刷品是信息传播的重要媒介，印刷技术是应信息传播与文明传承而诞生的。虽然数字技术的兴起与应用普及推动了传统印刷业向数字化转型，但当下传统印刷业及传统印刷技术依然占据着举足轻重的地位。印刷技术包括印前、印刷、印后加工等，即通过统筹摄影、文字处理和美术设计、编辑、分色、制版、印刷、印后成型加工，按需求批量复制文

字及图形图像。① 传统印刷，其工艺流程一般都须经过版面设计、图文信息输入、印前图文信息处理、制作印版、印刷、印后加工等步骤。

本节在介绍印刷的基本概念知识的基础上，将对传统印刷技术的印前设计、印前处理、印刷、印后加工等核心工艺流程一一进行介绍。

一、印刷的概念

从印章拓印技术的出现，到雕版印刷术的诞生，至活字印刷的发明，及古登堡金属活字印刷术的发明，到今天的数字印刷技术，几经演变，印刷技术已经历了长足发展。印刷作为一种对图文信息的复制技术，也从古代最早的主要应用于文字、书籍的复制，到现代广泛应用于新闻出版、商品包装宣传、艺术品印制，再到今天的数字制造、电子、显示、新能源(电池)及新材料和生物医疗等领域，已经和我们的生活与国民经济密不可分。

1. 印刷的定义

印刷，“是以直接或间接方法，将图像或文字制成印版，在印版上涂布印墨，经加压将印墨转移至纸张或其他承印物上的过程，是一种快速大量复制的工业工程”②。作为一种对图文等信息进行处理并复制到一定载体上的技术，印刷的概念随着图文的形式及其处理技术的变化而变化。传统的印刷，其图文信息主要以文字原稿、图像原稿为形式，印刷的过程则是利用直接或间接的方法，先将信息原稿制成印版，再在印版上敷上油墨，通过机械压力作用，使印版上的油墨转移到承印物。因此，国家标准 GB9851. 1-1990 中就将印刷定义为“使用印版或者其他方式将原稿上的图文信息转移到承印物上的工艺技术”。随着电子、计算机技术的产生并在排版、印刷领域的应用，文字、图像等信息不再以原稿形式而存在，通过桌面排版、图像扫描等技术与设备可以将文字、图像转换为电子模拟信号或者数字的形式，印刷也就不再需要印版和加压等技术手段，印刷的概念也发生了变化。重新修订的国家标准《GB/T 9851. 1-2008 印刷技术术语》中，将印刷定义为了“使用模拟或数字的图像载体将呈色剂/色料(如油墨)转移到承印物上的复制过程”。

一般而言，印刷有广义与狭义之别。广义的印刷，是包括制版、印刷、印后加工等一系列印刷工艺流程的总称。狭义的印刷，仅指将印版上的图文信息所黏附的色料转移到承印物表面的工艺技术。③ 印刷的产物——印刷品中，有一部分是作为最终产品直接提供给消费者的，如纸质书报刊，也有一部分只是作为中间产品印制在产品或产品包装物上，提供给消费者，如产品包装袋、工业材料印刷及电子产品显示印刷等。

印刷在信息传播、工业生产、日常生活等诸多领域具有广泛应用，对社会生活与国民

---

① 陈广学. 从印刷的科学属性看印刷功能的漂移(上)[J]. 数字印刷，2020(1)：1-9.

② 顾萍. 印刷概论[M]. 北京：中国轻工业出版社，2013：16.

③ 范淑红，李小东，龚修端，等. 印刷概论[M]. 长沙：湖南科学技术出版社，2009：4.

经济发挥着积极的重要作用。首先，印刷是信息传播和文明传承的重要手段。印刷本质上是信息的可视化与传播,① 其基本特征是对文字或图像等的规模复制，从印刷技术产生的动因看，规模复制文字信息的目的就是为了更广泛地传播信息和更好地传承人类文明。在广播电视、网络媒介诞生之前的很长的历史时期，人类信息的传播与文明的传承，都是借助印刷技术对书报刊等印刷媒介进行大量复制的。其次，印刷是商品包装宣传的重要技术手段。商品消费过程中，但凡有外包装袋的商品，大部分会印上商品信息，既是为了标识商品，同时也是一种重要的宣传方式，可以说，印刷包装质量和水平，很大程度上影响了商品的宣传效果。再次，印刷是我们衣、食、住、行不可缺少的一部分。我们日常生活中，印制有各样式图案、文字等的衣服，食品包装袋的印制，窗花、墙纸、瓷砖等建材印刷，地图、交通标识，乃至我们使用的钞票等，都离不开印刷技术。然后，印刷日益融入工业生产中，成为制造业的重要生产技术。今天，印刷技术日益与机械、电子、计算、信息、材料、图像、通信等在很多领域融合，3D 打印、印刷电子、印刷显示等印刷新科技在解决机械、电子、显示、新能源、新材料等诸多领域的问题方面起着越来越重要的作用。最后，印刷也是一种艺术再创造的技术手段。各种绘画、工程设计、摄影等设计作品的印刷复制，其过程本身就是一种艺术加工的过程，需要印制者具有一定的艺术水平与印刷技术能力，才能准确把握、还原艺术作品的艺术特征。就此而言，印刷过程是一种科学和艺术相结合的再创造过程，一幅高质量的印刷品本身也是一件艺术品。②

2. 印刷的要素

印刷的要素，也就是完成印刷品的批量复制所需要的基本要素。传统的印刷，以原稿为依据，利用直接或间接的方法制成印版，再在印版上敷上印刷油墨，通过机械压力的作用，使印版上的印刷油墨色料转移到承印物的表面，从而得到印刷品。由此可见，常规的印刷必须具备原稿、印版、印刷油墨、承印物、印刷设备五个要素。对于数字印刷而言，原稿为数字原稿，不需要进行印版制作和印刷压力就可以直接将数字信息利用油墨承印在承印材料上，数字印刷的要素主要为原稿、油墨、承印物、印刷设备四个要素。

(1)原稿

原稿是完成复制所依据的原始图文信息，包括图文的原稿、绘画原稿、照片原稿等，以及随着计算机技术的产生而产生的基于计算机输入的数字图文稿件、数字图像等视觉要素。出版印刷中的原稿，也即书稿原稿。原稿是制版、印刷的基础，原稿质量的优劣，直接影响印刷成品的质量。③ 原稿按照其记录的形式可以分为模拟原稿、数字原稿、实物原稿等，按其色彩可分为黑白原稿、灰度原稿和彩色原稿，按原稿介质是否透明可分为反射

---

① 刘浩学. 关于印刷工程专业的学科属性与研究生培养的思考[J]. 中国印刷与包装研究，2011，3(4)：7-10.

② 顾萍. 印刷概论[M]. 北京：中国轻工业出版社，2013：17.

③ 齐晓坤. 印刷工艺学[M]. 北京：中国轻工业出版社，2007：10.

原稿和投射原稿等。

（2）印版

印版是用于传递呈色剂或色料（如油墨）至承印物上的备印图文载体。印刷工业最基本的要素及其作用机制的核心之一是建立一个图文信息要素母版，[①] 这里说的母版就是印版。印刷工艺的一般原理是，将印版表面制作成着墨的图文信息部分和非着墨的空白部分，印刷时着墨部分在印刷机械的压力作用下，油墨变回转移至承印物上。印版根据印版表面图文和空白部分相对位置高低的不同和传递油墨方式不同，可以分为平版、凹版、凸版和孔版四类。因印版的不同，也就产生了不同的印刷工艺。数字印刷中则不需要印版。

（3）油墨

《GB/T 9851.1-2008 印刷技术术语》中将印刷油墨定义为印刷过程中在承印物上呈色的物质。印刷是在物理界面（印版表面）上有选择地将一种物理介质（油墨）相对精确地布置于该界面特定空间位置的技术，这种物理介质既可以是呈现颜色的油墨，以实现可视化的信息传播，也可以是某种功能的油墨，以改变承印物的物理界面性质达到特定的目的。[②] 油墨按照其对应的印版类型可分为凸版油墨、平版油墨、凹版油墨、孔版油墨，按照其承印物的材料可以分为纸张油墨、塑料油墨、金属油墨、布料油墨、玻璃油墨等。油墨的主要组成有颜料、联结料和各种辅助成分，其制造工艺比较复杂，是多种物质按一定比例的有序组合。[③]

（4）承印物

承印物是接受印刷油墨或其他吸附色料并呈现印刷图文信息的各种物质的总称。传统印刷常用的承印物是纸张，随着印刷技术的不断发展，印刷承印物的种类也扩大到诸如塑料、金属、陶瓷、玻璃等工业与生活用品，以及光盘、磁盘等记录多媒体信息的载体。出版印刷的主要承印物即纸张，纸张有类型之分，如新闻纸、胶版纸、铜版纸等；有印刷之别，如用于单张平版印刷的平板纸和用于轮转印刷的卷筒纸；也有尺寸之差，在工业生产中，纸张的幅面尺寸有多种类型，由此也就决定同样开本的图书的尺寸大小是不一样的；还有重量之异，形容纸张重量的计量单位为定量和令重，其中定量是单位面积的重量，通常以 g/m^2 表示，令重则是每令纸[④]的总重量，以 kg 表示。令重与纸张的尺寸和定量有关，计算公式为：

$$令重(kg)=\frac{纸张长(m)\times宽(m)\times500\times定量(g/m^2)}{1000}$$

对于大部分书芯用纸，多采用胶印书刊纸和胶版印刷纸，工具书使用字典纸较多，文

① 王强. 当代中国印刷教育变革与发展的若干关键问题[J]. 中国印刷与包装研究，2010，2(4)：13-16.

② 陈广学. 从印刷的科学属性看印刷功能的漂移(上)[J]. 数字印刷，2020(1)：1-9.

③ 齐晓坤. 印刷工艺学[M]. 北京：中国轻工业出版社，2007：10-11.

④ 幅面尺寸相同的 500 张全张纸为 1 令纸。

艺类等中、高档图书选择轻质印刷纸的日益增多，画册则多采用低定量的铜版纸等。纸张的选用应坚持实用性、经济性、艺术性的统一。

(5)印刷设备

印刷设备是用于生产印刷品的机器、设备的总称，印刷设备的功能是使印版图文部分的油墨转移到承印物的表面上。现代印刷设备按照版面形式分为凸版印刷机、平版印刷机、凹版印刷孔，按照纸张的尺寸规格可分为单张纸印刷机、卷筒纸印刷机，按照印刷色数可分为单色印刷机、双机印刷机、多色印刷机，按照印刷幅面可分为八开印刷机、四开印刷机、对开印刷机、全张印刷机等，按照施加压力的方式可分为平压平型机、圆压平型机、圆压圆型机等。

3. 印刷的分类

印刷根据不同的划分标准，有不同的类型。学习和了解印刷的种类，有助于区分不同印刷技术的特点，分辨不同印刷品的技术表现特征。①

根据有无印版，可以分为传统印刷和数字印刷。传统印刷是需要有形的图文载体也即印版(或胶片)，将油墨转移至承印物的复制技术。传统印刷是以有形的印版为基础，实现图文信息的复制的，这也就决定了印版的重要性，而印版是固定的，一经制作完成，不可更改，需要妥善保存，因而传统印刷很受时空的限制。数字印刷，是利用数据文件将图文信息转移至承印物的复制技术，通过数字印刷系统可以实现图文原稿的数字化输入和处理，并直接输出成印刷品，因而无须印版，不仅节约了印版制作成本，也免去了印版保存和传输的时空束缚。

根据印版图文部分的油墨是否有中间载体传递，可以分为直接印刷和间接印刷。直接印刷，即印版图文部分的油墨直接转移到承印物表面的印刷方式，印版上的图像相对于原稿上的图像而言是反像；与之相反，间接印刷，则是印版图文部分的油墨通过中间载体的传递，再转移到承印物表面的印刷方式，印版上的图像相对于原稿上的图像而言是正像。②

根据印刷品用途不同，可以分为出版印刷、商业印刷、包装印刷和电子印刷等。出版印刷，主要是面向图书、杂志、报纸等纸质出版物及 DVD 光盘、多媒体软件等其他电子出版物的印刷。商业印刷的用途是商业宣传品等的印刷，主要包括产品目录、海报、卖点广告(POP)和等视觉设计宣传品。包装印刷是用于包装品、生活相关材料、工业用品等的印刷。电子印刷，则是用于电子设备、显示组件等产品信息的印刷。

根据印版表面结构的不同，可以分为凸版印刷、凹版印刷、平版印刷和孔版印刷四

① 张洪海. 印刷工艺[M]. 北京：中国轻工业出版社，2018：22.

② 范淑红，李小东，龚修端，等. 印刷概论[M]. 长沙：湖南科学技术出版社，2009：4.

类。所谓印版表面结构不同，是指印版图文部分和非图文部分的相对位置不同。① 印版的表面可以分为图文部分和非图文部分，印版上图文部分位置的不同，其图文承印的工艺原理也不一样，其中凸版印刷、凹版印刷、孔版印刷采用的是直接印刷的方式，而平版印刷则属于利用油水不相溶的原理，一般通过预涂感光版(PS 版)实现油墨转移的间接印刷方式。有关这四类印刷方式，在后文中会详细介绍，此处不再赘述。

书籍的结构与装帧设计(慕课)

书籍的结构与装帧设计(课件)

二、印前设计

印前设计，是印刷制版前，对图文原稿按照印刷品用途的要求和特点进行设计的过程。印前设计由于印刷品用途的不同，可以分为书刊装帧设计、包装盒型设计、广告海报设计等，本书主要介绍图书版式设计的基本内容。

现代书刊装帧设计，不仅是书刊出版的重要环节，更是一门艺术。书刊装帧设计是指一本书刊从书稿文字到印刷出版所进行的设计，包括书刊形态设计，如开本选择、装订方式、内文版式设计等；书刊外表设计，如封面、封底、书脊等的设计；还有纸张选择、印刷工艺要求等。②

1. 书籍装帧设计的要素

常见的书籍装帧设计结构要素包括封面、封底、书脊、页眉页脚、护封、勒口、环衬、插页等，同时，随着现代印刷工艺技术的成熟，书籍装帧设计的结构要素也有了拓展，包括书函、腰封、订口、切口、飘口、书签条、堵头布、书槽等。

封面封底。封面也即封皮、书皮，封面是书籍的第一视觉语言，是作者思想与书籍内容的直接体现，同时封面也具有无形的促销功能，传递图书的作者、题目、出版者等信息。封底是一本书刊的底，也即一本书刊的最后一页，又称封四。封底与封面紧密相连，是书刊封面、书脊视觉元素的延续、补充与总结。③ 图书封底主要传递的信息包括书号、定价、条形码以及二维码等，同时还可呈现书籍的内容简介、丛书目录信息等。

书脊，是书帖配成册后粘连在一起的平齐部分，指封面与封底连接的部分，是书刊的第二视觉元素，也是书籍厚度的反映。书脊的信息包括书名、作者、出版社等。在书店、

① 张洪海. 印刷工艺[M]. 北京：中国轻工业出版社，2018：22.

② 蔡颖君，乔磊，刘佳编著. 书籍装帧设计[M]. 北京：中国轻工业出版社，2015：2.

③ 赵申申. 书籍装帧设计手册[M]. 北京：清华大学出版社，2018：98.

图书馆等图书陈列中，大多数图书是通过书脊版面向读者展示、传达信息的。

扉页，也称书名页，是书翻开后的第一页(即整本书的第二页)，指书籍封面与内文之间、衬纸下面印有书名、作者名、出版者名的单张页，因此有内中副封面之称。扉页用于补充书名、著作、出版者等项目，同时也能装饰图书、增加美感，此外扉页还可用于收藏寄语之用。

环衬，亦称环衬页，是封面后、封底前的空白页，连接到封面的叫前环衬，连接到封底的叫后环衬，是封面到扉页和正文到封底的过渡。环衬可以是空白页，也可以是以代表性的插图或者图案为主的页面。环衬通常一半与封面或封底相融合，一半为自由页，因而能够保护书芯，同时牢固封壳连接。

护封，书籍封面外的包封纸，通常印有书名、作者、出版社名和装饰图画。护封起着保护书籍的作用，护封的好坏直接影响书籍装帧的质量，能保护书籍不易被损坏；同时，使用质地较好的纸张的护封还能提高书籍档次，因此护封的设计也需要设计者的精心构思。①

勒口，是指书籍封面与封底延长的内折部分，是封面与封底内容和空间的延续，宽度一般为封面宽度的二分之一或三分之一。勒口一方面用于呈现作者简介、内容概要及封面延伸图案等信息，另一方面可以增加书籍封面、封底的切口边缘厚度，起到保护书刊的作用。

插图页，简称插页，分为装订入内文中的插页和独立的插页，插页是活跃书籍内容与气氛的装帧元素。

其他页，书籍的其他页包括资料页、序言页、目录页、版权页等。资料页登载书籍有关的图形资料、文字资料等信息的页面；序言页则是位于书名页之后、目录页之前的，含有编者说明、编者语等信息的页面；目录页是书籍目录信息的页面；版权页起到书籍身份证明的作用，版权页有固定的编排格式。

函套，也称书函，是保护书籍的盒子或封套，具有便于携带、收藏之用和增加艺术美感等作用。函套有两种形式，一种是四面包裹，露出书的上下口称半包式，另一种是将书的六面全部包裹，称全包式。函套多用厚纸板外裱以织物，随书的大小、厚度而制，因此通常制作成本较高，主要用于具有收藏价值的精装图书和套书。

腰封，也叫书腰，其定义为“缠在书皮或书籍封套下缘的带状印刷品，称为‘书带’或‘书腰’，使用白纸有色印张，印上书名、作者、内容简介和部分文案，具有广告的功能”②。腰封作为书籍中间地带另置一条类似腰带的文字介绍，一方面补充宣传推荐语、所获奖项、销量情况、名人推荐语等信息，以配合行销或书籍推荐；另一方面，也可以弥补封面设计的不足，将宣传营销相关情况直接呈现在读者面前，但又不会破坏封面的完整

① 赵申申. 书籍装帧设计手册[M]. 北京：清华大学出版社，2018：101.

② 鹫尾贤也. 编辑力[M]. 陈宝莲，译. 杭州：浙江人民出版社，2013：136.

和美感，减少封面不必要的商业气息，使之更纯粹、更有品位，这是图书编辑和出版人对图书产品的负责，也体现了他们对作者和读者的尊重。腰封有横封、竖封、假腰封、透明腰封、变形腰封等。

订口、切口，书籍装订连接的一端即为订口，而订口以外的三边为裁切边，也即切口。

飘口，飘口是精装书的常用术语，是精装书籍经套合加工后，书壳超出书芯切口的部分。飘口为订口外的三面，一般为3mm宽，但不同大小及精装设计的书籍的飘口宽度可大可小。飘口具有保护书芯、提升书籍美观度等作用。

书签条，书签条的作用相当于书签，也称书签带。是为了方便阅读而用丝带或布带等材料制作用来夹在书刊里标记阅读进度的带子，一端与书芯订口上方相连，另一端不加固定。

堵头布，是经过特殊加工制作而成的带有线棱的布条，用来粘贴精装书籍的书芯与书背的上下两端，即堵住书背两端的布头。堵头布用于牢固书芯，同时也可增强书籍外观的装饰性，多用在精装书、工具书等书籍装帧设计中。

书刊装帧设计结构要素的选择，应坚持以下基本原则：一是形式与内容的统一。书刊的结构形式首先要与书刊的内容主题高度匹配，能概括、集中、本质地反映一本书的中心思想和主要内容，① 纸张、开本等形式的确定既要讲求实用性、经济性，同时也应与内容主题、目标读者需求相符。二是协调统一。书刊从封面设计到内文版式设计、从开本确定到纸张选择、从装订方式到印刷工艺，从整体上要保持统一协调，但是不同的设计要素，在局部上也应进行个性化艺术设计，如篇章页的版式设计可以在总体上与内文版式保持风格一致的基础上，进行个性化、艺术化的设计。三是功能性与艺术性结合。书刊的出版成本、印刷的技术工艺条件，决定了其装帧设计应坚持功能性导向，经济实用、符合工艺要求、方便读者阅读；但同时，书刊装帧设计也是艺术设计的一种，封面、版式等的设计，均要求体现一定的艺术性，才能更好地传达书刊主题，吸引读者购买。

2. 书籍装帧设计的内容

书籍装帧设计的内容很多，包括开本、封面、版式设计等。

(1)开本设计

开本指书刊幅面的规格大小，即一张全开的印刷用纸裁切成多少页。是书籍装帧设计以及印刷技术中的常见专业术语。通常一张按照国家标准分切好的平板纸称为全开张，开本即对一张全开的印刷纸张裁切成多少页，就称之为多少开本，也称开数。常见的开本有16开(多用于杂志及篇幅较长的书籍)、32开(一般书籍常用的开本)、64开(多用于小型字典、儿童绘本、连环画等)。目前国内常用的印刷全张纸有两种规格，一种787mm×

① 蔡颖君，乔磊，刘佳. 书籍装帧设计[M]. 北京：中国轻工业出版社，2015：4.

1092mm，被称为正度纸，另一种 889mm×1194mm，被称为大度纸，因全张纸的规格尺寸不同，同一开本，也还有正度和大度之别。随着现代书籍装帧设计的发展，异型开本如 24 开、15 开等开本的运用也更加常见，如很多少儿图书会选择 24 开的规格，这样更便于儿童翻阅。

如何选择图书的印刷开本是一门学问，需要根据图书性质种类、图书容字图量、图书用途、阅读对象等综合考量后进行选择，既要美观，同时也应坚持经济实用、适合阅读，更要强调生产方便、低成本。图书开本的选择受多种因素影响，包括：书籍的性质、门类与用途，图书内容中图表、公式的繁简程度与大小，原稿的文字结构与编排体裁，版面字数与篇幅，书芯纸张材料的选用，等等。

(2)封面封底设计

封面封底的设计是书籍装帧设计的重要组成部分，封面封底是对书籍的内容和格调的表达，使读者在阅读之前通过封面对图书有所了解，具有积极的宣传作用。封面封底设计的视觉要素包括构图、文字、图片、色彩等，设计原则包括反复、韵律、调和、对称、聚焦、冲突等。

封面封底的材料选择，平装书一般采用纸材，有的也采用上光和裱透明膜等技术，以便于封面的牢固和清洁。精装书则通常采用硬纸壳，在工序上也更烦琐。封面封底材料的具体使用应结合书籍的性质、内容、定价等多方面的因素综合考量。

(3)版式设计

版式设计是通过调动文字、图片、色彩等各种设计元素，在既定版面上进行编排设计，以新颖创意及个性化的表现，强化形式和内容的互动关系，从而产生全新的视觉效果，是平面设计中的一个组成部分，是视觉传达设计中的重要环节。① 广义的版式设计内容包括封面封底设计、文字排版、目录排版、页眉页脚的文字排版、标题与引言排版、图像与图形排版、表格与公式排版等内容，狭义的版式设计是对版面中的图形、图像、文字及色彩等视觉元素进行的设计。

书籍版式设计是在既定的开本版面上，对原稿的结构层次、文字、图表等进行的艺术而又科学的处理。版式设计具有信息传达、增加美感等功能，好的版式设计，既能与书籍的开本、装订、封面等外部形式协调，又能给读者提供阅读上的方便和视觉享受。书籍版式设计除了要考虑开本、材料、形式、字形、印刷形式等因素外，还要考虑如何增加美感实现图书畅销。

狭义的版式设计主要涉及版面设计和版心设计。

版面是指图书的一个页面，包括版心和版心周围的空白部分以及页眉页脚等，版面设计包含了版面编排设计和版面格式设计两项内容，其中版面编排设计主要是对单个版面中各元素进行的排版设计，即对版心及留白、页眉页脚进行的设计。版面格式设计则是针对

① 顾萍. 印刷概论[M]. 北京：中国轻工业出版社，2020：48.

多个版面印刷品进行的整体布局形式的设计。[1] 版心，则是版面中主要内容所在的区域，即文字和图片所在的中心。版式设计的第一个环节就是确定版心，包括设定版心宽度、版心在版面的位置等。版心设计的方法有等距离模式、约翰·契肖德(John Cheshod)模式、九等分法等。[2] 版心大小的确定，要根据书刊的性质、内容、种类和既定开本来选择确定。版面围绕版心展开的设计形式大致分为三种，一是有版心设计，也是最主要的版面设计形式，二是无版心设计，三是超版心设计，即文字和图片超过版心的部分。

三、印前处理

根据我国印刷技术标准术语《GB/T 9851.1-2008 印刷技术术语》的定义，印前，是指印刷之前的各工序，包括图文输入、图文处理和图文输出等。印前处理具体过程为：印前制作人员将文字和图像等信息输入计算机或工作站，制作人员按照设计版式要求，对文字、图形和图像等版面元素进行处理和编排，然后传送至数字工作流程，进行加网、拼大版等处理，最后发送至输出设备，如数码打样机、激光照排机、直接制版机等，供输出样张或胶片或印版，供后工序使用。[3]

1. 图文输入

图文输入是指将图像、文字等信息输入至电脑中，进行模数转换的过程，它是印前制作的第一步。[4]

图文输入的对象即出版物原稿，稿件的内容信息是由文字、符号和图片构成的，图片分为图形和图像，故而图文输入的主要对象是文字与符号、图形和图像。其中，文字和符号的输入，方式比较简单，常见的输入方式有键盘输入、鼠标输入和光电扫描识别输入等方式，[5] 计算机文字有拼音输入法、区位输入法、五笔字型输入法、语音输入等多种输入方法。图像输入，因印刷图像通常是由细小的网点组成的，因此图像原稿输入计算机必须进行必要的转换，将图像输入计算机的方式主要有扫描输入、数字文件直接输入和视频捕获卡输入三种。图形输入，包括矢量图形和点阵图形，与图像输入类似，有扫描输入、数字文件直接输入和计算机绘制三种类型。

2. 图文处理

图文处理即按照版式设计要求和印刷工艺要求，对需要印刷的图文信息进行的处理，

---

① 易忠，杨晓芳. 版面设计[M]. 合肥：安徽美术出版社，2007：1.

② 姚永春. 书籍装帧设计实验教程[M]. 武汉：武汉大学出版社，2008：22.

③ 顾萍. 印刷概论[M]. 北京：中国轻工业出版社，2020：67.

④ 顾萍. 印刷概论[M]. 北京：中国轻工业出版社，2020：67.

⑤ 国家新闻出版广电总局出版专业资格考试办公室. 出版专业实务初级(2015年版)[M]. 武汉：崇文书局，2015：309.

并将处理后的图文组合成完整的页面。图文处理的过程，就是使文字和图像达到版面制作要求的过程，是印前图文信息处理的中间环节。现代印刷的印前处理，通常都有一整套的印前处理系统，包括计算机、图文工作站、服务器等构成的硬件系统，与包含图像处理软件、图形制作软件和排版软件等的软件系统。

文字信息处理主要是依据文字原稿及印刷要求，利用文字信息处理设备对文字原稿进行版式设计和排版，包括字体、字号、行距版式等的设计和排版。文字信息处理的流程包括文字录入、编辑处理、样张输出、原稿检核等。

相比文字处理而言，图像与图形的处理则要复杂得多。图像信息处理包括图像颜色分解、网格化以及对图像放大、缩小、层次调整、颜色校正、清晰度强调、图像剪辑、合成等的一系列处理。图形处理，主要利用图形处理软件对图形进行的补充绘制、图形变换、图形修饰等工作。

3. 图文输出

经过输入、组版处理后的图文信息，会输出到感光胶片或印版材料上，包括显示输出、清样校改、拼版、打样和印版制作等。其中，显示输出，根据输出书刊页面图文信息的不同目的和不同要求，可以选择在黑白激光打印机、彩色激光打印机、彩色喷墨打印机、激光照排机和印版输出机上输出。① 清样校改是出版质量控制的必要程序和手段，需要对输出的图书页面进行核校，校对、核红的清样，才能作为印版制作的依据。拼版，也称拼大版，目的是通过将多个版面按照全开印张的规格拼成一个印版。打样是在正式印刷之前，通过一定的方法获得彩色校准用的样张的过程，打样的方法有传统打样和数字打样两种。印版制作，是制作印刷所需印版的过程，常见的印版主要是预涂感光层版(PS 版)，随着数字技术的发展，产生了计算机直接制版(Computer To Plate，CTP)的新的制版方式，省去了出片、晒版等环节。

印前输出设备有激光印字机、胶片图文输出机、印版图文输出机、数字印刷机等。

四、印刷

这里指的是正式开机印刷的环节，但是在正式开机印刷前还需对印版、纸张、油墨等印刷材料进行检查，一切准备妥当，方能正式开机印刷。

1. 印刷的基本原理与基本计量单位

印刷是利用一定的印刷工艺方法，将印版上的油墨转移至承印物(通常是纸张)上的过程。这里的印刷工艺方法，涉及印刷的基本原理。印刷的基本原理包括油水不相溶原理、

---

① 国家新闻出版广电总局出版专业资格考试办公室. 出版专业实务初级(2015 年版)[M]. 武汉：崇文书局，2015：317.

印版的选择吸附原理、网点成色原理等。目前传统印刷中最常用的平版印刷(也称胶版印刷)，最基本的印刷原理就是利用油水不相溶、印版并具有选择性吸附的两大规律使油墨和水在印版上保持相互平衡来实现网点转移，并以此达到印刷品图像清晰、色彩饱满的效果。①

印刷中纸张的规格包括纸张的尺寸、开本和重量，这在前面的内容中已有介绍。印刷的成本计算，除了印版、纸张、油墨等材料的成本外，通常还会计算印刷的印张数、令数、色令数等。印张，是计算印刷量和用纸量的单位，印刷机在一张全张纸上印一个面即为一个印张，全张纸双面印刷为 2 个印张。从印张数可以计算出印刷用纸的数量和图书的页数，印刷用纸量用“印张数×印数=总印张”计算，图书页数则用“印张×开本=页数”计算。纸质图书的定价机制通常是按照印张定价的，印张的单位成本很大程度上决定了书籍的定价。

令数，是纸张的数量单位(张)，表示一令纸的印张数量，一令纸为 500 张全张纸。纸张的令数、印张的关系可以表示如下：

1 令纸=全张纸 500 张= =1000 印张

色令，也是印刷的计数单位之一，是计算平版印刷或彩色印刷品产量的计数单位。对于单色双面印刷，1 色令相当于对开纸 1000 印次，其计算公式为：

色令=纸张令数×印刷色数×印刷面数

2. 印刷的主要方式

目前，常见的印刷方式有平版印刷、凸版印刷、凹版印刷和孔版印刷，这是根据印版的版面特征和传递油墨方式的不同进行划分的。

(1)平版印刷

平版印刷产生和发展于 18 世纪末，是由阿洛伊斯·塞内费尔德(Aloys Senefelder)在慕尼黑研发的印刷技术。② 平版印刷是使用 PS 版(预涂感光版)、平凹版、多层金属版、石版等印版，利用油水不相溶的原理进行印刷的方式。平版印刷的印版，印刷部分和空白部分无明显高低之分，几乎位于同一平面。一般的平版、PS 版，图文部分略高于空白部分。印版的图文部分亲油疏水，对油墨和水有一定的选择性吸附能力，而印版的空白部分对油墨和水的选择性吸附能力很差。平版印刷基于油水相斥的原理，印刷时首先着水，空白的部分也吸附水分，图文不吸水；其次着墨，图文吸墨，空白部分斥油；最后再压印，图文部分油墨通过压印转移到纸张等承印物中形成印迹。平版印刷常用的印版有以金属为版基的 PS 版、以纸张或塑料薄膜为版基的平版、平凹版、多层金属版等。

① 齐晓坤. 印刷工艺学[M]. 北京：中国轻工业出版社，2007：10.

② 雷·史密斯. 艺术家手册[M]. 刘婷婷，译. 北京：北京美术摄影出版社，2017：248.

平版印刷机印刷幅面大，印刷速度快，平版印刷机安装有自动输墨、自动套准系统，印刷质量好，印刷效率高，报纸、杂志、图书、精美画册、商业广告、挂历、招贴画等多采用平版印刷的方式。①

（2）凸版印刷

凸版印刷是历史最悠久的一种印刷方式，雕版印刷术正是采用的凸版印刷的方式。②20 世纪 70 年代以前，主要使用铅合金活字版、铅版印刷，不仅劳动强度大，而且造成环境污染。随着技术的进步，80 年代后激光照排和感光树脂凸版逐步取代了铅字版，凸版印刷又得到了新的发展。

凸版印刷是一种直接加压的印刷方式，凸版印刷的印版，图文部分和空白部分的高低差别明显，印版上的空白部分凹下，图文部分凸起并且位于同一平面或同一半径的弧面上。印刷时，首先进行敷墨，墨辊滚过印版表面，使油墨黏附在凸起的图文部分；然后通过印刷机械压印，使纸张和印版上的油墨接触，在压力的作用下，实现图文部分的油墨转移到纸张表面。凸版印刷常用的印版有液体和固体感光树脂版、柔性版及最初使用的铅字版等。凸版印刷因要求其所有印刷部分均在同一平面上，因而印刷品会有不明显不平整的现象。凸版印刷适用于包装装潢材料、商业表格印刷、书报刊印刷等印刷品的复制。

（3）凹版印刷

凹版印刷与凸版印刷相反，是用凹版进行印刷的技术，简称凹印。③ 凹版印刷的印版，图文部分低于空白部分，而凹陷程度与原稿上的层次相对应，图像层次越暗，其深度越深；而空白部分凸起并且位于同一平面或同一半径的弧面上，印版的结构形式与凸版相反。凹版印刷为直接印刷，其基本原理是通过印版表面涂满油墨，然后利用刮墨刀把空白部分的油墨去除，油墨留在图文部分的孔穴之中，在压力的作用下将油墨转移到承印物表面。常用的印版有手工或机械雕刻凹版、照相凹版、电子雕刻凹版等。

凹版印刷主要用于精美画册、烟盒、纸制品、塑料包装装潢材料等印刷品复制，这些产品黑色浓重，阶调、色彩再现性好；此外钞票、有价证券等也是采用凹版印刷的方式，但这些印刷品的印刷复制过程与普通印刷品不同。④ 凹版印刷具有印刷品质好、印刷速度快等优势，在凹版印刷中，包装印刷所占市场份额最大，这主要得益于包装市场的增长以及包装印刷对高质量印刷品的需求。

（4）孔版印刷

孔版印刷又称丝网印刷，是以绢布、金属及合成材料的丝网、蜡纸等为印版，将图像

① 齐晓坤．印刷工艺学[M]．北京：中国轻工业出版社，2007：7.
② 张洪海．印刷工艺[M]．北京：中国轻工业出版社，2018：22.
③ 张洪海．印刷工艺[M]．北京：中国轻工业出版社，2018：23.
④ 齐晓坤．印刷工艺学[M]．北京：中国轻工业出版社，2007：8.

部位镂空成细孔，而非图像部位以印刷版材料保护，印版紧贴被印物，用刮板刮压使油墨渗透入网孔下的承印物上的一种印刷方式。① 孔版印刷的印版，其图文部分由可以将油墨漏印至承印物上的孔洞组成，而空白部分由版膜组成，不能漏过油量。印刷时，先把油墨堆积在印刷的一侧，用刮板或压辊，边移动边刮压或滚压，油墨透过印版的孔洞或网眼，漏印到承印物表面。孔版印刷多使用誊写版、镂空版、丝网版等印版，属于直接印刷的一种。

孔版印刷制版费用便宜、制版方法简单，适宜小批量的印刷，油墨选择的范围广，印刷压力小，对各种状态的成形品都能印刷，② 主要用于棉、丝织品、印刷线路板、商业广告、包装装潢材料等的印刷，③ 不同的印刷品，所使用的油墨材料不同。

五、印后加工

印后加工，根据我国印刷技术标准术语《GB/T 9851.1-2008 印刷技术术语》的定义，是指使印刷品获得所要求的形状和使用性能及产品分发的后序加工。对于书刊而言，印后加工主要是书刊的装订及表面装饰。

1. 书刊装订工艺

书刊装订，是将已完成印刷的纸张加工成册所需的各种加工工序的总称，即将书页、书帖加工成册的过程。书刊装订，是书籍印刷的最后工序，其中包括装和订两部分。“装”即封面加工，“订”则指书籍书芯的加工成册，包含折页、配页、连接、缝合、装背、上封面等加工工艺流程。只有通过装订，才能使印刷完成的单张印张加工成册，成为便于人们阅读和保存的书籍、画册等。④

书刊装订工艺的形式主要有平装、精装和线装三种，现代印刷出版物中，线装主要用于部分珍贵版本图书、古籍图书，一般的书刊装订主要采用平装或精装的形式。

(1)平装装订

平装又称简装，是结合包背装与线装的优点后，进行改革的一种常见的书籍装帧形式。⑤ 平装书也是现代图书、图册的常见形式之一，采用平装形式的图书，因装订工艺简单，主要是折页、配页、订本、包封面和切光书边，一般采用纸质封面，也较少封面装饰加工，因而图书成本较低，十分适合篇幅少、印数大的书刊。平装书是目前我国最普遍的图书形式，国际上则称平装书为纸皮书或小册子。

平装书的装订形式一般分为：

---

① 郑军. 历代书籍形态之美[M]. 济南：山东画报出版社，2017：147.

② 蔡惠平，等. 包装概论(第2版)[M]. 北京：中国轻工业出版社，2018：165.

③ 齐晓坤. 印刷工艺学[M]. 北京：中国轻工业出版社，2007：8.

④ 顾萍. 印刷概论[M]. 北京：中国轻工业出版社，2020：144.

⑤ 赵申申. 书籍装帧设计手册[M]. 北京：清华大学出版社，2018：120.

①胶背装订

胶背装订简称胶装，是使用刷胶水、双面胶、固体胶等胶制品的方式黏合书脊与书芯的装订方法，也是平装书通常使用的装订方法之一。

②锁线订

锁线订是指用线沿配好的书帖的折缝逐帖串订成书芯的装订形式，这种方式不占用订口，适用于装订各种厚度的平装及精装书册，但缺点是书脊的平整度较差。①

③锁线胶背订

锁线胶背订是指将“锁线”和“胶背”两种方式结合起来的装订形式，这种方法兼备上述两种订书方式之长，普遍在印张较多、纸张较厚的图书中采用。②

④无线胶背订

无线胶背订与锁线胶背订相对，是指使用胶粘材料将每一帖书页沿订口边缘相互黏结为一体的装订形式，③ 这种装订方式书脊较平整，一般图书均采用此种方法。

⑤骑马订

骑马订是指利用骑马配页订书机把书贴和封面套合后跨骑在订书架上，通过铁丝等装订材料从书刊的书脊折缝外面穿进里面，从而达到订牢书芯与封面的一种装订方式。骑马订具有工艺流程短、出书快、成本低、书页能摊平、阅读方便等优点，但也存在铁丝钉易生锈、牢度低、使用较长时间后封面和书芯内页容易脱落等缺点。

装订形式的选择，一方面需要根据图书成本来确定，另一方面还应考虑不同装订形式的印刷工艺所能实现的样式外观，尽可能提升书籍的装帧美感。

（2）精装装订

精装，是现代书籍中造价较高且工艺较复杂的一种装订形式。精装图书的书芯加工，一般包括上胶、压平、烘干、扒圆、起脊、贴纱布、粘堵头布和丝签等工序；书壳的装订，需要经过装饰加工后做成硬质封面或软面封面。精装书背不同于平装书，具有加工精细、美观大方，容易翻阅、便于长期保存、具有更高鉴赏和收藏价值等优点，但是成本造价也较贵，主要用于经典专著、画册、收藏文献、词典等篇幅较大且需长期保存的书籍。精装书在国际上称为硬皮书，国外的图书出版通常首先出版精装本，上市一段时间后再出版平装本和俱乐部版本。

精装书从外观上，有三种装订形式：

①圆背精装

圆背精装即将精装书封面的书背扒圆成圆弧形的装订形式，通过这种装订方式，可使书帖与封面、书背错开，便于翻阅、提高书芯的牢固程度。

---

① 李朔．编辑实用手册［M］．北京：中央广播电视大学出版社，2013：238.

② 李朔．编辑实用手册［M］．北京：中央广播电视大学出版社，2013：239.

③ 李朔．编辑实用手册［M］．北京：中央广播电视大学出版社，2013：238-239.

②平背精装

平背精装也称方背精装，书背没有扒圆，而是呈平板状。

③软面精装

软面精装是为了减轻书籍重量和方便翻阅，将精装书的硬面封面改用克重较轻的纸板或克重较高的铜版纸，一般较厚或经常翻阅的精装书，如工具书多采用这种精装形式。①

2. 书刊装订工艺的流程

平装书与精装书的装订工艺流程有所不同，平装书装订工艺流程包括制作书贴、制作封面、制作书芯、包封面、裁切、检查包装等；精装书的工艺流程则包括制作书帖、粘贴插页、制作书芯、书芯加工、制作书壳、上书壳、检查包装等。这里主要介绍一般书刊装订涉及的折页、配页、订页、裁切四道主要工序。

折页，就是将印张按照页码顺序折叠成书刊开本尺寸的书帖，或将大幅面印张按照要求折成一定规格幅面的工作过程。在书籍制作过程中，书帖、衬页、封面、插页等的制作需要进行折页。折页是装订工作的第一道工序，是装订的基础，其中书帖——印刷全张纸按页码及版面的顺序折成开本大小的一沓纸页，是折页的第一道工序。

配页，就是把已折好的全书所有的书帖，按顺序配齐全，以准备装订。配页又分为配书帖和配书芯。配书帖，是将插页、衬页、单页等附加页面按页码顺序粘贴或套入某一书帖中的操作。配书芯，就是将折叠好并粘上插页或衬页的书帖，按页码顺序配齐成册的操作工序。② 书芯是指将折好的书帖按其顺序配页并装订成册的半成品。

订书，就是把配好的散帖书册或散页，应用骑马订、锁线订、胶装等各种方法订连，使之成为一本完整书芯的加工过程。

裁切，就是使用裁切机将装订成册的图书按规定的尺寸裁切成成书的操作过程。一般而言，图书四面，一面为订口，另外三面为切口，因此裁切也叫三面切书。

3. 书刊表面装饰加工

书刊表面装饰，就是对已完成印刷工序的印刷品的表面(如封面、封底等)进行的再加工过程。书刊是否选择表面装饰加工以及选择何种装饰加工工序，需要综合考虑书刊内容与市场需求、材料与工艺的要求、生产成本等因素。

常采用的表面装饰加工工艺有以下几种：

上光，上光就是在印刷品表面涂敷(或喷、或印)上一层无色透明的涂料，经流平、干燥、压光以后，在印刷品的表面形成薄而均匀的透明光亮层的工艺。在印刷品表面涂布上光材料后，能提高印刷品表面的光泽度、防水性、耐磨性和表面强度；防污、防水、耐

① 周靖明. 书籍设计[M]. 重庆：重庆大学出版社，2007：74-75.

② 李永强. 印后装订操作教程[M]. 北京：印刷工业出版社，2011：93.

光、耐热，保护和延长印刷品使用寿命；使印刷品产生特殊效果，增强产品外观的艺术感和陈列价值；从而提高印刷品的装饰效果和使用价值。①

覆膜，印刷品覆膜工艺(简称贴膜或覆膜)，就是将塑料薄膜涂上黏合剂，与纸印刷品经加热、加压后使之黏合在一起，形成纸塑合一的产品的加工技术。经覆膜的印刷品，由于表面多了一层薄而透明的塑料薄膜，不易被撕折，能起到防水、防污、耐磨、耐折、耐化学腐蚀等作用，同时也有利于提高印刷品的光泽度和外观效果。

烫印，根据我国《GB/T 9851. 1-2008 印刷技术术语》对烫印的定义，烫印是在纸张、纸板、纸品、涂布类等物品上，通过烫模将烫印材料转移到被烫物上的加工工艺。通过烫印后的封面呈现出强烈的金属光泽，提升了封面的美感。

压痕，压痕工艺则是利用压线刀或压线模，通过压力在板料上压出线痕，或利用滚线轮在板料上滚出线痕，以便板料能按预定位置进行弯折成形的加工方法，有压凹痕和压凸痕两种类型。经过压痕后，能使封面显得更加精美并富有立体感。

模切，模切工艺就是用模切刀根据产品设计要求的图样组合成模切版，在压力作用下，将印刷品或其他板状坯料轧切成所需形状和切痕的成型工艺。

第二节　数字印刷技术

进入 21 世纪以来，数字技术的发展为印刷业带来了新的动能。数字技术在印刷行业首先在印前领域得到广泛应用，然后逐步渗透到印刷工艺过程及管理、质量控制等方面。② 随着互联网、数字技术的飞速发展，以及传统印刷业增长速度放缓、企业油墨纸张等生产生本的增加以及环保治理要求的升级，数字化已然成为当今印刷技术发展的基础和主题。数字印刷技术的产生，是印刷技术发展史上的一次重大变革，传统印刷技术、工艺、服务方式及对象都发生了重要变化，并重构整个印刷产业，数字印刷业已成为当今印刷技术发展的一个焦点和新成长点。数字化技术在印前、印刷、印后及印刷流程数据管理上都有体现，尤其是在印前环节，直接制版(CTP)、数码打样、数码印刷等，改变了印刷的流程。为此，本节在介绍数字印刷基本概念的基础上，重点对数字印刷的流程及数字技术带来的数字印刷新业态的发展做分析。

一、数字印刷概述

信息技术的兴起、信息传播社会需求的变革助推了数字印刷技术的发展。作为与常规的四大印刷方式不同的新型印刷工艺形态，数字印刷最早可以追溯至 100 多年前的静电照相术和非接触式喷墨打印技术的发明，世界上第一台真正意义上的数字印刷机由 Indigo 公

---

① 顾萍. 印刷概论[M]. 北京：中国轻工业出版社，2020：153.

② 顾萍. 印刷概论[M]. 北京：中国轻工业出版社，2020：134.

司于 1993 年推出。[①] 数字印刷发展至今天，已经发展应用于诸多领域。

1. 数字印刷的概念

我国《GB/T 9851. 1-2008 印刷技术术语》将数字印刷定义为：由数字信息生成逐印张可变的图文影像，借助成像装置，直接在承印物上成像或在非脱机影像载体上成像，并将呈色及辅助物质间接传递至承印物而形成印刷品、且满足工业化生产要求的印刷方法。

数字印刷是印刷技术数字化和网络化发展的产物，是当代印刷技术发展的一个趋势。可以说，数字印刷就是基于数字技术将数字化的文件直接转换成印刷品的过程。数字化对数字印刷的直接推动主要体现为数字印前技术。数字印前技术将原稿的输入、图像处理、文字处理、图像设计与制作、排版、分色、加网、打样、输出等一系列印前工艺过程全部结合在一起，采用全数字工作方式，不但提高了工作效率，也提高了产品质量。[②]

数字印刷是与传统印刷相并列的一种印刷方式，虽然在流程上，数字印刷与传统印刷同样包括印前、印刷和印后等环节，印后加工环节也基本一致，但印前、印刷的具体技术和工艺方面表现出很强的特殊性。数字印刷具有以下几方面特征。

一是直接性，主要表现在直接成像和直接印刷方式两方面。图文直接成像性是数字印刷的基本属性之一，[③] 数字印刷与传统印刷最大的区别就在于成像原理，传统印刷的成像原理是模拟原稿信息制成印版，再输至承印物上，数字印刷生成的数字文件则借助成像装置，在机内影像载体或承印物上直接形成影像，无须印版。数字印刷直接把数字文件/页面转换成印刷品，是一种从计算机直接到纸张或印刷品的过程。[④] 原稿上的图文信息，经数字化采集转为数字文件，在数字印刷机上由数字文件中的数据直接控制输出设备，使色料在承印物上着色，印刷过程无须压力和通常意义上的印版作用，因而数字印刷又称为无版印刷或无压印刷。[⑤] 直接制版技术、直接打样技术、直接印刷技术三大技术共同支撑了数字印刷这一印刷方式的实现。[⑥]

二是全数字化。数字印刷是一个全数字化生产流程，数字流程贯穿了整个生产过程，从信息的输入到印刷，甚至装订输出，都是数字流的信息处理、传递、控制过程。[⑦] 当前的数字印刷系统，其印前、印刷和印后均实现了数字化管理，这就大大提升了印刷效率，缩短了印刷周期。

三是印刷工艺的简化。对数字印刷而言，原稿上的图文信息经印前数字化处理后获得

① 顾萍. 印刷概论[M]. 北京：中国轻工业出版社，2020：16.
② 刘全香. 数字印刷技术及应用[M]. 北京：印刷工业出版社，2011：2.
③ 刘全香. 数字印刷技术及应用[M]. 北京：印刷工业出版社，2011：5.
④ 严格. 数字印刷[M]. 北京：印刷工业出版社，2011：2.
⑤ 范淑红，李小东，龚修端，等. 印刷概论[M]. 长沙：湖南科学技术出版社，2009：4.
⑥ 刘全香. 数字印刷技术及应用[M]. 北京：印刷工业出版社，2011：2-4.
⑦ 刘全香. 数字印刷技术及应用[M]. 北京：印刷工业出版社，2011：5.

的数字文件，既可以生成 PS 文件，也可直接印刷，可以远程实现数字图文信息输出，实现异地印刷。总体而言，数字印刷的工艺流程更简化，中间省去了制版等许多复杂的环节，灵活性更高，解决了现代印刷的个性化需要，生产周期比传统印刷大大缩短，节约了成本。

四是可变性印刷。图文影像信息逐印张可变性是数字印刷的另一大基本属性，① 即印刷过程中各印张的图文信息可以改变而各不相同，包括可以有不同的版式、内容、尺寸、承印物材质、装订方式等。数字印刷的信息可以是 100%的可变信息，这就真正体现了个性化印刷。② 这一特性，使得数字印刷具备了按需印刷的能力，按需印刷也是数字印刷的一大优势之一。

数字印刷有多种类型：按照有无印版，可以分为有版数字印刷和无版数字印刷，有版数字印刷采用的是静电成像原理形成的数字印版的印刷方式，无版数字印刷则采用的是喷墨印刷的方式，无须印版。按照印版图文是否可记录和擦去，可以分为不变图文数字印刷、可变图文数字印刷、不变和可变图文数字印刷，不变图文数字印刷又称不变数据数字印刷，是在传统印刷机械上加上计算机直接制版系统的一种印刷方式；可变图文数字印刷又称无恒定图像印版数字印刷，数字印版可以重复成像，图文不能记录，但可以擦去；不变和可变图文数字印刷，则是利用可重复成像可储存可擦去数字印版的数字印刷。

2. 其他新型印刷方式

数字印刷是利用数字信息代替传统印刷的模拟信息，直接将数字图文信息转移至承印物上的印刷工艺。③ 这一概念与数码印刷、绿色印刷、按需印刷、可变数据印刷等概念既有联系又有区别。

(1)数码印刷

数码印刷是使用激光或发光二极管对电子音板或感光鼓进行蚀刻或电子成像，将数码化的图文信息直接从电脑印刷出来。④ 从狭义的概念来看，数码印刷即数字印刷，"数字化的印刷技术又称为数码印刷技术或数字印刷技术"⑤，很多时候，二者在使用中通常作为同一概念使用。

但是数码印刷与数字印刷也有所区别，数码印刷更强调其技术属性，是一种从计算机直接到打印机直接输出的印刷技术与设备，正如有研究者所指出的"数码印刷技术的发展涵盖印刷、电子、计算机、网络、通信等多种技术领域，数码印刷是印刷技术的数码化，

---

① 刘全香. 数字印刷技术及应用[M]. 北京：印刷工业出版社，2011：5.

② 顾萍. 印刷概论[M]. 北京：中国轻工业出版社，2020：139.

③ 余辉. 印刷工艺[M]. 重庆：重庆大学出版社，2018：90.

④ 吕新广. 现代印刷技术[M]. 广州：暨南大学出版社，2017：9-10.

⑤ 苟雁. 数字化印前设计技术[M]. 成都：电子科技大学出版社，2016：1.

泛指部分或全部印刷流程的数码化”①。数字印刷可以说是一个统称，是相对于传统印刷方式而言的，是对印刷过程全数字化的统称。因而，数字印刷从广义上看，更侧重强调其印刷工艺流程的数字化属性，在数字印刷的工艺流程中包含了对数码印刷技术的应用，如数码打样。

(2)绿色印刷

坚持创新、协调、绿色、开放、共享的新发展理念，是实现高质量发展、构建新发展格局的关键。在印刷业领域，绿色发展理念是直接、紧密相关的发展理念，绿色印刷是践行绿色新发展理念的直接体现。从 2011 年 10 月原国家新闻出版总署、原国家环境保护部联合颁布了《关于实施绿色印刷的公告》，到 2019 年 9 月国家新闻出版署联合国家发改委、工信部、生态环境部、市场监管总局等印发《关于推进印刷业绿色化发展的意见》，反映了国家对绿色印刷业的日渐重视，贯彻新发展理念、推动印刷业绿色化发展全面升级的战略规划。

绿色印刷是指对生态环境影响小、污染少、节约资源和能源的印刷方式，实施绿色印刷的范围包括印刷的生产设备、原辅材料、生产过程以及出版物、包装装潢等印刷品，涉及印刷产品生产全过程。② 可见，绿色印刷强调印刷过程减少污染、节约资源，这无论对传统印刷还是数字印刷都是一种要求和趋势。数字印刷是绿色印刷的主要实现方式，绿色印刷是数字印刷的重要目的与功能。数字印刷不需要输出印版，避免了制版过程中对化学药剂的使用和排放，有利于环境保护。

(3)按需印刷

按需印刷(Print on Demand，PoD)，是按照不同时间、地点、数量、内容的需求，通过数字技术与超高速印刷技术结合，实现了整个流程的全新改造来适应个性化、高效率的现代市场需求，特别适用于一些定向较窄、专业性强、可变性强、批量较小的印刷方式。③ 按需印刷相较于传统印刷而言，数字化程度高，可直接晒制 PS 版或者 CTP 制版，缩短了生产周期，提高了印刷效率；可以实现一张起印、一本起印；通过网络传输数字化图文信息，可以实现异地印刷；能够根据不同客户的喜好和需求完成对图文信息的处理，实现个性化印刷服务。按需印刷的主要功能是一键成书、个性化定制，按需印刷在出版领域的应用，能有效降低起印量，实现少量印刷订单需求、减少浪费、即时出书、零库存，降低图书的出版成本和经营风险，激活长尾销售，提高生产效率及响应速度等。

从按需印刷的定义与特征看，其与数字印刷在本质内涵上是同义的，实现按需印刷也

---

① 李娟. 印刷工艺与实训[M]. 武汉：华中科技大学出版社，2015：20.

② (原)国家新闻出版总署，(原)国家环境保护部. 关于实施绿色印刷的公告[EB/OL]. [2021-04-11]. http://www.mee.gov.cn/gkml/hbb/gwy/201110/t20111013_218252.htm.

③ 严格. 数字印刷[M]. 北京：印刷工业出版社，2011：3.

是数字印刷的重要特征之一，而“按需印刷是数字印刷在商业印刷领域的主要应用”①。

(4)可变数据印刷

可变数据印刷(Variable Data Printing，VDP)，指在印刷机不停机的状态下改变印品的图文，在印刷过程间断的情况下，可以连续印刷出不同的图文印品。② 其又称无恒定图像印版数字印刷，其数字印版可以重复成像，图文不能记录，但可以擦去，每个印刷面(打印面)有部分或全部内容(数据)是可变的。可变数据印刷根据成像原理可分为电子照相和喷墨印刷两类。可变数据印刷在数字技术的支持下，实现了用户自定义图文数据的复制，因此也被称为个性化印刷。

从数字印刷的典型特征中我们可以发现，数字印刷具有可变数据印刷这一特征，称为可变数据印刷。传统印刷不管采用何种印刷方式，总是存在印版的概念，印刷面的内容(数据)总是固定不变的。

图文影像信息逐印张的可变性是数字印刷的基本属性之一，相比于传统印刷，数字印刷最大的技术变化在于印刷数据的可变性。可变数据印刷是数字印刷的主要分支，数据的可变性特点使数字印刷在个性化按需印刷市场上占有独特的优势。③ 然而，可变数据印刷并不是数字印刷带来的产物，但没有数字印刷支持的可变数据印刷只能实现某些简单的功能，例如号码印刷。④

3. 数字印刷的基本原理

数字印刷与传统印刷，从其图文转移的技术原理看，其核心关键是采取了不同的图文成像方式，前者是数字化直接成像，后者是模拟成像。数字成像技术也是数字印刷的核心技术，根据数字成像技术原理的不同，数字印刷主要可以分为静电成像数字印刷、喷墨成像印刷、热成像数字印刷、磁成像数字印刷、电凝聚成像数字印刷等，不同类型的数字印刷其技术原理也不尽相同，其中以静电成像数字印刷、喷墨成像印刷应用最为普遍。

(1)静电成像数字印刷

静电成像数字印刷技术是应用最广泛的数字印刷技术，也是当前大多数复印机和激光打印机的技术基础，尤其是在数字彩打方面。这一技术，最早可追溯到 1938 年美国贝尔实验室的切斯特·卡尔松(Chester Carlson)发明的“干印术”，最初用于静电复印。

静电成像数字印刷，也称静电印刷(Electrostatic Printing)，《印刷技术术语》(GB/T 9851. 1-2008)将其定义为以异性电荷相吸引的原理，利用带电荷色剂获取可视图像或文字的印刷方式。这是一种主要的数字印刷成像方式，核心特征之一是一种无版无压的印刷方式，成像印刷的过程中既不需要印版成像，也不要通过压力转移油墨；同时，可以在普通

① 严格. 数字印刷[M]. 北京：印刷工业出版社，2011：4.

② 余辉. 印刷工艺[M]. 重庆：重庆大学出版社，2018：90.

③ 刘文平，高晶，曹帅. 数字印刷 300 问[M]. 北京：印刷工业出版社，2014：158.

④ 严格. 数字印刷[M]. 北京：印刷工业出版社，2011：3.

纸上成像，而且呈色剂采用颜料，可以实现黑白和彩色印刷；印刷质量好、速度快，因而是目前数字印刷应用最广泛的一种方式。

静电成像印刷的技术原理是：静电成像数字印刷的图像载体是光导体，利用这种材料在黑暗中为绝缘体，在光照条件下电阻值下降的特性来成像。由计算机图文信息控制成像表面(已均匀分布电荷)的曝光与显影，利用材料的光导性在图像载体表面形成图文部分与非图文部分不同的电位差异，这就是静电潜影的工艺基础，然后利用墨粉和静电潜影电荷之间的吸引力来完成墨粉的转移，转移后的墨粉在热或者压力的作用下，在承印物上形成稳定的影像。①

静电成像印刷的基本工艺可以分为：

①充电

使数字印刷机感光鼓表面均匀数覆盖静电荷，具有足够的电位。

②曝光成像

通过激光器或 LED 发射出光束，经反射镜射入声光偏转调制器，由计算机调制激光束，使光导鼓面见光区产生相反电荷，用于中和表面电荷，非见光区仍保留电荷，这样在光导鼓表面留下了与原图像相同的带电影像，即“静电潜像”。

③着墨(显影)

将带有静电潜像的光导鼓接触带电的油墨或墨粉，使二者相互吸引实现潜影的可视化，形成图像。

④转印(呈色剂的转移)

将色粉影像转移到承印物上。

⑤呈色剂定影

将不稳定色粉图像固在承印物上，形成最终印品。

⑥清洗(调整)

清除转印后的残余电荷。②

(2)喷墨成像印刷

喷墨印刷技术，或者说喷墨打印，在办公打印、家庭打印领域已经应用存在多年。随着计算机性能和通用性的提高，该技术已从打印或标记简单的字母和数字符号发展到全彩打、高质量印刷，应用领域也拓展到工业印刷领域。③

喷墨印刷(Ink Jet Printing)，《GB/T 9851. 1-2008 印刷技术术语》将其定义为：是根据计算机的指令将细微的墨滴导向承印物的一定部位，使之产生可视文字或图像的无接触印刷方式。喷墨印刷，实质上是一种无接触、无压力、无印版的数字成像技术。喷墨

---

① 严格. 数字印刷[M]. 北京：印刷工业出版社，2011：5.

② 顾萍. 印刷概论[M]. 北京：中国轻工业出版社，2020：136.

③ 刘全香. 数字印刷技术及应用[M]. 北京：印刷工业出版社，2011：12.

印刷大体上分为两大类，一类是连续喷墨印刷，一类是按需喷墨印刷。喷墨印刷技术因其技术成熟、成本低，被广泛地应用于彩票、商业图表、商标、包装袋、防伪等印刷领域。

喷墨印刷的基本技术原理是：喷墨成像技术是一种计算机直接输出成像技术，首先将由计算机产生的彩色图文信息或来自印前输入设备的彩色图文信息传递到喷墨设备，再通过特殊的装置，在计算机的控制下，计算出相应通道墨量，喷墨成像装置控制细微墨滴以一定速度由喷嘴喷射到承印物表面，而形成影像，最后通过油墨与承印物的相互作用，使油墨在承印物上再现出稳定的图文信息。① 喷墨印刷技术原理，简而言之就是先产生小墨滴，再将小墨滴导引到承印物设定位置上，完成影像再现，形成印刷品的印刷。

随着技术的进步和完善，喷墨印刷向高速喷墨印刷发展，国内数字印刷企业开始引进高速喷墨印刷技术，研发高速喷墨数字印刷技术的国内厂商也日渐增多。

二、数字印刷流程

数字印刷与传统印刷相比，因数字技术的作用，整个工作流程发生了重大改变，包括印前排版、拼版、数字打样、数码印刷、装订、质量检测等环节，其中部分环节，如印前排版、拼版、装订等与当前传统印刷的工艺流程基本一致，而数字打样、数码印刷等环节则有很大不同。数字印刷流程的实现，主要依赖于数字印刷系统，这一系统主要由数字印前系统和数字印刷机组成，随着数字印刷的普及和数字印刷系统的成熟，印后加工的装订与裁切等环节也装配到了这一系统中来，形成了印前、印刷和印后一体化的数字印刷系统。数字印刷是一个全数字化的生产系统，它涵盖了印刷、电子、计算机、网络通信等多个技术领域，数字印刷生产系统是满足数字印刷所需的数字印刷机及其相关软硬件设备的总称，由数字印前系统、数字印刷机、装订及裁切等部分组成，所有操作和功能都可以根据需要预先设定，然后由系统自动完成，这就大大缩短了印刷周期、减少了人工操作、提高了生产效率。

1. 数字印前处理

当前，数字印刷已经发展成一个全数字化的生产过程，这一过程，是数字印刷系统将接收到的数字页面信息直接转换成印刷产品的过程，其中，数字印刷系统所接收的数字页面信息并非直接通过扫描或数码相机拍摄而来，而是经过一系列数字化处理之后，输出能满足数字印刷要求的页面信息。所以，数字印刷生产流程，首先是数字印前处理。

数字印前处理，是在数字印刷之前，对图文信息以数字化技术方式进行的设计、处理

① 刘全香. 数字印刷技术及应用[M]. 北京：印刷工业出版社，2011：14.

和输出等全部过程，包括原稿的数字化、图文信息处理及数字印刷输出等过程。数字印前处理，可以通过数字印前系统来实现对图文信息的数字化输入、处理和输出。数字印前系统是以数字化方式实现原稿图文信息的输入、处理和输出的硬件和软件的总称，源于20世纪80年代初出现的桌面出版系统(Desktop Publishing，DTP)，这是一种通过电脑等电子手段进行书报刊编辑排版的系统。数字印前系统能够实现页面排版或拼版以及硬拷贝输出，具有图文处理灵活、可以实现图文合一处理和远程传输等特点。

数字印前系统，由硬件和软件两部分组成。硬件方面，包括计算机(如PC机)、Mac工作站、大容量存储设备、扫描仪、彩色数字打样设备等。软件方面，则包括彩色图像输入系统、图像编辑处理系统、文字编辑处理系统、颜色管理与数字打样软件等，总体而言，可以归结为数字信息处理系统和计算机直接制版系统。其中，数字印刷的信息处理系统与模拟印刷工艺中的印前处理系统基本一致，也应具有相应的图文信息采集、图文信息处理与编排等功能。计算机直接制版(Computer-To-Plate，CTP)，是将计算机排版的数字页面通过激光束直接扫描输出到CTP板材上的一种制版技术，①这一技术不需要输出胶片，一方面简化了晒版流程、节约了成本、实现了全程数字化、提高了制版效率，另一方面避免了化学药剂的使用和排放，也有利于环境保护。

2. 数字打样

打样，即出样张，是印刷生产的关键环节，也是实现质量控制与管理的重要手段，通过打样可以检查版式样张是否存在设计、制作、出片、晒片等方面的错误。从打样的原理来看，主要有机械打样和数字打样两种方式，机械打样是传统印刷一种普遍的打样方法；数字打样不需要印版，将数字印前系统中生成的数字页面信息直接转换为彩色样张。②数字打样是数字印前系统的重要构成，但因为数字印刷相较于传统印刷在打样工艺技术上存在很大不同，故而将数字打样单独介绍。

数字打样是随着计算机信息技术的发展于20世纪90年代初期兴起的打样方法。数字打样，指的以数字印刷系统为基础，对印前处理好的图文信息，以数字化的方式直接输出彩色样稿的一种打样技术。数字打样，通过数字化的方式直接输出打样来替代传统的制胶片、晒版、打样等冗长的工序，因此具有无须制版、方便灵活、速度快、成本低、色彩再现稳定性和质量较高等特点。

数字打样与机械打样的工作原理不同：数字打样是以数字印刷系统为基础，利用同一页面图文信息由计算机及其相关设备与软件再现彩色图文信息；而机械打样，则是利用印刷水墨不相溶的原理，通过拼版、晒版等过程制作成PS版，并使用印刷纸张进行

① 中国感光学会. 2016—2017感光影像学学科发展报告[M]. 北京：中国科学技术出版社，2018：211.

② 刘全香. 数字印刷技术及应用[M]. 北京：印刷工业出版社，2011：176.

打样。因此，两者在样张质量、生产速度、生产成本等方面存在较大差异，在稳定性、生产速度和成本上数字打样优于机械打样，但是在色彩模拟能力方面的机械打样则更接近于印刷品。

3. 数字印刷

数字印刷是直接把数字文件或页面转换成印刷品的过程，即不需要任何中介的模拟过程或载体的介入，直接印刷成印刷品。① 数字印刷与传统印刷的不同，集中体现在数字印刷机与传统印刷机的区别上。数字印刷机(Digital Printer)，是指能够将高容量的数字化图文信息，通过标准的色彩及流程管理系统，在高速度下转移到有形平面介质上的机电加工设备。②

数字印刷机与传统胶印机的最大区别是，数字印刷机是直接成像数字印刷方式，所以数字印刷机的基本工作原理取决于其成像方式。③ 按其成像原理的不同，数字印刷机可分为静电数字印刷机、喷墨数字印刷机、电凝聚成像数字印刷机、磁成像数字印刷机、热成像数字印刷机、电子束成像数字印刷机等。数字印刷机通过静电成像或喷墨印刷等基于数字化技术的成像印刷方式，实现了无版无压印刷，重构了印刷的工艺流程。

4. 印后加工

数字印刷与传统印刷在印后加工的环节基本一致，都包括装订、裁切和表面装饰加工等，有关这部分内容，参见本章“印后加工”部分的内容。但是随着数字印刷系统的发展成熟，装订、裁切等印后加工系统与设备也装配到了数字印刷系统中，数字印刷的印后加工的数字化、自动化程度越来越高。尤其是在智能制造的趋势下，数字印刷企业之间的竞争从印刷环节延伸到印后环节。④

5. 数字印刷工作流程管理

数字印刷以数字印刷系统为基础，同样需要经过印前处理、印刷以及印后加工三个环节，要使印前、印刷和印后统一到数字印刷系统中，实现一体化、系统化、高效化，就必须从技术和管理层面上不断地进行优化，这就产生了数字印刷流程管理系统的需要和要求。作为联系印前处理、印刷和印后加工的整体概念，“数字化工作流程”是以数字化的生产控制信息将上述三个分过程整合成一个不可分割的系统。⑤ 数字化工作流程，“以数字工艺作业表代替传统工艺作业单，进行生产过程中信息的传递、控制与管理，以数字打

① 严格. 数字印刷[M]. 北京：印刷工业出版社，2011：63.
② 许文才，等. 包装印刷技术[M]. 北京：中国轻工业出版社，2011：274.
③ 刘全香. 数字印刷技术及应用[M]. 北京：印刷工业出版社，2011：57.
④ 李洋. 数字印后增效市场的喜与悲[J]. 印刷技术，2020(Z1)：11.
⑤ 吕新广. 现代印刷技术[M]. 广州：暨南大学出版社，2017：69.

样、直接制版、数字印刷代替传统生产作业"①，实现了数字印刷及其系统的标准化、集成化管理。

目前，国际上通行的数字化工作流程标准有 CIP3、JDF、CIP4 等。

一是国际性合作组织 CIP3（International Cooperation for Integration of Prepress，Press and Postpress，印前、印刷、印后集成的国际合作），这是 1995 年由德国海德堡公司发起、联合数十家印刷企业成立的致力于实现印前、印刷、印后整个工艺流程进行综合计算机控制的国际性合作组织。CIP3 联盟引入了计算机集成制造技术整合印刷工艺流程三大环节，使整个印刷生产流程都在生产控制信息流的控制之下。为此，该联盟为印刷业制定一个国际通用标准——印刷生产格式 PPF（Print Production Format）标准。

二是数字化管理系统（Job Definition Format，JDF），这是 1999 年 CIP3 联盟成员的四家公司（Adobe、Agfa、Heidelberg、ManRoland）制定的一套控制印刷作业的协议和规范。JDF 将管理信息及过程信息的内容与软硬件设备结合，依靠网络技术，将印前、印刷和印后整合成一个完整的系统，形成了一个适用于印刷作业整体流程控制的协议规范。②

三是印前、印刷和印后生产过程国际合作组织 CIP4 联盟（International Cooperation for Integration of Processes in Prepress，Press and Postpress），这是 2000 年后由 CIP3 和 JDF 联盟共同成立的国际联盟组织，并制定了由原有的 CIP3 规范和 JDF 规范组成的 CIP4 规范。该规范建立了基于 JDF 格式作业传票的数字化生产流程规范，使连接印前、印刷和印后加工的 CIP3 规范扩展为包括任务管理和生产管理等过程控制内容在内的完整体系。③

6. 数字印刷质量检测与控制

开展质量检测与控制是保证数字印刷质量、提升印刷品品质的主要手段。

印刷品的质量表现为其外观质量、艺术质量、图像印刷质量等多个层面，印刷品质量的多重属性决定了对印刷过程质量的检测与控制也要从多个面向进行。数字印刷质量检测与控制的内容体现在印前、印刷和印后的全过程，主要包括：一是印前数据的质量检测与控制，包括对数字页面图文信息、页面排版的检测与控制以及颜色预检；二是印刷原材料的质量检测与控制，包括纸张、油墨等的检测与控制；三是数字印刷的质量检测，包括印刷品对原稿的接近程度、同一批印刷品的合格率等。

数字印刷质量检测与控制的方法主要有基于色彩管理的色彩控制、数字测控条、在线检测系统等技术方法。除此之外，还有系列数字印刷品质量标准，如 ISO 13660 标准——单色数字单色国际质量标准、ISO 19751——用于评价单色和彩色、二值和灰度等级数字印刷品。

① 刘全香. 数字印刷技术及应用[M]. 北京：印刷工业出版社，2011：217.

② 霍李江. 包装印刷技术[M]. 北京：印刷工业出版社，2011：26.

③ 霍李江. 包装印刷技术[M]. 北京：印刷工业出版社，2011：27.

三、数字印刷的应用与发展

数字印刷作为印刷业的发展趋势，在商业印刷、图文快印、出版物印刷、包装与标签印刷、机关文印、影像输出、票据印刷等领域有了广泛应用与长足发展。① 同时，在云印刷、印刷电商、合版印刷、印刷智能化等新业态方面俨然已成为新的发展方向。

1. 云印刷

云计算技术的兴起及在印刷出版业的应用使得一种新的印刷商业模式“云印刷”应运而生，并成为全球印刷业的重要发展趋势。云印刷使传统印刷的 B2B 模式得以通过“云”实现 B2C 模式，传统印刷与新媒体相结合，实现更为灵活多变、一对多的大众传播。②

云印刷(Cloud Printing)，是印刷技术与云计算技术的有机结合。云印刷，是云计算技术发展与应用下，形成的一种依托印刷云平台(Printing Cloud Platform)，实现印刷加工(Printing Processing)、印刷管理(Printing Management)、印刷服务(Printing Service)一体化的模式与方法。③ 通过印刷云平台，可以实现印刷订单的接单、确认、支付、存储、交付等生产业务和企业营销。云印刷一般包括可发送印刷任务的应用程序、传递印刷任务的云印刷服务网络、印刷生产设备、物流服务四个部分。与传统印刷方式相比，“云印刷”能够实现个性化定制、低成本印刷、在线支付、高效率接单，云印刷与传统印刷的区别如表 11-1 所示。

表 11-1　云印刷与传统印刷的对比④

项目	云印刷	传统印刷
报价方式	在线透明报价	印厂销售报价
下单方式	在线下单	与印厂销售商定
个性化	是	否
编辑自由性	高	低
供需条件	大量少量均可	以大批量生产为主
生产地点	线上服务、即时分配	定点工厂
服务时间	24 小时服务	仅营业时间

---

① 陈彦. 中国数字印刷发展与展望[J]. 印刷技术，2018(6)：6-9.
② 王镛凯. 走进云端的印刷业[J]. 印刷杂志，2016(6)：37.
③ 程莺. 论云印刷如何从概念演化成现实[J]. 传媒论坛，2018，1(10)：28.
④ 王镛凯. 走进云端的印刷业[J]. 印刷杂志，2016(6)：37-39.

2. 印刷电商

印刷电商是传统印刷与云印刷商业模式结合的产物，部分传统印刷企业正是通过自建或合作的方式转型开展云印刷服务变身为印刷电商的，从这个意义上说，印刷电商是一种基于云计算商业模式的云印刷平台。印刷电商颠覆传统的商业模式，解决传统印刷行业存在的信息不对称问题，满足了用户的个性化与多元化需求。

与传统印刷相比，印刷电商在交易成本、资金流、仓储和物流、经营渠道及范围、对接个性化定制需求、生产标准化水平、交易流程便捷度等方面更具优势。

3. 合版印刷

合版印刷是把印刷流程中具有共通性(如印刷尺寸、纸张种类、厚度等)的印刷品集中印制处理，一起排版、一起印刷，以共同分摊制版及印刷费用的方式印刷。① 合版印刷大约于2001年自中国台湾进入大陆，由于迎合了小批量、多频次、低成本、高效率的印刷需求，合版印刷近年来发展很快，不少印刷企业纷纷进入，加之日渐发达的互联网络和物流体系，大大提升了合版印刷的接单能力，合版印刷市场竞争日益激烈。近年来，合版印刷之所以能够快速崛起，除了市场需求外，还得益于互联网技术、印刷技术和物流行业的进步。②

当前，合版印刷的对象早已突破了名片、单页、画册的局限，越来越多地将不干胶标签、纸袋、纸杯、PVC卡、喷绘等纳入印刷范围。

4. 印刷智能化

随着智能制造成为国家战略，印刷智能化也已经成为我国印刷行业转型升级的战略发展方向。2017年，《印刷业"十三五"时期发展规划》中明确提出了要推动我国印刷业加快智能化发展、促进产业结构优化升级，实现由印刷大国向印刷强国的初步转变。2018年，由国家新闻出版署创办的中国印刷业创新大会，以"聚焦智能化"为主题，系统谋划印刷智能化发展。

2018年，国家新闻出版署编制发布《中国印刷业智能发展报告(2018)》，首次系统梳理了我国印刷智能化发展状况，并对印刷智能制造进行了定义：印刷智能制造是基于新一代信息通信技术与印刷先进制造技术深度融合，贯穿于设计、生产、管理、服务等印刷制造的各个环节的新型生产方式。③

印刷智能制造能够助力印刷的自动化、智能化，实现印刷业的全面转型升级。但是，

---

① 殷庆璋. 印刷电子商务实战手册[M]. 北京：文化发展出版社，2014：129.

② 王廷婷. 合版印刷 突破发展[J]. 印刷技术，2020(Z1)：12-13.

③ 黄晓新. 中国印刷业发展报告(2018版)[M]. 北京：中国书籍出版社，2018：75.

当前我国印刷智能制造，还存在诸多问题：产业政策和标准不成熟，产业不能协同发展；地方政府扶持缺少科学组织，失衡性与同质化严重；创新能力薄弱，核心技术落后；企业协同产链条上企业间未形成合力，产品链条短。① 发展我国印刷智能制造，需要从夯实扩大数字化基础、提升推广网络化应用、启动试点智能化制造等推进印刷业与智能制造的深度融合。②

① 伍宏武. 现代印刷包装企业的智能制造之路[J]. 印刷技术，2019(12)：15-19.

② 黄晓新. 中国印刷业发展报告(2018 版)[M]. 北京：中国书籍出版社，2018：81-82.

L

第十二章　发　　行

* 本章知识点提要

1. 出版物发行的功能与意义
2. 不同类型出版物发行的异同
3. 出版发行渠道构成成员
4. 出版发行渠道冲突与管理
5. 我国图书发行体系及其演变过程
6. 数字出版物发行与网上书店

* 本章术语

出版物发行　发行渠道　图书发行体系　经销包退　征订包销　图书试销　图书寄销　网络发行

出版物发行，是指发行者将各种正式出版物以商品销售的形式由生产单位传送给读者的一系列活动。出版物发行的本质是销售活动，是实现出版物价值与使用价值的方式，也是出版活动的目的。只有通过发行，出版物才能传递到千千万万读者手中，才能实现其使用价值。

我国的出版物发行有着悠久的历史。从西汉时期“槐市”开始，经过“书肆”“佣书”，书籍贸易逐渐兴盛，这是我国图书发行事业产生的开端。中华人民共和国成立后，经过社会主义改造，图书发行业划归国有，实行单一计划经济。图书发行活动主要为政治目的服务，单纯强调社会效益，忽略了经济效益。改革开放后，图书发行业的计划体制转向社会主义市场经济体制。1983 年 6 月，中共中央、国务院发布《关于加强出版工作的决定》指出：“社会主义的出版工作，首先要注意出版物影响精神世界和指导实践活动的社会效果，同时要注意出版物作为商品出售而产生的经济效果。”①这是中央文件中明确提出在图书出

① 中共中央、国务院关于加强出版工作的决定[J]. 出版工作，1983(6)：3-13.

版发行活动中同时注重两种效益。1996 年 10 月党的十四届六中全会通过了《中共中央关于加强社会主义精神文明建设若干重要问题的决议》，强调“要坚持把社会效益放在首位，力求实现社会效益与经济效益的最佳结合”①。坚持把社会效益放在首位，实现社会效益与经济效益相统一逐渐成为图书发行业必须贯彻的准则。

发行的功能与意义(慕课)

发行的功能与意义(课件)

第一节　出版物发行的功能与意义

出版物发行活动本身既有经济意义，又有文化意义。它能为读者、出版业和社会带来巨大的效能和作用。

一、出版物发行的功能

出版物发行功能由其自然呈现的基本职能和受社会因素制约的社会职能共同构成，具有经济与文化效益对立统一的特点，以图书为例，具体体现在以下五个方面：

1. 组织商品

图书发行活动是从图书的进发货管理开始的。作为货源组织的两个方面，进货表现为图书发行企业向出版社的购进，发货表现为图书发行企业系统的内部调拨，上级分销机构向下级分销机构调运。

2. 销售和宣传

销售是商品在市场上从拥有者转移到购买者的商业活动。在图书发行活动中，销售使图书实现价值形态的转化，为图书使用价值的发挥提供了可能性。同时，图书销售促进始终伴随各种方式的图书宣传活动，发挥着传递信息、沟通市场、说服读者、诱发需求，开拓市场、引导阅读等作用。

3. 仓储

仓储是指经营者为解决图书生产和读者消费之间在时间上存在的矛盾而主动使部分图

① 中共中央关于加强社会主义精神文明建设若干重要问题的决议[J]. 求是，1996(21)：5-16.

书在流通领域暂时停留的经济过程。其基本功能是保证图书销售时间与读者购买时机相一致，以此创造图书商品的时间效用。

4. 运输

运输是指经营者为解决图书生产和读者消费之间在空间上存在的矛盾而按销售需要组织的图书实体位移活动。其基本功能是保证图书销售地点与读者购买地点相一致，以此创造图书商品的地点效用。

5. 服务出版单位和读者

图书发行是沟通出版与读者消费的桥梁和中介。一方面要通过扩大图书商品销售促进出版环节的发展，使出版商在图书生产过程中消耗的活劳动和物化劳动得到及时补偿；另一方面要为读者消费服务，满足其精神文化需求，引导读者积极消费。

二、出版物发行的意义

出版物发行对促进社会发展具有重要意义。首先，促进出版发行行业的繁荣发展。出版物发行活动是寻找市场与出版物商品销路必不可少的联系中介，其中，货源组织是决定出版物商品流通能否顺利进行的前提，销售宣传是活跃出版物市场和扩大服务的重要手段，仓储运输是实现出版物商品价值和使用价值的物质保障。它们互相联系，共同促进出版物商品的生产、流通、消费，推动整个行业的发展。其次，影响出版企业的经营效益。出版物发行的效率决定能否有效开拓市场、增加需求、扩大规模。合理高效的发行工作，可以减少流通领域的资源消耗，促进出版过程的可持续发展。最后，引导读者的消费行为。出版物发行活动通过经销品种的选择、发行范围的调控以及促销活动的组织等方式将出版物商品有选择地推向市场，会对读者消费心理产生极大影响，潜移默化地影响和改变读者的消费观念和消费习惯。

出版物发行工作兼具社会效益和经济效益。经济效益是图书发行活动中产生的劳动耗费和劳动占用与有效的劳动成果之间的比较，以进行出版物发行活动时获得的利润为数量指标。经济效益包括两个方面，个体经济效应和社会经济效益。其中，个体经济效益是出版物发行企业获得的发行折扣以及其他经营利润；社会经济效益是出版物发行活动对社会生产力发展做出的贡献，如为国家带来的税收等。

社会效益是出版物发行活动为社会带来的有益影响。出版物是特殊的商品，文化属性是其根本属性，其消费过程具有外部性，即会对社会产生巨大影响。如图书发行企业在从事发行活动时，为人民群众选择好书，向人民群众宣传推广好书，以此服务于社会主义核心价值观，服务于优秀的传统文化，服务于进步的思想理论和科学文化知识，营造社会健康向上的文化氛围。激发国家和人民的创造力和创新力。

出版物发行产业是文化产业中的重要组成部分。出版工作的意识形态决定了出版物发行工作必须坚持把社会效益放在首位，经济效益与社会效益相统一。只有坚持经济效益与社会效益相统一，注重经济效益，才能保证出版物发行活动的社会再生产，保证出版物发行业的持续健康发展，满足人民不断增长的文化生活需要；只有坚持经济效益与社会效益相统一，把社会效益放在首位，才能把握出版物发行业的正确发展方向，发挥文化引领风尚、教育人民、服务社会、推动发展的作用。

三、不同出版物的发行

不同类别的出版物发行系统、方法和管理过程不同，以下分图书和报刊两种类型介绍不同出版物的发行。

1. 图书发行

图书发行是将图书以售卖的方式从出版者手中转移到读者手中的一系列过程及其形成的关系总和。我国图书发行大致可以分为四种类型，分别是总发行、公开发行、内部发行、系统发行。

(1)总发行

总发行也称为总批发、总经销，是指由唯一供货商向其他出版物经营者销售出版物的行为，具有排他性，即一种出版物的总发行权只能由一个主体单位拥有，呈现出一定的垄断特征。总发行的销售对象主要是各类出版物批发单位和大型出版物零售单位，通常以一级批发的销售形式进行。总发行主体必须以追求出版物与读者需求的契合为出发点，承担组织出版物营销的责任，具体包括积极灵敏地向出版者反馈市场的供求信息，促进出版适销对路、优质高效的出版物生产；按照出版物内容与读者对象的不同，采取差异化手段进行宣传推广；采取适当的分销策略，组织运用各种出版物发行渠道；充分观察市场中的同类竞争者，利用合理手段扩大出版物的市场占有率等。① 总发行作为出版物发行过程中的初始环节，负责将出版物送入商业网络中并筹划出版物市场的全面安排，总发行主体对其市场经营权的运用决定了各种出版物的最终命运。

1991 的《图书总发行管理的暂行规定》将图书总发行定义为图书印制完成后统一归某个出版单位或发行单位承担发行总责，组织一级批发的相关事宜。随着出版物种类不断丰富，总发行的范围逐渐扩张到报纸、期刊、音像制品、电子出版物等领域。1999 年颁布的《出版物市场管理规定》对总发行的定义范围摆脱了“图书”的局限，强调了出版物发行单位的资格问题。2003 年与 2011 年《出版物市场管理规定》的两次修订对总发行的定义均有所更改，但内涵并未发生过多变化。2016 年修订的《出版物市场管理规定》删除了“总发行”概念。

---

① 张有能. 落实总发行责任[J]. 中国出版，1994(12)：33-35.

(2)公开发行

图书经由发行单位向不特定的社会公众公开销售的经营性行为称为公开发行。图书公开发行的受众对象与传播范围不受群体、地域等条件的限制，具体表现为图书的公开征订、储运、批发、零售、投递及互联网购销等活动。中国标准书号、中国标准连续出版物号以及中国标准音像制品编码是出版物公开发行的凭证。著作权法意义上的公开发行是指面向不特定的公众提供作品的原件或复制件的行为，该行为应当以转移作品有形物质载体所有权的方式提供作品的原件或复制件，这是出版物“公开发行”区别于公开表演、广播、展览等行为的本质所在。《出版物市场管理规定》指出，从事出版物发行工作的任何单位和个人都不得向社会公众公开发行存在潜在危害性的出版物，具体包括：含有反对宪法，危害国家利益和主权，违反国家民族政策，宣扬淫秽、迷信、暴力及法律、法规禁止内容的出版物；出版行政部门明令禁止出版、印刷或者复制发行的出版物；盗版、盗印等侵犯他人著作权的出版物；无书号、刊号、版号及伪造、假冒出版单位或者报刊名称出版的出版物；未经批准擅自出版、印刷或者复制的出版物；非法进口的出版物；内部资料性出版物和限内部发行的出版物。公开发行是出版物从出版者转移至读者的主要途径，是出版物实现其传播人类思想和科学文化知识重大使命的根本前提。

(3)系统发行

系统发行是指发行机构通过各种社会系统的协助进行出版物销售的方法。通过各社会系统主管部门统一布置或订购图书，利用其提供的人员、影响力、地域等便利条件提高图书发行效率，是一种致力于开发团体市场的图书发行方式。系统内的各个单位、各层机构共同担负着某些社会职能，其系统成员往往会基于工作或学习需要对某一类图书产生某些共同的需求，因而图书系统发行的受众对象更具针对性和精确性。系统发行方式的选择有两个关键点。一是社会系统的选择。社会系统是指由共同担负某种社会职能的许多单位与机构及其成员按照能级原理组成的封闭式管理系统。① 选择的标准一为系统市场潜力，二为系统在组织上的紧密程度。需求不旺盛、结构较为松散的社会系统不具备出版物发行能力。一般可利用的图书发行社会系统有：教育、卫生系统，党、团、工、青、妇系统，铁路、银行、邮电系统，工商管理及财税系统，军队、武警、公安法院、监察系统等。二是出版物品种的选择。采用系统发行的图书应该是与某一社会系统对口的专业出版物或各个社会系统普遍需要的图书，前者如专业性出版社所出书籍，后者如由上而下配合学习的文件等。系统发行应事先征得有关系统领导部门的同意，并在货到后优先保证供应。其优点在于货源可靠、统一结算、手续简便，方便各单位购书，也为发行机构开辟了一个由庞大读者群体组成的潜在图书市场。

(4)内部发行

内部发行是指向指定读者、单位销售具有一定价值但内容不宜公开传播的图书的行

---

① 罗紫初. 出版发行学基础[M]. 太原：山西经济出版社，2000：322.

为。出于保密性和潜在危害性的考虑，一些图书的受众对象和内容传播范围必须受到严格控制，不能在市场上公开展览、陈列、宣传和销售。内部发行源起于1953年，起初主要是针对内容专业性和史料性较强、读者面较窄、印数有限的图书，20世纪60年代初内部发行的图书范围开始扩张，外国政治学术书籍和体现西方现代文艺思潮的作品也均采取内部发行的方式。“文革”期间书刊的内部发行一度中断，直至20世纪70年代初随着出版工作的恢复才得以重新建立，重点转向西方的文化出版物。① 20世纪90年代以后，内部发行现象已不常见，出版物品种和范围极大缩减。内部发行是中国实行计划经济时期的特殊产物，其在特定的时期内开辟了一条信息、知识和思潮的流通渠道，推动了公众尤其是中国知识分子的思想解放，促进了改革开放初期对文化资源的有效开发和利用。

(5)报刊发行

中华人民共和国成立后，形成“邮发合一”的报刊发行机制，即报刊社将报刊发行业务全部交给邮局办理的委办发行体制。20世纪80年代，中国部分报业改革先行者开创了自办发行路径。中国报刊发行形成了邮政发行、报刊自办发行、其他社会发行力量多方参与的多渠道发行格局。依据发行渠道的不同，报刊发行可分为订阅和零售两种基本方式。传统纸质报刊的订阅方式，是指订户预交报刊订费，由邮局投递员按期把报刊投送到指定地点，或由报刊出版机构的自办发行力量投送给订户，或由报刊自办发行力量将报刊封装后通过邮局作为邮件寄给订户。零售方式是由报刊发行部门在城市或乡镇设立若干报刊零售点，由读者根据需要自行选择购买，交付现金，不预交费用，报刊社不负责投送，没有固定的供应关系。零售方式可细分为定点零售、流动零售、预约零售、外地函购、寄售等形式。订阅方式有利于加强报刊发行的计划性，读者对象相对稳定，连续性强，而零售方式机动灵活，选择余地大。报刊发行的这两种基本方式互为补充。在各国的报刊发行体制中，两种发行方式处于并重的地位。

20世纪五六十年代采用的出版物发送手段一般是通过铁路发运，距离较远的地方要几天以后才能见到报刊。20世纪70年代比较普遍地采用了飞机运送报刊纸型、分地印刷、就近发行的办法，使分地印刷点周围地区能在出版的当天或第二天看到报刊。进入20世纪80年代后，报刊业逐步采用电信传真、卫星通信技术、网络传输技术等技术手段，将报刊内容第一时间传送到分地印刷点，纸质报刊可实现异地同步印刷、发行。而数字化环境下出现的一系列传播技术手段，使得报刊内容的发送由“及时传播”过渡为“即时传播”，更好地实现了异地同步发行。

在互联网快速发展的背景下，新闻载体、报刊形态发生改变，各类新型的报刊媒体涌现，如网络报刊、电子报刊、手机报刊等。报刊产品形态改变，必然带来发行方式、渠道的改变。例如，数字化报刊可利用电脑终端或移动终端发行；可借助第三方平台、自建网

---

① 蒋华杰，刘阳. 冷战背景下新中国内部发行制度的演变和影响[J]. 中共党史研究，2013(5)：35-44.

站或开发 App 发行。过去建立在纸质报刊基础上的传统报刊发行研究难以适应这种发展变化。因此，需加强对新型报刊产品发行问题的研究，构建融合出版环境下报刊发行理论体系。研究数字化报刊发行方式、渠道特点，应成为当今报刊发行研究重点关注的问题。在新媒体迅速发展背景下，报刊读者的阅读及订购心理和行为发生改变，如呈现碎片化、场景化等阅读特点，出现网上阅读卡、电子阅读券等订购方式。研究报刊读者新的阅读及订购特点，是报刊发行业成功实现数字化转型的关键。

发行渠道成员与目标读者(慕课)

发行渠道成员与目标读者(课件)

第二节　发行渠道成员与管理

出版物发行渠道是指出版物实体和使用价值从生产者到消费者所经历的一系列流程和通道，也指为实现出版物分销目标而受管理调控的一系列外部关联组织。以下我们以图书为例，分析出版物发行渠道成员、行为及其管理。

一、渠道成员

渠道成员是通过多种方式结合在一起形成有效渠道的各类机构和个人。渠道的关键成员是制造商、渠道中间(批发商、零售商和特殊中介)和终端用户(企业用户和消费者)。一般图书发行渠道的主要成员包括出版社、图书馆、新华书店、民营书店、网上书店、线上社群、读者俱乐部等(如图 12-1 所示)。

1. 批发商

图书批发是随着图书商品经济的发展和流通规模的扩大而产生和发展的。批发商是图书商品从出版社到零售店的流通过程中的中间环节，在出版和零售之间起流通的枢纽作用。图书批发机构从出版社买进图书，卖给并转运到销地书店，称一级批发或产地批发；图书在流通过程中的转售交易，称二级批发，或称销地批发。一级批发和二级批发的区别在于，一级批发是指图书印制完成后统一由某出版单位或者发行单位承担全部发行总责，面向全国发行，二级批发指图书在区域性市场范围内的发行。

在很长时期内，中国图书产销分离的进程是缓慢的，直到 20 世纪初，上海商务印书馆、中华书局才设立专门的图书批发机构——发行所。1949 年中华人民共和国成立后，出版发行事业得到迅速的发展。1954 年图书批发和零售书店进一步分离，创建了新华书店北京、上海、武汉、沈阳、重庆发行所。80 年代，担任一级批发任务的有：承担中央一级

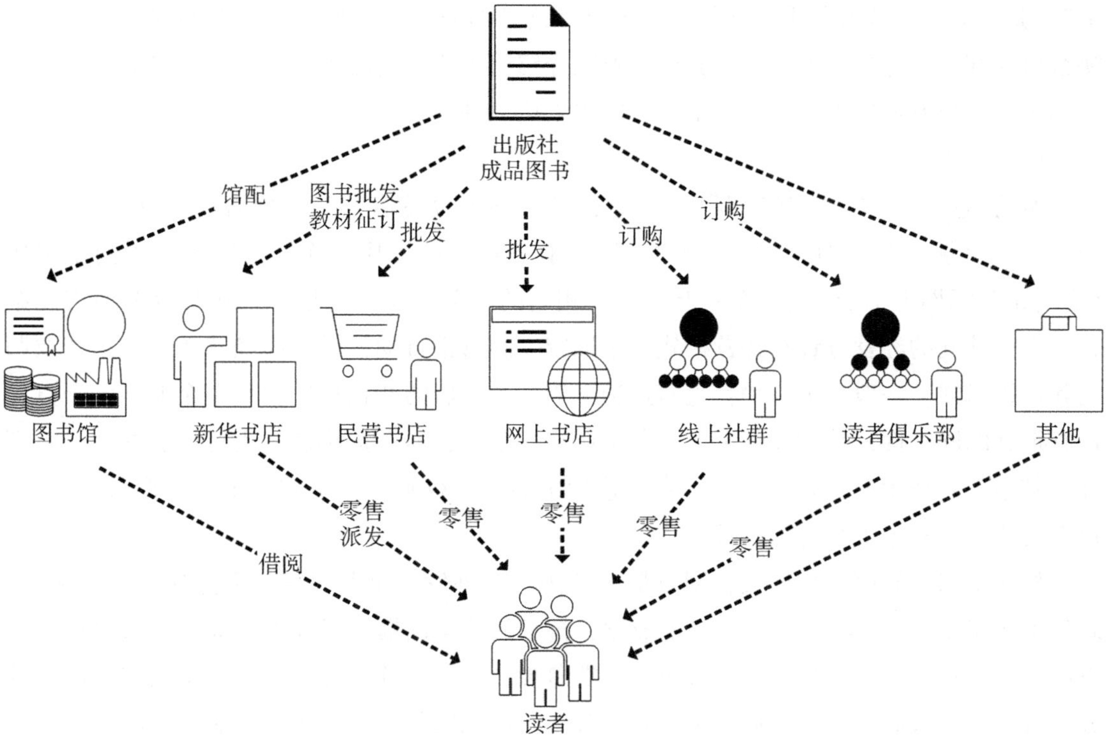

图 12-1　图书发行渠道及其成员

和北京地区出版物的有新华书店总店的北京发行所、科技发行所和储运公司，还有新华书店首都发行所；承担地方出版物的有新华书店上海、天津、重庆、湖北发行所和各省级新华书店。承担二级批发任务的是由大中城市书店设立的批发书店、图书贸易中心和县以上书店的图书批发部。有的出版社自办发行业务，也可以将本社出版的图书直接批发给零售书店。图书批发市场在改革开放后发展迅猛，是我国历次图书发行改革的重点，成为我国图书销售通路中的重要环节。

互联网电子商务兴起后，在线购书成为流行趋势，由此改变了整个图书市场，图书批发业务受到巨大冲击。大型网络书店往往越过传统的图书批发商，直接从出版社进货，加上传统书店萎缩，传统的图书批发市场严重下滑，图书批发商纷纷转行或转型为在线书店，尝试直接针对读者销售图书。

2. 零售商

在图书发行渠道中，零售商承担着将图书销售给终端消费者并为其提供服务的职责。出版物零售商具有传播思想，普及文化，联系读者，促进出版的功能。以图书零售商为例，书店是普及和推广科学文化知识不可缺少的一个环节。各地书店广泛发行科学技术图书和学术文化文艺图书，对促进经济文化建设和人民文化水平的提高，起着重要作用。书店是作者、编者同广大读者联系的纽带。“熟悉读者、熟悉书”，“为书找读者、为读者找书”，是书店联系读者的重要功能。它可以将读者的需要、意见以及对书的评论，及时反映给出版部门，并将出书信息及其出版意图介绍给读者。当前图书发行渠道终端常见的零售书店，主要有连锁书店、独立书店、网络书店三种类型。

(1)连锁书店

所谓“连锁”，有“联营”“联号”之意，是一种上设总店，下设分店，实行统一招牌、统一企业形象、统一采购、统一配送、统一服务规范的书店。连锁书店的若干门市书店(有时也包括网上书店)联合在一起，采用相同的服务标志，将集中采购与分散销售相结合，实行共同的经营方针和经营模式，采取统一的营销行动，以提高经营效益。按产权归属和组织形式，一般分为三种：直营连锁书店，各书店的产权均属同一个企业，各个方面都有很高的同一性；特许连锁书店，各书店产权独立，但在按协议采用特许者的商号、商标和其他经营技术上具有同一性；自愿连锁书店，产权独立，不使用统一的商号、商标，仅在具体经营技术上具有同一性。

新华书店是我国规模最大，网点最多的国有图书发行企业，发行网点遍及全国城镇。新华书店于 1937 年 4 月 24 日在延安成立，抗日战争全面爆发后，逐步向敌后抗日根据地发展，先后在陕甘宁、晋绥、晋察冀、晋冀鲁豫、山东、苏皖等地区建立了新华书店及其分支机构。抗战胜利后，解放战争时期，各大解放区的新华书店担负出版、印刷、发行业务。随着革命战争的发展，发行网点扩大到解放区的各城镇、部队的各兵站和国民党统治区。毛泽东在 1939 年和 1948 年两次为新华书店题写店名，现用店名即为毛泽东于 1948 年所题。1949 年 10 月中央宣传部出版委员会在北京召开全国新华书店出版工作会议并通过《关于统一全国新华书店的决定》。根据《关于统一全国新华书店的决定》，1950 年 4 月在北京成立新华书店总管理处；同年，政务院发布《关于改进和发展全国出版事业的指示》，强调出版、发行、印刷是三种不同性质的工作，原则上应实现科学分工，国营新华书店应完成全国分、支店的统一经营。根据该指示精神，1951 年，撤销北京新华书店总管理处，其发行部门改为新华书店总店，直属出版总署。各大行政区设立总分店，各省、自治区、直辖市设立分店，各市(地区)、县设立支店。新华书店成为全国新华书店的总管理机构，对各地分、支店的人、财、物实行集中统一管理，并直接承担北京地区公营出版物的总发行任务。

自改革开放以来，新华书店业务发展迅速，经济实力逐步增强。至 2015 年，全国新华书店及其发行网点 8918 处，从业人员 13.02 万人；全国新华书店系统销售 137.21 亿册(张、份、盒)、1480.13 亿元。90%以上的市县新华书店利用自己的经营积累，进行了新建、扩建。进入 21 世纪以来，各省、自治区、直辖市新华书店多在组建发行集团，推行连锁经营。2002 年，(原)新闻出版总署发布《关于新华书店(发行集团)股份制改造的若干意见》，提出新华书店系统要实行在国有控股前提下的投资主体及股权的多元化，建立现代股份制企业制度并上市融资。根据该意见，各发行集团积极利用各自优势积极发展，寻求突破。以四川新华发行集团为例，2005 年由四川新华发行集团作为主要发起人成立四川新华文轩连锁股份有限公司于2007年在香港联交所主板(H股)上市；2010年以市场化方式，收购四川出版集团下属15家出版单位，成立新华文轩出版传媒股份有限公司，正式打通出版发行产业链；2016年8月，新华文轩成功回A股上市，成为国内首家“A+H”出版传媒企业。

(2)独立书店

零售书店的一种，与连锁书店相对，即产权独立的私营零售书店。根据独立书店的产权结构特征，独立书店有独资、私人持股或合伙(少数股东或合作人)、合作及公益性的几种组织形式。与连锁书店分布地区广、店铺数量多不同，独立书店通常只有一个实体店面(个别拥有为数不多的几家店面)，与当地社区结合紧密。有特色、有风格、有品位，是独立书店独立性的重要体现。

独立书店通常采用差异化经营策略以打造自身特色，经营图书品类相对集中，如北京的库布里克书店选书以电影、艺术、音乐等为主，厦门的不在书店以精选的文史哲类图书见长。目前，许多独立书店的定位并不单纯是书店，而是复合型文化生活空间，以构建城市生活美学体系为理想，因此，往往集文化讲座、名人访谈、展览、沙龙等多重功能于一体。很多独立书店的物理空间设计也颇具创意，如成都方所曾经荣膺多个设计大奖，被誉为“华文界目前最新鲜、最具震撼力的书店”。此外，独立书店在培育读者、培养年轻作家方面也有积极作用，有些独立书店会特别推介创作者个人出版的图书。

作为城市一道亮丽的文化风景线，独立书店在国内外图书市场都占有举足轻重的地位。在中国，西西弗、单向街、钟书阁、德芭与彩虹书店、方所等许多知名独立书店都成为所在城市的文化坐标和读者的精神家园。国外的知名独立书店也比比皆是，如成立于1920年的法国巴黎莎士比亚书店(Shakespeare and Company)，成立于1953年、位于美国加州旧金山的城市之光(City Lights)书店，成立于1893年、位于英国伦敦的沃特金斯书店(Watkins Books)等。这些独立书店，常常吸引世界各地读者慕名前往。

21世纪，独立书店作为传统零售图书板块的一种存在方式，在大型单体书店、连锁书店、网络书店等的挤压之下，面临严峻的生存挑战，已经有数以千计的独立书店因为财务问题陷入困境，其中不乏高知名度的独立书店。在美国，20世纪七八十年代被视为独立书店的黄金时代，随后1991年巴诺书店推出图书超市带来了大卖场与深折扣，1995年亚马逊商业力量崛起，Costco等俱乐部成员增长，独立书店数量由1991年的5000多家降至2004年的3000多家。中国独立书店在2000—2004年以卡夫卡、树人等书店转型歇业为开端掀起第一轮倒闭潮，2009年以第三极、风入松、光合作用、季风书园等书店的关停并转为标志出现第二轮倒闭潮。在政策扶持下，2014年独立书店的发展出现回暖趋势，深圳、福州、成都、武汉等地一些新的独立书店纷纷开业。

(3)网上书店

网上书店指通过电子商务销售图书的图书零售企业。电子商务是指信息、产品、服务及支付均在网上转移的交易。由于图书具有品种繁多、单价不高、外部形态标准统一等特点，成为适合在网上销售的商品之一。网上书店的发行范围突破了原来销售地域的限制，没有上下班营业时间，取而代之的是一个无地域限制、24 小时服务的网址。任何地方的任何读者足不出户，在任何时间用计算机浏览网上书店的网页，即可迅速查找所需图书的类别、书目、版别、内容简介、定价等。读者决定购买时，可用信用卡或其他电子支付手段来支付书款。网上书店可立即确认，将所购书籍或送书上门(实体书籍)，或通过网络传输到读者阅读设备上(电子书籍)。在经营模式上，网上书店以 B2C(企业直接面向消费者交易)为主流，也有 B2B(企业之间交易)，B2B2C(企业之间交易后再与消费者交易)和 C2C(消费者之间的交易)等多种模式。按照经营主体可以分为由传统书店、出版社、信息技术公司或个人经营的网上书店。其中，由信息技术公司创办的网上书店发展最快。网上书店的主要特征是，以互联网络通信等高新技术为发行手段，超越时空即时交易，服务过程一体化、服务范围全球化、服务成本低廉化。网上书店改变了传统图书零售模式，削弱了原有中间商的作用，使图书销售环节更加简化。

全球第一家网上书店是 1995 年在美国创立的亚马逊公司。它以销售图书唱片起家，随后拓展多种品类，成为全球最大的在线百货零售商。其相关销售业务涉及印刷书籍、电子书籍及 Kindle 系列阅读器等，并提供出版服务。此外，美国超级连锁书店巴诺书店(Barnes & Noble) 和鲍威尔图书(Powell's Books)都跟进了网上书店业务，成为其实体书店业务的补充。

中国最早的网上书店可以追溯到 1995 年由中国书店创办的网上书店，主要面向海外读者，以出售古旧书为主。1999 年创立的当当网是国内较大的网上书城之一。当当、亚马逊中国、京东商城是中国网上书店第一梯队，占据绝大部分市场销售份额。其余知名网上书城还有新华书店背景的博库书城和文轩网、民营背景的中国图书网和 99 网上书城，以及专注二手书交易的孔夫子旧书网等。

随着电子书的普及和手机阅读的流行，一种集出版、发行和阅读功能为一体的手机阅读软件兴起，成为网上书店新形态。苹果公司于 2010 年推出 iBookstore 应用软件，该公司的手机和平板电脑用户，可以通过这个应用完成书籍选择、购买和阅读。作者可以通过苹果公司提供的相关应用如 iBook Author 等，直接制作电子书在 iBookstore 里销售。同时，一些网上书店开始尝试线下开店，探索网上书店和实体书店互动新模式。

(4)其他书店

根据经营图书的品种和类别不同，图书零售书店还可以分为：综合性书店，指综合经营各类图书的书店；专业书店，指专门经营某一类型出版物(如外文书、古旧书、音像读物等)或某类图书(如科技书、医药书、少年儿童读物、单一出版社图书等)的书店；图书俱乐部，是一种由经营者将会员组合在一起的图书零售直销网，仍具有书店的性质；特价书店，又称“折扣书店”和“减价书店”，是读者买书可以获得折扣的书店；购物中心书店，它是设在购物中心或大型商场的书店或售书部。

二、目标读者

读者是指对书籍、报纸、杂志、电子文献等出版物具有一定阅读能力的人；具有一定阅读需要的社会群体；各类出版物的阅读者和消费者；出版发行工作和图书馆工作的服务对象。读者类型众多。读者可根据性别、年龄、职业、地域、文化程度、阅读行为、购买行为等标准进行分类。不同类型的读者，其阅读需要和阅读行为特点是不一样的。读者阅读的目的多样。读者可以通过阅读达到学习知识、获取信息、掌握技能、拓宽视野、扩大交流的目的；也可以通过阅读提高个人道德修养、文化素养、审美水平等个人精神文化生活质量。阅读也是个人和群体进行休闲娱乐、参与公共活动的一种重要途径。

目标读者来源于目标市场和消费者概念，它是营销学中目标消费者概念在出版业应用的产物。它指出版企业提供出版物商品和服务的对象。目标读者是出版企业开展出版物编辑、出版和发行工作的基础，只有确立了目标读者，才能开展有效的、具有针对性的出版业务活动。定位目标读者包括细分目标读者群、寻找目标读者和定位目标读者三个步骤。根据消费意愿与行为、读者的年龄与层次等可将目标读者进行分类为不同类别。

1. 现实读者

现实读者指实际发生了出版物购买或阅读行为的个人或团体。这一概念可以与“潜在读者”和“目标读者”相对应。相对于潜在读者，发生了购买或阅读行为是现实读者的基本特征。在不同语境下，现实读者表现为不同的人群：在出版物销售中，表现为出版物的订购者；在阅读活动中，表现为发生了具体阅读行为的人；在出版市场营销中，则表现为具有一定购买欲与购买力的读者。相对于目标读者，现实读者不一定全是出版发行单位打算面向和覆盖的读者群。现实读者的数量，决定了一个国家、地区、出版单位乃至一种出版物的市场大小，其影响因素包括人口基数、阅读需求、购买力等。中国人口基数大，但是人均购买力还有限，国民阅读率仍有待提高。这反映在中国出版业的实力上，虽然出版品种数量稳居世界第一，但出版市场规模与出版业发达国家相比仍存在差距。所以，努力将目标读者转化为现实读者，提高目标读者与现实读者的契合度，是编辑出版工作的一项重要工作。对现实读者的研究，主要集中在阅读行为、阅读活动及其影响因素和消费行为及其影响因素等方面，如何研究并提升现实读者与目标读者的契合度是需要加强的议题。

2. 潜在读者

潜在读者指对出版物有潜在需求，但尚未发生实际购买和阅读行为，但在一定时期内有可能发展为现实读者的个人或团体。其中既包括具有消费需求和能力但尚未发生消费行为的读者，也包括具有消费需求但尚未发现自己需求的读者。具有潜在需求是这类读者的基本特征。在目标读者中，有一部分发生了实际购买或阅读行为的，就成了现实读者；另一部分虽暂未成为但有可能发展成为现实读者的，就是潜在读者。通常，潜在读者在一定条件下可以转化为现实读者。出版发行活动的重点工作之一，就是研究并满足潜在读者的需求，促使潜在读者转化为现实读者。这对扩大出版物发行量、提升出版发行单位市场占有率具有积极意义。出版物内容或形式质量达不到读者要求，出版营销推广不到位，没能很好地挖掘、激发读者的购买欲，市场信息不对称导致读者求购无门、需求得不到满足，都会影响潜在读者转化为现实读者。

3. 老年读者

老年读者视力等身体机能的衰退导致其阅读需求与其他读者群表现出很大不同，如更偏向阅读大开本、大字号和纸质载体的出版物。生活状态方面，从在职工作的生活状态向退休在家的休闲生活状态转变，由此带来了闲暇时间、社交关系、社会角色等的一系列变化。他们可自由支配的时间更多，需要更多、更丰富的文化娱乐活动来充实生活、保持社会交往，以实现精神生活需求的满足。由中国老龄协会主管的华龄出版社成立于1989年，是中国唯一一家以老年人和老龄工作者为主要读者对象的专业图书出版单位。进入21世纪后，中国开始步入老龄化社会。随着中国社会老龄化的加快，老年人人口数量急剧增加，同时伴随着中国国民经济的快速发展、社会医疗养老保障等机制的逐步完善，老年人的阅读需求也日益强烈。但是，由于缺少更多、更专业的服务于老年读者的出版单位打造老年出版品牌，以及对老年读者阅读活动缺乏引导等问题，造成了中国老年读者在老龄化进程日益加深的过程中，阅读需求长期得不到满足。中国建设“书香社会”与人口老龄化的发展，带动了中国学者对老年人的研究向出版学、图书馆学等领域拓展，也推动了中国关于老年读者阅读需求、阅读过程生理机制、阅读心理及与社会发展关系等的研究工作。但在此基础上，仍需扩展对老年读者阅读行为与消费行为、老年出版物选题开发、老年阅读文化培育等课题的研究，才能更好地指导老年出版实践，满足我国老年人日益增长的阅读需求。

4. 儿童读者

对于儿童的年龄阶段，不同国家、不同学科有不同的划分标准。中国于1992年加入的联合国《儿童权利公约》，将“儿童”界定为18周岁以下的任何人。儿童读者具有很强的阅读求知欲，但其阅读行为与习惯尚未稳定，具有很强的可塑性，其阅读心理容易受身边人的影响，具有一定的从众性。加强对儿童读者的阅读引导，培养其阅读兴趣与良好的行为习惯，关乎国民素质教育与民族长远发展。我国历来重视儿童读者和儿童读物的出版工作。早在19世纪末20世纪初，中国近代出版业兴起之初，儿童读物出版就在中国近代民族出版业中占据一席之地。2016年12月27日，中国国家新闻出版广电总局发布《全民阅读“十三五”时期发展规划》，更是将青少年阅读与出版作为一项重要工程。中华人民共和国成立之初，中国仅有两家专业少儿出版单位——少年儿童出版社（1952年成立于上海）和中国少年儿童出版社（1956年成立于北京），发展至2016年增加到了29家，儿童读物出版规模和能力显著增强，能基本满足中国儿童读者的图书阅读需求。在信息网络时代，对儿童读者的研究，从关注其早期阅读教育、阅读行为规律、阅读分级与阅读引导培养，向儿童的信息素养、媒介素养、网络素养转移。

三、渠道冲突与管理

1. 发行渠道冲突

出版物的发行渠道是一个社会系统，它不可避免地存在着所有社会系统中都固有的行为要素——冲突。在出版物发行渠道领域中，当一个成员认为其他成员的行为阻碍了其实现目标时，就产生了冲突。

当前，在出版社生产的品种数量和书店陈列的品种数量之间、盲目订货与无因退货之间、图书生产与销售的信息对称之间、产品周转与资金周转之间，都存在着较为突出的矛盾，反映了出版企业发行渠道冲突这样一个重要的问题。这种冲突的存在不仅浪费了大量的行业资源，也使有限的行业利润急剧下降。目前我国图书发行渠道主要存在三个方面的冲突。一是图书市场结构性供给过剩和有效供给不足之间的冲突。读者普遍感到图书市场上的图书品种很多，但真正需要的图书却又很难找到。由于供大于求，读者可选择余地增大了，同时读者需求也更加个性化、多样化；而出版企业粗放式的经营方式尚未根本改变，还未转到多品种、小批量、多频率的"按需出版"的市场经济模式，图书结构调整的步伐跟不上读者需求变动的步伐。二是在买方市场的压力下，出版社只注重对渠道客户的服务却轻视了对其管理和控制。在整个出版业赊销制全面盛行的情况下，绝大多数出版社很难与渠道客户有平等对话的机会，特别是中小型出版社更是如此，这使得渠道客户对出版社要求越来越高，而其承担的责任和风险却越来越少。三是出版业市场主体结构发生了变化，发行商的数量越来越多，民营、合资等发行企业开始进入，出版企业和发行企业形成了混合竞争、交叉博弈的"胶着"状态。① 这几个方面的冲突直接导致了当前我国图书发行渠道账期长、坏账多、零售价格混乱、任意打折，盗版屡禁不止等现象的出现。

2. 发行渠道管理

发行渠道管理是出版发行单位为解决其与发行渠道商之间以及发行渠道不同成员之间的冲突和矛盾，激励发行渠道商积极分销出版物，评估与调整现有渠道，使整个渠道保持健康持续发展而采取的一系列管理活动的总称。发行渠道管理活动主要包括：

(1)渠道成员的选择

从渠道成员的声誉、经销出版物的主要种类、经营规模与营业面积、从业年限、地理位置、协作性、经营特色、盈利水平、将来的发展潜力、销售人员数量与素质等因素考

① 李宏葵. 出版物发行渠道冲突原因探析[J]. 出版发行研究. 2008(7): 13-16.

虑，选择适当的渠道成员组成发行渠道，实施出版物发行工作。

(2)渠道激励

渠道激励包括降低发行折扣、对付款及时的渠道成员予以奖励折扣、以合作方式共享销售利润、返点、销售员培训等，以激励渠道成员积极分销出版物。

(3)渠道评估与调整

应定期检查和评估渠道成员的工作业绩，并以此实施增减、变更渠道等调整措施，以适应市场、竞争等环境的不断变化，保证发行渠道有效畅通。

(4)合理分配产销利润

发行渠道商出于对利润的追逐，使得渠道之间的冲突必然存在。这就需要对产销利润进行合理分配以减少冲突带来的负面影响。

(5)与发行渠道商签订协议，以明确双方的权利义务

在出版物发行渠道中，由于各渠道成员都有着自己的经营目标，都在追求自身经济利益的最大化，因此，他们之间不可避免地会出现一些矛盾和冲突。而图书发行渠道管理的目的就是解决图书发行渠道成员间的这些冲突和矛盾。为了做好出版物发行渠道的管理工作，可以采取以下措施：

一是建立完善的发行渠道价格体系。出版企业需要针对不同的下游环节，包括图书代理商、图书批发商和图书零售商等制订不同的价格政策，建立差别化的渠道价格结构体系，维护稳定的渠道价格，调动渠道成员的积极性。

二是建立关系型的发行渠道。出版企业通过与图书经销商实行一体化经营，实现出版企业对图书发行渠道的集团控制，提高图书销售网络的运行效率，降低费用，监控图书市场，从而使分散的图书经销商形成一个整体，图书发行渠道的所有成员都为实现自己或大家的目标共同努力。关系型的发行渠道使得出版企业和图书经销商能够从彼此信任的关系中获取更高利益而不损害双方利益。双方通过分享读者信息和利用对方的综合能力，增强竞争优势。

发行渠道管理面临最重要的两项任务分别是渠道冲突管理和渠道维护。渠道冲突的存在是一个客观事实，在任何产品或服务分销过程中都是不可避免的。出版物发行过程中也面临赊销时间过长、资金流转效率低下、不同渠道成员之间窜货、价格战屡禁不止等冲突。但是，并非所有的渠道冲突都会阻碍企业发展，适当的冲突还能在一定程度上增强渠道成员的忧患意识，而且在特定条件下某些冲突也有助于激发渠道成员的创新性，提高渠道效率。通过分析和研究渠道合作关系，对预防和化解渠道冲突工作加以计划、组织、协调和控制，能够有效管理渠道冲突，提升发行效率。渠道维护是出版发行单位为维持出版物发行渠道的持续发展与高效运行而采取的一系列管理活动的总称。选择、确定发行渠道后，就要对渠道进行维护。渠道维护应坚持在不损害出版单位利益而又能为消费者接受的原则下，尽最大努力保障渠道商利益。具体应做到：加强出版单位与渠道成员的沟通协作，协调渠道成员之间的关系，解决出现的各种问题；帮助经销商建立、健全分销网络，

分担销售库存压力，加速出版产品流通；加强广告宣传、扩大促销活动以增加销售量，减少流通压力，提高资金利用率；构建利益共同体，做到“渠道共同利益至上，消费者利益至上”。渠道维护对稳定渠道、培养渠道的忠诚度、保证渠道内部合理的竞争具有重要作用，可以从奖励政策、销售目标、竞争秩序维护、供货能力等几个方面去执行。

第三节　我国图书发行体系

早在中华人民共和国成立之初，我国就建立起图书出版、印刷、发行专业分工体制，出版社负责编辑出书，印刷厂负责印制装帧，新华书店负责销售发行。

一、图书发行体系

1. 我国图书发行体制的演变

出版物发行体制指出版物发行机构和发行活动的运作方式和组织管理制度。合理的出版物发行体制能够使出版业再生产顺利进行，使出版业充满活力，不断取得长足进步，使出版物市场供求趋于平衡。相反，不合理的出版物发行体制不适应出版物生产发展的要求，堵塞出版物发行渠道，阻碍出版行业的发展。出版物发行体制可根据不同标准划分成不同类别。就功能来说，可以分为批发体制和零售体制；就结构来说，有单一型或复合型、封闭型或开放型等；就所有制性质来说，可以分为国有体制和民营体制；就历史发展阶段而言，可分为计划经济体制和市场经济体制；从发行对象来看，可以分为图书发行体制和报刊发行体制。

不同社会制度、经济体制的国家以及同一国家在不同的经济社会发展时期，有不同的出版物发行体制。出版物发行体制要与所在国家的政治、经济、文化发展需要相适应。我国出版物发行体制随着出版物发行事业的建立和发展经过了几个阶段的发展变化。早在20世纪30年代，在以延安为代表的解放区就建立了出版物发行业。当时实行的出版物发行体制是在党中央和各解放区党组织直接领导下的统一的出版物出版发行管理体制。诞生于1937年的党的出版机构——新华书店（当时又叫“党报委员会发行科”）承担整个解放区的书报刊发行工作。

1949年1月，中央人民政府出版总署成立，并做出了关于统一全国新华书店的决定，即由新华书店统一负责出版、印刷、发行的全部业务。中华人民共和国成立以后，党中央十分重视出版物出版发行工作，在北京召开了全国新华书店第一届出版工作会议。会议通过的全国出版物出版发行管理体制模式是：实行编辑、印刷、发行，人、财、物由新华书店统一领导和综合性分级管理。会议之后，在北京成立新华书店总管理处，设立出版、厂务、发行3个部门；各大行政区成立总分店，省、市、自治区设分店，市县设支店。由此，新华书店成为兼营出版物出版、印刷、发行业务的全民所有制企业和出版行政管理机构。1950年，新华书店第二届工作会议在北京召开。会议讨论了出版物出版、印刷、发行专业化分工问题，并通过了《关于成立人民出版社》等有关决议。同年10月，政务院总理周恩来签署了《政务院关于改进和发展全国出版事业的指示》。根据上述决议和指示，从1951年1月起，新华书店不再承担出版物出版任务，而成为全国统一经营、统一管理出版物发行活动的全民所有制企业和管理机构。这一时期的出版物发行体制是：由新华书店总店统一领导全国的出版物发行，实行人、财、物及发行业务的分级管理，并允许私营书店和个体书摊等多种经济形式的经营，报纸杂志的发行交给邮局办理。1956年年底，我国基本上完成了对出版发行行业私营工商业的社会主义改造，全国数千家私营、个体书店、铺、摊全部并入新华书店。从此，开始了由新华书店统一领导、专一管理经营的出版物发行管理体制。为了加强农村的出版物发行工作，新华书店在全国农村基层供销合作社普遍设立了出版物供应点，出版物货源由新华书店供给，实行经销包退的、双轨制的农村发行体制。

我国进入改革开放的社会主义建设新时期以后，出版业得到了较快发展，出版物发行完全由新华书店经营、统购包销的发行体制越来越不适应形势发展的要求，影响出版物流通，甚至阻碍出版生产力的发展。20世纪80年代以来，随着改革开放政策的实施，中共中央、国务院于1983年6月提出改革图书发行体制，要求逐步形成以新华书店为主体，有多种流通渠道、多种经济形式、多种购销形式而减少流通环节的图书发行网(一般简称“一主三多一少”的图书发行体制改革方案)。为总结前一阶段图书发行体制改革经验，进一步搞活图书市场，1988年4月中共中央宣传部、国家新闻出版署联合下发了《关于当前图书发行体制改革的办法》。同年5月，又下发《关于当前图书发行体制改革的若干意见》，进一步指出：要继续深化图书发行体制改革，基本目标是建立和发展开放式的、高效率的、充满活力的图书发行体制。在继续完善和发展“一主三多一少”新格局的同时，推进“三放一联”的改革措施，即放权承包，搞活国营书店；放开批发渠道，搞活图书市场；放开购销形式和发行折扣，搞活购销机制；推行横向经济联合，发展各种出版发行企业群体和企业集团。1992年，中共十四大正式提出建立社会主义市场经济体制。为了解决图书发行体制从传统计划经济向社会主义市场经济转轨过程中出现的问题，进一步深化图书发行体制改革，新闻出版署于1996年6月1日发布的《关于培育和规范图书市场的若干意见》中明确了8点要求，即：发展和完善图书市场网络体系；推行多种购销形式，建立新型购销关系；建立完善市场规则，加强市场管理；切实转换出版社自办发行的观念与机制，促进多出、多发好书；加快转换国有书店的经营机制，进一步发挥主渠道作用；加强农村发行，繁荣农村图书市场；加快科技进步，提高管理水平。后来，这被简称为“三建一转一加强”。以此为背景，为了推动出版发行体制改革向纵深发展，2006年7月新闻出版总署在《关于深化出版发行体制改革工作实施方案》中提出，要在构建统一、开放、竞争、有序、健康、繁荣的现代出版物市场体系的目标下，积极推动发行集团化建设及集团上市融资，大力发展连锁经营、物流配送、电子商务、信息管理等现代流通技术和手段，加强对重点物流配送基地的规划和建设，要推进新型代理配送制度，建立出版物的现代市场营销体系。随着出版物发行环境的不断变化，出版物发行体制改革持续进行。2013年1月31

日，新闻出版总署发布的《2013 年新闻出版改革发展工作要点》中明确指出：要进一步深化党报发行体制改革，支持组建发行公司，与邮政部门、大型出版物发行企业或物流企业进行战略合作。上述改革措施的实行，推动了图书发行体制适应社会主义市场经济体制的要求；出版社自办发行的建立与完善，激活了图书发行渠道；国有书店经营机制的转变，盘活了国有书店；加强农村发行，满足了农村市场的需求，丰富了农民读者的精神文化生活。

在经济形式上，除国营书店外，集体、个体书店、书摊也迅速发展，使图书发行能力不断增强。国营书店中的放权承包，扩大了基层书店的自主经营权，把责、权、利三者有机结合起来，增强了发行企业的活力。出版社自办发行发挥了产销结合的优势，也发展很快。在购销形式上，已逐步由新华书店统一征订包销的传统方式，发展成包销、经销、寄销同时并存的多重购销方式。

2. 我国图书发行渠道的划分

(1)图书发行主渠道

图书发行主渠道指在出版物发行众多流通渠道中起主导作用的渠道。图书和期刊流通的主渠道是指新华书店系统和邮政发行系统。自 20 世纪 80 年代推进发行体制改革以来，虽然图书流通领域出现了其他渠道类型，但新华书店系统是起主导作用的渠道，而期刊发行中的主渠道仍是邮政发行系统。在我国，新华书店作为图书发行主渠道的地位和作用，不仅表现在其发行网点众多、遍布城乡各地、发行能力强、与其他图书发行渠道相比具有明显优势上，更体现在新华书店系统发挥的社会作用上。具体说来，新华书店的主渠道作用突出表现在以下几个方面：在坚持社会主义方向和执行党的方针政策上起表率作用；在提高服务质量、全心全意为读者服务方面起示范作用；在调节供求关系、保证重点图书发行上起主导作用；在扶持和带动其他发行单位，促进图书市场繁荣上起骨干作用等等。

改革开放以来，随着社会主义市场经济体制的建立、出版社自办发行的开展和民营书店的发展，新华书店主导图书发行的格局被打破，尤其近年来网上售书平台大行其道和读者阅读方式的改变，使新华书店的出版物发行主渠道功能在一定程度上受到了削弱。在此情况下，新华书店作为企业，在注重社会效益的同时，应积极提升经济效益，开拓业务渠道、加强经营者管理、提高职工综合素质，培养具有较强营销能力和市场意识的专业人才，使其树立竞争观、市场观、服务观、效益观和战略观，同时结合当前媒介环境和读者需求的新变化为读者提供更好的服务。新华书店的作用和地位是在长期革命战争的历史发展中和社会主义建设事业中形成和确立的，是多年来在为城乡读者提供服务中积累的，也是客观存在和不容置疑的。新华书店应充分认识到自身优势，在不断变化的环境中找准自身定位和优势，通过联合经营、成立集团、进行股份制改造和与网上售书平台合作等方式，构建全国一盘棋的大中盘，充分发挥其集散功能、辐射功能和规模效益，以此更好地重塑新华书店的金字招牌，实现出版物发行工作的社会效益。

(2)民营发行渠道

民营发行渠道指由民营资本投资经营的发行单位形成的发行渠道，即公有制及外资之外的社会资本投资开展出版物发行所形成的渠道类型，包括民营批发商、民营书店、书贩等。民营发行渠道相对主渠道来讲，具有经营灵活、市场化程度高等特点，在市场中具有很强的竞争优势，是主渠道的有力补充。

1982 年以来，发行领域在以国有书店为主体的前提下，扶植和发展集体、个体书店。由集体、民营及混合所有制经济的经营者创办的发行渠道被称为“二渠道”。随着发行渠道对民营资本的放开，以及民营渠道在发行渠道中地位的凸显，“二渠道”这一带有贬义、产生于特定历史时期的名词已经逐渐退出人们的视野，被“民营渠道”取代。2003 年以来，随着出版物二级批发权、总发行权和全国连锁经营权对民营资本的开放，民营发行业的发展出现了较为强劲的增长势头。2006 年，民营书业进入调整期和分化期，民营渠道也随之不断走向成熟和发展。

民营渠道拓宽了出版物的发行渠道，对于促进出版业大发展大繁荣起到了积极作用，是重要的出版物发行渠道类型。与图书发行主渠道相比，民营发行渠道具有以下优点：一是反应敏捷，机制灵活，市场开拓能力、运营能力相对较强；二是内部业务流程简单、付款周期短、资金周转快；三是一般对市场划分更精细，服务保障更到位，针对性更强，能满足不同读者的个性化需求，因而市场适应能力强，盈利空间大，发展机会多。民营渠道的不足之处在于：一是一般而言，规模较小、地域性强、市场覆盖率低，整体运营能力不如主渠道；二是竞争更加激烈，抗风险能力弱，与主渠道相比信誉度低，个别民营渠道不遵守商业信用，资金链断裂甚至欠账、赖账的情况时有发生。

3. 我国图书发行购销形式

(1)经销包退

由发行单位按订货数量向出版单位进货，转而销售，未销完的图书可以全部或部分退货的图书产销形式。其具体的程序是：出版单位向各发行单位征求图书订数——按各发行单位所报订数发货——各发行单位负责销售自己所订图书——按协议时间结算书款。经销包退是我国当前较通行的图书产销形式。经销包退这种批发形式于 1950 年代起实行，但其在较长的一段时间里发展缓慢；改革开放以后，经销包退形式才开始有较大发展。1987 年全国供销社经销图书的售书点已发展到 5 万多处，销售的图书占全国农村发行图书总额的 31%。进入 21 世纪，经销包退逐渐成为我国主要的图书产销形式之一。经销包退是国际书业界通行的商业惯例，建立以经销包退为主的图书产销形式，是市场经济条件下我国书业界实现可持续发展的内在需求。

(2)征订包销

即由书店确定订货数，实行包销，不得退货。我国书业界的具体做法是：在图书出版前，新华书店发行所或省发货店编印新书征订目录向各地或所属销货店征求订数，待各地订数上报汇集后，再酌加储备数，作为发行单位的订货数，向出版社提出需要量。出版社在图书出版后将所需数量的书籍送到指定仓库。待书送齐后，发行单位在5天之内按议定的进货折扣，将书款付给出版社。发行单位随即向各地订货书店发书，同时划回货款。如果因图书滞销、积压而造成的经济损失，概由订货店承担，不能退货。实行征订包销的书，出版社可以通过自己的门市和邮购部门销售，但不得自行批发、系统征订或委托第三方发行。征订包销从20世纪50年代初期起便在全国新华书店范围内实行，60多年来其程序基本上没有什么改变。优点是，发行环节较少，发行费用较省，货款结算简便，适合于教材、课本、年画以及普遍需要的学习材料的进发业务。弊端是，书店只凭一二百字的新书内容简介，确定订货数盲目性较大；出版社因不承担存书的经济责任，也就不重视图书的宣传推广工作。1980年以来，中国的出版发行工作出现多种购销形式，征订包销的办法开始被其他形式如经销包退、寄销等所取代。

(3)图书试销

对读者需求情况难以了解，或出版时间较急来不及逐级征订，又不宜主动分配的初版新书多采取试销方式。采用此种产销形式的基本条件是印刷业比较发达，图书能不断重印，图书产销之间的联系比较方便，图书发运比较方便。在中国，实行试销的图书，由出版社决定或由出版社与总发行机构联合商定。试销的分配数量，一般由总发行机构根据试销图书的内容、读者对象和发行范围，提出各省试销的数量通知省级书店，经省级书店同意，再分配给各地销货店。经过一定的试销期后，销货店根据试销情况，提出本地的正式订数，在规定的时间内报总发行机构。由总发行机构与出版社商定重印订数。如果试销数过大，销货店可在重印征订时，要求调出。调剂不出的经济损失，由出版社负担。如销货店未要求调出，存书则由自己负担。

(4)图书寄销

出版社或大的图书批发机构，向零售书店提供销售的图书，可不立即付款而按实际销售数定期结算的一种购销形式。中华人民共和国成立后，1951年年初，人民出版社与新华书店总店图书产销合同中，曾有订货和寄售两种方式，以订货为主，寄售为辅，寄售书如有未能销出者，先降低定价销售，然后由出版社收退。后来由于种种原因，寄售制没有推行。1982年推行图书发行体制改革，重新提出寄销问题。1986年，国家出版局制定的《关于推行图书多种购销形式的试行方案》对图书寄销又做了新的规定。即实行寄销的图书，由出版社负责总发行，出版社可以委托第三方批发。1988年4月《中共中央宣传部、新闻出版署关于当前图书发行体制改革的若干意见》中提到："今后，除党和国家的重要文献、课本教材和内部发行图书继续实行包销外，其他图书可实行经销、寄销等多种形式，寄销是推广方向，应该积极试行。"至此，图书寄销在全国范围内全面铺开。

寄销的形式可分征订寄销和分配寄销两种。征订寄销是各地零售书店根据发货店编印的征订目录提出寄销的订货数。分配寄销是发货店或者出版社和发货店根据图书的内容主动分配给零售书店寄销。按经济负担来说，有联合寄销和单方寄销：联合寄销，即出版社和发货店按事先达成协议的比例，共同负担经济损失；单方寄销，凡由发货店决定寄销的，由发货店负担；由出版社决定寄销的，由出版社负担。书款的结算，一般在发书后两个月付款，零售书店未卖掉的书，可在半年到一年的时间内向出版社退货。实行寄销，出版物的印数按照出版社的意图自行决定，并可较为普遍地发到零售书店，直接和读者见面，便于扩大销路。出版社对它的寄销书销售情况将给予更多的关注，而零售书店因不承担经济风险，能大胆进货，寄销的弊病是退货率高。

二、电子与网络发行渠道

随着电子商务和数字阅读的发展，不少读者已经形成了在网络书店购书和阅读电子书的习惯。中国新闻出版研究院于 2019 年组织开展的第十七次全国国民阅读调查结果表明，我国居民数字化阅读方式（网络在线阅读、手机阅读、电子阅读器阅读等）接触率为 79.3%。① 纸质图书的网络发行和数字出版物的在线发行成为出版物发行的重要渠道。

1. 数字出版物发行

数字出版物发行指借助计算机技术、通信技术、网络技术、流媒体技术、存储技术、显示技术等技术手段，通过计算机或终端设备传输数字化内容，对数字化内容进行立体化传播的发行方式。数字出版从内容生产、发行渠道、阅读方式等方面对出版产业价值链进行了重构；数字出版物发行是其中的一个革命性变化，也是实现数字出版的关键环节。

相对于传统出版物发行，数字出版物发行的优势主要有：高速传播，发行效率高；集约经营，发行成本低；覆盖面和服务范围广；更好地满足受众的个性化需求，增加读者黏性等。数字出版物发行最突出的两个特点是发行的智能化和个性化。数字出版物发行是出版业介入知识服务领域的重要途径和支撑环节。

数字出版物发行所依赖的传播途径主要包括有线互联网、无线通信网和卫星网络等。其中，以卫星网络为基础的数字发行是指利用卫星网络向用户提供数字出版物、音像、游戏、软件、行业资讯等数字化内容的发行方式。中国国家新闻出版行业主管部门曾向符合资质要求的机构颁发基于卫星的数字出版物总发行业务许可证。

数字出版物发行的主体，主要包括传统出版机构、传统发行机构、数字技术服务商、终端制造商和网络运营商等 5 类。数字出版物发行渠道具有多元化和复杂性的特点。依据主导力量的不同，数字出版物发行渠道大致可分为：网络运营商建立的发行渠道（如中国移动、中国电信、中国联通 3 大网络运营商打造的渠道）；技术服务商（以北大方正、书生公司、超星、中文在线为代表）和硬件设备商建立的渠道；网络书店运营的渠道（如当当网、亚马逊网站等）；由传统出版机构和发行机构主导的数字出版物发行渠道；百度等网

---

① 孙山．第十七次全国国民阅读调查：2019 年成年国民人均纸质书阅读量 4.65 本[EB/OL]．[2022-05-10]．http://news.youth.cn/sh/202004/t20200420_12295201.htm.

络平台延伸开发的数字出版物发行渠道；其他社会力量开发的数字内容分销平台。

数字出版物发行环节可谓整个数字出版产业链的中枢。数字出版产业链的维系和数字内容的价值最大化，均离不开数字出版物发行。数字出版物发行要实现良性发展，需进行多方面资源和力量的整合，需增强数字内容提供商、平台商、渠道商之间的深度理解和信任，需提升内容提供商与平台商、渠道商的合作品质与效率。

2. 网上书店

网上书店，又名网络书店，指通过电子商务销售图书的图书零售企业。电子商务是指包括信息、产品、服务及支付均在网上转移的交易。图书由于具有品种繁多、单价不高、外部形态标准统一等特点，成为适合在网上销售的商品之一。网上书店的发行范围突破了原来销售地域的限制，没有上下班营业时间，取而代之的是一个无地域限制、24 小时服务的网址。任何地方的任何读者足不出户，在任何时间用计算机浏览网上书店的网页，即可迅速查找所需图书的类别、书目、版别、内容简介、定价等。读者决定购买时，可用信用卡或其他电子支付手段来支付书款。网上书店可立即确认，将所购书籍或送书上门(实体书籍)，或通过网络传输到读者阅读设备上(电子书籍)。在经营模式上，网上书店以 B2C(企业直接面向消费者交易)为主流，也有 B2B(企业之间交易)、B2B2C(企业之间交易后再与消费者交易)和 C2C(消费者之间的交易)等多种模式。按照经营主体可以分为由传统书店、出版社、信息技术公司或个人经营的网上书店。其中，由信息技术公司创办的网上书店发展最快。网上书店的主要特征是，以互联网络通信等高新技术为发行手段，超越时空即时交易，服务过程一体化、服务范围全球化、服务成本低廉化。网上书店改变了传统图书零售模式，削弱了原有中间商的作用，使图书销售环节更加简化。

从产业实践来看，全球出版业主要细分为教育出版、大众出版及专业与学术出版三大领域。三大领域的运行机制，盈利模式，数字化程度和出版物生成与传播的方式等均存在巨大差异。

大众出版是指面向大多数普通读者，满足大众日常生活信息获取、休闲娱乐与文化体验需求的出版，是与普通读者关系最密切，也是最活跃、最丰富、最多元化的出版领域。大众出版载体类型多样，有传统的书报刊，也有各种各样的数字出版物。从内容上看，大众出版具有普适性、通俗性和非专业性的特点；从主题上看，大众出版具有多元化和个性化的特点，其题材广泛、种类丰富，满足不同群体的阅读需求；从受众群体来看，呈现出异质化、分散化和不稳定性的特点，这与大众群体自身特性相吻合。相对于学术与专业出版和教育出版领域，大众出版受市场需求价格弹性的影响更大，更接近于快消品。专业与学术出版因其作者及读者的专业性和学术性而得名，其内容由某一学科和专门领域的专家学者提供，加工生产过程中要经过严格的同行评议以保证质量，其读者和作者往往是同一

出版领域篇

高度细分知识领域的顶尖群体。因此，专业与学术出版具有天然的“高冷气质”和“象牙塔属性”——并不面向大众，也不用考虑对大众的传播效果。专业与学术出版的同一专业和学科间的关联度高，不同专业和学科间的界线与壁垒十分鲜明。在数字出版的浪潮下，专业与学术出版由纸质形态向专业数据库和数字平台形态转变最早最成功，是三大出版领域数字化程度最高的一个领域。教育出版是指与学习、教育及培训有关的出版活动，内容一般经过系统组织，主题具有系列化、规范化的特点，是一种产品最模式化、标准化，是过程最复杂、计划性最强的出版。不同于专业与学术出版，教育出版直接体现国家统治阶级的意识形态，负有社会教化功能，受行政力量掌控。

本篇的三章内容，分别对大众出版、教育出版、专业与学术出版三大出版领域的目标市场、规模结构、发展历程和国内外差异进行介绍与讲述。针对三大出版领域的特点，分别从大众传播学、教育学、图书情报学视角出发，深入浅出、从现象到本质地分析其运行规律，为学习者了解出版产业提供了分领域的细分市场视角。

第十三章　大众出版

* 本章知识点提要

1. 大众出版的概念
2. 大众出版的目标市场环境、特征、细分与主体
3. 大众出版的商业模式
4. 大众出版的产品与服务

* 本章术语

大众出版　文学出版市场　少儿出版市场　生活类图书出版市场
主题出版　版权　社群服务　增值服务　大众图书　大众报刊
电子书　网络文学　知识服务

大众出版，是指以满足最广大人民群众的精神文化和阅读需求为宗旨，对涉及人们日常生活需要的各种类型出版物进行编辑、复制和发行的活动。在实践中，常常根据消费者的需求、购买行为和购买习惯等方面的差异，将出版市场划分为若干个具有类似需求的子市场(即目标市场)，大众出版就是其中重要的子市场之一，与教育出版、专业与学术出版同属于出版的三大领域。三大领域的区别——除了面向的读者对象不同之外，在商业模式、产品与服务方面也具有显著差异。本章即按照大众出版的目标市场、商业模式、产品与服务三个小节展开。

大众出版的目标市场(慕课)

大众出版的目标市场(课件)

第一节　目标市场

在营销学中，目标市场是具有相同或相似需求的、企业准备以相应产品和服务满足其需求的一个或几个子市场。从出版市场整体而言，大众出版是其最大的目标市场，就大众出版本身来说，则可以进一步细分为文学、少儿、生活、科普、财经等不同的目标市场。本节首先从整体上对我国大众出版的市场环境、市场规模与市场特征、市场主体进行描述，然后对大众出版各个子市场的发展概况进行介绍。

一、市场环境

出版业作为我国国民经济的组成部分和重要的文化行业，受到国家宏观政策、经济发展水平、社会文化状况和技术创新等诸多外部环境因素影响，大众出版同样如此。

1. 政治环境

政治制度和社会体制是决定中国大众出版性质最根本的因素，在相当长一段时期，我国社会的主要矛盾是"人民日益增长的物质文化需要和落后的社会生产之间的矛盾"，而大众化图书、报纸、期刊是直接服务于人们文化需要的重要载体，这意味着大众出版在社会主义建设中居于突出地位，扩大出版业规模、创作生产更多人民群众喜闻乐见的出版物产品是我国大众出版的基本发展思路。在此背景下，我国大众出版从弱到强，从 20 世纪 70 年代出书品种不足万种，到今天每年出版新书数十万种，完成了第一阶段的高速发展。

党的十九大召开后，习近平总书记指出："中国特色社会主义进入新时代，我国社会主要矛盾已经转化为人民日益增长的美好生活需要和不平衡、不充分的发展之间的矛盾。"①这意味着党和国家对大众出版业发展提出了新的更高要求，即不仅在数量上满足人们某一方面的需要，更要在出版物种类、内容质量、出版所提供的附加值上满足人们全方位的生活需要。由此，优化出版资源配置、调整出版产品结构和产业结构、实现高质量发展成为当前大众出版发展的新方向。

与此同时，国家陆续出台了一系列促进大众出版发展的政策，"倡导全民阅读"连续九年被写入政府工作报告，《全民阅读促进条例》连续九年被列入国务院立法工作计划，大力提倡全民阅读为大众出版奠定了坚实的社会基础；《关于支持实体书店发展的指导意见》于 2016 年正式出台，为拉动大众图书消费提供了广阔的市场空间；《公共图书馆法》于 2018 年 1 月起开始施行，以立法的形式规定县级以上人民政府应当设立公共图书馆，乡镇和农村应当设立图书室，为大众出版均衡发展提供了法律保障。

---

① 李慎明. 正确认识中国特色社会主义新时代社会主要矛盾[J]. 红旗文稿，2018(5)：7-12.

2. 经济环境

图书等精神文化产品在人们的日常消费结构中处于较高的层级，所谓“仓廪实而知礼节”，只有当食品、衣着等基本生活用品的需要得到满足，人们才会追求文化教育、娱乐消遣等更高层次的需求。也就是说，当一国的经济发展水平达到较高的程度，人们的生活必需品支出比例较低，大众出版行业才能迎来良好的市场环境和长足的发展空间。改革开放以来，我国经济建设取得了举世瞩目的伟大成就，人民生活水平不断提高，到 2020 年年底，脱贫攻坚取得全面胜利，小康社会全面建成，标志着我国经济社会发展进入新的更高水平。居民人均可支配收入逐年增长，2020 年达到 32189 元，教育文化娱乐在全国人均总消费支出中的比例不断提高，达到 9.6%。① 总之，良好的经济环境为大众出版繁荣发展提供了有力支撑。

3. 社会文化环境

大众出版归根结底是文化行业，如果将大众出版看作一个“场域”，那么在大众出版场之外还有范围更大的出版场、文学场、大众文化场，乃至整个社会文化场域。一个国家的国民对待书籍、文学、文化的态度和偏好势必会对大众出版产生直接的影响。例如 20 世纪八九十年代，被称为“文学的春天”“理想主义的年代”，人们对文学、阅读的追求空前高涨，带动大众出版成为当时最红火的行业之一，编辑成为最令人羡慕的职业之一。进入 21 世纪后，由于社会转型期来临，人们的工作、生活压力加大和其他方方面面的原因，人们的文学追求、阅读兴趣有所降低，大众出版发展势头一度回落。为此，近些年来国家开始大力提倡全民阅读、建设书香社会，有望扭转文化建设滞后于经济发展的局面，使全社会的文化土壤再度肥沃、阅读氛围再度浓厚起来，从而为大众出版可持续发展奠定文化基础。

4. 技术环境

出版业受技术变革影响显著，历史上，印刷术的发明和改良促进了书籍、报刊向全社会普及，近代的机械印刷技术出现后，出版业真正成为面向普罗大众的行业，“大众出版”正式诞生。告别“铅与火”的时代，今天又迎来激光照排、数字印刷的时代。技术的发展是一把双刃剑，一方面使得现代出版不断向前演进，另一方面又给出版业尤其是大众出版带来严重冲击。数字技术催生的新型媒介、新兴业态正在逐渐蚕食以纸质书报刊产品为主的传统大众出版，由此带来的人们的阅读兴趣转移、文化消费行为转向，已经成为制约当前以及今后相当长一段时期大众出版发展的结构性因素。拥抱数字技术、回应读者新需求、

① 国家统计局. 中华人民共和国 2020 年国民经济和社会发展统计公报[EB/OL]. [2021-02-28]. http://www.stats.gov.cn/tjsj/zxfb/202102/t20210227_1814154.html.

进行产业转型升级是大众出版社的普遍选择，但总体上，大众出版领域的数字化和技术赋能效应仍落后于教育出版、专业与学术出版。总之，技术环境变化对大众出版而言，既是机遇又是挑战，未来能否破局取决于对读者需求变化的把握程度和应用数字技术改造产品形态、改善产品结构的发展程度。

二、市场规模与市场特征

近年来，我国大众出版业虽然受到数字化冲击，但总体上市场规模仍然保持平稳增长态势。

1. 市场规模

国家新闻出版署最新发布的《2019 年新闻出版产业分析报告》显示，2019 年全国共出版新版图书 22.5 万种，较 2018 年降低 9%；重印图书 28.1 万种，增长 3.3%；总印数 106 亿册，增长 5.9%；图书出版实现营业收入 989.7 亿元，增长 5.6%；利润总额 157 亿元，增长 11.2%。① 报告未对大众出版数据做单独分析，但考虑到大众出版是我国出版业占比最大的板块，出版业整体发展情况一般可以反映大众出版的市场概况。此外，据出版物信息与数据技术服务商“中金易云”发布的《2019 年中国图书市场报告》，2019 年我国图书市场实体渠道的码洋是 253.26 亿元，其中大众出版码洋是 160.36 亿，教育出版码洋是 67.82 亿，专业出版码洋是 25.07 亿，分别占比为 63.32%、26.78%和 9.90%。其中在大众出版板块，码洋排名前三的图书类型分别是少儿读物，社会科学和文学，码洋占比分别为 19.40%、13.73%和 13.32%。② 值得一提的是，2020 年图书行业遭受新冠疫情的冲击，包括大众出版在内的图书零售市场码洋首次出现负增长，同比下降了 5.08%，但是少儿类图书却实现了正向增长，但增速趋于放缓。

2. 市场特征

以下从大众出版行业的总体特征和读者需求特征两方面来阐述大众出版的市场特征。

(1) 市场进入壁垒低

相较于教育出版和专业与学术出版，大众出版的进入门槛低。据新闻出版署的公开数据，截至 2019 年年底，我国一共有 585 家出版社，其中，90%以上的出版社均在出版大众类图书。并且，随着出版融合的不断推进，越来越多的专业出版社尝试面向大众将相关深奥的专业科学知识进行大众化出版传播，从而涉足大众出版领域，如地质出版社以地学科普为着力点，围绕自然资源、自然现象进行科学传播，紧跟时代步伐，贴合大众的精神文

① 国家新闻出版署 . 2019 年新闻出版产业分析报告[R/OL]. [2020-11-04]. https://www.chinaxwcb.com/info/567231.

② 艾瑞咨询. 2019 年中国图书市场报告[EB/OL]. [2020-12-26]. https://report.iresearch.cn/report/201912l3497.shtml.

化需求；人民邮电出版社作为传统的科技类出版社，在经管、摄影、美术等领域不断开拓探索，取得显著成效；中国纺织出版社以从核心的纺织板块延伸出的《昕薇》时尚杂志为切入点逐步拓展大众出版业务。

(2)市场集中度低

大众出版的出版主体由出版集团、传统出版社与民营出版公司三部分构成，虽然历年来出版集团的收益在一路攀升，如凤凰传媒集团的营业收入已突破百亿，但是大部分出版单位规模较小，各个主体之间难以形成合作，头部出版社并未形成市场优势，市场集中度较低。

(3)市场竞争激烈，以价格竞争为主

为了获得更多的市场占有率，与专业与学术出版侧重服务竞争和教育出版侧重质量竞争不同，大众出版主要是采用低价折扣的竞争策略。这是因为大众类图书对于读者而言是非必需品，他们的购买行为易受价格诱导。出版社为了迎合读者这一需求，纷纷打折促销。2018 年整体网店渠道售价折扣为 62 折(基于网站页面售价折扣，不包含满减满赠等优惠活动)，从 2019 年全年数据来看，打折力度进一步加大，折扣降到 59 折，2020 年又上升至 60 折，但是满减活动以及促销频率几乎覆盖全年。其中 2020 年少儿读物打折力度为 5~6 折，心理自助类图书在 4 折以下。① 值得注意的是，无序的价格竞争，不利于出版企业和大众出版产业的长期健康发展。对此，相关部门要重视并规范这一状况，构建良好的市场秩序和竞争环境。

(4)读者的弹性需求

不同于教育出版满足的是读者对基础知识的需求和专业与学术出版满足的是读者对专业信息的需求，作为出版业三大板块之一的大众出版，与人们的日常生活、休闲文化息息相关，主要满足读者的文化需求。故相比于其他满足人们生活基本需要的必需品，读者对大众出版的需求收入弹性较大，即读者收入水平的变动程度会显著影响其对图书、报刊等大众出版物的需求程度。相比于教育出版和专业与学术出版领域，读者对大众出版的需求价格弹性更大，即读者对图书的需求量与图书价格之间往往呈现负相关，且对大众读物的需求量更容易受到产品价格因素影响。

(5)读者的可诱导性需求

正是因为读者对大众出版产品具有较大的需求弹性，所以可以利用图书价格、促销活动、产品质量、附加服务以及政府干预等诸多手段对读者的“显性”或“潜在”需求进行刺激或引导。尤其在潜在需求方面，由于读书对许多人而言并非生活必需，当有其他替代性的娱乐消遣方式存在，很多人往往不会选择阅读，从而使大众出版物的需求呈现“隐性”状态。现代营销学表明，一流的营销不仅仅是被动地满足市场上已有的显在需求，更重要的是要主动地开发、诱导尚未显现或者不够充分的潜在需求。我国政府颁布《全民阅读促进

---

① 2020 中国图书零售市场报告[R]. 北京：北京开卷，2021：121-124.

条例》和扶持实体书店发展的政策，就是一种有意识的政府引导行为，对大众出版业自身来说，相应的市场诱导手段在今后还应有所加强。

(6)读者的多样化、层次化、个性化需求

从整体来看，大众出版的市场需求具有多样化的特点，这是因为它面向的读者群体是庞大且分散的，读者在性别、年龄、文化层次、职业、经济收入、地域、需求爱好、消费能力等方面存有一定的差异，对不同主题、不同内容深度的图书表现出需求的层次性。同时，出于自身的原因，不同读者对于图书阅读有着非常明确的主观需求，简而言之，即读者清楚地知道自己想阅读哪些方面的图书。面对个性化的需求，出版社要细分读者定位，研究不同读者群的特点。通过整合多方面的资源，为读者提供个性化的服务。例如，可以运用大数据技术收集和分析读者的浏览、选择、购买图书的行为，以及购书后的反馈等信息，针对具有相似特征的读者群体进行“用户画像”，掌握其阅读偏好、消费意愿等关键信息，有针对性地提供服务。

出版单位只有全面而深入地了解大众出版市场主客体及读者需求的特征，把握大众出版市场运行规律，努力为用户提供优质的内容，做到精益求精，满足用户对高质量内容的需求，使供给与需求相匹配，如此，大众出版才能获得可持续性发展。

三、市场主体

市场主体是指参与市场活动的、具有特殊经济利益目标并自主采取行动，力求通过市场实现这一目标的一切个人和组织。纵观我国出版行业，市场主体主要包括作者、出版企业和发行单位三类，这同样适用于大众出版领域。

1. 作者

作者一般是指进行文学、艺术或科学创作的人，但作者创作并不属于出版活动，出版是对作品进行编辑加工、大量复制并广泛传播的过程。但出版活动却离不开作者创作，优质内容更是出版产业的核心竞争力。而无论是在大众出版、专业与学术出版抑或教育出版领域，作者所应具备能力与素养存在某些共性特征，比如政治素养、道德素养、知识素养、信息素养、生活素养等，具体涉及生活、思想、知识、阅读、个性、兴趣、想象力等多个方面。基于大众出版的特性，大众出版领域内的作者又具备以下几种个性特征。

(1)作者数量众多

大众出版题材广泛，涉及少儿、文学、社科、财经、生活等诸多领域，作者队伍庞大，尤其是近年来网络文学蓬勃发展，网文作者数量超千万，极大地扩充了作者数量。

(2)作者重视知名度

大众图书的市场需求弹性大，受到诸多因素影响，知名度是其中之一。作者会采取多种措施提升知名度，包括举办签售会、社交平台上与粉丝互动等，吸引流量、扩大读者群。

（3）网文作者能力参差不齐，头部作者较少

网络文学俨然成为大众出版领域的“黑马”，发展势头强劲，但网文作者与传统作者之间的差异也日益显著。网文创作的门槛较低，内容发布方便快速，网文作者的创作能力与素养参差不齐，产出作品的质量也相差较大。并且，相较于基数庞大的网文签约作者，网文头部作者较少，绝大部分作者收入较低。

2. 出版企业

我国出版企业主要分为出版社与民营出版企业，截至2020年，我国共有出版社580余家，参与出版活动的民营企业则不计其数。相较于专业与学术出版和教育出版，大众出版的进入门槛低，出版社与民营出版企业纷纷涉足，总体呈现以下几种特点。

（1）大众出版领域百花齐放、百家争鸣

正如前文所述，大众出版市场需求大、参与门槛低，吸引了众多出版社与民营出版企业参与其中。出版大社依靠自身品牌优势拓展大众出版业务，比如商务印书馆于2011年成立大众文化编辑室，以古籍整理为主的中华书局成立大众分社。专业出版社也相继涉足大众出版，如化学工业出版社、机械工业出版社等。大众出版领域百家争鸣，参与其中的出版社与民营出版企业各有千秋。

（2）传统文艺出版社与社科类出版社独领风骚

尽管涉足大众出版的出版社与民营出版企业数量颇多，但传统文艺出版社与社科出版社在大众出版领域的地位仍举足轻重。著名的文艺出版社有长江文艺出版社、人民文学出版社、浙江文艺出版社等。社科类出版社表现优秀的有中信出版社、人民邮电出版社等。

（3）民营出版企业成为业界新秀

十一届三中全会后，改革开放不断深入，民营资本逐步进入出版业。近年来，在大众出版领域，民营出版企业更是如鱼得水，一方面，诸如新经典、磨铁图书、读客、博集天卷等公司，策划出版《杜拉拉升职记》《明朝那些事儿》等多本畅销图书，以良好口碑抢占大众出版市场份额。另一方面，数字出版企业不断发力，如掌阅科技、阅文等公司专注数字出版，特别是网络文学板块，吸引大批量读者与流量。

不同于专业与学术出版和教育出版，大众出版领域的出版企业在具体的出版活动中，尤其是在图书的选题策划、宣传营销和版权运营方面具有鲜明特征。

选题策划是图书出版流程的前提和基础，对出版活动能否取得经济效益和社会效益具有决定性作用。选题策划越来越成为出版活动的重中之重，它为出版社的品牌与影响力建设提供了重要支撑。而在大众出版领域，由于题材广泛、产品服务繁杂多样、竞争充分，想要占据优势地位，就要多出有品质的好书，选题策划的重要性就日益显现。编辑人员要具备选题策划的基本素养，基于时代认知、读者需求、创新意识、品牌特色策划图书选题，还要具备优秀的执行统筹能力以完成整个出版流程。

相较于专业出版与教育出版的读者群体明确、市场需求稳定，大众出版领域的读者群

体庞大，且分布广泛，市场需求弹性大，图书与作者的知名度是影响读者购买行为的重要因素。图书出版前，出版企业要与作者合作，为图书出版积极造势，以达到一定的宣传效果。出版后，出版企业要做好图书发行渠道的铺货工作，及时上架，实现线上线下同步销售。在宣传营销方面，出版企业与作者、发行单位积极配合，互相成就。

相较于专业与学术出版、教育出版，大众出版出版物通俗易懂、可读性强，深受大众喜爱，受众接受最为广泛，大众出版借助这一优势，在版权运营领域可谓是遍地开花，版权改编、版权输出、版权交易方兴未艾。尤其是近年来，网络文学全版权运营产业链日益成熟，网络文学作品改编为影视、动漫、游戏等多种形式满足了读者需求并广受好评，市场效益良好。与此同时，中国网络文学积极开拓海外市场，进行 IP 多元化输出，海外市场前景广阔。

3. 发行单位

出版物发行单位是出版物与市场链接的纽带，是组织出版物流通的基本条件。各种类型的出版物发行单位在业务上互相联系，就形成了网状组织结构，即出版物发行网。在我国，发行网点又可分为批发网点、零售网点、储运网点等类型，而每一类网点又按照不同标准可细分成若干种。①

自 20 世纪 90 年代“一主三多一少”的发行体系逐渐建立，出版社开始自办发行业务。另外，我国每年的大众图书新书出版品种也在逐年提高，在丰富广大人民阅读需求的同时，也导致一定的同质化品种充斥着市场，重复品种的出版更加大了出版社与发行单位的发行竞争压力、出版经营压力。② 目前，我国图书发行渠道纠结众多，市场运行不尽规范。

大众图书的销售渠道在广度上可分为实体渠道与网络渠道。实体渠道大致分为新华书店、民营书店、经销商、特殊渠道(高铁、机场、母婴店、跨界合作)等。2016 年国家 11 部门联合印发《关于支持实体书店发展的指导意见》，对实体书店的发展提供了政策上的保障，也促进了书店转型升级、特色书店的建设。传统的实体书店为读者提供了阅读体验、场景空间、线下互动等多种服务，以优质服务区别于网络书店，促进图书的线下销售。网络渠道除了传统电商网站当当网、京东外，天猫及淘宝图书店铺、社交平台电商、数字出版平台等层出不穷。网络渠道有着传统实体渠道无法比拟的优势，图书资源丰富、选购方便快捷、不受时空限制、折扣力度大等，读者线上购书的习惯已经养成。目前，网络渠道在图书销售额上已经超过实体渠道。

随着网络信息技术、移动互联网和通信技术的飞速发展，图书的产品与服务类型持续创新，读者接收信息、选购图书的渠道也越加多元化。大众图书市场竞争逐渐加剧，大众

---

① 罗紫初. 出版学导论[M]. 武汉：武汉大学出版社，2014：90.

② 王振辉. 矛与盾：浅论一般图书发行渠道的困境及对策[J]. 科技与出版，2020(3)：135-138.

图书的发行工作需要在不断拓宽渠道广度的前提下，努力延伸渠道深度、提升渠道质量。

四、大众出版细分市场

大众出版是我国出版业最大的板块，按照出版物内容主题，一般可进一步细分为文学、少儿、生活、科普、财经、艺术、社科、主题出版等细分市场，以下对前三类主要的市场和主题出版做具体介绍。

1. 文学出版市场

作为大众阅读的主要内容，文学一直是大众出版市场中最重要的门类之一。优秀的文学作品在弘扬社会主义核心价值观、推动优秀传统文化的传承发展和丰富人民群众的精神生活等方面发挥着不可小觑的作用。国家新闻出版署实施了一系列支持文学出版的重大工程，如“中国民间文学大系出版工程”“优秀儿童文学出版工程”“优秀现实题材文学出版工程”等，旨在提高文学出版物的精神高度、文化内涵、艺术价值，推出更多启迪心智、温润心灵、文质兼美的文学作品。

从近些年的情况来看，文学出版市场同比增长率呈现下降趋势。自 2019 年开始，文学市场因为过于依赖经典老书、新书活力不足等，呈现负增长的状态。尤其在 2020 年受疫情影响，非刚需的文学类图书的休闲阅读需求有所下降，负增长幅度更加明显，2020 年的同比增长率为-14.97%，码洋比重已低于 9%。其中，小说类依然是码洋比重最大的细分类，占比已超 6 成，码洋比重同比增加了 0.92 个百分点。其次，成人绘本漫画码洋占比增加了 0.91 个百分点。散杂文类码洋比重同比下降最多，下降了 2.34 个百分点。①

文学奖项和图书排行榜对文学图书的销售能起到显著的推动作用。国内著名的文学奖项，如为鼓励优秀长篇小说创作而设立的茅盾文学奖；旨在奖励优秀中篇小说、短篇小说、报告文学、诗歌、散文杂文、文学理论评论的创作，奖励中外文学作品的翻译的鲁迅文学奖；旨在推动中国少数民族文学繁荣发展和各民族文学交流融合的全国少数民族文学创作“骏马奖”等。这些奖项评比推选出的优秀文学作品，比如《霍乱时期的爱情》《蛙》《平凡的世界》《穆斯林的葬礼》《白鹿原》等，常年占据畅销书排行榜。对于大众读者来说，各类知名文学奖项的获奖作品是各类专家从专业角度为大家挑选的优秀文学作品，省去了读者在书海中甄别筛选的时间和精力，为获奖文学作品的销售做了无声的推广和宣传。

2. 少儿出版市场

儿童是家庭的希望、国家的未来，由于家长对儿童阅读的普遍重视，加之少儿类读物相对于成人图书受数字化冲击较小，我国少儿出版市场始终保持高速增长。北京开卷数据

---

① 2020 年文学图书零售市场报告[R]. 北京：北京开卷，2021：121-124.

显示，2016 年少儿图书首次超过社科类图书成为图书零售市场中码洋规模第一大板块，2019 年少儿图书码洋规模达到 264 亿元左右，少儿图书零售市场占比从 2000 年的 9.00%，2015 年的 20.22%，上升到 2019 年的 26.35%。① 少儿类图书成为带动图书零售市场增长的重要引擎。其中，少儿文学一直是少儿市场码洋比重最大的板块，其次是少儿科普百科类、少儿绘本、低幼启蒙和游戏益智类等板块。在期刊领域，《儿童文学》《我们爱科学》《少年文艺》等优秀的少年期刊依然是青少年阅读的重要刊物，《小学生时代》常年位列平均期印数前 10 位。

庞大的少儿出版市场规模使其成为我国出版业竞争最激烈的板块，据估计，参与少儿出版的出版社数量维持在 550 家以上，数量占比在 95%以上。作为图书零售市场规模占比最大、增长速度最快的市场，少儿图书出版已成为出版企业的必争之地。按出版集团划分，2020 年少儿出版市场实洋占有率排名前三的分别是中文天地、长江出版和新华文轩出版传媒股份有限公司。按单体出版社划分，实洋占有率排名前三的是二十一世纪出版社、长江少年儿童出版社和明天出版社，其中二十一世纪出版社的实洋占有率超过 4%。按民营出版公司划分，排名前三的是荣信教育文化产业发展股份有限公司、海豚传媒股份有限公司和新经典文化股份有限公司。

3. 生活类图书出版市场

随着经济社会发展，人们生活水平提高，现代人越来越注重生活品质，生活类图书出版市场因而迎来广阔的发展空间。2010 年以前生活类图书在出版整体市场中增长较快，但 2010 年以后由于自媒体的发展和生活类 App 的层出不穷，增速由正转负，码洋比重呈现下滑趋势。2011 年生活类图书占整体市场的码洋比重为 5.45%，2019 年下降到 2.26%。② 究其原因，一方面与畅销热点不足有关，另一方面也和近年来少儿、文学类图书市场持续扩张，挤占生活类图书市场的份额有关。

生活类图书种类范围涵盖较广，主要包含大众健康、运动休闲、旅游、饮食、生活百科、手工、宠物园艺、美容服饰八大类。北京开卷数据显示，2020 年一季度大众健康类图书占生活类图书市场的码洋比重为 40.98%，属于生活类图书最大的一种细分类别；其次是饮食类图书，码洋比重为 16.79%。近几年来，随着人们生活压力加大，运动休闲类及旅游类图书占生活类图书市场的码洋比重持续上升，关注人们日常生活中心理健康问题的图书也受到欢迎，如《2020 年百道好书榜》生活类前 10 的榜单中，就有不少内容主打纾解生活压力、管理负面情绪、追求美好生活的图书，如《笑到最后：科学防治五大现代疾病》《从犯愁到解愁：抑郁症的历史》《如何停止不开心：负面情绪整理手册》《长寿人生：如何

① 数据来源：北京开卷信息技术有限公司“全国图书零售观测系统”。

② 数据来源：北京开卷信息技术有限公司“全国图书零售观测系统”。

在长寿时代美好地生活》等。①

4. 主题出版

主题出版是指围绕国家政治、经济、社会、文化等方面的工作大局，就党和国家发生的一些重大事件、重大活动、重大题材、重大理论问题等主题而进行的选题策划和出版活动。自2003年原新闻出版总署实施主题出版工程以来，主题出版逐渐成为我国大众出版市场中的重要板块。在2019年年印数超过百万册的图书中，主题图书达20种，占比24.4%，其中《习近平新时代中国特色社会主义思想学习纲要》超过7400万册，《习近平关于“不忘初心、牢记使命”论述摘编》达到4700万册。②

2020年2月，中宣部明确了2020年主题出版六方面的选题重点，各出版社对主题出版高度重视，选题策划能力大幅提升，产品形态也越来越趋于多样化、精品化。主题出版的选题范围已经从党政读物扩大到文化、经济、社会和人民生活的方方面面，除了思想的引领之外，内容更加接地气。一些权威型专家学者、著名作家，纷纷在各自领域自觉地创作主题图书，涌现出了大批以弘扬时代精神、诠释主旋律、传播传统文化等为主题的长篇小说、报告文学等文学类作品，讴歌党、祖国、人民、英雄的作品显著增多，质量明显提高，在中国特色社会主义文化建设中发挥出更大的作用。

大众出版的商业模式(慕课)

大众出版的商业模式(课件)

第二节　商业模式

商业模式一般是指企业利用所能提供的产品或服务与合作伙伴的关系网络、组织内部结构等，在实现客户价值最大化的同时获得持续性盈利的一整套系统，包括价值创造、交易对象、联结方式、获利方式、商业逻辑等关键要素。③ 在产业价值链和商业活动中，商业模式占据关键地位，对企业能否可持续发展和盈利具有决定性作用。其中，盈利模式是商业模式的核心，决定着企业的收支来源和获利方式，客户价值最大化是商业模式的追求目标，持续盈利则是客观结果。

---

① 百道网. 2020年百道好书榜[EB/OL]. [2021-03-05]. https://www.bookdao.com/bookstag/8163952/.

② 国家新闻出版署. 2019年新闻出版产业分析报告[EB/OL]. [2020-11-04]. https://www.chinaxwcb.com/info/567231.

③ 罗珉，李亮宇. 互联网时代的商业模式创新：价值创造视角[J]. 中国工业经济，2015(1)：95-107.

大众出版的商业模式与教育出版、专业出版有所区别，教育出版服务于刚需市场，依靠国家教育系统，以提供优质、可靠的教育内容资源为核心价值，其利润来源和盈利方式相对稳定；专业与学术出版则以服务科学研究为宗旨，优先考虑为科技、医学、人文社科等学科领域的研究人员提供专业文献资源和文献检索、查新查重等专业服务，其客户对象比较明确，盈利模式比较固定的同时兼具一定公共性；而大众出版因服务的对象是分散的社会大众，提供的产品是适应不同读者群体需要的大众化产品，其客户需求十分多元，容易受到各方面因素影响产生较大波动，因而利润来源比较广泛、盈利模式多种多样。

在我国，大众出版的商业模式主要包括薄利多销模式、版权盈利模式、社群服务模式和增值服务模式，其中，薄利多销模式是大众出版区别于教育出版和专业出版最主要的商业模式，也是国内大众出版市场的主要收入来源。

一、薄利多销模式

图书产品具有十分明显的“固定成本高、边际成本低”的经济特征，即一种图书的成本主要集中在稿酬、编校人员薪酬、管理费、营销费等前期环节，每加印一本书额外产生的单位变动成本相对于前期固定成本而言比较低廉。大众图书尤其如此，一方面其多使用平装方式，纸张、印刷、装订等生产成本更低，可以通过尽可能多地扩大起印量和销量来分摊高昂的固定成本；另一方面大众图书的需求价格弹性较大，读者对书价比较敏感，因此，大众出版最常采用的商业模式就是通过降低图书价格、提高图书销量从而获得较高的总利润——即薄利多销模式。

薄利多销模式最典型的特征是低定价、高销量，在我国大众出版业发展的不同历史时期均广泛运用。20 世纪 80 年代以前，我国图书价格实行“按印张分类定价”制度，如一般书籍为 0.06 元至 0.2 元每印张，儿童读物为 0.05 元每印张。可见，当时的图书价格相当低廉，出版社按照“保本微利”的原则，由于定价上限严格控制，要保证回本，只能通过规模经济即扩大图书印量来降低单位成本。结合当时出版业的行业特征——计划经济体制下的事业性质，图书产能不足、社会需求旺盛，出版业的主要任务是“满足人民群众日益增长的精神文化需要”，因此薄利多销模式的重点放在尽可能地利用低定价追求最大销量，较少考虑盈利目标。改革开放以后，出版物定价权逐步放开，出版社按照市场规律“自行定价”，图书价格一度出现较大幅度的增长。但总体上仍然采用薄利多销模式，不过与计划经济时期追求图书最大销量的目标不同，利润目标成为出版单位的普遍追求，与之对应，采用渗透定价策略获取适度利润是大众出版的主要商业逻辑。

进入 21 世纪以来，随着出版业市场化程度不断加深，图书产能极大提升，加之同质化出版和“重生产、轻营销”的倾向，大众出版领域出现了严重的供给过剩、库存积压问题，在供给过剩的同时，读者对大众出版图书的需求非但没有出现明显增长，反而呈现出下降的态势，由此出版业进入供大于求的状态，彻底由卖方市场转变为买方市场。买方市场下，图书价格成为消费者最为敏感的因素：首先，相较于教育出版和专业与学术出版，大众出版图书并非学者科学研究、学生升学辅导的刚需，而是读者开拓视野、陶冶情操、丰富精神文化生活的一种选择，作为一种非必需品，价格就成为消费者选购的重要考量因素；其次，随着互联网的发展，消费者获取信息的渠道增加，休闲娱乐的方式也更为丰富，读书尤其是阅读纸质书对消费者的吸引力大为减弱；再次，近年来，国内图书价格持续上涨，五六十元每册属于正常的价格范畴，2000年至2020年的20年间，我国图书零售市场的新书定价中位数从不足20元上涨至48元，① 而图书是一种具有较强的正外部性的准公共产品，肩负着社会教化的责任，因此，读者普遍对书价上涨的反应较为激烈。②

在此背景下，“高定价、高折扣”(其实质是低售价)成为大众图书主要的销售手段，“价格战”成为各大出版社、图书电商平台吸引读者的一大法宝。每年在一些所谓的网络购物节活动期间，在图书电商平台购买图书，叠加各种优惠券和满减活动后，最终优惠力度可以达到每满200元减100元，消费者能以大约3.3折的极低价格购买图书，这一折扣力度远远超过出版社向经销商发行图书的折扣力度。各大电商平台林林总总的购物节和促销活动成为消费者购书的主要时间点，消费者养成了“非折扣不买”的习惯，而出版社在降低价格的同时，还要斥资参与平台的各种活动，以争取曝光和流量，使得促销成本成为出版社的一项重要支出。

加大图书折扣力度，打价格战，虽然为短期内提高大众出版图书的销量带来显著的效果，但显然并非长久之计。一方面，图书折扣主要出现在网络电商平台上，低价销售的行为严重挤压了实体书店的生存空间，破坏了出版行业的行业生态；另一方面，一味地追求通过折扣力度吸引读者，使得一些出版社在定价时考虑到折扣因素，不得不提高价格，这在很大程度上导致了图书定价的乱象。长此以往，图书零售市场很可能陷入高定价、高折扣、微利润甚至负增长的恶性循环，其实质违背了薄利多销原则，不利于出版行业的长期有序发展。

对于图书随意打折销售的情况，不少国家进行了干预，出台法律法规和行业规定进行约束。例如德国的出版社、书店遵循《德国转售价格控制法案》等法律，规定网上书店与实体书店的图书价格需保持一致；荷兰《固定书价法案》规定新书上市六个月内不允许任何零售商打折销售；③ 西班牙的实体书店和网络商店遵循《阅读、图书和图书馆法》，如果集体或个人销售图书的价格与定价不符，那么他们将面临索赔和公开谴责。④ 而在我国，低价销售甚至倾销图书的行为近年来愈演愈烈，规范图书零售市场秩序的法律法规亟待出台，约束图书低价销售任重而道远。

---

① 北京开卷. 开卷发布：2020年全国图书零售市场规模首次出现负增长，同比下降5.08%[EB/OL]. [2022-07-01]. https://mp.weixin.qq.com/s/I1GSW5mLlaFY2w0NIlYaNw.

② 安梦钰，谢巍. 我国图书定价趋势与问题研究[J]. 市场周刊，2020(1)：8-10.

③ 王一鸣. 荷兰出版商发展概况及竞争关系分析[J]. 科技与出版，2020(4)：73-77.

④ 魏玉山. 治理图书销售价格乱象的欧洲经验[J]. 出版发行研究，2018(4)：1.

二、版权盈利模式

版权，亦称著作权，是作者或其他人(包括法人)依法对某一著作物享受的权利。版权包括人身权和财产权两部分，前者由发表权、署名权、修改权、保护作品完整权构成，一般由作者享有；后者由复制权、发行权、改编权、信息网络传播权等构成，可以由作者转让给出版社。

版权是出版社的重要资源，版权盈利模式是我国大众图书市场普遍且常见的一种商业模式。优秀的版权不仅能为出版社直接带来图书的畅销与长销，还能延长产业链，帮助出版社获取更多附加收益，使得获利方式更为多元化。但长期以来我国出版社对于大众出版物的商业模式运营较为单一，以出版实体书为主，并围绕实体书店的销售开展诸如读者签售会、作家讲座等活动，对版权的使用并不充分，未能让版权充分发挥价值。

近年来，版权盈利模式逐渐成为国内出版社获利的重要方式，其核心在于将附属版权转让或许可他人使用。具体来说，可以通过转让或允许他人使用以下附属版权以获得盈利：

第一，转让或许可使用电子出版权、报刊连载权、网络信息传播权，在 App 内上线电子版图书或在网络文学平台或电子刊物上进行连载。通过线上传播内容，平台方将出版物进行电子化，并将其中的第一章或前几章设置为免费试读章节，采取“免费+收费阅读”模式或注册会员制盈利，并将部分利润结算给出版社。

第二，转让或许可使用翻译权，翻译图书内容，或通过自行输出版权，或通过版权代理机构，将图书推广至海外(即下文提到的“图书版权输出”)。

第三，转让或许可使用改编权、书中形象使用权、影视摄制权和表演权，将作品改编为漫画、话剧、电视剧等(即下文提到的“IP 开发”)，一方面帮助版权增值，另一方面，相关影视剧的热播很可能“反哺”图书的销量。

在上述三种模式中，第一种是出版社普遍采用的版权盈利模式，而“图书版权输出”和“IP 开发”在运营较为成功的情况下，能为出版社带来较为可观的收益，实现版权的有效增值。

“图书版权输出”是图书版权所有者或者合法代理人将著作财产权按照交易条件转让给国外或其他地区的受让人或受让机构，从而使作品在别国出版的版权贸易活动，① 它是出版物的附属版权在国际转让的方式。国家新闻出版署发布的《2019 年新闻出版业基本情况》显示，2019 年，全国共输出图书、音像制品和电子出版物版权 14816 项，呈增长趋势。② 图书版权输出作为中国出版“走出去”的主要途径，极大地提升了我国出版业的国际

① 梁红艳. 图书版权输出优化策略探究[J]. 编辑之友，2020(3)：83-89.

② 国家新闻出版署. 2019 年新闻出版业基本情况[EB/OL]. [2022-07-22]. https://www.Chinaxwcb.com/uploads/1/file/public/202011/20201104100014_77qg4korlu.pdf.

影响力与关注度，彰显了我国的文化软实力和国家形象。

近年来，国内不少出版社和民营出版机构积极响应“一带一路”倡议，拓展海外市场，讲好中国故事，通过利用在国际书展与国外出版机构洽谈、与国外出版社共建国际编辑部、成立驻外办事处等合作契机，推动国内优秀的大众出版版权“走出去”，将代表中国文化的优秀作品输送至国际舞台。例如，金庸小说《射雕英雄传》(第一卷)于2018年2月被译成英文，译名为“英雄诞生(A Hero Born)”，由麦克莱霍斯出版社出版，随后引起了各国读者的关注。2019年1月，《射雕英雄传》(第二卷)，译名为“被取消的誓约(A Bond Undone)”在英国与读者见面，随后向全球发行。[①]《射雕英雄传》之所以在面世六十多年后，跨越了东西方文化的差异，成功进行版权输出，并受到世界各国读者的喜爱，源于出版单位积极探索东西方文化内核的共性，精心选择译者，进行作品翻译，注重国外图书市场调研和出版活动的文化转换。

“IP开发”亦属于上文所述的“附属版权转让或许可他人使用”模式，IP(Intellectual Property)指的是知识产权，在时下的中国出版语境中，它特指基于影视开发的文学图书版权；而在更狭义的层面上，IP图书则专指拥有大量粉丝群体的、可供改编为影视的网络文学作品，IP表面上是知识产权的延伸，本质却是一种流行文化体验的衍化。[②] 2015年前后是我国出版领域IP开发的起点，一些出版社以知识产权为出发点，将图书的版权用以开发漫画、影视剧、舞台剧、网络游戏、衍生图书、文创产品，使IP本身从大众文学类图书，逐步演化迭代，成为具有较高知名度的“文化符码”，有效延长了出版活动的产业链与价值链，IP开发也成为版权盈利的重要手段。

在IP开发过程中，出版社联合其他参与主体，基于已经具有一定读者规模的大众出版文学作品，尤其是具有特定的、强黏性粉丝受众群体的网络文学作品，对IP进行内容上的改编和形式上的再造，并采用各种互联网营销手段进行推广，在将其打造为拥有较高知名度和流量的IP后，开发系列衍生文创周边产品，获得盈利。譬如，2019年爆火的古装剧《庆余年》，改编自“猫腻”创作的网络同名小说，收获了大批粉丝的追捧，这一成功的IP运作具有相当的典型性。《庆余年》小说于2008—2009年在起点中文网上连载，连载期间即获得了大批书粉。2018年，在腾讯公司提出“新文创”战略的背景下，阅文集团启动该IP的开发计划，实现了多线程操作。2019年，《庆余年》电视剧在腾讯视频、爱奇艺播出，全网播放量超200亿，后续剧集系列也将持续产出。2022年，《庆余年》竖屏快动漫在快手平台独家上线。同年，由上海数龙科技有限公司开发的《庆余年》手游正式发行，上线首日超过30万次下载。2023年，《庆余年》漫画开始在腾讯动漫平台连载，单章浏览量多则过万。《庆余年》IP在国内赢得大批流量的同时，也收获了不少国外的关注，不仅同名电视剧于2020年在美国亚美卫视播出，项目本身还作为《腾讯：科技与文化的融合》

① 邹蔚苓，李法宝.《射雕英雄传》在海外的传播及启示[J]. 编辑之友，2019(11)：24-27，50.

② 陈守湖. IP出版的考察——流行文化、粉丝经济与媒介融合[J]. 出版发行研究，2016(4)：19-22.

商业案例的重要研究课题之一，被哈佛商学院收录并正式进入商学院高管教育课程，足以证明该IP商业运作的成功。

三、社群服务模式

互联网时代，商业模式发生变革，依托互联网虚拟空间进行营销成为一种常见且高效的营销方式，由此催生了社群经济下的虚拟社群服务模式。

社群经济是诞生于第二代互联网(Web2.0)环境中的新型商业形态。移动互联网的发展使网络社交、媒介传播、支付方式发生了改变，实现了以人为中心的互动和连接，尤其是以用户生产内容(User Generated Content，UGC)为代表的内容生产方式的出现。UGC模式的出现使具有相同或相似价值观的人们集聚在一起互动，随着群体规模的扩大，便形成了一个个社群，而建立在社群基础上的经济形态，便被称为社群经济。①

社群(Community)概念最早由德国社会学家滕尼斯(Ferdinand Tönnies)于1887年提出，在《共同体与社会》一书中，滕尼斯认为社群是基于血缘或情感关系的社会有机体，并指出社群的精髓在于人与人之间形成的共同的文化意识以及亲密无间的关系。② 早在原始社会便已经产生以地缘关系为纽带的部落，封建社会更发展为以宗法制为核心的族群。工业革命以来，伴随着大规模城市化的发展，社区成为人员聚集的主要形式。而随着互联网技术、通信技术和网络社交平台的发展，以网络连接为纽带的“虚拟社群”开始形成。虚拟社群突破了时空局限，使拥有共同价值观与相似兴趣爱好的人们，在同一空间内持续沟通交流、评论分享，逐渐形成了稳定的线上交流群体，虚拟社群内部一般拥有一定程度的情感、文化因素，所以社群成员通常会表现出对外的团结与内部的一致性。由此可见，从社群中成长出虚拟社群，依托虚拟社群发展起社群经济，这是融合技术创新发展的过程，也是新型互联网行业与传统商业互利共赢、融合发展的过程。

在互联网加速推动商业变革的今天，大众出版产业对社群经济愈发重视，总体而言，根据经营主体的不同，大众出版基于社群的服务模式主要分为三类：一是出版企业自建社群的服务模式；二是大众出版领域中的第三方服务平台，以垂直经营为核心的社群服务模式；三是网络大V依托自媒体平台提供推荐服务模式。

1. 出版企业自建社群的服务模式

一直以来，大众出版企业始终坚持“内容为王”的理念，渠道建设，尤其是互联网传播渠道的搭建却不够完善。因此，为了适应社群经济的发展，大众出版企业纷纷通过自建社群的方式取长补短。大众出版企业依托微信、微博、抖音、豆瓣等社交平台，建立起闭合

---

① 王哲. 社群经济视角下移动阅读App的营销策略研究[D]. 北京：北京印刷学院，2019.

② 斐迪南·滕尼斯. 共同体与社会：纯粹社会学的基本概念[M]. 张巍卓，译. 北京：商务印书馆，2019：62.

性、扁平性、聚合性的社群服务平台。不同于第三方服务平台的多元化服务，在出版企业自建社群中，更倾向于鼓励用户围绕图书主营业务或周边服务，表达自己的想法、观点与诉求，在用户的情感需求得到满足的同时，大众出版企业还可以据此了解用户的真实需求，从而为选题策划与图书营销提供决策支撑。另外，社群营销还可以帮助大众出版企业提高单本图书的影响力，形成认知口碑，通过线上线下联动销售，直接实现盈利。

例如，二十一世纪出版社通过自建社群取得了不凡的成绩。在一场主题为“为孩子建一座没有围墙的学校”的专场直播推广活动中，出版社邀请主持人、作家王芳助阵，在充分发挥意见领袖力量的基础上，通过抖音直播社群直接触达已经集聚的用户，当日观看人数达 60 万，成交销售额超 200 万元。①

2. 第三方服务平台垂直经营的社群服务模式

大众出版领域中的第三方服务平台，通常是指出版社、民营图书公司等传统市场主体之外的组织或个人，近年来，随着出版产业边界融合，越来越多行业外的机构开始进军大众出版，他们一般更倾向于扮演优质内容资源生产者或者整合者的角色。第三方服务平台首先通过精准的用户定位与需求定位，明确垂直经营的领域，在把握用户需求的基础上，对某一领域的内容进行精耕细作，尽可能为用户提供最有价值的内容，降低用户内容选择的时间成本。其次，第三方服务平台通常会充分发挥意见领袖(Key Option Leader，KOL)的力量，进而打造魅力人格体，在互动仪式情感连带的作用下，激发用户情感，最终为目标用户形成维系社会关系的文化符号。最后，将线上社群服务延伸到线下实体活动，为用户共享情感体验创造更多空间与机会，同时线下的情感连接又会促进线上的二次传播，从而打造线上线下融合发展模式，最终通过销售图书产品或内容服务实现用户转化。

樊登读书与罗辑思维，是第三方服务平台垂直经营的成功代表。樊登读书以 24~45 岁的中青年为目标用户，重点解决用户“不知道要读什么书”的问题，同时帮助用户用最短的时间吸收一本书的精华。而罗辑思维以中产阶级知识分子为目标群体，主要为用户提供个人成长、职场发展、健康生活等方面的知识服务。两家企业都将创始人作为魅力人格体，吸引与维系用户。另外，罗辑思维在线下渠道通过组织“得到大学”“时间的朋友”跨年演讲等活动配合线上服务，而樊登读书则依托代理机构组织培训课程、读书沙龙等活动，为用户提供体验服务。2019 年，樊登读书与罗辑思维分别实现了 10 亿、6.28 亿的营业收入。②

3. 网络大 V 推荐服务模式

与第三方服务平台相比，网络大 V 通常由个人用户发展而来，其掌握的内容资源规模

---

① 中国出版传媒商报．二十一世纪出版社集团：重构网络营销新价值[EB/OL]．[2021-08-12]．https://baijiahao.baidu.com/s?id=1687740230548310053&wfr=spider&for=pc.

② 王锟越．知识付费平台商业模式优化对策研究[D]．北京：北京交通大学，2020.

较小，但内容涉猎广泛，其推荐书目的类别和主题几乎没有限制，只要内容足够优质，就可以推荐给读者，供其选择。如果读者有感兴趣的书目，亦可以通过大V主页、大商品橱窗或点击电商平台链接购买图书。这种模式通过制作符合互联网文化的文案、音频或视频书评，以多样化的推介方式在社群中进行呈现。不过，大部分大V的受众定位与需求定位较为模糊，销售转化率有限，所以，该服务模式通常作为社群营销的推广手段。比如掌阅科技旗下的"都靓读书"账号，依托抖音、视频号等短视频平台，成功搭建读书社群，虽然"都靓读书"抖音账号已经积累了四百多万粉丝，但并不直接在社群中销售图书，始终坚持为广大粉丝推荐优质图书，从而维护、推广掌阅品牌。

四、增值服务模式

出版领域的增值服务是在纸质图书承载的内容文化基础上进行拓展延伸，提供附加的体验式、个性化的服务。早在20世纪末，一些出版社随书附赠的磁带、光盘，就是出版增值服务的雏形。但大多数出版社并未将其作为一项利润来源，尚未形成真正的以增值服务为核心的商业模式。而我们知道，图书的产品结构一般分为三个层次：核心层、形式层、延伸层。核心层是指图书产品提供给读者的实际效用或利益，简单来说就是图书内容本身；形式层是指图书产品的具体表现形式和物质形态，包括图书的载体类别、品牌、包装、封面、插图、开本等；延伸层则是指图书产品的各种附加利益的总和，是整体图书产品提供给读者的一系列附加服务。有营销学者指出："新的竞争不是发生在各个公司生产什么样的产品，而是发生在其产品能提供的附加利益上。"①可见，开发图书产品的延伸层、提供增值服务不仅是一种可供选择的商业模式，更是未来大众出版的竞争方向。

进入互联网时代以来，越来越多大众出版企业开始重视图书增值服务，紧紧围绕用户需求，以VR、AR等数字网络技术为基础，通过加工和重组内容资源，借助数字出版的浪潮，为用户提供满足其个性化定制需求的数字化增值服务；此外，非数字化增值服务也是大众出版增值服务的重要组成部分，在充分挖掘用户需求的基础上，通过实体产品形态和相关线下活动，为大众图书赋能，满足用户的真实需求。

1. 数字化增值服务

目前，大众出版数字化增值服务主要包括提供移动出版服务、音视频出版服务和知识付费服务。

随着互联网移动终端技术的快速发展，移动出版已经成为大众出版数字化转型的重要一环，同时也是大众出版企业提供增值服务的重要手段之一。移动出版不仅仅是将纸质图书的文字转移到移动终端，而是在细分用户的基础上，加强沟通交流，让用户参与策划、编辑制作，甚至生产内容。移动出版需要大众出版企业转变服务思维，出版企业在"卖内

---

① 方卿，姚永春. 图书营销学教程[M]. 长沙：湖南大学出版社，2008：68.

容”同时更可以向用户“邀协作”，从而激发用户的成就感与分享欲。此举不仅有利于维系用户，更能够在情感层面满足用户需求，这对促进用户转化、实现内容变现具有重要意义。当前，移动出版中“广告+付费”的盈利模式开始式微，“吸引流量—流量变现”的商业模式渐渐兴盛。

譬如，2021 年 3 月，人民文学出版社在建社 70 周年之际，策划老照片征集活动，搜集与该社相关的历史图片，同时邀请部分作家、编辑、学者、评论家、翻译家等，撰写他们与人民文学出版社的故事，并以微信公众号为移动出版平台，向读者发布并出版纪念性图书。此次活动有效提升了人民文学出版社的品牌影响力，也借势推广、销售了该社的热门图书，推动了该社图书的盈利。

音视频出版反映了当下听书与视频学习的普及。由于人们生活节奏紧张，集中一段时间深入阅读的机会越来越少，所以利用碎片化时间听书或观看视频越来越受到人们欢迎。音视频出版依托移动互联网与终端设备，满足了人们移动场景下的阅读需求，同时，声音比图像更能吸引人们的注意力，更能提升阅读体验。因此，音视频出版也是大众出版增值服务的重要方向。哈佛商学院出版社(Harvard Business School Press)是哈佛大学旗下的一家出版社，依托哈佛商学院的背景出版经管类图书，该社通过建立学者网上图书馆、出版电子书的方式，尤其是配合图书上线视频网络课程的途径，使哈佛商学院出版社的数字化转型走在了业界前列，其经营效益也逐年增长。

随着传统出版与数字出版的融合发展，知识服务成为我国大众出版转型升级的必然趋势。在信息爆炸式增长的背景下，鱼龙混杂的信息使得真正优质的内容被掩埋，所以，大众出版依托庞大的知识数据库，根据用户对知识的需求，运用数据挖掘、筛选整合、人工智能等技术，为用户提供个性化、定制化、多样化的集成知识或解决方案，是大众出版的又一发展动力与盈利模式。比如长江少年儿童出版社在知识服务的转型过程中，以纸质书为基础，整合儿童内容资源，持续培育市场，在 2018 年打造直播课，将知识服务从电子图文延伸到精品课程。如今，长江少年儿童出版社已经形成了全方位的少儿知识服务体系，其中包含在线课堂、名师微课、直播课、识字 App、闪课、听力视频、课文朗读、国学拓展和名家推荐等。在知识服务的助推下，长江少年儿童出版社的营收不断攀升。

2. 非数字化增值服务

大众出版非数字化增值服务目前主要有开发文创产品、定制出版以及组织线下活动等服务形式。

文化创意产业的立足之本是优秀的内容资源，对出版单位而言，优秀的内容资源是自身最大的优势，所以，在媒体融合发展的背景下，大众出版紧紧依靠“出版资源+文创产品”的模式，加快发展多元化业务，为用户提供增值服务。比如三联时空国际文化传播有限公司打造的“三联文房”品牌，树立为读书人打造一间书房的理念，以“读书”“写字”“生活”为主轴，为读者提供钢笔、毛笔、笔记本、书签等伴读珍品。

定制出版，是指由用户主导内容与形式的设计，出版单位根据用户的个性化需求为其提供出版服务。定制出版通常采取按需印刷方式，与大规模的常规印刷不同，由此形成的出版物往往单次印刷规模很小，通常不流入市场，只由用户保存或赠送。用户只要将整理过的作品发送到出版单位，出版单位会根据作品特色与用户进行充分沟通，保证作品在体现个性化的同时兼具出版物的规范性。定制出版服务不仅仅只为读者个人提供个性化服务，也可以为企业、学校、社区等团体机构提供定制服务。例如河南人民出版社为“洛阳石窟”策划了5000册《龙门石窟》；上海大学出版社为淮安县策划了《伏羲文化》；安徽美术出版社与多家高端艺术研究机构如故宫博物院、国家美术馆、中国艺术研究院等联合推出了《故宫博物院藏品大系·玉器编》(10卷)。由于个性化色彩浓厚，定制出版可以作为大众出版提高盈利能力的增值服务手段。目前，按需印刷和定制出版服务在一些出版发达国家已经普遍采用，如荷兰每年有2.4万种图书可供按需印刷，占全部图书品种的五分之一，而我国的按需印刷业务还需进一步普及、发展。①

在大众出版大力布局线上渠道的浪潮中，线下渠道的重要作用并未消失。根据互动仪式链理论，面对面的实体空间更容易激发人们的情感，营造群体团结，产生对同一社会符号的认同感。所以，大众出版企业通过线下渠道组织吸引性强的活动，比如各类培训课程、实践活动、读书沙龙等，为用户提供增值服务，此举能够有效增强用户对品牌的认可度，从而有利于销售变现。此外，出版社通过线下活动打造热门图书，不仅助推了品牌推广，对促进用户转化也具有重要作用。

大众出版的产品与服务(慕课)

大众出版的产品与服务(课件)

第三节　产品与服务

狭义的产品一般是指被人们使用和消费、能够满足人们某种需求的有形物品，广义的产品则包含无形的服务。如前所述，三大出版领域的主要划分标准是目标市场的读者需求，其中，大众出版因其面向的读者对象最为广泛、读者需求最为多元，其收入来源与盈利方式，即商业模式也最为多样。无论何种商业模式，都必然要依托一定的产品和服务来满足消费者需求，从而获得经济回报。因此，大众出版读者对象和商业模式的多种多样决定了其产品与服务类型也最为繁多。我国《出版管理条例》中列举的报纸、期刊、图书、音像制品、电子出版物和互联网出版物等六种类型的产品形态，在大众出版领域均存在。但

① 王一鸣. 荷兰图书发行市场探析——以“中央书屋”为例[J]. 出版发行研究，2018(3)：92-94，83.

在实践层面，随着社会发展和媒介技术进步，音像制品、电子出版物逐渐淡出人们的日常生活，互联网出版物的概念被包含更广的数字出版物所取代，因此本节主要介绍图书、报刊两类传统形态的大众出版产品和当前数字出版领域最具代表性的两种新兴产品形态——电子书(有声书)和网络文学。

此外，媒介融合时代的到来使得内容越来越倾向于跳脱载体的"规定性"，换言之，包括出版物在内的所有内容产品，其边界正在变得模糊。原先基于物理特性对大众出版物的划分方式已经跟不上实践的发展变化，无形的、虚拟的"服务"正在从有形的"产品"概念中脱胎出来。如美国市场营销学会在1960年将服务定义为"用于出售或者是同产品连在一起进行出售的活动、利益或满足感"，到20世纪90年代重新定义为"可被区分界定，主要为不可感知，却可使欲望得到满足的活动，而这些活动并不需要与其他产品或服务的出售联系在一起"①。由此，一些学者认为，现代大众出版业归根结底是在提供服务而非生产产品。具体来说，是在提供以知识内容为核心的文化阅读服务，即当前新兴的出版业态之一——知识服务。本节也将其纳入介绍范围之内。

一、大众图书

图书作为历史最悠久、数量最庞大、读者认可度最高的出版物，是大众出版领域最主要的产品形态，其基本概念和特征在本书第一章已详细介绍，本节不再赘述。按照出版年代，图书可以分为古籍和现代图书；按照新旧程度，可以分为新书和二手书；按照市场需求状况，可以分为畅销书、常销书、滞销书等；按照装订形式，现代大众图书一般分为平装书、精装书、线装书、活页装、散装等，其中前两种比较常见，线装一般用于古代图书，但近年来随着"国学热""国风潮"，大众出版领域也掀起一股"复古"风，线装书受到许多读者的喜爱。最常见的划分方式还是根据图书内容主题划分，比如本章第一节介绍的文学图书、少儿图书、生活类图书、科普图书、财经类图书、艺术类图书、社科类图书、主题图书等。

大众图书作为大众出版业最主要的产品形态，在各类出版物和出版市场中历来是发展最为平稳的板块，尽管"纸书已死"的论调不绝于耳，但多年来我国大众图书市场始终保持稳中有升态势。国家新闻出版署和国家统计局未对大众图书单独统计，但无论是品种数还是印数，大众图书占到全部图书的大多数，因此从近年来我国图书出版的种数和印数变化中可以清晰地看到大众图书的发展情况，如图13-1所示。

可见，近年来我国大众图书出版规模总体上呈增长趋势，需要说明的是，从2018年起，图书出版种数略有下降，主要是由于新书品种下降导致的，这是出版主管部门为了提高图书质量，治理同质化出版、盲目出版乱象而收紧书号的必然结果，客观上是一种向好的趋势。

---

① 庄丽娟. 服务定义的研究线索和理论界定[J]. 中国流通经济，2004(9)：42.

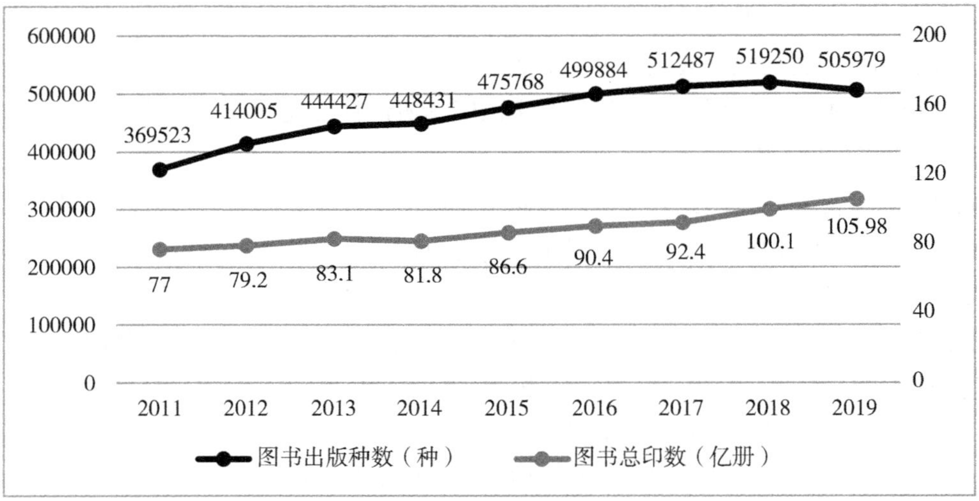

图 13-1　2011—2019 年我国图书出版种数、总印数①

大众图书是出版业为社会大众提供的最重要的精神食粮，承担着记录时代风貌、传承文化知识、陶冶人们心性、提高国民素养的崇高使命。在不同的年代、社会文化和时代背景，哪些书最受人们喜爱、因何受到喜爱、与当时的社会背景有何关系，即“畅销书与社会经济、文化、政治的互动关系”是一个非常值得研究的话题。例如 20 世纪 80 年代，是“严肃文学阅读的春天”，这与改革开放之初人们长期积压的文化需求突然被释放和“伤痕文学”“反思文学”的文学思潮有直接关系；20 世纪 90 年代金庸、琼瑶等港台大众文学和《读者》《知音》《故事会》等通俗文学大行其道，与香港回归、“打工潮”有紧密联系；世纪之交《学习的革命》《谁动了我的奶酪》红极一时，与信息社会转型、中国加入世贸组织不无关系；21 世纪第一个十年，各类成功学、厚黑学和励志图书风云突现，与市场经济环境下人人渴望财富的时代背景不无联系；再到最近十年，主打“校园青春文学”的郭敬明现象、主打国学与传统文化的易中天和于丹现象、主打“心灵鸡汤”的大冰现象等，无不与特定年代的社会大背景、国民心态、商业运作有着千丝万缕的联系。可以说，畅销书一方面是时代和社会的产物，另一方面又在一定程度上通过影响人们的阅读品位、文化选择和思想观念，间接地反作用于社会。凡此种种，都使得大众图书成为大众出版乃至整个出版业最有生机、最富活力的领域。

二、大众报刊

报纸也是一种历史悠久的出版物，但大众化报纸的诞生时间比较晚，一般认为，其诞生于封建时代的“官报”、资产阶级革命时期的“政党报纸”之后的 19 世纪中叶。其历史背景是西方工业革命、商品经济发展和传播技术革新，其标志性事件是《纽约太阳报》《先驱

① 数据来源：国家统计局网站：https://data.stats.gov.cn/easyquery.htm? cn=C01.

报》等“便士报”(一分钱报纸)的创办，其特点是价格低廉、内容通俗、发行量大、独立经营。① 我国大众化报纸起步于20世纪初叶，创刊于1902年的《大公报》是我国发行时间最长的报纸，中华人民共和国成立后，报业进一步蓬勃发展，以中央一级的《人民日报》《光明日报》《经济日报》为龙头，各省都建立了党报体系。改革开放后，随着社会主义市场经济发展，1995年成立了我国第一家“都市报”——《华西都市报》，此后各种“早报”“晚报”“快报”纷纷创刊，逐渐形成了当今中国三大报纸体系：党报、专业性的行业报纸、商业性的综合报纸。

按照地域层级划分，我国当代大众化报纸一般分为全国性报纸、省级报纸、地市级报纸和县级报纸；按照内容划分，可以分为综合类报纸、专业类报纸、生活服务类报纸、读者对象类报纸和文摘类报纸。

在数字化浪潮冲击下，与图书相比，报纸是受影响最大的出版产品之一，近十年来，无论是出版种数还是总印数均逐年下滑，如图13-2所示。

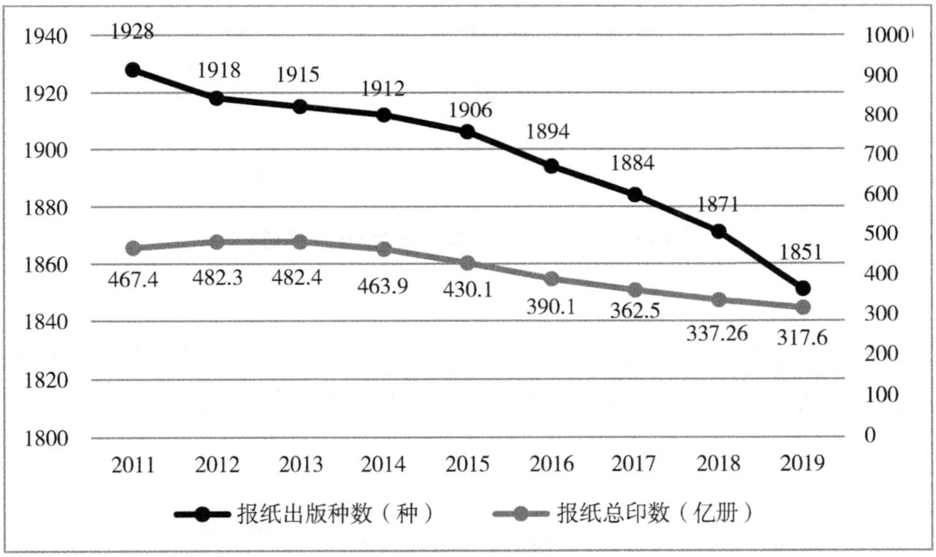

图13-2　2011—2019年我国报纸出版种数、总印数②

可见，当前中国报业迎来了结构性危机，如果排除具有政治功能的党报，市场化的大众报纸生存状况则更加堪忧。未来我国大众化报纸将呈现出两大发展趋势：一是在媒介融合背景下全面开启“纸数融合”，进行数字化转型，一方面改变报纸的呈现形态，将原有内容搬到网上，推出电子版，另一方面对原有内容进行聚合、重组，推出新型产品如App、公众号、短视频等；二是在“新型主流媒体”建设背景下，全方位改造原有的采编流程、话语体系、报道风格、传播方式，打造具有强大传播力、引导力、影响力、公信力的新型媒体集团。

① 张昆. 外国新闻传播史[M]. 北京：高等教育出版社，2016：113.

② 数据来源：国家统计局网站：https://data.stats.gov.cn/easyquery.htm? cn=C01.

期刊又称杂志，与报纸同属于定期出版的连续性出版物，其诞生历史晚于图书、报纸，大众化期刊与大众化报纸大致起源于同一时期，在发展历程上也有许多相似或者重合之处。期刊按照内容划分，可以分为哲学社会科学类期刊、文化教育类期刊、文学艺术类期刊、自然科学技术类期刊和综合期刊。其中文学艺术类和综合类比较符合大众期刊的范畴，其余则属于教育出版和专业与学术出版领域。《2019 年新闻出版产业分析报告》对这几类期刊的总印数进行了统计，如图 13-3 所示。

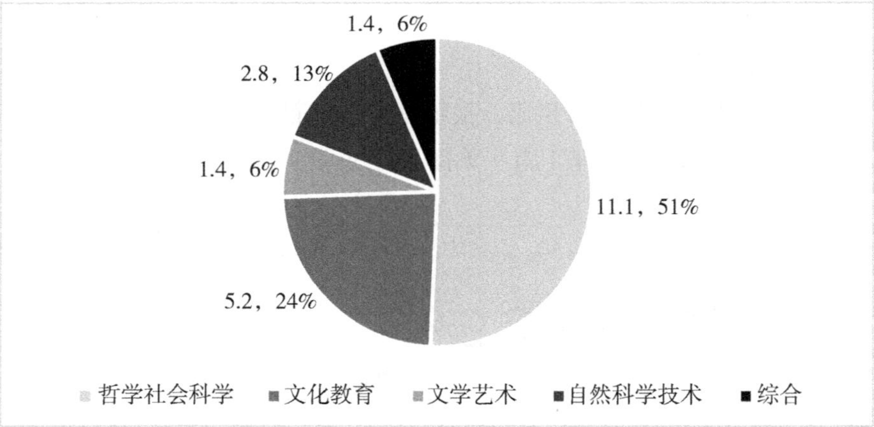

图 13-3　2019 年我国期刊出版册数(亿册)

可见，文学艺术和综合类期刊只占全部期刊册数的 12%，市场规模很小。此外，从近十年的统计情况来看，与报纸类似，也处于下滑趋势，如图 13-4 所示。

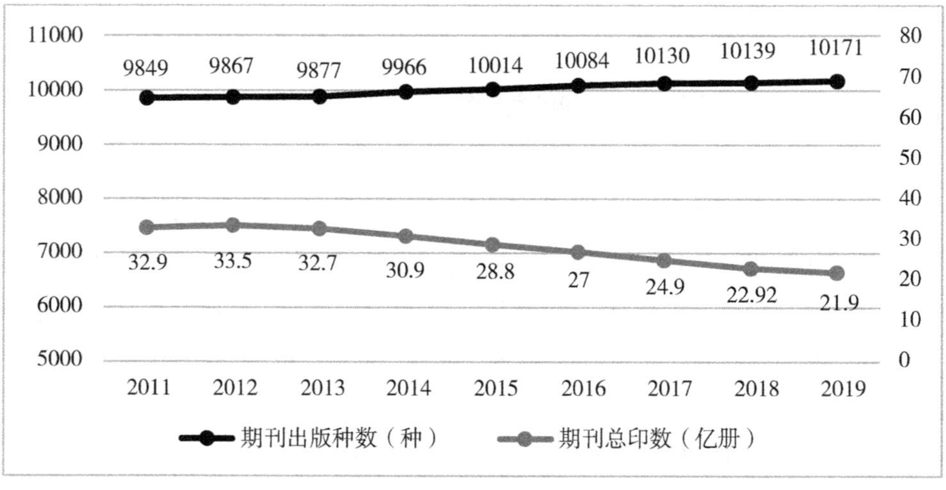

图 13-4　2011—2019 年我国期刊出版种数、总印数①

① 数据来源：国家统计局网站：https://data.stats.gov.cn/easyquery.htm? cn=C01.

需要说明的是，图中显示期刊出版种数呈逐年增长，其原因是近年来我国学术期刊迅猛发展，保守估计数量在6000种左右，拉高了期刊总体出版种数，大众期刊数量实则呈明显下降趋势，从期刊总印数中可以得到印证。未来我国大众期刊的发展趋势与大众化报纸基本同步，即从纸刊全面向数字期刊、其他内容形态转型，在此不再赘述。

三、电子书

电子书(E-book)，是指将文字、图片、声音、影像等信息内容数字化的出版物。① 狭义上的电子书仅指数字化的内容本身，广义的电子书还包括数字内容的存储介质和显示设备，如电脑、手机、手持阅读器等。回顾电子书的发展历程，大致经历了三个时期：第一个时期是将传统纸质图书的内容原封不动地采用植入或者扫描的方式制作成磁盘、光盘等“封装型电子书”，或者在网络上传播的PDF、TXT、EPUB等格式的电子书，这一时期的电子书只能称作纸质图书的“翻版”，与纸书只有载体形式的区别；第二个时期的电子书，其创作、编辑、加工、生产与销售全部在互联网上完成，或者虽然完成于线下但并不基于纸质版本，我们称其为“原生型电子书”；第三个时期的电子书，是随着移动互联网时代来临，AR、VR、语义技术的出现，不仅内容来源上区别于纸质图书，而且不再以文字为主，而是将音频、视频、图片、漫画等多媒体元素融合起来，甚至借助可穿戴式设备和三维模型，为读者营造一种立体化、全感官的阅读环境，比如“增强型电子书”。

电子书的出现对以纸质书报刊产品为主的传统大众出版而言，不啻一场革命。实践已经证明，电子书的诞生不仅意味着内容载体的变化，更标志着读者阅读习惯、信息接受行为、内容组织和结构方式乃至整个产业生态的嬗变。《第十八次全国国民阅读调查》显示，2020年我国成年国民数字化阅读方式(网络在线阅读、手机阅读、电子阅读器阅读、Pad阅读等)的接触率为79.4%，已经大大超过图书阅读率的59.5%；阅读时长方面，仅手机阅读一项就达到每天100.75分钟，而图书阅读时长仅为20.04分钟；有声阅读规模持续扩大，有三成以上(31.6%)的成年国民有听书习惯。②

数字阅读的普及直接催生了新兴出版业态之一——电子书产业，据《2019—2020年中国数字出版产业年度报告》统计，2019年我国电子书产业收入规模为58亿元，比上一年度增长3.5%。③ 形成了由内容提供商、技术提供商、设备制造商和渠道运营商等构成的完整电子书产业链，具体包括内容原创、编辑加工、数字转换、芯片植入、平台投送、设

① 新闻出版总署关于发展电子书产业的意见[EB/OL].[2022-07-22]. http://www.gov.cn/gongbao/content/2011/content_1808615.htm.

② 第十八次全国国民阅读调查报告[EB/OL].[2022-07-21]. https://www.thepaper.cn/newsDetail_forward_12369739.

③ 中国数字出版产业年度报告课题组，张立，王飚，李广宇. 步入高质量发展的中国数字出版——2019—2020年中国数字出版产业年度报告[J]. 出版发行研究，2020(11)：20-25.

备生产、市场销售和进出口贸易等环节。

在电子书产业蓬勃发展的同时，有声阅读产业也迎来爆发式增长，数据显示，2020年中国有声书用户规模达到5.69亿人，市场规模为94.7亿元，其发展情况如图13-5所示。

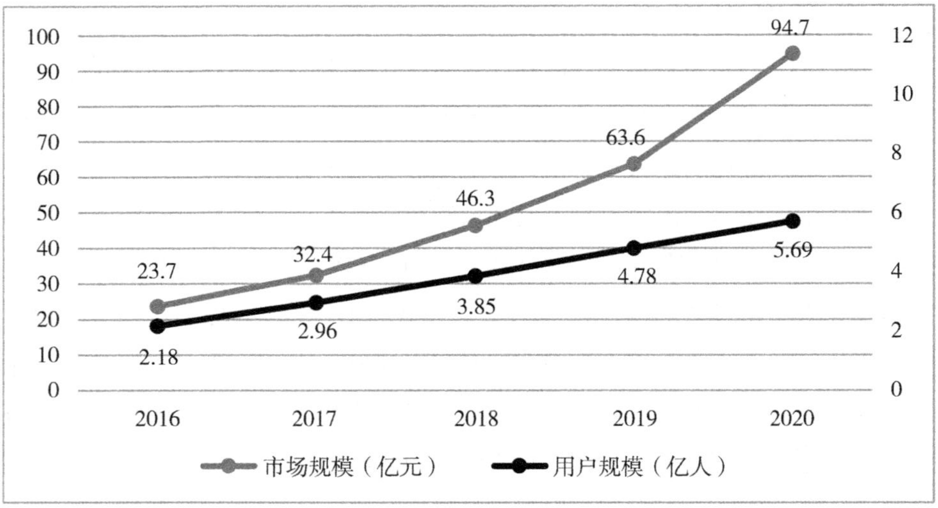

图13-5　2016—2020年我国有声书产业市场、用户规模①

市场规模、用户规模持续壮大的同时，我国电子书、有声书产业也面临一些问题：

(1)侵权盗版现象严重

由于复制技术便利、违法成本低、盗版用户分布广泛难以追责，包括电子书、有声书在内的网络盗版一直是我国版权保护领域的重灾区。

(2)用户付费意愿偏低

早期互联网信息服务商、内容提供商通常采用“免费模式”吸引初始用户，导致用户形成了免费阅读网络资源的习惯，近年来虽然有所改观，但总体付费意愿仍然较低。

(3)同质化内容泛滥

与纸质图书出版类似，电子书、有声书平台也存在大量粗制滥造、低水平重复的内容，优质内容、精品内容仍然稀缺。

(4)传统出版单位参与度不足

电子书、有声书市场是数字出版产业的核心组成部分，相比于网络游戏、网络动漫、互联网广告等其他数字出版板块，其与传统出版本应有着更加密切的天然联系，但实践中

① 智研咨询.2020年中国有声书行业市场规模及发展前景分析[EB/OL].[2022-07-01].https://www.chyxx.com/industry/202102/928321.html.

主导我国电子书、有声书产业的并不是出版社或民营图书公司，而是一些大型平台商和服务商。个中原因固然十分复杂，有资本因素、技术因素、体制因素等，但传统出版单位如要顺利实现数字化转型，电子书、有声书市场将是必争之地。

四、网络文学

网络文学是中国独树一帜的产业现象和文化现象，可与美国好莱坞电影、日本动漫、韩国游戏并称，也属于大众出版的范畴。广义上的网络文学是指经电子化处理后所有上网的文学作品，即凡在互联网上传播的文学都是网络文学，这种网络文学同传统文学仅仅只有媒介和传播方式的区别；如今网络文学已经成为一个约定俗成的概念，特指发布于互联网上的原创文学，即用电脑创作、在互联网上首发的文学作品，这个层面的网络文学不仅有媒介载体的不同，还有创作方式、作者身份和出版流程上的诸多区别。①

网络文学的创作者和阅读者均为普通网民，天然具有"大众"属性，回顾网络文学发展史，其诞生与出版业有着千丝万缕的联系。早期许多写手进行网络文学创作，很大程度上是因为图书出版门槛较高，业余作者很难被传统出版体系所认可，如早期著名文学网站"榕树下"创始人朱威廉所言："没有了印刷、纸张的烦琐，跳过了出版社、书商的层层限制，无数人执起了笔，一篇源自平凡人手下的文章可以瞬间走进千家万户。"于是从 2003 年起点中文网独创"VIP 章节付费制度"开始，网络文学采取在专业化的文学网站连载的方式走上了一条与大众图书出版完全不同的道路。2013 年以后，随着腾讯、百度等互联网公司进军网络文学行业，以网文作品为核心，开发动漫、游戏、影视剧、文创周边的 IP 运营模式逐渐成熟，最终形成了如今规模庞大的网络文学市场。

据第 47 次《中国互联网络发展状况统计报告》，截至 2020 年 12 月，我国网络文学用户规模达 4.6 亿，占网民整体的 46.5%。② 2019 年网络文学市场规模达 201.7 亿元，连续 7 年保持年均 30%以上增长率，详见图 13-6。

与此同时，"网文出海"成为中国文化走出去的一面旗帜，2019 年中国网络文学海外市场规模达到 4.6 亿元，海外用户数量达到 3193.5 万，向海外输出网文作品 10000 余部，"起点国际"等网文翻译网站累计访问用户超过 7300 万。③

在此背景下，大众出版社参与网络文学出版的力度也在加强，一方面以网络作品实体出版的方式与写手进行合作，另一方面不再局限于实体出版，而是探索建立涵盖移动出版以及影视、动漫、游戏改编等跨媒介的多元出版体系，并通过版权多元化运营实现内容商

① 欧阳友权. 网络文学批评的困境与选择[J]. 中州学刊，2016(12)：161-165.

② 中国互联网络信息中心. 第 47 次《中国互联网络发展状况统计报告》[EB/OL]. [2022-02-03]. http://www.cnnic.net.cn/hlwfzyj/hlwxzbg/hlwtjbg/202102/P020210203334633480104.Pdf.

③ 中国社会科学院文学研究所 . 2020 年中国网络文学发展报告[EB/OL]. [2022-03-27]. https://www.sohu.com/a/457663460_152615.

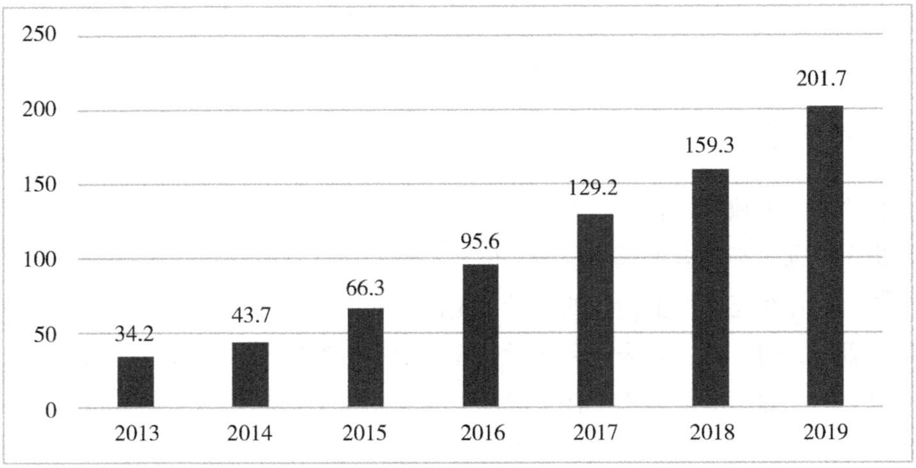

图 13-6　2013—2019 年我国网络文学市场规模(亿元)①

业价值的最大化。与电子书、有声书产业类似，网络文学产业也存在侵权盗版、内容同质化等问题，为此国家新闻出版署 2020 年 6 月印发了《关于进一步加强网络文学出版管理的通知》，要求规范网络文学行业秩序，引导网络文学出版单位始终坚持正确出版导向，坚持把社会效益放在首位，未来我国网络文学行业有望取得进一步发展。

五、知识服务

知识服务，是在“知识经济”背景下兴起的概念，古典经济学中劳动力、资本、土地被认为是物质产品生产的三大要素，随着知识密集型产业迅猛发展，人类智力知识日益成为推动社会经济进步的稀缺资源和第四要素。在人类以知识生产、组织、分配与消费为特征的现代信息社会，出版业作为典型的“知识密集型”行业，开始思考“出版能为社会提供什么样的产品和服务，能通过什么样的方式提供产品和服务”，出版知识服务的理念应运而生。

所谓出版知识服务，是指以信息搜寻、组织、呈现为基础，以知识生产、传播、消费为流程，以满足人的精神文化需要为宗旨，以个人知识社会化、无序知识有序化为目标的社会活动。② 大众出版以生产、传播文化知识为己任，以满足社会大众的文化知识需要为宗旨，某种程度上就是在提供知识服务。具体来说，出版业所能为社会提供的知识包括面向政府或企业决策支持的智库型知识、面向学生及学者的学科型知识、面向从业者的专业

① 艾瑞咨询 . 2020 年中国网络文学出海研究报告[R/OL].[2022-07-02]. http://report.iresearch.cn/report_pdf.aspx? id=3644.

② 方卿，王一鸣. 论出版的知识服务属性与出版转型路径[J]. 出版科学，2020，28(1)：22-29.

型知识、面向全社会多元需求(求知需求、消遣需求、实用需求、收藏需求、社交需求等)的大众型知识等。其中，满足社会多元需求的大众型知识就是大众出版知识服务的核心要义。

但长期以来，从大众出版的视角，知识等同于书籍，服务消融于产品，知识服务的概念被纸质书报刊等有形产品所掩盖，直到近几年知乎、得到、喜马拉雅等互联网内容行业“知识付费”商的兴起才使得出版业界人士和学者开始思考知识服务与出版业的关系。如前所述，数字技术的发展使得知识内容正在打破载体的限制，游走于不同产品形态的媒介，并最终形成功能一体化的融合型媒介。图书——作为一种知识的聚合体，在传统社会肩负着给人们提供精神享受、传授文化知识以及指导人们生活生产的任务，如今许多人要进行阅读消遣、获取某一方面的知识，首先想到的往往不是图书，而是互联网。换言之，尽管与出版业的知识来源、知识转化效率、秩序规则的强弱有所不同，以知乎、得到、喜马拉雅等互联网公司为代表的知识服务商实际上正在从事大众出版一直在做的事，而且已经做成一门规模庞大的产业。

2019 年，中国知识付费行业用户规模达 3.6 亿人，行业市场规模达 278 亿元。《2019—2020 年中国数字出版产业年度报告》课题组也将知识付费纳入数字出版的研究范畴，并指出随着行业发展的日趋成熟，知识付费平台已经探索出了较为清晰的差异化发展路径，其中一条就是提供大众化、娱乐化的内容服务，以构建全内容生态为主要发展方向。

大众出版业除了要继续做好图书、报刊等传统出版产品，还要以价值链重塑为抓手，在上游形成以内容创意、数据挖掘、知识组织为核心，下游以用户分析、数字营销、智能传播为核心的新“二元结构”，在电子书、网络文学、知识服务等新型出版产品与服务领域锐意创新，从而推动出版业从制造业转型为服务业，出版商从产品生产商转型为知识服务商。

N

第十四章　专业与学术出版

* 本章知识点提要

1. 科学交流与学术出版的概念及其联系
2. 学术出版价值链
3. 同行评议的类型，出版商在同行评议中的作用，以及同行评议存在的问题和争议
4. 学术出版物的编辑加工过程
5. 学术出版物的类型与载体介质
6. 学术期刊出版流程与盈利模式
7. 学术出版行业中存在的学科差异现象
8. 开放获取模式
9. 学术出版的未来

* 本章术语

学术出版　科学交流　学术出版价值链　同行评议　单盲评议　双盲评议
开放评议　学术期刊　开放获取

专业与学术出版因其作者及读者的专业性和学术性而得名，是一种面向同行的专业与学术传播服务，以促进某一领域专业人士和某一学科科研人员信息交流、推动行业发展和学术研究进步为宗旨。与大众出版和教育出版不同，专业与学术出版的内容由某一学科和专门领域的专家学者提供，加工生产过程中要经过严格的同行评议以保证质量，其读者和作者往往是同一高度细分知识领域的顶尖群体。因此，专业与学术出版具有天然的“高冷气质”——并不面向大众，通常也不需要考虑对大众的传播效果。专业与学术出版的同一专业和学科间的关联度高，不同专业和学科间的界线与壁垒十分鲜明，正所谓“隔行如隔山”。在数字出版的浪潮下，专业与学术出版由纸质形态向专业数据库和数字平台形态转变最早最成功，是三大出版领域数字化程度最高的一个领域。专业与学术出版不仅提供图

书、期刊、数据库等内容，还提供专业与学术信息决策支持服务和应用解决方案。专业与学术出版虽然受众面较窄，但其内容资源稀缺、信息附加值高，内容具有国际通用性。通常采取机构订阅的盈利模式或基金资助作者出版的反向盈利模式。专业与学术出版是一个全球市场，在这个市场中，少数跨国公司竞争优势明显。其中的科学、技术与医学出版(Science，Technology，Engineering and Medicine，STEM)是国际化程度最高也是垄断程度最高的子领域。

尽管在读者对象上，专业出版与学术出版存在一定区别，但两者在出版活动的价值、要素、作业、管理和时空五个维度①上高度相似，因此常常被归为一个出版门类。以下，为表述简洁起见，在描述专业与学术出版的共性特征时，我们将以学术出版的说法代替专业与学术出版，当需要对两者进行区分时，再分别加以阐述。

专业与学术出版的基本原理(慕课)

学术与专业出版的基本原理(课件)

第一节 科学交流与学术出版

一、科学交流与学术出版

科学思想、信息、技术、研究结果的交流、传播和积累，对学术的发展至关重要。学术科研人员在整个研究过程中一直都在进行着信息交流与传播活动，从确定研究选题、制订计划、数据收集、开展实验，再到撰写论文和出版，每一个步骤都离不开信息交流。著名物理学家、量子力学主要创始人海森堡(Werner Karl Heisenberg)曾经说过“科学扎根于交流、起源于讨论”。诺贝尔生物医学奖获得者、DNA之父弗兰西斯·克里克(Francis Crick)在参加BBC组织的讨论中曾说“科学的精要是交流”(Communication is the Essence of Science)。美国心理学家威廉·加维(William. D. Garvey)将其1979年出版的学术论文集命名为《交流：科学的精要》(*Communication*：*The Essence of Science*)，从而使这一论断更广流传。此外，学者们还将科学交流比作“科学的神经系统”②或科学活动的“生命之血液”③。这些

---

① 方卿. 关于出版学研究对象的思考[J]. 中国出版，2020(6)：15-23.

② Cole R，Cole S. Social Stratification in Science[M]. Chicago：University of Chicago Press，1973：16.

③ 顾昕. 科学交流系统——科学共同体的社会结构与科学的成长[J]. 大自然探索，1987，6(4)：1211-1234.

比喻生动地说明了科学(学术)交流的重要意义。社会学家默顿(Robert King Merton)在他奠定科学社会学基础的著作《十七世纪英格兰的科学、技术与社会》一书中，将科学交流看成社会互动的重要方面，分析了科学交流的重要意义以及17世纪英格兰科学交流的形式。后来，默顿及其学生(也称“默顿学派”)发展了对科学的社会结构及其运行的研究，将科学(或科学共同体)作为一种社会建制(Social Institution)来考察，考察的重点是科学的奖励系统。

第二次世界大战以后，科学的发展突飞猛进，战后科学的飞跃不仅仅依靠于资源投入的增长，而且还与科学出版物的快速增长有关，如潮水般涌现的学术论文与专著一方面代表着科学交流的繁荣，另一方面也是科学发展的必然结果。由此，科学交流才再次进入人们的研究视野。与科学的发展历史相比，科学交流现象的大规模出现是相当晚近的现象。科学史学家和科学社会学家普赖斯(Derek. J. de S. Price)在其著作《小科学、大科学年》中论证道：“科学论文转变成它现在这个样子大约在一个世纪前才完成的。在这之前，存在着许多科学小品文之类的出版物，这种小品文只是提及某些已经取得的科学成果，或者对一些在其他地方已经完成并发表的观察报告加以评论。”①普赖斯把20世纪初科学期刊上涌现出数量巨大的论文这一现象与科学奖励系统联系起来，认为科学论文本来并不是作为一种传播科学知识与信息的手段产生的，而是科学家表明其对于知识发现的优先权，获得社会承认的一种手段。

最早在正式出版物中使用“Scientific Communication”(科学交流)一词的是前文提到的英国物理学家、科学学奠基人贝尔纳(J. D. Bernal)。其在著作《科学的社会功能》(1939)中讨论科学传播时，使用了“Scientific Communication”一语。情报学奠基人之一，苏联学者米哈伊洛夫(A. И. Mikahailov)在其著作《科学交流与情报学》中明确指出：“人类社会中提供、传递和获取科学情报的种种过程是科学赖以存在并发展的基本机制，这些过程的总和我们称之为科学交流。”②广义地讲，米哈伊洛夫定义的科学交流活动指科学研究过程中的所有信息交换活动，它研究的是渗透于科学研究整个过程中的信息交流，从选题、寻找资料、实验、验证、调查、整理、撰写、修改、发表、保存，直到在学术共同体内的传播和被参考引用。威廉·加维认为科学交流是“主要发生在科学家之间的与研究活动有关的那些信息交换活动”。它覆盖科学信息的生产、扩散和使用的全过程中的信息交流活动，从科学家有了研究思想到直接研究成果信息被作为科学知识而接受。③ 美国大学科研究图书馆学会从系统论角度将“科学交流”定义为：科学交流是一个系统，通过这一系统，研究成果和作品被创造，其质量被评价，其内容被扩散到学术共同体，并且为未来使用而

① 顾昕. 科学交流系统——科学共同体的社会结构与科学的成长[J]. 大自然探索，1987，6(4)：1211-1234.

② A. И. 米哈伊洛夫. 科学交流与情报学[M]. 徐新民，译. 北京：科学技术文献出版社，1980：11.

③ Garvey D W. Communication：The Essence of Science[M]. Elmsford：Pergamon Press，1979：87.

长期保存。① 目前广为学界所接受的定义是伯格曼(C. L. Borgman)提出的科学交流任意领域(物理学、生物学、社会和行为科学、人文学科、技术)的学者通过正式和非正式的渠道利用和传播信息。还有许多学者将科学信息交流概括为“在整个科学发展过程中产生的科学信息的提供、传递和获取的过程”，是“科学家在科学活动过程中通过语言、文字等进行信息的交换”，是“形成科学之存在和发展基本结构的科学情报的发生、传递和获得信息的综合”，是“借助某种符号系统而进行的知识信息的生产、传递、获取和运用的过程的总和”等。②

科学交流系统是一个进行学术研究和创作学术作品、评估其学术质量、传播给学术团体并且为未来的长期使用进行保存的系统，是一个促进学术和研究的共享系统。荷兰学者罗森道尔(Hans E Roosendaal)提出科学交流系统有四种功能，即注册(Registration)、认证(Certification)、通告(Awareness)和存档(Archiving)。根据罗森道尔的科学交流动力学理论，上述四种功能可以分为内在功能(Internal Function)和外在功能(External Function)两类：内部功能是指科学交流在科学系统或“无形学院”内部发生的作用，认证和通告就属于内部功能。与内部功能相对的是外部功能，即注册和存档，因为这两项功能的发生需要和科学系统外部发生关系，比如涉及法律和知识产权。后来，研究者们在此基础上又提出了科学交流的第五项功能：荣誉(Rewording)，即基于科学交流系统的文献计量结果派生的对参与者在交流系统中表现的认可和奖励，如在某一级别的刊物上发表论文标志着作者的学术水平获得肯定。③ 1959 年，美国社会科学家门泽尔(H. Menzel)对科学信息交流的过程进行了系统研究，将其区分为“正式”和“非正式过程”④。门泽尔认为“正式交流”(Formal Communication)就是“借助科学技术文献进行科学情报交流的过程”；“非正式交流”(Informal Communication)是由“科学家借助私人渠道完成的交流”⑤。一般认为，正式科学交流需要借助科学图书、报告、期刊、专利说明等科技文献进行，这就形成了正式交流的渠道，非正式科学交流的渠道有科学家的对话、书信往来、参观、演讲、展览、学术讨论会等。科研循环过程如图 14-1 所示。

学术出版是科学交流的重要组成部分，按照门泽尔对科学交流渠道的划分，学术出版属于正式科学交流，英文称为“Scholarly Publishing”或“Academic Publishing”，不仅指自然科学领域的出版活动，也包括人文社会科学领域的出版。英文当中的科学出版(Scientific

---

① ACRL. Principles and Strategies for the Reform of Scholarly Communication. [EB/OL]. [2022-07-01] http://www.ala.org/acrl/publications/whitepapers/principlesstrategies.

② 贝尔纳 J D. 科学的社会功能[M]. 陈体芳，译. 南宁：广西师范大学出版社，2003：344.

③ Herbert Van de Sompel, et al. Rethinking Scholarly Communication Building the System that Scholars Deserve [J]. Digital Library Magazine, 2004, 22(1): 22-32.

④ Menzel H, Katz E. Social Relation and Innovation in the Medical Profession: The Epidemiology of a New Drug[J]. Public Opinion Quarterly. 1955, 19(4): 337-352.

⑤ Colrman J, Katz E, Menzel H. The Diffusion of an Innovation among Physicians [J]. Sociometry, 1957, 20(4): 253-271.

Publishing)常常和学术出版(Scholarly Publishing 或 Academic Publishing)混用，三者之间并没有严格区分，但中文“学术出版”却更多被用于哲学社会科学领域，而“科学出版”则专指自然科学与工程技术领域的出版。为了和国际习惯用法保持一致，同时也依循“学术”的本意(既包含人文社科也包含自然科学与应用科学)，我们统一用学术出版来指称自然科学与人文社会科学领域的专门出版。

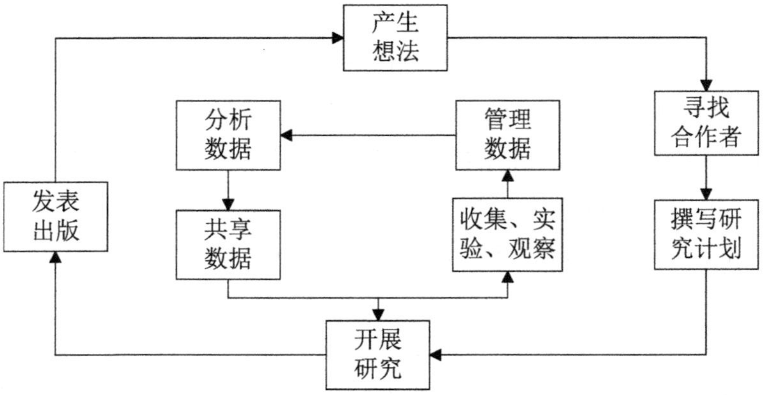

图 14-1 科研循环

二、学术出版价值链分析

学术出版价值链是指在出版活动的全过程中，所有对学术出版商最终价值产生影响的价值活动所构成的一个链条，由一系列增值活动组成。传统的学术出版价值链如图 14-2 所示，学术出版商通过组织同行评议、编辑加工稿件、发布与传播内容参与到学术科研人员的研究工作中，为其提供高质量的学术信息与专业内容。学术出版价值链的价值增值最多的部分，主要在组织同行评议、编辑加工和出版发布三个环节。

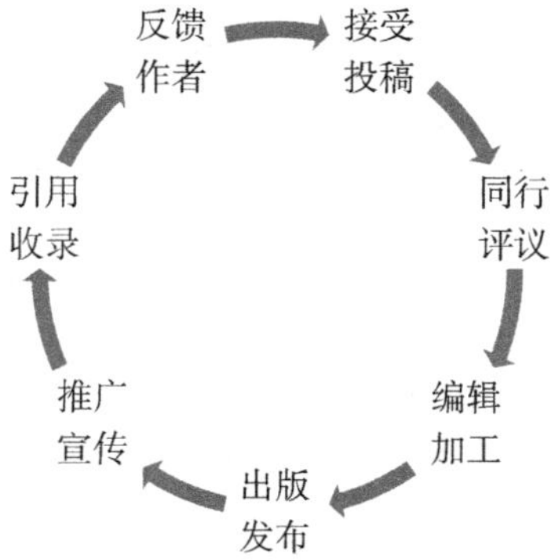

图 14-2 学术出版价值链

1. 同行评议

同行评议(Peer Review)虽然是科学领域的一种评价制度，但是作为一种质量控制机制它实际上起源于学术出版。在国际出版领域，同行评议始于1665年的英国皇家学会《哲学会刊》(*Philosophical Transactions of the Royal Society*)。《哲学会刊》不仅是全世界第一份专业学术期刊，也创立了一系列沿用至今的论文发表流程以及同行评议制度。① 同行评议是科学交流的基础和核心，也是学术出版的价值增值最重要的环节。学术科研工作者将自己的研究成果撰写成论文或者著作，提交给学术出版机构，由学术出版机构邀请同一专业领域的专家学者对其学术价值、原创性、完整性、可复证性等进行评价，最终做出修改、接受录用、拒绝发表等决定。组织和管理同行评议是学术出版赖以生存和发展的基础，也是学术出版产生利润的根本原因和学术出版价值链的重要一环。仅2013年一年，全球使用最广泛的两大同行评议审稿系统 Scholar One 和 Editorial Manager 就分别处理了220万篇和200万篇学术论文。

学术出版中的同行评议与大众出版与教育出版中的编辑审稿是完全不同的两个概念。同行评议是由同行专家完成，通常评议专家并非受雇于出版商和期刊，他们往往是大学教授、研究所研究员、具有高级知识技能的专业人士，以自己的专业知识和中立价值观对投稿的学术水平进行判断。而大众出版与教育出版过程中的编辑审稿由出版商或期刊内部编辑完成。与大众出版和教育出版的编辑加工流程相同，专业与学术出版的内容生产也需要经过"三审三校"甚至复杂的审读和校对流程，而审校过程通常发生在同行评议之后。因为内容中的学术价值是首要的，由同行专家把关，通过同行评议方能进入出版流程，开始编辑加工。

同行评议在整个科学交流系统中举足轻重的地位来自于其不可取代的作用。一方面，获得同行的认可是学术科研人员从事研究工作最根本的动机之一，正面的同行评议结果，直接代表研究受到同行认可。另一方面，同行评议作为一种"信任代理"机制，其存在能够极大地简化科学交流中信任产生的过程。即通过同行评议的论文和专著，本身就代表其内容经过了同行专家严格的复核和评估，读者默认公开见刊或成书出版的研究成果是值得信任的，尤其是那些具有较高学术声誉的期刊或出版社出版的论文和专著，更易获得学术共同体的信任。同行评议的根本目的在于评价论文或著作所展示的研究的质量。在实践中，同行评议通常从完整性、创新性、自洽性以及论文或著作本身与期刊或出版商出版范围的适应性等角度来评价其质量。

(1)同行评议的类型

从国际公认的《哲学汇刊》创刊算起，同行评议这一制度经历了300多年的发展历程，

① 松林. 英国皇家学会《哲学会刊》：世界上最早的同行评议期刊[N]. 中国社会科学报，2014-11-27.

伴随着科学研究的演进，发展出许多不同的形式。在学术出版实践中，期刊或出版商往往会根据以下6种不同的情况选择不同的同行评议方式。

① 审稿人和作者身份是否公开

根据审稿人和作者的身份是否向对方公开，可以分为单盲评议(Single Blind Peer Review)、双盲评议(Double Blind Peer Review)和开放评议(Open Peer Review)3种类型。顾名思义，单盲同行评议是指审稿人可以在评审过程中看到作者的名字和所属机构等信息，而作者不知道审稿人信息这样一种评议方式。单盲同行评议也是当前STEM领域最常用的一种审稿方式，根据出版研究联盟(Publishing Research Consortium，PRC)2016年的一项调查，有84%的科技论文作者经历过这种类型的同行评议。① 双盲同行评议是指作者和审稿人双方对对方都是匿名的。尽管要严格对作者个人信息进行保密不太容易，但近年来越来越多的学术期刊开始尝试这种方式。开放评议指的是作者和审稿人双方信息都向彼此公开。学术科研人员对这种同行评议方式抱有比较复杂的态度。原因是一方面作者担心公开自己的信息后审稿人会产生先入为主的观念甚至带有偏见和歧视，影响审稿的公正性；另一方面，审稿人也担心公开自己的信息会导致作者对自己负面的审稿意见“心存记恨”。因此尽管呼声很高，目前的学术出版实践中采用这种方式评议的期刊很少。

② 审稿结论是否通用

同行评议是一个费时费力的过程，学者专家要认真评议一篇论文且提出有价值、能提升论文水平的修改意见，需要付出大量的辛勤劳动，如果是动辄几十万字的学术专著，对其评议就更加复杂。组织实施同行评议过程，也需要耗费出版商的大量时间和精力。如匹配审稿人、催审稿人在规定日期内完成审稿、汇总审稿人意见等都是十分细致而耗时的工作。一旦审稿人因故无法审稿时还需要更换审稿人，且大多数学术论文从投稿到最后发表需要经历至少两轮审稿。鉴于此，一些出版商提出一种通用审稿模式，即将同一篇论文的审稿结果在同一学科领域的不同期刊之间公开，以避免重复审稿耗费不必要的劳动。比如美国国家信息标准中心(National Information Standards Organization，NISO)旗下的成员期刊，可以通过签署审稿交换协议(Manuscript Exchange Common Approach，MECA)来共享审稿结果。通用结果这种同行评议模式对于出版商来说显然大有裨益，如果一篇投稿曾经被其他期刊拒绝过，并且有明确的审稿意见可以共享，出版商就可以直接对照之前的审稿意见比对重新投稿的论文，从而判断其是否值得重新发表或再次审稿。对作者而言，这种审稿方式显然弊大于利，当审稿结果不被通用时，一篇已被目标期刊拒稿的论文可以再寻找其他目标刊物投稿。而当审稿结果通用时，相关期刊群可能会因为初次审稿被拒而不再录用来稿。目前，通用审稿结果仅在有限的期刊群中使用，广泛争议的存在导致这种审稿方式目

① PRC. PRC Peer Review Survey 2015[EB/OL]. [2022-07-01]. http://publishingresearchconsortium.com/index.php/134-news-main-menu/prc-peer-reviewsurvey-2015-key-findings/172-peer-review-survey-2015-key-findings.

前尚未得到普及。

③ 作者和审稿人是否有必要互动

近年来，一些基于互联网出版和传播的新创刊物(例如 eLife 和 Frontiers 系列刊物)鼓励作者和审稿人就投稿论文的审稿过程进行在线讨论和互动，这种讨论可以是双方匿名的，也可以是一方公开身份的，还可以是双盲的。与传统单向度的同行评议相比，互动的同行评议允许作者对审稿人的意见进行及时回应，促进双方公平对话，既可以缩短同行评议的时滞，提高效率，也可以督促审稿人对每一篇投稿进行认真评审，提高审稿质量。而双方之间的直接沟通和互动，还可以在某种程度上减轻编辑的负担，缩减出版商组织同行评议的成本。一些青年学术科研人员对这种评审方式表示欢迎，因为它给了他们与“大牛”审稿人公平对话的机会，让其可以为自己的研究成果进行“答辩”。但实施这种互动审稿的前提是需要搭建一个网络平台，并且作者和审稿人双方都愿意互动。对于原本工作繁忙且认为审稿占用过多时间的同行专家而言，与作者进行在线交流难免会增加其工作负担，既缺乏动力又缺乏时间。

④ 审稿人的意见是否应该发表

同行评议的最终目的是评价论文或著作所呈现出来的研究是否具有价值，是否值得在学术共同体内部甚至面向社会公开。但在学术出版实践中，同行评议还具有另外一个至关重要的作用，即提升发表论文的水平，使其最终的发表状态，不论是学术性、完整性还是文本可读性和规范性，都要远远优于提交状态。近年来有期刊开始尝试为作者提供公开审稿人意见的发表选项。只要作者和审稿人都愿意，审稿意见将会和论文本身一起被公之于众。读者通过阅读审稿人意见和发表的论文本身，将更加容易把握发表内容的价值，学习经验，提升自身的科研和发表能力。2018 年 8 月，两大生物科学研究基金——英国惠康信托基金(UK Wellcom Trust)和霍华德·休斯医学机构(Howard Hughes Medica Institute)发出一项关于出版审稿意见的倡议，截至 2019 年 8 月，已经有超过 20 家出版社的 100 多种期刊签署了这一倡议，表示愿意为作者提供同时发表审稿意见这一服务选项。①

⑤ 是否有必要完全开放同行评议

完全开放的同行评议不仅作者与审稿人双方身份公开，评议过程、评价内容和作者修改答复内容也要公开，而且这种公开是通过网络平台向所有人的公开。理论上，只要能接入互联网，任何人都能看到同行评议的过程及作者和审稿人之间的往来内容。当前有些开放获取学术出版平台如 arXiv 和 BioRxiv 会将预印本(Pre-Prints)公开以便读者进行评论。一些新创的互联网学术期刊如 PeerJ 和 F1000Research 等也采用了类似的网络系统，鼓励审稿人和作者公开审稿内容。

⑥ 先审稿后发表还是先发表后审稿。

① Polka J K, Kiley R, Konforti B, et al. Publish Peer Reviews[J]. Nature, 2018, 560(7720): 545-547.

传统学术出版流程中，同行评议是出版物质量控制的重要手段，也是编辑出版的前置环节。通过同行评议，意味着研究成果获得专业认证和信任背书，可以被发表。但同行评议过程受制于种种因素，耗时漫长且成本高昂，对于一些领域(如医学、生物学等)的研究成果，快速及时发表尤其重要，在这种情况下，先发表后评审就成为一种需求。BMJ、Science Open、PloS One 等机构和平台率先推出先发表再评议选项。先发表再评议也称为出版后评议(Post-Publication Peer Review)，这种模式下，出版商和期刊只对投稿做最基本的形式加工和语言编校，用最快的时间将其以在线形式发表出来，读者可以第一时间阅读论文，同时期刊编辑再邀请审稿人对已经发表的成果进行审稿。这种同行评议方式在某些学科中已经得到了推广应用，逐渐引起了更多学者科研人员的关注。近几年，新型冠状病毒感染肆虐全球，不少针对这种病毒的最新研究成果是通过先出版后评议得以第一时间向全球公布的。

(2)出版商在同行评议中的作用

出版商在同行评议中起到组织者的作用，尽管这种作用并非不可替代，但同行评议由出版商牵头组织是一种经实践证明的最佳方案，针对科研工作者的调查也表明，大多数学术作者认为出版商是最合适的同行评议组织者，也希望未来的同行评议仍然由出版商组织。① 首先，如上文所述，同行评议耗时耗力，是一项需要精心组织和有效管理的工作，学术科研人员自己显然不具备这种精力和资源调度能力，也没有必要越俎代庖。尽管学会和协会也可以组织同行评议，但在执行层面往往由其下属的期刊编辑部和出版机构落实。此外，学术科研人员普遍认为，由专业的出版商组织的同行评议有可能更加公平，效率更高，提供的服务更好。② 其次，由出版商组织在线同行评议，可以最大限度发挥规模化优势。与单个协会和学会相比，出版商更有动力投资和维护在线同行评议系统，而同行评议系统可以通过建立审稿专家库、提供反剽窃检测、收集元数据信息、整合必要的电子支付功能(比如为开放获取的期刊收取论文处理费)等手段极大地提升审稿效率、改善审稿人和作者的体验。

近年来，出现了一些独立的同行评议服务，即作者或期刊编辑部付费委托第三方独立机构寻找审稿专家，督促完成同行评议，例如 Rubriq、意德辑(Editage)、Peerwith 和 Peerage of Science 等都提供独立的同行评议。目前这种商业模式还没有推广开来，其应用前景和商业模式尚有待检验。

(3)同行评议存在的争议及问题

作为学术出版质量控制关键流程和价值增值关键环节的同行评议机制并非完美，恰恰相反，其在操作层面还存在许多不足，亟待改进。

---

① Nicholas D, Watkinson A, Jamali H, et al. Peer Review: Still King in the Digital Age[J]. Learned Publishing, 2015, 28(1): 15-21.

② Ware M. Peer Review: Benefits, Perceptions and Alternatives [EB/OL]. [2022-07-20]. http://www.publishingresearch.net/documents/PRCsummary4Warefinal.pdf.

① 时滞长、效率低

同行评议过程漫长、效率低下已经成为学术出版的最大痛点，广受广大科研人员诟病已久。英国非营利性科普组织"科学的意义"(Sense About Science)调查结果发现：43%答复者认为同行评议耗时长，65%的作者表示一般 3 个月内才能收到同行评议结果。① 另有研究发现，对一篇论文进行同行评议反馈平均需要 19.1 天；② 美国大学出版社协会认为，审阅一整部书稿通常需要 6~8 周，评审书稿撰写大纲需要 3~4 周；③ 对于复杂、特殊的项目时间还要延长。事实上，对作者而言，从投稿一篇论文到收到审稿意见需要 3~6 个月时长颇为常见，更有甚者，一年以后才收到反馈意见。少数运作不规范的学术期刊甚至不给作者任何意见，投稿犹如石沉大海。漫长的审稿，不能满足科学交流时效性需求，一些创新研究成果得不到及时发布，造成资源配置浪费，挫伤科研工作者积极性，后果不堪设想。

② 存在偏见、有失公平

不论是单盲、双盲还是开放同行评议，均无法完全避免偏见、歧视和徇私舞弊等现象存在。单盲评审中，审稿人可能会因为作者的国籍、身份、性别、所属单位而产生先入为主的偏见。双盲评审，也无法避免审稿人出于竞争或其他不可告人的原因而给出不客观的评审意见，以达到拖延论文发表的目的。公开评审看似解决了以上问题，但实际操作中作者和审稿人互相知道对方的身份可能会导致审稿人碍于情面或担心"报复"不愿意直接给出负面评价。

③ 审稿人存在巨大缺口

大多数审稿人进行同行评议都没有直接报酬，不会从这项耗时耗力的工作中收获物质奖励。匿名的评审会让审稿人失去获得精神激励和同行认可的机会，事实上，只有出版商和编辑知道审稿人所做的具体工作。缺乏激励、耗时耗力导致全球范围内审稿人存在巨大缺口。根据 Publons 平台 2018 年的调查，全球科研论文产出排名前十的国家当中只有美国和英国贡献了与其论文产出比相当的同行评议，其他八个国家均存在不同程度的同行评议缺口，其中缺口最大的是中国。中国贡献了全球 23.8%的科研论文，但只提供了 8.8%的同行评议。④

④ 无效评议

随着科学的发展，"大科学""小科学"成为趋势，一方面学科之间的交叉融合催生出

① 盛怡瑾，初景利. 同行评议质量控制方法研究进展[J]. 出版科学，2018(5)：46-53.

② Clarivate Analytics. Publons Release Inaugural Global State of Peer Review Report[EB/OL]. [2022-07-21]. https://clarivate.com/news/publons-release-inaugural-global-state-of-peer-review-report/.

③ AAUP's Handbook of Best Practices in Peer Review [EB/OL]. [2022-07-21]. https://www.equinoxpub.com/home/wp-content/uploads/2016/09/AAUP-Best-Practices-for-Peer-Review-.pdf.

④ Publons. Global State of Peer Review 2018 [EB/OL]. [2022-07-21]. https://publons.com/community/gspr.

许多新兴的交叉学科，另一方面，学科内部细化分支进一步发展产生了许多更加专业、更加细致的研究领域。众所周知，同行评议的关键是找到熟悉作者研究领域的真正“同行”对其研究价值做出判断。当学科发展同时出现高度融合和高度专业化时，找到真正的“小同行”会变得愈发困难。这就会造成许多同行评议无法发现论文或专著中真正存在的问题，审稿人看不懂、评不了稿件，敷衍塞责甚至任意乱评的情况越来越多。研究发现，那些影响力比较大的期刊在过滤虚假研究方面做得并不比影响力比较小的期刊好，① 这进一步证明了无效同行评议客观存在且难以避免。

⑤ 虚假评议

虚假评议也被称为同行评议滥用，是指通过作假等手段绕过同行评议过程但却伪装成经过同行评议而获得出版这样一种学术不端行为。国际上，大部分学术期刊在接受投稿时会邀请作者推荐审稿人。这样做的目的原本是更加高效地为投稿找到合适的审稿人，但一些心怀鬼胎的作者利用这个漏洞注册邮箱，伪造审稿人身份，提供虚假审稿人信息，一旦期刊编辑部邀请这个不存在的审稿人进行审稿，作者就可以自己为自己的稿件大开绿灯，通过论文评审。SAGE 出版公司曾经展开了一项为期 14 个月的调查，发现 130 个可疑的审稿人邮箱，涉及 60 篇已经发表的论文，并最终对其做出撤稿决定。影响最大的同类撤稿事件是 2017 年，施普林格·自然集团撤稿了 100 篇已经发表的论文，牵涉 400 名中国学者。事后这些学者的名单被网民搜索公布，造成了巨大的社会影响。

2. 编辑加工

学术出版的本质是知识的生产和传播，学术出版物的编辑加工过程实际上是知识服务的一个环节，目的是使通过同行评议的内容更加适于阅读与传播。一般说来，学术出版的编辑加工环节涉及审读、文字加工、语言润色、图表检查、参考文献检查、排版等环节。

(1)审读

与大众出版与教育出版一样，专业与学术出版的编辑加工同样要经过多轮审读，我国在出版业全面推行“三审三校制度”多年，严格要求出版单位执行。学术出版的第一轮审读工作开始于作者投稿。以期刊为例，收到作者投稿以后，编辑通常会对论文主题和内容做初步审核，判断其是否达到刊物基本要求。然后再从专家库中匹配审稿人邀请其对论文进行同行评议。通过同行评议的论文会进入第二轮审稿，此时出版社或期刊的编辑会对论文进行第二轮审读，同时综合审稿人提出的意见，对作者提出具体修改意见。待作者按其意见修回论文，编辑会对其进行第三轮审稿，以审读其是否按照意见进行修改，并决定其是否达到发表要求。

---

① Fang F C, Steen R G, Casadevall A. Misconduct Accounts for the Majority of Retracted Scientific Publications[J]. Proceedings of the National Academy of Sciences of the United States of America, 2012, 109 (42): 17028-17033.

(2)文字加工

在上述三轮审稿的基础上，出版社或期刊将会对论文或专著进行更加细致的文字加工，包括语言规范、行文表达、前后文核对、标点符号匡正等。这一环节的工作不涉及学术内容方面的修改，因为按照国际惯例，来稿的学术价值、科学性、完整性和可复证性是通过同行评议环节来评价的，并不是期刊文字编辑的职责所在。国外有些期刊会分别设置“学术编辑”和“文字编辑”两个角色，前者用来辅助判断来稿的学术价值，后者则只负责文字。对于成规模的大出版商来说，更常见的操作方法是将文字加工工作外委托给专业的第三方。众所周知，编辑工作是智力密集型的工作，需要耗费大量的人力资源，因此跨国学术出版商往往会将文字加工业务以及语言润色、图表检查、参考文献复核、排版等工作外包给劳动力成本相对较低的发展中国家(如印度、菲律宾等将英语作为官方语言的国家)代工企业完成。

(3)语言润色

语言润色是学术出版编辑加工环节的一项重要工作，在英语论著的出版中，语言润色几乎是不可缺少的。科学无国界，英语是当今学术界通用的国际语。用英语撰写和发表学术成果成为全球科研人员的日常工作。对于许多非英语母语国家的科研人员，尤其是亚洲、拉丁美洲等国的科研人员来说，熟练使用英语写作出流畅可读的英语论文和专著显然不是一件容易的事，这就需要使用专业的语言润色服务。当前，几乎所有的知名跨国学术出版商都为其作者提供语言润色服务，当然，这种服务都需要另外收费。除了出版社，一些专业的语言润色公司也提供相关服务。一般而言，普通的语言润色服务仅仅排除语法、标点和遣词造句等方面的基本问题，而高级的语言润色服务由母语国家的同领域专家完成，专业对口，而且还能提供收据、语言润色证书等，当然价格也相应高一些。

(4)图表、公式检查

科技论文和专著的出版涉及大量的图表、公式，需要对这些部件进行特别的仔细检查。失之毫厘，谬以千里，细节上的错误对科技出版物而言是硬伤，是编辑加工环节一定要避免的。尽管在同行评议环节，审稿人也会对论文和专著中的图表和公式进行确认，但编辑加工环节的二次检查和反复确认是必不可少的。

(5)参考文献复核

参考文献和引用是学术论文和专著最重要的辅文，它不仅能为作者的论点提供有力的论据，而且可以精炼文字、节约篇幅，增加论文的信息量。规范、正确地引用参考文献也反映作者严谨的学风和治学态度，代表着学术出版物的质量。编辑加工文稿时，需要对参考文献和引用进行逐条复查，主要检查文献是否标注正确，规范，页码范围是否正确，引用文献是否必要、相关，引用的网络链接是否能打开等等。中文学术论文和专著的参考文献需要严格按照国家标准《文后参考文献著录规则》(GB/T 7714-2015)进行标注，英文参考文献也有相应的著录规则，如社会科学领域的研究广泛采用美国心理学会出版的《美国心理协会刊物准则》(American Psychological Association, APA),人文领域和自然科学领域的论著则多采用芝加哥格式(The Chicago Manual of Style)。

目前学术出版业界采用人工和计算机两种方式完成参考文献检查。人工检查异常烦琐,需要付出极大耐心和细心才能完成,而且差错率相对较高,计算机检查的效率和准确度大大提高,但需要依托动态更新的学术信息查询系统和数据库。CrossRef 就提供了查询参考文献的机器解决方案,它是一个由出版商创建和管理的独立会员制、非营利性协会,是 DOI(Digital Object Identifier System,数字对象唯一标识符)的唯一注册机构,维护着 DOI 查询系统,从而保证会员出版商、图书馆、研究者能够实现自动内容链接。CrossRef 目前被出版商广泛采用,以核查参考文献。

(6)排版和校对

通过同行评议和编辑审读环节的论文和专著,就进入排版校对环节。不同期刊和出版社对学术出版物的内容呈现效果有不同的要求。但标题、摘要、关键词、注释、参考文献、致谢等是学术论文必备的组成要素。学术期刊通常采用双栏排版,正文前的内容摘要则采用通栏。也有不少人文社科期刊采用通栏排版。对于学术著作来说,往往还需要目录、前言、后记、索引等辅文。不论是论文还是专著,都需要对排版加工后的稿件进行多次校对。校对内容包括:排版错误、编辑加工过程中疏漏的未改错误和调整版式、图表位置等。目前,学术出版的排版和校对都已经实现了智能化,排版软件和校对软件得到广泛应用。一些期刊甚至提供写作模板,要求作者提交稿件时就做到规范化,极大降低了后期排版的工作量。一些论文写作工具(如 LaTex 等)将文章的排版以代码的形式呈现,符合工程、数据、计算机科学领域作者的工作习惯,因此,只要期刊和出版社提出排版要求,这些领域的作者提交的论文往往能做到不需要重新排版。

3. 内容发布

注册、认证、通告、存档、奖励是科学交流系统的五大功能,这些功能实现的关键步骤是内容发布。经过同行评议、三审三校的稿件,通过专业的图书情报机构内部质量控制,达到公之于众的标准和同行专家认可的学术水平,于是可以通过付梓印刷或在线发表的方式与读者见面。一旦正式公开出版,即标志着内容本身获得期刊或出版社背书,从而实现认证与通告功能。同时,通过期刊和出版社正式出版的内容,不论是纸质形式还是数字化的虚拟形式,都通过一定的方式封装存档,供读者回溯检索和阅读。学术出版的奖励功能,也只能通过内容发布实现。一方面,期刊的影响因子、出版社的品牌作为一种信任代理机制,代表着学术共同体对论文和专著内容的认可,学术科研人员可以通过在高水平期刊和著名出版社发表论文和出版专著获得奖励,这种奖励往往与其职称晋升、学术生涯发展有关,甚至有可能直接转化为经济效益和社会地位。

专业与学术出版的产品与服务(慕课)

学术出版的产品与服务(课件)

第二节　出版物类型与载体介质

期刊和图书是专业与学术出版物的两种主要类型，如今的学术期刊和学术图书，已经实现了大规模数字化，通过互联网进行传播，供读者下载和阅读。与大众出版与教育出版领域相比，专业与学术出版领域是最先开展数字化的。早在20世纪50年代末60年代初，美国和苏联的科技情报界就开始着手科技信息资源的电子化工作。20世纪90年代初，学术出版商爱思唯尔(Elsevier)牵头，与荷兰7所研究型高校联合开展了一项名为“郁金香计划”[①]的研究型大学图书馆资源数字化工程，旨在将这些大学的馆藏学术资源和学者的研究成果以数字化方式存档，以提供长期保存和使用。“郁金香计划”成为今天爱思唯尔全文学术数据库Science Direct的前身。今天的专业与学术出版，产品与服务种类之多，数字化与智能化程度之高，已经远远领先于其他两个出版领域。

一、期刊

期刊是一种定期或不定期出版的连续出版物。学术期刊是承载经过同行评议的研究内容，以学术科研人员为主要阅读主体的一种连续出版物。现代意义上的学术期刊，最早可以追溯到1665年英国皇家学会《哲学汇刊》(*Philosophical Transactions of the Royal Society*)。[②] 自此以后，学术期刊出版逐渐取代寄存手稿、“无形学院”等非正式交流成为学术交流的基本方式，期刊也成为学术出版物的主要形态。

传统学术期刊一般定期出版，以月、双月、季、半年和年为期出版的期刊被称为月刊、双月刊、季刊、半年刊和年刊。学术期刊有固定的刊名、学科范围和栏目，对刊载的文章类型也有相应要求。一般为研究型论文(Research Paper)、书评(Book Review)、观点性评论(Opinion)、工作论文(Working Paper)、通信(Communication)、专稿(Special Issue)、早期成果(Primary Paper)等不同类型。如今，尽管仍然保留了卷、期的出版特征，但数字化的电子期刊已经成为学术期刊的主流，读者登录网页或数字图书馆，就能逐篇下

① The University Licensing Project，首字母缩写为TULIP，英语意思为郁金香，郁金香正好是荷兰的国花，因此该项目被称为“郁金香计划”。

② History of Philosophical Transactions [EB/OL]. [2022-04-08]. https://royalsociety.org/journals/publishing-activities/publishing350/history-philosophical-transactions/.

载、阅读、保存学术期刊发表的论文。纸质版本的期刊往往只会应读者或作者的需求才会被印刷和传递。

1. 出版流程

学术期刊的一般出版流程如图 14-3 所示。期刊编辑部在收到作者的投稿以后会进行初步审读，判断文章主题和基本内容是否符合刊物要求，如果符合，将会组织同行评议。通过同行评议的论文，将会进入出版流程，经过内容编辑、加工、校对、排版等流程后通过出版商平台或集成平台在线出版或交由作者进行自存储，如果有印刷需求，出版商会将整期期刊或者单篇论文连同期刊封面、目录印刷出来邮寄给作者或者采购的图书馆。正式的期刊可以以开放获取(电子版在线传播)、代理发行、打包订阅等方式传递到读者手中，这些方式涉及期刊不同的盈利模式，下一小节中我们将做详细介绍。

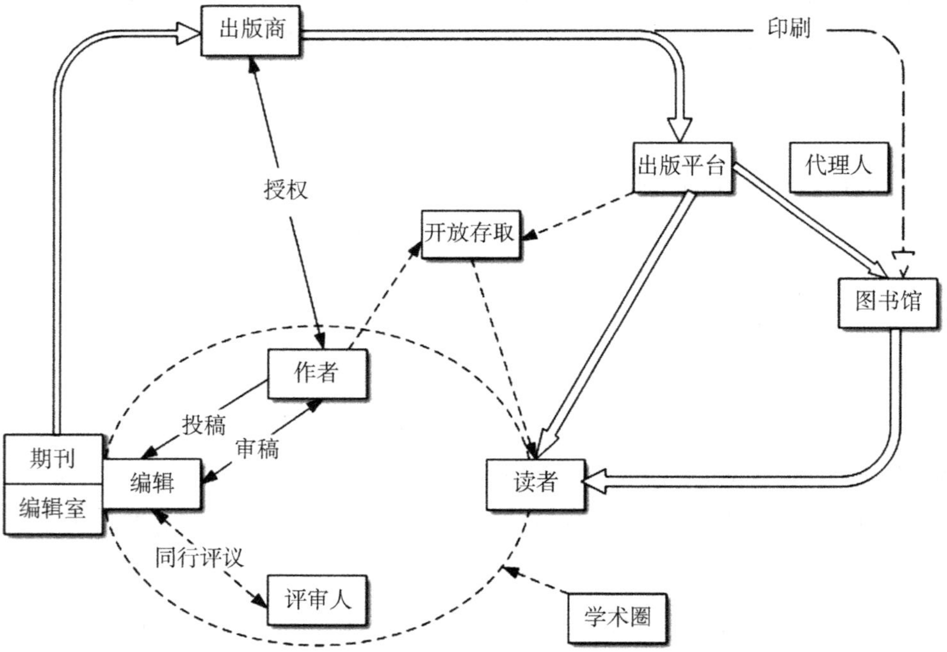

图 14-3 期刊出版流程图①

如图 14-3 所示，在整个期刊出版流程中，出版商和编辑部相互配合、不可替代，共同为学术共同体的科学交流提供保障。编辑部主要对期刊的内容质量进行控制，而出版商则提供包括投审稿系统在内的基础设施、为期刊进行宣传推广等营销服务、负责期刊的发

① Rob Johnson, Anthony Watkinson, Michael Mabe. The STM Report An overview of scientific and scholarly publishing (1968-2018) Celebrating the 50th Anniversary of STM [R]. International Association of Scientific, Technical and Medical Publishers. The Netherlands : Prins Willem Alexanderh, 2018: 17.

行、协助期刊进入各种索引系统等。出版商在期刊出版全流程中，都起到价值增值的作用，比如搭建基础设施并对其进行更新与维护，方便期刊编辑部优化投稿审稿流程，加快同行评议进度等。出版商还可以为编辑部提供用户数据分析等增值服务，通过分析用户的浏览、下载次数、地区和国家分布等网络日志信息，出版商可以形成用户报告，帮助编辑部扩大读者范围和期刊影响力。此外，单个学术期刊的编辑部往往人力和资源有限，依托学术出版商，可以以较低成本进行营销推广。国际学术会议上，我们常常可以看到学术出版商以赞助人或组织者身份出现，在学术共同体的集会上打包宣传期刊、向学者直接征稿约稿。

2. 盈利模式

国际上通行的学术期刊的发行模式或说盈利模式主要有两种：一是订阅模式，二是开放获取模式，前者以组织机构（主要是研究型图书馆）为对象，后者以个人读者为用户对象。

（1）订阅模式

尽管市场份额正在下降，但订阅模式仍然是学术期刊的一种主流盈利模式和分销方式。纸质期刊时代，研究型图书馆通过订阅代理（或称采购商）向出版商征订期刊，以降低订阅成本、简化订购过程，实现通过单一代理向多家出版商订阅。随着数字期刊取代纸质期刊，依托互联网的电子化、网络化发行渠道取代了订阅代理，图书馆可以方便地向出版商订购数字期刊，订购代理的功能逐渐减弱，一些原先从事期刊订阅代理的公司开始转型。

在此背景下，“捆绑销售”（Bundles）逐渐兴起，成为学术出版商的主要销售模式。所谓“捆绑销售”是指同一个出版商将旗下出版的期刊甚至电子书、数据库等多种出版物以“一揽子”（Package）的方式按照学科、专业等组合打包向图书馆用户销售。2012 年一项针对研究图书馆联盟（Association of Research Libraries）成员的调查显示，有超过 90%图书馆通过这种“捆绑销售”的方式向出版商订阅学术期刊。① “捆绑销售”是一种基于卖方市场的盈利模式和定价方式，这种价格体系默认每一种期刊均有相同的价值，对不同的期刊制定相同的订阅费用。这显然是不合理的，一些质量不高的期刊通过“搭售”高水平期刊获得了销售。这种方式毫无疑问对出版商更加有利，广受图书馆诟病，进而引发了一系列争议和危机，甚至直接导致了“期刊危机”和开放获取模式的诞生。

除了“捆绑销售”，订阅模式下的学术期刊定价方式还有使用定价、分层定价、差异定价三种。使用定价是根据每种期刊的使用频次和下载量定价，使用人数多、下载量大的期刊定价高，反之则定价低。分层定价是指依据用户规模大小对期刊的订阅机构进行分层，

① Strieb K L, Blixrud J C. The State of Large-Publisher Bundles in 2012[J]. Research Library Issues, 282: 13-20.

不同层级的机构用户可以享受不同的价格折扣。一般而言，用户规模较大的机构在谈判中具有较大的话语权，类似当前电子商务中流行的团购，可以与出版商讨价还价，争取相对比较低的价格折扣。差异定价是根据用户的类型而不是规模定价，比如个人用户、企业用户和学术科研机构用户订阅期刊的价格不尽相同，通常科研机构用户能享受比较优惠的订阅价格。

(2)开放获取模式

20世纪80年代开始，随着学术期刊订阅价格的大幅上涨，图书馆不堪重负，全球范围内出现了“期刊危机”和研究型图书馆联合抵制垄断型学术出版商肆意涨价行为的“开放获取运动”。所谓开放获取(Open Access)是指电子形式的学术文献无条件、免费、不设置任何障碍地公开，只要有接入互联网的软件和硬件环境，所有人都可以无障碍获取学术信息。开放获取理念背后的逻辑非常简单，受公共财政资助的学术科研工作所产出的论文和专著，应该为公共免费获取，出版商不应该在中间设置一道“付费墙”(Pay Wall)以阻碍他人行使获取内容的权利。

然而，通过前面对学术出版价值链的分析可知，学术出版商确实在科学交流系统中提供了价值增值服务，出版商提供的服务确实耗费了大量的成本和资源，开放获取模式下，出版商的付出如何得到合理回报，成为一个现实问题。实践当中，出版商、图书馆、政府科研管理部门、研究基金提供者、作为读者和作者的学术科研人员经过多方博弈，形成了包括“金色开放获取”“绿色开放获取”“青铜开放获取”等一系列途径在内的解决方案。有关开放获取出版的更多问题，我们将在下一节中继续讨论，此处不再赘述。

3. 新型期刊

今天的科学交流已经从过去的纸本文献时代进入了基于互联网的知识服务时代，学术期刊经历了三个多世纪的发展，演变出更加开放、共享、更能适应当下学术交流需要的新模式。这些新型期刊，依其对学术期刊传统形态的对比关系，大致可以分为增强型、创新型和替代型三种类型。

(1)增强型期刊

数字技术的广泛使用和互联网的深入发展，赋予学术期刊更多的呈现方式和表达途径。多媒体技术被广泛应用在学术出版中，使传统的静态PDF格式论文有了富媒体的形态，从而更容易让读者理解。嵌入短视频的学术期刊*Journal of Visualized Experiment*(简称JoVE)就是这样一种新兴期刊，它要求作者投稿时上传一段展示实验过程的短视频，一旦论文被发表，短视频就会出现在论文页面。随着学术界对研究可复证性要求的提高，一些期刊开始提供数据增强型论文出版服务，要求或允许作者在提交研究成果时一并提交研究数据，以便同行评议专家或读者进行复证，生物医学领域的开放获取期刊BioMed和PLoS都属此类。一些新创期刊甚至专门出版数据集，成为数据期刊，如施普林格·自然(Springer Nature)集团旗下的新创数据期刊*Scientific Data*。针对同行评议存在的偏见和争议，一些期刊推出了同步出版同行评议的选项，作者和审稿人关于论文评议的全部和内容过程会随着论文的正式出版全部公之于众。F1000Research 要求每篇被录用的论文在发表时必须公开同行评议，《天文化学与物理》(*Atmospheric Chemistry and Physics*)则提供了这一选项。社交媒体的发展使原本“高大上”的科技文献和学术信息有了更加“接地气”的传播渠道，公共卫生突发事件等公共事件的频繁出现使得普通人对科学信息的需求与日俱增，在此情况下，用直白的语言解释科学论文发现的需求变得十分迫切。《细胞》(*Cell*)、《科学》(*Science*)、《自然》(*Nature*)三大顶级期刊都非常重视科普，不仅在网站上发布科普文章，还有专门的科普编辑和作者一道为重点文章编写科普长摘要、制作视频，帮助公众理解前沿科研成果。

(2)创新型期刊

与增强型期刊在传统学术期刊的功能方面有所突破不同，创新型期刊是对传统期刊出版模式的根本性颠覆，是全方位的革新，是市场新进入者带来的变化。近年来随着开放获取运动发展诞生的巨型期刊(Mega Journal)就是这样一种全新的在线出版物，其出版体量远大于普通的传统期刊，是一种对稿件具有低选择性的同行评议学术期刊。一般认为，巨型期刊这种开放获取期刊新模式由 PLoS One 首创。伴随着开放获取期刊的良好发展态势，一些主流学术期刊出版商开始进行巨型期刊运营，其中引人注目的巨型期刊有 SAGE 出版集团旗下的 *Sage Open*，施普林格·自然集团旗下的 *Scientific Reports* 及 *Springer Plus* 等。巨型期刊除了开放获取以外，通常还具有以下特点。一是发文量大，每年在各种巨型期刊上发表的学术文章远远多于传统学术期刊刊载的文章。仅 2017 年第一季度 在 PLoS One 上发表的文章就达到 5541 篇。① 二是低拒稿率，巨型期刊接收与否取决于论文是否有科学性和完备性，而对论文的新颖性和重要性不做评价，这使得未被接收的稿件保持在最小限度，PLoS One 最终出版其收到的 65%~70%的投稿。② 此外，巨型期刊还有收取论文评审费和出版周期短等特点。“姊妹刊”(也称“串联刊”，Cascade Journal)，是为了解决同行评议冗长的时滞问题而出现的一种创新期刊。很多时候，被同行评议拒稿的论文并不是本身质量有问题，而是主题与投稿期刊不符，这种情况下，期刊编辑可以将论文推荐给同一个出版商旗下另外的刊物，即姊妹刊。此外，对于质量较好、稿源充足、拒稿率高的期刊而言，可以将大量“非顶级”论文推荐给同一个品牌下略逊一筹的姊妹刊，以便两个刊物共享同行评议，也为作者提供更多的发表渠道，当然，这样操作的前提是征得作者的同意。微型出版物是近年来随着语义出版技术发展而诞生的一种全新出版物，微型期刊的出现适应了学术出版领域机器读取和理解文献内容的需要。与传统学术期刊发表单篇论文为单元不同，微型出版物出版的对象是细粒度的知识单元，具有明显的模块化、结构化、形式化和网络

① Spezi V, Wakeling S, Pinfield S, et al. Open-access Mega-journals: The Future of Scholarly Communication or Academic Dumping Ground? A Review[J]. Journal of Documentation, 2017, 73(2): 263-283.

② 许洁，吕江建. 争议中发展的巨型期刊[J]. 出版广角，2017(12): 24-30.

化特点。爱思唯尔的 *Results in Physics* 从 2018 年开始接受微型论文投稿。

(3)替代型期刊

随着开放、共享、平等科学交流理念的普及和互联网的发展，以同行评议期刊和图书为核心的传统科学交流模式逐渐被开放获取、开放数据、学术社交媒体等新的交流方式部分替代。我们通常所说的主题仓储或机构仓储，就是替代期刊的学术出版模式。前者是围绕同一学科或研究主题建立的开放获取平台，作者可以将论文和研究成果上传到平台上，一方面是存档，一方面供同行阅读和下载。后者与前者功能一样，只不过不是以学科和研究主题为基础而是以机构为基础搭建，例如许多研究型大学和科研机构就有自己的开放获取平台，要求本机构学者科研人员将自己发表的论文存储在特定的网络空间。当然，也有科研基金和国家政府搭建平台，要求受基金资助发表的研究成果必须上传到该平台，例如我国的国家自然科学基金就有此要求。也有人认为，这种机构典藏的方式并不是期刊，也不是完全替代学术期刊的一种全新出版渠道，而更像是一种并行的补充渠道，也就是人们通常所说的开放获取绿色道路(Green Open Access)。

二、图书

学术图书是指内容涉及某学科或某专业领域，具有一定创新性，对专业学习、研究具有价值的图书，通常在书中有文献注释或参考文献，书后有索引。它包括学术著作、学术专著、学术论文汇编、论文集、会议论文集等，广义上的学术图书还包括某学科百科全书等工具书、学术随笔等。学术图书的"著作方式"，多数是"著""撰"，少数是"编"。图书是期刊之外的第二大正式科学交流载体。英国媒体调查公司 Outsell 发布的一项调查结果显示，2017 年全球学术图书(含自然科学、社会科学与医学)的市场规模达到 32.05 亿美元，且与纸质书相比，电子书销量占比持续五年上升。[①] 与学术期刊一样，一部学术图书的面市除了三审三校，还需要经历同行评议这一质量控制的核心环节。尤其是学术图书当中的学术专著，是对某一学科或领域或某一专题进行较为集中、系统、全面、深入论述的著作。一般是对特定问题有独到见解，且大多"自成体系"的单著或二三人合著的学术著作。学术专著的出版要求进行严格的同行评议。

从盈利模式来看，学术图书出版有两种常见的方式，一是受研究基金资助，不依靠市场销售获取利润；二是面向市场发行，以从市场上获取利润为目标。对于读者较少，无法通过市场销售补偿出版成本的学术图书而言，作者使用研究基金支付出版费用是一种惯例。我国的自然科学基金、社会科学基金都专门列支出版费用以支持研究成果的出版或发表。国家社会科学基金每年还专门单列后期资助项目，支持已经完成书稿的研究成果出版。对于有一定市场规模或潜在读者消费能力较高的学术图书而言，可以通过市场来补偿

① Outsell. Science, Technology and Healthcare: 2018 - Market Size, Share, Forecast and Trend Report [EB/OL]. [2022-04-08]. https://www.outsellinc.com/product/science-technologyand-healthcare-2018/.

生产成本、获取收益。荷兰博睿出版社(Brill)就是一家具有悠久历史的老牌营利型学术出版社，其出版的学术图书绝大多数都面向市场，以顶尖的学术质量和独一无二的专业水准，用小语种出版具有专业特色的人文社科和自然科学图书。尽管所出版的学术图书价格不菲，但仍然受到专家学者追捧，拥有不少机构用户和个人用户。

学术图书与学术期刊相比，两者最大的差异是图书的购买者大部分是个人，即学者和科研人员本人；而期刊虽然终端用户也是个人，但其购买者是以图书馆为代表的机构。尽管如此，图书馆馆藏也占图书销售的相当部分，因此图书馆遭遇采购经费下降，也直接影响到学术图书的销量。与个人通过网络书店或实体书店直接购买学术书不同，图书馆采购学术图书通常需要通过中间商，一则可以提高采购效率，二则将图书编目、制作条码、放置防盗装置等复杂工序外包。专门为图书馆提供采购及其相关服务的中间商叫馆配商。随着人们阅读习惯的改变、纸质图书生产成本的提高和图书馆馆藏空间及经费的减少，纸质学术图书的需求大量萎缩，电子书需求大增。电子书销售与纸质书销售渠道大不相同，纸质书的销售伴随着实体书所有权的转移，而电子书的销售实质上是一种数字权利的转移，读者不需要真的“拥有”一本电子书，只需要拥有阅读电子书内容的权利。对于个人购买来说，数字权利转移只需要一次授权或者给予读者身份认证就可以完成，但对于图书馆用户而言，一本电子书需要满足不同读者在不同时期甚至是同一时期的借阅需求，这就需要完全不同的授权模式。出版商倾向于借鉴期刊的捆绑销售方法，将电子书以“一揽子”协议的方式打包授权给图书馆，但图书馆显然不希望发生在期刊领域的危机再次重演，担心这种捆绑销售的方式会造成强买强卖，将有限的采购资金浪费在采购那些读者不多的图书上。因此，在实践中，图书馆和出版商之间围绕电子书采购往往会出现很多矛盾。

近年来，数字化的学术图书与学术期刊出现了融合的趋势，不少国外的学术出版社在出版学术图书时分别给每一章节的内容申请一个独立的数字对象标识码(DOI)，在网站上以一系列独立的篇章呈现，读者可以选择购买或者下载任意一个或几个独立的章节，这样的方式类似于期刊提供单篇论文下载。施普林格·自然集团旗下的绝大部分电子版学术书都采用分章节方式提供开放获取链接或切割售卖。

第三节　学科差异与开放获取

学术出版的目标读者是学者和科研人员。按照读者专业和学科的不同，学术出版市场又可以分为两大子市场，一是面向人文社会科学学者的人文社科学术(Humanities and Social Sciences，HSS)出版市场，二是面向自然科学、工程技术和医学的科技(Science，Technology，Engineering And Medicine，STEM)出版市场。两类子市场尽管有相近之处，但其市场结构、规模、需求特征甚至盈利模式区别明显。

一、学科差异

尽管与大众出版和教育出版相比，专业学术出版的总体受众规模要小得多，但其产值却不容小视。2017 年，全球英语科技信息出版业产值达到 257 亿美元，其中仅科技期刊的年收入就达到了 100 亿美元。科技出版是一个全球化程度很高的市场，英语是科技出版物的通用语，五大国际出版商(见表 14-1)控制了全球超 70%的科技出版市场份额。① 在线期刊是科技出版市场最主流、最重要的出版物载体，2017 年全球英语科技图书的市场规模为 33 亿美元，仅占英语科技期刊市场规模的三分之一。据不完全统计，2018 年，全球共出版了 33100 种英文科技期刊和 9400 种非英文科技期刊。② 2020 年，中国已经超越美国成为科技论文生产大国，由中国科研工作者发表的科技论文占全球发表总论文的 19%；美国占 18%，排第二；德国、英国和日本分别位列第三、第四和第五。但从全球科技出版产值和企业规模来看，中国远远不及西方发达国家和地区，五大国际学术出版商全部来自西欧和北美。从国际影响力和学术话语权来看，全球排名最高、影响力最大的顶级科技期刊《自然》《细胞》《柳叶刀》等均由国外学术共同体创办、西方发达国家出版商出版。

表 14-1　全球五大专业与学术出版商③

全球总排名	专业与学术子排名	出版商	所属母公司	总部所在国	2020 年收益/十亿美元
2	1	RELX 集团	厉德·爱斯维尔集团	美国、英国、荷兰	7.110
3	2	汤森·路透集团	伍德布里奇有限公司	加拿大	5.984
5	3	威科集团	威科集团	荷兰	4.600
8	4	施普林格·自然集团	施普林格·自然集团	德国	1.956
10	5	威利集团	威利集团	美国	1.831

注：此表根据各个出版商发布的 2020 年度营业收入进行排名，单位为十亿美元，全球总排名是指该年度出版商在全球所有出版商中的营业收入排名。

学科差异导致 STEM 出版与 HSS 出版存在很大不同。首先是研究结果的公布和传播方式不同。自然科学、工程技术领域的研究一般以论文的方式呈现结果，论文篇幅可长可短，通常在期刊上发表，对时效性有比较高的要求。生物学、临床医学等一些学科的论

① Jim Milliot. The World's 54 Largest Publishers [EB/OL]. [2020-04-08]. https://www.publishersweekly.com/pw/by-topic/industry-news/publisher-news/article/78036-pearson-is-still-the-world-s-largest-publisher.html.

② Scholarlykitchen. Return of the big brands[EB/OL]. [2022-07-01]. https://scholarlykitchen.sspnet.org/2015/10/14/return-of-the-big-brands/.

③ Jim Milliot. The World's 54 Largest Publishers [EB/OL]. [2022-07-21]. https://www.publishersweekly.com/pw/by-topic/industry-news/publisher-news/article/78036-pearson-is-still-the-world-s-largest-publisher.html.

文，因其作用的特殊性，往往要求快速发表。比如2020年新型冠状病毒肺炎爆发期间，许多医学期刊建立快速通道，加快对冠状病毒研究成果的发表。期刊引证报告（Journal Citation Report，JCR）收录的期刊载文，发现STEM领域的期刊平均年载文量（即平均每年刊载论文的篇数）为160篇，而人文社科期刊平均年载文量仅为51篇。① 与STEM领域绝大部分成果发表在期刊上不同，人文社科领域相当部分的优秀成果是以专著的方式出版的。时效性不强，倚重图书和专著而不单依靠期刊发表论文，也是两个学科的重要区别。

其次是研究过程和研究方式的不同导致自然科学、工程技术领域科研工作者的发表、阅读和引用行为与人文社科学者存在较大差异。理工科研究离不开实验仪器和设备，有些研究的开展甚至依赖于大型实验基础设施，这就需要科研团队内部和不同科研团队之间的广泛合作，因此STEM领域的论文存在大量合作者现象，一篇论文的作者可能是十几人甚至上百人，在此情况下，理工科往往对于作者贡献排名和贡献有明确的约定甚至规定。此外，STEM领域的研究对社会的“显性”效用更强，耗费的财物更多，往往能得到更大的资金支持。对于受公共财政资金支持的研究来说，要求其实现真正意义上的“金色开放获取”是合情合理且具备经济基础的。在阅读与引用方面，有调查显示，理工科领域的科学家认为，在和自己的研究领域相关的前提下，最新和影响因子最高的期刊更值得阅读和引用，而人文社科的学者则不太在意文献的时效性和期刊影响因子，他们更相信权威作者和经典文献的价值。② 此外，STEM领域的研究具有全球性和普遍性，所谓“科学无国界”，顶级的研究往往是世界公认的。用英语发表研究成果、参加学术会议、进行正式或非正式的学术交流是STEM领域的国际惯例。而人文社科领域中，仍然有相当部分的研究成果使用本国的文字发表出版，尤其在人文领域、区域研究、历史、语言、文字、哲学、艺术等方面的大量研究都不能脱离特定的地域范围和文化区间，使用本国和本地区的语言和文字进行学术交流仍占主流。

与理工科学研究相比，文科研究尤其是人文学科的研究，不依赖于大规模实验、设备、仪器等基础设施投入，而依赖于学者的阅读和思考。学者经过专门、系统、深入的分析与研究，将创新见解和重要发现撰写成文稿或书稿，交给专业的学术出版社按照一定的学术规范进行编辑加工并向学术圈和公众传播。人文社科学术著作出版是一个国家与民族思想深度、理论高度以及精神向度的集中呈现与具体体现。③ 对于人文社会科学学术著作出版来说，应遵循政治导向、内容导向和学术导向。所谓遵循政治导向，是指学术出版必

---

① Mabe M. Scholarly Communication: A Long View[J]. New Review of Academic Librarianship, 2010, 16: 132-144.

② Mabe M. Does Journal Publishing Have a Future? [M]. In Campbell R, Pentz E, Borthwick I(Eds.), Academic and professional publishing. Oxford: Chandos, 2012: 112.

③ 刘永红. 学术著作出版应遵循的三种出版导向[J]. 科技与出版，2020(2)：36-43.

须符合国家大政方针政策和法律法规；内容导向由政治导向决定，具体是指人文社科学术出版物内容必须正确、科学，其格调必须健康、高尚；学术导向主要体现在学术出版的宗旨与方向、学术良知与学术规范、学术追求与学术引领等方面，是比内容导向要求更高的一种出版导向。可以说，具有明确的导向性是人文社科学术出版与STEM出版相比最大的区别。这是由人文社会科学研究的社会意识形态属性决定的。

二、开放获取

与大众出版和教育出版不同，专业与学术出版的作者和读者是同一人群。作为作者，学术科研人员撰写专业论文的目的，并不是向大众售卖内容以获得经济利润，而是希望获得同行认可以树立自己的声誉和地位。而作为读者，他们往往通过所在机构的图书馆订阅和馆藏来获取学术文献，阅读和使用文献是他们的工作。上述特征直接导致专业与学术出版的赢利模式可以采用反向收费的方式设计，即对读者免费开放但对作者收取出版费。这就是当前学术出版商积极参与开放获取运动的根本动力。

开放获取是一种与商业出版将科研成果"封锁"(Close)在"付费墙"后截然不同的科学交流和学术出版方式，有学者将开放获取的概念内涵概括为DART(Discoverability, Accessibility, Reusability, and Transparency四个单词的缩写，意为可发现，可获取，可复用和透明性)。[①] 可发现是指开放获取的学术信息资源能够被各种搜索引擎广泛检索，具有持久的唯一对象标识符、没有版权争议、可以被链接等特点。可获取是指对所有用户(读者)均不收取任何形式的费用，任何人只要能够接入互联网，就可以不受任何时间限制地免费下载全文。可复用是指开放获取的学术信息资源可以被不受限制地使用和重复使用，不能排除商业目的的使用。透明性是指开放学术资源的同行评议、影响力计量、研究方法和过程、研究数据和分析、作者身份等信息全部公开。[②] 从上述规定可知，DART框架定义的开放获取是一种学术资源开放共享的理想状态。学术出版实践中，除了这种理想状态，更常见的是另外四种形式的开放获取，见图14-4。

根据是否订阅模式(即向图书馆收取订阅费)、是否收取论文处理费(Article Publication Cost, APC)可以将现行学术期刊出版模式分为四种，其中金色开放获取(Gold APC)、金色融合开放获取(Gold Hybrid)和铂金开放获取(Platinum OA)都属于开放获取出版，而订阅模式则是传统的学术期刊赢利模式，即向期刊订阅机构收取订阅费，付费后才能阅读和使用期刊所发表的论文。金色开放获取，是指学术出版商向作者收取论文处理费(也称论

---

① Anderson R, Denbo S, Graves D, Haigh S, Hill S, Kalfatovic M, Kaufman R, MurrayRust R, Shearer K, Wilder D, Wise A. Report from the "What Is Open?" Workgroup [EB/OL]. [2022-07-21]. http://dx.doi.org/10.13021/G8XK5R.

② Anderson R. Access vs. Accessibility in Scholarship and Science. The Scholarly Kitchen [EB/OL]. [2022-04-08]. https://scholarlykitchen.sspnet.org/2017/11/06/access-vsaccessibility-scholarship-science/.

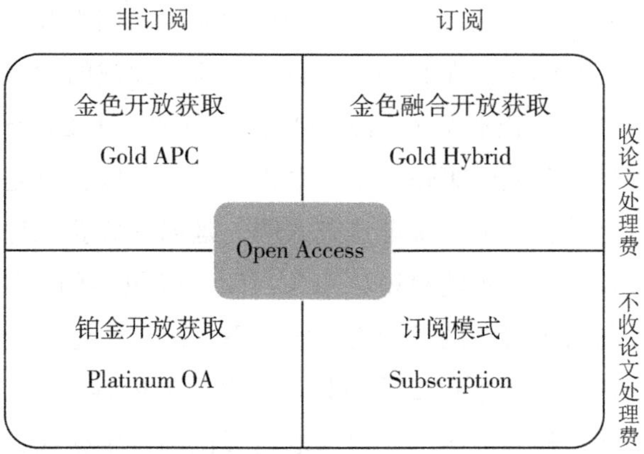

图 14-4　期刊出版的四种常见模式

文发表费）以补偿出版成本，获取收益，但对所有读者和社会公众免费开放全文内容，提供即时的、无障碍的全文下载。通常，作者不会自掏腰包，他们会用研究经费来支付论文处理费。同样对所有人即时开放全文内容，铂金开放获取是金色开放获取的更高级形式，也称钻石开放获取，即不向作者收取论文处理费。不收订阅和论文处理费，并不代表学术出版不需要支付成本，正如本章前文所述，学术出版是科学交流价值增值的过程，需要耗费巨大的人力、物力、资金、资源来组织严格的同行评议，保证内容质量和编校质量。铂金开放获取之所以不向订阅机构和作者收费，是因为其出版成本通过政府、科研院所、高校或者基金会得到了直接补偿。这种情况在中国十分普遍，例如中国的大学出版社和期刊社，大部分隶属于公立大学，其出版学术期刊受到大学资助和支持，不以营利为目的。很多大学出版的学术期刊，为了提升本学科、本学校的国内外影响力，往往不收取任何形式的论文处理费，开放获取出版论文。2013 年一项针对中国开放获取期刊的调查显示，中国境内研究协会、学会下属的开放获取学术期刊，有 91%不收取论文出版费。铂金开放获取出版在中国大行其道，主要原因是中国的学术出版并未完全市场化，整个行业总体而言并不以盈利为唯一目的，传承学术、促进交流、扩大中国在国际上的学术话语权是主要目的。金色融合开放获取是订阅模式期刊向开放获取期刊转型的一种中间状态，具体而言，是指在同一期期刊中，大部分论文是传统订阅模式出版，读者需要通过所在机构付费订阅才能获取全文。同一期期刊中，少部分论文是金色开放获取，通过同行评议论文，作者可以选择开放获取这种方式，缴纳论文处理费，使自己的文章快速全文公之于众。研究显示，金色融合开放获取的期刊中，开放获取的论文比付费墙之后的论文下载和引用次数都更多。

不论是金色、金色融合还是铂金开放获取，都是以论文的即时发表为特征的。除此之外，还有另外一种论文公开发表一段时间以后才开放的模式，被称为延迟的开放获取，也有人称其为“青铜开放获取”(Bronze Open Access)①。近年来，随着开放获取运动的深入发展，越来越多营利性学术期刊和出版商开始被动接纳或主动拥抱开放获取，开始以延迟开放获取的方式提供全文内容链接。尤其是生命科学和医学领域的学术期刊大量采用这种方式。这些期刊通常在论文正式出版后 6~12 个月，少数情况下 24 个月，在线公布全文内容。尽管有人指出这种延迟开放的策略并不是真正的开放获取，只是采取传统订阅模式的出版商顺应趋势的权宜之计，但大量实证调查表明，延迟开放获取比永远封锁在付费墙之后要好得多，延迟开放获取的文献能获得比永久封闭文献更多的引用。② 研究还显示，文献的传播和利用效果，与封闭时间的长短有一定关系，24 个月以后才开放的内容，3 年和 5 年被引平均次数都要小于正式发表 12 个月以后就开放的内容。③

从实施层面看，不同学科和地区的开放获取出版比例差别很大，总体而言，人文社会科学领域的开放获取出版比例要远远小于自然科学与工程技术领域，医学和生物学领域的开放资源体量和采用开放获取方式出版的论文比例最大。④ 从国家和地区来看，目前开放获取推进最有力的是欧洲，其中又以北欧三国、德国、荷兰、比利时等最为领先。北美和亚洲也在积极加入欧洲制定和主导的各级各类开放获取框架协议和实施计划，但总体而言仍然处在追随地位。

专业与学术出版的创新与发展(慕课)

学术出版的创新与发展(课件)

第四节　技术创新与未来发展

出版业受技术革新影响显著，学术出版尤其如此。学术出版以促进科研人员信息交流、推动学术研究进步为旨归。技术变革改变了当今科学研究的进行方式和科研人员的行

① Piwowar H, Priem J, Larivière V, Alperin J P, Matthias L, Norlander B, Farley A, West J, Haustein S. The State of OA: A Large-scale Analysis of the Prevalence and Impact of Open Access Articles [EB/OL]. [2022-07-21]. PeerJ, 6: e4375. https://doi.org/10.7717/peerj.4375.

② Laakso M, Bjoerk B C. Delayed Open Access: An Overlooked High-impact Category of Openly Available Scientific Literature[J]. Journal of the American Society for Information Science & Technology, 2014, 64(7): 1323-1329.

③ Laakso M, Bjoerk B C. Anatomy of Open Access Publishing: A Study of Longitudinal Development and Internal Structure[J]. BMC Medicine, 2012, 10(1): 124.

④ Science-Metrix. Science-Metrix, Analytical Support for Bibliometrics Indicators Open access Availability of Scientific Publications[EB/OL]. [2022-07-20]. http://www.sciencemetrix.com/sites/default/files/science-metrix/publications/sciencemetrix_open_access_availability_scientific_publications_report.pdf.

为模式，同时也深刻改变着学术出版的产业生态。大数据时代，学术出版正在走向数据化和智能化。

一、新技术应用

1. 人工智能

“出版+人工智能”很可能是未来出版的新模式和新形态，积极运用人工智能再造智能化出版流程成为当前技术推进出版行业整体升级的关键点。专业与学术出版与人工智能技术结合具有先天优势，原因在于数据驱动的科学研究范式转移正在发生，数据化和智能化已经嵌入、贯穿到科学研究和学术交流的每一个环节。人工智能技术不仅可以加速学术传播，推动出版流程各个环节之间数据传递和支持，从而重构智能化的学术出版流程，实现出版流程的选题策划便捷化、编辑加工流程自动化、生产印刷流程按需化以及营销发行流程精准化，还可以大大提升学术出版的知识服务能力，实现知识服务的行为智能化、思维智慧化、场景可视化、途径多元化和传播生态化。①

人工智能目前已经开始在学术出版的内容生产、编辑加工、传播发行等环节实现应用。施普林格·自然集团的 Sci Graph 项目以知识图谱作为智慧数据来将学术出版产品可视化。该公司与德国法兰克福大学的研究人员密切合作，开发了一种名为“Beta Writer”的先进算法，用来从施普林格·自然的内容平台 SpringerLink 上面挑选、使用和处理相关领域的相关出版物。2019 年 4 月，该公司以 Beta Writer 为作者名，出版了第一本由机器生成的化学类书籍。该书总结了快速发展的锂离子电池领域的最新研究进展，其内容是对该学科大量的现有研究论文进行的跨语料自动摘要。未来，人工智能可以广泛运用在学术出版领域，创建元数据、发展自动翻译、机器生成内容、机器辅助的质量检查等。

2. 区块链技术

2016 年，我国工信部发布《中国区块链技术和应用发展白皮书》，其中将区块链定义为分布式数据存储、点对点传输、共识机制、加密算法等多种计算机技术的集成应用。②区块链的最大特征就是“去中心性”，类似于分布式记账法，每个参与交易者均可以记录交易信息，因此无法篡改。所以，区块链是一种创造信任的机制，信任协议内置于比特币协议之中，使得陌生人不通过第三方，便可在互联网上进行交易。③ 区块链技术运用在学术出版领域，可以解决当前学术出版面临的信任问题。

---

① 向飒. 人工智能对学术出版流程的再造及知识服务提升[J]. 中国科技期刊研究，2018，29(11)：1091-1096.

② 中国区块链技术和产业发展论坛. 中国区块链技术和应用发展白皮书(2016)[R]. 北京：工业及信息化产业部，2016：1-10.

③ 陈晓峰，云昭洁. 区块链在学术出版领域的创新应用及展望[J]. 情报工程，2017，3(2)：4-12.

学术科研人员进行研究时，可从基于区块链技术建设的开放数据共享平台中，阅读和引用相关文献信息，其阅读和引用行为会由系统自动转化为“记录”，载入区块链之中，一一记录下来。这就从技术上根本地解决了学术规范问题，有效遏制抄袭、剽窃等侵权及不诚信行为的发生。进行同行评议时，每一位专家的身份信息和审稿记录都可以被系统自动追踪，系统可以自动匹配资质足够、研究领域相符的专家进行审稿。同行评议的结果也会被加密保存至区块链中，对特定用户公开，由此也促使专家在评议时需保证专业性、公正性和严谨性。由于审稿人的每一次审稿行为都被记录在区块链中，审稿质量和数量会被认可并以“标签”的方式记录在专家信息中，这样一来，专家审稿人身份得到认可，审稿工作可以以量化方式得到认可和激励。区块链技术还可以用于学术评价，当用户对学术内容进行评价、下载、阅读和引用时，相关行为数据会变成记录直接记载在区块链中，不通过第三方，降低了第三方对评价数据的干涉和操纵，保证学术内容的下载量、引用量、阅读量等相关评价指标透明公开，进而有利于学术评价的公正性和客观性。

3. 语义技术

语义技术是一种通过编码将零散的非结构化数据赋予语义含义以便机器理解，并建立相互联系，最终生成结构化的分类系统的技术。随着现代科学研究和学术交流进入大数据时代，借助语义技术增强内容成为学术出版的发展趋势。具体来说，语义技术可以在以下三个方面帮助学术出版物实现内容增强：一是内容智能化，由于经过语义处理的内容已经建立起内部关联，用户在搜索时即使数据库中并不包含该关键词，系统仍能通过语义关联反馈给用户理想结果，从而真正实现了内容智能化和用户需求个性化；二是开发新的内容产品和服务，借助语义技术，学术出版商可以实现学术内容和用户需求的精准匹配，从而从原先不分学科、领域的整体数据库中开发出针对专门领域的内容产品；三是提高出版商内部工作效率，语义技术还可利用自动或半自动化的内容标注技术优化编辑流程，如在同行评议时引入机器建议，辅助编辑和审稿人决策。① 当前各大国际学术出版巨头已纷纷将语义技术纳入各自内容平台，爱思唯尔已经使用语义技术升级了旗下各大数据库，威利、施普林格·自然集团等也实现了内部资源的语义检索和跨库匹配。

4. 文本与数据挖掘技术

文本数据挖掘技术是利用自然语言处理和信息抽取将海量结构化或非结构化的文本、数据信息拆分、重构，找到数据之间的关联，并以新的形式呈现出来。② 文本与数据挖掘技术能够帮助科研人员从海量文献资料中提取高质量的研究数据，从而加速研究成果转

---

① 方卿，王一鸣．技术的闸门已经开启：2016 年海外学术出版技术热点分析[J]．科技与出版，2017(2)：15-19.

② Springer Nature's Commitment to Content Sharing[EB/OL]．[2022-07-21]．http://www.springernature.com/ gp/landing/content-sharing.

化，目前已经在生命科学和医学出版领域得到大规模应用。文献引文跨平台链接服务系统CrossRef就以免费开放API的方式为用户提供文本与数据挖掘入口和服务。[①] 文本与数据挖掘涉及海量学术资源的开放共享和相互链接，因此也遭到不少出版商的联合抵制，因为非法的数据挖掘已经对出版商的利益造成严重侵害，而且还有可能造成数据泄露、剽窃和侵权。为了协调出版商和文本与数据挖掘服务提供商之间的矛盾，国际科技出版商协会(STM)于2016年11月提出学术出版领域使用文本与数据挖掘工具的三大准则：非商业用途；所提取数据库必须已保护隐私和防止剽窃。可以预见，在不久的将来，随着技术的不断成熟和版权保护机制的建立，文本与数据挖掘技术必将成为学术科研人员的“基本配置”和学术出版商的基本服务内容。

二、未来发展趋势

1. 数据出版

数据密集型科学对学术出版提出了新的要求，倒逼学术出版数据仓储技术再造和革新。有统计表明，在一项科学研究中，科研经费的30%~50%用于基本科学数据的采集。[②] 此外，科研人员在科研成果中也越来越多地引用数据库中的数据集，基于Scopus文献列表和Databib数据库的统计显示，从1996年到2013年数据库被引用次数的年均增幅19%。[③] 种种转变预示着科学研究第四范式——数据密集型科学研究的到来。

在此背景下，数据出版作为一种促进数据共享、提升科学交流效率的途径，逐渐受到人们重视。所谓数据出版，是指学术共同体中的学术期刊、学术机构或学术社区等相关主体，在科研工作者把自己或同行产生的科研数据及相关信息发布于互联网之前或之后，实施或组织实施对这些科研数据或与科研数据有关的信息进行评审、编辑加工使之符合一定规范和标准并能为学术界方便地获取及再利用和引用的过程。数据出版主要流程有五个基本环节：数据生产、数据提交、数据审核、数据发布、数据引用。当前国内外一些学术期刊，已经尝试开展数据出版。开展数据出版的期刊大致分为两种：一种是混合性数据期刊，出版数据论文的同时也出版综述、研究论文、会议报告等类型的文章；另一种是纯粹数据期刊，其出版单元全部为数据论文。[④] 有研究统计和分析了国内外具有代表性的26种数据期刊的特征，发现其中14种是纯粹的数据期刊，专门发表数据论文，另外12种是以数据论文作为子栏目之一的期刊；主要分布在生命科学与生物医学、地球科学和化学领

---

① STM Prezi Text[EB/OL]. [2021-08-12]. http://www.stmassoc.org/2016_11_28_2016_11_STM_Prezi_Text.pdf.

② 李志芳，邓仲华. 国内开放科学数据的分布及其特点分析[J]. 情报科学，2015，33(3)：45-49.

③ Huggett S. A Quick Look at References to Research Data Repositories[R]. Research Trends(Elsevier), 2014：38.

④ 刘凤红，彭琳. 国际数据期刊的发展现状调查与分析[J]. 中国科技期刊研究，2019，30(11)：1129-1134.

域；从发表数量来看，自2012年开始，数据论文发表数量平均每年以115.42%的比例增长，至2016年发表数量达到1616篇；均采取开放获取的方式出版，其中个别不属于OA出版的期刊其发表的数据论文也可被在线免费获取。①

2. 学术社交平台

伴随Web2.0技术的发展和学术科研人员之间的合作、交流、沟通越来越紧密，学术社交平台在科学交流和学术出版传播中的作用越来越受到重视。学术社交平台是通过研究人员之间的联系与学术成果共享搭建起的学术型社会网络平台。学术社交平台促进了不同地域和学科的科研人员之间的合作和交流，世界各领域科学专家、学者和科研小组在社交平台上发布最新研究成果、学术著作，并且在线参与讨论有关研究话题。有调查显示，学术社交平台中ResearchGate的用户使用比例最高(88%)，其次是Academia. edu(68%)和Mendeley(66%)。② 服务功能强大的学术社交平台为学术出版价值链延伸提供新的契机，掌握优质内容资源的出版商与拥有庞大用户群的学术社交平台通过优势互补，提高学术内容的生产和传播效率，延伸并优化学术出版价值链。学术出版商显然看到了这一趋势，开始拓展学术社交平台。爱思唯尔就收购了基于个人文献管理和分享的社交媒体平台Mendeley，科睿唯安则收购了同行评议社交平台Publons。未来，更多学术出版商会通过学术社交平台补充用户与内容资源，全流程参与科研人员的学术研究活动，向上游延伸至文献资源管理与数据存储服务、学术交流服务、科研资助信息集成服务，帮助学术出版商增强用户黏性，扩大市场并树立品牌形象。下游则向促进科研成果广泛传播、整合补充科研计量指标和职业发展服务等方向延伸。

3. 开放科学

随着开放获取运动的深入发展，以“自由、合作、开放、共享”理念为特点的开放科学运动(Open Science)应运而生。目前，开放科学尚未形成统一定义。欧盟委员会(EU)在报告《开放创新、开放科学、开放世界》(*Open Innovation*, *Open Science*, *Open to the World*)中指出开放科学是指基于科研合作的科学过程，是通过数字技术与新型合作工具传播知识的新方法，是科学2.0演化的结果，是促进新型科研模式、社会关联、技术发展的科研环境。③ 开放科学的宗旨是使科研人员、政府、科研资助机构的科研成果在没有或最小限制的情况下以数字形式公开获取，以提高科研的透明度，促进科研协作和科研创新。互联网

---

① 刘灿，王玲，任胜利. 数据期刊的发展现状及趋势分析[J]. 编辑学报，2018，30(4)：344-349.

② Tina Harseim，Gregory Goodey. How Do Researchers Use Social Media and Scholarly Collaboration Networks(SCNs)? [EB/OL]. [2022-07-16]. https://www.springernature.com/gp/researchers/the-source/blog/blogposts-communicating-research/how-do-researchers-usescholarly-collaboration-networks/16690942.

③ Directorate-general for Research and Innovation (European Commission). Open Innovation，Open Science，Open to the World[M]. Luxembourg：Publications Office of the European Union，2016：1-102.

环境下，科学交流更加开放和自由，科研人员更为关注高效的科研合作和科技创新。在此背景下，传统学术出版商逐步转向以科研人员需求为中心的盈利和服务模式。学术出版服务商利用互联网平台，在学术出版各个环节搭建学术社交社区，并通过身份或实名认证的方式尽可能保证平台用户身份真实性，构建基于虚拟网络的学术出版信任系统；同时为研究人员发现和结识同行，为学术合作提供渠道。

第十五章 教育出版

* 本章知识点提要

1. 教育出版的概念和特征
2. 我国教育出版的发展历程
3. 我国教育出版的现状和问题
4. 教育出版的数字化转型

* 本章术语

教育出版 教材评审制度 教材管理制度 教育出版生态圈 教育服务
在线学习 数字教育

百年大计，教育为本，教育关乎国家经济发展的命脉，是提高国民素质、增强综合国力的有力保障。党的十九大报告提出，建设教育强国是中华民族伟大复兴的基础性工程，必须把教育事业放在优先位置。2018 年，习近平总书记在全国教育大会上指出："教育是民族振兴、社会进步的重要基石，是功在当代、利在千秋的德政工程，对提高人民综合素质、促进人的全面发展、增强中华民族创新创造活力、实现中华民族伟大复兴具有决定性意义。"而为教育事业提供最基本的教育教学知识内容资源的，就是教育出版业。教育出版通过为人民群众提供教材和教学用书而服务于教育事业，是促进人民综合素质提升、实现民族振兴与社会进步的重要基础。在现代出版三大领域中，教育出版的盈利水平超过大众出版和专业与学术出版，是出版产业经济中最重要的组成部分。

教育出版的概念和特征(慕课)

教育出版的概念和特征(课件)

第一节　教育出版概述

教育，是人才培养与国家发展的基石；出版，则是知识传播与文化传承的重要载体。教育出版与教育和学习有着天然的联系：教育出版是为教育事业和教学需求提供产品与服务的出版领域，并始终以“教育”为核心和导向，教育出版产品的质量在一定程度上反映着教育的质量；教育的兴盛发展，也会为教育出版提供规模更庞大、层次更多元、需求更广泛的市场群体。可见，教育出版对教育事业影响深远、意义重大。为此，本节将首先在教育概念界定的基础上，介绍教育出版的概念，并围绕着教育与教育出版的关系，阐述教育出版的功能与特征。

一、基本概念

1. 教育

“教育”的定义在教育学界有各种不同的解释，对“教育”概念的定义形成了所谓“教育概念的丛林”的现象。① 普遍地，人们将教育定义为“一种培养人的社会活动”，且有狭义和广义之分。广义上的教育，泛指增进人的知识和技能、培养人的思想道德的活动。狭义上的教育主要为学校教育，即“教育者根据一定社会或阶级的要求，有目的、有计划、有组织地向被教育者施加正向影响”②。时至今日，教育的概念仍然是教育学中一个尚未完全达成共识及解决的问题，对于“教育是什么”的追问仍在持续中。一方面，这是缘于教育研究者和从业者对教育内涵和外延认识的不断深入，另一方面则是教育从业者及相关研究者对“教育理论创新”和“教育实践创新”的热切追求。其中，关于数字教育概念的讨论，随着互联网与数字技术的兴起和普及，近年来越发热烈。

世界经济论坛《未来学校：为第四次工业革命定义新的教育模式》的报告将教育分为四个阶段：教育1.0为农业社会时代的教育，教育2.0为工业社会时代的教育，教育3.0为全球化时代的教育，教育4.0为创新社会时代的教育。③ 教育4.0，立足于数字网络技术环境，也即数字教育。数字教育是与传统教育模式相较而言的概念，“包括了一切以电子、计算机、远程通信技术等技术手段辅助实施的教学过程”④，其主要优势在于：其一，打破了时间和空间的限制，赋予学习者最大限度的灵活性；其二，节约教育开支，降低教育

---

① 石中英. 教育概念的丛林[J]. 北京教育(普教版)，2017(6)：20-21.

② 中国大百科全书·教育[M]. 北京：中国大百科全书出版社，1985：1.

③ Harkins A M. Leapfrog Principles and Practices：Core Components of Education 3.0 and 4.0[J]. Futures Research Quarterly，2008，24(1)：19-31.

④ Tavangarian D，Leypold M，Nölting K，Röser M. Is E-learning the Solution for Individual Learning?[J]. Journal of E-learning，2004，22(3)：199-216.

门槛，提高教育质量，促进教育公平；其三，使针对不同学习者的个性化教育成为可能；其四，改变了教学的面貌，极大地提高了教学互动性和学习者的积极性；其五，为全球化和跨文化教育的实现创造了条件。①

建设和完善高质量教育体系是新时代健全终身学习体系、推动学习型社会建设的关键，而教育体系的完备程度则影响着教育出版市场体系的完善和成熟程度。教育体系即各级各类教育的构成，根据受教育者接受教育的阶段，教育可以划分为不同的阶段类型。国际标准产业分类(ISIC)将教育划分为学前教育和初等教育、中等教育(普通中等教育、中等技术和职业教育)、高等教育、其他教育(成人教育、教育培训及其他)等。② 我国国民经济行业分类对教育的划分，则包括学前教育、初等教育、中等教育、高等教育(普通高等教育、成人高等教育)、其他教育(职业技能培训、特殊教育、其他未列明的教育)。教育出版细分市场的划分，通常也是按照教育阶段来划分的。

2. 教育出版

“教育出版”是面向各级各类教育事业发展需求的一个出版细分领域，它不仅与大众出版、专业与学术出版等其他出版领域有着完全不同的目标市场和服务群体，以及迥异的价值导向、业务流程与评价标准等。

与“教育”的概念一样，“教育出版”的概念也有广义与狭义之分。广义的教育出版，是指“与学习、教育及培训有关的出版”③，既包括教材教辅、各级教育图书等出版物的出版活动，还包括面向各类企业、机构和用户，以“教育需求”为中心的各类教育内容及服务的出版与提供活动。狭义层面的教育出版，主要为教材、教辅图书的出版，传统的教育出版往往针对的就是教材、教辅图书市场。④ 无论是广义还是狭义的教育出版概念，教材教辅图书出版是教育出版的核心和主体。

随着教育出版与新兴技术融合的深化，学习型社会建设的推进带来的教育需求的多层次和多样化，教育出版的概念内涵、业态外延、内容形态以及传播媒介等均发生着深刻变革与转型。在加快推进教育高质量发展的新时代、学习者对个性化的优质教育产品需求以及教育教学环境深刻变革的新形势下，教育出版的外延涵盖了纸质教材教辅、数字教学资源、数字课程、教育服务、教学支持平台等融合化产品形态，从市场主体看，教育出版商从教育内容的提供商向教育服务提供商转变，从市场客体看，也即产品与服务形态，强调以学习者为中心的交互式、个性化的教育出版产品与服务。

---

① 方卿，等. 数字出版产业管理[M]. 北京：电子工业出版社，2013：178.

② 联合国. 所有经济活动的国际标准产业分类(修订本第 3. 1 版)[EB/OL]. [2022-07-01]. https://unstats.un.org/unsd/publication/SeriesM/seriesm_4rev3_1c.pdf.

③ 程三国. 理解现代出版业(上)[N]. 中国图书商报，2002-10-11(30).

④ 李忠孝，闫晓宇. 积极参与教育数字化，传统出版社应着力向产业链两端延伸[J]. 科技与出版，2014，4(8)：7-12.

教育出版从其服务的市场看，包括幼儿教育、中小学教育、高等教育、职业教育的教材教辅、教学用书，以及教育研究、家庭教育、教师教育、终身教育等相关图书的出版。[①] 从其出版过程看，与一般的出版“编印发”的核心环节相比，研发编写、审定、编辑出版、复制制作、发行、选用以及反馈评价等，都是教育出版物出版过程的重要环节。从其主体构成看，可分为负责生产教育内容和提供教育服务的供方，即教育出版商，以及接受教育内容和教育服务的需方，即由教授者和学习者构成的用户。[②]

教育出版与教育密切相关，具体来说，主要表现在以下几个方面：

第一，教育出版对实现教育目的具有正向支撑作用。教育出版，自然要围绕教育做文章，题中应有之义就是要为教育服务，体现教育的目的。[③] 教育出版的产物——主要是教材教辅，是教育活动中必不可少的载体，教育提升人的素质的功能，很大程度上是通过教育活动所依赖的教材中包含的精神思想、知识文明，来影响人、涵育人，可见，教育功能部分通过出版活动来体现。

第二，教育出版与教育相辅相成。一方面，教育的发展会带动教育出版业的发展，教育的蓬勃发展会为教育出版业提供更广阔的市场需求，以及规模更庞大、层次更多元、需求更广泛的用户群体。另一方面，教育出版的发展也会促进教育水平的提高，教育出版产品的质量在一定程度上反映着教育的质量。正如中华书局创办人陆费逵在《书业商会二十周年纪念册》中开宗明义地总结道：“我们希望国家社会进步，不能不希望教育进步。我们希望教育进步，不能不希望书业进步。”[④]

第三，教育出版与教育又相对独立，相别而生。首先，教育与教育出版分属两个不同领域、国民经济与社会发展的不同部门，表现出不同的属性。统治阶级的意识形态属性是教育的核心属性，教育作为一项关乎国民素质与国家综合实力的社会活动，很大程度上是受到国家或一定阶级的管控的，很大程度上不遵循市场规律。其突出表现在教育的计划性上，典型例子就是义务教育。当前，世界各国普遍实施 9 年义务教育，且各国义务教育年限呈逐步延长趋势。[⑤] 而教育出版业作为文化产业中的一个部门，必须遵循市场规律，考虑经济效益；但是，教育出版又必须为教育服务，在全球任何一个国家都不是完全的市场行为活动，尤其面向义务教育阶段，各国都对其出版活动进行一定程度的管控。因而，教育出版兼具教育和出版的两重属性。其次，二者的对象不同，教育的对象是人，而教育出版的产品则是物，也即教育出版产品或服务，本方面的不同也意味着二者在管理和运作模

---

① 方卿，苏雨恒. 中国教育出版蓝皮书 2015[M]. 北京：高等教育出版社，2015：17.

② 韩玉浩，吴燕. 从教育出版业供需双方看人工智能与教育出版的融合模式[J]. 出版广角，2019，4(3)：33-36.

③ 马伊颀，段乐川. 教育出版融合发展刍议：市场、产品和模式[J]. 中国编辑，2018(7)：39-42.

④ 吴永贵. 试论教育与出版的关系[J]. 中国出版，2002(12)：47-48.

⑤ 陈金芳，刘巧利. 我国义务教育年限的国际比较[J]. 教育研究，2015，36(1)：143-147.

式乃至评价上有很大的差异。①

3. 数字教育出版

数字教育出版是传统教育出版与新兴数字技术融合的产物。网络信息技术的兴起与发展，推动了教育的信息化转型，原有的教与学的关系发生转变，教学过程打破了时空的限制，人们获取知识、接受教育的方式也发生了改变。对应传统教育模式的教育出版，在知识更新加快、技术便捷化的背景下，纸质教材教辅开发成本较高、教学互动不足、因材施教的学习效果和要求难以达成等弱点，就逐渐显现出来，这也促使了传统教育出版的数字化转型。与传统教育出版相比，数字教育出版在概念内涵、出版理念、出版物形态、传播媒介和内容资源的开发利用方式等方面均表现出很大不同。

数字教育出版，“简单地说，就是将教育出版物数字化的出版活动”②。数字教育出版不仅仅是纸质教材教辅的数字化，更重要的是利用数字技术为学习者提供全面、个性化、专业化的服务，不仅提供内容，还提供学习氛围、学习激情和解决方案。③

与传统教育出版相比，数字教育出版首先是教学资源内容与新技术、新媒体的整合，其中资源内容的质量是核心，技术是支撑，平台是关键。④ 其次，数字教育出版的外延更广，其产品形态既包括数字化的教材教辅等出版物产品，还包括数字化课程、教学资源等内容产品形态，更包括数字终端产品和网络教学系统等产品形态。此外，数字教育出版，打破了教学的时空限制的特点，更有利于实现个性化教育，更有助于提高教学过程的互动性、教育内容的及时更新、教学决策的数据化、评价反馈的即时化等。

二、功能与特征

1. 教育出版的功能

教育出版作为实现启智增慧的重要社会活动，具有很强的社会、文化功能，主要包括以下几点。

一是社会教育功能。正如剑桥大学出版社原首席执行官米诺特曾提过的，对于教育出版行业来说，出版的终极目的是教育。⑤ 可以说，社会教育功能是教育出版最核心和根本的功能。与大众、专业与学术图书不同，教材教辅等教育出版物，具有显著的教育导向性功能，能够潜移默化地影响人们的精神世界，在“成风化人”方面相比于其他类型的出版物

---

① 张鸽盛. 论教育与出版的关系[J]. 中国出版，2005(2)：17-19.

② 贺子岳. 数字出版形态研究[M]. 武汉：武汉大学出版社，2015：330.

③ 方卿，等. 数字出版产业管理[M]. 北京：电子工业出版社，2013：177.

④ 方卿，等. 数字出版产业管理[M]. 北京：电子工业出版社，2013：177.

⑤ 程三国. 出版的终极目的是教育——剑桥大学出版社首席执行官米诺特访谈[N]. 中国图书商报，2001-04-12(008).

和其他方式，发挥着无法比拟的专门性作用。

二是知识传播功能。传播知识文化是出版活动的主要目的和功能之一，对于教育出版而言，传递知识、为教育事业服务，更是其首要任务和功能。任何一个教育阶段的教科书，都是对特定学科、专业、领域的专门化知识的筛选和传播，教材教辅的编写、审定，也是基于人们特定的知识与教育的诉求进行的。相较而言，大众出版内容更偏重文化、精神层面，专业出版更强调对最新的科学技术知识的反映，而教育出版更注重共识性知识的传播，其内容结构的知识性、体系化程度更高。即使是在碎片化阅读的数字环境下，教育出版所承载的系统阅读、强交互性以及课程结构的体系化组织等功能仍然凸显。①

2. 教育出版的特征

把握教育出版的特征，有助于认识和区分三大出版领域的不同。与大众出版、专业出版相比，教育出版的核心特征体现在以下几个方面。

一是教育和出版的“两重性”。这也是教育出版区别于其他出版类型的根本特征。教育出版既是现代出版业的重要组成部分，实质上也是教育行业中的一个领域，是教育行业重要的产品生产者和供应方。教育出版行业与教育行业联系密切，教育的需求和教育程度的增长会推动教育出版业的发展，而教育出版行业的发展和成熟也能更好地满足人们教育的需求。可以说，教育出版既要突出教书育人的属性导向，② 也需要符合社会效益与经济效益相统一的出版要求，同时具有教育行业和出版行业的属性特征。

二是制度规制性。出版业在社会文化生活中扮演着重要的意识形态塑造与传播角色，纵观世界各大出版强国，无不高度重视出版的意识形态属性、奉行文化例外政策。③ 教育出版同样表现出意识形态属性外，教育出版物具有思想导向性和知识专业性，为保证教育出版物的出版要坚持正确的政治方向，服务于育人的教育目标，这就决定了教育出版活动要受到更为政策制度的规制乃至法律的干预。以教材教辅出版为例，出版发行活动受国家严格规制，我国对各级各类教材的编写、选用、出版、发行均有相应的管理办法。世界范围内，教材教辅图书的出版发行作为文化、知识与价值传播过程中的重要环节，任何一个国家的政府都必然要通过一定方式对其进行管理和控制。④

教育出版的政策规制性更加突出，也导致教育出版主体资质和能力的要求更严格。一方面，教材教辅出版发行的主体资质被严格审定，教育出版物特别是教材的编写以教育部门审定的课程标准为依据，中小学教材实行招投标制度，这也使得我国教育出版行业的出

① 张立科. 新形势下教育出版应对策略研究[J]. 中国编辑，2020(7)：62-67.

② 方卿，张新新. 推进出版业高质量发展的几个面向[J]. 科技与出版，2020 (5)：6-13.

③ 方卿，徐丽芳，许洁. 出版价值引导研究[M]. 北京：商务印书馆，2018：75.

④ 罗紫初，秦洁雯，刘美华. 中小学教材教辅图书出版发行特点简析[J]. 现代出版，2012(4)：25-28.

版发行渠道长期固定，一般都由固定的出版发行机构完成研发、编纂、出版和发行。另一方面，教育出版物承载着不同专业领域的知识内容，服务于不同读者的学习和接收教育内容的需求，出版体例和内容的专业性、系统性、体系化要求更高，这对教育出版物的编辑出版及从业人员专业能力提出了更高的要求。

三是市场需求特性更明显。教育出版兼具文化和经济属性，正如美国著名的教育学家阿普尔(Michael W. Apple)谈及教材的属性问题时，曾经明确地提出"教材具有文化和商品属性"①。作为商品，就会表现出一定的市场需求特性。与大众、专业图书相比，教育图书的市场需求特性更加明显，其需求更刚性、集中、稳定，每个教育阶段的内容需求及其受众特征是相对明确的，学习者在其受教育过程中对教育图书的需求强烈，教育出版在内容编写、出版、发行时更易于把握目标市场。这也是教材教辅的出版发行渠道长期固定、教育出版是我国出版业的支柱产业和主要利润来源的主要原因所在。

四是出版流程的特殊性。一般的出版流程主要包括选题、组稿、编辑、复制、发行等环节，核心环节主要是"编、印、发"三个环节。教育出版因其更严格的政策规制特性，教材教辅为主的教育出版物在出版流程上表现出了较明显的差异性，主要包括编写、审定、编辑出版、复制印刷、发行、选用及反馈评价，其中编写、审定、选用及评价等环节是教育出版有别于其他出版类型的主要方面，相关内容在后文"教育出版商业模式"部分会介绍，在此不再赘述。

第二节　教育出版目标市场

著名的市场营销学者麦卡锡(Jerome Mccathy)提出所谓的目标市场就是一个特定群体的消费者，目标市场是通过市场细分后，企业准备以相应的产品和服务满足其需要的一个或几个子市场。② 教育出版的目标市场，就是按照一定的标准划分成的若干个具有共同教育需求属性或特征的群体。

教育出版市场的划分标准，基于其与教育的密切关系，更具意义的分类标准应该是根据教育的层次和类别来划分。我国的教育结构体系是一个不断演变的过程，在不同的历史时期、根据不同的教育发展实际有不同的变化和调整。③ 从层次看，分为学前教育、初等教育、中等教育和高等教育；从类别看，分为普通教育、成人教育、职业教育(培训)、继续教育等。新时代，健全的高质量教育体系包括学前教育、义务教育、高中教育、高等教

---

① 阿普尔 M，克丽斯蒂安-史密斯 L. 教科书政治学[M]. 侯定凯，译. 上海：华东师范大学出版社，2005：27.

② 小威廉·佩罗特，杰罗姆·麦卡锡. 营销学基础：全球管理方法(第9版)[M]. 梅清豪，译. 北京：中国财政经济出版社，2004：55-60.

③ 金一鸣. 中国教育类别与结构的研究[M]. 上海：上海教育出版社，1999：2.

育、职业教育、继续教育、特殊教育等。① 基于此，根据教育出版市场的用户，也即教育接受者的受教育层次和类别，参考其他国家对教育出版市场的划分，我们将教育出版市场划分为学前教育出版市场、义务教育出版市场、高中教育出版市场、高等教育出版市场、职业与继续教育出版市场和特殊教育出版市场。

一、学前教育出版市场

从《国家中长期教育改革和发展规划纲要（2010—2020年）》提出“到2020年基本普及学前教育发展目标”；到2010年颁布的《国务院关于当前发展学前教育的若干意见》，从十大方面着力解决适龄儿童“入园难”问题，促进学前教育事业科学发展；再到2012年的《3~6岁儿童学习与发展指南》，国家对学前教育的重视程度日益凸显，学前教育获得了政策利好的强力推动。这对学前教育出版及其市场也产生了重要影响，各出版单位纷纷涉足该细分市场领域，学前教育出版市场也逐渐发展成为教育出版市场乃至出版市场中重要的组成部分。

1. 学前教育出版市场的特点

学前教育（Preschool Education），是儿童学龄前实施的教育阶段和类别，有广义和狭义之分，广义的学前教育是指对0~6周岁的儿童实施的教育，狭义的学前教育是指对3~6周岁的儿童实施的教育。所谓学龄前也即达到入学年龄之前，我们国家规定的正式入学年龄为满6周岁，通常来讲，我们把义务教育阶段之前的教育都归入学前教育。因此，面向6周岁之前的学龄前儿童教育需求的出版活动，都可以统称为学前教育出版，由此形成的出版市场，即学前教育出版市场。

基于学龄前儿童发展特征、教育需求以及学前教育的发展现状，当前学前教育出版市场呈现出以下特点。

一是以满足启蒙教育需求为主。学前教育是终身学习的开端，是国民教育体系的重要组成部分，关系着亿万儿童的身心培养与健康成长。儿童的这一阶段，是基本认知、基本能力、基本行为习惯养成最重要的阶段，直接影响其未来的身心成长。因此，学前教育主要以启蒙教育为主，强调亲近自然、直接感知、亲身体验，注重儿童好奇心与兴趣的培养。为满足其启蒙教育需求，出版内容多以探索自然、认知世界、发展社交等为主，教育内容呈现以游戏化、互动式方式启发学龄前儿童求知欲、探索欲。这与其他阶段的教育出版物有所不同，与其他类型的出版物更是大不相同。

二是学前教育出版产品从纸质图书扩展到多媒介教育资源，从幼儿园教学到家园互动，构建起了较为完整的学前教育出版产品和服务体系。② 在数字技术环境下，学前教育

---

① 柳海民，郑星媛. 新时代中国教育改革发展新路向[EB/OL].[2022-07-21]. https://m.gmw.cn/baijia/2021-04/01/34733219.html.

② 中国出版传媒商报. 学前教育风口，出版能否飞起来？[EB/OL].[2022-07-18]. http://www.chinabookinternational.org/2015/0626/50939.shtml.

出版市场的产品包括学前教育读物、数字课程资源、幼教终端产品及其相关教育服务等，涵盖了从学前教育纸质读物到数字教育资源与服务。市场主体以各少儿出版社为主力，各类学前教育机构、学前教育技术开发企业等作为重要构成。

三是需求的成长性。学前教育出版所面向的0~6周岁的儿童，这一阶段的儿童，一个突出的身体与心理发展特征是成长性，在这较短的6年时间里，儿童学习语言、产生自我意识、发展认知能力是有规律、有顺序的，但是不同年龄的发展变化是不同的。这种不同反映在出版活动和出版市场细分上，并不完全如同义务教育至高等教育期间以年级为时间标尺细分市场，很多时候往往需要以月为时间单位细分市场，婴幼儿的年龄通常也以"月"来计算。同时，在此细分市场中，家长对教育出版的需求又是刚性的，子女教育消费支出已经成为国民家庭消费支出的首选。① 可见，学前教育出版就像少儿出版和教育出版的"嫁接体"，融合了需求刚性和成长性，让市场参与积极性飙升。②

2. 学前教育出版的市场状况

2018年，《中共中央、国务院关于学前教育深化改革规范发展的若干意见》的颁布实施，政府不断加强对学前教育的政策与经费支持，推动了幼儿教育逐步走向正规化、规范化、科学化，也带动了学前教育出版市场规模的快速增长。

首先，市场需求方面。虽然近些年来随着年轻人生活与工作压力的增大，新生儿生育率出现下降趋势；但是《2020年全国教育事业发展统计公报》③的数据显示，"十三五"期间每年在园幼儿数量都在4000万人，且保持小幅稳定增长(见图15-1)。此外，随着国民人均收入的快速增长，以及在家庭教育投入比例的增加，学前教育市场需求将会进一步打开。④ 强烈的市场需求，也奠定了学前教育出版市场的基础。

其次，市场产品结构方面，产品的多元化开发是学前教育出版市场的主要表征。

从纸质出版物产品看，学前教育读物是幼儿园教育的重要资源。我国幼儿园教育对教科书没有强制规定，2018年颁布的《中共中央、国务院关于学前教育深化改革规范发展的若干意见》，明确了"国家制定幼儿园玩教具和图书配备指南"，从某种意义上来讲，幼儿园教育图书指南就相当于学前教育的"教科书"，是确保幼儿园教育质量的重要保障。绘本、图画书是学前教育读物市场的主要产品类型，《中共中央、国务院关于学前教育深化改革规范发展的若干意见》也提倡幼儿园教育要"广泛征集遴选……体现中国优秀传统文

---

① 腾讯理财通，21世纪经济研究院. 2019新中产家庭消费与理财报告[EB/OL]. [2022-07-02]. https://baijiahao.baidu.com/s? id=1655060257334180404&wfr=spider&for=pc.

② 中国出版传媒商报. 学前教育风口，出版能否飞起来? [EB/OL]. [2022-07-12]. http://www.chinabookinternational.org/2015/0626/50939.shtml.

③ 教育部. 2020年全国教育事业发展统计公报[EB/OL]. [2021-08-05]. http://www.moe.gov.cn/jyb_sjzl/sjzl_fztjgb/202108/t20210827_555004.html.

④ 环球网. 2020《中国早教蓝皮书》正式发布[EB/OL]. [2021-08-05]. https://baijiahao.baidu.com/s? id=1655059834738091456&wfr=spider&for=pc.

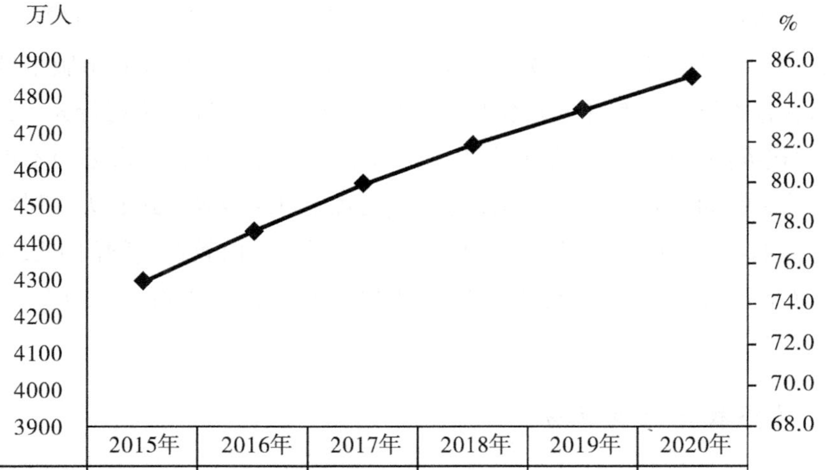

	2015年	2016年	2017年	2018年	2019年	2020年
在园幼儿	4265	4414	4600	4656	4714	4818
毛入园率	75.0	77.4	79.6	81.7	83.4	85.2

图 15-1 “十三五”时期学前教育在园幼儿和毛入园率

化、现代生活特色的绘本”。

从服务产品上看，主打亲子阅读服务。其中，主打儿童阅读、亲子阅读的绘本馆、儿童书店是当前学前教育出版服务的重要方向，传统出版发行单位与教育机构均发力这一细分的服务市场。如河北新华发行集团从 2015 年始与多个幼儿园合作开展了“新华 · 小桔灯”绘本馆项目，新华文轩 2019 年推出了针对亲子家庭的子品牌书店“Kids Winshare”。

从融合出版探索看，各类学前教育机构、学前教育技术开发企业是学前教育数字化产品资源及服务提供的主体，包括各种幼儿园教育内容资源平台及服务平台、学前教育读物的数字化产品及课程资源等为主要形式的数字教育出版服务。从技术应用看，AR、VR 等新技术与出版业的融合，在童书出版领域最为紧密，据《2017—2018 中国数字出版产业年度报告》的调查表明，在亚马逊、京东商城等电商中搜索 VR/AR 图书显示，VR/ AR 童书占据了半壁江山。①

再次，市场参与主体方面，形成了以各少儿出版社为主体、各类学前教育机构及教育技术开发企业等共同参与的市场竞争格局。各少儿出版社以学前教育读物出版和为数字教育提供内容资源为主，围绕学前教育教师和幼儿需求，如人民教育出版社、高等教育出版社、江苏教育出版社、浙江教育出版社、福建教育出版社等专业教育社依托其教育资源优势，持续发力；其他非教育类出版社及大学社也纷纷布局学前教育出版市场。各类学前教育机构、学前教育技术开发企业，或与传统出版单位合作，或独立面向市场，开发相关幼儿线上课程资源、搭建学前教育资源服务平台、进行学前教育读物的数字化产品开发运营等。

---

① 张立. 2017—2018 中国数字出版产业年度报告[M]. 北京：中国书籍出版社，2018：267.

此外，随着《中共中央、国务院关于学前教育深化改革规范发展的若干意见》的颁布实施，及2021年7月推出的“双减”政策的落实，未来学前教育及其出版市场将会更加规范化、回归教育本质。前者对于资本市场的总体定调是遏制过度逐利行为，其第二十四条明确规定了“民办园一律不准单独或作为一部分资产打包上市；上市公司不得通过股票市场融资投资营利性幼儿园，不得通过发行股份或者支付现金等方式购买营利性幼儿园资产”。后者规定，不对学龄前儿童进行学科培训，学科类的学前教育读物的出版供给会进一步调整优化，面向学前阶段的各种中文英文读物、素养启蒙读物，可能会成为出版市场的重点。

二、义务教育出版市场

义务教育是一个国家统一实施的面向所有适龄儿童、少年必须接受一定年限的强制教育，是国家推进教育普及化、提升国民整体素质最重要的教育阶段，在整个国民教育结构体系中居于基础地位，故而义务教育也称基础教育。2018年12月修订通过的《中华人民共和国义务教育法》，对保障适龄儿童少年接受义务教育的权利、保证义务教育的顺利实施做出了全面规定，其中，对于教科书的编写、审定、出版、选用、价格等以法律的形式进行了规定。

1. 义务教育出版市场的内涵和外延

义务教育出版市场，即服务于义务教育需求的出版细分市场，面向义务教育阶段开展出版产品及服务的出版活动。

义务教育是整个国民教育体系的重中之重，具有基础之基础的战略地位，关系到千千万万人民的切身利益。① 义务教育开端于1619年，德意志魏玛共和国公布的学校法令规定，父母应送其6~12岁子女入学，否则政府强迫其履行义务。② 义务教育年限是一个动态演化的概念，不同的国家义务教育年限不同。在我国，义务教育是指初中以前(包括初中)的所有形式的教育，狭义的义务教育可以理解为九年义务教育，广义上来讲还包括家庭教育。在美国，所谓的基础教育主要是指幼儿园到高中阶段的教育(k-12)，在美国面向基础教育的出版市场也称k-12出版市场。③

在我国，义务教育出版市场从其教育层次看，主要分为小学教育出版市场和初中教育出版市场。从义务教育出版的产品与服务类型看，主要分为教材出版市场、教辅出版市场、中小学儿童读物出版市场、中小学教学用书出版市场、中小学期刊出版市场及基础教育数字出版市场。

---

① 宋乃庆，陈婷，张辉荣. 义务教育[M]. 北京：科学出版社，2018：前言.

② 教师公开招聘考试专用教材编委会. 2016-中学部分-教育理论综合知识(公共知识)-移动互联版[M]. 北京：教育科学出版社，2015：43.

③ 方卿，等. 数字出版产业管理[M]. 北京：电子工业出版社，2013：182.

其中，教材出版市场是最为主要的市场类型，如表 15-1 可见，虽然中小学课本的出版品种数量在全国每年出版的几十万种图书中比重很少，但是中小学课本及教学用书的零售金额却占全国图书零售金额的将近三分之一。这是因为义务教育强制性、普及性的特点，国家对义务教育阶段的出版物有较为严格的规定，教材就成为了义务教育最主要的教学用出版物。

表 15-1　2015—2019 年小学课本出版情况①

年度	品种总数（万种）	新版品种数（万种）	总印数（亿册）	总印张（亿印张）	定价总金额（亿元）	零售金额②（亿元）	占全国零售比重
2019	0.49	0.07	16.09	87.39	105.51	286.3	27.27%
2018	0.51	0.07	14.83	81.81	98.64	259.9	26.99%
2017	0.55	0.09	13.31	73.50	87.72	243.2	27.36%
2016	0.57	0.10	13.14	72.41	85.74	228.2	27.39%
2015	0.63	0.15	13.26	71.55	85.89	217.6	28.95%

少年儿童读物是中小学教材教辅之外，用于辅助中小学生课外阅读、拓展阅读、亲子共读的文学作品、知识读物、连环画等的总称，对培养青少年儿童阅读习惯与素养、正确的人生观、良好的道德品质等发挥了重要作用，③ 如表 15-2 所示，其在我国出版市场中也占有较为重要的市场份额与地位。

表 15-2　2015—2019 年少年儿童读物出版情况④

年度	新版品种数（万种）	总印数（亿册）	总印张（亿印张）	定价总金额（亿元）	零售金额（亿元）	占全国零售比重
2019	2.08	9.46	57.04	247.03	52.27	4.98%
2018	2.28	8.89	54.12	225.32	49.71	5.16%
2017	2.28	8.2	48.84	175.48	41.62	4.68%

① 根据 2015—2019 年《全国新闻出版业基本情况》报告整理，因《全国新闻出版业基本情况》统计的“中学课本”包括了普通初中和普通高中教育阶段的课本，故这里仅统计小学课本出版情况。

② 注：本数据包括中小学课本及教学用书。

③ 雪岗. 少年儿童读物编辑学初探[M]. 北京：中国少年儿童出版社，2006：7-10.

④ 根据 2015—2019 年《全国新闻出版业基本情况》报告整理。少年儿童读物，通常包括 0~18 周岁的少年儿童阅读的出版物，其中以 7~14 周岁的义务教育少儿读物为主。

续表

年度	新版品种数（万种）	总印数（亿册）	总印张（亿印张）	定价总金额（亿元）	零售金额（亿元）	占全国零售比重
2016	2.54	7.78	45.28	160.03	35.88	4.31%
2015	2.21	5.56	33.87	113.68	26.87	3.58%

教学用书，主要是供教师备课、教学过程中所使用的辅助读物，其市场规模主要与教材的出版品种数量及全国教师的数量有关。

少年儿童期刊，是以0~18岁的未成年人为特定服务对象的有出版周期规律的连续出版刊物，在少年儿童成长过程具有不可替代的作用。① 自2008年以来，国家新闻出版行政主管部门连续开展向全国少年儿童推荐优秀少儿报刊活动，通过向少年儿童推荐优秀刊物，充分发挥优秀出版物立德树人、以文化人的作用，引导青少年身心健康成长。如表15-3所示，近年来我国出版的少年儿童期刊种数基本保持在200种以上，但是受数字化的冲击，平均期印数和总印数均有较大幅度的下滑。

基础教育数字出版市场，是随着教育出版数字化转型而兴起和发展起来的重要的目标市场类型，将纸质教材与教学资源、数字课程等融合开发已经成为义务教育出版市场的重要发展趋势。其中，儿童有声读物是市场的亮点。如，整合了纸书阅读和智能语音技术的儿童互动叙事应用 Novel Effect，获得了数字图书世界评选的2018年最佳移动阅读大奖。②

表15-3　2015—2019年少年儿童期刊出版情况③

年度	出版种数（种）	平均期印数（万册）	总印数（万册）
2019	206	1371	37945
2018	207	1448	39719
2017	211	1596	44612
2016	212	1796	50692
2015	209	1890	54164

① 吴尚之. 中国期刊业发展报告［M］. 北京：中国书籍出版社，2018：97，101.

② 任翔. 数媒巨变与出版创新空间——2018年欧美数字出版发展评述［J］. 出版广角，2019（3）：22-26.

③ 根据2015—2019年《全国新闻出版业基本情况》报告整理。

2. 义务教育出版市场特点

义务教育出版市场，基于义务教育及义务教育接受者的特殊性，呈现出以下特点。

一是市场消费者基数大。因为义务教育以法律的形式强制规定适龄少年儿童必须接受，因而在我国教育结构体系中，义务教育阶段的受教育人口基数是最大的。《2020 年全国教育事业发展统计公报》的数据显示，“十三五”时期，义务教育阶段的在校生人数是整个教育结构中最多的，详见图 15-2。根据第七次人口普查的统计结果，全国总人口中，0~14 岁人口占 17.95%。① 这是我国当下及未来一段时间内义务教育出版市场消费者的基本面。面对如此庞大的消费者群体，承担义务教育阶段教材教辅出版发行的出版单位，肩负重任，在每年春秋季学期开学前至少两个月，就提前开始组织教材教辅的征订发行。

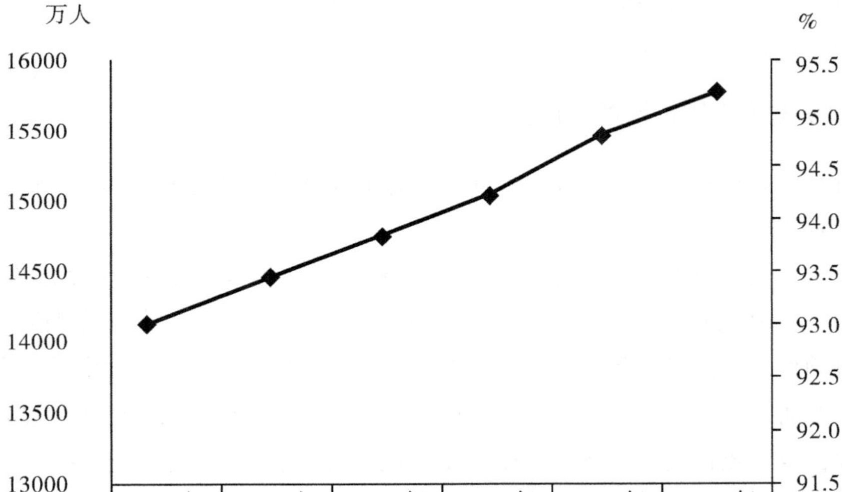

	2015年	2016年	2017年	2018年	2019年	2020年
在校生	14004	14242	14536	14992	15388	15639
◆ 巩固率	93.0	93.4	93.8	94.2	94.8	95.2

图 15-2 “十三五”时期义务教育在校生和巩固率②

二是义务教育出版物的准公共产品属性。公共产品，即具有非排他性和非竞争性的产品，这两大特性也是判断产品是否为公共产品的依据。③ 现实经济生活中，非排他性和非竞争性的产品是较为极端的，许多产品并不是纯公共产品或纯私人产品，而是介于纯公共

① 国家统计局. 第七次全国人口普查公报(第五号)[EB/OL]. [2021-08-21]. http://www.stats.gov.cn/ztjc/zdtjgz/zgrkpc/dqcrkpc/ggl/202105/t20210519_1817698.html.

② 教育部. 2020 年全国教育事业发展统计公报[EB/OL]. [2022-07-21]. http://www.moe.gov.cn/jyb_sjzl/sjzl_fztjgb/202108/t20210827_555004.html.

③ 保罗·萨缪尔森，威廉·诺德豪斯. 经济学[M]. 萧琛，译. 北京：人民邮电出版社，2008：32-33.

产品和纯私人产品之间的中间状态，即准公共产品。在出版领域，就有一部分出版产品属于具有不完全的非竞争性和非排他性的准公共产品。其中以义务教育阶段的教科书最为典型。学生通过使用教科书获取知识的过程，是一种内部效应，具有竞争性和排他性；但是，由于知识具有外部效应，教科书除了给受教育者带来收益外，还有相当一部分利益通过受教育者外溢给了社会，表现出了一定的非竞争性和非排他性，属于混合产品或准公共产品。①

三是义务教育出版市场价格需求弹性低，甚至无弹性。一方面，义务教育是一种普惠性、公益性教育，我国《义务教育法》第十四条规定，“教科书价格由省、自治区、直辖市人民政府价格行政部门会同同级出版主管部门按照微利原则确定”，可见，教科书定价并不完全遵循于市场需求规律。另一方面，我国随着九年义务教育教材逐步变为政府采购，其公共品属性增强，教育类图书价格弹性也越来越不明显。但具体而言，教材的价格弹性要小于教辅，因为教材的消费基本是确定的，但教辅的消费却不是唯一的，如果某本教辅价格过高消费者可以选择其他教辅图书。②

3. 义务教育出版市场管理制度

政府对义务教育出版市场进行管理，是为了规范其市场行为活动、保证义务教育基本国策的有效实施。

一方面，受义务教育相关法律法规的管理。为提升义务教育阶段的教育教学质量，《义务教育法》对教科书的编写、审定、出版、选用及定价等行为作出了明确的规定，以规范相关市场行为。获取义务教育教材出版准入资质，是开展相关出版市场行为的前提。

另一方面，受义务教育相关政策的管理。主要包括两个层面的管理制度：其一，是对教育过程，也即教育教学活动的制度规定，从而规范教育教学活动、保障义务教育质量。如 2021 年 7 月，教育部连续颁布的《关于进一步减轻义务教育阶段学生作业负担和校外培训负担的意见》《关于进一步明确义务教育阶段校外培训学科类和非学科类范围的通知》，被称为“双减”政策，对中小学阶段的作业和校外培训作出了明确的管理规定，对教辅出版、教育培训服务行业都产生了巨大影响。其二，是对教育出版物的管理，主要是对教材教辅的出版发行等进行管理，有关制度内容见本章第三节“教材”部分。

此外，还受专门的出版政策制度的管理。如，《出版管理条例》《印刷业管理条例》《出版物市场管理规定》等部门法规及规章制度，都对义务教育出版活动进行了规定和规范。

三、高中教育出版市场

高中教育，虽然在我国尚不属于义务教育，但历来都是全社会所关注和重视的一个教

① 吴赟. 出版经济学的核心[M]. 上海：同济大学出版社，2014：23.

② 曾元祥，冯明，殷梦玲. 从需求价格弹性看我国图书定价的错位现象[J]. 出版科学，2016(1)：72-73.

育阶段，每年的高考牵动着全社会的目光和亿万家庭之心。如图 15-3 所示，“十三五”期间，我国高中教育阶段的在校生总数基本保持在4000 万人左右。2014 年，《国务院关于深化考试招生制度改革的实施意见》颁布实施，标志着新一轮高考改革启动，这也是我国迄今最全面、力度最大的一次高考改革，对教材教辅内容、学科教辅市场、职业培训教材等出版市场产生了深远影响。①

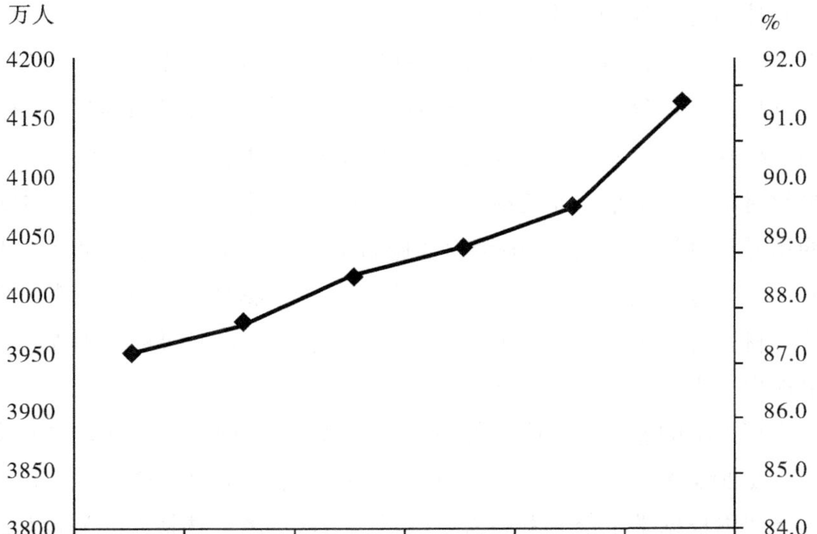

	2015年	2016年	2017年	2018年	2019年	2020年
在校生	4038	3970	3971	3935	3995	4163
◆ 毛入学率	87.0	87.5	88.3	88.8	89.5	91.2

图 15-3 “十三五”时期高中阶段教育在校生和毛入学率②

1. 高中教育出版市场的内涵和特点

高中教育作为连接九年义务教育和高中后教育的纽带，在整个教育体系中起着承上启下的重要作用，其发展状况也是展现一个国家综合经济实力和教育发展水平的重要标志。③ 广义的高中教育包括普通高中教育、中等技术和职业教育(中专、技校)和成人高中。其中，普通高中是在普通初中的基础上进一步引导学生学习掌握基本知识和理论，基本不涉及社会职业的特定技能，主要为升学做准备；中等职业学校是职业教育的第一个阶段，学生毕业后可直接进入劳动力市场，也可以选择接受更高等级的教育，进入高

① 王凤珠. 浅谈新高考改革对出版市场的影响[J]. 出版参考，2020(5)：35-37.

② 教育部. 2020 年全国教育事业发展统计公报[EB/OL]. [2022-07-21]. http://www.moe.gov.cn/jyb_sjzl/sjzl_fztjgb/202108/t20210827_555004.html.

③ 李静. 现阶段我国普通高中教育功能研究[D]. 沈阳：辽宁师范大学，2016：摘要.

职或本科。① 这里所说的高中教育，主要指的是普通高中教育。

高中教育出版市场，是面向普通高中教育需求的出版细分市场，以面向普通高中教育阶段的教材、教辅、在线教育资源及教培服务等出版产品及服务的提供为主。高中教育出版市场呈现出以下特点。

一是内容需求的素质化与学科化结合。一方面，普通高中教育是在义务教育基础上进一步提高国民教育素质、面向大众的基础教育，是为促进学生全面发展、终身发展做准备的，因此其核心是提升学生的综合素质。围绕着核心素养发展，是高中教育对出版内容的基本需求之一。另一方面，高中教育在坚持综合素养教育的基础上，突出学科化的素养教育，文理分科、课程分科是当前高中教育的重要特点。尤其是面向高考的教育出版需求，立足不同学科及其素养要求，开发教辅，是市场的一大特点。

二是教材出版的统编与非统编并举。根据《教育部关于做好普通高中新课程新教材实施工作的指导意见》的精神，我国全面实施普通高中语文、历史、政治三科使用统编版高中新教材，由教育部统编，除此之外，数学、英语、物理、化学、生物、地理等教材实行非统编新教材，各省市根据各省市教育教学情况自行编审课标。因而，高中教材出版市场，也呈现出多市场主体竞争的格局。

三是购买需求的差异性与决策的多主体性兼具。根据教育部印发的《普通高中课程方案(2017 年版 2020 年修订)》，高中课程改革实行必修课程、选择性必修课程和选修课程结合，必修课程根据学生全面发展需要设置，全修全考；选择性必修课根据学生个性化发展和升学考试需要设置，选修选考；选修课由学校根据实际情况统筹规划开设。由此，因学生个体学习的差异化，不同的学生的课程考试科目不同，其对教材教辅的购买需求会有所差异；不同学生同一课程因个人学习情况的不同，对具体教辅类型②的购买需求也会有所差异。同时，学生的购买行为还会受到学校、学科老师、家长、周边同学乃至教育培训机构意见的影响，购买决策过程表现出了多主体参与的特点。也由此决定了高中教育出版市场营销运营，需要根据不同的用户特点和需求画像、不同类型的发行渠道要求，制订相应的营销策略。

2. 高中教育出版市场的状况

因为高考催生出的巨大市场需求，我国高中教育出版市场成了众多教育出版单位、民营教育服务企业等的“必争之地”。

首先，教材出版市场稳定、量大。虽然当下高中教育并不属于九年义务教育范畴，但是随着我国经济社会的发展，以及教育需求与日俱增，高中教育的普及率也越来越高。我

---

① 谢莉花，余小娟，尚美华. 国际职业与教育分类标准视野下我国职业体系与教育体系之间的关系[J]. 职业技术教育，2017，38(28)：74-79.

② 教辅图书根据其对学生辅助的内容、作用的不同，可以分为同步练习类、教材讲解类、复习辅导类、学习辅导类、考试试卷类等。

国历年高考考生人数规模变化也侧面印证了这一点，我国高考考生人数规模从 2011 年的 933 万人，到 2019 年开始突破 1000 万人大关，总体上呈现增长的态势。加之教材需求为刚性需求，可以说，高中教材出版市场规模稳定，且一次印量多、码洋大。

其次，教辅出版市场需求量大、品牌竞争日趋明显。九年义务教育阶段严苛的教辅出版政策监管内容，很多并不在高中教育阶段的规定范畴内，再加上高中阶段的课程、科目更多，高考的竞争尤为激烈。因而，相较于初中、小学阶段的教辅出版市场，高中教育阶段的教辅出版市场的品种数量更多、需求量更大，尤其以同步辅导书、模拟试卷类教辅需求最为强烈。这也吸引了众多民营教辅企业介入这一市场，加剧了市场竞争的激烈程度，品牌成为了影响市场竞争力的重要方面。如“五年高考，三年模拟”、理想树的“高考必刷题”等，都较受市场青睐。因为出版准入制的要求，民营教辅企业介入教辅出版市场，主要是通过与教育出版单位的合作，其合作方式包括发行合作、项目合作、资本合作等。

再次，高中在线教育、数字教育市场日趋火热化。随着互联网的普及、数字化转型的推进，加之受新冠疫情影响，线下教学转线上教学的推动，以及在线教育、数字教育的互动性、定制化优势，在线教育、数字教育市场得到了快速发展，学生和家长也更习惯于通过在线教育平台进行课后复习、解题思路提升等。

四、高等教育出版市场

在我国，“高等教育是在完成中等教育基础之上进行的各种学术性、专业性教育”①。高等教育就形式而言，包含全日制高等教育与非全日制高等教育两大类。全日制高等教育，也称普通高等教育，包括专科、本科、硕博士研究生等教育层次，是国家高等教育的主要组成部分，体现了一个国家高等教育的整体水平与科学研究水平。非全日制高等教育，是相对于普通高等教育而言的，包括成人本专科、网络本专科等，“是伴随着现代科学技术的迅速发展与人们日益高涨的接受高等教育的期望、要求而产生和发展的”②。2020 年，我国成人本专科、网络本专科的在校生人数也分别达到了 777.29 万人、846.45 万人，③ 对高等教育的大众化与普及化发挥着重要的作用。

高等教育出版（Higher Education Publishing），是面向具有中等教育基础的人群进行的专业教育，是培养高级人才的教育活动，具有科学研究和服务社会的功能。④ 与大众出版相比，市场对高等教育出版物的需求更强、更稳定，通常大学教材的定价也相对较高，尤其是欧美国家，一本教材往往定价上百美元或数十欧元，因此高等教育一直是全球出版市场中最重要的利润来源之一。

---

① 谢铮，宿哲骞，王昕晔. 高等教育实践研究与应用[M]. 长春：吉林人民出版社，2019：8.

② 谢铮，宿哲骞，王昕晔. 高等教育实践研究与应用[M]. 长春：吉林人民出版社，2019：8.

③ 教育部. 2020 年全国教育事业发展统计公报[EB/OL]. [2022-07-20]. http://www.moe.gov.cn/jyb_sjzl/sjzl_fztjgb/202108/t20210827_555004.html.

④ 方卿，等. 数字出版产业管理[M]. 北京：电子工业出版社，2013：184.

根据第七次人口普查的统计结果，具有大学文化程度的人口为21836万人，与2010年相比，每10万人中具有大学文化程度的由8930人上升为15467人，15岁及以上人口的平均受教育年限由9.08年提高至9.91年，文盲率由4.08%下降为2.67%。受教育状况的持续改善，反映了10年来我国大力发展高等教育以及扫除青壮年文盲等措施取得了积极成效，人口素质不断提高。① 这也带动了对高等教育教材出版的需求，由表15-4可见，我国大专及以上教材出版，在传统出版受数字化冲击与传统教育面临在线教育挑战的背景下，仍然较为稳定，这很大程度上得益于我国高等教育的发展。

表15-4　2015—2019年大专及以上教材出版情况②

年度	品种总数(万种)	新版品种数(万种)	总印数(亿册)	总印张(亿印张)	定价总金额(亿元)
2019	6.35	1.58	3.098	56.20	130.55
2018	5.995	1.69	3.10	55.95	124.31
2017	6.24	1.91	3.03	53.18	113.46
2016	6.33	2.18	3.12	54.87	111.37
2015	6.23	2.28	3.20	56.11	110.70

当前，在线教育成为高等教育出版市场发展的新兴市场和趋势，我国高等教育领域也是在线教育市场的主阵地，有关内容见本章第三节“数字教育出版产品与服务”部分。

五、职业教育出版市场

2019年1月24日，国务院印发了《国家职业教育改革实施方案》，明确了“职业教育与普通教育是两种不同教育类型，具有同等重要地位”，并明确了“进一步办好新时代职业教育”的目标要求和重点任务。③ 2021年6月7日，《职业教育法(修订草案)》首次提请全国人大常委会审议，这是该法自1996年颁布施行25年来首次大修，草案除明确规定了“职业教育和普通教育是不同教育类型，具有同等重要地位”外，还就促进各级各类学校教育与职业培训以及其他职业教育学习成果认定、积累和转换等“职业教育与普通教育相互融通”做出规定。职业教育日益受到国家的高度重视，也必将带动职业教育出版市场的发展，职业教育出版市场在出版市场中的地位和重要性也必将进一步提升。

---

① 国家统计局. 第七次全国人口普查主要数据情况[EB/OL]. [2022-07-01]. http://www.stats.gov.cn/ztjc/zdtjgz/zgrkpc/dqcrkpc/ggl/202105/t20210519_1817693.html.

② 根据2015—2019年《全国新闻出版业基本情况》报告整理。

③ 国务院关于印发国家职业教育改革实施方案的通知(国发〔2019〕4号)[EB/OL]. [2021-08-21]. http://www.gov.cn/zhengce/content/2019-02/13/content_5365341.htm.

1. 职业教育出版市场的概念特征

职业教育出版市场，是以满足职业教育接受者的职业技能知识需求、职业教育工作者的教育教学活动需要、职业教育机构的组织管理服务需求和行业主管部门职业培训及评价服务需要的出版细分市场，是具有特定职业教育出版物商品需求的购买群体。职业教育包括职业学校教育和职业培训，是国家教育事业的重要组成部分，对促进产业经济与科技发展、带动社会就业发挥着重要作用。我国产业与经济结构升级调整加快，激发了各行各业对职业技术技能人才的强烈需求，学习型社会建设的深入推进，带动了社会个体教育培训意愿及消费支出的增长，职业教育需求的用户人数规模日益扩大、学科更加多样、层次类型日趋全面，职业教育教材、教辅及数字教育服务的需求量也随之逐渐扩大。

职业教育出版市场，从其需求内容看，以职业学历教育与职业技能培训的教材、教辅及教学用书，及其数字化教学资源与服务，和职业教育培训评价出版物与服务为主要产品形态。其中，各类教材、教辅及教学用书是当前需求的主要产品形态表 15-5 所示的是近年来作为职业教育重要组成部分的我国中专、技校的课本出版情况，需求总体保持稳定。职业教育的数字化教学资源与服务，不仅是职业教育出版面向数字化时代的发展方向，也是当前职业教育专业发展的内在要求，教育部发布的《职业教育专业目录(2021 年)》提出了职业教育专业要面向未来技术技能，从专业名称到专业内涵要全面进行数字化改造，在此情形下，教育方式及教学资源生产方式的数字化也是必然趋势和要求。职业教育培训考核、评价出版物，是满足于职业教育培训考核需要的，在我国，很多行业都要求进行职前培训、职业过程中的继续教育培训等，并有职业上岗资格要求，由此也就催生出了职业资格考核与评价服务的出版需求。

表 15-5　2015—2019 年中专、技校课本出版情况①

年度	品种总数(万种)	新版品种数(万种)	总印数(亿册)	总印张(亿印张)	定价总金额(亿元)
2019	0. 70	0. 14	0. 69	9. 11	18. 66
2018	0. 61	0. 14	0. 56	7. 51	15. 06
2017	0. 57	0. 14	0. 51	6. 48	12. 64
2016	0. 66	0. 18	0. 67	8. 53	15. 94
2015	0. 76	0. 28	0. 75	9. 34	17. 47

① 根据 2015—2019 年《全国新闻出版业基本情况》报告整理。

从职业教育出版市场需求主体看，职业教育接受者是最重要的主体，据《中国统计年鉴》的数据，我国2019年高职高专、中职中专和初职的在校生人数分别为1280. 7万人、1576. 5万人、0. 44万人。[①] 从事职业教育教学活动的工作者，也即职业教育学校及培训机构的教师，是职业教育出版市场需求的重要主体。职业教育及培训机构，也是这一细分出版市场的重要需求主体，会统一采购教材教辅、教学平台产品及服务等。此外，职业教育培训评价机构及其从业人员，也会产生相关需求。

从职业教育出版市场的消费方式看，个体消费与组织消费相结合。职业教育包括职业学校教育和职业培训，职业学校教育作为学历教育的一种，主要是个人化的选择，对教育出版物的消费也是个体为主。职业培训，更多的是非学历教育，带有岗位或者行业的统一要求，很多时候是由接受培训员工所在单位组织，或者是由其所在行业培训评价机构统一组织的，对教育出版物的消费更多地表现出组织消费特征。当然，随着人们消费水平的提高及对教育培训的重视，《中国经济生活大调查(2019—2020)》的调查数据表明，教育培训已成为人们消费支出的第一位，且用于个人的自我学习充电的培训消费意愿呈明显上升趋势。

从职业教育出版市场的结构看，与产业、技术结构发展相适应，并深受其影响。职业教育出版市场结构是与职业教育结构相匹配的，而职业教育结构受产业结构、技术结构等的影响，这也影响了职业教育出版市场的结构。

2. 职业教育出版市场的类型

职业教育出版市场结构是与职业教育结构相匹配的，我国的职业教育包括各级各类职业学校教育和各种形式的职业培训。

依据职业教育是否属于学历教育，可以分为职业学校教育出版市场和职业培训出版市场。职业学校教育是职业院校和应用型本科高校按照国家标准和规定开展的专业职业技能人才培养，属于学历教育。因此，职业学校教育出版物要符合国家教学标准和教学规定。职业培训是职业院校或职业教育培训机构依据国家有关法规和职业标准、教学标准完成的职业技能培训，属于非学历教育，这也就意味着，职业培训出版物的编写需与其职业标准、教学标准相匹配和适应。由此可以看出，无论是学历职业教育还是非学历职业培训，出版物的内容(主要是教材教辅)都有其相应的标准。

依据职业学校教育的层次，可以分为分别面向初等、中等、高等职业学校的教育出版市场。初等、中等职业学校教育分别由初等、中等职业学校实施；高等职业学校教育根据需要和条件由高等职业学校实施，或者由普通高等学校实施。针对不同层次的职业学校教育教学活动的教材、教辅及教学用书等的需求，就形成了不同的职业教育出版市场。同

---

① 国家统计局. 中国统计年鉴2020[EB/OL]. [2022-07-21]. http://www.stats.gov.cn/tjsj/ndsj/2020/indexch.htm.

时，其内部又会基于职业教育专业体系，划分出不同的细分市场。根据教育部发布的《职业教育专业目录(2021年)》，我国现有的职业教育专业体系中，中职专业358个，高职专科专业744个，高职本科专业247个。面向不同层次的、不同职业专业，出版单位均应开发、出版与之相适应的教材、教辅等出版物。

从职业培训的类型，会衍生出不同的职业培训出版市场。职业培训，基于其职业生涯过程主要包括从业前培训、转业培训、学徒培训、在岗培训、转岗培训及其他职业性培训等，基于培训的职业技能等级主要分为初级、中级、高级职业培训，根据培训的目的需要又包括职业考试培训和职业技能培训。不同类型的职业培训，对具体的职业技能知识的需求、职业标准及学习者的教育水平都是不一样的，由此也需要针对不同类型的职业培训需要，进行出版物的选题开发与运营。

六、继续教育出版市场

《国家中长期教育改革和发展规划纲要(2010—2020年)》明确提出了要“加快发展继续教育”；在《教育部在2018年的工作要点》中也提到，要办好继续教育，“引导推动各类学校特别是职业院校开展职工继续教育培训”。一系列利好政策的出台，推动了继续教育在我国的快速发展，同时也带动了继续教育出版的发展。

继续教育，也称业余教育，是面向学校教育之后所有社会成员的教育活动，特别针对已经脱离正规教育、已参加工作和负有成人责任的人所接受的教育活动，是终身教育体系的重要组成部分，是提高国民科技文化素质和就业、创业、创新能力的重要途径。继续教育的主体，涉及普通高校、独立设置成人高校、开放大学等各类举办继续教育的高校，内容涵盖函授、业余、脱产、网络教育、远程开放教育等不同形式的本专科学历继续教育，以及短期培训等非学历继续教育。

无论是面向学历继续教育还是非学历继续教育，继续教育教材、教辅用书及教学参考书等的出版，都需遵循一定的国家教学和专业标准。学历继续教育是国家统一审批备案承认学历的教育系列，非学历继续教育则以满足学习者职业资格考级需要为主要目的，这往往都有一定的国家教学标准或教育专业学习指南等，是相关教育出版物内容编写出版需遵循的。继续教育的教育类别、学习层次及专业类型涉及面广，其出版市场的细分程度较高，以学历和非学历继续教育教材出版，学历继续教育教材包括函授、业余、脱产、网络教育、开放教育、自学考试建设及使用的教材，非学历继续教育教材包括高校在各类职业培训及社区教育、老年教育等使用的教材。可见，单从教材的出版和需求看，对应继续教育专业体系其出版品类应是多样化的，从表15-6可以看出，目前每年出版的业余教育教材品种数量不过2000种，与继续教育体系的发展需求相比还有一定差距。

表 15-6　2015—2019 年业余教育教材出版情况①

年度	品种总数(万种)	新版品种数(万种)	总印数(亿册)	总印张(亿印张)	定价总金额(亿元)
2019	0.21	0.06	0.19	3.64	9.51
2018	0.23	0.08	0.21	4.28	11.25
2017	0.26	0.09	0.24	4.01	9.95
2016	0.30	0.13	0.26	4.10	10.00
2015	0.36	0.16	0.35	5.18	13.04

继续教育出版市场的购买力与购买需求较强。继续教育的学习者的学习动机与其所从事的工作和扮演的社会角色有较强的相关性,② 这种强关联性使得其市场需求较强。对于学历继续教育而言，无论是为了考试辅导还是为了获取学历，对教育用书的购买需求都较为强烈。对于非学历继续教育而言，专业技术人员的继续教育需求往往是具有连续性的，比如出版专业技术人员，国家新闻出版署规定了其每年都要接受一定学时的继续教育，市场需求也较强。

在线教学资源的开发是继续教育出版市场的重要方面和业务方向。成人继续教育学历有四种主要形式——高等教育自学考试(自考)、网络教育(远程教育)、成人高考(脱产、业余、函授)、开放大学(原广播电视大学现代远程开放教育)，教育可在教室进行或通过广播电视、互联网或函授等方式进行，但由于学习者往往是在其工作之余接受教育，远程的、网络化的教育教学方式就更契合学习者的实际情况。对此，搭建网络课程平台、开发在线教学资源，也就成为了继续教育出版市场的重要业务方向。充分运用信息技术，搭建数字化继续教育资源共享平台，也是国家发展继续教育的重要要求。

七、特殊教育出版市场

我们国家为了促进教育公平化、保障残疾人接受教育的权利，规定了各阶段的教育层次均需包含针对残疾学生的特殊教育。如《义务教育法》明确规定：“县级以上地方人民政府根据需要设置相应的实施特殊教育的学校(班)，对视力残疾、听力语言残疾和智力残疾的适龄儿童、少年实施义务教育。普通学校应当接收具有接受普通教育能力的残疾适龄儿童、少年随班就读，并为其学习、康复提供帮助。”2017 年修订后颁布的《残疾人教育条例》，也明确规定了学前教育机构、各级各类学校及其他教育机构对符合法律、法规规定条件的残疾人申请入学，不得拒绝招收。

特殊教育，是针对残疾人等特殊对象实施的教育，涵盖了特殊学前教育、特殊义务教

① 根据 2015—2019 年《全国新闻出版业基本情况》报告整理。

② 方卿，等. 数字出版产业管理[M]. 北京：电子工业出版社，2013：187.

育、特殊高中阶段教育、特殊职业教育等各个教育阶段。《2020年全国教育事业发展统计公报》①数据显示：截至2020年，全国共有特殊教育学校2244所，特殊教育学校共有专任教师6.62万人，招收各种形式的特殊教育学生14.90万人，特殊教育在校生88.08万人。

为保障残疾人的平等接受教育的权利、满足残疾人教育学习需要，我国的出版单位体系中不仅有专门面向盲人的公益性出版机构——中国盲文出版社；部分出版社内部也设置专门的编辑部，如人民教育出版社就设有特殊教育室；或者出版特殊教育系列书籍，如北京大学出版社出版的“21世纪特殊教育创新教材”、华东师范大学出版社出版的“今日特殊儿童与教育译丛”等。

在我国，国家明确了政府负有责任加强对残疾人教育的保障和支持，残疾人教育所需经费纳入政府预算中，因而，面向特殊教育的出版具有公益性。

第三节　教育出版产品与服务

产品与服务是教育出版的基础，也是其价值所在。② 教育出版作为一项传承思想文化、开启民智的社会活动，其本质是向读者提供系统化的知识以满足读者的学习需求，在互联网技术和各种传播终端未成熟之前，教育出版主要是通过以纸书的形式来满足读者对各种知识的需求。③ 从出版物角度看，教育出版产品与服务以出版教材、教辅、各类教育图书为主，具体包括基础教育的教材、教辅，也包括高等教育的教材教辅以及成人教育、社会培训用的教材及其配套的参考书等。④ 从出版载体形态看，教育出版产品与服务包括纸质的教育出版物和数字化的教育出版内容产品及服务。从产品形态看，包括有形的出版产品，如纸质教材教辅、教育装备等，和无形的教育出版服务，如在线教育、教育培训等。

基于此，本节主要就教育出版中几种典型的产品与服务——教材、教辅、数字教育出版产品与服务、教育装备与服务，对其具体的概念、类型、特征、出版流程及出版模式等做一简要介绍。

一、教材

狭义的教育出版即为教材、教辅图书的出版，传统的教育出版往往针对的就是教材、教辅图书市场。⑤ 其中，教材出版因其需求规模大、持续性强、刚性大、集中等特点，是

---

① 教育部. 2020年全国教育事业发展统计公报[EB/OL]. [2021-08-05]. http://www.moe.gov.cn/jyb_sjzl/sjzl_fztjgb/202108/t20210827_555004.html.

② 谢清风. 教育出版高质量发展的六个向度[J]. 科技与出版，2021(1)：36-42.

③ 戎炜. 略论传统教育出版与新媒体的融合发展[J]. 现代出版，2015，4(5)：44-46.

④ 宗世哲. 新中国教育出版60年[J]. 编辑之友，2009(10)：39-43.

⑤ 李忠孝，闫晓宇. 积极参与教育数字化，传统出版社应着力向产业链两端延伸[J]. 科技与出版，2014，4(8)：7-12.

系统发行市场的绝对主力。中国现代意义上的教材起步于19世纪末，在西学东渐风潮的影响下，大量新式学校建立，教材需求旺盛，教育出版在中国逐步发展。民国时期，商务印书馆、中华书局等机构出版了一系列优秀教材。中华人民共和国成立后，教育出版伴随着教育的改革和发展而崛起，从编写中小学教科书到编辑大学教材，从出版单行本到推出大型系列教材。可以说，教材出版的发展演变历史，就是一部教育出版史。

1. 教材的概念

对于教材概念的理解，主要有广义和狭义之分。广义的教材包括教科书、教师指导用书、教学参考书、讲授提纲以及各种视听材料等。其中，教科书是教材的主体，通常又被理解为狭义的教材。《中国大百科全书(第二版)》对“教材”的定义是：“依据国家的教育方针和课程标准，为实现一定的教学目标开发、编写而成。它既包括以教科书为主体的各种文字教材，又包括各种视听教材、电子教材以及来源于生活实践的现实教材等。”①从这个定义可以看出，其取的是广义层面的教材概念。本书所讨论的教材概念，也是广义上的教材，即依据课程标准编写出版的教科书、教学用书、讲授提纲及数字化教材等的统称。

教材是教师教学和学生学习的信息载体，是教学内容的主要表现形式和开展教学活动的基本依据和主要工具，也是深入教学改革、保障教学质量的重要基础。② 教材是教育出版实现教育功能的核心，推动教育出版高质量发展，优先和重点是教材出版的高质量发展。对此，《中国教育现代化2035》就明确提出了推进教育现代化要“加强课程教材体系建设”③。

与教辅等其他教育出版物以及其他类型的出版物相比，教材出版具有其鲜明的特征：一是教材的编写出版以教育部门审定的课程标准为依据，教材作为国家课程方案与课程标准的主要物化载体，④ 是国家意志在教育领域的直接体现，⑤ 有必要依据教育行政主管部门审定的课程标准编写出版教材。二是教材使用者的特定性，教材是学生直接的学习对象，是理解课程内容并达成课程目标的媒介，学生是教材的核心使用者，教师、教育管理者等则是教材重要使用者。三是教材编写的规律性，教材是教学过程中教师用来协助学生达到教学目标的各种知识信息材料，教材内容编写必须符合教学的需要和规律，有其内容编写的独特规律，教材“用以表达规范化和符号化的语言和思想”⑥。因此，教材的编写出

① 中国大百科全书出版社编辑部. 中国大百科全书[EB/OL]. [2021-08-04]. https://h.bkzx.cn/item/211690? q=%E6%95%99%E6%9D%90.

② 王恬，阎燕. 加强教材建设，助力人才培养[J]. 中国大学教学，2013(9)：93-95，92.

③ 中共中央、国务院印发《中国教育现代化2035》[J]. 人民教育，2019(5)：07-10.

④ 靳玉乐，王洪席. 十年教材建设：成就、问题及建议[J]. 课程·教材·教法，2012，32(1)：12-16.

⑤ 郑富芝尺寸教材 悠悠国事——全面落实教材建设国家事权[J]. 人民教育，2020(Z1)：6-9.

⑥ 曾天山. 教材论[M]. 南昌：江西教育出版社，1997：10.

版要以一定的教育目的为依据，还要以一定的教育理论、特别是课程理论为指导。① 四是教材的知识性，与其他图书不同，教材主要是为了学习者获取知识、积累知识，知识性是教材内容的重要要求，教材是从人类历史发展过程中积累的知识和经验中编入的，其知识必须是经验的、为研究所证实的或者学习者所必须知道和了解的知识内容。五是教材的统一性高、通用性强、需求量大集中，教材所面对的消费者主要是各个教育阶段的学生，课程标准、教学需求的统一性高，因此同一教育阶段、层次的教材的通用性强；教材基本属于刚性需求，需求集中、单次需求量大且需求的持续性强，在出版业中的发行码洋占比较高，从表 15-7 可见，其发行码洋占比将近全国图书发行码洋的三分之一，是出版产业最主要的营收与利润来源。

教材，依据其教育的层次和阶段，可以分为学前教育课本、基础教育教材、高等教育教材、职业和继续教育教材等；依据其载体形式，则可以分为纸质教材和数字教材；依据其使用者的不同，则分为教科书(面向学生)、教学用书(面向教师)。根据国家新闻出版署《全国新闻出版业基本情况》的统计口径，主要分为小学教材、中学教材、中专及技校教材、大专以上教材、教学用书、业余教育课本、扫盲课本等。

表 15-7 2015—2019 年教材出版情况②

年度	品种总数(万种)	占全国图书品种总数比重(%)	新版品种数(万种)	占全国新版图书总数比重(%)	定价总金额(亿元)	占全国图书定价总金额比重(%)	零售金额(亿元)	占全国零售比重(%)
2019	8.71	17.21	1.99	8.85	417.4	20.53	286.3	27.27
2018	8.29	15.97	2.1	8.50	386.9	20.68	259.89	26.99
2017	8.66	16.91	2.38	9.41	356.6	22.16	243.17	27.36
2016	8.9	17.80	2.73	10.40	355	22.46	228.2	27.39
2015	9.07	19.05	3.07	11.79	358.3	24.28	217.55	28.95

2. 教材出版的过程

教材的出版是一项系统性工程，涉及环节多、参与人员广、时间跨度大。教育出版是一个综合的过程，概括来讲，教材出版包括编写、审定、编辑出版、印刷复制、发行、选

① 中国大百科全书出版社编辑部. 中国大百科全书[EB/OL]. [2021-08-04]. https://h.bkzx.cn/item/211690? q=%E6%95%99%E6%9D%90.

② 根据 2015—2019 年《全国新闻出版业基本情况》报告整理。

用、评价等过程。

教材编写。教材的编写是依据一定的教学目标和标准，运用科学的方法，对教材知识点的设计、开发、选编的过程，以实现和满足教学的功能需求。教材质量关乎教育教学质量与国民素质，作为教材出版首要环节的编写，对保证教材质量至关重要，教材的编写必须规范严谨科学。当前，我国中小学及中等职业教育思想政治、语文、历史的教材编写，已经由“一纲一本”编写制度转向了统编统审统用制度，高等教育的“马工程”教材也施行统编统审统用制度。

如何改革教材设计与编写模式，提高教材质量，是长期以来国内外专家学者高度关注的重要问题。为解决教材的逻辑结构与知识结构、认知结构之间关系的问题，学者们提出并发展了一些教材编写设计模式。一是科学主义模式，这是由有“现代课程理论之父”之称的拉尔夫·泰勒(Ralph W. Tyler)在1949年出版的《课程与教学的基本原理》①(*Basic Principles of Curriculum and Instruction*)一书提出的，标志着科学主义课程与教材开发的最终确立。二是精细加工模式，这是由国际著名教学设计专家、美国印第安纳大学教学技术系教授瑞格鲁斯(C. Reigeluth)及其同事提出的，阐述了教材设计和开发的8个步骤。② 三是认知训练模式(弗西模式)，这是美国学者威勒斯利·弗西(Wellesley R. Foshay)等人于2003年在数十年教育训练实践的基础上运用认知心理学理论所提出的，集中呈现在《教材设计：原理与实务》(*Writing Training Materials That Work ： How to Train Anyone to do Anything*)一书中。③

教材审定。教材审定，即审定机构根据一定教材出版规划、课程方案和课程标准，组织进行教材审核的活动。教材审核的主体通常是教育行政部门，政府的政治导向或意识形态会对教材内容的选择、教材审定的过程以及教材选用的决定施加影响。④ 我国的教材出版，总体上实行编审分离制度，中小学教材实行国家审定制度，未经审定的教材不得出版、选用；高校和职业院校教材实行分级分类审核，国家统编教材由国家教材委员会审核，其他层次的教材由对应层级的教育行政部门或编写单位组织审核。

目前，世界范围内的教科书审定制度主要有三种：一是没有固定的审定制度，如英国、法国；二是国家或地方为主体进行审定或制定标准，学区、学校从中进行选择，如美国、日本、俄罗斯；三是从统编制逐步过渡到审定制，如我国大陆地区。⑤

教材编辑出版。这一环节，主要是对教材进行三审三校的过程。我国的教材出版尤其

---

① 拉尔夫·泰勒. 课程与教学的基本原理[M]. 施良方，译. 北京：人民教育出版社，1994：48-49.

② 车鸿文. 精细加工理论的教学设计研究[J]. 职业教育研究，2007(5)：125-126.

③ Silber K H, Foshay R, Stelnick M. Writing Training Materials that Work：How to Train Anyone to do Anything[M]. San Francisco：Calif, 2003：112-114.

④ Collins G. How Texas Inflicts Bad Textbooks on Us[J]. New York Review of Books, 2012：59.

⑤ 陈丽. 世界主要国家教科书制度比较研究[J]. 四川教育学院学报，2009，25(8)：1-3，18.

是中小学教材出版单位必须取得国家出版主管部门批准的教材出版资质。教材出版单位要严格规范编辑、审稿、校对制度，保证教材编校质量。

教材印刷复制。此即对教材进行大量复制的过程。教材出版单位要严格按照审定通过的出版稿印刷，并向相关教育行政部门备案。同时，教材出版和印制应执行国家标准，实施“绿色印刷”，确保印制质量。

教材发行。发行是教材直接面向市场的环节，根据教学学期，分为春季学期发行与秋季学期发行，且应确保“课前到书、人手一册”。中小学教材出版、发行单位必须取得国家出版主管部门批准的教材出版、发行资质。我国中小学教材教辅的发行，主要实行的采购招标制度。2006 年我国开始实施发行制度改革、招标制度，发行招投标制度的提出与实施对我国发行制度产生深刻影响。

教材选用。教育体系依赖于各种被选用、指定为课程用书、阅读材料的教材，① 因而教材选用也是教材出版过程中非常重要的一环。在我国，中小学教材选用单位由省级教育行政部门根据当地实际情况确定；职业院校教材选用使用，由国务院教育行政部门负责宏观指导，省级教育行政部门负责管理本地区职业院校教材选用使用工作；高校教材选用主体为高校。

教材评价。教材评估即通过教材评价体系实现教材筛选，为教材编写出版提供质量优劣的反馈。② 科学客观地进行教材评价是提高教材质量的重要手段，拉夫尔·泰勒曾指出，“评价过程在本质上是确定课程和教学在实际上实现教育目标的程度的过程”③。19 世纪中期，国外开始教材的分析评价工作；20 世纪初，教材评价的理论研究和系统科学评价正式拉开帷幕。代表性的教材评价标准有：英国苏克萨斯大学 Michael、Len、George 三位学者研制的“苏克萨斯方案”(Sussex Scheme)，涉及 43 项具体标准；④ 美国科学促进会(AAAS)研制的“2061 计划”教材评价标准，分为“内容分析”和“教学分析”两个维度；比利时的教材评价体系，包括 7 个维度，下设 27 个二级维度，共 145 个具体标准⑤等。从评价方法上来看，有 3 种主要的评价方法，一是审核表评价法，⑥ 二是教材实验评价法，⑦ 三是教材结构分析评价法。⑧

---

① 约翰·B. 汤普森. 数字时代的图书[M]. 张志强，等，译. 南京：译林出版社，2014：11.

② 杨玲. 高等教育教材出版研究[M]. 北京：首都师范大学出版社，2011：102.

③ 拉尔夫·泰勒. 课程与教学的基本原理[M]. 施良方，译. 北京：人民教育出版社，1994：111.

④ Eraut M, Goad L, Smith G. The Analysis of Curriculum Materials[M]. Falmer: University of Sussex Press, 1975: 103-108.

⑤ François-Marie Gerard, Xavier Roegiers. Des Manuels Scolaires Pour Apprendre: Concevoir, évaluer, utiliser [M]. Bruxelles-Paris : De Boeck Université, 2003: 389-398.

⑥ Rivers W M. Teaching Foreign-language Skills[M]. Chicago: The University of Chicago Press, 1981.

⑦ Mikk J. Textbook: Research and Writing[M]. New York: Oxford, 2002.

⑧ Calfee R C, Chambliss M J. Structural design features of large texts[J]. Educational Psychologist, 1987: 22.

3. 教材出版的管理

教材的出版发行是文化、知识与价值传播过程中的重要环节，任何一个国家的政府都必然要通过一定方式对其进行管理和控制。① 如美国，在长期的实践过程中形成了一套比较完善的教材编写、出版、审查、选用和供应制度。日本也对教材的编写、审查、选用、出版发行、供应等过程，颁布实施相应的管理制度。②

我国历来重视对教材出版的管理与规制，为规范教材的出版发行，我国出台了一系列政策文件，对教材出版过程的各个环节进行了较为严格的规定管理。近些年来，有关部门进一步加强对教材出版的管理。2017 年 3 月，教育部成立教材局，承担国家教材委员会办公室工作。2017 年 7 月，国务院成立国家教材委员会，负责指导和统筹全国的教材工作。2018 年 5 月，国家教材委员会成立 10 个专家委员会，同时，教育部成立课程教材研究所，承担国家教材委员会专家委员会秘书处工作。各省级教育管理部门或是成立教材处，或者明确教材管理牵头处室。由此，我国基本形成了管理主体明确、职责明晰、上下贯通、多方联动的教材管理体制。

教材相关管理制度是个制度群，包含编写、审定、出版、发行、选用等不同环节的制度性建设。③ 科学完善的教材制度是教材质量的有效保障，《中国教育现代化 2035》明确指出要健全国家教材制度，完善教材编写、修订、审查、选用、退出机制。

二、教辅

教辅，字面含义即教育辅助。教辅图书是服务于教学活动和满足教育考试评价需要的出版物类型，在教育日益成为一个国家和家庭投入最重要的内容的背景下，教育辅助市场潜力巨大，相比于培训、家教、学习辅助装备等产品，教辅图书是目前使用范围最广、使用人数最多、对学生的学习影响最大的教辅产品。

1. 教辅的概念特征

所谓教辅，是除教材之外的所有教学辅助类图书的统称。④ 教辅图书是一个总称，是与教科书配套，供学生使用的各种学习辅导、考试辅导等出版物类型，如练习册、单元检测、试卷等。从与教材联系的紧密程度来看，教辅图书可以划分为同步类教辅和非同步类教辅图书。同步类教辅是教材的延伸出版产品，一般按教材内容结构编写，与教材配套使

---

① 罗紫初，秦洁雯，刘美华. 中小学教材教辅图书出版发行特点简析[J]. 现代出版，2012(4)：25-28.

② 蔡桂真. 日本教科书制度研究[C]//北京师范大学教育学部. 第二届首都高校教育学研究生学术论坛论文集. 北京师范大学教育学部，2011：9.

③ 刘盼婷. 教科书审定制度研究述评[J]. 中国教育法制评论，2017(1)：280-292.

④ 郝振省. 2013 中国民营书业发展研究报告[M]. 北京：中国书籍出版社，2014：49.

用，用以帮助学生理解、巩固和掌握教材知识。在我国教材出版“一纲多本”时代，一般的教辅封面会印有“配某某版教材”的标志。非同步类教辅不一定与教科书配套使用，用以帮助学生拓展视野、提高素质，是作为教材的补充，如考试复习辅导书、真题及模拟题、寒暑假作业、阅读类图书、作文类图书、学科专题训练材料、学习工具书等。

教辅图书因其辅助学生学习用途不同，可以分为教材同步练习类出版物、寒暑假作业类出版物、学习题及试卷类出版物及其他供学生使用的学习、考试辅导类出版物等；因其产品形态的差异，教辅又有教辅图书、报纸、期刊、音像制品、数字教辅等之别。

教辅图书的使用对象主要是学生、教师乃至家长，主要针对其知识的复习巩固、考试的复习准备需求的，无论是对新知识的学习准备，还是对已学知识的复习巩固，抑或是考试复习准备，都需要教辅类图书的“辅助”。与教材出版相比，教辅出版的政策壁垒较低，全国 500 多家出版社大部分都出版过教辅，这也导致了教辅图书出版市场的选题策划、产品营销竞争激烈，甚至存在着过度竞争的问题。此外，由于教材选用环节中选用者与使用者的分离，高定价、高回扣成为教辅市场的主要竞争策略。①

2. 教辅出版管理

在我国，虽然教辅出版的管理要求与教材出版相比，不是那么严格，但是鉴于教辅在教学和学习过程中的重要作用，仍有较为严格的管理规定，尤其是在中小学教辅出版领域。2015 年，(原) 国家新闻出版广电总局、教育部、国家发展改革委就联合颁布了《中小学教辅材料管理办法》，对教辅图书的编写出版、印制、发行、选用评价等做出了规定，主要包括以下几点。

一是中小学教辅出版主体范围与行为的规范性。一方面，明确规定了各级行政主管部门和负责实施考试命题、监测评价的单位不得组织编写有偿使用的教辅图书；另一方面，对教辅出版市场的合作出版行为也做了一定限制。

二是中小学教辅发行的准入制规定。对中小学教辅发行实行准入资质，未经批准，任何部门、单位和个人一律不得从事中小学教辅材料的发行。

三是中小学教辅图书选用的自愿性。中小学教辅实行“推荐选用+自愿购买”，各地市教材选用委员会可从本省中小学教辅评议公告目录中，推荐 1 套教辅供学生选用，并报省级教育行政主管部门备案；推荐的教辅，实行学生自愿购买原则。

四是中小学教辅定价的保本性原则。对列入公示目录的教辅实行限价，保本微利，定价公示，教辅定价申报遵守教辅出版原创社所在地审批原则。国家发改委等于 2015 年下发了《关于下放教材及部分服务价格权限有关问题的通知》，明确将列入中小学用书目录的教材和列入评议公告目录的教辅印张基准价确定权限下放到了省级价格主管部门和新闻出

① 孔融，张志强. 我国教辅出版的现状、问题与建议[J]. 现代出版，2012(3)：35-38.

版管理部门。

3. 教辅出版市场的发展状况

教辅是仅次于教材的次刚性需求，蕴含巨大市场商机，如表15-8所示，近年来教辅读物零售金额占全国图书零售金额的比重平均在30%以上。由于教辅图书市场规模大、盈利高，因此对很多出版单位来说诱惑力强，吸引了众多机构开发选题、编写、出版，全国绝大多数出版社都有出版过教辅。但由此也引发了许多问题，一方面是教辅图书市场竞争日益激烈，多样化、多元化的竞争格局逐渐呈现；另一方面，教辅图书出版市场的同质化与质量良莠不齐的现象日益严重。

也正因为此，近年来中小学教辅出版市场成为了重点治理的对象。党和国家领导人屡次批示，相关国务院行政主管部门联合重拳出击，专项整治校外辅导机构，切实落实中小学生减负工作。随着2021年“双减”政策的落地，中小学教育培训机构面临从学科教育向素质教育的转型，对教辅出版市场也带来了相当大的冲击。随着统编教材的使用和各学年阶段增加的阅读栏目以及“整本书阅读与研讨”任务群的实施，教辅出版市场将转向综合素养类、阅读类等为重点的辅助图书出版。

表15-8 2015—2019年教辅读物发行码洋情况①

年份	教辅读物零售金额(亿元)	占全国图书零售金额比重
2019	393.8	37.51%
2018	349.31	36.28%
2017	259.92	29.25%
2016	238.27	28.60%
2015	199.14	26.50%

三、数字教育出版产品与服务

数字技术与传统教育出版的融合，使得教育出版在内容生产、内容呈现、产品形态、用户需求等方面发生了颠覆性变化，教育出版的数字化转型不可逆转。全球数字教育出版的先驱是创立于2001年的麻省理工学院(MIT)“开放课程软件”②平台，它集成了MIT所有课程和许多高质量的稀缺教学资源，将这些内容以教学资源包的形式储存在数据库中，

① 根据2015—2019年《全国新闻出版业基本情况》报告整理。

② MIT Open Course Ware，简称OCW，网址：ocw.mit.edu.

通过互联网提供给全世界的学生免费学习使用。教育出版的数字化转型与教育的信息化建设息息相关，2018 年 4 月，教育部发布了教育信息化领域具有里程碑意义的文件——《教育信息化 2.0 行动计划》，提出到 2022 年基本实现：以“教育应用覆盖全体教师、学习应用覆盖全体适龄学生、数字校园建设覆盖全体学校”(三全)和“建成互联网+教育大平台”(一大)为基础。提供支持教与学的数字化产品与服务，将成为教育出版面向教育信息化发展趋势的重要方向。

在教育信息化与出版数字化的推动下，当前数字教育出版的产品与服务形态日渐多元化，如数字教材及服务平台（教材系列）、备授课系统产品（教参系列）、作业系统产品（教辅系列）、专题课程及平台等（课程系列）等。表 15-9 呈现了我国 4 家 A 股出版上市公司主营的数字化教育业务的形态，可以看出各集团纷纷发力数字教育出版市场，针对不同的教育需求、立足不同的教育出版细分市场，开发多元化的产品。本节主要就当前数字教育出版产品与服务的主要类型——数字教材类产品、在线教育类产品与服务、数字教育平台类产品，介绍数字教育出版产品与服务。

表 15-9　4 家 A 股出版上市公司主营业务中数字化教育业务范围①

序号	公司名称	数字化教育业务范围
1	中南传媒	“智慧教育生态树”产业生态：AiClass 云课堂、AiSchool 智慧校园、AiCloud 教育云、校比邻 APP；A 佳大数据云平台、小鹿听课有声教育服务平台、智慧校园和智慧学习产品等。
2	凤凰传媒	平台类产品，例如学科网、100VR 在线教育云平台、网校通；内容服务产品，例如凤凰易教、凤凰享学、凤凰云课堂 3.0 STEM 课程；技术提供商，例如凤凰创壹；教育一站式解决方案，例如智慧校园产品等。
3	中文传媒	职业教育，例如，职教在线平台、公考培训平台、继续教育平台；K-12 教育，例如，智慧校园云平台、书店 O2O、校园超市、电子书包、少儿网游、教育动画、“明思 e 学”、“我乐”创客教育服务平台、VR/AR 知识服务产品等。
4	新华文轩	教育装备硬件环境、移动教学平台、内容资源、软件应用、咨询培训服务等，例如，“文轩趣学”教辅 APP、“文轩一起教”互动作业 APP、“地理探究教室”教学一体化解决方案等。

① 郭璐，张欣宇，周荣庭．我国出版上市公司数字化教育业务的发展现状透视[J]．出版广角，2021(8)：10-14.

教育出版的数字化转型(慕课)

教育出版的数字化转型(课件)

1. 数字教材

一直以来，教材都是教育出版服务教育最主要的产品形态，也是出版业最重要、最稳定的收入和利润来源。数字化时代，网络学习、数字教学资源成为常态，传统纸质教材局限性凸显，数字教材得以兴起。2012 年，人民教育出版社在研发实践中明确提出“数字教材”概念，并启动了第二代人教数字教材的设计和开发。该项工作被列入教育部《2013 年教育信息化工作要点》，这是数字教材这一概念在国家政府部门文件中首次出现。①

关于数字教材的概念与内涵的理解，存在不同的观点。一是将数字教材视为教材与数字化课程资源的交叉概念，② 与教科书在传统课程资源中的核心地位类似，数字教材是数字化课程资源中的核心资源。二是将其视为教学系统，③ 提出数字教材是“服务于特定学习或教学目标，有一定体系的数字化知识内容资源、教/学工具或其余设备、服务的组合系统” ④。

总体而言，“数字教材”是一个宽泛的概念，既包括纸质教材的数字化版本，也包括纸质教材外的所有数字化、网络化形态的教学内容资源，因此也有称为数字化教材的。数字教材是纸质教材与数字课程有机融合的新型教材，是数字教育的核心内容资源和产品。通过纸质教材内容与数字教育资源的融合一体化，能够丰富数字教学资源，为自主学习和个性化学习创设空间，满足不同学校、专业、学习者个性化的教学要求。⑤

与传统纸质教材相比，数字教材具有以下功能特点。一是形态的多媒体特性，数字教材能够利用多媒体技术将传统纸质教材内容进行数字化处理，转化为兼具文字和音频、视频、图片及动画等元素的出版物。作为一种数字媒体化的教育资源，数字教材形态可以划

---

① 王志刚，沙沙. 中小学数字教材：基础教育现代化的核心资源[J]. 课程·教材·教法，2019，39(7)：14-20.

② 王志刚，沙沙. 中小学数字教材：基础教育现代化的核心资源[J]. 课程·教材·教法，2019，39(7)：14-20.

③ 覃征，韩毅. 高等学校科研和教材的和谐统一[C]//北京高等教育学会教材工作研究会. 探索的脚步——“十一五”北京高等教育教材建设论文集. 北京：北京市高等教育学会，2010：6.

④ 徐丽芳，邹青. 国外中小学数字教材发展与研究综述[J]. 出版科学，2020，28(5)：31-43.

⑤ 林金安，吴雪梅，赵晓媛，等. 互联网时代教育出版新模式的思考与实践[J]. 中国编辑，2015(6)：9-12.

分为静态媒体数字教材、多媒体数字教材和富媒体数字教材三种。① 二是实现教学的互动性，适用于各类电子终端的数字教材，具备知识资源的延伸性和教与学行为的互动性。② 三是资源系统性，数字教材不仅仅是教材的数字化，还是一个涵盖了“认证”“版权”“内容表述”“相关信息”“学习者的附加信息”“学习支持”“内容和平台的限制”的资源数据集。③ 此外，数字教材还具有载体多样性与移动性，④ 在使用上具有价格便宜、使用方便、内容丰富、传播性强等优势。⑤⑥

数字教材具有多种形态，包括：页面保真数字教材（Page-fidelity e-Textbook）、流式教材（Reflowable e-Textbook）、多媒体教材（Multimedia e-Textbook）、富媒体教材（Richmedia e-Textbook）、智能化教材（Intelligent e-Textbook）等。⑦

2. 在线教育资源产品与服务

在线教育（E-Learning），是通过互联网等数字化媒介手段进行教学和学习的教育形态。一般指基于网络开展的教育活动，概言之，就是使用个人电脑、移动智能终端等设备，在网上完成上课、练习、讨论、考试等环节，通过慕课、微课、视频、实时互动问答等方式学习相关知识。我国高校是在线教育的主阵地，高校在线教育的发展，可追溯到 20 世纪 90 年代高校现代远程教育（即网络远程教育）的试点。1994 年，原国家教委实施“中国教育和科研计算机网示范工程”，为高校发展在线教育奠定了基础。

在线教育的优势主要体现在以下方面：一是开放共享，基于互联网的开放性，学习者可随时随地开展学习，可通过网络共享教育资源。二是灵活性，相较于传统线下教育，在线教育允许学生只要通过终端设备与网络接入，即可在任意时间和地点自由学习任何课程的任何章节。由此，也带来了教学过程的高效便利，学习者可灵活利用碎片化时间完成知识的学习，可以通过网络与教师完成远程及时互动交流，提升学习效率。⑧

在线教育课程的形式可以是音频、视频或电子文档，由此分别形成网络有声课程、网

① 胡畔，王冬青，许骏，等. 数字教材的形态特征与功能模型[J]. 现代远程教育研究，2014(2)：93-98，106.

② Strout K L. Average, Below Average, and Above Average First Grade Students' Beliefs about Using E-Books to Activate Interest and Motivation in Reading[D]. Bowling Green, OH: Bowling Green State University, 2010.

③ Nakajima T, Shinohara S, Tamura Y. Typical Functions of e-Textbook, Implementation, and Compatibility Verification with Use of ePub3 Materials[J]. Procedia Computer Science, 2013(22): 1344-1353.

④ 赵志明. 重新定义教科书——数字教科书的形态特点与发展[J]. 课程·教材·教法，2014，34(3)：38-42.

⑤ 徐丽芳，邹青. 国外中小学数字教材发展与研究综述[J]. 出版科学，2020，28(5)：31-43.

⑥ Suzuki S, Akimoto Y, Ishihara M, et al. Basic Development of the Active Textbook System Consisted of A General Book and A Portable Electronic Terminal[J]. Procedia Computer Science, 2017(112): 109-116.

⑦ 徐丽芳，邹青. 国外中小学数字教材发展与研究综述[J]. 出版科学，2020，28(5)：31-43.

⑧ 赵洪利. 在线教育理论与实践[M]. 北京：北京理工大学出版社，2018：5.

络视频课程、网络课件或网络学件等。① 表 15-10 总结了当前在线教育的主要形式及其特色、适用学习对象。

表 15-10 在线教育的主要形式对比表②

形式	特 色	主要适用对象
网络课程	最早的数字化教学资源，为异步在线课程。课程完整成体系，内容多为定型的、完善的和不可变更的，课程建设技术成熟、有相应规范，课程资源丰富。但课程内容相对陈旧、更新缓慢；课程表现形式单一，不含或含少量作业，缺少互动，没有证书。	在校学习者、知识系统学习者
视频公开课	最早的互联网知识共享与教育开放的产物。主要为世界一流大学的课堂授课视频和 TED 讲座，内容优质、新颖、稀缺，讲述生动。视频公开课不含作业、在线教学活动，常被视为数字“读物”。	社会大众学习者、在校学习者
慕课	近年来风靡全球的在线课程，为同步在线课程。由碎片化知识点的授课实录或微视频及其作业测试、大量在线互动教学活动构成，安排助教专门负责答疑解惑。课程精品化，制作成本高，内容与资源丰富；教学活动完整，有互动、作业与练习，有考试及课程与微专业证书，慕课教学的全过程都在网上实施。但慕课的受众不明确、教学过程缺乏监督、课程平台不统一、制作和运行费用昂贵。	在校学习者、在职学习者、学历需求学习者
SPOC	后 MOOC 新型教学方式。主要用于校园课程，是一种慕课+补充交流的模式，将慕课与线下教学结合，促进慕课与传统课堂教学的深度融合，具有小规模、限制性准入等特点。入选 SPOC 教学的学习者必须保证学习时间和学习强度，接受教学团队的指导和互动，参与课堂交流和专题讨论，完成规定的作业和考试。SPOC 能全程关注学习者的学习，提高慕课的完成率和教学质量，但 SPOC 有学习者专业基础和申请门槛的限制。	在校学习者
微课	当前盛行的微型化在线课程，也可作为慕课的组成元素。为单个知识点或教学片段的讲授视频，时间以 5~10 分钟为主。内容短小精悍、主题突出、内容具体、指向明确；表现和传播形式多样，便于学习和使用；有一定的在线教学活动。微课内容不完整，缺少系统的教学设计，缺少在线学习服务。	在校学习者、社会大众学习者

① 林雪涛，简渠. 教育数字出版编辑论：内容开发与关键技术[M]. 重庆：重庆出版社，2016：18.
② 赵洪利. 在线教育理论与实践[M]. 北京：北京理工大学出版社，2018：15-16.

续表

形式	特　色	主要适用对象
翻转课堂	创新的教学方式。将课堂内外的时间进行重新分配，先学后教，让学生课前先自主学习，课堂上教师指导知识应用和实践、解决学生遇到的问题。翻转课堂对学习环境、教师能力素质要求高，因此，实践中翻转课堂常常只停留在教学形式的翻转上；同时，翻转课堂使教师的工作量“翻倍”，不能大规模实现，且教学评价是一个难点。	在校学习者
泛在学习	创新的学习方式。通过智能化环境，学习者可以随时随地、利用任何终端进行学习。	所有学习者

3. 数字教育出版平台产品

教育部于2018年发布的《教育信息化2.0行动计划》中，明确提出了要建设一个“互联网+教育”的大平台，引入“平台+教育”服务模式，优化“平台+教育”服务模式与能力。平台化教育出版产品，既是数字教育出版的重要形态，更是其主要的发展模式。数字教育出版平台的建设，不仅能够基于平台开展教育出版资源的数字化加工业务，还能够通过平台为使用者直接提供产品与服务，更能够立足平台聚合学生、教师、家长以及学校组建成为一个个性化服务社区，可以说，数字教育出版平台兼具业务平台、分销平台、消费平台、服务平台功能于一体。

数字教育出版平台产品，主要有以下几种类型。

资源型平台。为教育出版用户提供数字化的出版资源的平台，主要为数字教育出版资源数据库平台，包括教学课件数据库、在线教育课程数据库、媒体素材库、试题库等。通过教育出版资源平台，用户可以随时随地开展学习。

互动型平台。在线学习社区是这一类典型的互动型平台，是互联网虚拟社区与数字教育相结合的产物。在线学习社区的基本架构是一个人人都可以发布内容的信息系统，其原型是基于互联网传播的、开放的电子公告板和网络日志。① 内容和用户是在线社区的两大核心资源，一个成熟的在线学习社区不仅需要有优质的内容资源支撑，还应该有一定规模的注册用户和具有较高参与度的核心用户。问答网站(百度知道、知乎)、百科网站(百度百科、维基百科)、B站、论坛等也是广义上的互动学习平台。

教学型平台。主要是服务于教学的平台，包括在线课堂、直播课堂等平台。以虚拟教室(Virtual Classroom)为主要形式特征，利用计算机网络和多媒体通信技术构造出虚拟化的

① 方卿，等. 数字出版产业管理[M]. 北京：电子工业出版社，2013：189.

课堂环境和学习环境，可以使处在不同地理空间的教师和学生进行学习。可以利用网络将物理上可能处于不同空间的“教”与“学”环境集成在一起，组织教学活动、在线讲课、实时解答，实现视频教学、同步辅导、同步测试等教学功能。①

服务型平台。这是适应教育出版商由内容提供商向个性化的学习解决方案服务商转变的趋势，主要提供深度教学服务，包括对教材内容的深度挖掘和教育辅导培训，目前主要以提供深度教学服务、学习评价服务和自助出版服务等为形式。“智慧校园”在线教育解决方案被认为是出版集团教育出版转型的标志性阶段成果和方向，如表15-9中的中南传媒、凤凰传媒等都纷纷开展了智慧校园业务。

终端设备式平台。学历教育阶段的教育，主要还是在校园、在线下课堂进行，将教育出版资源内嵌到终端设备中，开发专门化的数字教育终端产品，以方便学生在校园中、在课堂上及时查阅、调用数字化的教学资源。“电子书包”是典型的一种终端设备式平台产品，即将教材内容数字化，整合成具有文本、音频、视频、动画等功能的资源包，供读者通过终端阅读设备来进行阅读的一种数字出版模式。新加坡是第一个将“电子书包”付诸实践的国家。“电子书包”主要由两部分实现，一是内容的电子化，二是终端阅读设备。②

此外，随着VR/AR技术在出版业的应用，也被引入并渗透到教育出版的教学、练习、测评各环节。③ VR/AR教育资源将成为未来教育的常态资源，④ 由此衍生的VR/AR教育出版物，将为未来数字教育出版提供新的可能。

四、教育装备与服务

2016年颁布的《教育部关于新形势下进一步做好普通中小学装备工作的意见》，明确指出了教育教学装备是教书育人的必要条件，是实现教育现代化的重要支撑，加强教育装备工作是推进义务教育均衡发展、促进教育公平的必然要求。教育装备，属于广义的教育出版产品形态。在教育现代化与信息化的推动下，各出版集团、出版社也积极进军教育装备市场。如凤凰传媒在其2020年上市公司年报中，明确指出了教学装备服务是其推进智慧教育的重要方面。⑤

1. 教育装备产品

教育装备，教学活动所需要的教具、学具、器材、设施、场所及其配置过程的总

---

① 方卿，等. 数字出版产业管理[M]. 北京：电子工业出版社，2013：193.

② 方卿，等. 数字出版产业管理[M]. 北京：电子工业出版社，2013：125.

③ 艾瑞咨询. 2020年中国在线教育行业研究报告[R/OL]. [2022-07-20]. http://report.iresearch.cn/report_pdf.aspx? id=3724.

④ 王志刚. 教育出版如何应对信息化挑战? [N]. 中华读书报，2019-06-05(006).

⑤ 凤凰传媒. 江苏凤凰出版传媒股份有限公司2020年度报告[EB/OL]. [2022-07-20]. https://pdf.dfcfw.com/pdf/H2_AN202104221487036583_1.pdf? 1619105939000.pdf.

称。① 出版单位教育装备服务，通常是以本版的教育资源、软件和平台为核心，整合以硬件为主的各类外部产品，形成各类数字教育解决方案，参与政府教育装备的采购。数字化的教育装备项目是数字教育产品的一个主要业务形态，包括电子词典、电子书阅读器、智能学习机以及电子书包等数字硬件产品，以及数字教育平台、教辅 APP 等软件系统产品。

实际上，教育装备业务收入占比大部分为硬件设备，资源和软件占比较低，教育装备市场参与主体众多且比较分散，交易周期长，产品集成、供货、部署、运维环节多且相互影响制约，服务成本很高，单从经济效益角度考虑，整体业务毛利率较低。② 但因为主要为政府采购项目，在国家大力推进教育现代化和信息化建设的背景下，对于大型的出版发行集团而言，既是其布局数字教育业务、服务当地教育信息化的重要业务形态，对其参与政府采购，维护、巩固教育市场发行渠道也具有积极意义。

2. 教育服务

教育出版产品是标准化的，教育服务，则更加个性化，服务提供的成本相较于标准化的产品生产而言更高。但是对教育出版行业而言，立足内容出版，为用户提供个性化的教育服务，是重要的发展趋势。当前，教育出版单位提供的教育服务主要有以下三类。

一是教师培训。主要是面向新教材及教学用书的使用，联合教材编审机构、专家等，向处在教育教学一线的广大教师提供培训服务。当前我国正在大力推进中小学教学与课程改革，其中很重要的内容就是对课程标准的改革，如何适应新课标的要求，中小学教师群体具有强烈的教育培训需求，向教师提供培训服务及培训内容资源，教育出版单位大有可为。

二是学前教育服务。近年来，随着人们生活水平的提高、家庭育儿观念的转变，带动了学前教育市场的发展热潮，加之学前教育管理制度的允许，不少出版单位纷纷建设幼儿园，试水学前教育。如安徽新华发行集团控股的安徽新华传媒股份有限公司，从 2011 年起全面涉足学前教育领域，以解决“入托难，入托贵”为切入点，先后开办了多所普惠幼儿园。

三是研学服务。研学实践是学校教育和校外教育衔接的创新形式，是教育教学的重要内容，近年来受到了学校、家长及社会越来越广泛的关注。为此，2016 年，教育部等 11 部门联合印发了《关于推进中小学生研学旅行的意见》，明确要求各地要根据研学旅行育人目标，依托自然和文化遗产资源、红色教育资源、综合实践基地等遴选建设一批安全适宜的中小学生研学旅行基地。在政策的引导下，研学服务也成了出版单位新兴的业务形态和方式。

---

① 卢彩晨. 高等教育装备发展：历程、特征、问题和对策[J]. 教育研究，2014，35(10)：65.

② 林雪. 教育信息化 2.0 时代对数字教育出版的几点思考[J]. 出版参考，2018(11)：37-39.

中国有着悠久的出版历史和灿烂的出版文化，不了解中国出版的历史进程及文化脉络，就不能成为一名合格的出版从业者和研究者。本教材的最后一篇，专门对我国出版的历史和文化进行介绍。同时，为了提供中西方出版历史的比较参照，还专门将西方出版史列为一章，用“只抓主干、去除枝叶”极简史梳理方式，为读者描绘和展示了西方出版历史上重要的史实与核心的史料。

全书第十六章中国出版简史分别从书籍材料与复制技术的变迁、不同技术历史时期的出版发行活动、中国书籍文化史上的编撰编辑活动及重要书籍文化成果、不同历史时期的出版制度与出版管理四个方面系统介绍我国灿烂悠久的出版活动历史。第十七章外国出版

历史文化篇

简史则遵循一般书写西方出版史的历史分期，分为古文献时期、抄本文献时期、印本文献时期三个时期对西方出版史进行介绍。在每一个历史分期，也重点从载体技术、出版发行活动、制度管理、重要典籍几个方面进行描述与书写，力图为读者了解西方出版史提供一个相对全面又可与中国出版史相互参照比较的视角。

作为全书最后一章，第十八章出版文化系统梳理了出版文化的含义、组织构成、特征功能等，重点论述出版文化范畴中的五组关系、明确出版活动中蕴含的物质文化、制度文化、精神文化三层内涵，最后回归出版的文化功能，强调出版的文化价值。通过对本篇三章内容的学习，读者可以进一步了解中西方出版简史、体会出版的文化属性。

P

第十六章　中国出版简史

* 本章知识点提要

1. 汉字的发明及图书的早期形制
2. 图书生产环节中的关键技术及发明应用
3. 不同历史时期图书的装帧形制及其演变
4. 不同历史时期图书发行活动的特点及内容
5. 图书的抄写、刻印活动，以及具有代表性的出版机构
6. 图书编辑活动的起源与发展，以及各个时期的重要成就
7. 古代至近现代的出版制度与出版管理概况

* 本章术语

中国出版史　造纸术　印刷术　图书编纂　编辑活动　图书装帧　图书发行　刻书系统　出版制度　出版管理

中国的书籍文化源远流长，上溯可至远古时期的仓颉造字和河图洛书，书籍这一知识的容器、思想的载体伴随着中华文明走过了数千年的历史。浩如烟海的文献古籍便是璀璨文化的精神和物质结晶，也是中华文明延续至今的记载和见证，学习中国书籍出版发行的历史，能够使我们从纷繁复杂的史实中厘清中华文明的进路。

中国出版简史之抄本时期(慕课)

中国出版简史之抄本时期(课件)

第一节　书籍材料与复制技术的变迁

一、简册帛书与图书起源

1. 汉字的发明与起源

汉字的产生和使用是文明社会的重要标志，也是出版活动产生的前提条件之一。在汉字诞生以前，古人通过口头语言、结绳记事、契刻、图画等方式进行交流记事，在此基础上，汉字才逐渐被创造出来。孔安国《尚书序》中便说："古有伏羲氏之王天下也，始画八卦，造书契，以代结绳之政，由是文籍生焉。"关于汉字的产生，许慎曾在《说文解字》中记载了黄帝的史官仓颉如何受到鸟兽之足迹的启示创造了文字："黄帝之史仓颉，见鸟兽蹄迒之迹，知分理之可相别异也，初造书契。"汉字出现以后，经过漫长的演化，到了殷商时期已经发展成为一种较为成熟的文字——甲骨文字(图 16-1)，其字体优美、造型生动、笔画清瘦、刻印精致，布局匀称，显示出了较高的文字发展水平。在此之后，汉字又历经了甲骨文、金文、大篆、小篆、隶书、楷书等的发展阶段和改良革新，大约在公元 4 世纪晋代时，各种字体的形式已经逐渐固定，楷书成为最通行的一种标准字体，延续至今。文字的发明和应用于文献记录使人类从蛮荒时期过渡到文明社会，没有文字，就没有历史记载，没有图书创作和出版活动了。

图 16-1　甲骨文①

① 何崝. 甲骨文[M]. 上海：上海书画出版社，2001：16.

2. 图书的产生与简册帛书

书写工具和书写载体的发明是图书诞生所必不可少的物质基础，在纸张产生之前，甲骨、青铜器、玉石、简帛等都曾作为文字记录的材料。殷商时期甲骨文便广泛地应用于商代政治、经济、文化乃至宗教事务中，记录了人们在祭祀和占卜时所要卜问之事；殷商晚期时的铜器铭文开始出现记事性内容，到了西周甚至出现了多达数百字的长篇铭文。但是文字记录不能等同于书籍，在现代的定义中，图书是“以传播知识为目的而用文字或图画记录于一定形式的材料之上的著作物”①，因此严格意义上来说，甲骨文、青铜器铭文只是记事性的材料，只有简策、缣帛出现后，才诞生了真正的书籍。

西周末期，为使阅读更加便捷，人们发掘了竹条、木片、缣帛等新的书写材料，开始将文字写在竹片和木板上，竹片便被称作“简策”，木板被称作“版牍”。王充在《论衡·量知篇》中记载了简牍的加工过程：“夫竹生于山，木长于林，未知所入。截竹为筒，破以为牒，加笔墨之迹，乃成文字，大者为经，小者为传记。断木为椠，枏之为板，力加刮削，乃成奏牍。”竹条因含水分较多，容易腐朽或遭到虫害，因此还需要经过“杀青”这道工序，即“以火炙简，令汗去其青”。古代的竹简和版牍在形式和用途上都有一定的差别，一般来说，竹简形式狭长，一条竹片书写一行文字，书写的顺序从上至下、从右至左，通过丝绳、麻绳或皮条将数个竹条编成册，多用于长篇著作的书写；版牍有方形或长形，通常以单片木板的形式出现，多用于公文、律令、函柬等。简牍出现后，早期的书籍形制也就逐步形成和确定下来。简牍对于中国古代传统书籍制度有着重要的影响，不仅文字的书写顺序渊源于此，在印刷术发明后中国书籍的单位、术语，以及版面上的边栏界行的根源也是简牍制度，并持续影响了数千年。

缣帛作为一种书写材料来使用，最早可以追溯到战国时期，即便是到了纸张已经发明并广泛应用的唐代，缣帛仍多用于书写或绘画。帛书种类繁多，有绢、锦、绮、罗、帛、素、缯等，其品质之优良远胜于竹木，不仅质地轻软，便于携带和保存，表面平滑洁白易于书写。然而帛书价格昂贵且不易获得，通常只有珍贵的经典文本或是神圣文书才会采用缣帛，相比之下，简牍虽然厚重，却是更加通俗广泛的书写材料，直至纸张发明出来以后，人们才终于找到一种书写简便、价廉物美的书写材料。

二、纸张的发明、应用与传播

古人苦于“缣贵而简重”，为了寻找更适合书写的材料，取代昂贵的缣帛和笨重的竹木，他们发明了纸张。许慎在《说文解字》中对“纸”下了一个简练的定义：“纸，絮一苫也。”絮即为粗丝绵，也指类似棉絮的植物纤维，如麻絮；苫指竹帘或竹席。这一定义概括了纸的原料及制法，也就是说，纸是于水中击麻纤维时落在竹帘上的纤维薄片。目前公认

① 刘国钧. 中国书籍史简编[M]. 北京：书目文献出版社，1981：2.

的纸张发明时间在公元前2世纪的西汉初期，根据考古发掘出的西汉古纸实物(图16-2)可以看出，早期的纸张还是原始状态的植物纤维麻纸，并未实现大批量生产，可能起初只是作为日常用品的衬垫或包装，还未广泛应用于书写领域。

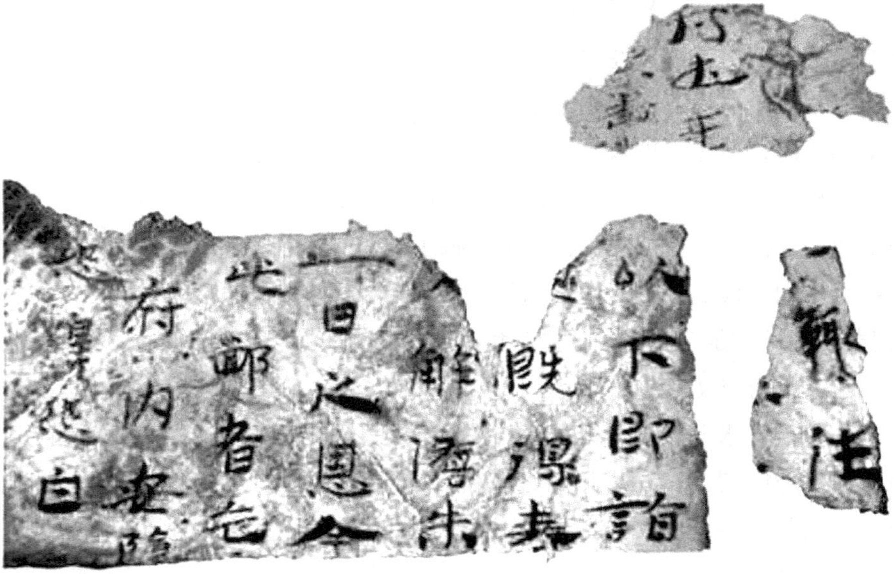

图16-2　西汉古纸①

早期制造的纸张纤维较长，质地粗糙，不能完全满足书写的需要。因此，东汉时期蔡伦进一步改良了造纸法，提高了纸质，并扩大了造纸原料的来源，把树皮、破布、麻头和渔网这些废弃物品都充分利用起来。《后汉书·蔡伦传》中有记载："伦乃造意，用树肤、麻头及敝布、鱼网以为纸。元兴元年奏上之，帝善其能，自是莫不从用焉，故天下成称'蔡侯纸'。"蔡伦对于造纸技术的改进，降低了纸的成本，为造纸业的发展开辟了广阔的途径，使书籍、文献资料的数量猛增，有力地促进了中华民族科学文化知识的传播，也促进了书法绘画艺术的发展。造纸术发明后，简策和缣帛等传统书写材料并未立即被取代、消失，钱存训在《书于竹帛》中提到了这一现象："旧的书写材料并没有立即被新材料所淘汰，而是逐渐被取代。在纸发明以后，竹木仍继续通行了三个世纪，而缣帛则继续被采用了五百余年。"②究其原因，一方面是由于人的保守性和传统观念的惯性；另一方面，竹木具有低廉、加工方式简单、容易获得等优势，适于日常书写；而珍贵的缣帛在书写一些重要的文书时，其物质形式赋予了文本同样珍贵的性质，这些优点胜于新的发明，因而旧的事物没有完全丧失其价值。

---

① 图片来源：甘肃简牍博物馆。

② 钱存训. 书于竹帛 中国古代的文字记录[M]. 上海：上海书店出版社，2002：156.

纸张和造纸术是中华文明的宝贵财富，最早是两汉时期百姓为了避免战乱涌入朝鲜半岛，纸张和造纸术便随之传播到朝鲜，隋代末年传入日本，朝鲜和日本又根据本国所产的树皮、麻料等材料创造出新品种的纸张，其中质量优良的品种，如朝鲜的“高丽纸”在唐朝输入中国。除了向东传播，纸张和造纸术也经由商人、使臣沿丝绸之路传入西域、阿拉伯等地区，再经由阿拉伯人传到叙利亚、埃及、摩洛哥、西班牙、意大利等地，为人类文明的发展做出了重要贡献。

中国出版简史之手工印刷时期（慕课）

中国出版简史之手工印刷时期（课件）

三、印刷术的发明、应用与传播

1. 雕版印刷术的起源与发明

印刷术是中国古代四大发明之一，它的发明与诞生极大地推动了人类文明的进程，在人类文化史上具有划时代的意义。关于雕版印刷的具体发明年代尚无定论，但可以确定的是这是一个漫长的历程。印刷即“用油墨把反体或翻转的形象翻印到纸张上或其他表面上去的方法”①，类似于印刷的技术，在其发明之前便有了悠久的历史，“其中包括用印章盖在陶器上，后来盖在丝绸和纸张上；也包括用模板把图案复印在织物和纸张上；还包括碑石的墨拓。所有这些过程逐渐演变为更有效地机械印制复本的方法”②。古代的印章和石碑是印刷术发明的源头。汉朝盛行石刻，石碑是重要典籍的标准本，为了节省抄写烦劳，尤其是免除抄错抄漏的缺憾，人们发明了拓石的方法。即用布包着棉花在石碑上面敲几遍，使碑文凹陷的笔画清楚地显现在纸面，然后上墨，这样就拓出了画面的黑底白字。墨拓石刻铭文在原理和目的上与雕版印刷类似，正是这种用墨在纸张上拓印的技术和反体刻印艺术的合流，孕育了雕版印刷的方法。③ 此外，雕版印刷是将捶拓与印章技术相结合，将前者版面缩小，后者版面扩大，用捶拓的办法将刻成阳文反字的木板放在下面，在板上施墨铺纸，将整版的字迹清楚地印在纸上。同时，雕版印刷离不开纸、墨、木材和笔等。笔在先秦便已有之，制墨技术在东汉时发展成熟，并出现了专业的制墨作坊，纸张在东汉时经由蔡伦的改造已臻于完善，为雕版印刷的发明提供了良好的物质基础。

---

① 钱存训. 纸和印刷[M]. 上海：上海古籍出版社，1990：120.
② 钱存训. 纸和印刷[M]. 上海：上海古籍出版社，1990：120.
③ 钱存训. 纸和印刷[M]. 上海：上海古籍出版社，1990：6-7.

到了唐代，雕版印刷发明所需的物质条件都臻于完备，再加上当时社会科举制度、教育事业、佛教等各方面因素的合力作用下，雕版印刷技术应运而生。学者们推测最迟到晚唐时期，雕版印刷技术已经应用于图书印刷出版，并且技术高超、刻印精美；五代以后，雕版印书进入了快速发展和完全成熟的时期。雕版印刷的发明，使书籍可以大量地复制与传播，雕版印刷的方法一经应用，便显示出了其技术上的优越性，其省时省力、制作简易、利于流通等特点大大促进了出版业的生产和发展，提高了图书制作的效率，提升了知识传播的速度和广度，在人类文明发展史上具有划时代的意义。肖东发教授认为：“公元7世纪前期的佛像雕印是雕版印刷术的最初形式；8世纪大量出现的经咒印本标志雕版技术取得了长足的进步；9世纪图文并茂的整部佛经《金刚经》(图16-3)印本说明雕版印刷术已臻成熟。”①

图16-3 唐咸通九年刻《金刚经》②

2. 活字印刷的发明与传播

隋、唐之际发明的雕版印刷术经过三百余年的应用和普及，已经发展得十分成熟，相比手抄书籍，雕版印刷一旦刻印出来便可以大量复制传播，且木板经久耐用，可以保存较长的时间。但是雕版印刷也有其自身的局限性，它更适用于出版篇幅适中的畅销书籍，对于那些需求量不大的大部头的书籍，雕版的经济适用性就很差了。为解决这个难题，宋代

① 宋原放. 中国出版史料(第1卷 古代部分)[M]. 武汉：湖北教育出版社，2004：197.

② 图片来源：大英博物馆。

毕昇又发明了活字印刷术，大大地推进了刻印技术的发展。对这一技术最原始的记录，保存在沈括的《梦溪笔谈》之中：

“庆历中，有布衣毕昇，又为活板。其法：用胶泥刻字，薄如钱唇，每字为一印，火烧令坚。先设一铁板，其上以松脂、蜡和纸灰之类冒之。欲印，则以一铁范置铁板上，乃密布字印。满铁范为一板，持就火炀之，药稍熔，则以一平板按其面，则字平如砥。若止印三二本，未为简易；若印数十百千本，则极为神速。常作二铁板，一板印刷，一板已自布字，此印者才毕，则第二板已具，更互用之，瞬息可就。每一字皆有数印，如‘之’‘也’等字，每字有二十余印，以备一板内有重复者。不用，则以纸帖之，每韵为一帖，木格贮之。有奇字素无备者，旋刻之，以草火烧，瞬息可成。不以木为之者，文理有疏密，沾水则高下不平，兼与药相粘，不可取；不若燔土，用讫再火令药熔，以手拂之，其印自落，殊不玷污。”①

与传统雕版印刷术相比，活字印刷术大大节省了劳力费用，提高了印书速度，尤其适合大批量的印刷。毕昇发明的泥活字在之后的时间又传播到海内外其他国家和地区，也启发了后世的人，他们沿着泥活字的思路，相继发明了木活字、锡活字、铜活字、铁活字、铅活字等新的制字材料，清代流传至今的活字本有数千种之多。活字印刷发明后，率先传播到邻近的朝鲜、日本等地，东南亚地区国家的印刷术也深受中国印刷术的影响，此外，活字印刷的影响还波及西亚、欧洲，成为沟通东西方文明的重要载体。活字印刷术的发明是印刷技术史上的伟大革命，它与雕版印刷共同促进了文化的传播与留存，影响深远而广泛。

中国出版简史之机械印刷时期(慕课)

中国出版简史之机械印刷时期(课件)

四、近代西方印刷技术的引进与应用

1. 石印技术的传入和推广

在近代出版业的变革与转型方面，技术是首要的生产力因素，正是从西方出版技术的引进和应用中，近代出版业拉开了与传统出版的距离，并最终成为出版主流。19 世纪初西方传教士来华开办的中文出版机构，带来了中文出版印刷技术的巨大变革，从而为晚清出版业向近代化转型提供了坚实的物质基础。传教士们对西方印刷术的引进与创新，使得石印和铅印成为中国近代最为主流的两大技术门类，在 19 世纪八九十年代得以全面普及。

① 沈括. 梦溪笔谈[M]. 沈阳：辽宁教育出版社，1997：102.

石印技术由奥匈帝国人施内费尔德(Aloys Senefelder)发明，其法以天然多微孔的石印石作版材，利用水油相拒的原理，用脂肪性的转写墨直接把图文描绘在石面上，或通过转写纸转印于石面，经过处理，即成印版。印刷时，先用水润湿版面，只有图文部分能附着油墨。石印术最早由传教士传入中国，19 世纪 20 年代，来华传教士为印刷布道小册子，采用了成本较低的石印术，1843 年由传教士麦都思(Walter Henry Medhurst)在上海创办的墨海书馆，便曾石印书籍，为上海石印之创始。光绪年间，石印技术一度兴盛，同文书局、拜石山房相继成立，与点石斋并列成为三大石印书局，出版了《古今图书集成》《资治通鉴》《康熙字典》《佩文韵府》等巨著。在三大书局带动下，石印技术由上海向全国迅速推广和普及，从清末至民国，全国各地采用石印技术印书者达上百家之众。石印技术凭借其出版工序简便、出书速度快、存貌不失真等巨大的生产力优势，一跃成为近代出版的主导技术，时间长达二三十年。直至清末科举制度废除，石印业失去了其赖以生存的科举用书市场，损失重大，再加上铅印技术的不断完备，石印技术逐步走向衰落，直至民国初期出版古籍的热潮，才使得石印术因其影印传真的优点，重新受到出版业的青睐。随着更加先进印刷技术的普及，石印技术不再成为出版者首选的印刷方式，到 20 世纪 50 年代，石印术渐渐退出了历史舞台。

2. 铅印技术主流地位形成

中国发明金属铸造活字的时间很早，但通常使用的是铜活字，锡活字和铅活字应用得很少，现代使用的凸版铅印技术是从西方传入的。随着 19 世纪上半叶中西方交往的频繁，以及外国传教士在华传教的需要，19 世纪 30 至 50 年代，欧洲各地兴起了一股研制中文活字的热潮。其中影响最大的是姜别利(William Gamble)所创制的电镀中文字模，其法乃先用黄杨木做字坯镌刻反体阳文，再镀制紫铜阴文，然后将此紫铜正体阴文字模锯成单字，镶入黄铜壳子。这一方法较之以前的手工刻模，大为省工，且字形完美、笔锋清晰。

由于初期中文字模制作困难，字体少，字形结构缺乏美观，购置中文铅字和字模价格昂贵等方面的限制，铅印的使用范围十分有限，主要是教会印书馆、少数资本雄厚的报馆及部分官书局在使用，这也给 19 世纪八九十年代石印技术的大行其道创造了机会。随着姜别利电镀字模的创制，大小成套中文铅字的问世，以及浇铸铅字方式的屡经改进，铸字速度增至每小时七八百枚，大大降低了价格成本。铅印复制版的制作工艺，从泥版到纸型，是一个巨大的进步和飞跃，从而为书刊尤其是报纸的印刷创造了有利条件。再加上多种大小幅面、不同结构的凸版印刷机的设计成功，照相金属凸版的投入应用，以及汉字排字架的发明，铅印术开始被民营出版企业大规模采用，成为我国近代出版技术的主流，一直持续到 20 世纪 90 年代，统治中国近百年的时间。

五、图书装帧与形制的历史演变

1. 古代图书装帧与版式

隋唐是写本书的极盛时期，因此书籍的装帧形制也在这一时期发展到高峰，盛行卷轴装。卷轴装是抄本书的典型装帧形态，主要有卷、轴、褾、带四个部分。卷是书写文字的部分，卷面上有边栏和界行，其书写形式保留了简帛书籍的主要特征；褾是卷子的左右两端粘接的用于保护和装饰作用的纸，主要的材质有罗、绢、锦等织物，上面不书写文字；轴是安装在褾左边的细圆棒，根据书籍的内容和价值采用不同的材料，有木质、金、玉等材质；带是安装在褾右边的绳带，用于捆束卷子。唐末佛经普遍出现，卷子形态给僧侣读经诵经带来了不便，此时便开始出现了“经折装”。经折装是将佛经从头至尾依照一定宽度连续左右折叠而形成，在前后各粘一张厚纸封皮保护内页。经折装的书籍使用起来仍存在翻阅不便的问题，于是产生了“旋风装”书籍，其以一长卷为底，书页依次粘于右侧纸上，翻阅使用时就更为方便，收藏起来的时候外表仍是卷轴的样式，这种装帧方式也被称为“龙鳞装”。

雕版印刷发明后，书籍的装帧形式也相应变化。相较于手抄本书籍可以连续地书写，印本书籍则必须区分出版面，于是蝴蝶装诞生了，这也是古代图书册页装的最初形式。蝴蝶装的具体装帧方法是将印有文字的书页面对面折齐，在书页反面版心的地方逐页粘连，再用厚纸对折粘于书脊，作为前后封面。打开书籍后，书页自然向两边张开，看上去仿佛如蝴蝶两翅，因而得名。包背装由蝴蝶装发展而来，区别在于蝴蝶装的书页反折，正面印有文字的书页相对；而包背装的书页正折，版心朝左向外，解决了蝴蝶装开卷是无字反面的问题，起源于南宋时期，持续流行到了明清。到了明清时期，线装书渐渐成为主流，这种装帧方式是对包背装的改进，其基本方法和包背装一样，不同在于装订时只在书籍前后各加一张护页，连同正文打四孔或六孔，用线装订。线装书兼具实用与美观，直到今天的某些出版物还会使用这种装帧形式。

版印书籍在长期的发展历程中，形成了较为固定的版式(图 16-4)，自宋至清，版印书籍通常一页一版，版的周围用墨线框之，为边栏，或叫版框。其中，上方的框线称上栏，下方的框线叫下栏，两边的框线称左右栏或边栏。这些栏线又有单边和双边之分，前者称单栏，后者叫双栏。栏线内印有细格界行，文字书写于界行内。古籍一版分为两面，两面的交界处为版心，也称中缝，俗称书口。为了便于检阅，在版心处多刻有书名、页数、每卷小题、字数或刻工姓名。鱼尾也是古籍版式的特有形式，在版心中缝处，因其形似鱼尾巴，故名鱼尾。鱼尾刻于版心的上节或下节，也是折页的标志。

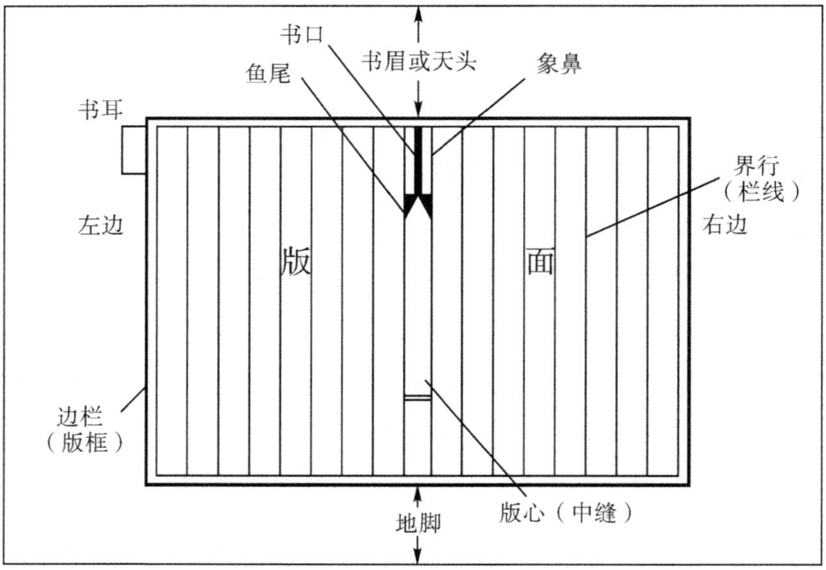

图 16-4　古籍版式

2. 近现代图书装帧形制

中国古代的图书装帧历经千余年的演化，最终定格为统一的线装形式。到了光绪末年，随着石印、铅印技术的广泛应用，书籍装帧形制又发生了一些新的变化：如在线装书的书衣上舍去书名签条，改排铅字，或用书法题写书名。到 20 世纪初，有些书的封面上开始出现装饰花边的框线，封面纸变换不同颜色等。这些书籍装帧形式上出现的种种变化，为五四运动以后现代书籍装帧艺术的建立奠定了基础。五四新文化运动在推动了出版业迅猛发展的同时，也极大地促进了书籍装帧艺术的巨大变革。鲁迅和他引导下成长起来的青年装帧设计家们，在书刊装帧实践中，勇于创新，大胆尝试，从技术手法到艺术形式，既借鉴吸收外来影响，又注意继承民族传统，从而使中国的书籍装帧艺术迈入了一个历史新纪元。当时的胡适、蔡元培、钱玄同、刘半农、叶圣陶、郭沫若、周作人等学者名记，喜用各自的书法和名章装饰书衣，显示出独有的民族化特色。

民国时期装帧设计作为出版流程的环节之一被固定了下来，包含了封面、封底、书脊、勒口、环衬、目录、衬页、扉页，甚至广告页等书籍其他部位的设计。民国的图书装帧呈现出丰富多元的特征，通常大书局装帧设计偏向于严肃与规整，偶或请一些外面的美术工作者来设计封面时，才见有明显的变化。中小书局在市场夹缝中生存发展，出版作风相对新锐大胆，表现在书刊装帧上，更趋向于新奇与变化，个性化特色鲜明。到了抗日战争时期，由于形势的变化，战前出版机构印制封面所普遍采用的铜版和锌版技术，在战时的大西南和延安等地，因印刷设备和纸张供应的大为不济，不用或用得很少。印刷条件限制了装帧的表现手法，而版画那种一块木板、一柄刻刀，即可制版印刷的简单工艺，更能适应战时的恶劣环境，一时间被许多书籍设计者所采用。加上“中华全国木刻协会”等全国性版画团体组织的推动作用，木刻艺术空前繁荣，成为当时书籍装帧的一大特色。

第二节　不同技术历史时期的出版发行活动

一、印刷术发明前与印刷术发明后的图书抄写

1. 印刷术发明前的图书抄写活动

在印刷术发明之前，文献的复制主要是通过手工抄写来完成的。抄书按其性质和抄写的主体可分为两类：一类是由政府组织的非营利性质的、或私人为读书治学的抄书；另一类是以营利为目的的抄书，即“佣书”。抄书活动伴随着图书的产生而同时出现，入汉以后，官方统治者十分重视抄书，汉武帝时实行“罢黜百家，独尊儒术”的文化政策，将儒学著作奉为正统，并与考试选官结合在一起，催生了当时大量抄写儒学典籍的风气。汉代统治者还注意搜集藏书，每遇好书，便下令抄写收藏，汉成帝时还组织了刘向等人开始了中国历史上第一次大规模的图书编校整理工作。汉代不仅官方抄书规模大，民间抄书也十分盛行，佣书最早见于战国时期，两汉时期抄书、佣书现象更为普遍。根据各类图书目录的记载，两汉时期总共抄写的图书至少 2200 余部 16000 余卷。这一时期不仅书籍产量颇丰，其种类也相对齐全，《汉书·艺文志》中著录了六艺、诸子、诗赋、兵书、数术、方技等六类，诞生了《尔雅》《史记》《七略》等重要出版物以及大量的佛学书籍，大有百花齐放之盛况。

魏晋南北朝时期，中国社会长期处于割据状态，战乱频仍、政权林立、时局动荡，然而图书出版事业却并未因此停滞不前，还得到了一定程度上的发展，出现过几次较为繁荣的局面。这一时期学术风气活跃，私人著书兴盛，大量的类书、文集、佛经翻译整理、文艺理论著作都产生于该时期。魏晋南北朝时期有记载的官方抄书行为不多，民间抄书佣书则更为盛行。晋代抄书最著名的例子当属“洛阳纸贵”的典故，讲述的就是晋代文学家左思写下《三都赋》，引得时人竞相传抄，一时之间洛阳的纸张供不应求、价格上涨的现象。南北朝时期抄佣书就已经非常盛行，据曹之统计，南北朝官方大规模抄书见于记载的约有 13 次。

2. 印刷术发明后的图书抄写活动

雕版印刷发明的初始阶段仍盛行抄书，在印本书为主流的时代，抄本书却并没有绝迹。其主要原因在于经济、审美和治学等因素的考量：对于规模宏大的类书或丛书，以及需求量较小、流通范围有限的图书，采用雕版印刷的方式从经济上来讲不合算；手抄本不

仅具有文献价值，同时也具有书法艺术价值，对于收藏图书而言，手抄书是更好的选择；从读书治学方法来看，抄纂本身就是我国古代文献的一种产生方式，有其悠久的历史和传统，也是学者积累知识的一种手段。因而，印本书籍与手抄书籍同时并行存在着，雕版印刷全面普及后，图书抄写活动依然不衰。

唐代可考的图书抄写活动有许多，不仅官方抄书活动频繁，民间佣书业也得到极大发展，唐玄宗时期更是专门设立了修书院，专门司掌抄书。五代时期，即版印书尚处于起步阶段，抄书仍是当时主要的图书生产手段。当时国子监雕印的《九经》，仍有供人抄写的目的。宋元是我国雕版印刷的初步繁荣时期，但作为传统的图书制作方式，手工抄写在图书的复制传播中仍发挥着重要作用。特别是在宋代，官方和民间抄书仍非常盛行。馆阁是宋代官方藏书的主体机构，仅崇文院藏书就达 8 万卷之多，其中写本占了相当比例，这跟宋朝历代政府重视抄写图书息息相关。宋代私人抄书十分活跃，抄书人或为藏书聚书，或为读书治学，或为修史著书，或为练习书法，陶冶性情，或为牟利而充当书手。即便是到了明清时期，雕版印刷已经发展至黄金时期，人工抄书依旧经久不衰，抄书者比比皆是。明清时期关于私人抄书的记载很多，他们常挑选珍本、秘本来抄写、书法考究，保存了一大批宝贵的宋元古籍。明清时期官方抄书最著名者当属《永乐大典》和《四库全书》的抄写。由于二者规模过于宏大，雕版印刷费时费力，故全靠手工抄写。

二、版印时期的刻书系统、出版中心与刻书机构

1. 版印时期的刻书系统与出版机构

雕版印刷出现以后便很快流行起来，遍及全国，政府、私人、书坊都纷纷开始刻印书籍。根据刻印出版的主体，渐渐演变成官刻、家刻、坊刻三大刻书系统。官刻始于唐初雕版印刷发明之后，是由国家政府部门出资组织雕版印行的图书，又可分为中央官刻与地方官刻。唐代中央官刻的代表出版物为历书，历书的颁印权由中央独揽，严禁地方和私人刻印。到了五代时期，官刻以国子监为代表，开启了大规模刻印儒家经典的先河。宋代的官刻机构数量众多，中央官刻机构有国子监、崇文院、太史局、礼制局等，地方官刻机构有公使库、各路史司、各州学县学等。由于官方统治者的重视和经费的充裕，宋代官刻的书籍大多质量精美、印刷考究，内容以经史典籍为主。辽代的官方刻书机构有印经院，西夏的中央刻书机构有刻印司，金朝仿汉制，在中央设立国子监，继续刻印图书。元代的官刻是中央与地方并举，中央刻书机构有兴文署、广成局、秘书监、太医院、太史院等；地方官刻以各路儒学为主，大多分布于长江以南。明代初期官刻发展极盛，家刻和坊刻远不如官刻发达，中央官刻机构有国子监、司礼监、镇天监、礼部、兵部、工部、都察院、太医院等，地方官刻机构有藩府、布政使司、按察司、分巡道等。藩刻是地方官刻的主力军，内容多涉及诗文集、医药养生书籍、琴棋书画花鸟鱼虫书籍等，质量较高，常出精品。清代中央官刻机构主要有武英殿、国子监等，地方官刻机构主要有官书局、地方各级政府及

学校等。清代官刻延续了前朝的发展势头，其刻书数量大、质量精，在康雍乾三朝达到鼎盛。另外，清代另一种官方刻书活动为太平天国刻书，镌刻馆、刷书馆是主要的官方出版机构，刊印了大量书籍。

家刻发端于唐代，指不以营利为目的，由私人出资刻印的图书，通常以文化推广、知识传播为目的，所以校刻精审，质量往往较高。唐代的早期家刻多为刻印佛经，五代时期出现了私人自己刻印诗文集，此时尚处于家刻的起步时期，财力有限，刻印的规模也较小。到了宋代，私家刻印书籍变得普遍了，叶德辉《书林清话》卷三《宋私宅家塾刻书》便著录了 47 个家刻机构，如岳珂相台家塾、廖莹中世彩堂、蜀广都费氏进修堂、临安进士孟祺等。宋代家刻的范围也得到了扩展，经史子集俱全，朱熹、陆游都是当时有名的家刻代表人物。辽、西夏、金代时，家刻并不十分活跃，西夏多刻印佛经，金代刻书集中在平阳(今山西临汾)，内容涵盖经书、别集、医书、地理书等。元代家刻发展又趋于兴盛，著名的机构有平阳府梁宅、平阳许宅、建安郑明德宅、陈忠甫宅等，家刻内容广泛，以经部和集部居多。明代家刻集中分布于明中后期，兴起翻刻、影刻宋版之风，刻印了大量诗文集、戏剧、通俗小说等书籍。全国的刻书事业得到迅速发展，江浙两省尤为发达，涌现出一批刻书家，如冯梦祯、毛晋、李瀚、朱承爵等，他们很多人本身就是藏书家。清代私家藏书及考据之风盛行，极大地推动了家刻的发展，清代家刻多如繁星，不胜枚举，如朱彝尊、袁枚、黄丕烈、叶德辉、罗振玉等，此时的刻书种类除了前朝大多盛行的诗文集、通俗读物外，还出现了许多丛书。

坊刻是民间书商的刻本，通常以营利为目的，以家庭作坊为刻书单位，书坊有自己的写工、刻工、印工。坊刻与官刻、家刻相比起源最早，从唐初雕版印刷术发明以来便广泛存在于民间了，可考的坊刻便有成都府成都县龙池坊卞家、上都东市大刁家、京中李家、剑南西川成都府樊赏家等。五代时期书坊多刻印佛书，以及隶书、字书、韵书、占梦等实用类书籍，分布于长安、四川、淮南等地。宋代的坊刻得到了很大的发展，南宋时期形成了两浙、福建、蜀中、江西四大坊刻中心，书坊林立，还出现了声动全国、影响后世的著名坊肆，如建阳余仁仲的万卷堂、临安陈起的陈宅书籍铺等。辽和西夏的坊刻业并不发达，金代刻书地区则遍及平阳、宁晋、太原、运城、嵩州、碣石等地。承袭赵宋，元代坊刻发达程度不逊于前，建安余氏书坊延续了下来，刻书规模不断扩大，其他大部分书坊主要分布在建宁，刻有经史子集、举业用书等。明初书籍税诏除，推动了坊刻业的进一步发展，其分布很广，遍及建阳、金陵、苏州、杭州、北京、新安等地，著名的书坊也很多，如余氏勤有堂、余象斗三台馆、郑氏宗文堂、刘氏日新堂等。明代坊刻前期刻书内容多经史读本，后期更多戏曲、小说、医书、类书等通俗读物。清代坊刻主要集中于北京、南京、苏州及扬州等地，如富文堂、聚珍堂、大业堂、芥子园、扫叶山房等，而传统的刻书中心建阳则因麻沙书坊遭遇大火而从此走向衰落。清代坊刻多民间大众读物，诸如小说、戏曲、唱本、医术、星占、类书、日用杂书等。

除了官刻、家刻、坊刻三大系统之外，寺观刻书和书院刻书也承担了重要的出版职能。佛教文化在古代社会的盛行推动了出版业的发展，寺院遍布全国，甚至专门成立机构，组织大规模地刻印佛经。除佛经刻印外，也有道藏的刻印活动，只是不如佛经兴盛。书院是我国古代的教学组织形式，为私人读书、治学、藏修之所，讲学读书的同时，修书、刻书也就成为书院不可或缺的一部分了。著名的白鹿洞书院、岳麓书院都曾刻印出版过大量品质上乘的书籍。

2. 版印时期的出版中心

宋代是图书事业的黄金时期，图书出版也日趋活跃，形成了杭州、川蜀、福建、汴京四大刻书中心：杭州刻书精良，其字体方正、刀法圆润，为宋刻之最，到了南宋时期杭州成为都城，出版业发展便更加繁盛了；川蜀的刻书集中在成都和眉山，也是中国最早开始刻版印刷的地区之一；福建刻书以福州、建阳两地最为出名，建阳所属的麻沙、崇化两镇书坊林立，号为“图书之府”；汴京是北宋的都城，也是文化出版中心，国子监、崇文院、秘书监、国史院、大理寺、编敕所等都设有刻书机构，因政权更迭逐渐衰落。与宋代大约同时期的，还有我国北方的辽、金少数民族政权。金代的刻书中心在山西平水（今临汾），也是黄河以北的重要出版中心。元代沿袭了宋代的图书发展事业，浙江、江西、江苏依然是重要的出版中心。明代刻书地集中在福建闽北、徽州、苏州、金陵、杭州等地。随着出版业的发展，不仅南方传统的出版中心，如临安、建阳、湖州、金陵、苏州、常熟、徽州、成都等地延续了其兴旺发达的势头，北京、河北、山西等地的出版业亦逐渐壮大，到了清代，北京已经成为重要的出版中心了。

三、近现代印刷时期的多元出版主体与重要出版机构

1. 教会出版

中国近代新式出版业发轫于19世纪初西方来华传教士的出版活动，鸦片战争后，大量的外国传教士涌入中国，向人民群众宣扬基督、布道福音、进行宗教辐射。然而囿于长期的闭关锁国，中国人心态保守，传教士为了打开传教局面，征服中国人的思想，纷纷开始办报纸、出版书籍，并在中国各地先后成立了墨海书馆、美华书馆、土山湾印书馆、广学会等70余家出版机构，其中以墨海书馆、美华书馆、广学会等出版机构最为有名。

鸦片战争以降，最早在中国设立的教会出版机构是上海的墨海书馆，书馆系英国传教士麦都思（Walter Henry Medhurst）创办，经费由英国伦敦教会资助。该馆当时主要印刷《圣经》和其他宗教小册子，在1844—1860年，共出版171种书刊，其中绝大部分属于宗教书籍。美华书馆前身是1844年美国基督教（新教）长老会在澳门开设的花华圣经书房，1845年迁往宁波，1860年迁至上海，改名美华书馆。书馆主要出版《圣经》和宗教书刊及供教会学校用的教科书，还印刷出版了几十种自然科学书籍。在近代中国出书最多、影响最大的教会出版机构当属广学会。广学会创立于1887年的上海，初名同文书会，1894年易名

为广学会。广学会的出版物中介绍西学最多，编印了《万国公报》《中西教会报》《大同报》等多种重要出版物，涉猎的问题十分广博，视角新颖独特，深受中国读者的欢迎，对中国近代思想界产生了广泛的影响。

传教士们的出版活动，成为中国出版走向近代化的第一推动力。首先，教会出版业带来了中文出版印刷技术的巨大变革，从而为中国出版从传统向近代化过渡，提供了坚实的物质技术基础。其次，教会出版物因以全域性教区为服务对象，在具体出版运作中，既考虑到出版物选题的针对性，也追求流通效果的广泛性，从而为改变传统出版狭窄的生产与流通形态，提供了向全国大市场转变的契机与可能。再次，传教士聘用中国人担任译述和编辑工作，从而为作者和编辑角色职业化的形成，促成出版的社会化分工方面，培育了初始的文化土壤。又次，传教士为了赢得中国知识分子对基督教的好感，除用新技术印刷宗教宣传品外，还翻译出版了一批反映西方科学文化知识的中文书刊，从而拉开了近代出版物内容结构调整的序幕。

2. 洋务派官办出版

从 19 世纪 60 年代起，曾国藩、李鸿章、左宗棠等人在沿海和内地陆续兴办了一批近代企业，史称“洋务运动”。在办洋务的过程中，洋务派逐渐清醒地认识到，翻译出版对办理外交事务，以及制器、用器方面的重要作用。假手于洋人西书，通过翻译出版，便成为学习西方船坚炮利、科学技术，发展近代化工业的重要手段和工具，京师同文馆、江南机器制造总局翻译馆等西书翻译出版机构，就是在这种情况下创设起来的。

在洋务运动中，洋务派创建的译书机构与新学学堂有 31 所之多，新学学堂也多有译书之举。北京的京师同文馆、上海的江南制造局翻译馆、天津机器局、天津武备学堂、北京海关税务司、福州船政学堂、金陵制造局等都有译书问世。其中以京师同文馆和江南机器制造总局翻译馆的成绩为最大。京师同文馆是清末最早的洋务学堂，共译有西书 30 多种，主要关于国际知识、科学知识、学习外文工具书等内容。江南机器制造总局翻译馆成立于 1868 年，附设于江南制造总局，是中国近代第一个由政府创办的西书翻译出版机构。翻译馆译员由中外学者共同组成。外国学者不精通中文，中国学者不熟悉外文，两相结合，产生了那个时代特有的译书方法：西译中述。江南机器制造总局翻译馆先后译书 160 种，涵盖兵学、工艺、兵制、医学、矿学、农学、化学、算学、交涉、图学、史志、船政等内容。

洋务派的翻译出版活动，是中国出版业近代化转型过程中的重要历史阶段，其由清政府直接组织，既不同于此前及同期宗教团体组织的教会出版，也不同于戊戌时期逐渐兴起的民营出版，是近代新式出版的三大出版主体之一。洋务派的翻译出版，是近代新式出版的重要组成部分，为洋务运动的开展，提供了重要的知识与技术支持，也是国人开始大规模主动吸收西学的标志，洋务派在翻译出版实践中积累了许多宝贵的出版经验，特别是确立的一般翻译原则，为后世翻译界和出版界所遵循。

3. 民营出版

以申报馆和点石斋书局为代表的民营石印书局为民营新式出版登上历史舞台拉开了序幕，到了19世纪末，以变法维新为主题的宣传与组织活动无形中为新知识、新观念、新思想的接受与传播，开辟了广阔的途径，由此展现出来的新书刊出版市场，是民营出版业得以迅速崛起的重要商业前提。这一时期涌现出了商务印书馆、中华印务总局、广益书局、神州国光社、广智书局、文明书局等林林总总、大大小小的民营出版机构。

自此，近代出版业进入了新一轮的布局，出版主体实现变更，出版活力借助民间文化力量的参与和民间资本的运作，得到了很大程度的释放。从当初教会出版机构的独步天下，到洋务运动时期教会与官办新式出版的并辔而行，再到清末新政时期出版主体多元化格局下民营出版主导地位的正式确立，近代出版业的出版格局被最终定格下来，延续到了整个民国时期。进入民国时期，以商务印书馆为代表的民营出版机构采取了新的组织、管理制度和商业形式，在良好的发展态势下出版机构发展愈发壮大，最终商务印书馆、中华书局、世界书局在民国初期众多的出版机构竞争中脱颖而出，成为出版业的三大巨头。20世纪二三十年代出版业的三大巨头承接过去发展之势，迎来了更大的辉煌。中小书局尽管规模有限，但是由于数量众多，也是民国出版业中一股不可小觑的力量。他们在各自的出版活动中适应形势，形成了独特的出版风格和方向，如大东书局、神州国光社、开明书店、北新书局、光华书店、良友图书印刷公司等机构均是民国时期出版界的优秀中小出版机构。

4. 共产党领导的出版事业

中国共产党从它成立的时候起，就十分重视文化出版工作，出版了《共产党》《向导》等多种报刊，开办了新青年社、人民出版社、上海书店、长江书店等重要的出版机构，宣传中国共产党的政治主张，传播马克思列宁主义。南京国民政府初建十年时期，中国共产党在中央苏区开展新闻出版工作，在苏区红色政权的保护下，出版事业进入了一个新的发展阶段，它直接服务于党的政治斗争、军事斗争和工农兵大众的需要，在"围剿"和反"围剿"的艰苦环境中曲折前行。当时国民政府思想控制严格，对共产党组织及其宣传活动打击不遗余力。虽然出版环境恶劣，共产党在国民党统治区域内的出版活动，并没有停止，在逆境中，依然取得了相当可观的成绩。中国共产党在极其困难的情况下，坚持在国统区建立地下出版机构，秘密从事出版发行工作，这一事业一直延续到中华人民共和国成立，著名的生活书店、读书出版社、新知书店就是中国共产党领导的出版阵营下的重要机构。

到了抗日战争时期，中国共产党在陕甘宁、晋察冀、晋冀鲁豫、晋绥、华中、山东等多处建立了敌后抗日根据地和解放区，并开展了出版活动。中国共产党以延安为中心，创建出版社、印刷厂，创办了解放社、新华书店、华北书店、大众读物社、八路军军政杂志社等重要出版机构，开辟图书发行营销网络，书报刊并举，在筚路蓝缕的艰辛创业中蓬勃地发展起来。较之于延安，其他敌后抗日根据地的出版事业，起步相对要晚，它是在敌后游击区域不断扩大，敌伪在占领区内强力推行奴化教育，敌我双方在思想政治领域里斗争十分激烈，而延安的出版物又因交通困难，难以有效运输，远不能满足需要的背景下，党中央决定加大各根据地自身的出版能力，派出专员予以协同和支援。在此情况下，各根据地的出版事业才从无到有，从弱到强地发展起来。抗日战争胜利后，解放区根据地的出版事业呈现出另一幅欣欣向荣的局面，这一时期，共产党出版了大量党报党刊、理论著作、党史文献、政策文件、通俗文化读物等，大大小小的出版机构纷纷建立起来，为现实政治和思想文化斗争服务，新建立的东北书店、光华书店以及各地的新华书店是出版业发展的主力军。中国共产党领导的出版事业，具有鲜明的特征，其服务于战争宣传、服务于人民政权的革命传统被延续下来，引领了中华人民共和国时期的出版方向。

四、不同历史时期的图书售卖与发行活动

大量著述的出版推动了图书的贸易流通，我国最早的书籍买卖市场滥觞于西汉，即“书肆”和“槐市”。西汉扬雄在《法言·吾子》中首次提及了“书肆”：“好书而不要诸仲尼，书肆也。”书肆的属性为民间自发形成，官方的图书贸易市场则被称为“槐市”，由政府组织和管理，开放的时间和地点较为固定，人们可在槐市中交换买卖书籍和交流学术思想。《三辅黄图》中记载：“东为常满仓，仓之北为槐市。列槐树数百行为隧，无墙屋，诸生朔望会此市，各持其郡所出货物及经传书记、笙磬乐器，相与买卖，雍容揖让，侃侃訚訚，或论议槐下。”此时书籍的商品性逐渐显现，发展出了我国最早的图书发行事业。到了东汉时期，因书籍需求增多，便有人将自己的书籍抄录下来售卖给其他人，社会上便发展出了“佣书”这种以抄书谋生的职业。

魏晋南北朝时期仍沿用前朝的书肆制度，由于纸张的发明和佣书业的发展，书籍的产量有了较大提升，发行规模也迅速扩大，这为书籍贸易的进一步发展提供了条件，书肆数量增多，并在南方和北方逐渐形成了以建康和洛阳为中心的书业格局。洛阳曾在东汉时期作为全国的政治、经济和文化中心长达160余年，其出版业起步也较早。另一个书业中心建康是东吴、东晋以及宋、齐、梁、陈六朝的首都，也是当时南方最大的商业贸易中心和政治文化中心，其藏书丰富、书肆林立、教育兴盛，为出版业孕育了良好的环境和氛围。

隋代的图书贸易与发行事业成绩斐然，其原因离不开交通的发达。大运河是隋代的南北交通要道，沟通了海河、黄河、淮河、长江、钱塘江五大水系，运河沿岸商业繁荣，一方面为书籍提供了贸易市场，另一方面为书籍发行提供了便利的运输条件。借此交通优势，隋代的图书发行事业很好地发展了起来，其书籍甚至远销西域、南洋等地区。唐代的图书发行与贸易延续了隋代的良好态势，并依靠驿站制度和发达的交通达到空前繁荣，当时的长安、洛阳、成都、扬州、绍兴、敦煌等地都是重要的图书出版中心和贸易中心。因唐代实行对外开放政策，书籍远播海外，流通至日本、高丽、新罗、印度等地，一同带去的不仅是书籍，还有唐朝的繁荣和灿烂文明。

宋代图书市场上交易的主要品种是已装订成册的成品图书。除新印与古旧图书之外，在进入市场的图书品种中，还有一种“半成品”，即由购书者自选纸张、油墨，或缴纳纸墨钱进行自印。另一种方式是书版转让交易。宋代图书的发行渠道，可大致分为官方图书发行渠道和民间图书发行渠道，有时二者也相互交叉。政府经营发行的图书机构中，中央以国子监为代表，地方则以公使库为主；民间的发行渠道有固定书铺、流动售书与集市贸易三种方式。元代图书发行的主体是各地的书肆，此外也有大量书籍通过商队售卖至高丽、日本、安南及东南亚地区的国家。

明清时期图书发行事业得到进一步发展，发行体系日益完善。此时图书贸易中心与出版中心逐渐分离，一些出版业并不发达的地区，由于商业繁荣和交通便利的优势，也成为图书销售中心。在出版业较为发达的地区，则形成了以批发为主、零售为辅的格局，如福建建阳已经有了图书交易集市，且“比屋皆鬻书籍，天下客商贩者如织”。明清时期在发行渠道上，有固定书铺、集市、书摊、考市(科举考试期间在考场外设棚售书)、书船、货担郎等。不仅如此，这一时期在发行方式、结算方式、发行宣传等方面都形成了一定的规范和制度。清代图书贸易较之于明代，在地域上实现了更广泛的拓展，图书发行贸易网络覆盖了许多中小城镇甚至乡村地区。清代的图书发行扩散至腹地，渗入从高级文人精英到小商贩和乡民的所有社会和教育阶层。北京成为当时最大的书籍贸易中心，其中又以北京琉璃厂最为著名。

到了近现代时期，图书发行的面貌焕然一新，民国时期的出版经营活动，是以民营出版业为主体，以市场化运作为手段，以规模化经营为特征，并在资本主义市场竞争的背景下开展起来的。民国时期的书刊发行，基本上沿袭着清末已成形的销售格局，略有些发展变化。当清末最后十年的商务印书馆发展成为全国最大的出版机构时，它在上海总部设发行所和门市，在全国其他各大城市普设分支机构的发行销售模式，为民国时期次第阑起的中华、世界、大东、开明、正中等各大书局所效法。分支机构等于一个个发行网点，负责开拓地方图书市场、推销本版图书、调查有关读者信息、联络教育界、预定和发放大型图书等。各书局发行所的业务，兼顾批发与零售，充有门市的功能。图书批销方式有现金批发，多数的还是赊销，零售店欠账进货，卖后给钱，一年三节是双方结算的日期。而邮购的方式，读者是先款后书，绝无一般发行中的回款之虞，因而此项业务受到出版者的高度重视。为了提高图书销售额，民国时期上海的一些出版机构的发行所或门市店，除了销售本版书外，同时还为学校、学术团体、图书馆等机关单位开展外版书刊的代购代销，为内地书店同业开展上海版书刊的配购批发的业务。

第三节　中国书籍文化史上的编撰编辑活动及重要书籍文化成果

一、古代时期政府对图书的征集、整理与编撰活动

两汉时期，政治、经济、文化繁荣的气象渗透进了出版领域，图书著作大量涌现。汉

代统治者十分重视图书的编校、典藏工作，汉武帝时“建藏书之策，置写书之官”，并开始了有组织有计划的图书编校、整理活动。汉成帝曾诏令刘向等人整理“经传、诸子、诗赋、兵书、数术、方技”之书，开始了中国官方历史上第一次大规模的图书编校工作。类似的图书编撰活动屡见于汉代历史，汉代统治者还专门设置了图书典藏、编校、著述的机构，建立了一套图书管理制度。魏晋南北朝时期的统治者也大多十分重视图书编撰与出版事业，官方图书编撰机构主要是管理中央及编纂事务的秘书监，这一机构的设置一直延续到隋代，后来发展成为秘书省。魏晋南北朝时期的秘书监曾聚集过大批文人学士编纂类书、整理典籍、敕修史书，较为著名的有中国的第一部类书《皇览》、陈寿所撰的史书《三国志》等。

在隋唐时期出版事业的总体格局中，官方政府占据着绝对主导的地位，统治者凭借大一统政权强有力的组织能力，开展了众多工程浩大的图书典籍编撰整理活动，如隋文帝根据秘书监牛弘的建议，派专人到民间搜集抄写不同版本的书籍，藏于宫中以充实秘书阁，“每书一卷，赏绢一匹。校写既定，本即归主”。隋代官方曾数次大规模地组织编纂图书活动，出版了四部国家书目和诸多历史、军事、法律、礼乐等著作。唐代时官修书内容丰富，种类繁多，有《五经正义》《今文尚书》《春秋纂要》等经书类，《隋书》《晋书》等史书类，《高祖实录》《太宗实录》《则天皇后实录》等实录类，还有各种地理著作、医书、礼书、类书、诗集等，官方出版业的发展欣欣向荣。五代十国时期五代承袭唐制，设有秘书省及弘文馆、集贤院、史馆、秘书监等机构。尽管战争频繁，但图书出版事业仍然取得了一定的成就，《旧唐书》《实录》系列、律书、礼书、历书等官修图书持续出版。

宋代官方编修图书的机构有崇文院、秘书省等，负责图书收藏、校书编目、编纂图书之事。北宋初年，崇文院设三馆：昭文馆、史馆和集贤院，三馆与秘阁合称为馆阁，是宋代官方图书编撰的主要机构。馆阁制度在宋代一直延续了三百余年，官方每编一书，便组建书局，由馆阁委派人领修，编修地点不固定。北宋时期官方组织编纂了《太平御览》《太平广记》《文苑英华》《册府元龟》四大类书，同时也建立了相应的书局。辽国很重视国史的编撰，早在太祖阿保机时就设置了监修国史官，主要负责编修起居录、实录、日历等图书。西夏官方编修图书的机构有翰林学士院。金仿辽制，国史院是其主要的官方修书机构，主要职责是编修起居录、实录、日历、国史等书。

元代官方从事过图书编撰的机构，可考的有翰林国史院、奎章阁学士院、艺文监、秘书监、司农监等，其中翰林国史院是主要编撰机构，主持编撰了《宋史》《辽史》《金史》《经世大典》、历朝实录等。除实录外，元代官方还修了不少政书，如《至元新格》《元典章》《大元通制》《经世大典》《至正条格》《吴律令》《律令直解》等，其中以《经世大典》和《元典章》最为著名。明代的官修机构主要是翰林院，其编修书籍的数量很多，内容涵盖经史子集，以及普及性的节本、字典、韵书等。《永乐大典》是明代最大的官修书，收载了天文、地理、人伦、国统、道德、政治、制度、名物、奇闻异见等内容，书中保存了明代以前有关政治、经济、军事、教育、史学、哲学、文化、宗教和应用科学等各方面的丰富资料。它不仅在中国图书编撰史上，而且在人类文化史上享有崇高声誉。清代官方修书机构可分为常设、例设、特设三种类型。常设的有翰林院起居注馆、国史馆、军机处方略馆等；例设的有实录馆、圣训馆。每位皇帝去世之后，新即位的皇帝照例都要开馆为前代皇帝修实录和圣训，此为例设；特设的有三通馆、会典馆、一统志馆和四库全书馆等，此为临时编撰某书而特设馆，书成则馆散。除方略馆外，各馆编修人员大多由翰林院官员抽调充任。翰林院是清代主要的官方修书机构，其修撰的《古今图书集成》是现存古代卷帙最多、用处最大、体例也最完善的一部类书，在辑佚方面极有价值。

二、编辑活动的起源与职业编辑在近现代的形成与发展

1. 编辑活动的起源和发展

我国最早的图书编辑活动可以上溯至先秦时期，这是编辑思想的初始时期，此时的文明得到了高度的发展，诞生了甲骨文、玉石刻辞、青铜器铭文等图书的前身，甲骨文、玉石刻辞的一些格式和编排方式体现了早期的编辑思想已经萌芽。此时史官是这一时期编辑活动的主体，他们通常先撰写文字，再镌刻于甲骨之上，镌刻的过程就是排版布局的过程。有学者通过考证分析，① 发现了甲骨卜辞编排的基本规则是对称交流，可上下、左右、内外、交叉对，体现了殷商人阴阳相对、相反相成的思想观念。这一时期的编辑活动与祭祀活动紧密联系，甲骨上篆刻精致、排列规整、对称分布的文字显示出了较高的审美和编辑水平。

春秋战国时期，文化走向繁荣，出现了百家争鸣的局面，出版活动也发展到了一个新的高度。伴随着生产关系的变革，“士”逐渐分化为新的社会阶层，私家讲学和私人著书成为一时的风尚，直接地推动了书籍产量和类型的增加，图书的编辑和收藏活动与此同时也普遍展开。编辑活动开始走向民间和个人，官方对编辑活动的垄断也被打破，进一步发展出了自觉的编辑出版意识，具有标志性的出版现象是孔子的编辑活动。孔子希望通过整理文献复兴周礼以达到国家安定兴旺的理想，他在晚年时期删定《礼》《易》《诗》《书》《乐》《春秋》，后世称之为“六艺”或“六经”。在编辑图书的过程中，孔子多闻阙疑、择善而从，其编辑思想可概括为“述而不作，信而好古”，这一编撰原则为我国后世的图书编辑所推崇和遵行。

纸张发明后，图书著述的数量明显增多，编辑活动也愈发频繁，魏晋南北朝时期的编辑活动较之秦汉已经有了很大的突破，出版了多种体例的编纂成果，如别集、总集、书目、佛典等。隋唐时期的图书编纂活动进一步在编辑体例上进行了积极的探索，特别是雕版印刷术发明后，促进了编辑出版业的繁荣。宋元时期学术思想文化的发展、中外交流的扩大、理学的兴起和昌盛，都形塑了这一时期的编辑活动。宋代出现了为增加阅读兴味，将原有的图书内容重新进行编排、选辑，添加注解、注音、标注节拍、图示、插图、圈点、批点等辅助性内容等的编辑活动。此时民间书坊涌现，成为编辑活动的又一支重要力

---

① 王振铎，王刘纯. 由甲骨版本探编辑出版之源[J]. 编辑之友，2001(3)：41-45.

量，造就了丰富多样的图书类型，编辑出版走向规范和标准化。明清时期是中国封建社会发展的最后一个高峰，文化出版业高度繁荣，官方和民间的图书编辑活动都十分活跃，编辑群体壮大、名家辈出，编辑的成果数量大且规模广。

2. 近现代的职业化编辑

近代编辑的职业化发轫于戊戌变法之后，民族危机的刺激直接引发了围绕变法维新为主题的宣传与出版活动，在这场如火如荼的运动中，维新志士以报纸、期刊、图书为宣传工具，鼓舞民气，输入西学，启蒙新知。这一时期，逐渐出现了职业的编辑群体，诸如梁启超、康有为这样的知识分子利用自己所学，兴办报刊，承担了编辑的职能。到了清末民初，一大批民营出版企业如雨后春笋般建立起来，最终形成了现代出版制度，进一步推动了编辑职业化的历程。张元济、王云五、陆费逵、沈知方、邹韬奋、章锡琛、张静庐等人，都堪称那个时代出版领域的领军人物，他们的编辑出版实践对近代出版文化事业作出了杰出的贡献。

张元济是民国时期最负盛名的职业编辑，他为商务印书馆所主持的《涵芬楼秘籍》《四部丛刊》《续古逸丛书》等大部古书为商务印书馆赢得了良好的声誉和可观的收入。他在其中担当的角色不仅是一位重要的编辑，参与选题规划、工程预估、成本计算，乃至制版印刷等具体工作，而且还是一位卓越的版本学家，亲自参与整理古籍，在版本、校勘方面显示了深厚的旧学功底。民国时期另一位著名的资深杂志编辑是邹韬奋，他在主编《生活》周刊时体现的职业境界和高超编技为后人所景仰。邹韬奋立足时代精神的前沿阵地，坚持彻头彻尾的大众立场，《生活》周刊的读者遍及全国及海外华侨足迹所到的地方，1932 年年初的销数达到十五万五六千份，创我国杂志销数的空前纪录。

三、历史上标志性的书籍文化成果

汉成帝时，刘向等人开始了中国历史上第一次大规模的图书编校整理工作，著名的出版物有《尔雅》《史记》《七略》等。魏晋南北朝时期涌现了新图书编著形式，较为著名的有中国的第一部类书《皇览》，以及我国现存最早的诗文总集《文选》、诗歌总集《玉台新咏》等。唐代时官修书内容丰富，种类繁多，有《五经正义》《今文尚书》《春秋纂要》等经书类，《隋书》《晋书》等史书类，《高祖实录》《太宗实录》《则天皇后实录》等实录类，还有各种地理著作、医书、礼书、类书、诗集等，出版业发展生机勃勃。士大夫阶层因学术研究或文学创作等需求，也撰述出版了许多诗文集、总集、别集等出版物，如唐代史学家刘知几编纂的《史通》，魏颢编辑的李白诗集《李翰林集》，白居易编辑的《白氏长庆集》等。

宋代最具标志性的书籍成果是《太平御览》《太平广记》《文苑英华》《册府元龟》，合称为宋代四大书。《太平御览》成书于北宋，是一部具有百科全书形制的类书，为帝王提供历代治乱兴衰的历史知识以及各种典章制度的由来。全书共 1000 卷，55 部，分 5363 类，总字数达 4700 多万字，引用古今图书及各种体裁文章共达 2570 多种。《太平广记》为小说类书，汇录了从汉代到北宋初年的野史、笔记、小说等，全书收先秦至宋初书475种，共500卷。《文苑英华》为古代文学总集，全书1000卷，选录200余作家的近2万篇作品，保存了大量唐代的文学作品史料。《册府元龟》为编纂类书，辑录了从上古至于五代末的古代经史、诏书、奏议及杂书等，共千卷，分31部，104门。元代出版了大量元杂剧和散曲著作，如关汉卿的《窦娥冤》《望江亭》《调风月》等，王实甫的《西厢记》《丽春堂》，马致远的《汉宫秋》《岳阳楼》等文学史上的重要作品均在这个时期出版。在史学书籍方面，如《元朝秘史》《元典章》等主要记述了蒙古族的兴起和成吉思汗的传记，内容多偏重于时事政治和民族历史，具有鲜明的风格。

明清图书事业的顶峰是大型类书和大型丛书的编纂。《永乐大典》是明代永乐年间编修的类书著作，其内容上至先秦，下迄明初的经、史、子、集百家之言和天文、地理、阴阳、医卜、僧道、技艺，在编排上采用“用韵以统字，用字以系事”的体例，正文共22937卷，11095册，总字数约3.7亿，收录了先秦至明代的8000多种典籍。《四库全书》是清代的官修丛书，对清以前历代典籍进行了系统的整理和全面总结，全书按经、史、子、集分部，部下又分类，共收录3503种书籍，共79337卷，是最大的一部官修书目，在目录编纂体例、文献分类、提要撰写和文献考订等方面均有独特成就，是中国古典书目的集大成之作。然而，在《四库全书》编纂过程中因政治因素的影响，破坏和损毁了部分古籍的原始面貌，后人也因而对其褒贬不一。

近现代时期图书成果颇丰，在中国共产党领导的出版活动中，最具代表性的是《毛泽东选集》的出版，它不仅是解放区根据地最为畅销的著作，而且版本数量众多，影响力巨大。《毛泽东选集》的初版本由晋察冀日报社社长兼总编辑邓拓主持编选，于1944年9月出齐五卷。该书主要编入了毛泽东从抗战开始到1944年6月间的著作，按内容分为五卷，包括新民主主义革命的基本理论和政治制度、抗日民族统一战线、战争和军事问题、财政经济问题、党的思想作风建设方面共29篇，约46万字。晋察冀日报社版《毛泽东选集》是全国第一本系统编选毛泽东同志著作的选读本，为传播毛泽东思想作出了贡献。据不完全统计，《毛泽东选集》著作版本达500余种，出版地涉及37个国家和地区，文字达46种。

第四节 不同历史时期的出版制度与出版管理

一、古代不同历史朝代的出版管理

1. 古代出版管理与文化政策

秦代统治者遵循法家的统治思想，施行严苛的文化政策，韩非子反对文人学士“藏书策、习谈论”，李斯更是斥责儒生“不师今而学古，以非当世，惑乱黔首”，为统制学术和思想文化观念，秦始皇实行“焚书坑儒”的政策，烧毁除秦记以外的史书，禁止私藏《诗》

《书》等著作，只允许医药、卜筮、种树等实用科技类图书保存下来。这一举措，对出版业的发展贻害无穷，大量古籍散佚、损毁以至面目全非，乃至汉代出现了大量的伪书，造成了学术思想上的混乱和断裂。

两汉时期，统治者吸取了秦王朝的教训，采用宽松的文化政策，“无为而治”，因此道家的黄老无为思想在汉初兴盛一时，各家学说在此期间都得到了恢复和发展，先秦诸子的学说依然持续产出数量可观的著作。汉武帝执政以后，文化思想大一统的趋势愈发强烈，儒家政治思想顺应时势，从诸多思想学说中脱颖而出。汉武帝采纳了董仲舒的建议，推行“罢黜百家，独尊儒术”的文化专制政策，从此儒家思想取得至高无上的封建正统地位，影响了中国传统文化两千余年。

魏晋南北朝时期，统治者根据其需要对图书出版发行采取一定的政策规范，引导其生产传播。典型的例子是对于“谶纬图书”的禁毁，谶纬图书是假托神意来解释儒家经典的图书类型，其鼓吹天人感应思想，具有较强的迷信色彩，以所谓的上天预言来附会或攻击现实政治。最早开始禁毁谶纬图书的是魏武帝曹操，在其“挟天子以令诸侯”夺取政权后，为防止诸侯利用谶纬图书作乱，便下令禁止，此后的统治者也大多对谶纬图书实行严格的查禁政策，甚至一旦被发现私藏有该类图书便要处以极刑。

隋唐时期，政府对于出版文化管理十分重视，对于不符合其统治思想的图书一律禁毁。隋代延续前朝，对谶纬图书严加封禁，直至唐初谶纬之学基本消失。此外，隋文帝还禁止私人撰史，“人间有撰集国史、臧否人物者，皆令禁绝”。唐代统治者则将图书出版管理法制化、常规化了。唐太宗以来，相继将谶纬、造妖、阴阳术数等书籍列为禁书，且禁止私人印制出版历书。因出版商为谋得更多利益，竞相出版历书，其中错讹颇多，被统治者认为“有乖敬授之道”，故唐文宗下令“诸道府不得私置历日板”。

2. 版权意识的萌芽与发展

宋代以来，雕版印刷技术的普及带来了书籍产量的迅速增长和图书贸易的兴旺，另一方面盗版的现象开始出现，损害了作者和出版商的利益，版权观念和保护意识便在这一时期开始萌芽。雕版印刷技术是盗版现象和版权保护的技术前提和基础，在我国，盗版现象最早可以追溯到印刷术初兴的中唐时期，如中唐大和年间，东川节度使冯宿曾就禁印日历事宜上奏朝廷，并得到唐文宗“敕诸道府不得私置历日板”的批示。随着印刷技术的进步和图书需求的提高，宋明时期的书贾们为了牟得私利，开始了盗版印书的营生。盗版现象在晚明时期十分频繁，作者或出版商“或是为了宣扬某种观点和理论；或是为了寄寓某种思想和幽情；或是为了发泄私愤和攻击异己；或是为了使自己的著作得以推广和流行”，抑或是为牟得更多利益盗版图书，如书种堂坊主袁无涯所说：“往见牟利之人，原板未行，翻刻踵布。”①盗版现象刺激了版权保护的观念和手段发展，针对盗版现象，许多出版者和

① 袁逸. 明后期我国私人刻书业资本主义因素的活跃与表现[J]. 浙江学刊，1989(3)：125-129.

作者纷纷发布打击盗版的声明，如崇祯十四年刻本《麟旨明微》，书名页上刻有“本衙藏，翻刻必究”的字样；① 有的在刊刻书中加上特殊的标记，相当于现在的“防伪技术”。晚明盗版现象在客观上催生了图书版权保护意识的进步和保护措施的演进，为清代出版法制的进步和版权保护法规的创生打下了坚实的基础，最终诞生了我国历史上第一部著作权法《大清著作权律》。

二、近现代时期的出版法律与出版管理

1. 出版法律的颁布

光绪三十二年(1906)颁布了《大清印刷物件专律》，规定了出版书籍、报刊等印刷品必须在印刷总局注册登记，“凡未经注册之印刷人，不论承印何种文书、图画，均以犯法论”。《大清印刷物专律》颁布以后，由于报纸在当时的特殊作用和影响，两年后清政府又颁布了《大清报律》，其中明确了对报刊以及作者的著作权保护。这两部法律的制定，虽然寓有明显的舆论监管意图，但其内容主要借鉴了西方大陆法系的出版法样本，所规范的出版制度环境，相对来说较为宽松。这样一种法律框架和立法精神，基本上为后继政府所继承，因而具有先导和示范意义。清末宣统二年(1910)，近代意义上的首部著作权法律——《大清著作权律》颁布和施行，这是我国第一部以成文法的形式制定的关于保障作者权利的专门法律，分通例、权利期限、呈报义务、权利限制、附则五章，对著作权的概念、著作物的范围、作者权利、取得著作权的程序、著作权的期限和限制、侵犯著作权应受的处罚等都做了详细的规定，它适时地将“西方著作权保护理念移植入中国，突出了对作者著作权的保护，使得中国古代著作权保护最终走出了漫长的封建特许保护的藩篱，从而开创了中国近代著作权法律制度建设的崭新局面”②。

民国初建后，南京临时政府内务部曾在1912年3月公布过《民国暂行报律》，随舆论界强烈反对，而予以取消。袁世凯窃取国家权柄以后，同样颁布了一系列出版法规和书刊审查法令，其中包括1914年12月4日正式公布的《出版法》，该部法律由于争议较大，于1926年废止。国民政府成立以后，国民党一直致力于实现其舆论一律的政治理想。1930年12月颁布了第一部《出版法》。1935年开始修订，1937年7月公布了第二部修正版的《出版法》，1947年10月公布了第三部《出版法修正草案》。各个时期的《出版法》宽严不一，总体的法律原则还是强调事后追惩。由于政治上不太平，统治者控制文化思想的努力，也就几乎没有消停过，“追惩”起来相当起劲，查禁之事层出不穷，所禁书刊数以千计。另外，在国民政府时期，还曾出现过两次书刊原稿审查，一次发生在1934年至1935年间，因为是和平时期，存在时间虽短，但影响却十分恶劣；一次是在抗战阶段，时间相

---

① 李明杰. 中国古代图书著作权研究[M]. 北京：社会科学文献出版社，2013：407-408.

② 李明杰. 中国古代图书著作权研究[M]. 北京：社会科学文献出版社，2013：420-422.

对较长，毕竟是民族战争阶段，还算有国际惯例可援。另外，政府对某些特殊类型的出版物，如教科书、军用书刊、水陆地图和党义党务书刊，也往往预先进行审定或审查，通过后方许出版。

2. 近现代时期的出版管理

近现代时期的历任政府，都不曾建立有专门的行政机构，对出版业进行单一对口的行政管理。清末的学部、商部、巡警部，北京政府时期的教育部、内务部，警察官署、司法部，国民政府时期的教育部、内政部、党部、宣传部等，都督发布不同内容的行政命令，转饬下文给各地商会下的书业公会。政府借助于书业公会这样的行业组织进行管理，是近现代出版管理的一个重要特征。

同业公会是中国近代特别是民国时期，普遍成立的新式工商行业组织。书业公会作为近代重要的文化商业团体，在全国许多地方都曾建立过组织，并在各地的书业活动中发挥了重要作用。比较而言，上海作为全国的出版中心，书业公会成立时间早，开展活动多，作用影响大，因而特别值得关注。上海书业公会以"联络商情，维持公益"为宗旨，并围绕这一宗旨开展了如下几个方面的工作：维护同业版权、争取出版自由、谋求经济利益、协调业内外纠纷、规范同业经营、查究不良读物、开展书业调查、举办福利事业。从上述书业公会做的诸多方面工作来看，上海书业公会称得上是书业同行的重要组织和依靠力量，在维护书业的同业利益，发挥行业的自治与自律方面，起到了不可或缺的重要作用。同时书业公会在很大程度上，又是政府进行出版调控与管理的重要市场中介组织，是书业行业管理的主要承担者。但这并不等于说，书业公会就是政府的一个职能部门，就性质而言，书业公会主要是一种民间自治组织，有其本身的独立性和自主性。政府像对其他行业公会一样，一方面竭力把书业公会纳入国家可控制的轨道，另一方面又利用公会发挥其对行业的管理功能。书业公会与政府间的关系，既有依赖，也有冲突。中华人民共和国成立以后，由于社会制度的改变，书业公会在协助政府完成资本主义出版业的社会主义改造后，也随之被改造出局。

Q

第十七章　外国出版简史[①]

* 本章知识点提要

1. 古文献时期的图形文字及其记录系统
2. 抄本文献时期东、西方的图书出版
3. 中国造纸术与印刷术的对外传播
4. 印本文献时期西方印刷术及出版业的发展
5. 战争与革命对国外出版业的影响

* 本章术语

楔形字　泥版书　蜡版书　贝希斯敦岩　纸草书卷　羊皮书　手抄本　《四十二行圣经》

出版史的特点是技术创新与社会变革紧密互动、相互促进。出版的产生和发展依赖于三大发明，即文字、造纸和印刷，以及一种关键的社会活动，即识字。在文字发明之前，人类的信息沟通和传播只能通过面对面的口头交流，因此，在空间和时间上都有较大的局限性。但文字最初并不是作为传播信息的手段而发明和使用的，其创制的主要目的是辅助记忆，确定宗教文本、法律条文、家谱和其他社会重要事项。但随着文字和文本突破上述目的而有了更广泛的应用，出版就逐渐诞生了。

① 如非特别注明，本部分编写的内容主要来源于《中国大百科全书》光盘版的相关词条，以及 Britannica Academic. Media Convergence [EB/OL]. [2022-07-21]. http://academic.eb.cnpeak.com/?target=%2Flevels%2Fcollegiate%2Farticle%2Fmedia-convergence%2F439212+Introduction%C3%AF%C2%BC%C2%8Caccessed+7%2F10%2F2020 的相关词条。

外国出版简史之古文献时期(慕课)

外国出版简史之古文献时期(课件)

第一节　古文献时期(公元前4千纪—公元1世纪)

人类早期的文字都是图形文字、图画文字或象形文字。它们由若干不同的表意符号组成，主要起辅助记忆的作用。因书写方式不同，产生了不同的图形文字及其记录系统。

一、楔形字与泥版书

在苏美尔如同在埃及、中国和其他许多地方一样，文字起源于图画并由此发展起来。苏美尔人使用的象形符号是已知最早的文字，出现在埃雷克伊南那神庙的泥板上。这些泥板上雕刻了据猜测是表示数字和物体的记号，如动物的头颅、鸟、鱼、植物、家用器具和人体器官的图画(图17-1)。当人们发现如何运用图画表示物体和读音，文字就诞生了。①

图17-1　来自埃雷克的刻有象形符号的泥板②

① 查尔斯·辛格，霍姆亚德 E J，霍尔 A R. 技术史[M]. 王前，孙希忠，译. 上海：上海科技教育出版社，2004：510-512.

② 可能是神庙记账的告示，约公元前3500年。图片来源：中伊经济网。

1. 楔形字

楔形字(Cunieform)在不同时代书写不同的语言，最早书写苏美尔语。苏美尔人在公元前第4千纪来到美索不达米亚(Mesopotamia，今伊拉克)南部，主宰这个地区1000多年。接下来1000年左右，前半期是巴比伦(Babylon)时期(公元前19世纪—前13世纪)，以中部美索不达米亚为中心；后半期是亚述(Assyria)时期(公元前2500年—前612年)，以北部美索不达米亚为中心。这一时期楔形字书写阿卡德语(Akkadian)；巴比伦语和亚述语则是两种不同的阿卡德语方言。在亚述帝国兴盛时期，阿卡德楔形字成为亚洲西部的国际通用文字，并传播及阿拉米人、加西人、赫梯人、米当人、呼尔人、乌拉土人以及波斯人。尽管语言不同，他们都采用楔形字，并根据各自语言的特点和使用需要，对楔形字做了修改。公元前18世纪的巴比伦楔形字，留下了著名的《汉谟拉比法典》(*The Code of Hammurabi*，图17-2)。原文刻在一个黑色玄武岩石柱上，1901年为法国考古队在伊朗古城苏萨的遗址发现。石柱上端是太阳神和正义之神沙马什授予国王汉谟拉比权杖的浮雕，下端刻有法典条文。

图17-2　汉穆拉比法典①

① 图片来源：维基百科。

2. 泥版书与蜡版书

泥版书(Clay Tablets)大小不一，常用的制作方法是用黏土制成每块重约1千克、大小为24cm×16cm×2.5cm的软泥板，然后在其上刻划文字，文字刻划完成后将泥板放在阳光下晒干或放入火中烘烤。一部泥版书包括若干块刻有楔形文字的泥板和带有标记可容纳这些泥板的容器。木架是其中的一种容器；泥板按顺序放在木架上供人使用。已发现的泥版书内容与法律有关的约占3/4，其中有契约、债务清单、法庭裁判记录等。泥版书的制作与使用延续至公元1世纪，此后被羊皮文献取代。从书写工具来看，最早的刻笔通常是用芦苇做的(一说是用斜尖的木制笔)。尖的一端用于刻线，圆头的一端用于压印。后来一种新型的带有三角形头的刻笔取代了圆头笔，用于在泥板上压印楔形符号。尖的一端仍保留下来，但其使用相对较少。这种带有三角形头的刻笔的发明，影响了符号的形状。

蜡版书(Wax Tablets)是世界上最早的、可重复使用的记事簿，也是最原始的图书形式之一。蜡版书产生的年代尚待考证。公元前8世纪，中东地区的亚述人已经用它作为文字的载体。当时，它主要作为可重复使用的记事簿，代替须从外地引进的纸莎草纸和羊皮纸。它的制作方法是将薄木板等材料表面的中间部分掏空，把融化的蜡注入其内，在蜡未完全硬化之时用来刻写文字，将刻写后的蜡版打孔后穿绳，即制成蜡版书。重复使用时，只需将蜡版烤热，蜡变软即可。古罗马时期，蜡版书也用来制成某些永久性文献。西方学者认为，图书一词源于古日耳曼语“bòc”，而它很可能是由制作蜡版书的“beech”(山毛榉木)一词演变而来。公元1世纪，手抄本出现后，蜡版书很快就被淘汰。

苏美尔人中流传的洪水故事最早于公元前4000年刻在一片泥板上，为现存最古的书。① 故事讲述神为了惩罚人的罪恶，兴起洪水淹没世界，只有虔诚敬神的正直之人赛苏陀罗因神的恩宠，事先得到神谕造了大船方得以逃生。这个故事以后流传到巴比伦，作为巴比伦之囚的犹太人稍加修改后保存在《圣经》(*The Bible*)中。

公元前3000年，世界上最早的学校在苏美尔的尼普尔(Nibru)诞生，是当时为王室和神庙培养书吏和书记员的学校。公元前2000年，古巴比伦王国实行对自由民的义务教育制度，使用大量泥版书作教材、蜡版书作练习簿。此种现象表明，最初带有“出版”性质的活动是制作教材。

3. 贝希斯敦岩

在很长时期内，两河流域的阿拉伯人看到楔形字，知道它是古文字，但是并不认识它。1835年，英国军官、东方学家罗林生(Henry Creswicke Rawlinson)在伊朗西部贝希斯敦(Behistun)村废墟附近的悬崖上，发现一块岩石上刻着公元前522年波斯国王大流士一

① 伊恩·麦高文，詹姆士·迈考尔. 国际出版原则与实践[M]. 徐明强，译. 北京：中国书籍出版社，1999：22-23.

世(Darius I，公元前522—前486年)镇压造反者的浮雕和3种文字，分别是巴比伦楔形文字、新埃兰文、古波斯文(图17-3)。罗林生用12年时间成功释读古波斯文，为进一步释读楔形文字创造了条件。此后新阿拉米楔形字、巴比伦和亚述楔形字以及最繁难的苏美尔楔形字都逐渐被解读出来，于是人类历史补写了辉煌的美索不达米亚古代文化的篇章。这块岩石被后世称为贝希斯敦岩(Behistun Inscription)，其于楔形字的解读类似于罗塞塔石碑之于埃及象形字的辨读。

二、象形文字与莎草纸卷

1. 埃及圣书字

埃及圣书字(Hieroglyphics)是5000多年前埃及第一王朝创始的文字，有3种字体：碑铭体(Hieroglyphics，公元前3000年)、僧侣体(Hieratic，公元前2500年，第五王朝时期)和大众体(Demotic，约公元前700年)。碑铭体起初是雅俗通用的，后来成为雕刻在金字塔和神庙石壁上以及绘写在石器和陶器等器物上的庄严字体。希腊人把埃及文字的碑铭体称为“圣书字”，同时也是3种字体的总称。碑铭体是装饰性的正体；僧侣体是实用性的草体，用毛笔和墨水在纸莎草纸上书写；大众体又称书信体或土俗体，它是僧侣体的简化。埃及圣书字由意符、音符和定符组成。在古埃及古典时期，符号总数有700余个，后来不断增加，到公元前500年左右达到2000个以上。这些基本符号可以组成全部语词。

图17-3 贝希斯敦岩①

① 图片来源：维基百科。

2. 纸草书卷

纸草书卷(Papyrus Roll)，亦称莎草纸书卷，是对西方古代文明具有深远影响的一种书籍形式。英语“paper”及西方国家的许多表示“纸”的词都是从“纸草”一词派生来的。中等篇幅的纸草书卷大小约为30cm×8cm~12m，制作方法是先把纸莎草的主茎截成40cm~50cm长的小段，去掉纸草外皮，再把松软的草髓剖成尽可能宽的薄片，长条直铺一层，再在其上横铺一层短条，用槌挤压和猛打，使用少量水并利用植物本身的粘浆使两层长条粘在一起；压平晒干后，再用浮石、贝壳或象牙等把表面磨光，再把边缘修剪整齐。纸草可按需要的长度粘连，长的铺开可达十几米，短的只有几米。现存不列颠博物馆最长的一卷为40cm×46m的哈里斯大纸草，由79张纸草粘成一个长卷。它于拉美西斯四世时期(公元前1151—前1145年或公元前1155—前1149年)写成，是以拉美西斯三世(公元前1204—前1173年)名义发表的文告。文告是用僧体文字书写的新埃及语，极详尽地列举了拉美西斯三世给予各神庙的一切赠品，以及埃及最大神庙的全部财产。纸草书卷通常用末端斜削的芦茎笔蘸墨在光洁平滑的正面书写，拿笔转变角度可以写出粗细不同的线条。墨汁用菜叶加烟渣调成。莎草纸很脆，折叠易断裂，只能卷起再扎上细绳存放在由陶瓦或金属、象牙、皮革制成的圆筒内保存，或者外裹羊皮纸。

古罗马人改进了纸草书卷。公元前1世纪时出现带有卷轴的纸草书卷，通常卷轴两端还有球型装饰物。公元4世纪前后，羊皮书卷最终取代了纸草书卷。在古代希腊，莎草纸是一种贵重的书写材料，只有在书写重要文书时才使用。用莎草纸写的最后一个重要文件是罗马教皇于1022年致德国教会的训谕。

3. 罗塞塔石碑

埃及圣书字被人们遗忘了一千多年。1799年在埃及罗塞塔(Rosetta)发现一块纪念碑，上面刻有彼此对应的碑铭体、大众体埃及文字和希腊文(图17-4)。1822年9月28日，法国学者商博良(Jean-Francois Champllion)成功解译了石碑上的象形文字，此后遂产生了埃及学(Egyptology)。以金字塔为象征的灿烂的古埃及文化，由于圣书字的成功释读，重新在现代人的历史书上放出光芒。

4. 亡灵书

古埃及新王国时期(公元前16—前11世纪，一说埃及的死者之书出现在公元前3600年①)，民间的陪葬物品中开始普遍出现纸草书卷“亡灵书”(*Book of the Dead*，又称“死者之书”)，内容大多是赞颂神明，诅咒魔鬼，祈祷亡灵在冥国免遭厄运，生活幸福等。它们

① 伊恩·麦高文，詹姆士·迈考尔. 国际出版原则与实践[M]. 徐明强，译. 北京：中国书籍出版社，1999：22-25.

图 17-4　罗塞塔石碑①

放入陵墓或石棺内，供“亡灵”阅读，是配图的颂歌、祷文和咒文。亡灵书中记载并保存了丰富而生动的古埃及神话和民谣。现存亡灵书主要是从金字塔或古代陵墓中发掘出来的。以伦敦不列颠博物馆所藏《阿尼亡灵书》(*Papyrus of Ani*，又称《阿尼蒲纸卷》)最为著名。

① 图片来源：维基百科。

它长达 24 米，配有彩图，制作十分精致(见图 17-5)。约公元前 8 世纪前后，纸草书卷的制作方法经由中东的巴比伦传入古代希腊和罗马。古希腊哲学家柏拉图(Plato，公元前约 427—前 347 年)的《理想国》(*The Republic*)和亚里士多德(Aristotle，公元前 384—前 322 年)的《雅典宪法》(*Constitution of the Athenians*)，成书时均为纸草书卷著作。其中《理想国》成书于公元前 4 世纪，全书共 10 卷，每卷约 5 米长。

图 17-5　古埃及纸草文书《阿尼亡灵书》①

5. 古希腊时期的图书馆

古希腊时期许多学者通过署名著作来创立学派和阐述观点，如柏拉图、亚里士多德等。公元前 4 世纪后，古希腊陆续出现为自由民服务的公共图书馆。其中以公元前 300 年马其顿(Macedon)王国在埃及建立的亚历山大图书馆最为有名，历任馆长都是著名学者。馆内主要收藏希腊文著作，馆藏约 50 万卷(一说曾达 70 万卷②)纸草书卷。馆藏不仅包括希腊的几乎全部重要文献，还包括地中海、中近东和古代印度等地的文献，反映了亚历山大时期崇尚自由的学风。公元前 3 世纪，该馆馆长卡利马科斯(Calimachus of Cyrene，公元前约 305—前约 240 年)主编的《皮纳克斯》(*Pinakes*，又名《各科著名学者及其著作目录》)

① 图片来源：https://www.britishmuseum.org/collection/object/Y_EA10470-3.

② 伊恩·麦高文，詹姆士·迈考尔. 国际出版原则与实践[M]. 徐明强，译. 北京：中国书籍出版社，1999：56-57.

是一部多达120卷的名著提要目录(现存残片)。200多年间，该馆一直是希腊化文化的文献中心。此后，公共图书馆的建立逐渐扩展到古罗马和西亚地区。①

此外，古希腊的许多僭主和学者都拥有自己的私人藏书。柏拉图和亚里士多德都拥有自己的私人图书馆。据古希腊史地学者斯特拉本(Strabo，公元前约63—公元24年)说，亚里士多德的藏书数易其地，后来被苏拉(Lucius Corenelius Sulla，公元前138—前78年)作为战利品带回罗马，政治家M. T. 西赛罗(Marcus Tullius Cicero，公元前106—前43年)有机会使用了这批图书。

三、字母文字与羊皮文献

公元前1800年—前1000年，西方的图形文字逐渐演变为线形文字，并最终出现了字母文字。

1. 字母文字

公元前四千年末，苏美尔文字体系由含有500~600个符号的音节表(即符号表)所组成，其中约100个是表音的。公元前18世纪的巴比伦楔形字只用640个基本字，意符数量减少了很多。公元前9世纪—前7世纪的亚述楔形字，常用字符300来个，意符进一步减少。公元前5世纪的新阿拉米文，只用113个楔形字，其中音符占80个。后来波斯人只用41个楔形字，其中36个是表音字母。波斯人的文字已经基本上拼音化了。

但是，公认最早的字母是大约公元前15世纪腓尼基人在古埃及文字的基础上创造的22个比布鲁斯字母(Byblos Alphabet，图17-6)。这是一种只记录辅音不记录元音的文字，元音根据上下文临时确定。现代欧洲各国的字母差不多都来源于腓尼基字母。比如说，古希腊人在腓尼基字母的基础上创造了希腊字母。在希腊字母的基础上，又形成了罗马及其周围地区拉丁人的拉丁字母和斯拉夫字母。此外，承袭亚述楔形字的阿拉米文字也是在腓尼基文字的基础上形成的，并成为亚洲许多文字如阿拉伯文、印加字母、犹太字母等的基础。公元前700年左右，印度商人与美索不达米亚地方的人(闪族的一支)接触，乃将闪族的22个字母传往印度。约公元前400年，印度人经过整理制作出40个左右字母。随着时代与地方的不同，印度字母的书法与字体也逐渐产生差异。公元1世纪左右，北方的梵字逐渐变成方形字体，南方的梵字逐渐变成圆形字体。至4世纪，两者之间的差异已极其明显。其中，北方由4世纪至5世纪间发展成笈多(Gupta)文字，6世纪再由笈多文字衍生悉昙字母(Siddham)。悉昙字母后来传入中国及日本等地；同时，笈多文字也流传于龟兹、于阗等地形成特殊字母，为各种中亚古语言所采用。

---

① 杨威理. 西方图书馆史[M]. 北京：商务印书馆，1988：14-18.

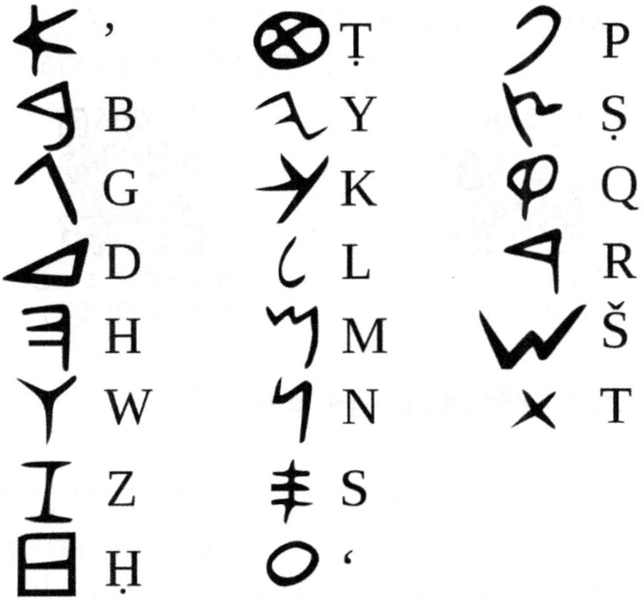

图 17-6　腓尼基字母①

2. 羊皮文献

由于莎草纸供应不足，公元前 8 世纪西亚地区的帕加马人用羊羔皮制作书卷型古文献，产生了对西方文化具有重大影响的羊皮书(Parchment，一说是公元前 200 年由帕加马尤曼尼斯二世发明②)。在希腊化时期，小亚细亚(今土耳其)帕加马王国的帕加马图书馆可与亚历山大图书馆相媲美。据记载，该馆馆藏曾达 20 万卷。考古学家发掘了帕加马图书馆遗址，使后人了解到希腊化时代典型的图书馆建筑格局。其馆舍与神庙毗连，入口处立有雅典娜女神像和著名学者碑文。馆内辟有阅览室和书库。图书馆与神庙大殿之间由柱廊连接，读者可在这里讨论问题。英文“Parchment”即由“Pergamum”(帕加马)一词演变而来。羊皮书写材料用小羊或小牛的皮制成，称为精制犊皮或羔皮。其制作过程是：将皮洗净，去毛，再放入石灰水中刷洗去油脂，撑开晾干，用滑石粉或浮石粉把皮的表面打磨平滑，即成可书写文字的半透明淡黄色羊皮，然后裁剪成页、连缀成册或粘成长幅。与纸草相比，天然羊皮和羊皮纸较重，价格较贵；优点是可以就地取材，比纸草纸耐用，可两面书写。羊皮纸通常使用芦秆或羽管作笔。

羊皮文献是在天然羊皮用于书写后几个世纪才发展起来的，而天然羊皮在后来的某些情况下仍用于书写，特别是用于书写宗教著作和礼仪方面的文章。公元前 2 世纪以后的数

① 图片来源：维基百科。

② 伊恩·麦高文，詹姆士·迈考尔. 国际出版原则与实践[M]. 徐明强，译. 北京：中国书籍出版社，1999：221-222.

百年间，羊皮文献与纸草文献同时被普遍使用。公元 4 世纪，罗马皇帝规定公文必须用羊皮纸。此后羊皮文献在欧洲沿用了许多世纪，直到中世纪末才逐渐被纸张所取代。

外国出版简史之抄本文献时期（慕课）

外国出版简史之抄本文献时期（课件）

第二节　抄本文献时期（1—15 世纪）

约 1 世纪（一说于 2—4 世纪），古希腊人发明了被称为手抄本（Codex）的书本型书籍。它的制作方式是将莎草纸折裁成单页，双面书写，用线串起来，然后用上了蜡的木块夹起来。从外形上看，它已初步具备现代书的外形。手抄本载文容量大、便于翻阅、查找容易。它的出现完成了古文献由卷轴式（Volume）向册页式（Codex）的过渡，标志着外国图书出版进入了一个新纪元——抄本时期。4 世纪以后，羊皮纸取代纸草纸；手抄本的内容逐渐扩大到非宗教书籍，并最终取代了纸草书卷。

一、古罗马的出版

在古典古代，地中海世界以莎草纸为主要材料的“出版”中心是按照雅典、亚历山大和罗马的顺序转移的。罗马文明是希腊文明的继承和发展，从“出版”业的产生和发展这一角度来看也是如此。罗马人起初只能到雅典和亚历山大去购求书籍。公元前 86 年苏拉攻占雅典，曾把那里的大量书卷掠夺到罗马。到了共和末期和帝国初期，罗马开始建立自己的“出版”业并形成了当时的一大“出版”中心。此外，随着罗马日益集中地中海世界的财富而兴起的私人藏书之风，对书卷的“出版”和贩售的繁盛也有促进作用。①

对各种书籍日益增长的需要使民间产生了以盈利为目的，从事知识和文化传播的职业——出版。其产品统称为出版物，其词根是古拉丁文的“公共”“公开”；书籍仅为其中一种。最初的出版活动主要是书籍誊写。首批誊抄商多为贵族或富有的艺术赞助人。其中以罗马帝国的 T. P. 阿提库斯（Titus Pomponius Atticus，公元前 110—前 32 年）和 G. 梅塞纳斯［Gaius Cilnius Maecenas，公元前 68—前 8 年，古罗马政治家，贺拉斯（Horace，公元前 65—前 8 年）②和维吉尔（Virgil，公元前 70—前 19 年）③的文学赞助人］最为著名。阿提

① 王以涛. 谈谈古代罗马的“书籍”“出版”事业[J]. 读书，1981(12)：135-140.

② 古罗马抒情诗人，讽刺家，原名为 Quintus Horatius Flaccus，他的颂歌和讽刺作品对英国诗歌产生了重要影响。

③ 古罗马诗人，他最伟大的史诗《埃涅阿斯纪》（Aeneid）讲述了埃涅阿斯在特洛伊陷落后的流浪经历。

库斯出版了著名政治家玛尔库斯·图利乌斯·西塞罗(Marcus Tullius Cicero，公元前106—前43年)①等人的著作并建立了一个遍布罗马各地的销售网。他的抄书坊生产的书籍由于品质精良，被后世称为“阿提库斯版本”。梅塞纳斯则主要赞助文学著作的出版，其中包括古罗马最著名的诗人维吉尔(Vergil)所著的《农事诗》(*Georgics*)。民间出版的产生促进了罗马时期拉丁文化的繁荣。在日益增加的非宗教著作中产生了许多新类别书籍，如最初的百科全书著作，马库斯·特伦提乌斯·瓦罗(Marcus Terentius Varro，公元前116—前27年，古罗马学者和百科全书编纂者，据说他编纂了600多卷，几乎涵盖了每一领域的知识)著的《学科要义九书》(*Disciplinarum libri IX*)，老普林尼(Gaius Plinius Secundus，公元23—79年)所著的37卷《博物志》(*Natural History*)；西方首部传记著作——普鲁塔克(Plutarchus，约公元46—120年)著的《希腊和罗马名人传》(*The live of the Noble Grecians and Romans*)；亚历山大的帕姆菲尔编纂的西方最早的词典《词汇》(*Lexicon*)；以及埃拉托斯特尼(Eratosthenes，昔兰尼)著的西方第一部《地理学》(*Geography*)等大批学术著作。

据德国古典学者比尔特的估计，罗马的书每“版”一般在500~1000册。有固定铺面从事图书销售的书商大多集中在元老院会堂、罗马广场附近的繁华大街上。书店里的书架上或格子里堆着一卷卷的书，标签向外，上面注出书名和卷次。因为书卷是传播文化知识的重要手段，“出版”者的店铺很自然地就成了文人学士的社交场所。作为一种社会活动，当时的作家往往在这里朗诵自己的作品，读者可以自由参加。这种活动方式可以给即将“出版”的书起一种广告作用。古罗马诗人玛尔提亚里斯和盖里乌斯的诗歌显示，罗马的书店主要集中在阿尔吉列图姆(Argiletum)和桑达拉里乌斯街(Vicus Sandalarius)一带。书店门口柱子上，从上到下标出正在出售的书名。而图书作者或书商往往事先设法请些有名望的人为图书造舆论，做广告，以利推销。

公元2世纪，古罗马的抄书人组成了类似行业组织的协会。

二、中世纪欧洲的出版

公元476年西罗马帝国崩溃以后，基督教会在欧洲的意识形态领域里取得了支配地位。教会垄断文化教育，欧洲百姓大都不识字。无知的僧侣把写在羊皮纸上的古代手稿原文刮去，用它抄写神学教义、宗教故事，致使许多古典著作失传。教士们读经、讲道、宣传神学，把反对神学或持有先进思想的人们视为异端加以迫害。由于教会的排斥、摧残，中世纪的欧洲文化长期处于落后状态。

1. 教会的控制与影响

529年，西方基督教修道院创始人本尼狄克(Benedict of Nursia，约480—543年，又译本笃)制定了《本尼狄克规章》(*Rule of St. Benedict* 或 *Benedictine Rule*)。它规定在修道院内

① 古罗马政治家、雄辩家、著作家。

设缮写室(scriptoria)，从事宗教书籍抄写与翻译。此后出版遂成为宗教机构的固定专职之一；识字也主要通过在修道院学习或僧侣、传教士的布道才得以传播。7 世纪，这成为整个欧洲的普遍现象。教会的控制导致欧洲书籍出版开始拉丁化。非宗教和其他文字的图书靠地下传抄在民间秘密流传。13 世纪以后，由于诸多政治、经济因素的影响，修道院和缮写室制度逐渐衰落；商业性的书籍复制开始取而代之。书籍出版逐渐成为一个庞大的行业。

图书在中世纪是珍贵的商品，制作用于抄写一部《圣经》所需的羊皮纸要宰杀 150 只绵羊。为防止书籍被盗，教会和修道院图书馆在图书封面上安装金属链条，用锁把书与书桌或书架连在一起(图 17-7)。这种"加锁的书"(chained book)在当时很流行。

图 17-7　加锁的书①

2. 字体与图书形制发展

图尔城圣马丁修道院院长阿尔琴(Alcuin，约 735—804 年，又译阿奎因)发明有小写字母的拉丁文加洛林体(Carolingian Minuscule)②。这是一种清晰、易于掌握的古拉丁文小写体。8 世纪末 9 世纪初，法兰克王国加洛林王朝的国王查理曼大帝(Charlemagne，742—814 年，世称 Charles the Great 或 Charles I)实行教育改革，由阿尔琴负责。阿尔琴首次规定了拉丁文大小写字母的使用方法和单词之间的间隔，创制加洛林体。其中最著名的手抄本是《戈德斯卡尔福音书》(*Godescalc Gospels*，现藏巴黎国家图书馆)。它用加洛林体写成，

① 图片来源：https://www.amusingplanet.com/2015/04/the-last-surviving-chained-libraries.html.

② 加洛林体是欧洲书写标准的一个阶段，是一种清晰、易于掌握的古拉丁文小写体。这一字体在查理曼帝国时期(约 800—1200 年)使用，加洛林文艺复兴时期的抄本书，异教和基督教的文本以及教科材料中较常使用加洛林体书写。

于783年进奉给查理曼大帝。9世纪末，瑞士圣加伦产生了华丽的哥特体(Gothic Script)，正式名称是黑体，在中国亦称花体。这是当时斜握鹅毛笔写成的书写体。字母密集，呈方形，笔画极粗，带有棱角与花饰。它较加洛林体华丽，但不易辨认。哥特体曾一度取代加洛林体，成为流行于中世纪西欧的主要字体。意大利文艺复兴时期，加洛林体又恢复使用，成为现代罗马体的雏形。其代表作品是9世纪中期出版的《路德福音书》(*Luther Gospel*)。拉丁文字的改进及其在欧洲的广泛流行完成了欧洲书籍出版的拉丁化，也最终形成了欧洲统一的基督教文化。

这一时期，在手抄本的末页出现了"末页题署"(colophon)。[①] 其中除署有作者姓名外，同时刊载抄写者姓名、成书日期及有关该书的注释。留存在西欧手抄本末页题署中的有名有姓的抄书匠和装饰匠人数达23774人之多。[②]

3. 大学出现与欧洲出版复苏

11世纪末，在工商业发达的意大利出现了最早的世俗大学萨勒诺大学(University of Salerno)和博洛尼亚大学(University of Bologna)。萨勒诺大学原是一所位于那不勒斯的著名医学院。犹太修道士君士坦丁·阿弗利坎那斯(Constantius Africanus)在那里把希腊及阿拉伯的医学名著翻译成拉丁文。他的活动吸引了各国青年前来学习，师生们一起在原有医学院的基础上建立了西欧中世纪第一所大学，并于1131年(一说13世纪)得到德国皇帝的承认。博罗尼亚大学则以研习法律为主。它由全国各地到这里学习法律的学生自行组织起来聘请教师，共同组成。1158年，德皇正式承认了它。到12世纪，又相继出现法国的巴黎大学、英国的牛津大学。13世纪后，捷克的布拉格大学、奥地利的维也纳大学、英国的剑桥大学、德国的海德堡大学、法国的奥尔良大学、西班牙的帕伦西大学以及葡萄牙的里斯本大学，等等。

由于大学数量和学习内容增加，修道院的缮写室系统已经无法满足当时欧洲人对拉丁文古籍的需要。因此，在巴黎、博罗尼亚、萨莱诺等地的大学附近出现了一批依附于大学的"定点书坊"(Stationarii)。这个拉丁词具有出版商、书商和文具商三重含义，是指一种集抄写、销售图书并兼营书写材料为一体的前店后厂式的手工作坊。它主要出版大学批准的教科书，并出售学生所需要的二手抄本。由于市场稳定、获利丰厚、发展极快，成为西方印刷术发明前欧洲出版业的主导。

14世纪，出版正式成为行业。在主要的出版中心巴黎，抄书人和书籍装饰匠各自组成行会。1403年，在伦敦成立的书业公会是第一个真正的出版业行业组织，由各种出版业兄弟会合并而成。

---

① 图书的书目信息起初是写在书的背部的，现在的书目信息一般印在书名页或书脊上。

② Michael Olmert. The Simthsonian Book of Book[M]. Washington DC: Smithsonian Books, 1992: 77.

三、抄本时期的东方出版

1. 印度的书籍出版

出版在印度的发展是与宗教的发展相辅相成的。公元前6—前5世纪产生的佛教在公元前后印度进入封建社会时与原已存在的印度教共同成为南亚地区的两大主要宗教。印度教广义的梵语文献包括《梨俱吠陀》(*Gveda*)、《娑摩吠陀》(*Sāmaveda*)、《夜柔吠陀》(*Yajurveda*)、《阿达婆吠陀》(*Atharvaveda*，巫术咒语)四吠陀和大量的梵书、经书、奥义书。在传播中还产生了许多有别于正统圣典《吠陀》的通俗著作，统称《往世书》。佛教则在传播过程中不断吸收和融通非宗教的神话与传说，成为一种包罗万象但并不严谨、派别众多的世俗宗教和哲学。它产生了繁多的佛教神话和各派、各宗的佛教经典。印度用当地产的贝多罗树叶(pattra)为材料以梵文书写的佛教经典，史称贝叶经或梵夹本。一部经典需要很多片贝叶才能完成，制作方法是：采集柔软强韧的贝多罗嫩叶后经水煮、晾干，使叶片不易断裂，再用粗木棒将叶片表层两面磨光。然后将叶子截成所需规格，每片叶子长约2米、宽约0.3米，或将一片裁成多片；在叶面中间穿一或二小孔，或在侧边穿一孔，以备装订之用。穿孔后的贝叶即可刻写。通常每面最多刻写七八行，并于每一刻完叶面的边上刻上页码。古代大乘经典的贝叶写本，用笔尖沾上墨汁写出；南传佛教巴利经典的贝叶写本，则以铁笔刻上文字，涂上黑墨之后再擦掉表面，让字体浮现出来。纸张发明后，一般佛经仍仿贝叶经的外形制作及装订。这种仿贝叶典籍装订法所装订的书册，虽然材质可能为桦皮或纸张，但也通称为“贝叶经”。3世纪始，梵文抄写的佛经向北经克什米尔沿丝绸之路进入中国，经朝鲜到达日本；向东传入印度支那半岛，进入爪哇和菲律宾。8—10世纪，东南亚诸国先后受梵文影响创造本国文字，并产生了本地的书籍抄本。

印度封建王权统治较弱也有利于民间出版的发展。2世纪和5世纪分别成书的印度两大神话史诗《罗摩衍那》(*Rāmāyaṇa*)、《摩诃婆罗多》(*Mahābhārata*)的广泛流传，不仅促进了印度宗教的发展，同时也繁荣了印度的民间出版。此外，印度还生产了大量语法书、寓言故事集，以及医学、自然科学、文艺理论等著作。在世界上所有古代语言中，梵语文献的数量仅次于汉语，远远超过希腊语和拉丁语，内容异常丰富，可以称为人类共有的瑰宝。

2. 阿拉伯地区的书籍出版

7世纪中期成书的《古兰经》(*Koran*)①被认为是“安拉的语言”，是由天使以天启的方式传给穆罕默德(Muhammad)，并由穆罕默德在传教过程中陆续颁布。《古兰经》及其他伊斯兰教宗教书籍是其后千余年内该地区主要流行的书籍。8世纪中期成书的《一千零一夜》

---

① 《古兰经》共有114章，分为麦加篇章和麦地那篇章两部分。前者主要是短小的宗教说教，宣扬天国地狱、末日审判等内容；后者则配合麦地那政权的发展，以立法为主，确定各种制度及律例，有关宗教义务的礼仪、规章以及天课。

(*Tales from the Thousand and One Nights*)也流布甚广。在18世纪西方印刷术传入之前，整个阿拉伯地区的出版活动一直处在手抄书卷型羊皮书的古文献后期阶段。

但是另一方面，阿拉伯人也积极地汲取前人或外族文化，并主要体现在他们著名的翻译运动上。到阿拔斯王朝初期，波斯的主要典籍均已被译成阿拉伯文。另外通过波斯的中介，大量印度的文化知识及典籍也被译介到阿拉伯。如阿拉伯数字便是借用了印度数字；《一千零一夜》中也有许多取材于印度的故事。到阿拔斯王朝结束时，古希腊科学典籍中的全部重要著作和大部分次要著作都已译成阿拉伯文。在阿拉伯国家的各大都市如巴格达、开罗、科尔瓦多等地都设有大规模的图书馆，大学也一般都设有图书馆。著名的如在哈里发曼苏尔(mansur)时期在巴格达兴建，经哈伦·拉希德(Harun Rashid)扩建，至麦蒙(Ma'mūn)时代形成的"智慧宫"(Bayt al-Hikmah)。这个集翻译馆、科学院和公共图书馆为一身的综合体是阿拉伯翻译运动的大本营。经历了漫长的神权统治的中世纪，古希腊的著作在欧洲大多已经失传。欧洲人很大程度上靠翻译那些阿拉伯文的译本才得以了解先人思想，继而开始文艺复兴的。

由于政府对图书馆事业的重视，社会上也兴起藏书爱书、视书为宝的风气。有钱人家及学者纷纷建立私人图书馆，有的藏书达到了相当规模。例如，史学家瓦基迪(Al-Waqidi，747—823年)的藏书需用120头骆驼装运；巴格达学者伊本·阿巴德(Ibn'Abbad)的私人藏书要用400头骆驼装运。

3. 东亚的书籍出版

约公元1世纪，汉文传入朝鲜从而催生了当地最初的文字著作。7世纪，随着佛教的传入和新罗王朝统一朝鲜，当地的汉文书籍抄写起步。9世纪末期，朝鲜诗人崔致远所著20卷汉文诗集《桂苑笔耕》抄本出版，使他成为朝鲜汉文文学的奠基人。高丽王朝建立后，书籍出版有了进一步发展。990年在西京(今平壤)设立皇家抄写机构修书院从事国史编纂。1446年，李朝世宗下令创制朝文。

公元285年，朝鲜学者王仁到日本讲授《论语》《千字文》，第一次把汉文和儒学传到日本。4—6世纪汉人大量移居日本时，汉文书籍开始向日本输出，并成为影响日本文化发展的主要来源。6世纪，日本根据汉字创造出自己的文字。7世纪初，中国的造纸术和木版印刷术经朝鲜传入，日本的书籍出版才真正出现。712年太安万侣的历史著作《古事记》和713年抄写成书的《新修本草》是日本自己出版的最早手抄本。但是在日本，大量书籍仍从中国输入，日本称之为"舶载本"。据日本所存舶载本目录记载，到9世纪末日本所藏汉文书籍达1579种，1.6万卷。

四、中国造纸术与印刷术的传播

1. 造纸术的传播

造纸术于6世纪末由朝鲜高僧昙征学成后带回朝鲜并于610年(推古天皇18年)传入

日本。公元751年，阿拉伯人在撒马尔罕(Samarqad，在今乌兹别克斯坦)俘虏了一批唐朝的造纸匠，[①] 建立了外国第一个造纸作坊。但阿拉伯人并未广泛应用这一技术，所以造纸术向西方传播的速度十分缓慢。它沿着丝绸之路，经巴格达、大马士革在10世纪传到埃及。11—12世纪，经摩洛哥传入西班牙、意大利。13世纪，传遍法国、德国。15世纪末，传入英国。17世纪末，传入北美。欧洲人发现了它的优点：造价低廉、取材广泛。自13世纪起，欧洲人开始广泛应用造纸术制造纸张来取代羊皮纸作为书籍制作的原料。这使大规模制作书籍成为可能，为欧洲出版恢复生机创造了物质条件。

2. 印刷术的传播

中国于唐贞观十年(636年)发明雕版印刷术。刻本传入朝鲜。1966年10月，在韩国南部庆州佛国寺释迦塔内发现了汉字印刷品《无垢净光大陀罗尼经》。经李致忠、潘吉星等学者考订，为长安元年至四年(701—704年)洛阳刊本。卷上文字雕刻精美，刀法熟练，墨色浓厚匀称，清晰显明。美国著名印刷史专家富路特(Luther Carrington Goodrich)经研究指出："这新发现的经卷仍然说明中国是最早开始发明印刷术的国家，印刷术是从那里传播到四面八方的，而佛教是主要传播媒介之一。"11世纪后，朝鲜用雕版印刷术刻印书籍。中国11世纪初(1041—1048年)发明的泥活字印刷术首先传入朝鲜。它很快改用木活字印刷术出版了《功臣监督》。到高丽王朝高宗时(1234年)，朝鲜人崔怡发明铸铜活字印刷术出版了《详订礼文》28卷，经考证为世界上最早的金属活字印本。另据朝鲜史料记载，在西方印刷术传入之前，朝鲜还出现过铅、铁和陶活字印刷品。学者称此类印本为朝鲜活字本或高丽本。

8世纪，雕版印刷术经朝鲜传入日本。据记载，日本宝龟元年(770年)刻印了全部为汉字的《无垢净光经根本陀罗尼》等4种经文，存贮在100万经幢(chuáng，小木塔)中，分藏于日本最著名的十大寺院，称为"百万塔陀罗尼经"。这亦是日本第一部木版印刷品。但是，日本的出版活动被中央官府所设的写经司和各地寺院所垄断，未形成民间出版业。宽治二年(1088)，日本曾刻印《成唯识论》；宝治元年(1246—1247年)，翻刻了中国宋代婺本《论语集注》，这也是日本刻印的第一部非宗教书籍和儒家书籍。1264年，日本僧侣从宋朝携归《大觉禅师语录》刻版，正应二年(1289年)招聘中国宁波刻工徐汝舟、洪举等前往日本刻佛书。元亨元年(1321年)，刊印附有平假名的《黑谷上人语录》。这是日文刊本之始。在镰仓时代(12—14世纪)，出现被称为"寺版"的许多著名寺院佛经刻本，如法隆寺本、东大寺本、四大寺本。1590年，欧洲传教士在中国广东澳门用西洋活字印拉丁文《日本派赴罗马之使节》。欧洲印刷术随即传入日本，所印书籍称"切支丹本"。1597年，日本用木活字刊印《劝学文》。1616年，用朝鲜铜字印《群书治要》，不足的字由中国人林

---

① 伊恩·麦高文，詹姆士·迈考尔. 国际出版原则与实践[M]. 徐明强，译. 北京：中国书籍出版社，1999：126-127.

五官增铸。1869 年，日本人本木昌造向曾在中国主持过美华书馆的美国传教士姜别利学习汉字字模制法，并购用 7 种汉文活字字样。

东南亚其他各国的印刷事业开展较迟。1295 年，安南陈朝英宗从中国元朝取得《大藏经》刻板从事印刷出版。1443 年，安南黎朝梁如鹄两次奉使到中国明朝学习刻书方法，回国传授。明代钱溥奉使安南与其国宰相等赋诗唱和，用活字印成诗集。1593 年(中国明代万历 21 年)，教名约翰·维拉(John. Villa)的中国天主教徒在菲律宾马尼拉刻印《无极天主正教真传实录》中文本及太格罗文本。清代中叶，有广东茂名人林某在泰国刻印书籍。1815—1822 年间，中国广东刻工梁阿发到马六甲刻书。这些交流活动使印刷术在东南亚各国不断有所发展。

1294 年，在波斯京城大不里士仿中国元代印行钞币。1310 年波斯首相、史学家拉希德·埃丁(Rashid-Cddin)所著《世界史》阐述了中国雕刻印书法。1292 年，意大利人马可·波罗(Marco Polo，1254—1324 年)自中国西归时，将中国的雕版印刷术传到西方，但应用并不广泛，只是在制作带有插图的祈祷书时采用这种技术。从现存欧洲最古老的印刷品来看，14 世纪末已经开始使用木版、铜版刻印圣像、纸牌，后来在刻制的图像上配置了文字。到 15 世纪中叶，又出现了欧洲最早的宗教书籍及多纳图斯(Donatus)著的拉丁语法书，采用的是与中国木刻版印刷相同的方法。从印刷应用范围逐步扩展的过程及使用的版材、工艺来观察，其与东方均极为相似。

外国出版简史之印本文献时期(慕课)

外国出版简史之印本文献时期(课件)

第三节　印本文献时期(上)(15—18 世纪)

一、西方活字印刷术

德国美因茨的金银匠约翰尼斯·谷登堡(Johann or Johannes Gutenberg，1400—1468 年)是欧洲活字印刷术的发明者。他的《马萨林圣经》(*Mazarin Bible*，*Gutenberg Bible*，*42-Line Bible*，又名《谷登堡圣经》《四十二行圣经》)被认为是第一本用西方活字印刷术印刷的书籍。1438 年，他同几名金银匠订立研究活字印刷术的合同，秘密制作金属活字。1448 年，他改进了自己研制的用字模浇铸铅合金活字的发明。从 1450 年起，谷登堡与约翰·富斯特(Johann Fust)合伙经营印刷所。1452 年，谷登堡开始印制《四十二行圣经》的相关制作工作，并于 1455 年完成。其间，因活字印刷术发明权问题，他与富斯特发生争执。1455 年富斯特起诉获胜，从而拥有谷登堡研制的活字印刷器材、《四十二行圣经》铅版和业已印毕的印张。其后，富斯特与彼得·舍费尔(Peter Schöffer)合伙，于1456年印制3卷本《四十二行圣经》，每本1282页，每页2栏，每栏42行。初版以歌特体拉丁文印刷180部，其中普通纸印本150部，羊皮纸印本30部。谷登堡对于印刷术的贡献包括：铸字盒，冲压字模，铅、锑、锡合金活字，手工平压式木制印刷机、印刷油墨和一整套印刷工艺。他印制的其他印本图书有《圣经·诗篇》(1457年)、《三十六行圣经》(*Gutenberg Bible*, 36-*Line Bible*，1460年前)和《万灵药》(*Panacea*，1460年)等。

除德国外，谷登堡印刷术也传播到了欧洲各国，路线大致如下：向南，传到意大利、希腊、南斯拉夫、保加利亚；向西传到法国、西班牙、葡萄牙；向北传到荷兰、比利时、英国、丹麦、瑞典；向东传到匈牙利、波兰、俄国。随后，欧洲的印刷术首先自西班牙输出，传播到世界的其他地方。18世纪，随着西欧与亚非拉广大地区之间的通商贸易和殖民扩张，西方印刷术得到进一步推广。由于前往其他地方的印刷商多为欧洲传教士或殖民者，最初的印本书主要是拉丁文基督教著作。

二、印刷商短暂的黄金时代

西方印刷术发明后的30年时间，印本出版业在欧洲基本取代了抄本出版业。1480年，欧洲100多个城市设有印刷所。其中，1478年建立的牛津大学印刷所是现存历史最悠久的出版社。欧洲最初的印刷所规模小，一般个体经营，多则数人合伙。印本图书一版仅有250册左右。印刷商兼做铸字、编辑、排版、印刷和销售工作，但造纸和图书装订通常不在其业务范围之内；他们也雇用邮差从事偏远地区的发行工作。原来的书坊开始分流：一部分改为印刷所；一部分成为专营销售的书商。

1450年欧洲手抄本只有2万部，50年内印本书达到了3.5万种、900多万册。文艺复兴时期的意大利人文主义学者把公元1500年前印刷出版的印本书通称为“古版本”(Incunabulum)，该词来源于拉丁语“襁褓”“摇篮”(cunae)。古版书中75%是拉丁文书籍，45%是宗教书籍。这一时期，印有书名、作者、印刷者名、印刷时间的印本书“首页—书名页”逐渐取代了手抄本的末页题署。到16世纪，欧洲用各国文字出版的图书大量增加，拉丁文图书出版日趋衰退；新教与非宗教图书发展；随着阿尔丁版本的普及，图书开本变小，印数也增至每版1000册左右。①

1. 意大利

15世纪末印刷中心转移到意大利(印刷机于1463年到达意大利，同时到达罗马的还有2位德国印刷商，因为教会推崇便宜书籍的生产②)，仅威尼斯就有150家印刷所。该城

① 雅克·巴尔赞. 从黎明到衰落：西方文化生活五百年(1500年至今)[M]. 林华，译. 北京：世界知识出版社，2002：61-62.

② 伊恩·麦高文，詹姆士·迈考尔. 国际出版原则与实践[M]. 徐明强，译. 北京：中国书籍出版社，1999：169-171.

在 15 世纪共出版印本书 12000 多种，占意大利全部印本品种的 37%。其中，有两位威尼斯印刷商对于图书出版产生了深远的影响。

詹森(Nicolas Jenson，1420—1480 年)，法国雕刻家、印刷商、罗马体活字创始人。他生于法国索默瓦尔，原为法国图尔城皇家造币所雕刻家兼主管。1458 年，他受法王查理七世派遣到德国美因茨的印刷所学习活字印刷术。大约 1467 年，詹森迁居威尼斯，并于 1470 年—1480 年间开设印刷所。他设计的罗马小写字体比当时流行的哥特体秀美且更易辨认，因此完成了拉丁文从哥特体到罗马体的转变；其所使用字体的大小、比例、形状、结构等基本上沿用至今。他一生印刷、出版学术著作约 150 种，为此教皇西克斯图斯四世(1471—1484 年在位)曾封以教廷官职。

马努蒂乌斯(Aldus Manutius，1449—1515 年，又译马努齐奥)是意大利历史上著名的印刷世家。其中，阿尔杜斯·马努蒂乌斯是家族经营印刷业的第一代。他不仅是一名印刷商，同时也是一名威尼斯学派学者。他生于巴西诺，1495 年得到卡尔皮一位王子的资助，买下著名的詹森印刷所，改名为阿尔丁印刷所。印刷所主要印制拉丁文和希腊文著作，并以印刷出版廉价古希腊经典著作而著称；同时，也印刷当时一些作家如伊拉斯谟等人的作品。1495 年，他开始印刷注有印刷日期的书籍。1499 年，他印刷的《波利菲利之梦》(*Hypnerotomachia Poliphili*)配有精美插图，被称为活字印刷的杰作。1501 年，为了满足人文运动催生的新型读者的需求，他印刷相对廉价的 8 开本书籍《维吉尔》(*Vergil*)。为了降低成本，他每版印 1000 册而不是通行的 250 册；为充分利用页面空间以进一步降低成本，他首次采用字体设计师佛朗西斯科·格里佛(Francesco Griffo)为他创制的斜体字。在接下来的 5 年间，印刷所每年都印制 6 种此类书籍。这种版式被后人称为“阿尔丁版本”(阿尔丁版图书上印有海豚和锚的标记，见图 17-8)，并成为后来西方学术精装书长期固定的版式。

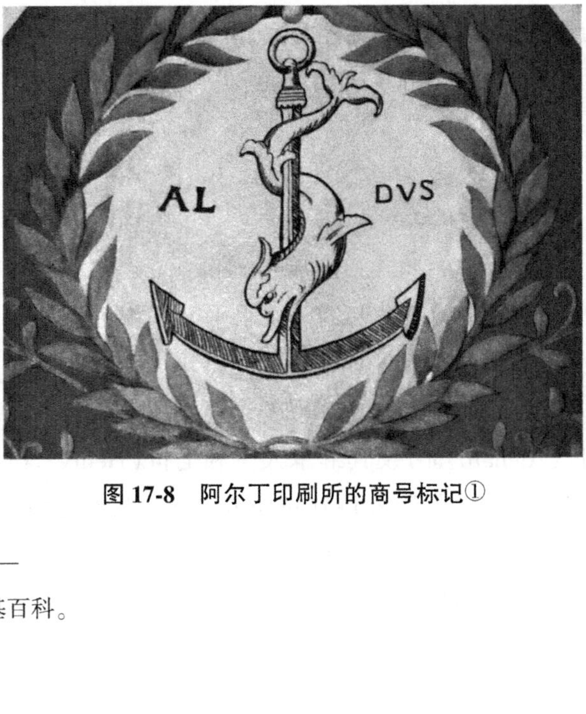

图 17-8　阿尔丁印刷所的商号标记①

① 图片来源：维基百科。

2. 法国

1470年，巴黎索邦神学院邀请3位德国印刷商在神学院内开设法国第一家印刷所。到16世纪前期，法国出版业受文艺复兴的影响后来居上。巴黎、里昂成为新的出版中心，出现一批具有人文主义思想、学识渊博的印刷商如鸠塞·贝德(Josse Bade)、乔佛利·托利(Geoffroy Tory)和埃斯蒂安家族等。他们在印刷的宗教图书中大力普及罗马体以取代不易辨认的哥特体，同时还印刷出版很多法文著作。其中最杰出的人物是弗朗索瓦一世的挚友，曾任皇家印刷商的罗伯特·埃斯蒂安(Robert Estienne，1503—1559年)。

罗伯特·埃斯蒂安1523年开始印刷书籍。1526年，他在弗朗索瓦一世支持下设立埃斯蒂安印刷所，用希伯来文、拉丁文、希腊文出版《圣经》。1527年他出版的法文、拉丁文双解词典《拉丁词汇》(*Thesaurus linguae latinae*，一说是1531年)是西欧活字印刷史上的珍品。1532年，他印刷出版法国作家拉伯雷(Francois Rabelais)的《巨人传》(*Pantagruel King of the Dipsodes*)，对法文的推广应用有很大影响。1539年，他被任命为皇家印刷商，为法王印刷希伯来文和拉丁文著作，还出版文法书和教科书。他因印刷批评《圣经》的书籍而受到索邦神学院神学家的排挤，被迫于1551年迁居日内瓦。其后世五代从事印刷与出版，一直延续到17世纪晚期。埃斯蒂安家族因此成为西方历史上著名的出版世家(1502—1647年)。

弗朗索瓦一世(Francois I，1494—1547年)在位期间，法国印刷出版业进入繁荣时期。他曾下令于1529—1530年举办"皇家讲座"，讲授希腊文、拉丁文、希伯来文，研究哲学、数学、医学、地理，为法兰西学院奠定了基础。他提倡印刷业，资助挚友埃斯蒂安创办印刷所。1538年，他制定呈送版本制度，令皇家印刷所每出一种书籍，即送一册样本给皇家图书馆。这使法国皇家图书馆成为外国历史上第一家版本图书馆。1539年，他下令严禁印刷商采用容易混淆的出版商和书商牌号、标识，并为印刷厂制定了统一编码，以制止当时印刷商之间日益盛行的非法竞争和非法翻印活动。这是外国首次带有版权性质的法律规定。

3. 英国

英法"百年战争"(1337—1453年)和随后英国国内的"玫瑰战争"(Wars of the Roses，1455—1485年，亦称蔷薇战争)使其早期的印刷水平和规模远远落后于欧洲大陆。当时不仅纸张和铅字需要从大陆进口，而且印刷商也多是外国人。1500年，英格兰只有5家印刷厂，全部集中在伦敦。在印刷术发明后的100年内，英国一直是欧洲印本书有利可图的市场。因此，理查德三世(Richard Ⅲ)及其继承人亨利七世(Henry Ⅶ)都尽力鼓励印刷业的发展。1484年，理查德三世的《限制外侨在英贸易法》有意豁免所有与图书有关的外侨。据估计，到1535年英格兰书业雇佣的人员中有2/3都是外国人。因此，将印刷术引入的英国人卡克斯顿就越发显得难能可贵了。

威廉·卡克斯顿①(William Caxton, 1422—1491年)是英国首位印刷商。他最先用尚处于演变过程中的英文印刷图书，打破了拉丁文图书在英国一统天下的局面。卡克斯顿在理查德三世和亨利七世鼓励下共印刷约90种书，其中74种用英文，由他从拉丁文、法语或荷兰语翻译过来的书大约20种。他印刷了英国诗人杰弗里·乔叟(Geoffrey Chaucer，约1343—1400年)②的《坎特伯雷故事集》(*The Canterbury Tales*)和《特洛伊罗斯③与克雷西达》(*Troilus and Criseyde*)；英国诗人约翰·高尔(John Gower，约1330—1408年)④的《一个情人的忏悔》(*Confessio Amantis*)、《沉思者之镜》(Vox Clamantis)；还有《伊索寓言》(*Aesop's Fables*)。卡克斯顿不仅选择一些适销对路的图书印刷，而且也编辑图书。他得到托马斯·马洛礼(Thomas Malory, 1395—1471年)的《亚瑟王之死》(*The death of King Arthur*)手稿后，并不只是简单地把它印刷出来，而是润色了该书语言，并将手稿分成8章，以便让人读起来更加愉悦。他去世后，其助手W. 沃德(Wynkyn de Worde)接办印刷所，到1530年共印刷图书800余种，绝大多数是面向平民读者的英文小开本图书。印刷所对英文的规范化和图书在英国的民众普及作出了不可磨灭的贡献。

4. 德国和荷兰

谷登堡的发明使德国许多城市建立了印刷所，斯特拉斯堡(1460)、科隆(1464)、巴塞尔(1466)、纽伦堡(1470)、奥格斯堡(1472)等先后成为北方和南方的印刷中心。1480年左右，法兰克福出现一年一度的定期图书交易集市，并在书市上出现了起促销作用的外国首批印刷书目及单页推广品。这一时期，德国涌现了约翰·佛罗本(Johann Froben)、约翰·曼特林(Johann Mentelin)等一批重要的出版商。其中，纽伦堡的金银匠安东·科贝格尔(Anton Koberger)的出版业务规模很大，而且发展成为国际性的经营。在鼎盛时期，他经营着24家印刷所，并与巴塞尔、斯特拉斯堡、里昂、巴黎和其他许多城市有业务联系。他被称为西方第一个伟大的商业出版商，也是第一个在社会阶层上实现跃升的出版商——成为市议会的成员。

在德国，早期图书多用拉丁文印刷。1517年10月31日，维登堡大学的神学教授马丁·路德(Martin Luther)把《九十五条论纲》(*Ninety-Five Theses*)张贴在维登堡众圣教堂大门上。当时僧侣们常用这种方法发起辩论，类似于现代人在学刊上发表争鸣文章。不久，路德收到从南部德国倒流回来的“印刷本”。这个小细节说明，倘若没有印刷术的帮助，路德的改革希望很可能成为泡影。而路德用德文翻译、改编的新教《圣经》到1550年共发行

---

① 威廉·卡克斯顿，英国印刷商，出版了第一本英语书《特洛伊历史的回顾》(公元1475年)。

② 杰弗里·乔叟，英国诗人，被认为是中世纪英国最伟大的文学家。他的作品包括《公爵夫人之书》(1369年)，《特洛伊拉斯和克莱希斯》(1385年)以及他的杰作《坎特伯雷故事集》(1387—1400年)。

③ 特洛伊罗斯，特洛伊国王普里阿摩的一个儿子，在中世纪的传奇故事中被描绘成克雷西达的情人。

④ 约翰·高尔，英国诗人，他用拉丁语、法语和英语写了一些寓言和说教作品，如《沉思者之镜》。

100 多万册，为现代德语奠定了基础。可以说，印刷术是在路德的圣经德译本出现之后才在德国发展起来的。这一发展使德国普通人家庭获得圣经成为可能，也使德国人民有了共同的知识背景和高级意义上的共同文化。①②

16 世纪起源于德国的宗教改革同样促进了荷兰的图书出版业。在荷兰，人文主义者伊拉斯谟(Desiderius Erasmus，约 1466—1536 年)的著作在 1520 年后不仅成为本国，而且成为整个欧洲最畅销的图书。他是第一位可以靠写作谋生的人文主义者。他著名的《愚人颂》(*Moriae Encomium*)对教廷口诛笔伐，比《九十五条论纲》要早 8 年。

三、出版审查制度兴衰

审查制度及其背后的意识形态可以追溯到古代社会。每个社会都以一定的风俗、禁忌或法律来调整人们的言论、行为、穿着、宗教仪式等。在欧洲，教会起初是欢迎印刷术的。欧洲第一本最畅销的印刷图书是托马斯·坎比斯(Thomas à Kempis)的《模仿基督》(*The Imitation of Christ*)，1471 年—1500 年共出版 99 版。但逐渐地，伊拉斯谟、路德的著作也达到了可与之匹敌的销量。这使得教会的审查制度逐渐变得越来越严厉。它恢复了宗教裁判所；1543 年，颁布法令规定未经教会许可不得印刷或出售任何书籍；1559 年，发布第一个《禁书索引》(*Index Librorum Prohibitorum*)。荷兰印刷商为此遭受了特别的损失，一些印刷商因出版新教书籍而受难。为了避免这种命运，一些人或使用虚假的标识，或在标题页印上虚假的印刷商名字、印刷地点，或索性省略相关信息。

欧洲各国一些世俗统治者也开始不同程度地行使审查权，特别是在英国。根据普通法，都铎王朝本来几乎没有权力控制出版。但 1525 年后，与罗马教廷反目的亨利八世针对异端或煽动性书籍发出了诸多公告。其中最重要的是 1538 年针对“不听话的印刷书籍”的法令。这使得印刷商必须从枢密院或其他王室提名的机构那里获得印刷或发行英文书籍的许可证。在此种实践中，作为行业协会的文书商公司(Stationers' Company)扮演了越来越重要的角色。1557 年，玛丽女王将颁发出版特许证的特权授予英国文书商公司，规定只有那些协会成员或者拥有特权或专利者可以在王国内印刷和出售书籍，且每种图书在印刷出版前须向公司注册登记，并为此支付少量费用。第一个登记的印刷商获得此书及印制其“副本”的权利，然后可以像任何其他财产一样转让。作为版权制度的开始，这一做法值得称道，但总体上，文书商公司等类似机构和规定将阻碍未来百余年英国书业的自由增长。

在欧洲大陆，1600 年来自巴黎的严厉限制扼杀了里昂的出版业，此后法国出版业集中在巴黎。1618 年，法王路易十三规定设立由掌玺大臣管理的官方机构书商与印刷商联合公会，对出版实施比英国更专制的控制。那些会引起麻烦的著作只能印上虚假的书名页非法

---

① 雅克·巴尔赞. 从黎明到衰落：西方文化生活五百年(1500 年至今)[M]. 林华，译. 北京：世界知识出版社，2002：27-28.

② 瓦尔特·本雅明. 本雅明：作品与画像[M]. 张新颖，译. 上海：文汇出版社，1999：25-26.

出版，或是拿到国外印刷出版。17 世纪末，巴黎的印刷所只剩下 36 家。在德国，反新教势力迅速蔓延。1579 年以后，法兰克福书市被置于当时信奉天主教、朝廷位于维也纳的神圣罗马帝国皇帝设立的皇家书籍审查委员会的监督之下。想在书市里展出图书，都必须缴纳 7 本样本；检查不通过的书，就加以没收。而早在 1569 年，当时哈布斯堡王朝的神圣罗马帝国皇帝马克西米利安二世(Maximilian Ⅱ)就已经成立了一个类似的委员会。

进入 17 世纪以后，随着资产阶级逐渐在西欧国家议会中占据多数，对出版的审查逐渐有了松动。1644 年，弥尔顿回答国会质询，力陈检查制度的弊端，强调人民的出版自由是与生俱来的权利，并出版了小册子《论出版自由》(*Areopagitica*)。继英国(1694 年)之后，瑞典(1766 年)、丹麦(1770 年)、法国(1789 年)等先后废除了书刊审查制度。法国国民议会对出版自由作出明确阐述："思想与观点的自由交流是人类最珍惜的权利之一；为此每位公民享有言论、写作和印刷的自由"。但在中欧和东欧，因教会势力依然强大，出版业继续处于审查制度的控制之下。如 1792 年俄国作家和出版商 Н. И. 诺维科夫(Николай Иванович Новиков)就因出版批评叶卡捷琳娜二世的著作而被关进监狱。神圣罗马帝国崩溃后，德国于 1848 年废除检查制度。俄国则迟至 1905 年资产阶级推翻沙皇后才取消这一制度。在美国，到 1720 年代审查制度基本上名存实亡。1735 年，被指控犯有煽动性诽谤罪的约翰·彼得·曾格(John Peter Zenger)被宣判无罪。曾格案作为北美殖民地时期有关出版自由的著名判例，对此后西方尤其是美国的新闻出版业产生了深远的影响。

但是，检查制度的废除并不意味着欧洲对出版业已经取消了所有限制。当权者采用了一些新的做法，例如王室和教会对作者和出版者给予津贴和赏赐，对有保皇和宗教色彩的图书出版进行奖励。英国宫廷津贴的一般标准是除作者应得收入外，一首诗加付 5 个基尼(旧时英国金币，合 21 先令)，一部剧本加付 20 基尼。教会的赏赐金额也很高。如英国桂冠诗人 J. 德莱顿(John Dryden)因 1697 年所著《维吉尔》获教皇赏赐 1200 英镑，英国著名出版商 B. B. 林托特(B. B. Lintott)因出版《伊利亚特》(*The Iliad*)得到教皇赏赐 5300 英镑。而当时一位店主一年赚大约 50 英镑左右，一名工人一年仅挣 15 英镑。

四、新一轮出版繁荣(1550—1800 年)

1. 荷兰

16 世纪后期，尼德兰革命使荷兰摆脱了西班牙人的统治，成为世界上最早出现的资本主义国家。在那里，印刷商可以自由地开展印刷出版活动。许多在法国、德国、意大利无法出版自己论著的学者，纷纷来到荷兰著书立说。大学在荷兰各地相继建立，知识界的学术气氛活跃。同时，荷兰的印刷工匠不断改进活字印刷工艺。其镌版工匠的高超插图印刷工艺在大量出版的配诗画册中充分表现出来。这样，荷兰成了 1550—1700 年欧洲唯一保持了出版繁荣的国家，印刷所从 16 世纪初期的 250 家发展到 17 世纪末的 2500 家。这一时期，荷兰著名的出版商如垄断了南部出版业的普朗坦，以及在清教盛行的北方地区的爱思唯尔出版家族等。

普朗坦(Christophe Plantin, 1514—1589年)生于法国，因为宗教迫害前往比利时。他幼时在法国里昂和诺曼底地区学习装订、印刷和售书业务。1549—1550年移居安特卫普，设装订所。1555年左右，改行从事印刷。普朗坦印刷所(The Officina Plantiniana)是欧洲当时最大的印刷所，其中160名工人操作着20余台印刷机。出版物以印刷精美、校订精细驰名，插图用铜版代替木版。1568—1573年，尽管教会竭力反对，普朗坦却得到西班牙国王腓力二世的支持并获罗马教廷准许出版了8卷集多语圣经《皇家圣经》(Biblia regia)。1576年，普朗坦在巴黎设印刷所。1583年，一直担心改信新教以后会被西班牙当局发现的普朗坦前往荷兰莱顿设印刷所，为新成立的莱顿大学印书。这一时期，来自不同国家和地区、拥有不同宗教信仰的教师和学生来到莱顿大学，学校的各个学科都非常兴旺发达。因此，作为大学印刷商的普朗坦后来几乎垄断了荷兰南部信仰天主教地区的印刷出版业。印刷所印制的书籍，质量和数量均胜人一筹，并一直存续到1876年以普朗坦-莫雷图斯博物馆(Plantin-Moretus Museum)的名义，完整地出售给安特卫普市并成为世界著名的印刷博物馆。

爱思唯尔(Elsevier / Elzevier, 1592—1680年)是荷兰印刷出版史上赫赫有名的名字。1583—1712年，这个家族至少有14人从事印刷出版活动。1622—1680年，该家族是全欧洲最著名和最具影响力的印刷世家。创始人路易·爱思唯尔(Louis Elzevir, 1546—1617年)生于鲁汶(Leuven)，其父也是印刷商。在普朗坦的印刷所学会图书装订技术以后，他曾在安特卫普、韦瑟尔、杜埃当装订匠。1580年，他从普朗坦那里借到一笔钱后到莱顿大学附近开办书店，以向大学师生销售拉丁文学术书籍为主。后来他在大学里谋到一份小吏的差事，开始在代理销售别人图书的同时自己印刷图书。1583年，他开设印刷所。1617年他在莱顿去世时，已经建立了一个读者和经销商遍布各地的国际性网络。1625—1652年是该家族印刷出版业的顶峰期。他们又在海牙、哥本哈根开办印刷所，用精湛的技术、上乘的纸张、精美的字体印刷文字容量大、版本小巧的图书。其印刷出版的“小共和国”丛书，收录各国的统计数字与地图；印刷出版的恺撒、泰伦提乌斯、普林尼著作被视为活字印刷术的杰作。后人将该家族1629年开始印刷出版的、同早期“阿尔丁版本”相比在质量和价格上都更加具有竞争力的12开本图书，称为“爱思唯尔版”；其使用的字体，称为“爱思唯尔字体”；使用的版式，称为“爱思唯尔版式”，并被其他印刷商广泛仿效。此外，该家族还采用托名和假址的方法，印刷出版当代作家(尤其是法国作家)的作品，致使翻印本图书开始大量在欧洲出现。1712年该家族最后一代去世时，共印刷出版2000多版图书。

“爱思唯尔”这个名字在荷兰出版界消失了近160年。1880年，雅各布斯·乔治·罗伯斯(Jacobus George Robbers)和其他两人在荷兰鹿特丹成立爱思唯尔出版公司(N. V. Uitgeversmaatschappij Elsevier)。它后来慢慢地发展成为今日的全球性出版集团。

2. 法国

在法国，随着君主制在宗教战争后重新夺回权威，已经大量集中在巴黎的出版业变得越来越集中。1620年，路易十三在卢浮宫建立私人的皇家印刷所(Imprimerie Royale)。1640年，首相兼红衣主教黎塞留将之转变成国立皇家印刷所，以高水平印刷出版的大量法文书籍对其后欧洲的法文热起到了很大的推动作用。其名称虽然不断改变，但印刷所一直维持到今天，现为法国的国家出版局。它是法国历史最悠久的出版单位。

由于路易十三试图规范印刷出版业，出版商倾向于谨慎行事：与其他严格监管的地区一样，更多有争议的作品首先出现在国外(通常出现在荷兰或日内瓦)，或以虚假的标识出版。但总体来说，法国书籍仍很好地支持了法国风尚在欧洲的影响力。1637年，笛卡尔(René Descartes)用法语出版《方法论》(*Discourse on the Method*)影响甚广。18世纪一个了不起的出版壮举，是巴登-符腾堡州凯尔市的皮埃尔-奥古斯丁·卡隆·德·博马柴(Pierre-Augustin Caron de Beaumarchais，《塞维利亚的理发师》《费加罗的婚姻》的作者)印刷出版了70卷伏尔泰作品(1784-1789年)。为此，博马柴从英国著名印刷商约翰·巴斯克维尔(John Baskerville)的遗孀那里购买了印刷设备。

3. 德国

宗教改革以后，德国知识界新教盛行，书业则几乎完全服务于这种状况。通过书展，法兰克福已成为德国出版业的中心，甚至成为欧洲图书交易中心。一个年轻的英国传教士之子托马斯·寇芮特(Thomas Coryate)在欧洲徒步旅行时，1608年曾经来到法兰克福并在他的游记里写下观感：

“这时候刚好正在举办秋季书展，这个城市所展现出来的富裕景象实是无可比拟的。在书街上摆出来的书多如星斗，使我大吃一惊。这条街的盛况，远远超过伦敦保罗教堂前的广场、巴黎的圣雅各大街，以及威尼斯的美彻丽雅(Merceria)，真可以说是全欧洲最重要的书籍汇通处。”

尽管法兰克福是一个自由的城市，但1579年书展受到了来自神圣罗马帝国审查委员会的监管。这一做法逐渐扼杀了它。大约1650年之后，尽管法兰克福对活字生产和插图书出版仍然很重要，但图书贸易中心渐渐转移到了莱比锡。在那里，一个开明的政府和一所著名的大学推崇文化生活，也促进了当地的图书出版。其中有两家17世纪的莱比锡出版公司一直生存至今：1694年由约翰·弗里德里希·格莱迪奇(Johann Friedrich Gleditsch)创立并于1830年被F·A. 布罗克豪斯(F·A. Brockhaus)公司接管的出版企业；1682年由莫里茨·乔治·魏德曼(Moritz Georg Weidmann)创立的出版企业。魏德曼的合伙人菲利普·伊拉斯谟·瑞奇(Philipp Erasmus Reich)在18世纪被誉为“德国书业王子”。据说是他发明了净价书原则(net price)，提出了书商协会(Börsenverein der Deutschen Buchhändler，1765年)的想法。该协会于1825年成为德国出版商、批发商和零售商的专门组织。18世纪末，还有3家德国出版商表现突出：莱比锡的乔治·约阿希姆·戈申(Georg Joachim Göschen)；图宾根和斯图加特的约翰·弗里德里希·科塔(Johann Friedrich Cotta)；柏林的约翰·弗里德里希·昂格尔(Johann Friedrich Unger)。他们都参与出版了席勒和歌德的著作。昂格尔还出版了奥古斯特·冯·施莱格尔(August von Schlegel)翻译的精美的8卷本莎士比亚译本。

4. 其他

1473年，在西班牙瓦伦西亚建立了第一家印刷厂。西班牙的图书几乎全用从流行的手写体变化而来的哥特字体。此外，印刷技术逐渐从西班牙越过大西洋传到墨西哥。1539年，一个叫胡安·帕布罗(Juan Pablos)的人出版了墨西哥的第一本书《墨西哥语和加斯蒂拉语的基督教教义》(*Breve y mas Compendiosa doctrina Christiana en lengua Mexicana y Castellana*)。

五、西方教育普及与版权法

自18世纪起，西方出版业再次获得恢复和发展。其主要推动力来自教育普及和文学创作中散文体小说有了长足进步。早在1619年，中欧的魏玛公国就开始实施儿童义务教育制度。在普鲁士于1717年效仿之后，欧洲多数国家也在18世纪相继实行义务教育制度。教科书开始成为重要的出版物类型之一；而广大中等收入的民众，包括青年和妇女中识字人数猛增，则大大扩增了读者群体的规模。这使得各种通俗文学著作的市场日益扩大。在英国、法国和德国涌现了诸如狄更斯、雨果和歌德等伟大的作家，散文体小说出版发展很快。当时英国图书出版业提出“百万民众文学”的口号。最早成立出版公司的贝尔为扩大图书销售首创低价通俗丛书《大不列颠诗人全集》(*The Poets of Great Britain*)。该丛书1777年出版，1783年出齐，共109册，每册6先令，仅为当时一般图书售价的30%。在美国和加拿大则是出版廉价故事书和小册子，其中最著名的是美国文豪富兰克林1732年以理查笔名主编的《穷理查历书》(*Poor Richard's Almanack*)。该书内容丰富，连续畅销几十年。文学著作的品种增加很快，为开拓业务，书稿的选择、修改和版本设计凸显其重要性。这样就使编辑工作的重要性大大增加，并成为图书出版的首要环节。于是，欧洲的图书出版开始了新的分工。一些书商和印刷商增设编辑部门，自由选择书稿、发现物色有前途的作家、了解和引导公众阅读兴趣，投资新题材。其他印刷商放弃对书稿的竞争，只从事印刷或销售。真正现代意义上的出版商出现，并开始形成西方出版业出版商——印刷商——销售商(书商)的基本格局。对图书出版的主控权从书商手中过渡到了出版商手中。这一时期，欧洲许多国家的图书品种大量增加并且内容更加多样化。英国图书出版由16世纪的年平均100种增长到18世纪中期的年平均600种；德国则达到750余种。此外，由部分连续出版物演变而成的定期出版物——期刊和报纸逐渐增多，开始与图书分道扬镳。

17世纪，由于欧洲许多国家的印刷商处在严厉的出版审查制度的重压之下，大规模的翻印和盗版一度在荷兰非常盛行。出版自由以后，非法翻印、盗版在整个欧洲成为普遍现象，损害了出版商和作者的利益。如获得席勒作品《唐·卡洛斯》(*Don Carlos*)出版权的德国印刷商格兴10年中只卖出1500册，而翻印的该书同期却卖出了20000册。针对这些现象，逐渐形成了保护作者和出版者版权的概念。1709年，英国议会通过世界上第一部正式的版权法《安妮法》(*The Anne Act*)，次年生效。该法规定，已出版的图书，版权期21年；未出版的作品，版权期14年，如果到版权期结束时作者还活着，再延长14年。该法对出版者的保护大于对作者的保护。此后，丹麦于1741年、西班牙于1762年、美国于1790年、法国于1793年、德国于1794年、俄国1828年先后制定了版权法。

六、17—18世纪其他地区出版业发展

1. 美国

1638年，英国移民锁匠斯蒂芬·戴(Stephen Daye，1594—1668年)与家人乘"伦敦的约翰号"轮船，带着最早的印刷机到达了马萨诸塞湾，并在波士顿附近的坎布里奇开设了英属北美殖民地的第一家印刷所坎布里奇印刷所(Cambridge Press)。在一年内，他印制了单面印刷的大幅《自由民誓言》(*The Freeman's Oath*)和一本历书。1640年，印刷《诗篇大全》(*The Whole Booke of Psalmes Faithfully Translated into English*，也称《海湾诗篇》——*Bay Psalm Book*)，初版1700册。据说其中的11册流传至今。斯蒂芬·戴去世后，印刷所由其子马修·戴(Matthew Daye)接办，是为今日著名的哈佛大学出版社前身。此后，在波士顿(1663年)、费城(1685年)和纽约(1693年)也相继开设了印刷所。但由于当时全部印刷用品均须从欧洲进口，殖民地时期北美的印刷所规模很小，主要靠翻印历书、祈祷书和法律书来维持。出版后的图书完全靠小贩走街串巷或在农村流动出售。1647年，波士顿出现第一家固定"书店"，是兼售图书的杂货店。1685年，英国人W. 布雷德福(William Bradford)在费城开设第一家印刷所。1670年，他开办北美第一家造纸作坊，引进造纸术。1693年，他被英王室任命为英属北美殖民地皇家印刷商，一生共印刷出版图书400余种。1640—1789年，美国当地各种印刷品(包括图书、小册子、散页宣传品)总共只有3.6万种。1790年，美国国会通过版权法；1791年，国会通过《宪法第一修正案》(*First Amendment to the United States Constitution*)，确定出版自由原则。

2. 日本

早在16世纪中期，日本民间开始出版活动。16世纪末17世纪初，日本的野村宗十郎发明日文木活字，代替从朝鲜传入的金属铜活字。用木活字印刷出版的书籍盛行一时，称古活字版或木活字版。其中最著名的是在京都嵯峨印刷的古活字版书籍，史称"嵯峨本"。由于刻制木活字工艺要求高而且费事，加之一版只有100本左右印量，庆安三年(1650年)后雕版印刷术重新占据主流地位。当时日本的书籍与中国的线装书相像，称为"和装本"。17世纪中期，日本民间出版真正形成。此时，在京都出现了本屋(刻书坊)和书林(书店)。宝历七年(1757年)，江户、京都、大阪的书店公会合并，成立三都书林公会，

垄断了全国的图书批发与零售。除汉文书籍外，坊间以爱情、武士传奇为主要内容的日文通俗小说刻本称为町版。日本民间刻书须先向官府申请，得到批准方可雕版。刻印完，雕版由作者和出版者各存一半，出版者再版，经作者同意才能取回另一半，称留版，用以防止出版者擅自再版。天正十九年(1591 年)，意大利传教士巴利尼亚诺随日本遣欧使归国，将西方印刷机、铅字等带到日本，并在长崎附近开设印刷所印刷基督教书籍。日本称这类早期的西方印本为天主教版或切支丹版。

第四节 印本文献时期(下)(19 世纪至“二战”结束)

19 世纪，西方出版业进入了一个全新的时代。纸浆研磨机、长网造纸机、圆网造纸机等机械造纸技术，铁制印刷机、米利机、滚筒印刷机等机械印刷技术以及蒸汽动力的应用，机械铸字、排版、插图复制新方法、新工艺在 21 世纪先后涌现并广泛应用。与其他行业一样，与书业相关的一系列技术发展显著地提高了产量，降低了成本。1800 年以前，纸张是手工制作的，其于 1740 年约占一本书成本的 20%以上；到 1910 年，纸张在图书总成本中的比例已经下降到略高于 7%。1820 年，首次在图书装订中用布料替代皮革作图书封面，并出版了世界上第一本布料封面图书。这一革新进一步降低了图书制作成本。由于纸张用途扩大，非出版物印刷品如纸币、邮票、商标等品种日益增加。造纸和印刷(包括装订)逐渐与出版业分离，成为独立的生产型制造行业。在这个世纪，欧洲人口增加 1 倍，美国人口增加 15 倍。人们对自我完善和娱乐的渴求极大地扩大了读者群，导致从学术图书到青少年图书的各类书籍迅速增长。技术创新与社会变革的相互作用从未如此密切。

一、西方图书出版发行体系

19 世纪末，图书出版成为重要产业。1736 年世界年图书出版品种达 1.7 万种，19 世纪末达 10 万种(不包括中国)。英国造纸、印刷、出版的产值居国内总产值第五，大出版公司雇员超过千人。1890 年，德国年图书出版 18875 种、日本 18720 种、法国 13643 种、俄国 8636 种、英国 5775 种、美国 4559 种。①

欧洲出现了首批专业图书出版社，通过出版专业化提高效率和图书出版质量，建立声誉。具有代表性的如约翰·威利父子公司(John Wiley & Sons Inc)、美国利平科特出版公司②(Lippincott Williams & Wilkins)、德国施普林格出版公司(Springer-Verlag GmbH & Co.)等学术图书商；英国朗曼出版公司(Longman)、美国哈珀兄弟出版公司(Harper & Brothers)等教科书出版公司；法国拉鲁斯出版社(Larousse)、德国布罗克豪斯出版公司

---

① 陆本瑞. 外国出版概况[M]. 沈阳：辽海出版社，2003：37-38.

② 1990 年，威科集团花了 2.5 亿美元从哈珀柯林斯出版社购买了利平科特出版公司。后来医学出版物归雷文出版社，法律出版物归阿斯彭出版社。1995 年，利平科特出版公司与雷文出版社合并为利平科特·雷文出版公司。

(Brockhaus)、英国柯林斯出版公司①(William Collins & Sons)等词典出版公司。它们中有许多至今仍活跃在世界出版舞台上。在图书发行领域，也出现了一些革命性变化。美国出版商率先在报刊上刊登图书广告来扩大销售。而由于交通条件改善(轮船、火车)，车站和码头等临时性书亭遍布西方的主要城市。公共图书馆、学校、大学图书馆的发展，使得团体客户成为重要的收入来源。1792年，英国书商史密斯(WHSmith)首次通过在外地开办分店的方式建立连锁书店。图书发行速度加快，销售范围扩大，国家间的图书贸易有了很大发展。尤其地，对殖民地的图书出口及在当地开设出版社为西方殖民大国，尤其是英国和法国开辟了新的广阔市场。19世纪中期，美国和德国的部分书商成为专门从事图书流通渠道的中间商，图书批发商或图书代理商开始登上历史舞台。出版商——批发商/代理商——书商/零售书商构成了西方图书发行体系的基本结构。

这一时期，全国性和国际性出版行业组织以及国际版权公约和国际版权组织的成立，标志着西方图书出版体系的基本形成。1815年，荷兰首先成立了非官方的全国性图书出版行业组织——荷兰书业协会。随后，德国书商协会(1825年)、丹麦出版商协会(1837年)、法国书业联谊会(1847年)、芬兰出版商协会(1858年)、意大利出版商联合会(1869年)、比利时书业联合会(1883年)、英国出版商协会(1896年)等一批非官方的全国性出版行业组织陆续成立。西方主要国家的政府除设立专门的政府出版机构，如英国的皇家出版局(1786年)、美国的政府印刷局(1860年)出版政府机构的出版物之外，民间出版事务完全由非官方的行业组织来处理。为保证图书出版的正常发展，避免行业内部的自杀性削价竞争，德国(1887年)和英国(1899年)的图书出版行业组织制定了本国出版商和书商之间的“净价书协议”，明确了出版商和书商两者的经济关系。1896年，在巴黎成立了国际出版商联合会。

19世纪多数西方国家陆续颁布版权法，图书的出版和贸易打破国界，具有了国际性规模，而且出现了国家图书馆和国家书目，制定国际版权协议的时机成熟了。1886年，在瑞士伯尔尼和乌拉圭首都蒙得维的亚分别通过两项国际版权协议。前者由13个欧洲国家当年签署，称为《保护文学艺术作品伯尔尼公约》(*Berne Convention for the Protection of Literary and Artistic Works*)；后者由美国在内的美洲国家(1910年已有17个国家)签署，称为《泛美公约》(*Pan-American Conference*)。

二、日本

19世纪下半叶，江户(东京)成为日本的出版中心。明治维新前后，西方活字印刷术在日本广泛流传，并催生了一批著名的民间出版社如吉川弘文馆(1857年)、丸善(1868

① 英国柯林斯出版公司出版了一系列圣经、地图集、词典和再版经典，传播至今，其中包括赫伯特·乔治·威尔斯(H. G. Wells)、阿加莎·克里斯蒂(Agatha Christie)、克利夫·史戴普·路易斯(C. S. Lewis)以及亚历山大·索尔仁尼琴(Alexander Solzhenitsyn)等传奇作家的作品。

年）和有斐阁（1877年）等。它们一般是家族式经营，规模较小。1869年，本木昌造制成日文铅字，在长崎开设第一家现代日文印刷所，并在东京和大阪开设分所。1872年，有恒社第一家采用机械造纸法生产纸张。1876年，日文印本——洋装本取代和装本。1877年，日本大规模出版体制先驱大桥佐平在东京创立博文馆，出版图书、期刊、报纸，在印刷方面建立了博文馆印刷所，在出版发行上开设了专营批发销售的东京堂，形成"博文王国"。

日本政府也在出版业的发展中发挥了积极作用。1856年，幕府成立了由钦天监负责的"藩书调研所"从事西方书籍的审查、翻译和出版事务，同时作为培养西学学者的最高教育机构。该所先后更名为"洋书调研所"（1862年）、"开成所"（1873年），最后与东京医学校合并组成日本第一所现代大学——东京大学（1877年）。1869年，成立了第一家大学出版社——庆应义塾出版社，早稻田大学出版社前身。1893年，颁布出版法与版权法。1899年，颁布著作权法。1886年，制定教科书审定制度，将中小学教科书审定权集中在文部大臣手上，沿用至今。

三、战争与革命的影响

20世纪以后，西方图书出版业开始高速发展。1908年，世界图书出版品种已达19万种。

1. "一战"及战后恢复

1914年爆发的第一次世界大战，对欧洲图书出版业是一次沉重的打击。出版商只能靠降低图书制作质量以满足市场需要。书店内出售的多是粗制滥造的劣质图书。在大陆国家中，德国遭受了最严重的短缺。战前德国年度出书曾高达3.5万种，但战争期间产生了严重的书荒。除大出版商尚可勉强支撑外，许多小出版商破产或被兼并。由于战争的破坏，欧洲其他国家图书出版业最主要的中产阶级顾客购买力大大下降。但是另一方面，数十万军队成员也对消遣读物产生了巨大的需求。

美国和日本因未受战争直接影响，图书出版业得以正常发展。美国出版商利用英国出版业的不景气迅速在国内市场上排挤了英国的势力，而且开始向外扩张，结束了图书纯输入国的历史，由此导致美国文学作品在国外得到传播。更多美国作家，如辛克莱·刘易斯（Sinclair Lewis）、欧内斯特·海明威（Ernest Miller Hemingway）等找到了一个世界性的市场。此外，美国大学数量也比其他地方增长更快，因此对大学教科书的需求也更大。于是出版它们成为许多美国出版公司业务中非常重要的一部分。1920年代，美国出版商霍尔德曼（Haldeman）出版"小蓝皮丛书"，每册5美分，每次最少买20种，在报纸上刊登广告，共出版1260种，售出1亿多册。在日本，20世纪初出版的图书就达到了2万种。到1920年初，其年度出版图书已超过35000种。日文图书开始输往朝鲜和中国。

十月革命成功后产生了一种完全新型的出版体系——国家管理的出版事业。1917年11月28日苏维埃政府发表的出版法令，和12月29日苏维埃执行委员会发表的国家出版社法令，是苏联建国初期的主要出版业文件。年底成立的全俄中央执行委员会出版部，是管理全国出版事业的最高机构。1918 年成立的共产党人出版社，是苏联第一家国营出版社。1919 年成立的俄罗斯联邦国家出版社，已负有整顿全国出版业的任务。但国内战争期间政治、军事、教育等各部门都大量出版宣传材料和小册子，出版工作比较混乱。到 20 世纪 20 年代初出版业开始全面整顿时，苏联共有出版社 3000 余家，其中私营出版社 1000 余家。到 30 年代初，私营出版社全部被淘汰，其他出版社也进行大量的合并，仅有 200 余个。但图书的发行量猛增到 8.5 亿册，是 20 年代初的 3 倍。书店和发行机构已陆续国有化。1923 年成立隶属外贸部的苏联国际图书公司，独家经营苏联的国际图书贸易工作，成为战后东欧、亚洲社会主义国家模式。

战后恢复时期，一个具有巨大潜力的新发展是图书俱乐部。这种做法的早期先行者是 1900 年左右的瑞士合作社运动(Swiss Cooperative Movement)。加入俱乐部的成员承诺每月购买一本由俱乐部为他们挑选的图书，而他们可以以低于书店购买的价格获得该书。它对阅读大众具有明显的吸引力，因为他们中的很多人都无法直接接触到书商。美国首创的月书俱乐部(Book-of-the-Month Club，1926 年)发展了数十万会员。文学协会(The Literary Guild)则是它最大的竞争对手。这些俱乐部起初遭到出版商和书商的强烈反对，但是他们开辟了真正的需求，而由此产生的收入部分地抵消了因图书馆借阅而流失的巨额收入。

2. 大萧条时期

为此，大家努力寻找新的图书销售渠道和吸引公众的新方式。1933—1938 年，《星期日泰晤士报》(*The Sunday Times*)在伦敦举办一年一度的图书展览，《纽约时报》(*The New York Times*)也尝试过类似活动。德国人继续在莱比锡举办一年一度的书展。一些英国报纸为了争取更高的发行量，让出版商提供大量特别印刷的畅销书，并以报纸的优惠券作为交换，而这些书籍将以非常低廉的价格出售或赠送给读者。书商们对这种做法感到不满，但对困难重重的出版商来说，这种做法在财务上是有吸引力的。在相当绝望的时代气候下，一些出版商也在报纸广告上花费了很多资金。重印图书俱乐部也大量涌现。这再次使少数出版商和作者受益匪浅。这一时期一项刺激销售的创新是购书券的发明。1932 年，英国出版商哈罗德·雷蒙德(Harold Raymond)在查托与温杜斯出版社首先推行购书券。这是一种礼券形式的图书代币，购券者可自用，也可转赠他人使用。起初，它遭到许多书商的反对；但是，它逐渐成为圣诞季销售的有力工具，并被其他国家和行业采用。在经济低迷的情况下，出版商仍然努力发掘更广泛的读者群。1935 年英国出版商莱恩以“企鹅丛书”(Penguin Books)为名，在伦敦出版各国小说、传记文学纸皮书，售价低廉(每册 6 便士)。这是一项风险很大的出版活动，因其主要通过提高印数以降低单位成本。起初人们并不看好它的前景，但是这些印在廉价纸张上但排版、印刷质量优良的口袋本图书获得了巨大成功，开了在世界市场上大规模推广平装书的先河。

3. “二战”及战后

1939年，欧洲出版商曾担心战争会彻底摧毁他们的业务。但事实证明，这场战争对书业的影响不如想象中那么可怕。虽然建筑物、工厂和大量书籍被毁坏，尤其是在伦敦和后来的莱比锡——这使一些公司的出版业务陷入停顿，但整个书业活动仍在继续。与1914年一样，对教学和娱乐的阅读需求大幅增长，而且程度更甚。战争中较长时间的休战与短暂、激烈的战役交替出现，为民众提供了阅读机会，从而扩大了需求。因此，一些“自由”国家的图书销售达到了新的高度。被占领的欧洲国家则忍受着审查和对物资的严格控制，但大多数出版商幸存下来，并在战后迅速与伦敦和纽约的同行恢复了联系。而纳粹在战前对犹太人的迫害和战争本身的影响引起了移民潮，特别是来自德国和奥地利的移民潮，这给英国和美国以及包括澳大利亚在内的其他国家带来了新的出版人才。

在美国，出版商虽然经历了一些短缺和不便，但相对而言没有受到战争的影响。他们的业务迅速扩大。1943年，在纽约成立了名为“战时图书委员会”的出版组织，专门为美国和盟国军队提供“军内版”纸皮书。到1947年，这种图书共出版1324种，发行量1.2亿册。民间出版商则大力向英国图书传统的海外市场印度、澳大利亚和加拿大等国出口图书或建立子公司。到战争结束时，邻国加拿大的图书市场已基本上被美国所控制。在英国，由于航运业的严峻压力，优质纸张原料的进口受到严格限制。出版商的纸张配给率降至战前年消费量的37.5%。为此，英国出版商不得不采用更加逼仄、密集的排版并使用更薄的纸张，以保持一定的产量。但是，英国书籍的外观质量不可避免地受到了影响，并因此在与美国图书的竞争中处于不利的地位。

在纸张严重短缺的欧洲大陆国家，新书数量和每种书的印数都急剧减少。因此，随着需求的增加，现有书籍经常迅速售罄。结果是出版商的盈利能力短暂地出现了大幅提升；而且，尽管战时税收沉重，他们在财务上反而比战前宽裕。他们一改之前存货多而现金不足的状况，开始拥有充足现金和少量存货。在战争时期能够获得出版机会的新作者则几乎可以确保他们的书会很快售完。在这种特殊情况下，许多出版商更愿意冒险出版新作者的作品。然而另一方面，经典著作、教育用书和参考书严重短缺。人们一度惊呼：“莎士比亚绝版了！”1942年，英国政府不得不额外配发少量纸张专门再版“对民族具有重要性”的图书。但是，大多数欧洲国家都经历了真正的书荒。战后又花了大约5年时间，纸张供给才重新变得丰富。然而，尽管战争造成了混乱，但人们对书籍的兴趣却大大增加；而且，由于大多数交战国中与书籍竞争的消费类物品完全消失或实施严格的配给，图书销售进一步增加了。与许多出版商的担心相反，新的阅读大众正在出现。

“二战”后1年左右，许多战时出版物突然滞销。但随后，出版几乎在每一个西方国家再次迅速扩大。那些与世界其他地方隔绝的人对过去几年出现的图书表现出了极大的渴望。图书的实物贸易和版权贸易都得到了发展，而且超过了20世纪30年代的水平。在德国，尽管空袭摧毁了它的主要城市及其出版机构和印刷厂，但它的出版业却从盟军空袭的灰烬中崛起了。其图书贸易中心自 1650 年以来首次迁往法兰克福。作为建设西德商业之都的一种努力，法兰克福的展览设施发展迅速。于是，书展具备了蓬勃发展的理想条件。1939 年以前，德国出版商向书商展示其新作品在很大程度上是国内事务，只有少数外国出版商参加，而且他们几乎全是欧洲大陆的出版商。但是，此后书展稳步成长为来自世界各地的出版商最大的聚会场所。法兰克福书展的兴起，进一步刺激了出版业的增长。许多国家出现的社会改革使更多民众拥有了购买力和受教育机会。图书出版业因此走上了更大胆、更冒险的发展道路，并从小行业发展成为增长和盈利能力足以吸引专业投资者的行业。

苏联的出版业受到了战争的重创。1940—1945 年，其年度图书出版品种从 4.5 万种降至 1.8 万种，发行量则从 4.6 亿册下降至 2.9 亿册。波兰和捷克斯洛伐克的著名出版社很少幸存下来，幸存下来的出版社则归国家所有和控制。在欧洲的社会主义国家，出版业大多采取国有、国营的方式；而且，一般关于特定主题的书籍都由某一家出版社发行。例如在匈牙利，分别成立了以出版科学、政治历史、农业、音乐、文学、军事或技术领域图书为主的出版社。罗马尼亚的出版组织也差不多。但在东德，许多战前的出版公司仍然保留着，但也都置于政府的管理之下。二战期间日本军国主义盛行。1936 它开始实行“出版统制”。1940 年，半官方的日本文化协会(1943 年改名为日本出版会)对全国出版业实施监管，掌握纸张分配，控制出版社，审查图书出版计划。从战前到 1944 年，日本出版社数量从 3664 家减少到 206 家，年度出版图书从 3 万种跌到 5438 种。

1945 年以后，除了有利于出版的经济和社会变化之外，知识特别是科技领域的爆发式增长，导致产生了许多新学科。其中有许多是高度专业化的，而所有这些都需要新书。与此同时，世界各地涌现出许多新的大学和技术学院，并因此形成了广阔的大学出版市场。印刷领域也取得了重大进展，摆脱了依赖铅字的传统印刷系统。照相排版加上胶印技术，免去了大部分手工工作，提高了工作速度，并抑制了成本的上升。书业的趋势是依靠大型机械设备实现大规模生产，如此印刷 10 万册就能极大地降低图书价格。但是，对于市场潜力尚未得到印证的新作者——其作品印数通常是 3000 册左右的“短版”书，则印刷的经济性问题依然存在。

到 1950 年初，西方出现了所谓“平装本革命”。平装书从战前的企鹅出版社扩展到许多其他出版公司。印刷精良、价格低廉的平装书籍大量涌现，内容涵盖各个领域的一流作品。在欧洲大陆，它们通常被称为“口袋书”。平装书席卷全球，使许多图书借阅者成为了图书购买者，并以前所未有的规模创造新的读者群。发展中国家特别是在非洲国家，平装书尤其普遍。新型平装本在书店、火车站、机场、酒店大堂、药店、街头售货亭和报摊上都随处可见。由于平装本印数往往高于 30000 册，而且采用纸张制作封面，因此可以以低廉的价格出售。这使得以往价格高不可攀的书籍第一次进入了消费者可以冲动购买的领域。

其间，很多已经取得了成功的精装书被重印、制作成平装本。尽管许多大型平装本出版公司生产了一定数量迄未出版的新书，但平装本的运营主要依赖于传统精装版出版商的书籍。平装书出版商会主动向精装版出版商购买平装本版权，平装本版税则由作者和精装出版商共享。因此平装本的盛行并未颠覆精装书的出版，而是为后者开辟了一个新的收入来源。

世界各地大学生人数的巨大增长则导致了对另一类平装本的大量需求，尽管每种书的销量较小。许多绝版多年的学术、科学、宗教、文学和艺术作品由大学出版社或其他专业出版商重新出版发行。图书价格从 65 美分到 1.95 美元不等，每种书的发行量往往不超过 2000 册。这种做法很快蔓延到英国和欧洲大陆。通常这种业务仍保留在原图书出版商手中，他们往往会开发自己的"大学平装书"系列。与此同时，新出版学术书籍的布面精装版和平装本同时发行成为惯例，后者的价格通常略高于前者的二分之一。"平装本革命"使得西方中等收入以下的民众也有能力购买图书，从而进一步扩大了图书出版市场。肯尼斯·戴维斯在《微不足道的文化：美国纸皮书革命》(*Two-Bit Culture: The Paperbacking of America*)一书中说："平装本的回归使美国阅读完成了民主化。"

R

第十八章　出版文化

* 本章知识点提要

1. 出版文化的概念，出版文化范畴中的五组关系
2. 出版文化的组成结构
3. 出版文化的特征和功能

* 本章术语

出版文化　出版理念　出版物质文化　出版制度文化　出版精神文化

出版文化是社会文化系统中十分重要的存在，它与出版实践活动的进程紧密地联系在一起，随之产生并不断累积，逐渐发展、成熟，构成了人类文化中显著而又不可或缺的组成部分。基于此，梳理、认识、分析、把握出版文化的概念、特征、构成及其功能对出版文化的深入研究，促进当代出版业的良性发展都将起到积极的推动作用。

第一节　出版文化的含义

伯纳德·巴伯(Bernard Barber)在其著作《科学与社会秩序》中曾指出："如果没有适当的概念框架，科学研究要么是盲目的，要么是毫无成效的。"①这说明理论研究是建立在概念的基础之上，创造并运用概念理解的方式来表达和分析现实世界。所以，如何界定出版文化的概念是最基本性的必要工作，无论对于出版文化的特性呈现和要素构成，还是对功能、价值和意义的阐释与评价都具有非常关键的作用。

一、对出版文化概念的理解

出版作为一种文化创造与传播活动，其本身也产生和形成了复杂的文化系统。近些

① 伯纳德·巴伯. 科学与社会秩序[M]. 顾昕，译. 北京：三联书店，1992：5-6.

年，对于出版文化这种新的领域与课题，中外学者予以了较多的关注与研究，其中不乏对出版文化概念的界定与说明，但尚有不同看法。

《简明出版百科辞典》中的解释是："出版文化指由各种出版物的出版、流通和利用而汇总形成的全国性的文化领域"①；《中国现代编辑辞典》："出版本身是一种文化现象，从事这种文化活动的出版单位的团体意识和团体风貌，称之为出版文化"②；《出版词典》："出版文化是体现在图书、刊物出版过程中的一切文化影响和文化表现"③。我国编辑出版学界的学者对出版文化的概念也有诸多提法。郑清源认为出版文化是研究出版工作发展规律，探讨出版科学管理的文化，它是出版管理学的一个分支学科。④ 周涤尘、谢珩认为：出版文化是人类精神文明成果通过编辑出版工作者的规划、汇集、选择、加工、整理，然后印刷成出版物的总体，是社会精神成果经过特定程序的文字图像化形式，是通过书、刊、报纸等出版物固定下来的知识文化体系。⑤ 李白坚认为出版文化就是伴随着出版活动所产生的有关文化形态。⑥ 阙道隆指出出版文化主要不是指企业文化，而是指出版物中传播、积累的思想道德和科学文化知识体系，是社会精神文化的重要组成部分。⑦ 王余光、李天英认为出版文化是建立在技术形态、物质形态的基础上，以制度为中介所形成的出版价值观念。⑧ 刘光裕认为出版文化是指出版活动中存在的文化问题。我们研究出版史，当然是以出版事业为中心，同时联系出版制度与出版思想。单就出版事业而言，不论古代还是现代，完整地说，都应该包括出版技术、出版经济、出版文化三部分。⑨ 向新阳则提出出版文化是在一定的社会政治、经济和文化基础上产生的出版观念，在一定出版观念支配下进行出版实践和由出版实践所创造的出版成果及其影响的总和。⑩ 杨军认为出版文化是出版人按照一定社会意识形态确立的出版观念，以及与出版观念相适应的出版制度、出版机构、出版设施、出版物及其影响的总和。⑪ 郝振省提出出版文化是在一定的社会政治、经济、文化基础上产生的出版理念以及在出版理念指导下的出版实践。⑫ 董中锋认为出版

---

① 布川角左卫门. 简明出版百科词典[M]. 申非，祖秉和，等，译. 北京：中国书籍出版社，1990：1-3.

② 孙树松，林人. 中国现代编辑学词典[M]. 哈尔滨：黑龙江人民出版社，1991：3-4.

③ 边春光. 出版词典[M]. 上海：上海辞书出版社，1992：2-3.

④ 郑清源. 论出版文化在出版工作中的作用[J]. 编辑之友，1988(6)：24-26.

⑤ 周涤尘，谢珩. 论出版文化的基本属性和社会功能[J]. 出版发行研究，1994(2)：25-27.

⑥ 李白坚. 中国出版文化概观[M]. 南宁：广西教育出版社，1999：10-11.

⑦ 阙道隆. 重视出版文化建设[J]. 出版广角，2000(2)：25.

⑧ 王余光，李天英. 出版文化学初论[J]. 出版发行研究，2001(12)：12-15.

⑨ 刘光裕. 论中国出版文化史的对象与范围——章宏伟《出版文化史》序言[J]. 新闻出版交流，2002(6)：20-22.

⑩ 向新阳. 试论出版文化[J]. 出版科学，2004(2)：28-31.

⑪ 杨军. 出版文化研究：理论、现状与范式[J]. 出版科学，2009，17(4)：44-48.

⑫ 郝振省. 张元济、王云五关于"出版文化"的若干思想及评析[J]. 现代出版，2015(1)：56-59.

文化是在编辑、复制、传播精神成果的过程中所产生的观念、制度、技法、物件及其传统。①

由上，我们可以发现由于出版文化这一术语被广泛使用，其中不乏零散和感性的描述，导致概念内涵和外延的含混与模糊；同时，对出版文化进行研究的学者学术背景多元，他们分别从不同的视角，按照各自的话语给出版文化作出界定。这样，就造成了当前出版文化概念的纷繁多歧、莫衷一是。然而无论是出版业界还是理论学界都还在一直使用着这个“名词”，这充分说明必定有一个或一些核心要义决定着这个词的用法，并为大家普遍接受。西方学界有一个“伞状术语”(Umbrella Term)的提法，旨在解决某些边际模糊、辐射宽泛却又具有一定的意义统摄力、现实贴近度和实践可行性的概念框定难题。② 这为我们界定出版文化提供了一种可行的路径，即不再追求言简意赅的固定解释，而是从实践性、观念性、历史性、现实性、方法论等角度揭示它的核心要义或基本要素来逐步接近和贴近其本质规定性。

第一，出版文化是一定社会环境下与人类出版实践密切相关的物质产品和精神成果的集结与聚合，是一种具有实体内容和对象化的文化结构。它既包括抽象与理性的精神观念性的出版文化，也包括客观具体，富有内容的出版文化。就如同理解文化概念一样，不能仅仅从思想意识等方面去领会文化的内蕴。英国文化学者马林诺夫斯基(Malinowski)认为“文化是一个组织严密的体系，同时它可以分为基本的两方面，器物和风俗”③。日本学者水野佑也指出“物质文化不是文化本身，而是文化行为的产物，但因为存在着非物质性文化，而它的前提是存在着物质性资料，所以把物质性要素从文化范围内排除出去是不可能的”④。文化应是物质与精神的融合，就出版文化来说，出版物是出版文化的载体，从本身的版式、装帧、编排，到凝聚其中的技术、知识、思想、精神，再到其产生过程中形成的传统习惯、行为方式、价值观念、规则制度，直至出版后的社会影响、读者反映等，都属于出版文化的范畴。

第二，出版文化的核心是出版理念。出版理念是出版主体对出版活动目的性的理性的价值判断，表现为出版规范、出版价值、出版伦理、出版理想等精神文化内容。联合国教科文组织国际专家小组在题为“多种文化的星球”报告中提出“文化不仅包括知识和艺术，还包括价值体系及生活方式，它是一个完整的复合体。每一种文化代表自成一体的独特的和不可替代的价值观念”⑤。以出版价值为主体的出版理念体系和观念形态构成了出版文

---

① 董中锋. 论出版文化的概念、语境及其指向[J]. 出版发行研究，2016(4)：22-26.

② 金苗. 建设性新闻：一个“伞式”理论的建设行动、哲学和价值[J]. 南京社会科学，2019(10)：110-119.

③ 马林诺夫斯基. 文化论[M]. 费孝通，等，译. 北京：中国民间文艺出版社，1987：11.

④ 水野佑. “文化”的定义[M]//庄锡昌，顾晓鸣，顾云深. 多维视野中的文化理论. 杭州：浙江人民出版社，1987：371-372.

⑤ 维克多埃尔. 文化概念[M]. 康新文，晓文，译. 上海：上海人民出版社，1988.

化的重要一极。出版理念渗透在编辑、制作、发行的各个环节，规范和引导着出版实践，决定着出版活动的方向和实效。事实证明，具有正确、崇高出版理念的出版人和出版机构都取得了成功，在文化史上留下自己的印迹。

第三，出版文化既是以往人类出版实践的凝结物，也是现实出版活动的一种状态和完善程度。出版文化是一个历史现象，人类的出版活动经过了极其漫长的过程，不同种类的出版物不断被创造出来，也不断地随时间消耗、湮灭，能够经受住历史长河的冲刷保存至今的实属少数，但留存下来的具备极高的历史文化价值，是出版先辈的技术与智慧的结晶。相对于少数的实物，出版人和出版机构世代相传沿袭下来的思想、精神、观念、制度及行为方式等传统与经验要更加丰富和珍贵。这种历史的遗存延续至今，与现代社会环境、印刷技术、出版实践、价值理念等融会贯通，形成今天的新型出版文化。而出版文化对于出版工作是极为重要的，甚至是出版企业成功与否、出版市场成熟与否、出版行业健康与否的重要标尺。

第四，出版文化在方法论意义上来说是一种全面综合性的出版研究立场，即用文化的眼光把握出版实践的思维方式和研究方法。它把人类出版实践——有形的复制、传播活动和无形的思维认知活动——当成一个整体来把握，研究其结构、功能、价值等，目的在于揭示人类出版实践活动的本质特征和内在规律。出版文化是意识的，更是实践的，出版意识的指向应该是出版实践。脱离出版实践谈出版文化或者脱离出版文化谈出版实践，都是不科学的态度和不正确的做法。

辩证唯物主义基本原理认为解决问题要把握主要矛盾，要抓“牛鼻子”工作。界定出版文化概念就是需要抓住以上四个关键点，只有对这四个问题达到准确和全面的认知与理解，才能对出版文化本质明朗、充分地判辩与阐明。

二、出版文化范畴中的五组关系

1. 广义出版文化与狭义出版文化

这是学术界对出版文化的两种界说，前者主张把人类在出版活动中创造的物质和精神成果都属于出版文化的范畴，后者强调只有意识形态层面的精神观念才是出版文化的关注对象。究其实质，这其实也是文化的两种定义模式，目前的定论认为物质文化也是文化的组成部分。以马林诺夫斯基为代表的文化功能学派认为器物和习惯构成了文化的两个方面——物质的方面和精神的方面。它们互相形成、互相决定，共同实现文化的功能①。马克思和恩格斯也是将文化分为广义和狭义，广义的文化包括物质、精神、生活方式等多种因素。我国学者梁启超、梁漱溟、张岱年在论及文化时也都有此区分。如梁漱溟将文化分为“大文化”“小文化”两种类型，大文化是“吾人生活所依靠之一切”，“文化之本义，应在

① 马林诺夫斯基. 文化论[M]. 费孝通，等，译. 北京：中国民间文艺出版社，1987：11.

经济、政治，乃至一切无所不包”，在其所著《东西文化及其哲学》中将文化分为精神生活、社会生活、物质生活三部分。小文化则是“文字、文学、思想、学术、教育、出版等为文化，乃是狭义的”①。延伸开来，出版文化也应包含两个方面的内容：物质产品和精神成果。它横跨物质文化和精神文化两个领域，两者密不可分、融为一体。如若抽去物质文化，精神文化也将失去依托，既无法全面反映人在出版活动中的实践和创造，也无法解释出版价值、出版制度等精神文化在出版实践中的形成与变化。

2. 外部出版文化与内部出版文化

这是从出版文化所处的社会环境来进行区分的。通常认为前者是一般人的出版文化，主要指公众对出版实践活动的看法、观念、态度和行为方式等。后者则是指专门从事出版工作的社会成员的出版文化，包括他们对出版活动目的与性质的理解、选择加工的标准、业务技术规程、职业道德规范等。在一定意义上，内部出版文化很大程度上代表着出版文化，居于主导地位。因为出版职业圈的文化对整个社会的出版实践有很强的引导效应。但外部出版文化也会以多种形式对内部出版文化产生重要的影响，比如读者对出版物的某些态度和要求在经过沉淀达成共识后，可能会被吸收纳入内部出版文化当中。两者之间存在一定的对立关系，但更多的是频繁互动的融合运动状态，它们共同构成了一定社会中的出版文化。

3. 出版文化的外显模式与内隐模式

这种对出版文化进行不同模式的层次式分类，也是基于对文化概念的解释。美国文化学者克鲁柯亨和凯利在20世纪40年代指出“文化是历史上所创造的生存式样的系统，既包括显型式样，又包含隐型式样”②。对于出版文化而言，外显模式主要包括出版技术、出版营销、出版制度、出版法律、出版规章，它们以文字等符号系统或人的具体活动为载体，一般多表现为出版制度性结构。内隐模式则大致包括出版理论、出版思维、出版价值、出版情怀、出版道德等，这是出版人在长期的出版实践中积淀并不断传承的深层的东西。出版文化的外显模式和内隐模式相互交叉、相互渗透，共同形成了出版文化丰富多元、异彩纷呈的种类形态。因此，对出版文化的探索与研究不能仅仅停留在外显层面，从制度文化、观念文化中发掘蕴含其中的民族文化心理、文化积淀，应该是一项深具价值意义的课题。

4. 传统出版文化与现代出版文化

从出版文化发展史的角度看，出版文化经历了从传统到现代的历程，特别是中国，之

① 梁漱溟. 中国文化要义[M]. 上海：上海人民出版社，2018：9.

② 庄锡昌，顾晓鸣，顾云深. 多维视野中的文化理论[M]. 杭州：浙江人民出版社，1987：116.

所以成为世界四大文明古国之一，是与源远流长的出版文化密切相关的。从最早的手工抄写开始，到印章、拓印，再到雕版印刷、活字印刷的发明、运用，产生了丰富又不断变化演进的出版文化。现代出版文化历经机械化工业时代和电子化的信息时代，是今日中国走向出版强国进程中正在努力创造的新型文化。传统与现代并无显豁的沟壑分界，出版文化的现代转型也不意味着割舍与断裂，中国出版文化是一个不断运动、演化的连续过程，也是一部不断扬弃、更新的历史。传统出版文化有恒常固定性的一面，也有推移流动性的一面，其不符合时代发展的内容会慢慢消解，而合理的内核则会自我更新，逐渐融入现代出版文化之中。传统出版文化与现代出版文化的关系，“不是结果的统一性而是活动的统一性；不是产品的统一性而是创造过程的统一性”①。

5. 出版文化的批判继承与开拓创新

众所周知，世界上不存在没有缺点和不足的完美文化。中国创造了五千年的优秀文化，这是世界文化史上的奇观。但也不可否认，其中也有不少属于糟粕的范畴。对待文化遗产的正确态度就是用科学的、辩证的方法取其精华，弃其糟粕。出版文化同样如此，中国当代出版文化由古代出版文化承接而来，而我国长期的封建出版文化是一个糟粕与精华并存的复杂的文化系统，不加批判、改造地整体转换或继承，显然是不合适的。因为中国传统出版文化中的某些负面因素会对当代出版文化带来消极影响，如中国古代出版过分地强调伦理要求和文化责任，讳谈利润，耻于言利。这种传统会影响出版机构的市场意识、竞争观念的发展。所以批判、扬弃传统出版文化中的局限之处，有利于当代出版文化的开拓创新，“继承性——不仅是人类文化进步的最重要的源泉，而且是社会生活各个方面发展的必要条件”②。出版文化的开拓创新除了出版内容、载体的本身之外，更重要的是思想观念、规则制度等方面的创新，确切地说，是培育一种出版创新精神。有了开拓创新的精神内蕴，中国出版文化才能赓续绵延而又不断推陈出新，充满不竭的生命力。

第二节　出版文化的组成结构

出版文化作为广袤文化空间的一个新领域，同样具有整体、系统的层次结构和独立体系。出版文化的组成结构，简单地讲，就是出版文化的内容构成，以及构成各要素之间的相互关系和作用形式。对于出版文化的构成，与文化一样由于概念界定的思路、方法不尽相同，所以观点也千差万别、多种多样。根据上一节中对于出版文化的相关阐述，本书基于广义文化的立场，根据出版活动的特征从文化形态学的视角，将出版文化当成是一个包含多个层面的立体系统，从外及内分为物质文化层、制度文化层、精神文化层三个层面。

---

① 恩斯特·卡西尔. 人论[M]. 甘阳，译. 上海：上海译文出版社，2003：90.

② 贡恰连科. 精神文化：进步的源泉与动力[M]. 戴世吉，等，译. 北京：求实出版社，1988：38.

一、物质文化层

所谓出版的物质文化层就是人类的出版实践方式和物质产品的总和，既包括物质生产能力，如出版技术、工艺等，也包括产品生产流程及其结果，即通过规划选题、复制加工、营销发行等工作环节，最后成为供读者阅读或消费的如图书、报刊、音像等出版物载体形态。它构成了整个出版文化存在、创造的物质基础，属于外在的文化产品创制。

作为出版的最重要的物质手段，出版技术一直都影响着出版业的发展。从手抄到雕版，从谷登堡金属活字印刷到计算机激光照排，直至今天的网络数字化出版，技术变革带来的直接变化就是出版物载体的更新换代，从早期的龟甲、钟鼎、兽皮、陶器、绢帛、竹简、粗纸，到现在的光盘等电子介质载体。技术的进步与推广不断催生新的出版形式，形成批量化流水线式生产模式，出版成本降低，出版市场得以形成与完善，加快了知识的传播速度，形态万千的出版物得以呈现于人们面前，成为"物化的知识力量"。而出版技术进步的直接结果就是出版物质量的提高，尤其是出版文化精品的出现，这也是出版文化中物质层面的集中体现。以图书为例，且不论主题、意象、价值、影响等精神文化层面的内容，从最直观的可触知的方面看，必须是纸张挺括，印迹清晰，墨色均匀，页码齐整，图文跨页接版准确，成品裁切光滑，装订紧凑结实，锁线订浆口和环衬粘口在最佳范围以内。装帧设计契合图书主旨，字体、字号、封套、封面、书脊、环衬、书眉、封底等处配搭有序，色调和谐，展现和张扬图书特有的美感和情趣。从 2003 年开始的"中国最美的书"评选活动，获奖的作品无一例外皆是如此，中国风格的线装书、册页书，简约、轻盈的平装书、口袋书，时尚、大气的精装书、礼品书都体现了书籍设计的整体艺术效果和制作工艺与技术的和谐统一。

二、制度文化层

人创造了文化，文化也影响了人，"文化，一方面赋予了人自主性及价值意识；另一方面，种种文化规范又给人以各方面的限制，泯灭其自主性的价值意识"①。也就是说，文化中有一种规范性因素，会成为人们实践活动中的行为框架和尺度。从出版来看，人类在出版实践中形成的各种出版规范、规程、规则构成了出版的制度文化层。在汉语中，"制"有节制、限制之意，"度"为"尺度、标准"，"制度"即为节制人们行为的尺度与规则。对于出版而言，制度是一种调适出版竞争关系、稳定出版市场秩序、规范出版机构行为的文化现象，属于出版文化的规则层面和秩序系统，是制度化了的出版文化的外在表现方式。从宏观来看，出版制度文化以一定历史时期的社会形态为其创设的前提。人类自诞生以来，经历了原始社会、奴隶社会、封建社会、资本主义社会、社会主义社会等社会形态，因此，存在着封建社会、资本主义制度、社会主义社会的不同的出版制度文化表现。

---

① 孙万鹏. 选择学[M]. 济南：山东人民出版社，1992：144.

在封建社会，出版机构及其人员均由皇帝指定，他们是政府执行机关和朝廷命官，任务是校勘编书，钦定发行。出版业处于皇权和官员的直接控制之下，出版文化制度只能是封建专制制度在出版行业内的具体反映。资产阶级取得政权后，市场自由竞争取代了封建专制垄断，建立了资本主义特征的出版制度。在我国，社会主义制度下的出版事业与前两者截然不同，消灭了私有制度下的出版方式，成为体现社会主义市场经济特色下的出版机制，实现了社会效益和经济效益的有机结合。

同时，出版制度文化又是衡量一定历史时期社会的文明程度的标尺，信息传播的自由与否、思想观念的解放与否、社会文化的进步与否都与其息息相关。英国从1528年起就对出版业实行了一系列的管制措施，建立皇家出版特许制度，限制其发展壮大，并且建立出版法庭，严厉惩罚各种违反规定的出版人。在这种严格的制度管控之下，英国的出版业很长时间处于分散、停滞的境地，严重制约了先进思想的传播和社会文化的发展。像我国近代出版史有过快速发展的“黄金时代”，一个重要原因就是建立了全国性的《出版法》《著作权法》以及各类法规施行细则、书业公会业规、同业公会章程、办法公告，还有各大出版机构的公司章程、办事规则、请假须知等从大到小的一整套制度规范，不仅有力地保障了出版业的持续发展，而且也促进了当时思想文化的进步与创新。

需要指出的是，制度文化层又可细分为三个系统，“一是传统、习惯、经验与知识积累形成的制度文化的基本层面；二是理性设计和建构的制度文化的高级层面；三是包括机构、组织、设备等的实施机制层面”。① 由此，我们根据出版文化的特点，可以将出版制度文化分成高级层面和基本层面。所谓高级层面就相当于正式制度，是国家、政府、组织、部门、机构所制定和施行的带有强制性和约束力较强的制度，是“有字的规则”，表现为出版法律法规、出版机构管理规章、出版合同等。基本层面类似于美国学者诺思所称的“非正规制约”，指的是人们在长期社会交往过程中逐步形成，并得到社会认可的约定成俗、共同恪守的行为准则，主要包括风俗习惯、文化传统等，是“无字的规则”。在出版制度文化建设中，如果说正式制度带有浓厚的“他律”色彩，非正式制度明显具有“自律”的性质。二者有机结合，才能共同铸就出版制度文化，推动出版业健康前行。

三、精神文化层

出版文化的精神层面是指人类在长期的出版实践活动中不断积累、沉淀并沿袭传递的一种具有相对内在稳定性的职业规范和道德准则，具体表现为出版工作的意识理念、思维方式、作风态度、价值追求、品格情怀等。它是出版文化的最深层次的内核，“是出版人独有的价值取向、职业道德、职业精神，经过抽象和提升成为出版行业的‘类人化品格’”②，渗透编辑、复制、发行的各个环节与流程，往往是通过出版人的理想追求和工作

---

① 曾小华. 文化、制度与制度文化[J]. 中共浙江省委党校学报，2001(2)：30-36.

② 赵保全，潘丽梅. 论出版精神和出版人的精神追求[J]. 出版广角，2015(2)：99-102.

品质体现出来。具体而言有以下四个方面：

1. 使命意识

出版是与文化联系最为密切的一个行业，文化是出版的最终目的，出版人就是优质精神食粮的创造者和创新者，担负着教育职责、文化使命和社会责任，甚至与文化兴亡和国家前途也有莫大干系。商务印书馆创始人之一高翰卿曾说：“我觉得社会中有三种事业非常重要，一种是银行，一种是报馆，一种是书业。这三种事业与国家社会民族极有关系，力足以移转国家社会的成败，兴衰，或进退。”①正是有这样的使命意识，张元济主持下的商务印书馆以昌明教育、传承文化为己任，撑起那个时代文化的一片蓝天。邹韬奋和他领导的生活书店，热爱人民，真诚地为读者服务，执着于进步出版事业，为民族解放呐喊，成为一代青年认识社会、思考人生、追求光明的灯塔。

2. 价值理念

这其实指的就是出版价值观问题，也就是一个人或群体对出版的本质属性、社会意义、重要程度等问题的总体评价。它是出版文化的核心，也是出版从业者的职业选择和行为趋向的本质因素。出版价值理念是一个含义很复杂的理论范畴，也是认识不断深化的历史过程。从我国的出版价值观的演化来看，它经历了“工具论”“事业论”“产业论”“公共服务论”的变迁，在这一过程中，出版人的出版价值观也在与时俱进，扬弃旧有的落后思想，克服盲目性，理解和接纳时代潮流，自觉向社会主流、主导性的取向、追求与目标靠拢，不仅仅把出版当作手段，更把它看作实现自己人生价值的标准。

3. 作风态度

相对于使命意识和价值理念，作风态度是出版精神文化层面的外化，简单说来就是在工作中所表现出来的比较稳定的行为状态或风格，是出版人办事效率、服务质量、精神面貌的综合反映，是衡量出版工作水平的重要尺度和标准。当前出版行业提倡的就是精雕细琢、精益求精、追求卓越、品质至上的匠人作风与专业态度。著名编辑家周振甫先生为我们在这方面做出了表率，他恪守自己的工作信念，一丝不苟地“为他人作嫁衣裳”，对每一部书稿不仅都仔细阅读，而且对原稿进行了细密的文字加工，并对原稿论述欠周之处多有补苴罅漏，尽心尽力地帮助作者解决各种困难，千方百计地提高书稿质量。他和钱锺书先生之间的编读佳话，正是周振甫优良作风态度的集中映照。

4. 职业品格

这指的是出版从业者所具备的职业需要的德性修养，是个人内在品质在出版职业活动

---

① 高翰卿，等. 商务印书馆九十五年：我和商务印书馆(1897—1992)[M]. 北京：商务印书馆，1992：11-12.

中体现的特征和倾向。职业品格是职业素质中的最高级和最核心的部分，以内在动力的方式驱动从业者去遵守职业规范、履行职业责任、提高职业技能、完成职业目标。相较于其他行业，出版的精神属性要求从业者必须具备较高的职业品格，这不仅是基本要求和必备条件，更是立业之根基。纵观世界古今，各国的优秀出版人从来都是勤勤恳恳、兢兢业业，数十年如一日地认真工作，勤奋、忠诚、奉献和进取是他们的共同情怀。这种高尚而积极的职业品格是出版业繁荣发展的重要推动因素。

通过对出版文化结构的分析，不难发现，这三个层面其实分别对应着广义、中义、狭义的文化观。广义文化观反映的是以具体物质形式为载体又包含人类精神文化底蕴的文化类型；中义文化观突显了人类精神的创造方面，将人类的思维活动及其产物——非物态非心态的组织结构和制度规范——联系在一起；狭义文化观则强调观念形态或意识形态，属于人类内在理念和自我意识范畴内的观念、思想、心理、价值等隐形文化形态。但是，需要强调的是“结构关系的根本特点，是各部分之间的相对固定的关系而不是各部分或各要素本身”①，而且“在每一文化内部，不同的部分和方面不但彼此关联和互相渗透，而且共享和体现着文化的一般精神”②。这说明组成文化结构的每个要素只有在该要素与其他要素的整体关系框架中才能充分地认知到它真正的含义与价值。所以出版文化的物质文化层、制度文化层、精神文化层三部分并非泾渭分明，判若鸿沟，它们共同构成了出版文化存在和发展的方式。它们之间是一个什么关系呢？清朝学者龚自珍曾说：“圣人之道，本天人之际，胪幽明之序，始于饮食，中乎制作，终于闻性与天道。”③这表明，前人已经将文化(圣人之道)进行了层次划分，物质文化是文化的前提和基础(始于饮食)，精神文化(天道)位于最高层，处于统领性位置，而行为规范式的制度文化位于中间(中乎制作)，连接两者。依此延伸思考，具体到出版文化，我们可以做出判断：出版物质文化是基础与前提，出版制度文化是协调与保障，精神文化是核心与根本，共同形成了特定的结构—功能系统和统一的整体。它既是历代出版文化历时性的产物，具有传承性和稳定性，同时又随着外界环境的变化而不断发生嬗变与重组，因而又具有变异性和断裂性。这种“常”与“变”并非均一进行，某些部分如出版制度文化受传统的影响较大，相对稳固、保守，变异较缓。某些部分如出版物质文化中的技术、工艺等与社会发展中生产力直接关联，属于较活跃因素，新陈代谢的步伐较快，其变化也迅疾与快速。

出版文化中的物质文化、制度文化、精神文化之间经常会出现不和谐、不平衡的状态。当一个社会在一定时期内出版物质文化发达、繁荣之时是否就意味着出版精神文化的发达与进步，答案显然不是绝对的。有时候，发达繁荣的出版物质文化还可能导致出版精神文化的堕落与危机。那么，出版制度文化的变革与发展是否能推动三者之间关系的协调

① 克鲁克洪，等. 文化与个人[M]. 高佳，等，译. 杭州：浙江人民出版社，1987：10.
② 梁治平. 法律的文化解释[M]. 北京：三联书店，1994：32.
③ 李敖. 龚自珍全集——盛世危言[M]. 天津：天津古籍出版社，2016：43-44.

与平衡呢？出版史上不乏通过出版制度的改革获得成功的案例，如东汉以来不断完善的秘书监、国子监制度、馆阁、翰林院等机构的应时设置等，对图书整理、编校、保存，社会文化传播都有着重要的积极影响。但这也并非绝对，在历史上也有许多推行出版制度文化变革的试验并没能取得预想的成功。所以，出版制度文化本身着眼于人类出版活动的运行机制问题，它必须要与当时人们普遍的理解、认识和需要相契合，要合乎社会整体发展潮流的趋向，应在物质文化发展到一定水平的基础上顺势而为。同理，解决了出版精神文化问题并非意味着出版文化整体的和谐与平衡。出版精神文化的核心是出版价值理念系统，具有相当的稳定性，有许多复杂交错的力量在制约着它的变革。这注定出版精神文化的变革是一个缓慢的渐变过程，而且是出版物质文化和出版制度文化各个层面多种力量共同促成的结果。

第三节　出版文化的特征与功能

通常来讲，特征是指能将一事物与其他事物区别开来，属于个体独自所有的特殊性。出版文化是社会文化总系统中的一支，既有文化的一般性特征，也有自身特殊的鲜明属性。研究出版文化不可忽视出版文化特征这一方面。另外，出版文化是人类漫长出版实践活动的产物，动态地看，它内含的各个要素都有其相应的行动、活动和作用，体现的就是出版文化的功能。

一、出版文化的特征

出版文化是“出版特色”的文化，其特征可以概括为以下四个方面：

1. 跨界性

如前文所述，出版文化是包括物质文化、制度文化和精神文化三个层面的集合，所以出版文化涉及物质生产和精神生产两种生产方式、横跨物质文化和精神文化两个文化领域、打通经济基础与上层建筑两大社会范畴，具有典型的跨界性特征。首先，出版实践过程包括属于精神生产的策划、选择、革新等创造性思维劳动，还包括属于物质生产的通过一定的技术手段进行复制、传播、发行的行为；其次，出版活动的产品即出版物既具有外在的商品属性，又具有内在的精神文化属性，融精神内容和物质形式为一体；最后，出版业是一项文化事业，这体现的是其出版生产资料和出版成果分配等经济基础层面的特征。出版业也是文化产业的重要部门，因而其也具有出版理念及相关理论体系的意识形态特征。

2. 实用性

出版文化是一个具有实用性的社会文化，它能切合实际地表现出版的社会价值和发展着的人类出版活动的进步，是一种能够带来实际社会效果的文化。出版文化的实用性一方面表现在它能为出版从业人员提供一套普遍适用的价值规范和行为准则，可以对出版实践进行现实的调控，更能推动出版工作的质量提升。另一方面，更重要的是能够形成出版的精神价值。这是比文化调控手段更加长久和稳定的方式，是构筑于内心的最高层次的“实用性”表现，就像美国传播学者卢因所言“没有什么比一个好的理论更实用的了”，精神价值也是一种实用性。如这些年出版行业大力倡导“工匠精神”，出版从业者将这种价值认知深植内心，自觉外化为认真负责、精益求精、追求完美的工作态度和职业作风，打造了一个个优秀的出版单位，推出了一批批高质量、受欢迎的出版物，实现社会效益和经济效益的双赢。

3. 传承性

人类在自身的发展中创造了出版文化，并且在长期的历史进程中发展了出版文化，使之不断丰富、升华。出版文化不是一代人一时期内所创造的财富，而是人类历史发展过程中的一个逐渐累积的过程，而且出版本身就是传播信息、传递知识、创造文化的实践活动，无论这一过程中的文化精神和出版思想，还是出版技术、出版制度的历史发展轨迹，都会不断地吸收、赓续、改造和创新。所以，出版文化具有传承性，从历史中走来，向新时代进发。从印刷技术发展考察，其经历了雕版刻印、金属活字、饾版套印、多色拱花、机械印刷、激光照排的代际更迭与革新，传统的印刷工艺向现代机械转变，图书生产效率与流通速度加快，极大地便利了知识、思想的推广与传播，带来了社会的文明与进步。在这一过程中，落后的因素被裁汰剔除，有价值的技术遗产被保留下来，形成了适合于新的时代和社会所需要的出版文化。

4. 相融性

当今世界，文化是多元的，存在着由不同区域、不同民族等因素影响形成的差异性。而且文化天然具有交流、传播、扩散的要求，“交往是文化的属性，文化只能在交往中才能生长。……在世界范围内，文化交往呈现出另一个新特点：这就是在保持多元化的基本态势下，相互吸收、相互融合、相互借鉴、相互影响的文化交往空前加强了。文化交往真正成为世界范围的活动”①，闭关自守会窒息文化的生命与活力，导致文化的闭塞与落伍。所以文化必须冲破各种界限，从封闭走向开放，到更广阔的领域去竞争和对话。出版文化也是如此，是一个文明互鉴、取长补短的过程，是在沟通、吸收、渗透的互涉中不断得到发展的。中国古代造纸术和印刷技艺的外传，推动了人类出版文明升级迭代，从硬质出版时代走向了软质出版时代。而晚清时期西方石印技术、机铅中文活字印刷技术的引进和普及，使中国出版完成了近代化转型。改革开放后特别是全球化环境下的今天，借势网络技

---

① 李荣善. 文化学引论[M]. 西安：西北大学出版社，1996：1-2.

术和数字技术，出版交流极其快捷方便，中外出版文化的融合走向纵深，合作方式花样翻新，合作成果异彩纷呈。这充分说明一个民族或一个国家的出版文化必须吸收世界上出版文化的优秀成果，强化交流，为我所用，才能让出版文化发挥更大的作用。现代出版文化中，从来未曾吸收外国出版经验或借鉴外国出版模式者极为罕见。

关于出版文化的特征，值得注意的是上列四种特征实际上是相互渗透，而不是各自完全独立的，并非一种特征比其他三种特征更加重要，它们之间并无轻重之分，只是可能某一特征在某个历史时期较为突出。如当前，出版文化的相融性特征就很凸显，这也表明了出版文化与社会环境的密切关联。

二、出版文化的功能

出版文化的功能指的是出版文化内在所具有的对个人以及社会产生的影响或作用。在阐述出版文化有哪些功能之前，我们必须要了解为什么要对出版文化的功能高度重视，甚至马克思在其著作中曾指出印刷术是“科学复兴的手段，变成创造精神发展的必要前提的最强大的推动力”。① 无可否认，进入 21 世纪以来，文化在社会体系中的地位日益重要，成为民族凝聚力和创造力的重要源泉，成为国家核心发展力和核心竞争力的不可或缺的一部分，是在综合国力竞争中维护国家利益和安全的重要精神武器。所以，“文化力”被世界上很多国家提升为文化战略关键因素，其要义就是将文化关切从文化本身扩展为它所内在的文化力量和释放的文化能量，即文化对于自身、对于创造它的主体的个体和民族的生命本质和生命意义。② 简单地说，文化用一种潜移默化的方式对经济、政治、艺术和人们的日常生活无形地设计和框定。文化传统越是悠久，这种设计越完备齐全。由于文化力的这种作用，它释放出的特殊的文化气息调动起人的潜能，影响人的态度与情绪，民族的凝聚力与向心力等。③ 因此，对于出版文化而言，出版文化是功能(力)的载体或体裁，而功能(力)是出版文化的价值意义所在，两者是体用合一的联系。具体而言，出版文化有以下三点功能：

1. 表征功能

这是指出版文化作为总体文化的组成部分，能够直接或间接地再现、反映人类社会文明发展的实际状态。首先，出版文化与物质文明紧密相连。出版文化所包含的印刷技术、出版工艺的发展进步就是社会物质文明程度的一个外在表现。例如，雕版刻印是古代传统出版文化的代表，融媒体出版则是数字化时代的产物；其次，出版文化中的制度文化表征着一个社会的制度文明。出版政策是否先进、出版规章是否合理、出版管理机制是否健全

① 马克思．机器、自然力和科学的应用[J]．自然科学争鸣，1977(4)：16-20.

② 樊浩．文化与文化力[J]．天津社会科学，2019(6)：4-16.

③ 李瑜青．法律文化研究[M]．西安：陕西人民出版社，1996：50-55.

等，都是一个社会制度文明程度的直接映射；最后，出版文化是社会精神文明和价值观念的重要内容。社会各界包括出版从业人员对出版的认知、情感和态度以及由此形成的整体性观念和行为模式，是衡量一个社会精神文明程度和状态的重要标准。如出版文化中的义利关系，是重利轻义，还是重义轻利，不同选择折射出不同的出版文化观。

2. 沟通功能

这是指出版文化可以促进出版主客体之间的信息交流，有效地调节并适应在一定环境下人们出版活动的内容和要求。文化沟通就是信息的传播与交流，思想和行为相互影响，相互浸染，共同参与关系、制度和行为模式的形成和改变。正是由于沟通这一社会信息传递，并对信息作出处理的能力，使出版规范和出版工作成为可能，从而形成出版文化。如目前我国的出版业属性、关系复杂纠结，既是“事业”和“产业”的双重属性，又存在文化企业特点和现代企业制度的差异，还有社会效益和经济效益之间的矛盾。这必须要有正确先进的出版文化来调整和规制，应以国家利益为重，把加强党的领导与完善公司治理统一起来，加强分类指导，创新资产组织形式和经营管理模式，建立健全把社会效益放在首位、实现社会效益和经济效益相统一的考核评价标准。正确处理党委、政府与国有文化企业的关系，尊重企业法人主体地位和自主经营权，强化政策引导，严格依法监管，注重道德调节，坚守社会责任。这些都是现代出版文化涉及的内容。此外，出版文化的沟通功能还表现为不同的出版文化系统之间的交流与互鉴，特别是全球化时代，各国文化交往日益频繁，不同社会制度下的出版文化尽管存在障碍与隔阂，但通过沟通，不同出版文化之间还是能够实现正确解读和相互理解。

3. 选择功能

这是指出版文化能够为出版工作的“选题”和“编辑加工”等选择行为提供某种标准和规范。这是出版文化的基础性功能，一方面通过把关，实现取优汰劣，是“对个体精神产品进行鉴别选择的过程，是一个去劣存优的文化选择过程”①，从一定意义上，这是对人类知识文化体系进行了梳理，将人类的优秀精神成果沉淀保留，并进一步传承和发扬，促进了文化的发展，“任何文化的发展演化，都意味着许多文化成分的不断新陈代谢。一些本来曾经非常重要的文化成分，一旦在新出现的文化成分面前相形见绌，就会被新的文化成分取而代之”②。另一方面，出版文化的政治宣传、科技传播、教育认知、休闲娱乐等其他功能的发挥都是基于选择功能而实现的。例如，出版界将出版分为学术出版、教育出版和大众出版三部分，学术出版又可以细分为社会科学、自然科学等，教育出版也可以细分为高等教育、初等教育、职业教育、乡土教育等，大众出版类型则更加丰富多样，旅

① 向新阳. 编辑学概论[M]. 武汉：武汉大学出版社，1995：81-82.

② 刘守华. 文化学通论[M]. 北京：高等教育出版社，1992：93-94.

游、保健、美食、理财、居家、艺术、考古等不胜枚举。凡此种种，其实就是通过对人类海量信息的筛选与重组，再根据内容对受众产生的影响的差异进行分类，本质上就是出版文化选择功能的体现。

S

参考文献

[1]巴甫洛夫. 巴甫洛夫选集[M]. 吴生林，贾耕，等，译. 北京：科学出版社，1955.
[2]保罗·麦耶斯. 知识管理与组织设计[M]. 蒋惠工，等，译. 珠海：珠海出版社，1998.
[3]贝尔纳 J D. 科学的社会功能[M]. 陈体芳，译. 南宁：广西师范大学出版社，2003：344.
[4]《中国大百科全书》总编委会. 中国大百科全书(新闻出版卷)[M]. 北京：大百科出版社，1992.
[5]彼得·德鲁克. 后资本主义社会[M]. 傅振焜，译. 上海：东方出版社，2009.
[6]边春光. 编辑实用百科全书[M]. 北京：中国书籍出版社，1994.
[7]边春光. 出版词典[M]. 上海：上海辞书出版社，1992.
[8]布川角左卫门. 简明出版百科词典[M]. 申非，祖秉和，等，译. 北京：中国书籍出版社，1990.
[9]蔡惠平，等. 包装概论[M]. 2版. 北京：中国轻工业出版社，2018.
[10]蔡颖君，乔磊，刘佳. 书籍装帧设计[M]. 北京：中国轻工业出版社，2015.
[11]查尔斯·辛格，霍姆亚德 E J，霍尔 A R. 技术史[M]. 王前，孙希忠，译. 上海：上海科技教育出版社，2004.
[12]陈葆华. 现代人力资源管理[M]. 北京：北京理工大学出版社，2017.
[13]陈波. 社会科学方法论[M]. 北京：中国人民大学出版社，1989.
[14]陈国斌. 图书发行管理学[M]. 北京：高等教育出版社，1986.
[15]陈国宏. 人力资源管理[M]. 北京：北京理工大学出版社，2017.
[16]陈敬全，孙柳燕. 创新意识[M]. 上海：上海科学技术出版社，2010.
[17]陈丽菲. 出版新形态研究[M]. 上海：上海辞书出版社，2011.
[18]陈其荣，曹志平. 科学基础方法论[M]. 上海：复旦大学出版社，2005.
[19]陈桃珍. 编辑概论[M]. 2版. 重庆：重庆大学出版社，2012.
[20]陈文军. 资本和职业经理人的伦理约束[M]. 上海：上海财经大学出版社，2013.
[21]崔亚虹，包爱梅. 期刊管理与信息检索[M]. 呼和浩特：内蒙古大学出版社，2005.

[22]中共中央文献编辑委员会. 邓小平文选(第二卷)[M]. 北京：人民出版社，1994.
[23]范淑红，李小东，龚修端，等. 印刷概论[M]. 长沙：湖南科学技术出版社，2009.
[24]方汉奇. 中国近代报刊史[M]. 太原：山西教育出版社，1991.
[25]方卿. 出版产业链研究[M]. 北京：高等教育出版社，2011.
[26]方卿，姚永春. 图书营销学教程[M]. 湖南：湖南大学出版社，2008.
[27]方毅华，郝丽丽. 编辑学概论[M]. 北京：中国广播电视出版社，2007.
[28]斐迪南·滕尼斯. 共同体与社会：纯粹社会学的基本概念[M]. 张巍卓，译. 北京：商务印书馆，2019.
[29]菲利普·科特勒，凯文·莱恩·凯勒. 营销管理(第 15 版)[M]. 何佳讯，于洪彦，牛永革，徐岚，译. 上海：格致出版社，2016.
[30]菲利普·科特勒. 营销管理：分析、计划、执行和控制(第 8 版)[M]. 梅汝和，梅清豪，张桁，译. 上海：上海人民出版社，1997.
[31]高斯，洪帆. 图书编辑学概论[M]. 南京：江苏教育出版社，1989.
[32]高信成. 中国图书发行史[M]. 上海：复旦大学出版社，2005.
[33]苟雁. 数字化印前设计技术[M]. 成都：电子科技大学出版社，2016.
[34]顾萍. 印刷概论[M]. 北京：中国轻工业出版社，2013.
[35]郭庆光. 传播学教程[M]. 北京：中国人民大学出版社，2011.
[36]国家新闻出版广电总局出版专业资格考试办公室. 出版专业实务初级(2015 年版)[M]. 武汉：崇文书局，2015.
[37]国家新闻出版广电总局出版专业资格考试办公室. 数字出版基础[M]. 北京：电子工业出版社，2015.
[38]Han J，Kamber M，Pei J. 数据挖掘概念与技术[M]. 范明，孟小峰，译. 北京：机械工业出版社，2001.
[39]郝铭鉴. 心中要有块石头[M]. 北京：华夏出版社，2010.
[40]何海燕，吴晨晖，吴晋. 印刷设计与实训[M]. 石家庄：河北美术出版社，2015.
[41]黑格尔. 小逻辑[M]. 贺麟，译. 北京：商务印书馆，1980.
[42]亨利·法约尔. 工业管理与一般管理[M]. 胡苏云，吕衍，王莲乔，译. 成都：四川人民出版社，2017.
[43]胡典世，练小川. 图书营销学[M]. 武汉：武汉大学出版社，1990.
[44]胡乔木. 胡乔木回忆毛泽东[M]. 北京：人民出版社，2003.
[45]黄先蓉. 出版物市场管理概论[M]. 武汉：武汉大学出版社，2016.
[46]黄晓新. 中国印刷业发展报告(2018 版)[M]. 北京：中国书籍出版社，2018.
[47]黄志建. 条形码技术及应用[M]. 北京：机械工业出版社，1992.
[48]黄智斌. 企业管理基础知识[M]. 北京：中国财政经济出版社，2015.
[49]霍李江. 包装印刷技术[M]. 北京：印刷工业出版社，2011.

[50]吉姆·格雷. 第四范式：数据密集型科学发现[M]. 潘教峰，张晓林，译. 北京：科学出版社，2012.
[51]吉田公彦. 建立出版学时应考虑的几个问题[C]//第六届国际出版学研讨会论文集(1993). 北京：高等教育出版社，1994.
[52]建伟. 现代出版管理论[M]. 郑州：河南教育出版社，2006.
[53]金眉. 著作权法原理[M]. 南京：南京大学出版社，1994.
[54]鹫尾贤也. 编辑力[M]. 陈宝莲，译. 杭州：浙江人民出版社，2013.
[55]郎劲松. 中国新闻政策体系研究[M]. 北京：新华出版社，2003.
[56]雷·史密斯. 艺术家手册[M]. 刘婷婷，译. 北京：北京美术摄影出版社，2017.
[57]李白坚. 中国出版文化概观[M]. 南宁：广西教育出版社，1999.
[58]李宝玲. 全媒体时代传统出版业数字化发展研究[M]. 北京：企业管理出版社，2016.
[59]李聪媛. 管理理论与实践[M]. 重庆：重庆大学出版社，2016.
[60]李娟. 印刷工艺与实训[M]. 武汉：华中科技大学出版社，2015.
[61]李明杰. 中国古代图书著作权研究[M]. 北京：社会科学文献出版社，2013.
[62]李朔. 编辑实用手册[M]. 北京：中央广播电视大学出版社，2013.
[63]李晓钟. 书刊发行辞典[M]. 长沙：湖南出版社，1993.
[64]李焱胜. 中国报刊图史[M]. 武汉：湖北人民出版社，2005.
[65]李永强. 印后装订操作教程[M]. 北京：印刷工业出版社，2011.
[66]梁宝柱，出版经济学导论[M]. 北京：中国书籍出版社，1991.
[67]林穗芳. 明确基本概念是出版科学研究的重要课题，[C]//第六届国际出版学研讨会论文集(1993). 北京：高等教育出版社，1994.
[68]林穗芳. 中外编辑出版研究[M]. 武汉：华中师范大学出版社，1998.
[69]刘光裕，王华良. 编辑学理论研究[M]. 济南：山东教育出版社，1995.
[70]刘国钧. 中国书籍史简编[M]. 北京：书目文献出版社，1981.
[71]刘国钧. 中国书史简编[M]. 北京：高等教育出版社，1958.
[72]刘千桂. 互联网+产业：融合与超越[M]. 北京：中国财富出版社，2017.
[73]刘全香. 数字印刷技术及应用[M]. 北京：印刷工业出版社，2011.
[74]刘文平，高晶，曹帅. 数字印刷300问[M]. 北京：印刷工业出版社，2014.
[75]陆本瑞. 外国出版概况[M]. 沈阳：辽海出版社，2003.
[76]栾玉广. 方法的科学：探索自然奥秘之路[M]. 合肥：安徽科学技术出版社，1982.
[77]罗紫初，吴赟，王秋林. 出版学基础[M]. 太原：山西人民出版社，2005.
[78]罗紫初. 比较出版学[M]. 武汉：武汉大学出版社，2006.
[79]罗紫初. 编辑出版学导论[M]. 长沙：湖南大学出版社，2008.
[80]罗紫初. 出版发行学基础[M]. 太原：山西经济出版社，2000.
[81]罗紫初. 出版学基础研究[M]. 太原：山西人民出版社，2005.

[82]罗紫初. 图书发行学概论[M]. 武汉：武汉大学出版社，1988.
[83]吕新广. 现代印刷技术[M]. 广州：暨南大学出版社，2017.
[84]马费成，赖茂生. 信息资源管理[M]. 北京：高等教育出版社，2018.
[85]马费成，邱均平，黄宗忠，等. 信息资源与社会发展：1996 信息资源与社会发展国际学术研讨会论文集[M]. 武汉：武汉大学出版社，1996.
[86]马费成，宋恩梅. 信息管理学基础[M]. 武汉大学出版社，2018.
[87]马克思. 资本论(第一卷)[M]. 北京：人民出版社，2004.
[88]马克思恩格斯列宁斯大林著作编译局. 马克思恩格斯全集(第 39 卷)[M]. 北京：人民出版社，2006.
[89]马克斯·韦伯. 经济行动与社会团体[M]. 桂林：广西师范大学出版社，2011.
[90]《马克思主义与社会科学方法论》编写组. 马克思主义与社会科学方法论[M]. 北京：高等教育出版社，2012.
[91]马莉婷. 电子商务概论[M]. 2 版. 北京：北京理工大学出版社，2019.
[92]马林诺夫斯基. 文化论[M]. 费孝通，等，译. 北京：中国民间文艺出版社，1987.
[93]托马斯·库恩. 必要的张力[M]. 纪树立，等，译. 福州：福建人民出版社，1981.
[94]托马斯·库恩. 科学革命的结构(第四版)[M]. 金吾伦、胡新和，译. 北京：北京大学出版社，2012.
[95]马永仁. 区块链技术原理及应用[M]. 北京：中国铁道出版社，2019.
[96]迈克尔·波特. 竞争优势[M]. 陈小悦，译. 北京：华夏出版社，1997.
[97]米哈伊洛夫 A И，等. 科学交流与情报学[M]. 徐新民，译. 北京：科学技术文献出版社，1980.
[98]欧阳康. 人文社会科学哲学[M]. 武汉：武汉大学出版社，2001.
[99]彭建炎，出版学概论[M]. 长春：吉林大学出版社，1992.
[100]彭剑锋. 人力资源管理概论(第 2 版)[M]. 上海：复旦大学出版社，2015.
[101]彭兰. 网络传播概论[M]. 北京：中国人民大学出版社，2017.
[102]彭志忠，李蕴，刘军，等. 客户关系管理理论、实务与系统应用[M]. 济南：山东大学出版社，2005.
[103]大百科事典(第 7 卷)[M]. 东京：平凡社，1985.
[104]Pirkko Oittinen，Hannu Saarelma. 印刷媒体——原理、过程和质量[M]. 狄正军，郭凌华，迟聪聪，等，译. 北京：中国轻工业出版社，2018.
[105]齐晓坤. 印刷工艺学[M]. 北京：中国轻工业出版社，2007.
[106]乔治·维尔. 世界报刊史——报刊的起源、发展与作用[M]. 康志洪，王海，译. 北京：科学出版社，2018.
[107]钱存训. 纸和印刷[M]. 上海：上海古籍出版社，1990.
[108]秦淑娟，李邦君. 文化经济规律研究[M]. 上海：上海财经大学出版社，2013.

[109]清水英夫. 现代出版学[M]. 北京：中国书籍出版社，1991.
[110]邱霈恩. 领导者素质[M]. 北京：中国言实出版社，2003.
[111]全国出版专业职业资格考试办公室. 出版专业基础(中级)[M]. 上海：上海辞书出版社，2007.
[112]全国出版专业职业资格考试办公室. 出版专业基础知识[M]. 北京：中国大百科全书出版社，2002.
[113]全国出版专业职业资格考试办公室. 出版专业理论与实务(中级)[M]. 上海：上海辞书出版社，2004.
[114]邵益文. 编辑学研究在中国[M]. 武汉：湖北教育出版社，1992.
[115]沈仁干，钟科. 版权法浅谈[M]. 北京：法律出版社，1982.
[116]石峰. 书人书事书话[M]. 北京：中国书籍出版社，2014.
[117]石金涛，唐宁玉，顾琴轩. 培训与开发[M]. 北京：中国人民大学出版社，2003.
[118]斯蒂芬·P. 罗宾斯. 管理学(第13版)[M]. 刘刚，等，译. 北京：中国人民大学出版社，2017.
[119]孙树松，林人. 中国现代编辑学词典[M]. 哈尔滨：黑龙江人民出版社，1991.
[120]万安伦. 中外出版史[M]. 北京：高等教育出版社，2017.
[121]王福生. 政策学研究[M]. 成都：四川人民出版社，1991.
[122]王广宇. 客户关系管理[M]. 3版. 北京：清华大学出版社，2013.
[123]王海云，吴玉红，费秀红. 出版社营销管理[M]. 北京：经济管理出版社，2009.
[124]王力东，李晓敏. 财务管理[M]. 北京：北京理工大学出版社，2019.
[125]王荣江. 库恩对Paradigm一词的使用、理解及其中文翻译[J]. 自然辩证法通讯，2018(9).
[126]王晓光. 数字资产管理[M]. 北京：电子工业出版社，2013.
[127]王益，汪轶千，等. 图书商品学[M]. 北京：人民出版社，1999.
[128]王振铎，赵运通. 编辑学原理论[M]. 北京：中国书籍出版社，1997.
[129]William E Kasdorf. 哥伦比亚数字出版导论[M]. 徐丽芳，刘萍，译. 苏州：苏州大学出版社，2007.
[130]吴飞. 新闻编辑学[M]. 杭州：杭州大学出版社，1995.
[131]吴平，胡程立. 图书学[M]. 长沙：湖南大学出版社，2008.
[132]夏红兵. 志鉴备考：知识与规范(下册)[M]. 贵阳：贵州人民出版社，2004.
[133]夏甄陶. 认识论引论[M]. 北京：人民出版社，1986.
[134]向新阳. 编辑学概论[M]. 武汉：武汉大学出版社，1995.
[135]肖东发. 中国图书出版印刷史论[M]. 北京：北京大学出版社，2001.
[136]谢新洲. 数字出版技术[M]. 北京：北京大学出版社，2002.
[137]谢勇. 犯罪学研究导论[M]. 长沙：湖南出版社，1992.

[138]徐国华. 管理学[M]. 北京：清华大学出版社，1998.
[139]许光伟. 保卫《资本论》——经济形态社会理论大纲[M]. 北京：社会科学文献出版社，2014.
[140]许文才，等. 包装印刷技术[M]. 北京：中国轻工业出版社，2011.
[141]许志峰. 端正统一学科对象是中国科学学领域当务之急[C]//2012年全国科学学理论与学科建设暨科学技术学两委联合年会论文集，2012.
[142]雅克·巴尔赞. 从黎明到衰落：西方文化生活五百年(1500年至今)[M]. 林华，译. 北京：世界知识出版社，2002.
[143]严格. 数字印刷[M]. 北京：印刷工业出版社，2011.
[144]杨威理. 西方图书馆史[M]. 北京：商务印书馆，1988.
[145]杨跃之. 管理学原理(第2版)[M]. 北京：人民邮电出版社，2016.
[146]姚永春. 书籍装帧设计实验教程[M]. 武汉：武汉大学出版社，2008.
[147]叶开，刘钢. 客户关系管理之叶问理论与实务[M]. 成都：成都时代出版社，2011.
[148]叶新. 出版物发行实务[M]. 重庆：重庆大学出版社，2013.
[149]叶再生. 编辑出版学概论[M]. 武汉：湖北人民出版社，1988.
[150]叶再生. 出版史研究[M]. 北京：中国书籍出版社，1997.
[151]伊恩·麦高文，詹姆士·迈考尔. 国际出版原则与实践[M]. 徐明强，译. 北京：中国书籍出版社，1999.
[152]伊姆雷·拉卡托斯. 科学研究纲领方法论[M]. 上海：上海译文出版社，1986.
[153]易图强. 图书选题策划导论[M]. 北京：中国人民大学出版社，2009.
[154]易忠，杨晓芳. 版面设计[M]. 合肥：安徽美术出版社，2007.
[155]殷庆璋. 印刷电子商务实战手册[M]. 北京：文化发展出版社，2014.
[156]余辉. 印刷工艺[M]. 重庆：重庆大学出版社，2018.
[157]余敏. 国外出版业宏观管理体系研究[M]. 北京：中国书籍出版社，2004.
[158]余敏. 加强出版业宏观调控研究[M]. 北京：中国书籍出版社，2003.
[159]张保芬. 现代编辑创新论[M]. 济南：齐鲁书社，2000.
[160]张寒生. 当代图书情报学方法论研究[M]. 合肥：工业大学出版社，2006.
[161]张洪海. 印刷工艺[M]. 北京：中国轻工业出版社，2018.
[162]张华夏，叶侨健. 现代自然哲学与科学哲学(自然辩证法概论)[M]. 广州：中山大学出版社，1996.
[163]张昆. 外国新闻传播史[M]. 北京：高等教育出版社，2016.
[164]张庆英. 创新教育与教育的创新[M]. 北京：中国财富出版社，2016.
[165]张文焕. 控制、信息论、系统论与现代管理[M]. 北京：北京出版社，1990.
[166]张玉麟. 中文文献编目[M]. 北京：中国科学院文献情报中心，1989.
[167]赵申申. 书籍装帧设计手册[M]. 北京：清华大学出版社，2018.

[168]郑军．历代书籍形态之美[M]．济南：山东画报出版社，2017.
[169]郑士德．图书发行学概论[M]．北京：高等教育出版社，1995.
[170]中共中央马克思恩格斯列宁斯大林著作编译局．马克思恩格斯全集[M]．北京：人民出版社，2006.
[171]中共中央文献编辑委员会．毛泽东选集(第三卷)[M]．北京：人民出版社，1991.
[172]中国出版科学研究所．全国首届出版科学学术讨论会论文选集[M]．重庆：重庆出版社，1987.
[173]中国感光学会．2016—2017 感光影像学学科发展报告[M]．北京：中国科学技术出版社，2018.
[174]《中国编辑研究》编辑委员会．中国编辑研究：2000[M]．北京：人民教育出版社，2001.
[175]周靖明．书籍设计[M]．重庆：重庆大学出版社，2007.
[176]周三多，邹统钎．战略管理思想史[M]．上海：复旦大学出版社，2003.
[177]周三多．管理学——原理与方法(第7版)[M]．上海：复旦大学出版社，2018.
[178]朱进选．“三文”文化论[M]．石家庄：河北教育出版社，2001.
[179]庄锡昌，顾晓鸣，顾云深．多维视野中的文化理论[M]．杭州：浙江人民出版社，1987.